谨以此书献给

陕西省考古研究院成立六十周年

本报告的出版得到

陕西省文物保护专项资金资助

陕西省考古研究院田野考古报告　第 85 号

Taicheng Han Cemetery

邰城汉墓 上

陕西省考古研究院
杨凌区文物管理所　　编著

上海古籍出版社

内 容 简 介

本报告全面翔实地刊布了2010年至2011年发掘的杨凌区西南部城墓地的294座汉代墓葬及相关遗迹的资料。报告按综述与分述结合的体例,首先在综合分析墓地墓位形态特点与墓葬形制、结构、葬俗特征的基础上,对随葬品进行了类型学分析,建立了墓地墓葬分期与年代体系。然后分别从位置、形制结构、葬具、葬式、随葬品位置、随葬品等六个方面,逐一全面翔实地公布每座墓葬的资料信息。最后,就发掘墓地的主要收获与意义,关中地区县邑聚落墓葬的考古学文化特征、墓地结构,及其反映的社会组织、文化变迁与社会变迁等问题进行了探讨,得出了诸多有益于汉代考古与历史研究的新认识与新结论。

本书适合从事秦汉考古与历史研究的专业人员、高等院校相关专业师生及文物研究者阅读参考。

图书在版编目(CIP)数据

邰城汉墓/陕西省考古研究院编著. —上海:上
海古籍出版社,2018.11
ISBN 978－7－5325－8991－3

Ⅰ.①邰… Ⅱ.①陕… Ⅲ.①汉墓–墓葬(考古)–研
究–武功县 Ⅳ.①K878.84

中国版本图书馆CIP数据核字(2018)第223455号

邰城汉墓

(全二册)

陕西省考古研究院
杨凌区文物管理所　编著

上海古籍出版社出版发行

(上海瑞金二路272号　邮政编码200020)

(1)网址:www.guji.com.cn
(2)E-mail:guji1@guji.com.cn
(3)易文网网址:www.ewen.co

上海雅昌艺术印刷有限公司印刷

开本889×1194　1/16　印张62.75　插页48　字数1,000,000
2018年11月第1版　2018年11月第1次印刷
印数:1—1,500

ISBN 978－7－5325－8991－3

K·2554　定价:580.00元

如有质量问题,请与承印公司联系

目　录

插 图 目 录

插 表 目 录

彩 版 目 录

图 版 目 录

思考与践行（序）

过去的同事、现在的领导种建荣研究员给我派了一个活,给他们郁城考古队编写的、即将出版的《郁城汉墓》写个序,这个活对我来讲真的是出了一个难题。

混迹考古圈整整四十年,喜欢的是读、跑、找、挖。读是文献检索,为了发现线索;跑是现场调查,为了求证猜测;找是勘探试掘,目的是验证观点;挖是发掘,最终证实结论。线索多、疑问多、猜测多、挑战多,惊喜也多;述而不作,其乐融融。不喜欢的是后期整理和编写报告。层位一二三,类型ABC,分期早中晚,虽然是必要的工作程序,但的确有点枯燥、乏味,不好玩。给别人精心整理编写的报告写序、写评论看似容易,实则难上加难。

闲话可以讲,工作必须干。断断续续用了一个多星期,较为认真地在电脑上读完了PDF版的《郁城汉墓》,有点小激动:《郁城汉墓》的字里行间闪烁着思考的火花;《郁城汉墓》的研究成果留下了践行的足迹。

郁城汉墓的发掘原本是2010年配合"西安—宝鸡铁路客运专线"重点工程建设的抢救性考古发掘。种建荣研究员和雷兴山教授基于对秦汉墓葬结构、布局的宏观认识,一拿到基本建设考古勘探图纸,就敏锐地察觉到基建考古勘探资料的局限性和郁城墓地的重要性。进而毫不犹豫地扩大勘探、发掘面积,将一个临时的抢救性发掘项目,提升为关中地区规模最大、保存最好的西汉平民墓地的研究性发掘项目。

过去一般的基本建设考古发掘项目,重点是建设项目占地范围内的遗迹、遗物的发掘、保护和研究,有的甚至是捡完东西就撤退。近年来全国基本建设考古工作的质量大幅度提高,但是像郁城考古队这样,在发掘前就提出三大学术目标:

其一,根据前期勘探结果,抢救发掘线路范围内的古代墓葬与其他遗存,搞清墓葬年代、葬俗及考古学文化特征,重点是展开墓葬随葬品的器用制度研究。

其二,搞清墓地的大致范围,建立墓地分期年代体系,了解墓地的形成过程,重点考察墓地墓位形态,厘清墓地结构,探讨其反映的社会组织结构。

其三,调查确认墓地周邻同时期遗存的分布情况,重点寻找城墙、作坊、建筑等与墓地相对应的居址遗存,初步廓清邰县聚落的布局结构。

实属凤毛麟角。

　　为了完成三大学术目标,邰城考古队打破了基本建设项目范围内根据考古勘探资料进行点状发掘的基本建设考古常规模式,针对基本建设工程用地范围与工程进度的具体情况,实施了独具特色的工作流程。第一阶段:首先小面积解剖,了解墓地范围堆积状况与墓葬口层位,然后有的放矢地实行"钻探式"墓葬发掘,确认基本建设范围内只是一处单纯墓地的局部。第二阶段:参照第一阶段了解的墓葬与地层堆积情况,结合前期钻探资料,根据墓葬疏密情况,采取"基槽"式的大面积清理,尽快完成基本建设考古任务,全面提取、保存墓葬关键信息。第三阶段:采用条带式勘探,对墓地的南北界限进行了确认,然后展开全面勘探,掌握墓地的范围、结构与基本内涵。实施钻探式发掘,对墓葬分布较为稀疏的、地下遗迹较为简单的地段,分片、分期采取"钻探式"的发掘方法,集中力量进行发掘清理,提高工作效率。第四阶段:对墓葬比较密集,墓葬、兆沟并存,地下遗迹较为复杂的地段实施探方式发掘,基本搞清兆沟的走向、范围、形制及堆积,墓葬与兆沟的关系,兆沟与兆沟之间的关系,确保墓葬布局结构完整。实践证明:这一新的工作流程,既兼顾了基本建设时间与经济的需求,又实现了科学发掘和研究不同阶段的不同目标。

　　《邰城汉墓》秉持"地层学"、"类型学",针对关中汉墓部分器物分类与命名不统一,大部分器类谱系认识(型式)划分不一,演变规律认识不同的情形,对邰城汉墓出土的千余件陶器进行了较为严格、可靠的类型学分析。《邰城汉墓》将出土陶器分为仿铜陶礼器、日用陶器、模型明器三大类。仿铜陶礼器又分为鼎、盛、锜和簋形甗、钫、壶等五类,日用陶器又分为罐类、缶类、盆盂甗类、釜类四小类,各小类内再按其整体形态区别成类。《邰城汉墓》注意到陶器器形的整体演变,总结出西汉陶器存在"亚腰系"、"溜肩系"、"比例系"、"弧腹系"四条跨越器类的演变规律。《邰城汉墓》重视随葬品的器用制度研究,对各单位出土陶器的统计,不仅统计到"器类",还尤为注重对"器型"与"器形"的考察,从"功用组合"、"器类组合"、"器型组合"多角度考察陶器组合,从陶器组合、陈器位置、陈器方式等方面,识别出随葬陶器的多种器用现象,如鼎与盛、锜与簋形甗、盆与甗的固定组合现象、组合器类的同形现象、多件陶罐的同形并置现象、储盛器与炊器的分置现象等,并梳理出西汉墓葬随葬陶器组合的阶段性变迁。《邰城汉墓》在上述分析的基础上,结合层位关系和陶器共存关系,参照常用的铜钱断代法和关中地区具有明确纪年的墓葬材料,建立了邰城汉墓五期七段的分期体系,为关中地区西汉考古学文化分期断代提供了一个新标尺,深化了中国考古学对全国西汉墓葬的分期研究。

　　《邰城汉墓》遵循"从物到人"的研究理念,注重对墓葬的形制研究,将发掘的294座墓葬划分为无墓道竖穴土坑墓、竖穴墓道洞室墓、斜坡墓道洞室墓三大类。发掘者注重对墓地结构的探索,勘探发掘时,关注"线性"、"圈状"遗迹,关注不同兆沟之间、兆沟与墓葬之间的关系,关注辨识古人设置的墓地界标;利用可能反映古人分区意识的兆沟、墓位关系、墓地空白地带,可能反映古人身份区分的葬俗与随葬品,对墓地进行了综合研究。《邰城汉墓》认为,该墓地应是邰城遗址的组成部分，是西汉氂县的一处平民墓地。关于墓地结构及其反映的社会组织结构，《邰城汉墓》提出了"小区内家葬制"、"大区内族葬制"的墓地结构新认识。认为邰城墓地普遍遵循家葬制，一至四期以夫妻并穴合葬、父母与未婚子女成群埋葬为代表；第五期及更晚，家葬制进一步发展，将夫妻、核心家庭合葬于一墓，形成空间上单独分布的多人合葬墓。在小区内的家葬制之上，存在以墓葬形制不同形成的大区。竖穴土坑墓、竖穴墓道洞室墓可能代表两个族群，采用聚族而葬的族葬制。《邰城汉墓》考察了墓地文化变迁现象，探讨了其反映的社会变迁问题，指出：邰城第一阶段之前的文化变迁，大致在西汉高祖时期，显示出汉初考古学文化上的"汉承秦制"，但实质上是与秦文化的"貌合神离"；邰城第二、三阶段的文化变迁，大致在史学分期的西汉晚期，可能代表着"汉文化"的一次转型。客观地说，《邰城汉墓》超越了墓葬研究和墓地研究两个台阶，真正地踏上了墓葬研究的第三台阶——社会研究。《邰城汉墓》较为合理地诠释了邰城墓地的范围、分区、葬制、文化以及性别代码等关键问题。邰城汉墓的材料、研究方法与研究成果，对关中地区乃至全国西汉墓葬的研究都有极为重要的参考作用。

总之，邰城汉墓的勘探、发掘和研究是临时的抢救性发掘项目转化为科学研究性发掘项目的一个典范；邰城汉墓发掘前学术目标的预设、发掘过程中独具特色的工作流程，值得在我们今后的考古工作中参考和推广；邰城汉墓是目前关中地区发掘规模最大、保存最为完好的西汉平民墓地。其资料丰富、披露全面、文字翔实、图表齐全、研究深入，结论基本可信，是一本质量上乘的考古报告；这也是种建荣研究员、雷兴山教授和邰城考古队同仁们尽心竭力思考的火花结晶，是他们筚路蓝缕践行的足迹化石。

思考有时不一定准确，或有偏颇；践行有时会偏离，或有泥泞和坎坷。如报告结语中首次提出的汉墓"陶器的'模件化'生产"与"陶器的'相关性'与'演变系'"两大特点，"亚腰系"、"溜肩系"、"比例系"、"弧腹系"四条跨越器类的演变规律，以及"缶罐类'单件式'"、"多罐同形并置"、"组合器用"、"储盛器、炊器'大类分置'"、"陶器组合的阶段性变迁"、"西汉陶缶赗赙说"等六点器用现象等等，个别观点是否准确？证据是否充足？历史时期的器物类型学是否有必要进一步细化？但是无论如何，思考与践行是必须坚持的，因为这是人类与动物的根本区别，是科学研究的不二法则。

让我们一起思考，一起践行，前面有诗，前面是考古研究的远方。

是为序。

陕西省考古研究院研究员

西北大学特聘教授

焦南峰

2018年11月6日

第一章 绪 论

本章在介绍邰城墓地位置及区域历史地理背景的基础上，梳理了墓地及周边区域以往的考古工作；并介绍了此次墓地发掘工作的缘起与目的，详细叙述了田野工作历程及工作的思路与方法、资料整理与报告编写的经过。最后，就报告体例及相关问题进行了说明。

1.1 地理位置与历史沿革

1.1.1 墓地位置

邰城汉墓，位于今陕西省杨凌市区西南约6公里处的石家村与尚德村，东距西安82公里，西去宝鸡86公里，东北与武功镇相距10余公里（图一；彩版一）。这里地处素有"天府之国"美誉，孕育了周秦汉唐盛世文明的关中平原的西部，乃西汉京畿辐辏之地。

考古资料显示，墓地所在两村及周邻的殿背湾、疙瘩庙、法禧、永安等几个自然村，分布有大量丰富的秦汉时期遗存。以往此地曾出土不少标识有"斄"字的秦汉遗物[1]。唐初《括地志》有载："故斄城一名武功城，在雍州武功县西南二十二里。"[2]唐代武功县治即今之武功镇。如此，墓地及周边所在区域位置与"故斄城"地望基本吻合。据此学界普遍认为，这一带即秦汉邰城故址之所在。该墓地当是邰城遗址的组成部分之一，邰县县邑的一处普通平民墓地，故"邰城汉墓"名之。

就微地貌环境而言，墓地坐落于渭河北岸平坦的二级台地之上，南距今渭河河道1 000余米，高出渭河河床约15米。根据调查与勘探结果可知，墓地范围西界石家村西，东至尚德村东，东西狭长约962米，两端局部被村庄占压，南北宽约130米，总面积近13万平方米。墓地中心地理坐标34°15′14″N，108°02′27″E。

1.1.2 自然环境

杨凌地处关中平原腹心，辖区面积约94平方公里。境内地势北高南低，落差约百余米。北

[1] 陆汉杰、张南波：《古邰国遗址考》，《地名知识》1989年第4期。斄，古同"邰"。
[2] （唐）李泰：《括地志辑校》，中华书局，1980年。唐初武功县治所已迁至今武功镇一带。

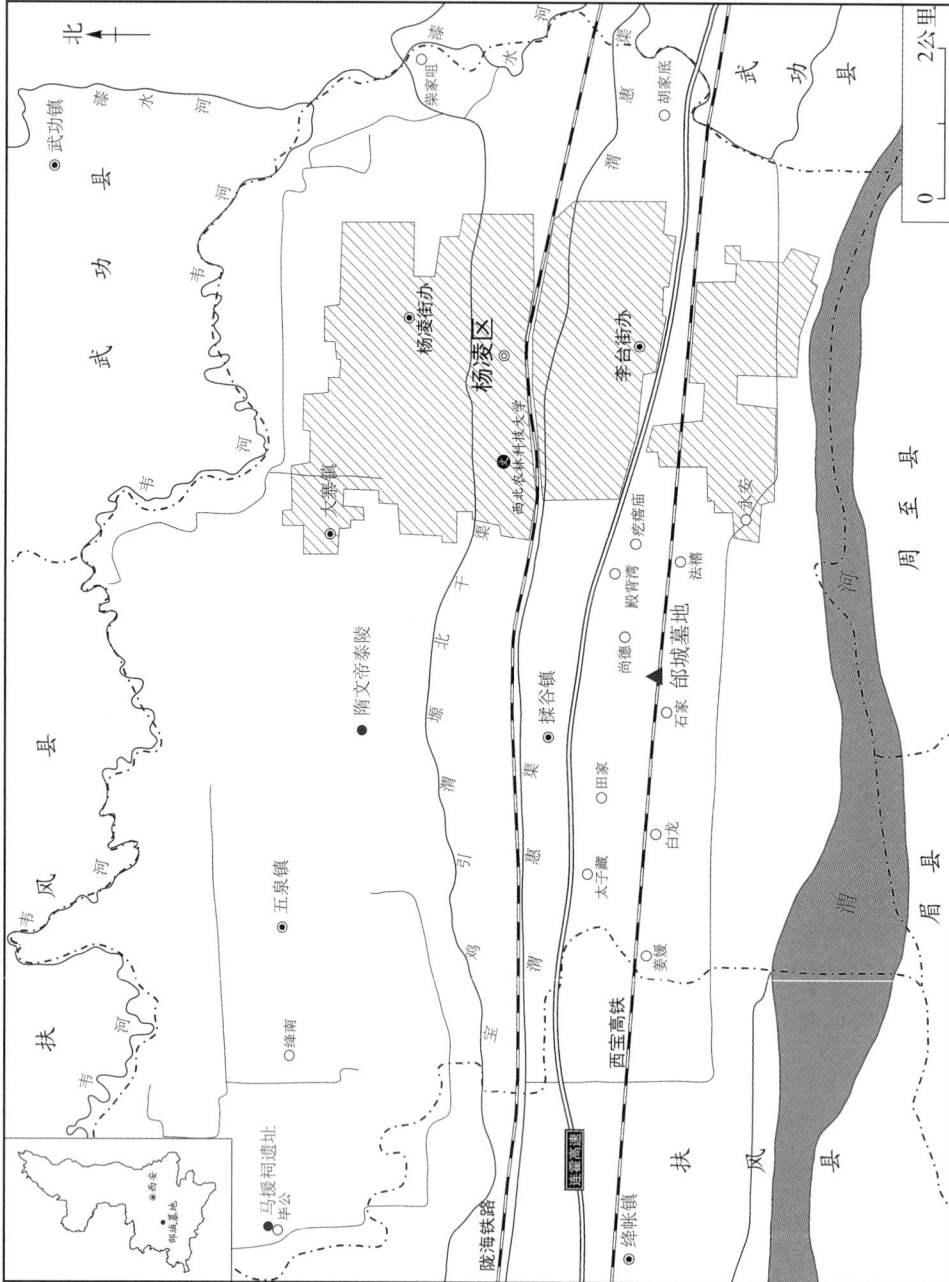

图一　邰城墓地位置与邰城遗址范围

部为黄土台塬地貌,系唐代以来形成的"三畤原",海拔在430～540米之间,地势开阔,原面平坦;南部属古老的渭河川道平原区,海拔多在420米左右,地势低平。土壤属黄绵土,疏松肥沃,自虞夏之贡,以为上田,膏壤沃野。

气候属大陆性半湿润季风气候,四季分明,雨热同期。年平均气温12.9℃,1月平均气温3～10℃,7月平均气温10～20℃,极端高温38℃,极端低温-4℃。年日照2 163.8小时。年平均降水量637.7毫米,60%集中在7～9月;夏季多雷阵雨,秋季多连阴雨,冬春降水较少,间有春旱、伏旱。全年无霜期在220天左右。

境内自然与人工水系交错,水源丰富,可享灌溉之利。北、东、南三面临河,北部的后河(韦河与七星河、美阳河相汇以下称后河,古称沮水),曲折迂回横穿黄土台塬区,至武功与漆水汇合;东边漆水南北贯流,至南部渭河川道,折而东流,于武功境注入渭河。渭河由西而东自南缘穿流而过。境内还有渭高干渠、渭惠渠两条人工水系东西横穿。

一言之,这里光热水土配置协调,适宜作物生长,宜于农耕,民居之则有垦殖稼穑之利,自古以来就是农耕居民理想的生息之地。考古调查表明,杨凌区内渭河北岸一、二级台地上分布着数量众多的新石器时代以迄商周、汉唐时期的文化遗址。其中,全国重点文物保护单位1处,省级文物保护单位10处。

1.1.3　历史沿革

杨凌原名"杨陵",始名盖因隋文帝杨坚之寝陵故。隋文帝杨坚死后,葬于斯地的三畤原上,谥名泰陵,因其姓杨,故又俗称"杨陵"。因本区今地域由武功、扶风县的原辖地组成,所以其建置沿革随武功、扶风县的建置沿革变更而变更。

早在5 000年以前,即有先民于此繁衍生息。传说的尧舜时代,这里先为有邰氏的姜姓部落居地,后帝舜封姜嫄之子——周人先祖弃(后稷)于此,史载"周之先自后稷,尧封之邰"[1]。

商代晚期,此地当在"小邦周"范围内,属周领地。西周时期,今区域系京畿之地。春秋时期,"周平王东迁,以赐秦襄公"[2],该地成为秦国的管辖范围。战国时期,"(秦)孝公作四十一县,斄、美阳、武功,各其一也"[3],此时始设为县,属秦国领地。秦统一后,实行郡县制,在该地设斄县,属内史。秦末,项羽入关,废郡县,将秦内史和上郡分成雍、翟、塞三国,谓之三秦,邰县属雍国辖地。

西汉时期,沿用秦制,设斄县,属三辅地区。所属区划发生了几次改变,高帝元年属雍国,高帝二年属中地郡,高帝九年属内史,景帝二年属右内史,武帝太初元年属右扶风。新莽时期,称为"新光"[4],属扶风县都尉大夫府[5]。东汉初,省斄入邰,其南境并入郿县,成为"郿之斄亭也"[6],

[1] (汉)司马迁:《史记》,中华书局,1959年。
[2] (唐)李吉甫:《元和郡县志》,中华书局,1983年。
[3] (唐)李吉甫:《元和郡县志》,中华书局,1983年。
[4] (宋)宋敏求:《长安志》,成文出版社,1970年。
[5] 陕西地方志编纂委员会:《扶风县志》,陕西人民出版社,1993年。
[6] (北魏)郦道元撰,(清)杨守敬、熊会贞疏:《水经注疏》,江苏古籍出版社,1989年。

似乎说明釐县在东汉时期降级为亭,改属鄠县,釐亭所在地就在故釐城中[1]。东汉明帝永平八年, "自渭水南移武功县于釐故城,因谓之武功城"[2],属右扶风。

三国时,系曹魏辖区,辖属扶风郡,今之区域属其下武功县。西晋属雍州。十六国时期,前赵 属始平郡,后赵、魏属雍州始平郡,前秦、后秦属司隶州扶风郡[3]。北魏时期,文帝"太和十一年,改 为美阳,又置武功郡,兼领美阳、莫西二县,属岐州"[4]。北周废武功郡和美阳县,复置武功县,治所 中亭川;将美阳县地域并入岐山县。移周城县治于眉城。在原周城县址设三龙县。今区域分属 武功县、周城县管辖。

隋至五代时期,武功县归属雍州,今区域的隶属关系亦随之变更。炀帝大业三年(607),废州 复郡。今区域亦随关中区划的变更而变更,属京兆郡。唐代以后,本区域分属武功、扶风管辖一 直未变。

新中国成立后,杨陵区乃武功县辖属一镇,同武功县一起属宝鸡市管辖,直到1983年行政区 划调整归咸阳市管辖。后又数经变革,杨陵更名为杨凌,成立杨凌农业技术产业示范区,归陕西 省直辖。2008年8月14日,将属扶风县揉谷乡所辖的部分区域划归杨陵区管辖。

1.2　工作背景与目的

1.2.1　墓地及周边区域考古工作概况

杨陵区境内以往开展的考古工作不多,仅有一些基础性的田野调查工作,对临时发现遗迹、 遗物的清理,及配合一些建设工程的小规模抢救性发掘。为更好地理解本次发掘的区域考古背 景,有必要对墓地及周邻的考古工作予以简略回顾:

调查工作主要有以下数端:1942年,为探寻周人早期都邑之一的"邰",中研院史语所的石 璋如先生对墓地及其附近区域进行了实地考察[5],首开此地考古工作之先河。1959年,陕西考古 所渭水队在当时的凤翔、兴平(包括今扶风、岐山、凤翔县)境内进行了调查,于此墓地东南数百米 处发现了疙瘩庙遗址[6]。1983年,宝鸡市考古工作队在李台乡的坎子底村调查,发现了先周遗址, 并获得了丰富的先周遗存资料[7]。再就是先后进行的三次文物大普查,对这一带的古文化遗址分 布与内涵有了较全面的了解。

邰城墓地及周边发掘工作虽然不多,但仍积累了不少的考古资料。按空间区域简要介绍

[1]　汤超:《〈水经注·渭水〉的考古学观察——以关中西部诸水道为例》,北京大学硕士学位论文,2008年。
[2]　(宋)乐史:《太平寰宇记》,中华书局,1985年。
[3]　陕西地方志编纂委员会:《扶风县志》,陕西人民出版社,1993年。
[4]　(宋)宋敏求:《长安志》,成文出版社,1970年。
[5]　石璋如:《传说中周都的实地考察》,《中央研究院历史语言研究所集刊》,第20本下册,1948年。
[6]　陕西考古所渭水队:《陕西凤翔、兴平两县考古调查简报》,《考古》1960年第3期。
[7]　宝鸡市考古工作队:《关中漆水下游先周遗址调查简报》,《考古与文物》1989年第6期。

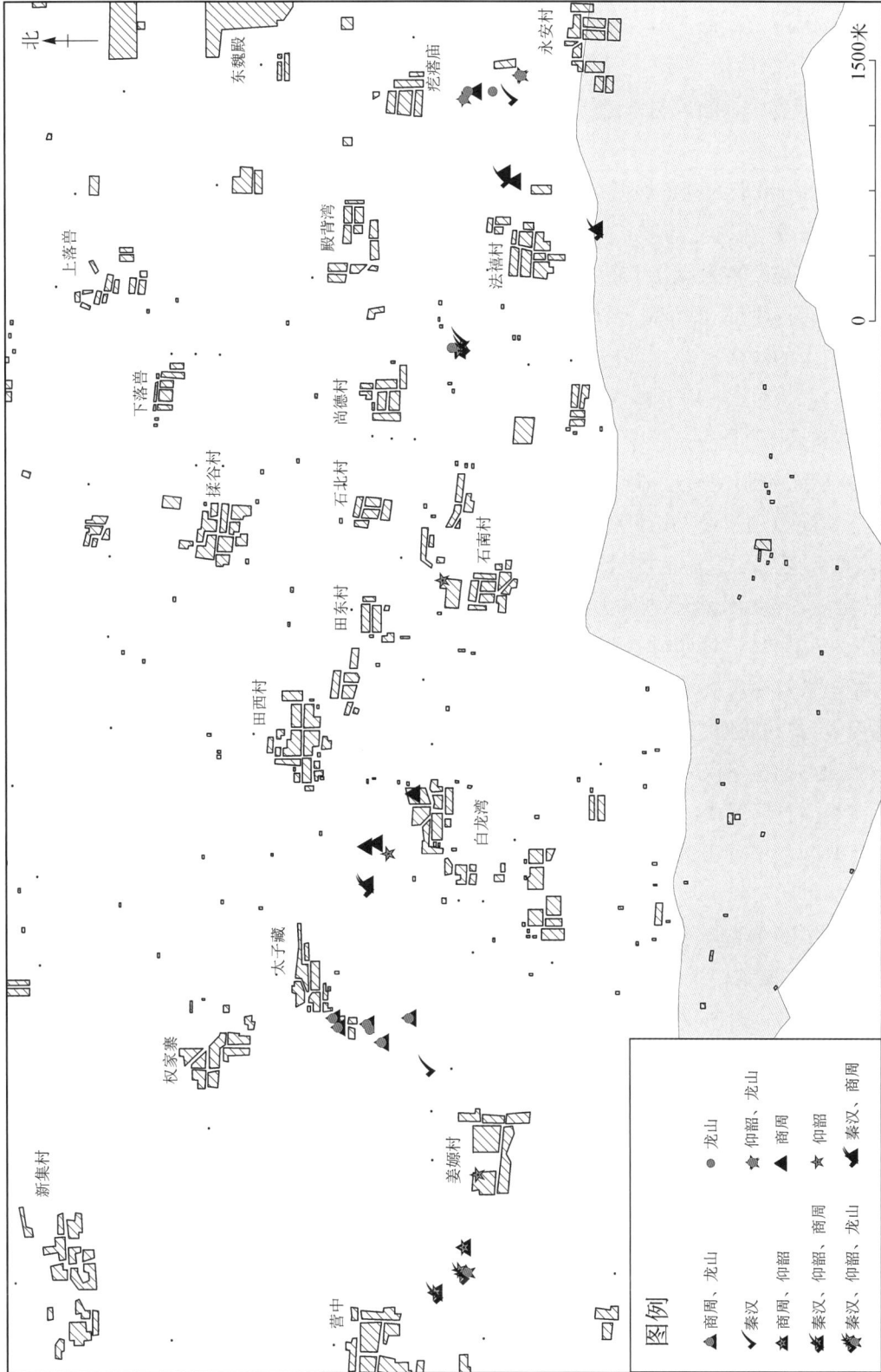

图二　2010年邰城遗址周边遗址调查图

如下：

在墓地范围内，20世纪70～80年代，由于村民生产、生活取土，发现汉代土坑墓、土洞墓多座，扶风县博物馆等单位对其进行了清理，出土了铜镜、带钩、弩机、镞、五铢及铁釜、陶罐。1980年1月，扶风县博物馆在石家村清理了1座西汉时期的斜坡墓道洞室墓，出土铜器37件及陶罐、石砚、铁剑等文物[1]。

在墓地东约800米的杜家坡村，1987年12月至1989年1月，陕西省考古研究所为配合陕西省饲料加工厂的建设，在村北的坡北墓群发掘了25座西周墓葬与6座西汉中晚期汉墓[2]。1993年，在村东南的杜家坡墓群发掘了1座竖穴土坑墓，出土了汉代陶器与1件铭"君宜高官"四字的铜镜。另外，村子附近曾发现仰韶、西周的居址遗存，村西还曾发现长约8米的南北向夯土遗迹。

在墓地东南的法禧遗址，曾出土大量粗绳纹陶五角水管、粗绳纹筒瓦、板瓦、云纹瓦当等秦汉时期的建筑材料，还发现用于铸铁的陶范及铜钱钱范。1974年，在村中清理了1座暴露的汉墓，出土1方"桃都昌印"及大泉五十钱币。1978年，村民平整土地时曾发现宽约10米的秦汉时期夯土墙基。1981年，在村北砖厂清理1座汉墓，出土了1件铭刻"邰、咸"字样的铜鼎和1件铜蒜头壶。1983年3月，清理1座汉墓，出土铜瓿（刻铭"勇"字）和铜钫各1件，并伴出铜镜3面及器盖1件。2011年，陕西省考古研究院为配合古邰国遗址规划，对村子东南50米处发现的铸铁陶范地点进行了发掘，出土了包括陶范在内的大量铸铁遗存，因而确认此地为一处铸铁作坊。

在墓地东端紧邻疙瘩庙村，以往曾在村西南发现一段长约28米的南北向夯土遗迹。村子周围的田坎断崖暴露有灰坑、房址与墓葬等遗迹，地表见有仰韶、龙山、先周及秦汉时期的陶片。本次发掘过程中，曾在此地清理一座残破的龙山时期白灰面房址。

邰城墓地与前述秦汉时期遗存邻近分布，功能上互补，由此推测当同为秦汉邰县聚落之不同功能区。在秦汉县邑聚落的外围，以往亦曾有零星的发掘与发现。

在东北紧邻的杨凌市区一带，1984年，在西北林学院（属张家岗墓群），发掘了竖穴墓道土洞墓22座，其中17座年代为战国晚期[3]。2002年，在西北农林科技大学南校区，发掘了战国秦墓66座，汉唐墓5座[4]。1977年，在徐西湾村征集了1件元帝时期墓葬出土的铜灯，柄部篆铭22字[5]。另外，距离秦汉邰县聚落较近的重要的秦汉遗址就是距离其西约10公里的姜嫄遗址。1973年曾在该遗址发现两枚带古希腊文的铅饼，被学者认为是武帝元狩四年所铸之"白金三品"[6]。在村南、村西的汉墓区，历年暴露土坑墓和砖室墓多处，出土了大量铜、陶、玉、铁质文物。以往曾清理西汉斜坡墓道砖室墓2座、东汉砖室墓1座[7]。1970年4月，在姜嫄西北的营中二队，扶风县博物馆清

［1］ 陕西省文物志编纂委员会等：《扶风县文物志》，陕西人民教育出版社，1993年。

［2］ 陈国英、孙铁山：《陕西省饲料加工厂周、汉墓葬发掘简报》，《考古与文物》1989年第5期。

［3］ 咸阳市文管会：《西北林学院古墓清理简报》，《考古与文物》1992年第3期。

［4］ 陕西省考古研究院：《西北农林科大战国秦墓发掘简报》，《考古与文物》2006年第5期。

［5］ 吴镇烽、罗英杰：《记武功出土的汉代铜器》，《考古与文物》1980年第2期。

［6］ 罗西章：《扶风姜嫄发现汉代外国铭文铅饼》，《考古》1976年第4期。

［7］ 陕西省文物志编纂委员会等：《扶风县文物志》，陕西人民教育出版社，1993年。

理东汉初砖室墓1座,出土"□延年印"私印一方[1]。

顺便提及,在郘城墓地以西约1.5公里的白龙湾遗址,1975年村民在村北取土时曾发现1座东西向的西周早期墓,出土"后母妣康"方鼎、铜戈、铜泡和陶鬲等文物[2]。1986年,又发现1座西周早期墓葬,出土陶鬲、铜戈和素面铜镜等文物[3]。

1.2.2 工作缘起与目的

本次田野工作最直接的动因,就是配合"西安—宝鸡铁路客运专线"重点工程建设,抢救发掘沿线古代文化遗存。该线路的杨凌区段正好自郘城墓地的中心东西向穿行而过,在路基占地范围内勘探亦发现大量古代墓葬。特别是,此段路基又属开挖区段,工程施工必然导致古代遗存的彻底破坏。故建设先期亟需进行大规模的抢救发掘,以确保这些古代遗存得到切实有效的保护,同时保证建设工程的顺利进行。另外,墓地周边一带已被纳入杨凌城市新区的规划范围,而以往在这里开展的考古工作少,基础薄弱,因而亟需开展系统的考古工作,为这里的古遗址保护提供基础资料,为城市建设提供科学的决策依据。郘城墓地的发掘,正为此提供了难得的契机。

促进郘城有关的汉代郡县聚邑、汉代考古相关学术问题研究的深入,也是本次田野工作开展的重要动机。回顾总结关中汉代考古研究的现状,就会发现:

(1)以往考古工作的重点主要集中在都城与帝陵考古方面,而对郡县一级聚落鲜有关注,有规模的考古工作开展得极少,有关县邑聚落形态的研究几近空白。加强郡县级聚落的考古工作,无疑有助于推进郡县制这一秦汉国家核心政治制度的研究。

(2)考古学文化的分区研究是考古学研究的重要课题之一。已发掘的关中地区数千座中小型汉墓,也大都集中在都城及其附近的西安地区,其他地区则甚为寥寥。由此影响了我们对都城以外西汉文化与社会的认识。

(3)墓葬与墓地研究是探讨社会组织结构的最佳材料与路径。虽然以往关中乃至全国发掘汉墓的数量已相当可观,但多是配合基建的分散零星的"钻探式"清理发掘,几乎没有完整地甚至大规模地发掘过一个墓地,墓地范围与墓葬数量大都不清。墓葬研究更多地关注于墓葬本身的特征,而很少也很难论及墓地结构特征,更遑论据此探讨其所反映的社会组织结构等深层次的问题。

(4)分期研究是考古学研究基础的基础。以往关中中小型汉墓的分期,虽然取得了丰硕的成果,无论是分期的理念方法,还是最后的分期结果,都还存在诸多争议与不尽如人意之处。迄今尚未建立起令人信服的关中地区西汉墓葬分期体系标尺。以往在涉及墓葬分期的研究中,往往只能舍近求远地参照洛阳烧沟汉墓的分期结论,而忽略两地文化的差异。另外,关于随葬品的器用制度、墓主人身份考察等问题的研究,都还比较薄弱,也鲜有新的洞见。凡此种种,与关中作

[1] 罗西章:《介绍一批陕西扶风出土的汉、魏铜印等文物》,《文物》1980年第12期。
[2] 罗西章:《扶风白龙大队发现西周早期墓葬》,《文物》1978年第2期。
[3] 高西省:《扶风出土的几组商周青铜兵器》,《考古与文物》1993年第3期。

为西汉政治、经济、文化的中心地位是很不匹配的。

如此,在关中地区选择一处都城以外、规模较大、保存较好的墓地,从厘清墓地布局结构的角度出发,采取适当方法与技术,对其进行发掘,必能裨益于有关研究的深入开展。邰城墓地规模大,墓葬保存好,且乃县邑聚落平民墓地,显然具备了工作与研究条件;恰巧开展的铁路建设又要求对其进行抢救性发掘。

鉴此,考古队按照"既有利于工程建设,又有利于文物保护"的两利原则,在完成铁路占压区古墓抢救发掘,确保工程的顺利施工,妥善保护文物的同时,按照"站在墓地的角度挖墓葬,站在聚落的角度挖墓地"的田野工作理念,确定以下三点学术目标:

其一,根据前期勘探结果,抢救发掘线路范围内的古代墓葬与其他遗存,搞清墓葬年代、葬俗及考古学文化特征,重点是开展墓葬随葬品的器用制度研究。

其二,搞清墓地的大致范围,建立墓地分期年代体系,了解墓地的形成过程,重点考察墓地墓位形态,厘清墓地结构,探讨其反映的社会组织结构。

其三,调查确认墓地周邻同时期遗存的分布情况,重点寻找城墙、作坊、建筑等与墓地相对应的居址遗存,初步廓清邰县聚落的布局结构。

1.3 工作经过与概况

1.3.1 田野工作过程

2010年5月,陕西省文勘公司完成铁路占地范围墓地勘探工作。随后田野发掘工作开始于2010年6月下旬,正值盛夏酷暑时节,结束于2011年1月底,已是隆冬时分。七个多月的发掘,按工作目的与具体方法之不同[1],大致可划分为四个阶段(彩版二至六):

第一阶段:小面积解剖性发掘,自6月26日开始至7月中旬结束。

为了解墓地范围堆积状况与墓葬开口层位,以便有的放矢地"钻探式"发掘墓葬,工作伊始,先选择在尚德村边钻探发现的墓葬区域(包含不同形制的墓葬)布设了两条5×10米的探沟,进行解剖性发掘。发掘表明,墓地内地层堆积比较简单,表土层及晚期扰土层厚约30~50厘米。墓葬直接开口于扰土层下,打破春秋战国以来形成的黑垆土层,黑垆土下即为生土。发掘未见与墓葬同时期的任何居址遗存。由此判断,发掘区是一处单纯的墓地。

第二阶段:基槽式清理,自7月下旬至10月上旬结束。

根据第一阶段了解的墓葬与地层堆积情况,结合前期钻探资料,对铁路开挖区域采取"基槽"式的大面积清理。即:先由铁路施工方配合,大面积清理墓葬开口以上堆积,随即根据钻探

---

[1] 对墓地发掘而言,最佳办法当然是采取大面积整体揭露发掘。惟此,不仅能细致地了解单个墓葬的特征,也能更全面地了解墓地的布局结构,为探讨其所反映的社会组织结构等问题提供依据。但本次发掘墓葬数量多,铁路工期紧,此法显然不能完全适应现实情况。在此情况下,发掘采取了"钻探式"与"探方式"发掘相结合的办法。同时,根据铁路施工进度安排,按照"先急后缓"的原则,分时段、分区段稳步推进工作。

得知的墓葬平面分布,刮铲确认墓口,电子全站仪测绘记录;同时对个别埋藏很浅的墓葬直接进行清理发掘。之后,根据钻探的墓深数据,对开挖槽内距埋藏最浅的墓葬的墓底1.5～2米(约当洞室墓洞室之高度)以上的部分再次进行整体下挖,再次刮铲确认各墓残留部分,并逐一按照常规墓葬清理办法对其进行清理,结束后用电子全站仪补测数据(主要是钻探为竖穴土坑墓者,发掘后为洞室墓者)。

路基开挖区自石家村西向东延至尚德村东。由于采取上述办法,短时间内很快清理了工程开挖区域内的百余座墓葬,最大限度保存了墓葬关键信息。另外,工作过程中,分别于尚德村东的墓地近东端发现并清理1座汉代陶窑,于尚德村与石家村之间区域发现并清理2座春秋早期陶窑与1座汉代残砖瓦窑。

第三阶段:钻探式发掘,自10月上旬开始至11月中旬结束。

开挖槽内墓葬清理结束后,铁路施工给发掘带来的压力大大减轻。发掘的重点转入路基北侧尚德村与石家村之间的铁路走形线范围内的墓葬发掘。由于不受工期限制,做起来相对从容得多,但墓葬数量仍很多,大面积整体揭露依然难以实现。鉴于此,根据墓葬的分布情况,先对墓葬分布稀疏区域,采取"钻探式"的发掘方法,集中力量进行清理。具体作业程序是:首先钻探出墓口范围;然后根据墓葬分布情况,或单个墓葬,或数座墓葬一并,进行大开挖,至一定深度刮铲平面,按照墓葬发掘一般程序进行清理。需要强调的是,大开挖时,尽可能地将墓葬局部留存于开挖坑壁,以观察墓壁(或墓道壁)与洞室墓洞室的形制特点,进行信息复原。

发掘墓葬主要位于铁路路基以北靠近石家村东区域,及石家、尚德两村间铁路走形线的边缘。除发掘墓葬30座外,在个别墓葬大开挖范围内,发现早期陶窑与灰坑等居址遗存。另外,前一阶段在铁路开挖基槽北侧断面上发现有灰坑暴露。为了解这些遗存文化面貌及其与墓地关系,在此布设两个5×5米探方,清理春秋早期灰坑28座,墓葬1座(编号2010YSDM189)。此外,考古队组织力量采取"条带式"勘探办法,对墓地的南北界限进行了确认。

第四阶段:探方式发掘,自11月上旬至次年1月底。

若要全面细致了解墓葬特征与墓地布局结构的信息,仅靠局部小面积探沟解剖、大面积基槽清理与钻探式发掘是不够的。为了进一步了解墓地墓葬是否存在封土、墓上建筑及相关设施遗迹,也为获取墓葬形制、填土,乃至形成过程更多信息,更重要的是为确保墓葬布局结构完整(因为钻探可能存在漏探的可能),在前一阶段工作接近尾声时,我们对走形线范围内墓葬相对密集区域进行了探方发掘。

探方发掘区位于尚德村和石家村之间中部偏东处,共布10×10米探方30个,其中6个探方因事先钻探未发现墓葬而未发掘,实际发掘24个探方,加上局部扩方,发掘总面积约2 510平方米。除发掘了30座墓葬外,发现了12条兆沟。通过刮铲与局部解剖,基本搞清了兆沟的走向、范围,形制与沟内堆积的情况,并大致厘清了各沟之间的相互关系。

参加本次发掘的人员有:种建荣、王占奎、严静、张艳、李宏斌、史浩善、齐东林、任涛、史高峰、吕少龙、许甫喆、赵国锋、邱学武、高小龙、许应琪等十多人。现场发掘由李宏斌总负责,董宏卫负责现场的绘图与照相。

1.3.2　室内整理

田野发掘结束后,2011年1月5日～12日,在现场驻地完成发掘记录的初步整理后,撤回周公庙驻地。室内整理工作从3月5日开始,参加人员有种建荣、雷兴山、赵艺蓬、李宏斌、吕少龙、邱学武、赵国锋、许甫喆、冯文丽等9人。具体经过如下(彩版七、八):

3月5日至20日,由李宏斌、吕少龙负责完成通过发掘墓地形成的图文资料的核对工作,并经种建荣终审;邱学武、赵国锋、许甫喆、冯文丽等负责完成出土实物资料的核对、清洗、修复与编号工作,并进一步完善墓葬出土器物登记表。

3月21日至5月24日,董红卫、刘军幸两位技师共同完成了墓葬与出土器物的线图绘制工作,周原博物馆白阿盈负责完成了陶器纹饰标本与陶文的拓印。由种建荣、雷兴山负责完成出土器物的分类定名,赵艺蓬完成发掘墓葬登记表的整理。李宏斌负责搭建了墓地发掘的GIS系统平台。

在两个多月中,全体队员分工合作,自觉加班加点,通宵达旦,连续奋战,完成了初步整理工作,为报告的编写与相关研究的进行奠定了基础。

1.3.3　报告编写

报告编写过程可分为五个阶段:

第一阶段,自2011年6月中旬～8月底。主要工作包括:(1)由主编初步拟定报告编写大纲;(2)核对原始记录、各类线图与实物数据;(3)编排图版,加标图注;(4)对墓葬诸要素特征,尤其是随葬品进行初步的类型学分析;(5)根据典型器类及组合特征,对墓葬进行期段的初步划分;(6)对人骨进行性别、年龄鉴定,由北京大学何嘉宁完成;(7)在完成前述工作的基础上,开始分工协作编写报告墓葬分述与综述部分。时日虽短,但全体编写人员团结奋斗、忘我工作,至8月底基本完成了报告主体初稿的编写。

参加本阶段工作的人员有:种建荣、雷兴山、赵艺蓬,北京大学硕士研究生冉宏林、陈燕茹、曹芳芳,博士研究生张敏,中山大学硕士研究生王洋,西北大学硕士研究生同杨阳、刘肖睿、崔明俊、刘耐冬、张改课,郑州大学硕士研究生王龙霄,中国社会科学院硕士研究生刘一婷,南京师范大学本科生张天宇。

第二阶段,2012年6月底,编写工作重新启动,至9月底完成报告初稿。其间主要工作包括:(1)进一步把握随葬陶器形制特点,调整墓葬分期,判断墓葬年代,进而对报告分述与综述部分的文字、图表,进行全面修改与新写;(2)整合墓地发掘GIS系统,讨论报告结语内容,并完成结语初稿的编写;(3)完成报告绪论部分的编写。

参加本阶段工作的人员有:种建荣、雷兴山、赵艺蓬,中山大学硕士研究生王洋,北京大学硕士研究生张天宇、博士研究生徐团辉,中央民族大学硕士研究生高子凤、章懿、张俭、张若衡,湖南大学硕士研究生魏聪、陈士松,西北大学硕士研究生崔明俊,中国社会科学院硕士研究生刘一婷。

第三阶段,2012年10月至11月初,张明慧负责完成本报告所需图版的照相工作,赵艺蓬负责完成图版排版,种建荣、雷兴山分别对报告进行整体修改,可视为本报告的第二稿。

第四阶段,2015年5月至8月,由赵艺蓬负责完成报告目录,并插入图版,规范文稿格式,中山大学博士研究生王洋对图文再次进行核对,最后交由主编种建荣统稿修改,完成本报告第三稿。

第五阶段,2017年9月送专家外审,10月由主编种建荣根据外审意见,完成报告出版的定稿修改。

1.4　内容与体例

1.4.1　报告内容

考虑到本次发掘所获居址遗存与墓葬遗存多寡悬殊,本报告仅包括发掘所获的294座汉墓,及与之相关的兆沟遗迹。其他工作收获将另行刊布,主要包括:发掘区内所获春秋时期1座陶窑、灰坑与1座小型墓葬(SDM189)及汉代2座砖瓦窑等居址遗存资料;发掘区外勘探发现的墓葬与居址遗存资料;墓地及其周邻区域系统调查所获资料。

1.4.2　编写体例

1. 本报告共分四章,第一章绪论主要介绍墓地位置、历史沿革与自然环境;工作背景、缘起与目的;工作过程、思路、方法与概况;最后简要介绍报告内容与编写体例。第二、三章分别为综述、分述部分,详尽全面地介绍了发掘墓葬的资料。第四章结语,依托本次发掘资料,结合以往发现与研究,从"文化、墓地、社会"三个层面,就相关问题进行讨论。

2. 在上述基本体例之下,由于兆沟发现数量较少,内涵单一,故仅在综述部分集中介绍;考虑到墓葬形制存在巨大差异,而且据以往研究,竖穴土坑墓与洞室墓来源或不同[1],所以在综述部分,首先分无墓道竖穴土坑墓、竖穴墓道洞室墓、斜坡墓道洞室墓三类墓葬进行要素分析,在此基础上,立足墓地整体,考察三类墓的相关性。与之对应,分述部分亦按三类墓葬分别介绍,各类墓葬内部按照序号+墓号的顺序编排。

3. 为客观介绍资料,本报告的另一个原则就是尽量不强加发掘者的主观认识,以综述与分述进行区别。例如关于随葬品形制分析,及以此为基础的期别年代划分、判断等,只在综述部分进行介绍。分述部分器物仅以器类名之,一律不标型式(附表内亦如此)。

4. 本报告采取按单位(墓葬)整体发表材料的形式,发掘的墓葬及随葬品全部发表。

5. 本报告的图表,一般随报告文字顺序相应插入。

1.4.3　相关说明

1. 编号说明

本次发掘墓地,在前期钻探时,因石家村东晚期冲沟将其一分为二,分别命名为石家发掘

---

[1]　滕铭予:《论关中秦墓中洞室墓的年代》,《华夏考古》1993年第2期。

区与尚德发掘区。墓葬编号表述为：发掘年度+Y（表示杨凌区，下同）+F（表示法禧村）+墓区号（SJ表示沟西之石家区，SD表示沟东之尚德区）+墓号（两区各自顺序编号），如2010YFSDM1、2010YFSJM1。由于考虑到钻探漏探、误探，以及部分钻探区域无需发掘的情况，发掘墓葬墓号按照实际发掘顺序编号，未采取钻探墓号。

墓葬内器物的编号，对于填土内器物的编号，依据其在填土中的位置，从上到下依次编号，并在编号前附加"0"，与随葬品相区别，如2010YFSDM_：T01。随葬品编号则依据其出土位置，从上到下依次编号，如2010YFSDM_：1。要强调的是，成组成套器物统编一个大号，每件器物后加"-"与一小号。如2010YFSDM112出土的陶灶及其上的模型灶具分别编号为：SDM112：1-1灶体、SDM112：1-2甑、SDM112：1-3盆。盗洞遗物编号，依据其在盗洞中的位置，从上到下依次编号，并在编号前附加"0"，与随葬品相区别，如2010YFSDM_：D01。

还需说明的是，本报告一般编号体例如上所述，但为行文方便，在介绍墓葬或器物标本时，一律省去墓号前表示年度、地区名称的编号。如2010YSDM1简称SDM1，2010YSJM1简称SJM1。

2. 插图说明

本报告插图包括墓地位置图、发掘区墓葬分布平面图、墓葬平剖面图、出土器物图。需要说明的有几点：（1）总平面图中洞室墓之洞室外轮廓线用实线表示，单体平面图中则采用虚线表示；（2）盗洞在总平面图中一律省略不画，单体图中画出墓底盗扰范围；（3）形制结构简单，又无随葬品与葬具，人骨保存也差者，一律不发表图照。仅存人骨者，单发一张平面图；（4）剖面图一般一墓一图，个别加一张横剖面图；发表时，除个别较浅的墓葬，所有墓葬剖面图采用缩略线画法，但必须完整表现墓葬的所有结构；（5）墓葬平面图中一般画有棺椁盖板，保存较好者单画盖板图并予以发表；（6）墓内随葬漆器用虚线画出范围；（7）出土器物图版一般以墓为单位排列，出土器物少者按墓葬在报告中的编写顺序，靠近者同版排列；成组成套器物尽量按照组合关系排列，如簋形甑与锜实为分体的甗，排图时则甑在上，锜在下，上下排列。

3. 附表说明

本报告表格分插表与附表两类。插表主要是综述部分的各种统计表、分述部分的铜钱统计表。附表仅为发掘墓葬登记表，要说明的是随葬品一栏仅填写器类名称与数量，而不标明其型式。

第二章 综 述

本章首先概述墓地地层堆积状况与墓位关系及兆沟遗迹的情况,然后重点对墓葬形制结构、葬俗特征及随葬品进行类型学综合分析。在基础上,主要根据陶器型式演变规律,结合层位关系、随葬品组合及出土铜钱特征,对墓地的墓葬进行分期与断代。

2.1 墓地堆积状况

尚德发掘区和石家发掘区的堆积均较简单,主要分两类:其一为地层堆积,其二为墓地遗迹。墓地遗迹又包括墓葬、兆沟两类。另外,局部区域发现有周代的灰坑、陶窑、灶坑等居址遗迹与墓葬,个别地点发现有零星的汉代陶窑遗迹。这些遗存资料将另行刊布,所以这里不予介绍。

2.1.1 地层堆积

以尚德发掘区的探方群为例,对本墓地地层堆积情况进行说明:

第①层扰土层,遍布每个探方。底距地表0.50~0.90、厚0.50~0.90米,水平分布。上部土质较松散,土色呈黄褐泛灰色,包含少量陶片。下部土质坚硬,土色呈黄色,无包含物,较纯净。开口于该层下的遗迹有近现代墓葬。该层为汉以后至近现代堆积。

第②层垆土层,遍布每个探方。底距地表0.70~1.05、厚0.10~0.30米,水平分布。土质较疏松,土色呈浅灰色,包含少量木炭屑和料姜石。

第③层垆土层,遍布每个探方。底距地表0.80~1.35、厚0.15~0.35米,水平分布。土质松散,土色呈深灰泛黑色,包含少量木炭屑和白色丝状遗物。

开口于第②、③层下的遗迹有墓葬、兆沟,年代为汉代,是本发掘区的主要堆积。

第④层垆土层,遍布每个探方。底距地表1.05~1.60、厚0.10~0.45米,水平分布。土质松散,土色呈红色,包含少量料姜石。开口于该层下的遗迹有灰坑、陶窑、灶坑,墓葬仅SDM189一座。年代为周代,是本发掘区最早的堆积。

该层以下是生土层。

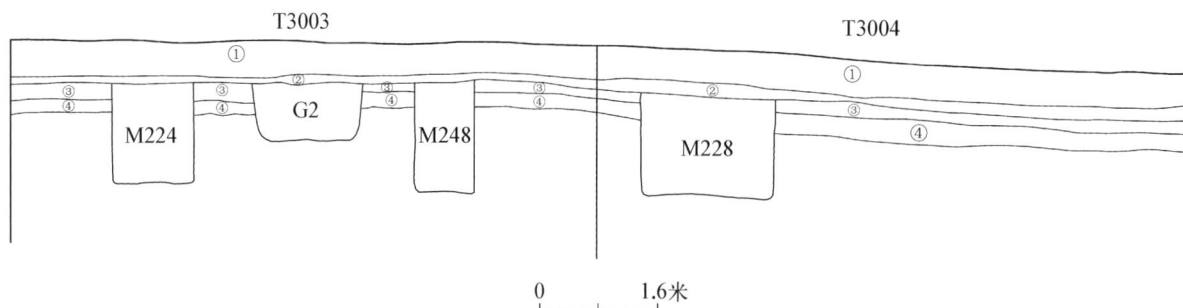

图三　探方区地层堆积剖面

2.1.2　墓位关系

本墓地共发掘墓葬294座(图四)。墓位关系包括打破关系、并列关系两种。墓葬间的间距虽小,但打破关系甚为少见,相互并列的关系更为常见。

1. 打破关系

打破关系均为直接打破("→"表示"打破"),共14组,分别为:

SDM59→SDM58　　　　　　　　　　SDM239→SDM232

SDM91→SDM92　　　　　　　　　　SDM241→SDM254

SDM106→SDM107　　　　　　　　　SDM245→SDM247

SDM117→SDM118　　　　　　　　　SDM252→SDM250

SDM122→SDM123　　　　　　　　　SDM252→SDM251

SDM137→SDM138　　　　　　　　　SDM310→SDM311

SDM148→SDM216　　　　　　　　　SJM65→SJM60

2. 并列关系

并列关系("——"表示"并列")可分为两墓并列和三墓并列,又可按墓向的不同分为东西向和南北向,也可按墓葬类型的不同分为竖穴土坑墓之间、竖穴墓道洞室墓之间、斜坡墓道洞室墓之间、竖穴土坑墓和竖穴墓道洞室墓之间、竖穴墓道洞室墓和斜坡墓道洞室墓之间,同时还存在墓向近同和墓向相反的并列关系。详细列举如下:

(1)竖穴土坑墓之间的并列关系:

南北向两墓并列有22组,分别为:

SDM2——SDM3　　　　　　　　　　SDM55——SDM57

SDM4——SDM5　　　　　　　　　　SDM58——SDM61

SDM6——SDM7　　　　　　　　　　SDM65——SDM72

SDM8——SDM9　　　　　　　　　　SDM84——SDM85

SDM10——SDM11　　　　　　　　　SDM83——SDM86

SDM34——SDM36　　　　　　　　　SDM104——SDM105

SDM107——SDM108

SDM230——SDM231

SDM109——SDM110

SDM236——SDM237

SDM163——SDM164

SDM307——SDM308

SDM165——SDM166

SJM3——SJM4

SDM178——SDM179

SJM28——SJM29

东西向两墓并列有9组,分别为:

SDM12——SDM13

SDM68——SDM69

SDM16——SDM17

SDM81——SDM82

SDM24——SDM25

SDM159——SDM160

SDM28——SDM29

SDM305——SDM312

SDM33——SDM38

南北向三墓并列有3组,分别为:

SDM95——SDM94——SDM93

SDM300——SDM301——SDM306

SDM113——SDM112——SDM111

东西向三墓并列1组:

SDM98——SDM99——SDM100

(2)竖穴墓道洞室墓之间的并列关系

南北向两墓并列有4组,分别为:

SDM149——SDM150

SDM207——SDM208

SDM182——SDM183

SJM12——SJM13

东西向两墓并列有16组,分别为:

SDM151——SDM152

SJM22——SJM23

SDM170——SDM171

SJM32——SJM33

SDM196——SDM197

SJM38——SJM39

SDM209——SDM210

SJM48——SJM59

SDM213——SDM214

SJM50——SJM51

SDM217——SDM218

SJM53——SJM54

SDM232——SDM233

SJM72——SJM73

SDM245——SDM247

SJM77——SJM78

东西向三墓并列有4组,分别为:

SJM8——SJM7——SJM6

SJM68——SJM67——SJM61

SJM26——SJM27——SJM71

SJM70——SJM69——SJM75

(3)斜坡墓道洞室墓之间的并列关系

南北向两墓并列有2组,分别为:

SDM239——SDM240

SJM63——SJM64

（4）竖穴土坑墓和竖穴墓道洞室墓之间的并列关系

南北向两墓并列有5组，分别为：

SDM211——SDM212   SDM192——SDM193

SDM146——SDM147   SJM1——SJM2

SDM142——SDM143

（5）竖穴墓道洞室墓和斜坡墓道洞室墓之间的并列关系

东西向三墓并列有1组：

SJM17——SJM15——SJM20

以上所谓的并列关系中，部分墓葬年代近同，可能为通常所说的"对子墓"。也有部分年代相差较远，仅是位置上的靠近。

2.1.3 兆沟

尚德发掘区中部的探方群发现12条沟状遗迹，编号为G1至G12（图五；彩版一二）。其中G2至G9经过解剖发掘，对其形制、堆积状况以及相互间的打破关系，有了较为确切的了解。G1、G10、11和G12仅经过钻探，未作发掘。

此类沟状遗迹的特点有：（1）沟平面多呈"区"字形，不封口，其内分布有墓葬。这些沟状遗迹明显经过有意规划。（2）除个别年代较晚的斜坡墓道洞室墓打破沟外，其余墓葬均与之无打破关系。可见其形成年代应与墓葬大致"同时"。（3）沟内堆积均较简单，包含物甚少，未发现淤土痕迹。可见沟状遗迹并非灰沟或水沟，其功能自始至终未发生变化。结合以往的考古发现与研究，本报告认为这些沟状遗迹是"兆沟"，属于墓地遗迹，目的是为了标示墓葬占据的范围。

由于已发掘的兆沟数量较少，内涵单一，故对G2至G9一并分述如下：

1. 2010SDG2

（1）位置与层位关系

G2位于探方群中部偏西，西北角外分布有G1，南部有G3，东北紧邻G8。开口于探方第②层下，打破第③、④层，东南端打破G5西北角。

（2）形制结构

平面近"区"字形，南边开口。东边长11.00、南宽2.00、北宽1.50米，北边长19.20、东宽1.60、西宽1.10米，西边长13.70、宽1.30米。通过对西边中部、北边东端、东边南端的解剖可知，均为斜坡壁，平底。西边壁面坡度81°，残深1.00、底宽1.00米；北边壁面坡度47°，残深1.00米；东边壁面坡度约20°，残深0.14米。G2上部整体被破坏，整体深度不详，但仍可看出由西向北再向东，由窄深变宽浅。

（3）堆积状况

沟内堆积分两层：

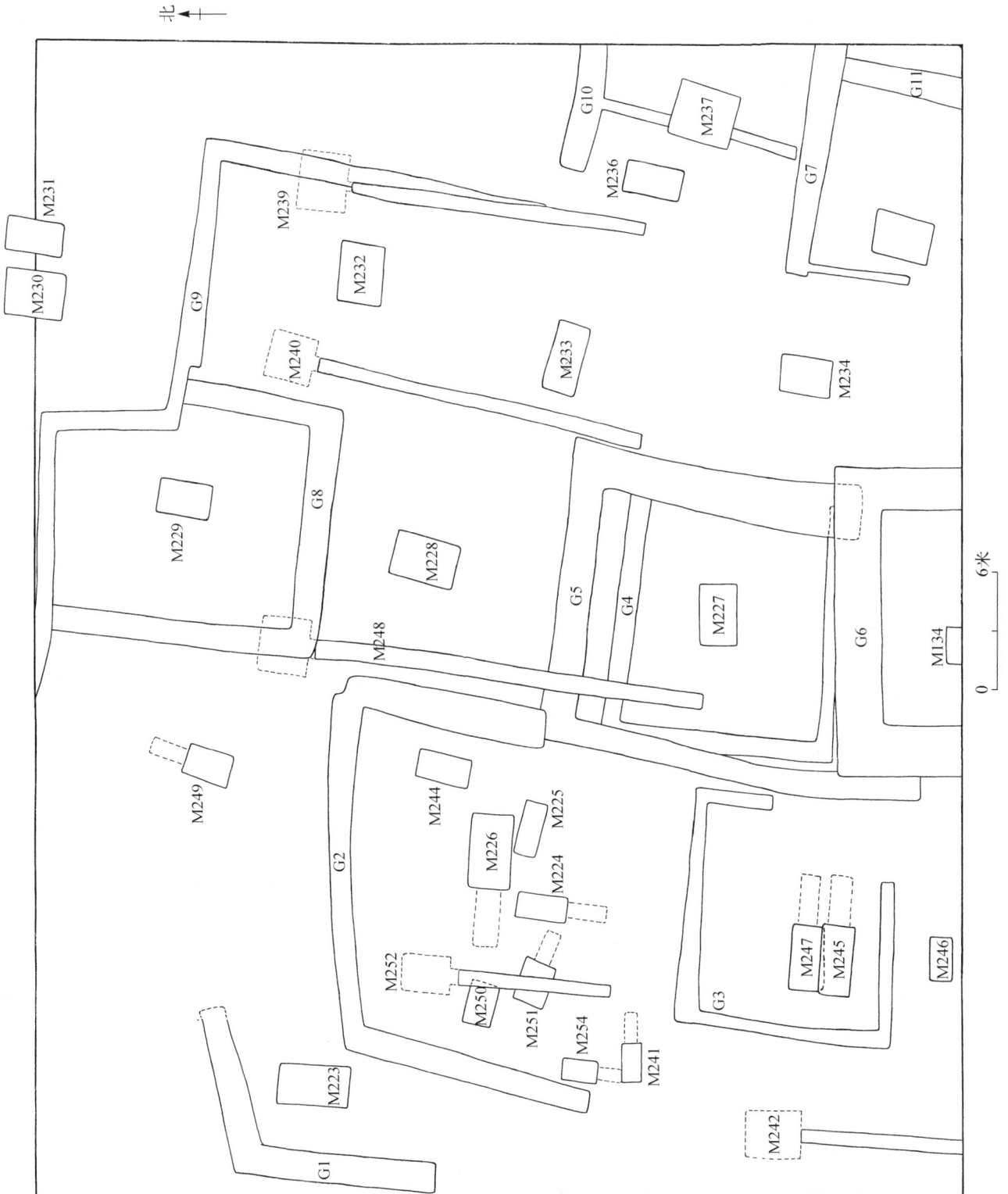

图五　探方发掘区兆沟与墓葬分布图

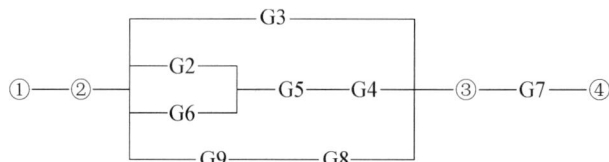

图六 兆沟层位关系图

第①层遍布整条沟内；残存厚度0～0.36米，三边均由东向西倾斜，西、北、东边倾斜度分别为15°、30°和20°；土质较硬，土色呈红褐色，无包含物。

第②层在东边，分布较少，至南端已无分布；厚0.05～0.70米，西、北边内同样由东向西倾斜，坡度与第①层相似；土质较上层疏松，土色呈黄褐色，无包含物。

（4）与墓葬相互关系

G2范围内的墓葬共9座，包括SDM224、SDM225、SDM226、SDM241、SDM244、SDM250、SDM251、SDM252和SDM254。

2. 2010SDG3

（1）位置与层位关系

G3位于探方群西南部，北邻G2，东邻G5。开口于探方第②层下，打破第③、④层。

（2）形制结构

平面近方形，东南角有缺口。东边长4.05、宽0.70米，南边长8.50、宽0.70米，西边长11.60、宽0.60～0.80米，北边长12.00、东宽0.60、西宽1.30米。通过对西边中部偏南的解剖可知，断面为直壁，平底。残深0.70、底宽0.69米。

（3）堆积状况

堆积未分层，土质较疏松，土色呈深灰褐泛黑色，无包含物。

（4）与墓葬相互关系

G3范围内的墓葬有SDM245、SDM247，位于沟中部偏南。

3. 2010SDG4

（1）位置与层位关系

G4位于探方群中部偏南，西邻G3，西北邻G2，南邻G6，外围紧邻G5。开口于探方第②层下，西北部、南边东端和北边东端被G5打破，北边近西端被SDM248打破，东南部被G6打破，打破第③、④层。

（2）形制结构

由于东部被G5打破，平面形状不明，推测开口于东边。南边长13.40、宽0.85米，西边长约12.40、宽1.00米，北边残长12.00、宽1.10米。通过对北边中部偏东和东端的解剖可知，北边中部呈斜坡壁，坡度78°，平底，残深3.25、底宽1.45米；北边东端壁面情况不明，残深1.00米。北边由西向东逐渐变浅。

（3）堆积状况

沟内堆积分两层：

第①层遍布整条沟；残存厚度0.95～1.60米，由北向南倾斜约10°；土质较硬，土色呈红褐色，无包含物。

第②层北边东端已无分布，其余部位的分布情况不明；厚1.15～1.55米，倾斜情况与第①层相近；土质疏松，土色呈灰褐色，无包含物。

（4）与墓葬相互关系

G4范围内的墓葬仅SDM227一座。

4. 2010SDG5

（1）位置与层位关系

G5位于探方群中部偏南，西邻G2和G3，南接G6，北邻G8，东南邻G7，包围着G4。开口于探方第②层下，西北角被G2打破，西边南端和东边南端被G6打破，北边近西端被SDM248打破，打破G4、第③层和第④层。

（2）形制结构

平面呈"区"字形，南边开口。东边长15.50、南宽3.00、北宽2.00米，北边长15.60、宽1.80米，西边长20.60、宽1.20米。通过对西边南端、北边偏西部、东边偏南和偏北部的解剖可知，均为斜坡壁，平底。东边壁面坡度70°～78°、残深1.70～1.75、底宽0.65～1.40米；北边壁面坡度75°、残深1.65、底宽0.85米；西边壁面坡度50°、残深1.12米。由西向北再向东，沟逐渐变宽变深。

（3）堆积状况

沟内堆积分三层：

第①层遍布整条沟；残存厚度0.30～1.55米，以东边和西边最厚，北边较薄，由东向西倾斜7°；土质致密，土色呈红褐色，无包含物。

第②层遍布整条沟；厚0.15～0.70米，倾斜情况与第①层相近；土质较上层疏松，土色呈灰褐色，无包含物。

第③层不见于西边南端和东边北部；厚0.60～0.75米，倾斜情况同上层；土质致密，土色呈深红褐色，无包含物。

（4）与墓葬相互关系

G5范围内的墓葬仅SDM227一座。该墓属于G4或G5尚不明确。

5. 2010SDG6

（1）位置与层位关系

G6位于探方群南部，北邻G4和G5，西北邻G3，东邻G7。开口于探方第②层下，打破第③、④层以及G4、G5的南部。

（2）形制结构

平面呈"区"字形，南边开口。东边残长 6.70、宽 2.20 米，北边长 16.00、宽 2.50 米，西边残长 6.60、宽 2.50 米。通过对西北角的解剖可知，为斜坡壁，坡度 80°，圜底，残深 1.20 米。

（3）堆积状况

沟内堆积分四层：

第①层位于北边南半部；残存厚度 0.40～0.94 米，由北向南倾斜约 20°；填土为五花土，土质坚硬，土色呈黄褐色，无包含物。

第②层遍布整条沟；厚 0.02～0.10 米，倾斜情况与第①层近同；土质较上层疏松，土色呈红褐色，无包含物。

第③层遍布整条沟；厚 0.26～0.38 米，近水平分布；土质疏松，土色呈浅褐色，无包含物。

第④层遍布整条沟；厚 0.08～0.52 米，倾斜情况与第①层近同；土质疏松，土色呈黄褐色，无包含物。

（4）与墓葬相互关系

G6 范围内有墓葬 SDM134 一座。

6. 2010SDG7

（1）位置与层位关系

G7 位于探方群东南角，北邻 G10。开口于第③层下，打破第④层和 G11。

（2）形制结构

由于 G7 的大部分分布于探方群外，其平面形状不明。北边残长 12.00、东宽 1.70、西宽 1.20 米，西边长 5.35、宽 0.40 米。通过对北边中部的解剖可知，为斜坡壁，坡度 80°，平底，残深 0.90、底宽 1.15 米。

（3）堆积状况

沟内堆积未分层，土质较硬，土色呈黑褐色，无包含物。

（4）与墓葬相互关系

G7 范围内无发掘墓葬。

7. 2010SDG8

（1）位置与层位关系

G8 位于探方群北部。开口于第②层下，被 G9 和 SDM248 打破，打破第③层和第④层。

（2）形制结构

平面近方形，由于北侧被 G9 打破，未发现开口。G9 以北未发现 G8 延伸的迹象，表明 G8 或与 G9 相连，或东边和西边的北端刚好都被 G9 打破。东边残长 8.60、宽 1.30 米，南边长 13.00、宽 1.50 米，西边残长 12.70、宽 1.30 米。通过对南边中部的解剖可知，为斜坡壁，坡度约 85°，圜底近平，残深 1.35、底宽 0.60 米。

（3）堆积状况

沟内堆积分两层：

第①层遍布整条沟；残存厚度0.50～0.70米，由北向南倾斜约5°；土质较硬，土色呈红褐色，无包含物。

第②层遍布整条沟；厚0.70～0.80米，倾斜情况同第①层；土质较上层疏松，土色呈浅灰色，无包含物。

（4）与墓葬相互关系

G8范围内有墓葬SDM229一座。

8. 2010SDG9

（1）位置与层位关系

G9位于探方群东北部，西与G8相接。开口于第②层下，被SDM239打破，同时打破第③、④层和G8。

（2）形制结构

平面呈西北—东南向的"W"形，未封口。由南向北依次编为东1边、北1边、东2边和北2边，东1边长18.30、宽1.10米，北1边长15.00、东宽1.00、中宽1.30、西宽0.75米，东2边长7.30、宽1.00米，北2边残长14.70、宽0.80米。通过对东1边北部、北1边西部、北2边东部的解剖可知，为斜坡壁，圜底。东1边壁面坡度80°，残深0.92米；北1边壁面坡度50°～85°，北壁较缓，残深0.65～1.00米；北2边壁面坡度80°，残深1.10、底宽0.46米。

（3）堆积状况

沟内堆积分三层：

第①层遍布整条沟；残存厚度0～0.94米，由北向南倾斜近50°；土质疏松，土色呈红褐色，无包含物。

第②层遍布整条沟；厚0～0.25米，倾斜情况同第①层；土质疏松，土色呈黄褐色，无包含物。

第③层分布于北1边西部；厚0.45米，水平分布；土质疏松，土色呈灰白色，无包含物。

（4）与墓葬相互关系

由于G9没有相对封闭的范围，仅能推测SDM229、SDM232、SDM233可能属于G9范围内。

2.2 墓 葬 形 制

2.2.1 墓葬形制分析

本次发掘的294座墓葬，根据墓葬形制不同，可分为无墓道竖穴土坑墓、竖穴墓道洞室墓、斜坡墓道洞室墓三类。

1. 无墓道竖穴土坑墓

共155座。自地面下挖一长方形土圹，在土圹底部置棺、椁以安葬死者。墓室多带有生土二层台，有的墓葬凿有壁龛。墓室长度集中在2.28～3.90米之间，宽度集中在0.81～2.45米之间（彩版九）。根据墓室四壁的收分情况，可将墓葬分为三型：

A型　共72座。直壁。如SDM165（图一六九）、SJM28（图四〇四）。

B型　共75座。斜壁，即墓室四壁至少一边为斜壁，且其他几边非袋状壁。如SDM9（图五〇七）、SJM9（图二四〇）。

C型　共5座。袋状壁，即墓室四壁至少一边为袋状壁，且其他几边非斜壁。根据墓室四壁袋状壁的数量，可分两亚型：

Ca型　共2座。墓室两长边为袋状壁，两短边为直壁。如SDM57（图八五）。

Cb型　共3座。墓室四壁均为袋状壁。如SDM132（图一四四）。

此外，SDM6三壁斜收，一壁略呈袋状。SDM100、SDM118口、底均残，无法分型。

此类墓见于本墓地第一期至第五期6段，其中第三期数量最多，第二、四期次之。A型见于第一至四期，B型见于第二至五期，C型仅见第二、三期。各型墓葬平行发展，其间不存在年代上的演变关系。

表一　无墓道竖穴土坑墓各期形制统计表

| 期段 | 分型 | A型 | | B型 | | C型 | | 各期总数 | 占总数百分比 |
		数量	占该期百分比	数量	占该期百分比	数量	占该期百分比		
一	1	1	100%					1	0.66%
二	2	22	52.38%	19	45.24%	1	2.38%	42	27.63%
三	3	24	38.71%	37	59.68%	1	1.61%	62	40.79%
四	4	6	75%	2	25%			8	5.27%
	5	2	100%					2	1.31%
五	6			1	100%			1	0.66%
不　明		17	47.22%	16	44.44%	3	8.33%	36	23.67%
总　计		72		75		5		152	
占总数百分比		47.37%		49.34%		3.29%			100%

2. 竖穴墓道洞室墓

共118座。均为直线型竖穴墓道洞室墓，即在竖穴墓道短边一端开凿土洞作为洞室。墓道平面近长方形，平底，四壁多收分，形成口大底小的竖穴结构。洞室平面多为长方形单室，拱形顶，室内置棺、椁以安葬死者。部分洞室与墓道连接处有封门，有的墓葬凿有壁龛。墓道底长度集中在

2.00～3.60米之间,底宽度集中在0.89～1.97米之间;洞室长度集中在2.39～3.84米之间,宽度集中在0.78～1.72米之间(彩版一〇)。根据墓道底与洞室间的相对宽窄关系,可将墓葬分为三型:

A型 共104座。墓道底宽于洞室。如SDM172(图三一四)、SDM214(图三五七)。

B型 共10座。墓道底与洞室等宽。如SDM194(图三二八)、SDM225(图三七〇)。

C型 共3座。墓道底窄于洞室。该型墓均带有甬道。如SDM201(图三三八)、SJM20(图三八六)。

此外,SDM20洞室形制不明,无法分型。

此类墓见于本墓地第一至四期,其中第三期数量最多,第二、四期次之。A型见于第一至四期,B型见于第二至四期,C型仅见第四期。除C型数量过少外,各型墓葬平行发展,其间不存在年代上的演变关系。

表二 竖穴墓道洞室墓各期形制统计表

期段	分型	A型		B型		C型		各期总数	占总数百分比
		数量	占该期百分比	数量	占该期百分比	数量	占该期百分比		
一	1	4	100%					4	3.42%
二	2	26	96.30%	1	3.70%			27	23.08%
三	3	42	87.5%	6	12.5%			48	41.03%
四	4	17	89.47%	1	5.26%	1	5.26%	19	16.24%
	5	8	100%					8	6.84%
不 明		7	77.78%	2	11.11%	2	11.11%	11	9.40%
总 计		104		10		3		117	
占总数百分比		88.89%		8.55%		2.56%			100%

3. 斜坡墓道洞室墓

共21座。在斜坡墓道短边一端开凿土洞作为洞室。墓道平面近长方形,底呈斜坡状,直壁。洞室平面多为长方形单室,拱形顶或穹窿顶,室内置棺、椁以安葬死者。墓道和洞室间多以甬道或天井连接,洞室口有封门。由于部分墓葬的墓道仅发掘一小部分,墓道口长度不明,墓道口的宽集中在0.76～1.24米;洞室长度集中在2.20～3.60米,宽度集中在0.99～3.02米(彩版一一)。根据墓道与洞室间有无甬道、天井,可将墓葬分为三型:

A型 共1座。墓道与洞室间无任何连接结构。如SDM242(图五一七)。

B型 共16座。墓道与洞室间由甬道连接。如SDM128(图五〇五)、SJM49(图五二三)。

C型 共4座。墓道与洞室间由天井连接。根据墓室有无砖构,可分两亚型:

Ca型 共3座。土洞结构。如SJM63(图五三〇)。

Cb型 共1座。砖室结构。如SJM65(图五三二)。

此类墓出现于第四期,主要流行于第五期。由于可判断年代的墓葬数量过少,尚不明确三型墓葬是否有年代上的演变关系,但似可看出Cb型砖室结构是由Ca型土洞结构发展而来的。

表三 斜坡墓道洞室墓各期形制统计表

期段 \ 分型	A型		B型		C型		各期总数	占总数百分比
	数量	占该期百分比	数量	占该期百分比	数量	占该期百分比		
四 4					1	100%	1	4.76%
五 6			3	60%	2	40%	5	23.81%
五 7					1	100%	1	4.76%
不 明	1	7.14%	13	92.86%			14	66.67%
总 计	1		16		4		21	
占总数百分比	4.76%		76.19%		19.05%			100%

总体上,第一至四期,竖穴土坑墓与竖穴墓道洞室墓平行发展。第一期两类墓葬数量均很少,第二、三期墓葬数量骤增,第四期逐渐减少,至第五期两类墓葬基本消失,而斜坡墓道洞室墓大量出现。

2.2.2 墓葬结构特征

墓葬结构特征包括墓向、封门、壁龛、甬道、天井、二层台几个方面。

1. 墓向

(1) 墓向分类[1]

1) 竖穴土坑墓。根据墓向不同,可分为两型:

A型 共41座。东西向。根据墓向度数不同,分为四亚型:

Aa型 共20座。正东向,墓向度数85°~95°。如SDM313(图三二〇)、SJM40(图二四六)。

Ab型 共17座。东偏南,墓向度数96°~110°。如SDM88(图一一〇)、SDM13(图五〇)。

Ac型 共1座。正西向,墓向度数265°~275°。如SDM68(图九二)。

Ad型 共3座。西偏北,墓向度数276°~290°。如SDM37(图七三)、SDM56(图八四)。

B型 共109座。南北向。根据墓向度数不同,分为四亚型:

Ba型 共27座。正北向,墓向度数355°~5°。如SDM58(图八六)、SJM3(图二三五)。

Bb型 共73座。北偏东,墓向度数6°~20°。如SDM179(图一八四)、SJM2(图二三二)。

Bc型 共4座。正南向,墓向度数175°~185°。如SJM28(图二一八)、SDM107(图二一六)。

Bd型 共5座。南偏西,墓向度数186°~200°。如SDM212(图一九六)、SDM244(图二一二)。

---

[1] 竖穴土坑墓墓向以墓主头向为准,竖穴墓道洞室墓、斜坡墓道洞室墓墓向皆以墓道方向为准。除7座墓向较为特殊的墓葬外(SDM34、SJM9、SDM39、SDM184、SDM306、SDM199、SDM133),对287座墓的墓向进行了分类。

此类墓以南北向为主,占墓葬总数73%,其中又以北偏东居多。东西向墓数量很少,占墓葬总数27%,其中正东、东偏南相对较多。年代上,各种墓向并存,其间无明显演变关系。各期墓向均以北偏东为主。

2）竖穴墓道洞室墓。根据墓向不同,可分为两型:

A 型　共74座。东西向。根据墓向度数不同,分为四亚型:

Aa 型　共4座。正东向,墓向度数85°～95°。如SJM6（图三九七）、SDM185（图三二三）。

Ab 型　共10座。东偏南,墓向度数96°～110°。如SJM52（图四五六）、SDM218（图三五七）。

Ac 型　共32座。正西向,墓向度数265°～275°。如SJM70（图四六五）、SDM197（图三三一）。

Ad 型　共28座。西偏北,墓向度数276°～290°。如SDM14（图二四八）、SJM26（图四二二）。

B 型　共43座。南北向。根据墓向度数不同,分为四亚型:

Ba 型　共7座。正北向,墓向度数355°～5°。如SDM140（图二八三）、SDM183（图二七五）。

Bb 型　共21座。北偏东,墓向度数6°～20°。如SDM121（图二七二）、SJM35（图四三二）。

Bc 型　共2座。正南向,墓向度数175°～185°。如SDM139（图二八二）。

Bd 型　共13座。南偏西,墓向度数186°～200°。如SJM1（图三七三）、SDM153（图三〇二）。

此类墓以东西向为主,占墓葬总数63%,其中又以正西、西偏北居多。南北向墓数量相对较少,占墓葬总数37%,其中以北偏东、南偏西居多。年代上,各种墓向并存,其间无明显演变关系。各期墓向均以正西、西偏北为主。

3）斜坡墓道洞室墓。根据墓向不同,可分为两型:

A 型　共2座。东西向。根据墓向度数不同,分为两亚型:

Aa 型　共1座。东偏南,墓向度数96°～110°。如SJM49（图五二三）。

Ab 型　共1座。正西向,墓向度数265°～275°。如SJM17（图五二二）。

B 型　共18座。南北向。根据墓向度数不同,分为四亚型:

Ba 型　共1座。正北向,墓向度数355°～5°。如SJM64（图五三四）。

Bb 型　共2座。北偏东,墓向度数6°～20°。如SJM65（图五三五）、SJM63（图五三三）。

Bc 型　共7座。正南向,墓向度数175°～185°。如SDM181（图五三二）、SDM106（图五〇八）。

Bd 型　共8座。南偏西,墓向度数186°～200°。如SDM59（图五〇一）、SDM240（图五一六）。

此类墓绝大多数为南北向,其中又以正南、南偏西为主。

总体上,三类墓葬的墓向均集中在正东或东偏南、正西或西偏北、正南或南偏西、正北或北偏东,呈"顺时针"分布。此外,若北偏东向墓葬数量多,则与之对应的南偏西向墓葬也多;若东偏南向墓葬多,则与之对应的西偏北向墓葬也多,呈"同轴对应"。

（2）头向与墓向

竖穴土坑墓的墓向以头向为准。竖穴墓道洞室墓的墓向以墓道方向为准,除44座墓头向不明外,头向一般与墓道同向,仅在9座墓中与墓道反向。斜坡墓道洞室墓的墓向以墓道方向为准,除8座墓头向不明外,头向一般与墓道同向,在3座多人合葬墓中还存在头向与墓向垂直的现象。

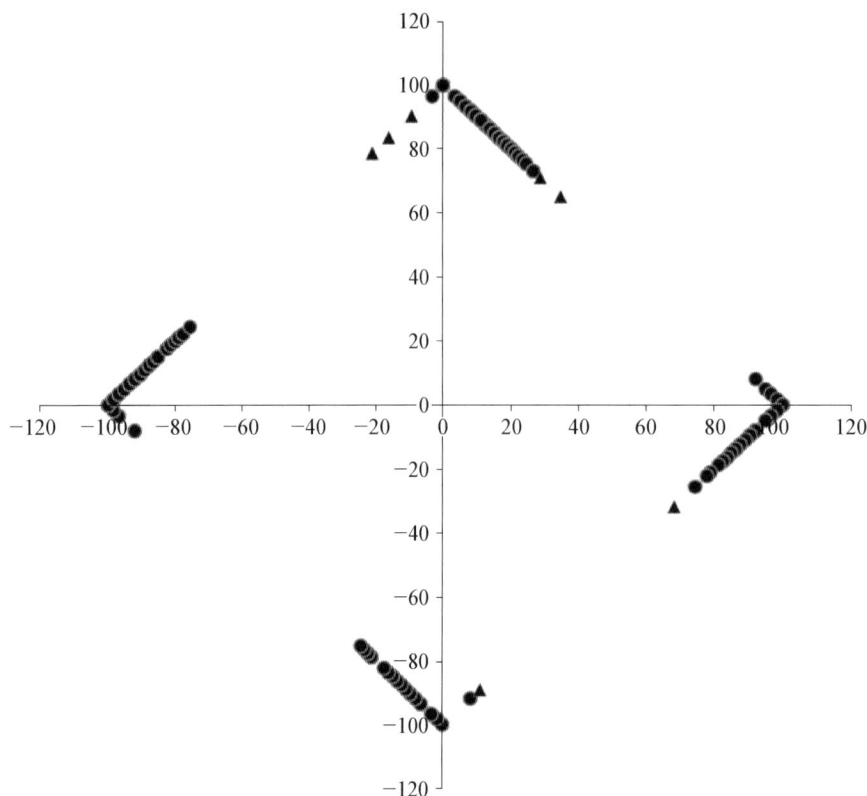

图七　三类墓葬墓向散点图

(图中纵轴、横轴代表墓向,其中正数的纵轴、横轴分别代表北向、东向。圆点代表分型的287座墓葬,
三角形代表7座墓向特殊、未进行分型的墓葬)

2. 封门

封门见于竖穴墓道洞室墓和斜坡墓道洞室墓中。其中前者仅见木板封门,共22座;后者包括木板封门2座、砖封门14座。

(1)木板封门

根据封门槽的有无及形制,可分四型:

A型　共1座。无封门槽。如SJM23(图七○)。

B型　共21座。有封门槽,即在墓壁上刻槽将木板卡入放置。根据封门槽的位置不同,可分四亚型:

Ba型　共2座。上、左、右有槽。如SJM20(图一九)。

Bb型　共15座。左、右有槽。如SJM62(图四七六)。

Bc型　共3座。左、右、底有槽。如SDM150(图二九六)。

Bd型　共1座。底有槽。如SDM199(图三三四)。

C型　共1座。葬具当封门,即以朝向墓道的椁板端板作为封门。如SJM17(图五○六)。

D型　共1座。两棍一板式,即两棍将一板挡住作为封门,呈"𝗹"形。如SDM14(图二四八)。

各型木板封门中,以有封门槽的B型最为常见,其中又以有左右两侧封门槽的Bb型居多。

年代上,在竖穴墓道洞室墓中,流行于第二至四期;在斜坡墓道洞室墓中,流行于第四、五期。

(2)砖封门

根据砖的堆砌方式,可分为四型[1]:

A型 共2座。水平堆砌。如SDM181(图五一三)。

B型 共9座。垂直堆砌。如SDM117(图五〇五)。

C型 共2座。斜向堆砌。如SDM91(图五〇七)。

D型 共1座。错缝堆砌,即"▭"形。如SJM65(图五三二)。

砖封门仅见于斜坡墓道洞室墓中,出现于第五期,以B型垂直堆砌为主。在堆砌方式上,除封门整体均用一种方式堆砌外,还存在局部叠加使用两种或以上方式者,如SDM128(图五三二)、SDM242(图五一七)。

3. 壁龛

共有27座墓发现有壁龛29个,龛内均置有随葬品。其中竖穴土坑墓16座、竖穴墓道洞室墓10座、斜坡墓道洞室墓1座。除SDM14、SDM64各有两龛外,余均一墓一龛。

(1)形制分析

壁龛一般呈圆拱形,少数呈长方形。根据壁龛的进深不同,可分为三型:

A型 共5个。进深大于0.60米。竖穴土坑墓中3个,如SDM132(图一四四);竖穴墓道洞室墓中1个,如SDM213;斜坡墓道洞室墓中1个,如SJM64(图五三四)。

B型 共20个。进深在0.20~0.60米间。竖穴土坑墓中13个,如SDM6(图三九);竖穴墓道洞室墓中7个,如SDM64(图二五八)。

C型 共4个。进深小于0.20米。仅见于竖穴墓道洞室墓中,如SDM209(图三四六)。

年代上,各型壁龛主要见于墓葬数量较多的第二、三期。

(2)位置

壁龛的位置,包括与墓主的相对位置、所处墓壁的方位、所处墓壁的高低三方面。除SDM23的壁龛位于墓道外,余均位于墓室。

1)与墓主的相对位置[2]。可分为四型:

A型 共7个。位于墓主左侧。如SDM23(图二五二)。

B型 共10个。位于墓主右侧。如SDM39(图二二)。

C型 共3个。位于墓主头端。如SDM132(图一四四)。

D型 共6个。位于墓主脚端。如SDM168(图一七〇)。

竖穴土坑墓的壁龛以墓主右侧和脚端为主,不见于左侧。竖穴墓道洞室墓的壁龛则多见于墓主左侧,右侧次之,不见于头端和脚端。此外,位于墓主两侧的壁龛若偏向一端时,竖穴土坑墓大多偏向脚端,竖穴墓道洞室墓大多偏向头端。

---

[1] 堆砌方式的统计,按封门主体采用的方式统计。

[2] SDM42、SJM48、SJM73三座墓人骨不明,暂不计入。

2) 所处墓壁的方位[1]。可分为四型：

A型　共4个。位于东壁。如SDM64(图二五八)。

B型　共7个。位于西壁。如SDM180(图一八四)。

C型　共7个。位于南壁。如SDM168(图一七〇)。

D型　共9个。位于北壁。如SDM213(图三五四)。

竖穴土坑墓的壁龛以西壁为主，南壁次之；竖穴墓道洞室墓的壁龛以北壁为主，南壁次之。

3) 所处墓壁的高低。可分为两型：

A型　共13个。位于墓壁中部或略偏下。如SDM105(图九一)。

B型　共16个。墓壁底部。如SDM213(图三五四)。

竖穴土坑墓的壁龛以墓壁中部为主，而竖穴墓道洞室墓的壁龛绝大多数位于墓壁底部。

4. 甬道、天井

设有甬道的墓葬共19座，其中竖穴墓道洞室墓3座，斜坡墓道洞室墓16座。设有天井的墓葬共4座，均为斜坡墓道洞室墓。甬道和天井仅见于第四、五期。

5. 二层台

设有生土台的墓葬共73座，包括2座三层台墓(SDM236、SDM237)及71座二层台墓。根据二层台围绕墓壁的边数，可分为三型：

A型　共38座。围绕墓壁两侧。如SJM28(图二一八)。

B型　共7座。围绕墓壁三边。根据二层台的位置，可分两亚型：

Ba型　共6座。围绕两侧及墓主头端墓壁。如SDM216(图一九八)。

Bb型　共1座。围绕两侧及墓主脚端墓壁。如SDM162(图一六四)、SDM23(图二五二)。

C型　共26座。围绕墓壁四周。如SDM173(图一七五)、SDM226(图三七三)。

生土二层台多见于竖穴土坑墓，共69座，而竖穴墓道洞室墓仅有SDM226、SDM23两座。前者以两侧二层台、四周二层台最为常见，后者仅见三边二层台。年代上，生土二层台自第一期至第五期6段一直存在。

2.3　墓内葬俗特征

2.3.1　葬具

发现木构葬具的墓葬262座，葬具不明者22座，无葬具者10座。葬具主要有单棺、一棺一椁两种结构。此外，还存在垫木、棺床两种辅助性葬具。

葬具的放置位置，因墓葬形制不同而有所区别。竖穴土坑墓，葬具置于墓圹内。竖穴墓道洞

---

[1] SDM68、SDM105的壁龛位于墓壁西南角，暂不计入。

室墓分两种方式：墓道与洞室等宽或洞室窄于墓道者，葬具一般靠近洞室后壁放置；洞室宽于墓道者，葬具一般置于洞室中央。斜坡墓道洞室墓的多人葬具，一般并排置于洞室中央偏后壁处。

1. 椁

使用椁的墓葬共51座。椁呈矩形或梯形，由端板、侧板、盖板和底板四部分构成。长度一般在2.56～3.80米之间，宽度一般在1.02～1.50米之间。椁的高度，由于腐朽过甚而不明确，仅在个别墓葬中保存较好，如SDM39、SDM82。根据椁的平面形制、端板与侧板的接合方式不同，可分为六型：

A型 共35座。呈"Ⅱ"形，端板与侧板四角相接，呈封闭矩形。如SDM146（图一三四）、SJM51（图四四七）。

B型 共8座。呈"Ⅱ"形，侧板两端嵌于端板内，端板两端长出侧板外侧。如SDM82（图一〇四）、SJM2（图二三二）。

C型 共4座。呈"Ⅱ"形，端板两端嵌于侧板内，侧板两端长出端板外侧。如SDM83（图九七）。

D型 共2座。呈"Ⅱ"形，一端板与侧板闭合相接，另一端板两端伸出两侧板外侧。如SDM218（图三五七）、SJM17（图五〇六）。

E型 共1座。呈"Ⅱ"形，一端板嵌于两侧板内，两侧板嵌于另一端板内，且该端板长出两侧板外侧。如SDM150。

F型 共1座。呈"△"形，两端板长度不相等，椁侧板与端板闭合相接。如SDM308（图二二六）。

2. 棺

使用棺的墓葬共255座。棺呈矩形或梯形，由端板、侧板、底板、盖板四部分构成。长度一般在1.60～2.50米之间，宽度一般在0.50～1.00米之间。棺的高度，由于腐朽过甚而不明确。根据棺的平面形制、端板与侧板的接合方式不同，可分为四型：

A型 共227座。呈"Ⅱ"形，与A型椁相类似，棺侧板与端板四角闭合相接。如SDM140（图二八三）、SJM58（图四六五）。

B型 共23座。呈"△"形，与F型椁类似，两端板长度不相等，棺侧板与端板闭合相接。如SDM97（图二六四）、SJM65（图五三二）。

C型 共4座。呈"Ⅱ"形，与B型椁相类似，棺侧板嵌于端板内，端板两端长出侧板外侧。如SDM88（图一〇八）。

D型 共1座。呈"Ⅱ"形，与C型椁形制近同，端板两端嵌于两侧板内，侧板两端长出端板外侧。如SDM67（图九〇）。

3. 垫木

垫木仅见于竖穴土坑墓的3座墓中，包括SDM8、SDM12、SDM154。均为两根方木横置于墓底，垫木两端伸进熟土二层台内。

4. 棺床

使用棺床的墓葬共22座。其中15座为单棺加棺床，即在单棺底下并排横置或竖置长方形木板；另有7座只使用棺床，即人骨直接置于平铺的长方形木板上。根据一墓内棺床的组数不同，可分为两型：

A型 共15座。单组。均出现于单棺加棺床的墓中，均为单人葬。根据棺床木板摆放方向，可分为两亚型[1]：

Aa型 共8座。横向，有2至17根长方木板并排横置于墓室内。如SDM200（图三三六）、SJM35（图四三二）。

Ab型 共7座。纵向，有4至13根长方木板并排竖置于墓室内。如SDM213（图三五四）、SJM61（图四六五）。

B型 共7座。多组。除SDM315为竖穴墓道洞室墓外，余均出现于斜坡墓道洞室墓的多人合葬墓中。根据各组之间的摆放关系，可分为两亚型：

Ba型 共4座。并排。有2或3组棺床平行放置于墓室内。如SDM239（图五〇五）。

Bb型 共3座。垂直。有2组棺床大体垂直放置于墓室内。如SDM242（图五一七）。

5. 头箱

使用头箱的墓葬仅SDM132、SDM150两座。其中SDM132是单棺加头箱，SDM150是一棺一椁加头箱。头箱为长方形箱体，置于墓主头部一侧的棺椁前端，其内均置有随葬品。

总体上，三类墓葬在各期均以单棺数量最多。竖穴土坑墓的葬具主要是单棺、一棺一椁，竖穴墓道洞室墓的葬具主要是单棺、单棺+棺床，斜坡墓道洞室墓的葬具主要是单棺、棺床。各类葬具大致并行发展。

表四 无墓道竖穴土坑墓各期葬具统计表

期段		单棺		一棺一椁		单棺+棺床		单棺+垫木		一棺一椁+垫木		不 明		总 计	
		数量	占该期百分比	数量	占该期百分比	数量	占该期百分比	数量	占该期百分比	数量	占该期百分比	数量	占该期百分比	数量	占总数百分比
一	1	1	100%											1	0.65%
二	2	27	60%	13	28.89%	1	2.22%	1	2.22%			3	6.67%	45	29.03%
三	3	33	54.1%	23	37.7%	1	1.64%			1	1.64%	3	4.92%	61	39.35%
四	4	5	62.5%	3	37.5%									8	5.16%
	5	1	50%									1	50%	2	1.29%
五	6											1	100%	1	0.65%
不 明		23	62.16%	5	13.51%			1	2.7%			8	21.62%	37	23.87%
总 计		90	58.07%	44	28.39%	2	1.29%	2	1.29%	1	0.65%	16	10.32%	155	100%

---

[1] 以南北向为纵向，东西向为横向。

表五 竖穴墓道洞室墓各期葬具统计表

期段 葬具		单 棺		一棺一椁		单棺+棺床		只有棺床		不 明		总 计	
		数量	占该期百分比	数量	占该期百分比	数量	占该期百分比	数量	占该期百分比	数量	占该期百分比	数量	占总数百分比
一	1	3	75%							1	25%	4	3.39%
二	2	19	67.86%	2	7.14%	5	17.86%			2	7.14%	28	23.73%
三	3	39	81.25%	1	2.08%	4	8.33%			4	8.33%	48	40.68%
四	4	14	73.68%	1	5.26%	4	21.05%					19	16.1%
	5	7	87.5%	1	12.5%							8	6.78%
不 明		6	54.55%					1	9.09%	4	36.36%	11	9.32%
总 计		88	74.58%	5	4.24%	13	11.02%	1	0.85%	11	9.32%	118	100%

表六 斜坡墓道洞室墓各期葬具统计表

期段 葬具		单 棺		一棺一椁		只有棺床		不 明		总 计	
		数量	占该期百分比	数量	占该期百分比	数量	占该期百分比	数量	占该期百分比	数量	占总数百分比
四	4			1	100%					1	4.76%
五	6	3	60%					2	40%	5	23.81%
	7	1	100%							1	4.76%
不 明		5	35.71%			6	42.86%	3	21.43%	14	66.67%
总 计		9	42.86%	1	4.76%	6	28.57%	5	23.81%	21	100%

2.3.2 葬式

本墓地人骨保存状况较差,竖穴墓道洞室墓、斜坡墓道洞室墓的人骨多数仅残存肢骨,竖穴土坑墓的保存情况相对较好。可辨葬式的墓葬共194座,其中70座仅存下肢骨或更少的骨骼,只能初步判定为直肢葬,在分型时不计入。

1. 面向

墓主面向以面向上者居多,其次为面向东。

2. 葬式的类型分析

葬式明确的124座墓葬,可分为仰身直肢葬、屈肢葬两类。

（1）仰身直肢葬

共96座。根据上肢放置的位置,可分为六型:

A 型　共64座。上肢伸直置于躯干两侧。如SDM209（图二四）、SJM40（图二四六）。

B 型　共11座。上肢基本伸直置于躯干两侧，但双手自腕骨处折向骨盆。如SDM180（图一八四）。

C 型　共7座。上肢内折，双手交叉放置于腹部。如SDM75（图五〇三）、SJM29（图二四五）。

D 型　共9座。一肢内折且该手放于腹部，另一肢伸直于躯干旁。如SDM124（图一四二）。

E 型　共4座。上肢内折，双手放置于胸前。如SDM85（图一〇七；彩版九，1）。

F 型　共1座。左手放置于右肩上，右手放置于腰部左侧。如SDM212（图一九六）。

（2）屈肢葬

共28座。多为下肢微曲或自然屈肢，与秦人卷曲特甚的屈肢葬不同。除SDM205外，下肢股骨与胫骨间的夹角均大于90度。根据身体放置方式，可分为两型：

A 型　共23座。仰身屈肢葬。根据其下肢弯曲方向，分为三亚型：

Aa 型　共1座。下肢向左曲。如SDM218（图三五七）。

Ab 型　共7座。下肢向右曲。如SDM82（图一〇四）、SJM22（图四一八）。

Ac 型　共13座。一下肢向左或向右曲，另一下肢伸直。如SDM227（图二一〇）、SJM12（图四〇八）。

Ad 型　共2座。一下肢向左曲，另一下肢向右曲。如SDM104（图一二五）。

B 型　共5座。侧身屈肢葬。如SDM55（图八二）。

总体上，自第一期至五期，三类墓葬的葬式均以仰身直肢葬为主。屈肢葬虽少，但在各期始终存在，与仰身直肢葬并行发展。值得注意的是，屈肢葬墓中，可鉴定人骨者均为30～50岁女性，包括SDM37、SDM55、SDM166、SDM244、SDM312，似表明屈肢葬与中年女性可能存在某种联系。

表七　各期葬式统计表

期段	葬式	仰身直肢葬		屈　肢　葬				不　明		总　计	
				仰身屈肢葬		侧身屈肢葬					
		数量	占本期百分比	数量	占本期百分比	数量	占本期百分比	数量	占本期百分比	数量	占总数百分比
一	1	2	40%	1	20%			2	40%	5	1.70%
二	2	42	57.53%	9	12.33%	2	2.74%	20	27.4%	73	24.83%
三	3	59	54.13%	5	4.59%	1	0.92%	45	41.28%	109	37.07%
四	4	16	57.14%	3	10.71%	1	3.57%	7	25%	28	9.52%
	5	7	70%	1	10%			2	20%	10	3.40%
五	6	3	50%					3	50%	6	2.04%
	7			1	100%					1	0.34%
不　明		37	59.68%	3	4.84%	1	1.61%	21	33.87%	62	21.09%
总　计		166	56.46%	23	7.82%	5	1.70%	100	34.01%	294	100%

2.3.3 祭牲

共10座墓发现有动物骨骼,暂称之为"祭牲"。或为整只动物,或为部分肢骨,可鉴定种属包括猪、羊、雉鸡。其放置方式有三种:

其一,置于棺外墓主头端,共6座墓,包括SDM2、SDM26、SDM38、SDM132、SDM213、SDM228。其中SDM213的动物骨骼置于铜盘内。

其二,置于棺外墓主脚端,仅SDM223一座墓。

其三,置于棺外墓主左侧,共2座墓,包括SDM15、SDM191。

此外,SDM232墓主头向不明,仅能确定祭牲置于墓室一端。

总体上,祭牲多见于竖穴土坑墓中,共7座,而竖穴墓道洞室墓中仅3座。年代上,见于墓葬数量较多的第二至四期。值得注意的是,随葬动物的墓葬多随葬有铜器,祭牲可能与墓主地位、财富有关。

2.4 随 葬 品

2.4.1 随葬品形制分析

随葬品在材质上,可分为陶器、釉陶器、铜器、铁器、玉石器、骨蚌器等,本节分别进行介绍。

1. 陶器

（1）关于分类的说明

为正确地区分器类,也为行文方便,参照以往分类成果,结合汉墓陶器的实际,首先按照随葬陶器的属性,将其分为以下三大类。

其一,仿铜陶礼器。数量与种类少,各类器形态区分明显,惟个别器名有歧见。包括鼎、盛、锜和簋形甗、钫、壶五类。其中,盛已往多称作盒,但《天马—曲村》根据云梦大坟头、长沙马王堆汉墓出土遣册和实物的对比,将此类器定名为"盛"[1],本文从此说。锜已往多称作鍑,本文称之为锜,原因是:鍑在青铜时代专指北方草原地带的一种青铜炊器,其形制与西汉这种仿铜陶礼器的差别很大,不是一类器;直到魏晋南北朝时期青铜鍑一直存在,称之为锜以示区别;《天马—曲村》根据其形态与加了三足的釜相近,而釜有三足谓之锜,故将此类器称为锜[2];最为重要的是,锜为甗的下部,而汉人并不把甗的下部称作鍑,鍑在当时应是指大口釜[3]。

其二,日用陶器。数量最多,且种类繁杂,根据形态与功用的差异程度,将其归并为四小类:罐类、缶类、盆盂甗类、釜类。各小类内再按其整体形态区别成类,具体命名。

［1］ 北京大学考古学系商周组、山西省考古研究所:《天马—曲村》,科学出版社,2000年。

［2］ 北京大学考古学系商周组、山西省考古研究所:《天马—曲村》,科学出版社,2000年。

［3］ 陈平:《说釜——兼论金、勘、鬴、啊、鏊诸器之关系》,《考古与文物》1982年第5期。

日用陶器器类界定,是汉墓陶器分类的难点,歧见最大。究其根源,主要是忽视了西汉陶器不同于史前、商周陶器的"模件化"特质因素,仍像后者一样多以陶器的某一部位(如口部)特征为标准进行分类。结果所分同类器,其整体形态往往差异甚大,尤以罐类器表现最为明显。所谓"模件化",是指不同器类的某一相同部位具有相同的形制,类似一个模件,不同模件的组合构成不同器类。这种模件至少包括口部、肩腹两类,前者可分为缶口、直口方唇口、卷沿口、直颈厚圆唇口四种,后者最常见的就是本报告称之"亚腰系"的多种肩腹。

其三,模型陶器。包括灶及置于灶上的模型盆、甑、小口旋纹罐。这些灶具与同类的日用陶器形制相似,演变规律近同,故不单列分析。

（2）仿铜陶礼器

鼎　盖与器身以子母口扣合,盖面多饰三乳突。鼎身双附耳,耳有长方形穿;上下腹分界处有一周凸棱,腹下接三蹄足,耳足呈五点式分布。盖面及鼎身上腹部饰有彩绘。根据下腹及底部特征分三型:

A型　弧腹圜底。根据耳穿等特征分四式:

Ⅰ式　耳穿透出鼎口部分与未透出部分大小相当,暂称"耳穿半透"。子母口内敛,内沿明显高于外沿;深腹,耳、足与鼎身连接处距腹部凸棱较远;蹄足瘦高而微内收。盖较扁平,乳突较大,半圆形。标本SDM90：8(图八,1;彩版一三,1)。

Ⅱ式　耳穿透出鼎口部分小于未透出部分,暂称"耳穿小透"。口部特征与上式近同,唯沿面内凹;腹较深,蹄足较上式变矮,微外撇。盖面较上式弧,乳突变小。标本SJM66：8(图八,2)。

Ⅲ式　耳穿略微透出鼎口,暂称"耳穿微透"。口部内沿略高于外沿,沿面内凹成槽;腹较浅,耳、足与器身连接处距腹部凸棱很近;蹄足粗矮而外撇。盖较深,盖面圆鼓近圜形,上饰点状小乳突。标本SDM199：1(图八,3;彩版一三,3)。

Ⅳ式　"耳穿不透"。口部内、外沿大致齐平,部分沿面凹槽近外沿处出现一周旋纹;浅腹,耳、足与器身连接处已至腹部凸棱;足、盖特征与上式近同,部分盖面乳突消失。标本SDM186：4(图八,4;彩版一三,4)。

A型的演变规律为:耳穿透出鼎口部分由大变少至消失,即"耳穿半透"→"耳穿小透"→"耳穿微透"→"耳穿不透"。口部由内沿高于外沿逐渐演变为内外沿齐平,腹由深变浅,足由瘦高微内收演变为粗矮微外撇,耳、足与器身连接处距腹部凸棱由远及近,鼎盖由浅变深,盖面由平变鼓,乳突由大变小及至消失。此外,Ⅰ至Ⅳ式陶鼎整体形态由大逐渐变小。

B型　斜腹平底。根据耳穿等特征分两式:

Ⅰ式　"耳穿半透";深腹,盖面乳突较大,棱状。标本SDM132：5(图八,5;彩版一三,5)。

Ⅱ式　"耳穿小透";腹较深,盖面乳突较小,半圆形。标本SDM164：2(图八,6;彩版一三,6)。

该型标本较少,演变规律与A型鼎近同。根据陶鼎的总体演变规律,BⅠ式盖面乳突较AⅠ式大,蹄足较AⅠ式略高,在时代上可能略早于AⅠ式。

C型　垂腹平圜底。标本SDM134：6。

盛　盖与器身以子母口扣合,盖上有矮圈足状捉手,平底或底微内凹。上腹部及盖面一般饰有彩绘。根据腹部特征分三型：

A型　弧腹，腹部整体圆弧。该型盛的器身与A型弧腹鼎的器身形态相近。根据口、腹及盖部特征分三式：

Ⅰ式　折盘微弧，盖面近平，盖面最高处明显低于捉手顶部，盖腹较浅。上腹微内敛，口部内沿明显高于外沿。标本SDM132：4（图八，15；彩版一三，8）。

Ⅱ式　盖面微弧，盖腹较上式深，盖面最高处略低于捉手顶部。盛身上腹近直，口部内沿略高于外沿，沿面内凹成槽。标本SJM66：7（图八，16）。

Ⅲ式　盖面斜弧，盖腹较深，盖面最高处高于捉手顶部。上腹斜弧，口部内、外沿大致齐平。标本SDM186：5、9（图八，18、17；彩版一四，2）。

A型演变规律为：盖面由平变弧，盖腹由浅变深；上腹部由微内敛演变为斜弧；口部由内沿高于外沿逐渐演变为内、外沿齐平。

B型　上腹圆弧，下腹斜直，上下腹交接处略有折痕。该型盛的器身与B型斜腹鼎的器身形态相近。标本SDM164：3（图一六七，6；彩版一四，3）。

C型　垂腹。该型盛的器身与C型垂腹鼎的器身形态相近。标本SJM2：2。

锜和簋形甑　在墓葬中，簋形甑多倒扣于锜上，两者均成对出现，共同构成一个组合器物。但作为两个相对独立的部分，两者又各有其演变序列。

锜　小直口方唇，弧肩、弧腹，肩腹转折处有腰檐，腹下接三蹄足，肩部多对称饰一对兽面衔环状铺首。肩面饰有彩绘。根据肩腹比例及铺首特征分四式：

Ⅰ式　腹深大于肩高，铺首大而纹饰精致、印痕清晰；腰檐较宽，蹄足细高。标本SDM90：4（图八，7）。

Ⅱ式　腹深与肩高大致相等，铺首小而纹饰简化、印痕较模糊；腰檐较上式窄，蹄足较矮。标本SDM164：4（图八，8；彩版一四，6）。

Ⅲ式　腹深略小于肩高，铺首形制与上式近同；腰檐较窄，蹄足更矮。标本SJM53：1（图八，9；彩版一四，7）。

Ⅳ式　腹深明显小于肩高，铺首消失；腰檐窄，蹄足粗矮。标本SDM186：7（图八，10；彩版一四，8）。

演变规律为：肩腹比例由腹深大于肩高演变为腹深小于肩高；铺首由大变小再到消失，铺首纹饰由复杂逐渐简化。此外，Ⅰ至Ⅳ式整体形态由大变小，腰檐由宽变窄，蹄足由细高变粗矮。

簋形甑　敞口，弧腹下接圈足，底有短条形甑孔。器身及圈足饰有彩绘，器内壁多满饰红彩。为了和实用器陶甑有所区别，加之此类彩绘甑器形较小，形制与簋相近，暂称为“簋形甑”。根据口部、底部及彩绘特征分四式：

Ⅰ式　折平沿，沿面微下倾；器底内壁全部被刮，刮痕较深，底内壁明显低于腹底相接处；圈足微内敛。甑孔布局，或中心一孔与边缘两周，或中心无孔，仅内外两周；孔数一般多于10个。器内壁普遍不施彩。标本SDM90：11（图八，11；彩版一五，1）。

Ⅱ式　折平沿，沿面近平；器底内壁全部被刮，但刮痕较浅，底内壁略低于腹底相接处；圈足

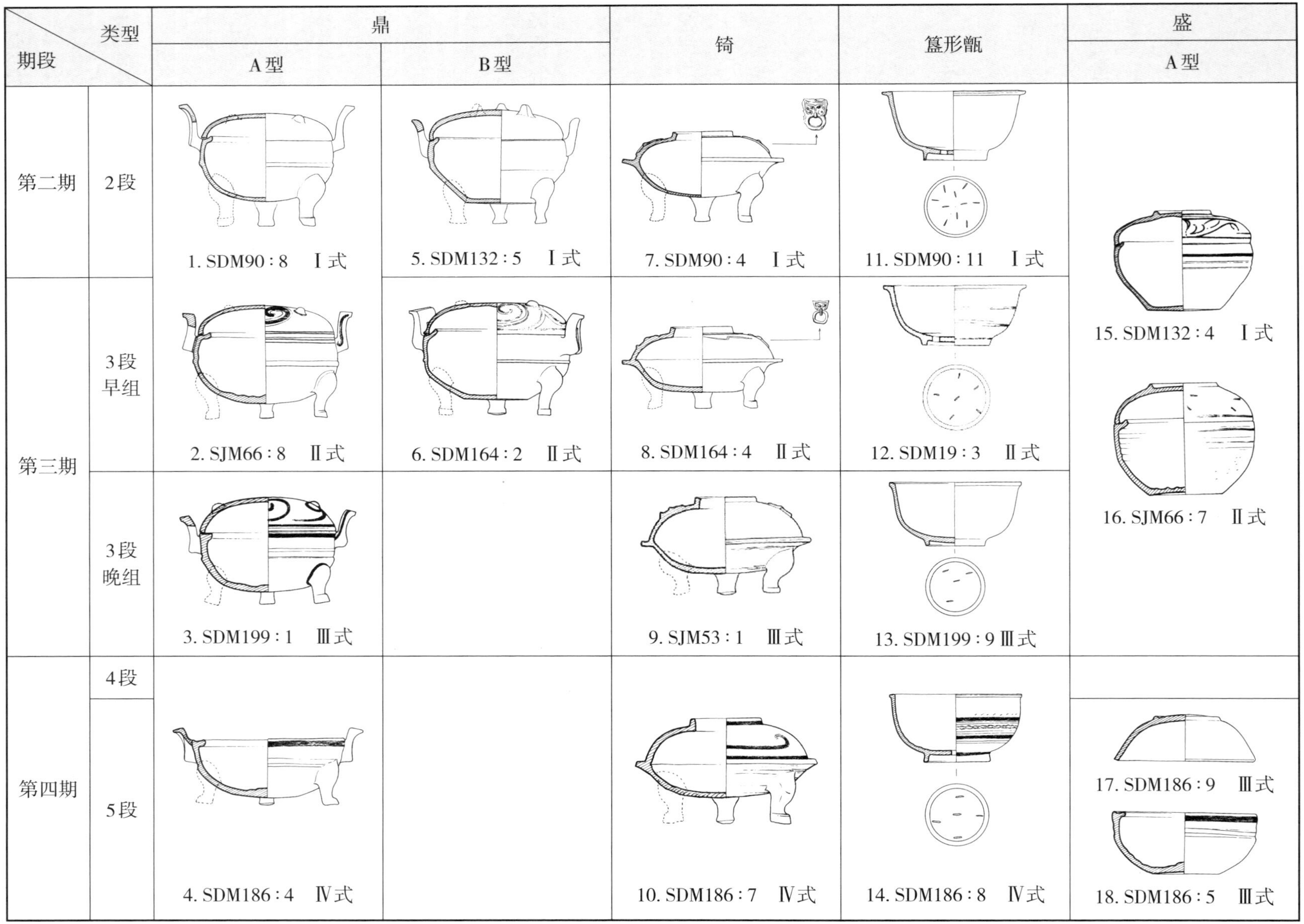

期段	类型	鼎 A 型	鼎 B 型	镐	筥形甑	盛 A 型
第二期	2 段	1. SDM90：8　I 式	5. SDM132：5　I 式	7. SDM90：4　I 式	11. SDM90：11　I 式	15. SDM132：4　I 式
第三期	3 段早组	2. SJM66：8　II 式	6. SDM164：2　II 式	8. SDM164：4　II 式	12. SDM19：3　II 式	16. SJM66：7　II 式
第三期	3 段晚组	3. SDM199：1　III 式		9. SJM53：1　III 式	13. SDM199：9 III 式	17. SDM186：9　III 式
第四期	4 段					18. SDM186：5　III 式
第四期	5 段	4. SDM186：4　IV 式		10. SDM186：7　IV 式	14. SDM186：8　IV 式	

图八　邺城汉墓陶器分期图（一）

特征与上式相同。甑孔布局多为中心一孔与边缘一周式，孔数一般为6个。器内壁部分施红彩，颜色淡薄。标本SDM19：3（图八，12；彩版一五，2）。

Ⅲ式　直口方唇，唇部微加厚；底内壁或不被刮或仅刮出一周浅痕；圈足特征与上式相同。甑孔布局为中心一孔与边缘一周式，孔数不足5个。器内壁遍施红彩。标本SDM199：9（图八，13；彩版一五，3）。

Ⅳ式　直口方唇，唇部微加厚；底部特征与上式相同；圈足微外撇。器内壁遍施红彩，颜色较上式厚重，色泽浓艳。标本SDM186：8（图八，14；彩版一五，4）。

演变规律为：口部由折平沿演变为直口方唇，沿面由宽变窄；器底内壁由完全被刮至不被刮；甑孔布局由繁变简，孔数由多变少；圈足由微内敛演变为微外撇。器内壁由不施彩演变为遍施浓彩。此外，Ⅰ至Ⅳ式整体形态由大逐渐变小，腹由深变浅。

需要强调的是，锜和簋形甑演变同步，Ⅰ至Ⅳ式锜与Ⅰ至Ⅳ式簋形甑基本对应，同墓所出锜与簋形甑的式别基本一致。

钫　侈口，方唇，口外侧加厚一周泥条；束颈，鼓腹，方形圈足微外撇，肩部多对称饰一对兽面衔环状铺首，覆斗形盖。器身及口颈内壁多饰彩绘。根据钫盖特征分两型：

A型　盖顶四角各饰一"S"形钮。标本SDM214：12（图一一，8；彩版三一，1）。

B型　盖顶无钮。根据铺首特征分四式：

Ⅰ式　铺首立体感较强，兽面纹饰较精致，印痕清晰。标本SJM66：3（图一一，9）。

Ⅱ式　兽面纹饰较模糊，细部纹样已简化不见。标本SDM164：1（图一一，10）。

Ⅲ式　铺首的兽面消失，仅存衔环。标本SDM89：7（图一一，11）。

Ⅳ式　肩部两侧衔环之一消失，以彩绘形式表现。标本SDM186：1（图一一，12；图三二六；彩版三二，1）。

B型演变规律为：铺首立体感由强逐渐变弱，纹饰由复杂精致逐渐简化、模糊，及至兽首与衔环消失。

壶　长颈，鼓腹，圈足，肩部对称装饰一对铺首。由于数量很少，暂不分型。标本SDM200：1（图三三七，3；彩版二八，2）、SDM132：1。

（3）日用陶器

1）罐类　数量甚多，形制复杂，以夹细砂灰陶为主。考虑到"模件化"现象，根据器物整体形态与口部特征分为六类：小口旋纹罐、有颈罐、直口折肩罐、卷沿折肩罐、卷沿圆肩罐、直口圆肩罐。其中后四类罐，是两种口沿（直口方唇、卷沿）与两种肩腹部（"亚腰系"肩、圆肩），以"模件化"形式的搭配。

小口旋纹罐　小口束颈，折平沿，尖圆唇，口部形制与缶相同；圆肩深腹，平底，整体形态较瘦高；肩及腹上部施数周旋纹或旋断绳纹。根据口底大小之比、纹饰位置，分三型：

A型　底径略大于口径或相若，纹饰饰及肩腹交接处或略低。根据肩腹特征分四式：

Ⅰ式　隆肩，肩面近口部微平，腹微弧。标本SDM35：6（图九，1；彩版三二，2）。

Ⅱ式　圆鼓肩，腹微弧近直。

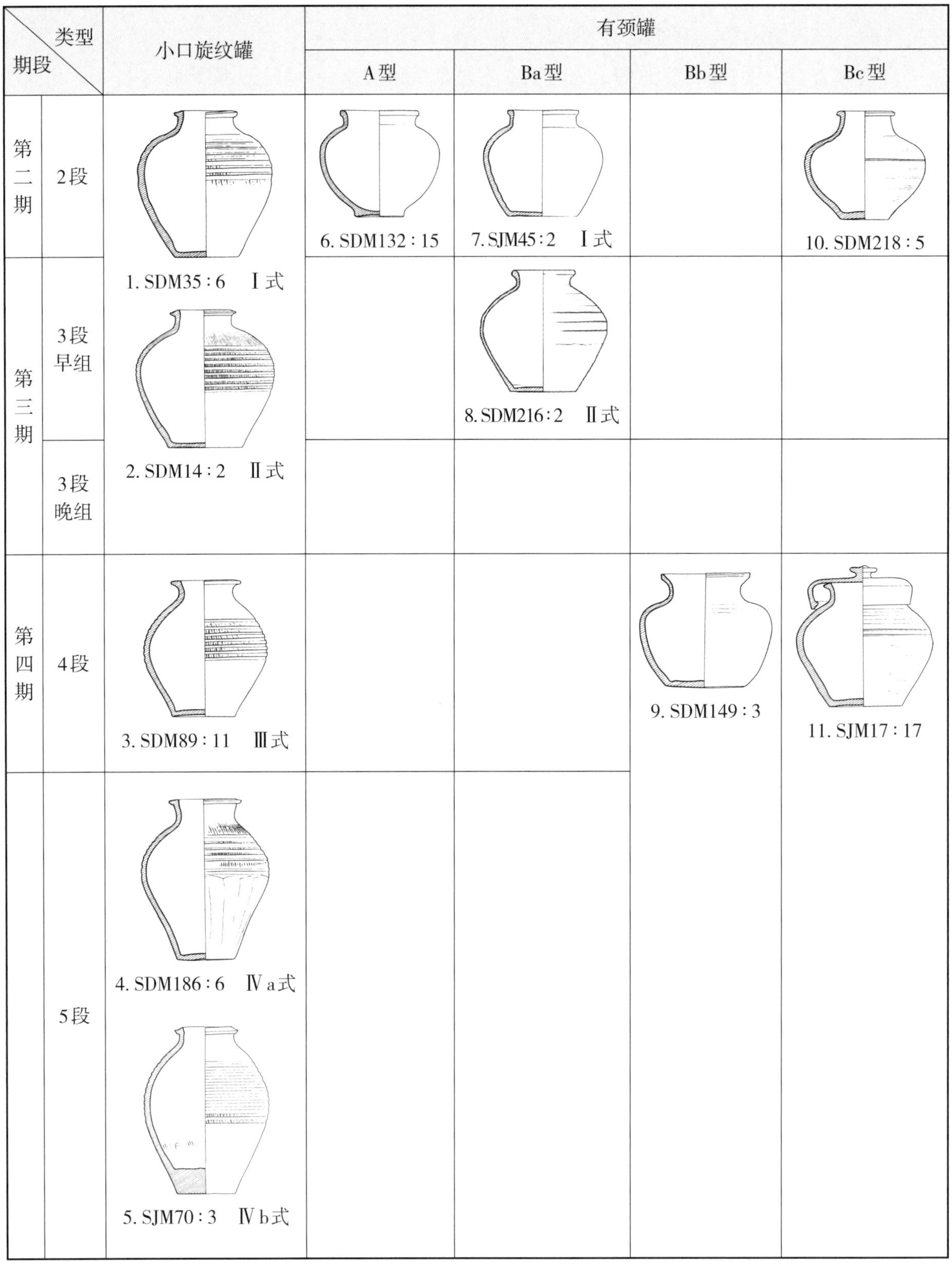

期段＼类型		小口旋纹罐	有颈罐			
			A型	Ba型	Bb型	Bc型
第二期	2段	1. SDM35：6　Ⅰ式	6. SDM132：15	7. SJM45：2　Ⅰ式		10. SDM218：5
第三期	3段早组	2. SDM14：2　Ⅱ式		8. SDM216：2　Ⅱ式		
	3段晚组					
第四期	4段	3. SDM89：11　Ⅲ式			9. SDM149：3	11. SJM17：17
	5段	4. SDM186：6　Ⅳa式　5. SJM70：3　Ⅳb式				

图九　邰城汉墓陶器分期图（二）

Ⅲ式 微溜肩,腹近斜直。标本SDM89:11(图九,3)。

Ⅳ式 溜肩明显,腹斜直或微内凹。该式标本可分为矮、高两种形态,以Ⅳa式、Ⅳb式表示,此两形态亦可能是亚型,但本墓地标本较少,暂不细分。标本SDM186:6(图九,4;彩版三三,1)、SJM70:3(图九,5;彩版三三,2)。

演变规律为:肩部由隆逐渐变溜,肩部最大径位置由高逐渐降低,腹由微弧演变为斜直微内凹。

B型 底径略大于口径,纹饰施及腹部。标本SDM209:5(图三五〇,11;彩版三三,3)。

C型 底径明显大于口径,纹饰施及肩腹交接处或略低。标本SDM14:2(图二四九,5;彩版三三,4)。

有颈罐 直颈,弧腹,平底。器表多素面。根据肩部特征分两型:

A型 圆折肩。该型器的底部又有平底与假圈足之分。标本SDM132:15(图九,6)。

B型 圆肩。根据口部特征分三亚型:

Ba型 厚圆唇。根据腹下部特征分三式:

Ⅰ式 腹部整体圆弧,无上下腹之分。标本SJM45:2(图九,7)。

Ⅱ式 腹下部斜直。标本SDM216:2(图九,8)。

Bb型 卷沿。标本SDM149:3(图九,9)。

Bc型 微出沿。标本SDM218:5(图九,10)、SJM17:17(图九,11)。

直口折肩罐 直口方唇,口较大,口径一般大于或等于底径,平底。肩与上腹、上腹与下腹分界处一般各施一周旋纹,肩面及上腹或素面或施数周暗旋纹,下腹素面。根据器形大小分两型:

A型 大体。根据口部纹饰分三亚型:

Aa型 口外侧有一周凹槽。根据肩腹部特征分五式:

Ⅰ式 折肩折腹,上腹较竖直。这一肩腹部特征暂称"亚腰"状[1]。标本SDM151:5(图一〇,1)。

Ⅱ式 折肩,腹微折,上腹略弧。这一肩腹部特征暂称"微亚腰"状。标本SDM90:7(图一〇,2)。

Ⅲ式 折肩或圆折肩,上下腹交接处圆弧,仅以一周旋纹分界。这一肩腹部特征暂称"符号亚腰"。标本SDM14:6(图一〇,3;彩版一六,3)。

Ⅳa式 圆折肩,上下腹交接处圆弧,上腹部有修整痕迹,使得肩腹及上下腹交接处似有折痕。这一肩腹部特征暂称"象征亚腰"。标本SDM199:4(图一〇,4;彩版一六,4)。

Ⅳb式 圆折肩,上下腹交接处圆弧,腹部无旋纹、无修整痕迹,亚腰特征消失。标本SDM31:1(图一〇,5)。

Ab型 口部素面。根据肩腹部特征分五式:

Ⅰ式 肩腹部呈"亚腰"状。标本SDM218:4(图一〇,6)。

---

[1] 以往关于罐类折肩折腹的特征曾有称"亚字形腰"、"亚字形"者(如西安市文物考古研究所:《西安南郊秦墓》,陕西人民出版社,2004年,第119页;孙伟刚:《临潼新丰秦墓研究》,西北大学硕士论文,2009年,第43页)。由于折肩折腹的特征与"亚"字形相似,其变化又具有明显的式别意义,本报告为方便表述,暂以"亚腰"称之。

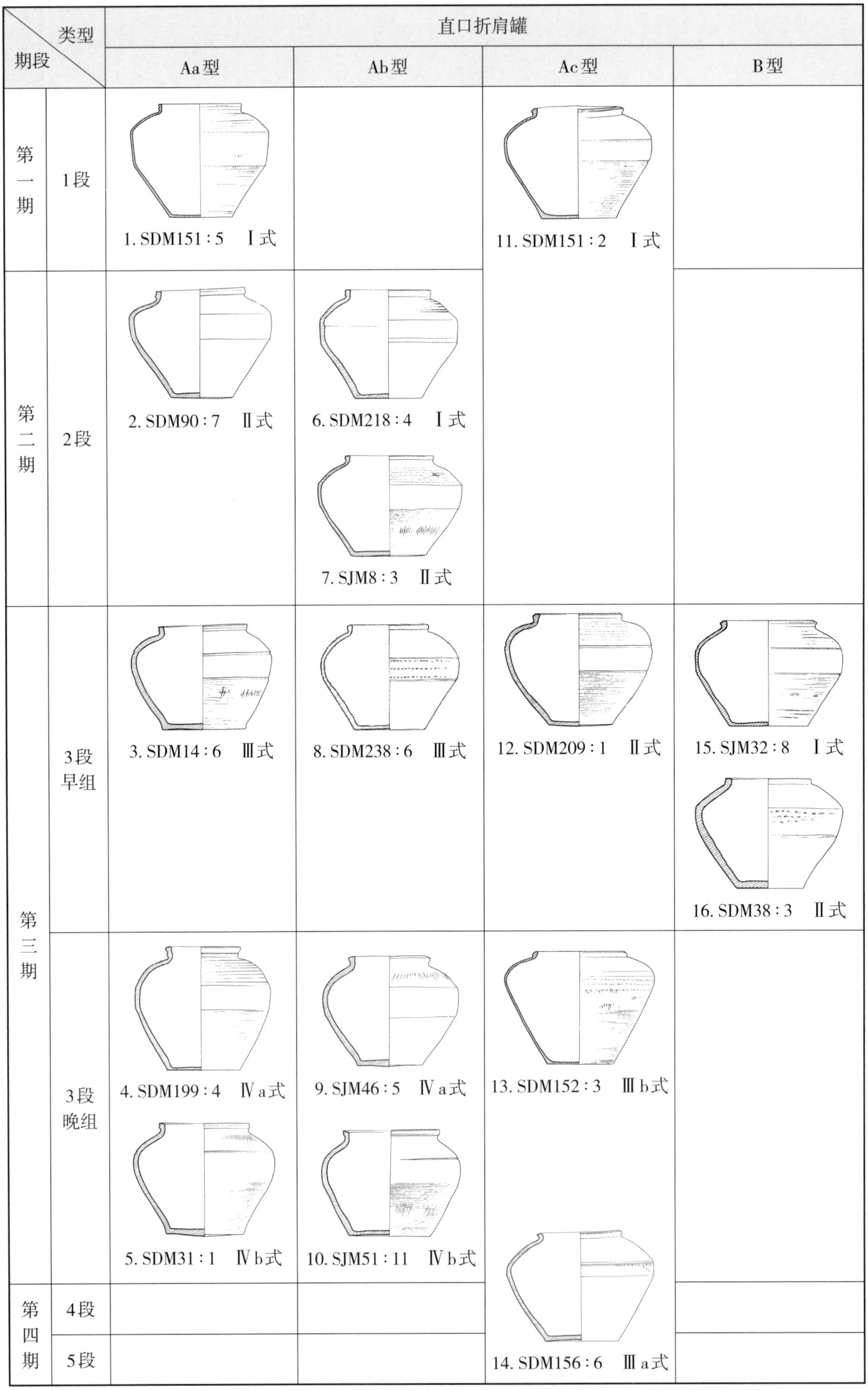

期段 \ 类型		直口折肩罐			
		Aa型	Ab型	Ac型	B型
第一期	1段	1. SDM151:5　Ⅰ式		11. SDM151:2　Ⅰ式	
第二期	2段	2. SDM90:7　Ⅱ式	6. SDM218:4　Ⅰ式 7. SJM8:3　Ⅱ式		
第三期	3段早组	3. SDM14:6　Ⅲ式	8. SDM238:6　Ⅲ式	12. SDM209:1　Ⅱ式	15. SJM32:8　Ⅰ式 16. SDM38:3　Ⅱ式
	3段晚组	4. SDM199:4　Ⅳa式 5. SDM31:1　Ⅳb式	9. SJM46:5　Ⅳa式 10. SJM51:11　Ⅳb式	13. SDM152:3　Ⅲb式	
第四期	4段				
	5段			14. SDM156:6　Ⅲa式	

图一〇　邰城汉墓陶器分期图（三）

Ⅱ式 肩腹部呈"微亚腰"状。标本SJM8：3（图一〇,7）。

Ⅲ式 肩腹部呈"符号亚腰"。标本SDM238：6（图一〇,8;彩版一六,8）。

Ⅳa式 肩腹部呈"象征亚腰"。标本SJM46：5（图一〇,9;彩版一七,1）。

Ⅳb式 肩腹部亚腰特征消失。标本SJM51：11（图一〇,10;彩版一八,1）。

Ac型 唇面有一周凹槽。根据肩腹部特征分四式：

Ⅰ式 肩腹部呈"微亚腰"状。标本SDM151：2（图一〇,11）。

Ⅱ式 肩腹部呈"符号亚腰"。标本SDM209：1（图一〇,12;彩版一七,4）。

Ⅲa式 肩腹部呈"象征亚腰"。标本SDM156：6（图一〇,14;彩版一七,5）。

Ⅲb式 肩腹部亚腰特征消失。标本SDM152：3（图一〇,13;彩版一七,6）。

A型的三亚型演变规律近同,皆由折肩折腹演变为折肩弧腹,再变为圆折肩弧腹,亚腰特征由"亚腰"→"微亚腰"→"符号亚腰"→"象征亚腰"、亚腰消失。

B型 小体。其口部纹饰与A型相类,仍有区分,但由于标本较少,暂不分型,仅根据肩腹部特征分两式：

Ⅰ式 肩腹部呈"微亚腰"状。标本SJM32：8（图一〇,15;彩版一七,7）。

Ⅱ式 肩腹部呈"符号亚腰"。标本SDM38：3（图一〇,16;彩版一七,8）。

B型的演变规律与A型相同。

卷沿折肩罐 卷沿方唇,口较大,口径一般大于或等于底径,平底。肩与上腹、上腹与下腹分界处一般各施一周旋纹,肩面及上腹或素面或施数周暗旋纹,下腹素面。根据器形大小分两型：

A型 大体。根据肩腹部特征分三式：

Ⅰ式 肩腹部呈"微亚腰"状。标本SDM213：1（图一一,1）。

Ⅱ式 肩腹部呈"符号亚腰"。标本SJM51：12（图一一,2）。

Ⅲ式 肩腹部呈"象征亚腰"。标本SDM241：5（图一一,3;彩版一八,4）。

A型的演变规律与A型直口折肩罐相同,但前者缺后者"亚腰"作风明显的Ⅰ式。此外,该型Ⅰ式的"微亚腰"形态较直口折肩罐Ⅱ式的"微亚腰"作风略不明显,介于后者微"亚腰"与"符号亚腰"之间。根据折肩罐的总体演变规律,该型Ⅰ式或略晚于A型直口折肩罐Ⅱ式。

B型 小体。跟据肩腹部特征分四式：

Ⅰ式 肩腹部呈"亚腰"状。标本SDM251：4（图一一,4;彩版一八,5）。

Ⅱ式 肩腹部呈"微亚腰"状。标本SDM223：3（图一一,5;彩版一八,6）。

Ⅲ式 肩腹部呈"符号亚腰"。标本SJM66：6（图一一,6）。

Ⅳ式 肩腹部呈"象征亚腰"。标本SDM178：2（图一一,7;彩版一八,8）。

B型的演变规律与A型直口折肩罐相同。

直口圆肩罐 直口方唇,圆肩,弧腹或腹近斜直,平底。根据肩部特征分两型：

A型 圆鼓肩。根据腹及底部特征,分两亚型：

Aa型 浅腹,底较大。标本SJM64：6（图一二,1;彩版一五,6）。

Ab型 深腹,底较小。标本SJM17：15（图一二,2）。

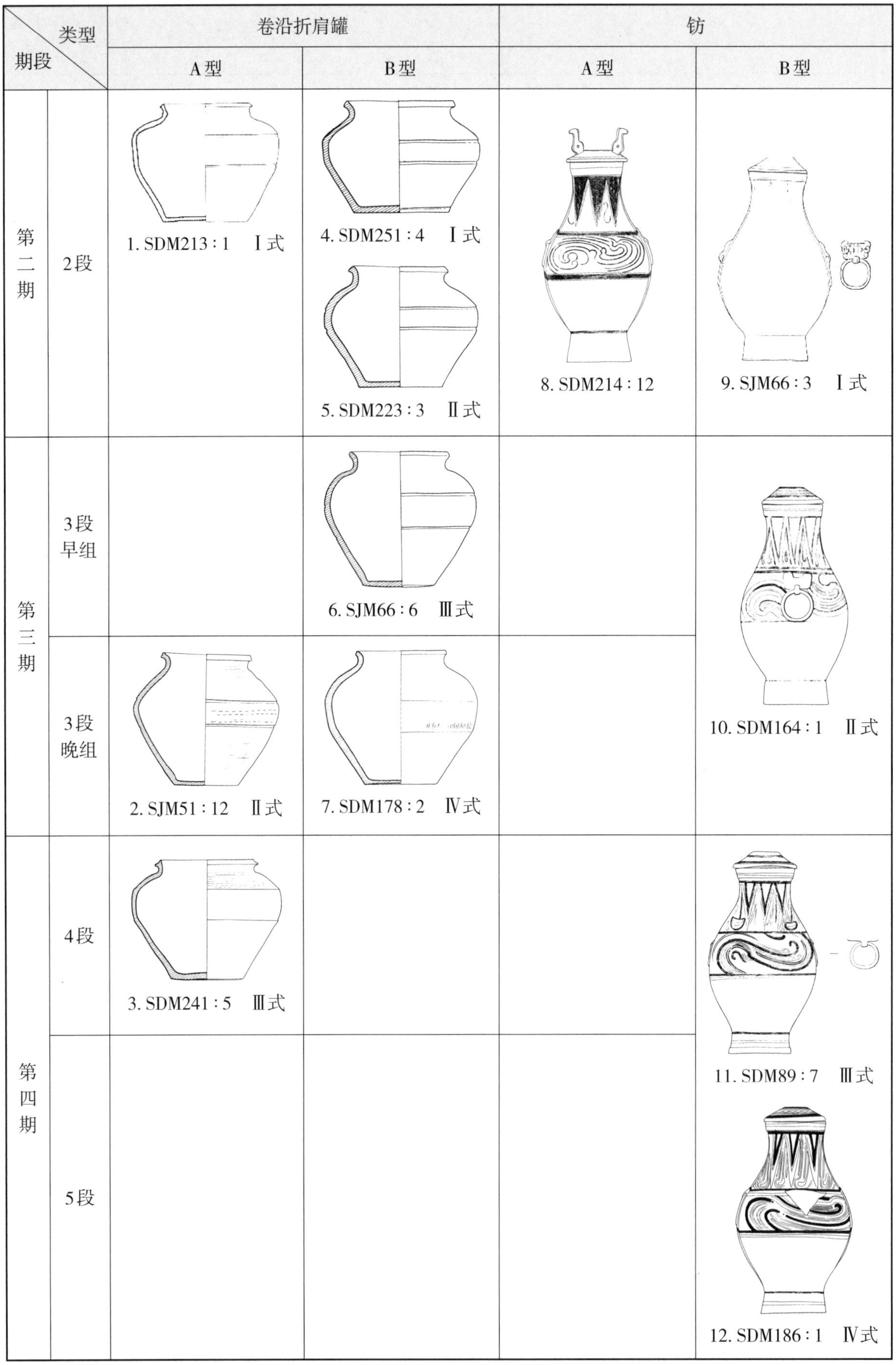

期段 / 类型	卷沿折肩罐		钫	
	A 型	B 型	A 型	B 型
第二期 2 段	1. SDM213：1　Ⅰ式	4. SDM251：4　Ⅰ式 5. SDM223：3　Ⅱ式	8. SDM214：12	9. SJM66：3　Ⅰ式
第三期 3 段早组		6. SJM66：6　Ⅲ式		10. SDM164：1　Ⅱ式
第三期 3 段晚组	2. SJM51：12　Ⅱ式	7. SDM178：2　Ⅳ式		
第四期 4 段	3. SDM241：5　Ⅲ式			11. SDM89：7　Ⅲ式
第四期 5 段				12. SDM186：1　Ⅳ式

图一一　邙城汉墓陶器分期图（四）

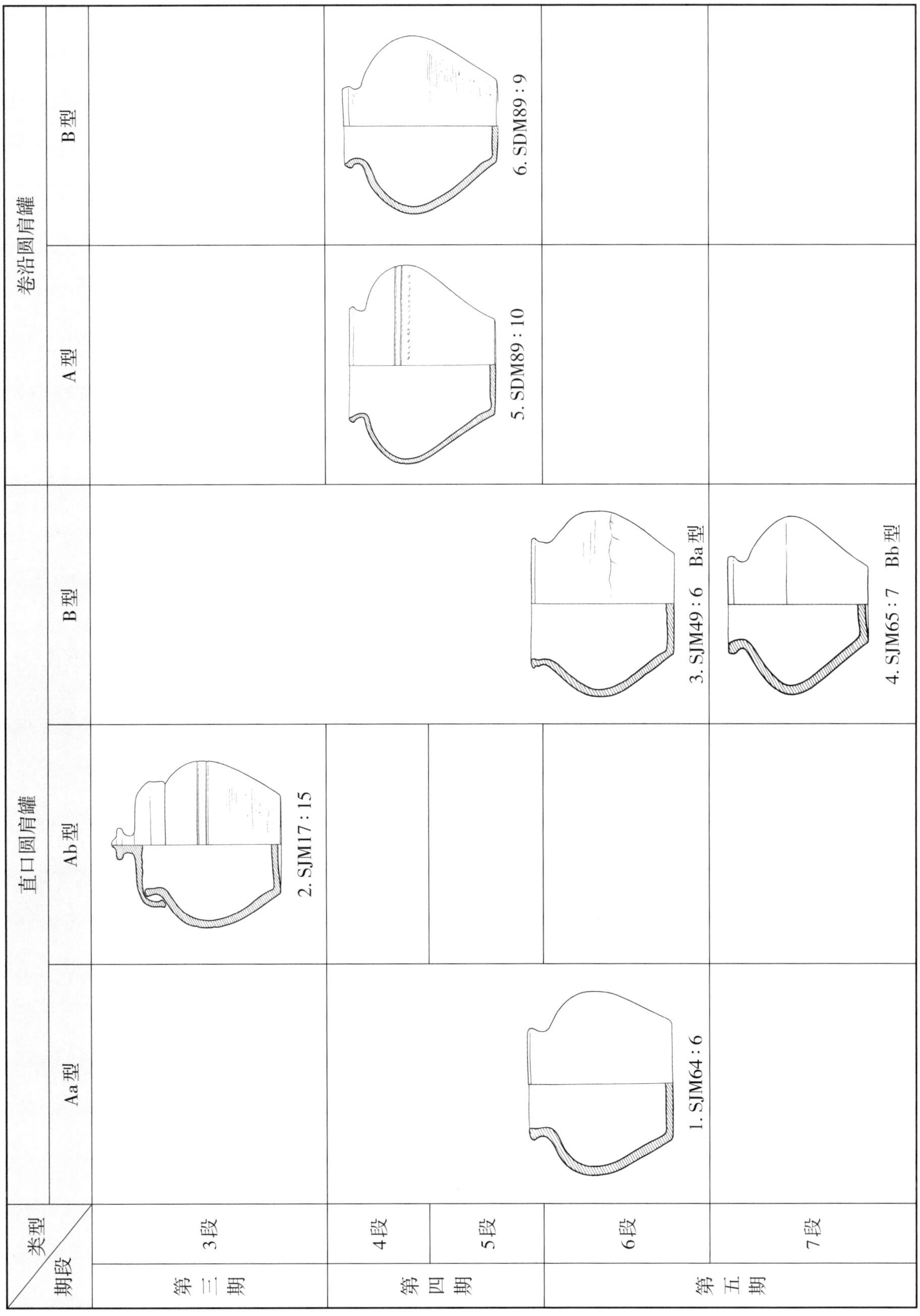

期段	类型	直口圆肩罐				卷沿圆肩罐	
		Aa 型	Ab 型	B 型		A 型	B 型
第三期	3段		2. SJM17：15				
第四期	4段					5. SDM89：10	6. SDM89：9
	5段			3. SJM49：6　Ba 型			
第五期	6段	1. SJM64：6					
	7段			4. SJM65：7　Bb 型			

图一二　邹城汉墓陶器分期图（五）

B型　溜肩。根据口及底部特征,分两亚型:

Ba型　大底,一般口较大。标本SJM49:6(图一二,3)。

Bb型　下腹急收小平底,口较小。标本SJM65:7(图一二,4)。

卷沿圆肩罐　卷沿方唇,圆肩,弧腹或腹近斜直,平底。根据器形大小分两型:

A型　大体。SDM89:10(图一二,5)。

B型　小体。标本SDM89:9(图一二,6)。

2)缶类　皆夹细砂灰陶。小口束颈,折沿,尖圆唇;广肩圆鼓或斜直,肩与上腹转折较明显,腹部弧收或微折成上下腹;平底或底略内凹。肩部多施数周暗旋纹,上腹施数周麦粒状绳纹,下腹素面。根据器体大小可分两型,以往根据凤翔高庄出土大体缶上的自名[1],将此类器称为缶。小体缶形制与大体缶完全相同,仅体量较小,本文也称为缶。

A型　大体,器身最大径一般在36～40厘米,最大者有44厘米。根据肩腹部特征分四亚型:

Aa型　斜腹,腹部整体斜收,上下腹分界不明显。根据腹部特征分四式:

Ⅰ式　隆肩,腹部整体弧收。标本SDM90:5(图一三,1;彩版二〇,2)。

Ⅱ式　隆肩,腹下部内凹。标本SJM46:7(图一三,2;彩版二〇,3)。

Ⅲ式　微溜肩,腹部整体斜直。标本SDM250:1(图一三,3;彩版二〇,4)。

Ⅳ式　溜肩明显,腹部整体斜直微内凹。标本SDM89:8(图一三,4;彩版二〇,5)。

该型演变规律为:肩部由隆变溜,腹部由整体圆弧演变为腹下部内凹,再至整体斜直。

Ab型　鼓腹,上下腹分界较明显,上腹微弧近直,较圆鼓,下腹内收。根据腹部特征分三式:

Ⅰ式　隆肩,腹部整体圆弧,下腹近底处微内凹。标本SDM114:1(图一三,5;彩版二〇,6)。

Ⅱ式　隆肩,上腹圆弧,下腹内凹。标本SJM32:6(图一三,6)。

Ⅲ式　微溜肩,上腹圆弧,下腹内凹。标本SJM39:2(图一三,7;彩版二〇,8)。

该型演变规律与Aa型相近:肩部由隆肩变为微溜肩,腹部由整体圆弧演变为腹下部内凹。

Ac型　与Aa、Ab两型相比较,上下腹分界明显,或微折,或以旋纹分界。根据腹部特征分两式:

Ⅰ式　肩腹部呈"微亚腰"。标本SJM66:1(图一三,8;彩版二一,1)。

Ⅱ式　肩腹部呈"符号亚腰"。标本SDM149:1(图一三,9;彩版二一,2)。

该型演变规律与直口折肩罐、卷沿折肩罐相近。

Ad型　斜直腹,宽平肩。标本SDM218:3(图三六七,10;彩版二一,3)。

B型　小体,器身最大径一般在30～34厘米,最小者27厘米。根据肩部特征分四式:

Ⅰ式　隆肩,肩腹部呈"微亚腰"。标本SDM174:1(图一三,10;彩版二一,4)。

Ⅱ式　隆肩,肩腹部呈"符号亚腰"。标本SDM223:2(图一三,11)。

Ⅲ式　微溜肩,肩部占器身比例三分之一,肩腹部呈"符号亚腰"。标本SDM178:1(图一三,12;彩版二一,6)。

Ⅳ式　溜肩明显,肩部占器身比例一半,"符号亚腰"消失。标本SJM17:1(图一三,13)。

---

[1]　雍城考古队、吴镇烽、尚志儒:《陕西凤翔高庄秦墓地发掘简报》,《考古与文物》1981年第1期。

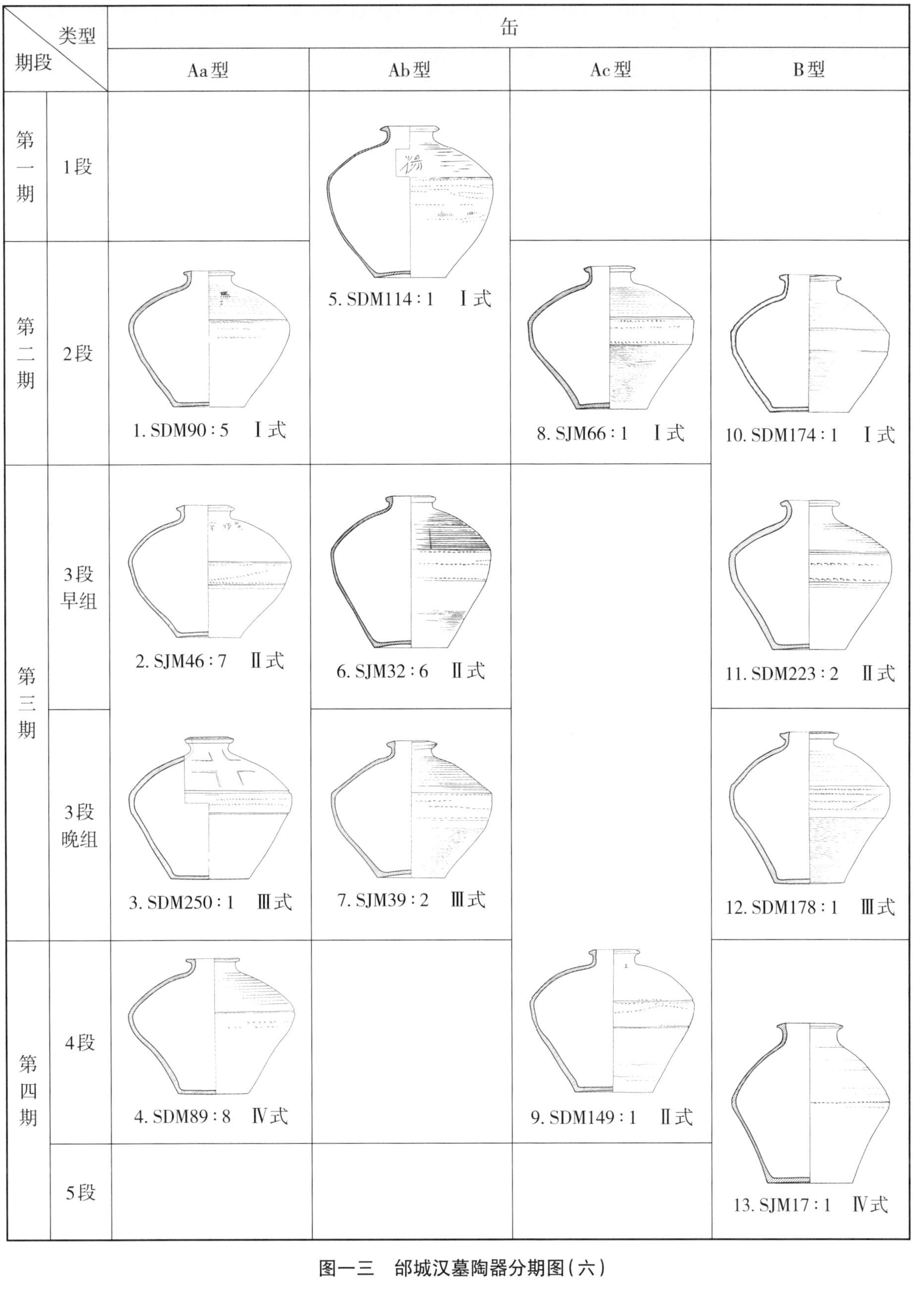

期段 \ 类型		缶			
		Aa 型	Ab 型	Ac 型	B 型
第一期	1段		5. SDM114：1 Ⅰ式		
第二期	2段	1. SDM90：5 Ⅰ式		8. SJM66：1 Ⅰ式	10. SDM174：1 Ⅰ式
第三期	3段早组	2. SJM46：7 Ⅱ式	6. SJM32：6 Ⅱ式		11. SDM223：2 Ⅱ式
	3段晚组	3. SDM250：1 Ⅲ式	7. SJM39：2 Ⅲ式		12. SDM178：1 Ⅲ式
第四期	4段	4. SDM89：8 Ⅳ式		9. SDM149：1 Ⅱ式	
	5段				13. SJM17：1 Ⅳ式

图一三 邹城汉墓陶器分期图（六）

该型演变规律与Ac型缶相近,肩由隆逐渐变溜,肩部最大径位置由高逐渐变低,腹部由微折变弧,肩腹部由"微亚腰"变为"符号亚腰"再至亚腰特征消失。

3)盆盂甗类　以夹细砂灰陶为主。本文将盆类器形大者称盆,小者称盂。大者口径大至34厘米,小者口径小至18厘米,大小体之间仍有少量中间形态,通过口径数据的聚类,本报告以口径25厘米为界加以区分。并以同样标准,将器形较大的甗称为盆形甗,器形较小的称为盂形甗。器身素面或在上腹部饰以旋纹、弦纹或楔形绳纹。

另有一类甗由盆、盂改制而成,即在烧制后的盆、盂底部打制圆形甗孔,该类器在以往秦汉时期考古发掘中已有发现,多因器底有孔而以陶甗称之[1]。值得注意的是,此类改制甗仅见于墓葬,而不见于居址。且有特殊的器用现象:其一,墓葬中盆甗为固定组合,在随葬改制甗的墓葬中,改制甗与盆成组合。其二,改制甗反映出古人"重甗轻盆"的器用意识[2]。本文因其独特的制法与器用特点,将此类器从甗类区分出来,暂称"盆改甗"、"盂改甗",立此存照,以期引起学界重视。但在分期时仍归入盆或盂,不予单列分析。

盆　折平沿,平底。根据腹部特征分两型:

A型　折腹,上下腹分界处有一周弦纹。根据上腹占腹部比例分两式:

Ⅰ式　上腹占腹部比例小于三分之一。标本SDM114:2(图一四,1)。

Ⅱ式　上腹占腹部比例大于三分之一。标本SDM177:4(图一四,2)。

B型　弧腹,腹部圆弧但略有转折,以弧转处为界,仍可将腹部分上下两部分。根据上腹占腹部比例分两式:

Ⅰ式　上腹占腹部比例小于三分之一。标本SDM114:3(图一四,3;彩版二四,2)。

Ⅱ式　上腹占腹部比例等于或略大于三分之一。标本SDM209:4(图一四,4)。

A、B型演变规律近同,均为上腹部占腹部比例逐渐增大。

盆形甗　器身作盆形,折平沿,平底有圆形甗孔。甗孔布局有:中心一孔边缘一周、中心三孔边缘一周、中心四孔边缘一周、中心一孔边缘两周及无规律布局五种。器底内部多有戳制甗孔的痕迹,而无使用痕迹,似表明该类器多未经使用而直接下葬。根据腹部特征分两型:

A型　折腹,上下腹分界处有一周折棱。根据上腹占腹部比例分三式:

Ⅰ式　上腹占腹部比例约五分之一。标本SDM151:4(图一四,5)。

Ⅱ式　上腹占腹部比例约四分之一。标本SDM14:5(图一四,6;彩版二二,6)。

Ⅲ式　上腹占腹部比例约三分之一。标本SJM46:4(图一四,7;彩版二二,7)。

B型　弧腹,腹部圆弧但略有转折,以弧转处为界,仍可将腹部分上下两部分。根据上腹占腹部比例分三式:

Ⅰ式　上腹占腹部比例小于三分之一。标本SDM174:4(图一四,8)。

---

[1]　西安南郊秦墓、西安尤家庄秦墓、临潼新丰秦墓等墓地均有此类器出土。见西安市文物考古研究所:《西安南郊秦墓》,陕西人民出版社,2004年,第127、318、677页。陕西省考古研究院:《西安尤家庄秦墓》,陕西科学技术出版社,2008年,第240页。孙伟刚:《临潼新丰秦墓研究》,西北大学硕士学位论文,2009年。

[2]　详见报告第四章结语《关于陶器器用制度的新认识》一节。

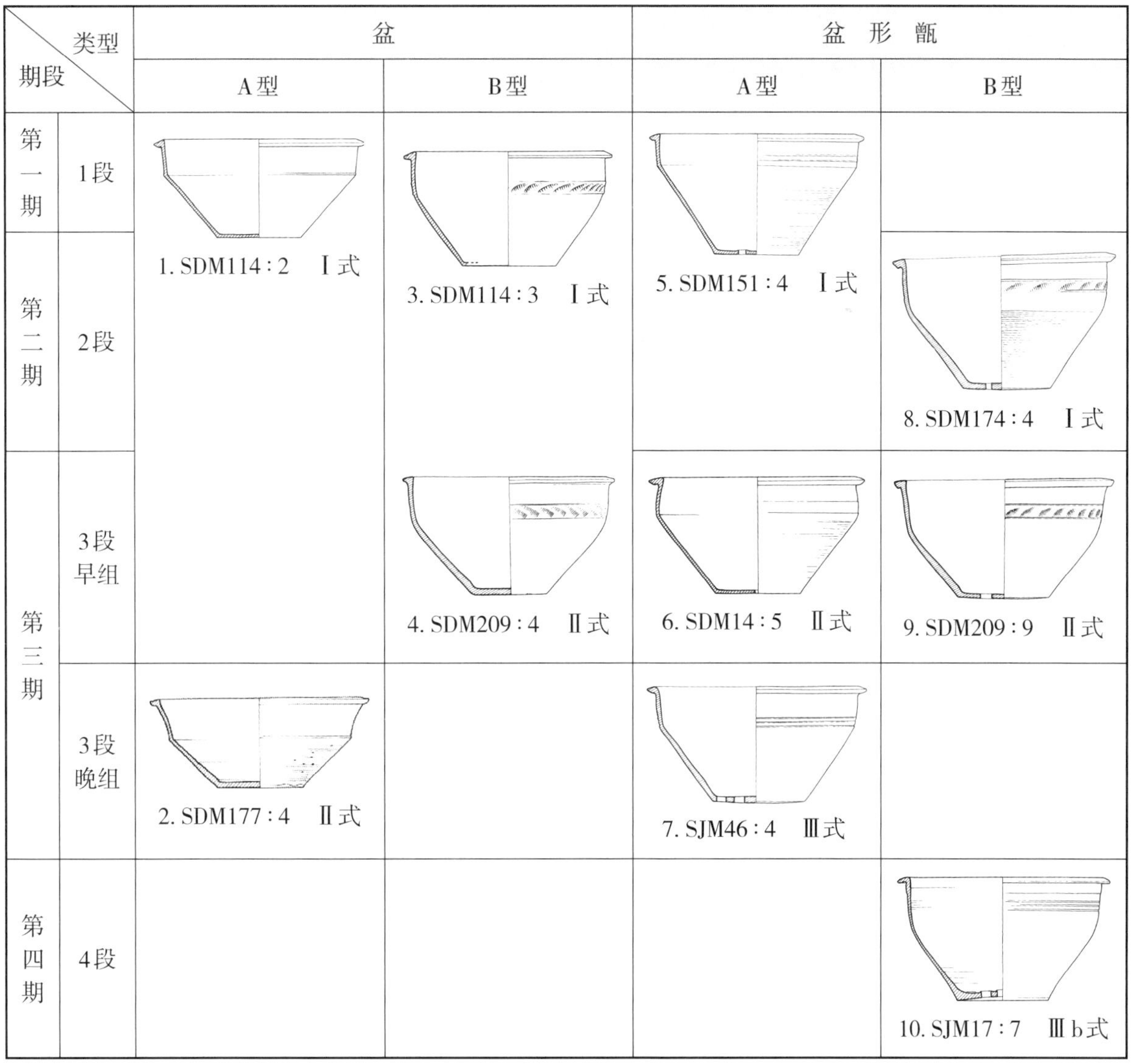

期段	类型	盆		盆 形 甑	
		A 型	B 型	A 型	B 型
第一期	1段	1. SDM114：2 Ⅰ式	3. SDM114：3 Ⅰ式	5. SDM151：4 Ⅰ式	
第二期	2段				8. SDM174：4 Ⅰ式
第三期	3段早组	4. SDM209：4 Ⅱ式		6. SDM14：5 Ⅱ式	9. SDM209：9 Ⅱ式
	3段晚组	2. SDM177：4 Ⅱ式		7. SJM46：4 Ⅲ式	
第四期	4段				10. SJM17：7 Ⅲb式

图一四　邰城汉墓陶器分期图（七）

　　Ⅱ式　上腹占腹部比例等于或略大于三分之一。标本SDM209：9（图一四，9）。

　　Ⅲ式　上腹占腹部比例近半。该式标本可分为相对矮、高两种形态,分别以Ⅲa、Ⅲb式表示,此两形态亦有可能是亚型,但本墓地标本较少,暂不分型。标本SJM17：7（图一四,10；彩版二三,5、6）。

　　A、B型的演变规律近同,且与A、B型盆演变规律一致。

　　盂　折平沿,平底。根据腹部特征分三型：

　　A型　折腹,上下腹分界处有一周折棱。根据上腹占腹部比例分三式：

　　Ⅰ式　上腹占腹部比例约四分之一。标本SJM45：7（图一五,1）。

　　Ⅱ式　上腹占腹部比例约三分之一。标本SJM8：5（图一五,2；彩版二四,6）。

　　Ⅲ式　上腹占腹部比例大于五分之二。标本SJM46：9（图一五,3）。

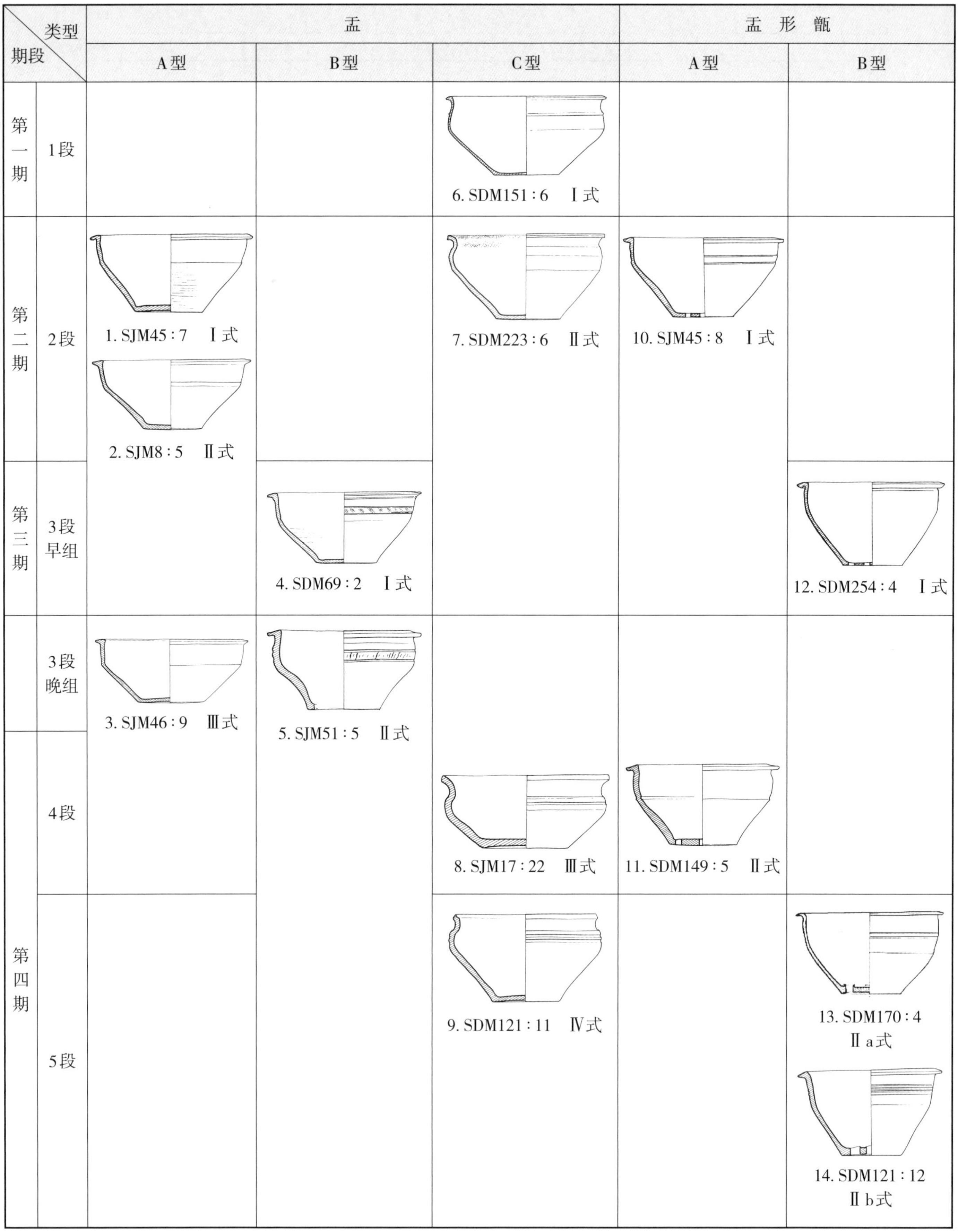

类型 期段		盂			盂 形 甑	
		A 型	B 型	C 型	A 型	B 型
第一期	1段			6. SDM151∶6　Ⅰ式		
第二期	2段	1. SJM45∶7　Ⅰ式 2. SJM8∶5　Ⅱ式		7. SDM223∶6　Ⅱ式	10. SJM45∶8　Ⅰ式	
第三期	3段 早组		4. SDM69∶2　Ⅰ式			12. SDM254∶4　Ⅰ式
	3段 晚组	3. SJM46∶9　Ⅲ式	5. SJM51∶5　Ⅱ式			
	4段			8. SJM17∶22　Ⅲ式	11. SDM149∶5　Ⅱ式	
第四期	5段			9. SDM121∶11　Ⅳ式		13. SDM170∶4 Ⅱa式 14. SDM121∶12 Ⅱb式

图一五　郯城汉墓陶器分期图(八)

B型 弧腹,腹部圆弧但略有转折,以弧转处为界,仍可将腹部分上下两部分。根据上腹占腹部比例分两式:

Ⅰ式 上腹占腹部比例等于或略大于三分之一。标本SDM69:2(图一五,4;彩版二四,8)。

Ⅱ式 上腹占腹部比例近半。标本SJM51:5(图一五,5;彩版二七,7、8)。

A、B型演变规律近同,均为上腹部占腹部比例逐渐增大。

C型 鼓腹,上腹近口部内敛。根据口部特征分四式:

Ⅰ式 卷沿,沿面下倾,沿下角较小。标本SDM151:6(图一五,6;彩版二五,2)。

Ⅱ式 卷沿,沿面近平,沿下角变大。标本SDM223:6(图一五,7;彩版二五,3)。

Ⅲ式 侈口,沿下角较大。标本SJM17:22(图一五,8)。

Ⅳ式 侈口,口沿变短,沿下角更大。标本SD121:11(图一五,9)。

C型演变规律为:口部由卷沿变为侈口,沿下角由小逐渐变大,沿面由宽变窄。

盂形甑 器身作盂形,平底有圆形甑孔,甑孔布局有:中心一孔边缘一周、中心三孔边缘一周、中心四孔边缘一周、中心一孔边缘两周及无规律布局五种。器底内部多有戳制甑孔的痕迹,而无使用痕迹,似表明该类器多未经使用而直接下葬。根据腹部特征分三型:

A型 折腹,上下腹分界处有一周折棱。根据上腹占腹部比例分两式:

Ⅰ式 上腹占腹部比例小于三分之一。标本SJM45:8(图一五,10)。

Ⅱ式 上腹占腹部比例大于三分之一。标本SDM149:5(图一五,11)。

B型 弧腹,腹部圆弧但略有转折,以弧转处为界,仍可将腹部分上下两部分。根据上腹占腹部比例分两式:

Ⅰ式 上腹占腹部比例等于或略大于三分之一。标本SDM254:4(图一五,12)。

Ⅱ式 上腹占腹部比例近半。该式标本可分为相对矮、高两种形态,分别以Ⅱa式、Ⅱb式表示。标本SDM170:4(图一五,13)、SDM121:12(图一五,14;彩版二六,5、6)。

A、B型演变规律近同,均为上腹部占腹部比例逐渐增大。

C型 鼓腹,上腹近口部内敛,卷沿近平。数量较少,暂不分式。标本SDM223:5(彩版二六,7、8)。

4)釜类 夹砂灰陶或红褐陶。圆肩鼓腹,圜底。底及腹下部多施篮纹或方格纹、绳纹,腹上部多施旋纹、瓦纹或素面。陶釜作为受外来文化因素影响而产生的器类[1],其形制可能参照了关中地区原有的其他器类。因此,根据陶釜保留其他器类的特征,将其分为罐口釜、鬲口釜两类。罐口釜中还见有器身带把者,鉴于其形制特殊,故单分一类,称"带把釜"。

郿城汉墓出土陶釜数量较多,但经反复排比,其演变规律仍不甚清晰。以郿城的材料验证以往总结的演变规律,也不相符。所以本文只进行分类研究,不再进行式别划分。但仍可看出,不论型别,溜肩的釜均比鼓肩的晚。可据此粗分两式,较早者隆肩或圆鼓肩,如SDM114:4(图一六,3;彩版二九,3);较晚者溜肩,如SDM185:2(图一六,4)、SDM149:7(图一六,7)。

罐口釜 口部形制与罐类口沿相同。根据口部特征分四型:

---

[1] 滕铭予:《论秦釜》,《考古》1995年第8期。

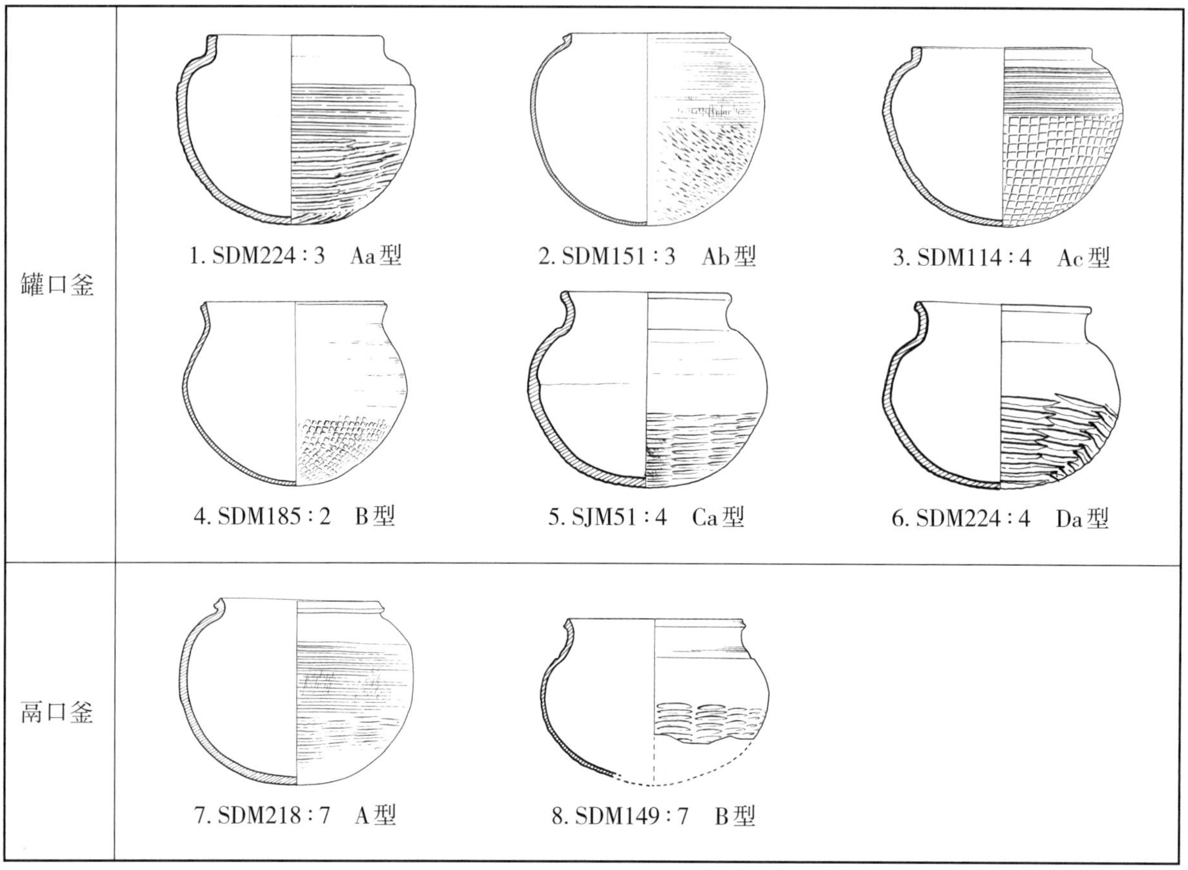

图一六　邻城汉墓陶器分期图（九）

A型　直口方唇。口部特征与Ab型直口折肩罐近同。根据腹部特征分三亚型：

Aa型　腹上部微弧近直，下部弧收。标本SDM224：3（图一六，1）。

Ab型　腹部整体圆弧。标本SDM151：3（图一六，2；彩版二九，2）。

Ac型　腹部微折。标本SDM114：4（图一六，3；彩版二九，3）。

B型　卷沿。口部特征与卷沿折肩罐、卷沿圆肩罐近同。标本SDM185：2（图一六，4）。

C型　直颈厚圆唇。口部特征同于Ba型有颈罐。根据器形大小分两亚型：

Ca型　小体。器身最大径一般在15至20厘米。标本SJM51：4（图一六，5；彩版二九，5）。

Cb型　大体。器身最大径约25厘米。标本SJM22：3（图四一九，4；彩版二九，7）。

D型　直颈卷沿。口部特征同于Bb型有颈罐。按器形大小分两亚型：

Da型　小体。器身最大径一般在15至20厘米。标本SDM224：4（图一六，6）。

Db型　大体。器身最大径约25厘米。标本SDM209：6（图三五〇，5；彩版三〇，2）。

鬲口釜　口微侈，斜方唇，部分标本肩面近口处较平。口部作风与战国时期的秦鬲相似[1]，故将此类釜暂命名为"鬲口釜"。根据腹部特征分两型：

[1]　陕西省考古研究所：《陇县店子秦墓》，三秦出版社，1998年，第84页，图一三四：5、9、12、13。

A型 腹上部微弧近直,下部弧收。标本SDM218:7(图一六,7)。

B型 腹部整体圆弧。标本SDM149:7(图一六,8)。

带把釜 器形与C型、D型罐口釜近同,唯肩腹部带一圆筒形把,皆小体。标本SJM32:3。数量较少,暂不分型。

灯 泥质或夹细砂灰陶。浅折盘,盘壁斜直,空心柱柄,浅盘形座,座小于盘。根据盘底、柱柄不同,可分为两型:

A型 盘作平底,柱柄上细下粗。标本SJM15:1(图四一二,4;彩版三四,1)。

B型 盘底斜收近平,柱柄上下基本等粗。根据座与盘的大小比例,可分两式:

I式 座远小于盘。标本SJM38:4(图四三九,5;彩版三四,3)。

II式 座略小于盘。标本SDM122:3(图二七七,6;彩版三四,4)。

熏炉 泥质灰陶。由炉盖和炉身组成,盖作倒扣盘式,有盖钮,炉身子母口微内敛,浅腹,柱柄,喇叭形底座。由于数量很少,暂不分型。标本SDM132:16(图一四五,8;彩版三〇,5)、SJM17:2(图五二三,3;彩版三〇,3)。

此外,还见有蒜头壶、锺、陶纺轮等。数量很少,暂不分型,形制详见分述。

(4) 模型陶器

灶 夹细砂灰陶。灶体前方后圆,平面呈马蹄形;灶面较平,上有烟囱,并内嵌两釜或三釜,其上置模型盆、甑、小口旋纹罐;方形或拱形灶门落地,无底。灶身通体素面。根据灶面釜的数量分两型:

A型 三釜,平面呈"品"字形分布。根据烟囱特征分两式:

I式 烟囱较高,上部呈罐状,烟囱顶部明显高出釜口部。标本SDM84:1。

II式 烟囱呈矮柱状,其顶部与釜口部大致齐平。标本SJM49:2。

演变规律为:烟囱由高变矮,由罐状演变为柱状。

B型 两釜。由于数量较少,暂不分式。标本SJM63:8。

此外,还见有陶俑、陶兽等。由于数量很少,暂不分型,形制详见分述。

2. 釉陶器

共3件,包括2件釉陶壶(标本SDM117:1、SJM65:1)和1件釉陶樽(标本SJM65:2)。形制详见分述。

3. 铜器

铜盆 共5件。敞口,平折沿,斜腹。素面。根据器形大小及腹的深浅,分为两型:

A型 共1件。器形较大,深腹,平底。标本SJM20:7(图四二九,5;彩版四一,7)。

B型 共4件。器形较小,浅腹。据腹底特征分两亚型:

Ba型 共2件。下腹弧收,圜底。标本SDM62:1(图二六五,7;彩版四一,8)。

Bb型 共2件。下腹急收,小平底。标本SDM213:3。

铜鉴　共2件。侈口，矮束颈，圆肩，鼓腹，圜底近平，饰对称环形竖耳。素面。颈肩处有一道范线，自此以下在腹侧有二道对称范线过底相连，耳部中间有一道范线，个别器表可见垫片痕迹。根据双耳的相对大小，分为两型：

A型　共1件。双耳等大。标本SDM213：1。

B型　共1件。双耳一大一小。标本SDM247：4。

铜镜　共21面。部分镜面残存包裹织物痕迹。根据纹饰分为八型：

A型　素地弦纹镜，共11面。镜背素面，上饰两周弦纹，桥形钮。镜面大小有别，直径在7.7～14.4厘米。标本SDM142：7。

B型　星云纹镜，共2面。镜缘处饰内向连弧，主体纹饰为乳钉纹和星云纹，博山形钮。标本SJM20：25（图四一七；彩版三八，1）。

C型　内向连弧纹镜，共3面。镜缘处饰内向连弧，连弧纹两侧饰宽弦纹，桥型钮。镜体大小不一。标本SJM61：7。

D型　蟠螭纹镜，共1面。标本SDM195：1（图一九三；彩版三七，5）。

E型　博局镜，共1面。标本SJM17：23（图五二四；彩版三七，6）。

F型　日光镜，共1面。标本SJM65：11（图五四〇，3；彩版三七，8）。

G型　四乳八鸟镜，共1面。标本SJM63：2（图五三三，1；彩版三七，7）。

H型　内向连弧花草纹镜，共1面。标本SDM170：10（图三一一；彩版三七，4）。

铜带钩　共28件。根据整体形态分四型：

A型　共13件。水禽形。根据钩尾的宽窄可分两亚型。

Aa型　共8件。钩尾较窄。标本SDM132：9（图一四七，10；彩版四〇，5）、SJM20：28（图三八六，7；彩版四一，1）。

Ab型　共5件。钩尾较宽。标本SDM90：1（图九一，9；彩版三九，5）、SJM35：1。

B型　共7件。兽面形或兽形钩尾。标本SDM197：9（图二七五，7；彩版四〇，6）、SJM10：1（图三八六，9；彩版四〇，8）。

C型　共4件。蛇形，或称曲棒形。根据钩体长度可分两亚型。

Ca型　共2件。钩体较长。标本SDM230：1（图二一八，4；彩版四〇，2）。

Cb型　共2件。钩体较短。标本SDM218：10。

D型　共3件。异形。钩尾形制特殊。标本SDM62：8（图二六五，1；彩版四〇，4）。

铜铃　共28件。多与骨饰、铜环、铜璜形器共出，可能为成组的装饰品。合瓦形，顶小，口稍大、内弧，舞部较平，顶部有环形或方形扁钮。铃内顶部有环形鼻，鼻下挂舌。器表多饰有乳钉纹、斜方格纹、菱格乳钉纹或素面。根据形制及纹饰不同，分四型：

A型　共10件。器形较小，器壁较薄，似编钟，环形钮，器表有纹饰。标本SDM301：2（图二一八，1～3、7、12、14；彩版四二，6）。

B型　共9件。器形较大，器壁较薄，宽扁似元宝，方形扁钮，器表有纹饰。标本SDM214：17、SDM245：7。

C型 共5件。器形较小，瘦长，器壁较薄，环形钮，口部内弧最甚，器身一侧或两侧有长条形镂空，素面。标本SDM67：2。

D型 共4件。器形较大，器壁较厚，环形钮，素面。标本SDM74：4（图九一，1～4；彩版四二，5）。

铜璜形器 共10件。均与铜铃、骨饰、螺放置在一起，或为成组的装饰品。呈扁而薄的桥形，顶部均有环形钮，个别还有圆形穿孔。素面或饰有弧线形凸棱、卷云纹。根据顶部有无圆孔分两型：

A型 共8件。顶部无孔。标本SDM26：6-8（图六一，6）。

B型 共2件。顶部有孔。标本SDM26：6-1（图六一，3）。

铜环 共11件。圆环形。根据断面不同分两型：

A型 共5件。断面呈圆形，素面。标本SDM218：11。

B型 共6件。断面扁平，器表缠绕细绳纹。标本SDM214：16。

铜钗 共4件。呈"U"型，钗股呈细圆柱形，钗端较尖，钗首宽扁。根据钗体大小不同分两型：

A型 共3件。钗体较大、较长。根据钗首形态，分为两亚型：

Aa型 共1件。钗首呈圆形，较厚。标本SDM248：1（图五〇五，13；彩版四三，2）。

Ab型 共2件。钗首呈扁条形，较薄。标本SDM117：2（图五〇五，12；彩版四三，1）。

B型 共1件。钗体较小、较短。标本SDM87：5。

铜柿蒂形棺饰 共68件。由柿蒂形铜片和小铜泡两部分构成。铜片由四叶组成，中部有方形小孔，呈柿蒂形。根据小铜泡形制，分为两型：

A型 共64件。小铜泡附小钉，整体形似图钉。标本SDM89：12。

B型 共4件。小铜泡附横梁。标本SJM55：2。

此外，还见有铜熨斗、铜匜形器、铜盘、铜釜、铜勺、铜镞、铜顶针、铜手镯、铜锛、铜镊、铜车马器等。由于数量极少暂不分型，形制详见分述。

4. 铁器

铁釜 共18件。直口方唇，多有矮直颈，圆肩，鼓腹，小平底或圜底，部分肩腹交接处附对称桥形耳或小錾。器表腹侧有两道范线，或与底部范线结合或过底相连。除4件底残外，余14件根据底部特征分为两型：

A型 共3件。小平底，根据有无颈部分两亚型：

Aa型 共2件。矮直颈。标本SJM20：4。

Ab型 共1件。无颈。标本SJM46：9。

B型 共11件。圜底，矮直颈。标本SDM191：5。

铁鍪 共5件。侈口方唇，束颈，圆肩，扁球形腹，圜底近平，肩腹交接处附对称环形竖耳或小錾。器表腹侧两道范线过底相连。除2件残外，余3件根据附耳或錾分两型：

A型 共2件。附对称环形竖耳。标本SJM55：5。

B型 共1件。附对称錾。标本SJM7：2。

铁灯 共16件。浅折盘。除两件残，器形不可辨外，余14件可分为两型：

A型　豆形灯,共10件。竹节状柱柄,喇叭形圈足,因整体形态与豆相似,暂称之为"豆形灯"。根据灯盘中心有无烛钎,可分为两型:

Aa型　共3件。灯盘中心有一圆锥形烛钎,应属烛灯[1]。标本SDM214:1。

Ab型　共7件。灯盘中心无烛钎,应属油灯。标本SDM121:1、SJM7:1。

B型　行灯,共4件。盘下无柱柄,盘壁一侧执柄,用于行走中持灯照明[2]。灯盘中心皆有烛钎,属烛灯。根据盘底部有无三足分为两型:

Ba型　共3件。盘底下设三柱足,底较平。标本SJM46:8。

Bb型　共1件。盘下无足,盘底近平微内凹。标本SJM55:7。

铁削　共17件,多残成数段。直背直刃,断面呈三角形。根据有无环首分两型:

A型　共11件。圆形或心形环首。标本SDM209:12、SJM51:13。

B型　共6件。无环首。根据锋端形制不同分两亚型:

Ba型　共4件。锋端刃部向背部弧收。标本SDM105:1。

Bb型　共2件。锋端弧收成尖,平面近柳叶形。标本SDM125:1。

此外,还见有铁鐾、铁锛、铁矛、铁戟、铁剑、铁刀、铁带钩、铁棺钉等。由于数量极少,暂不分型,形制详见分述。

5. 玉石器

石砚　一般为一套两件。分上下两部分,上为研,下为砚。

砚　共4件。上下两面皆平,等大,砚面光滑,残有少量墨迹,背面较粗糙。根据形制不同分两型:

A型　共3件。圆饼形。标本SDM192:3-1。

B型　共1件。不规则平板长方形。标本SDM111:2-2(图一三四,5;彩版四八,5)。

研　共3件。上下两面皆平,下面光滑。根据形制不同分两型:

A型　共2件。不规则扁平块状。标本SDM213:12。

B型　共1件。上小下大的圆柱体。标本SDM132:6-2(图一四七,14;彩版四八,6)。

此外,还见有玉剑彘、玉环、玉残片、耳珰等。由于数量极少,暂不分型,形制详见分述。

6. 骨蚌器

出土的骨蚌器数量很少,主要有骨环、骨管、各形骨饰、螺等,形制详见分述。

7. 印章

共3方。材质有铜、陶、石三类,铜印甚小,石印、陶印略大。铜印(图一八)、陶印(图一九)、石印(图一七)的印文皆阴刻。形制详见分述。

---

[1]　孙机:《汉代物质文化资料图说》,文物出版社,1999年,第351页。

[2]　孙机:《汉代物质文化资料图说》,文物出版社,1999年,第352页。

0　　　　2厘米	0　　　　2厘米	0　　　　2厘米
图一七　SDM1随葬印章印文拓片	图一八　SDM60随葬印章印文拓片	图一九　SJM20随葬印章印文拓片
SDM1：10	SDM60：2	SJM20：8

8. 钱币

共52座墓出土钱币,绝大多数为铜钱,偶见铁钱。每座墓出土钱币数量不等,多则581枚,少则1枚。根据钱文可分为半两、五铢、大泉五十和货布四类。

半两　数量最多。根据钱径、重量,可分三型:

A型　直径一般在2.9～3.5厘米,重量在6～13.1克左右,个别重达16克。钱体较大,字体高挺,字大于穿宽,穿孔较小,无钱郭。钱文结构松散,笔画随意,"半"字头部或转折,或呈"八"字状,大多下横线较短。"两"字上横线或短,或与肩等,折肩,"双人两"多,人字首部较长。整体厚重,制作较粗糙,钱体多不圆。推测为战国秦或统一秦半两。标本SDM138、SJM12。

B型　直径一般在1.9～3.2厘米,重量在1.7～4.8克左右。钱体大小不一,但整体较A型小。字体扁平,字与穿大小基本相等,部分有钱郭及一道穿郭。"半"字头部或呈"八"字状,或转折,或呈点状,两横线略等或下横线较长,竖线出于或略出于下横线。"两"字上横线或与肩等长,或比肩略短,下部折肩,或为"十字两",或为"双人两",或为"倒T两",或为"1字两"。部分制作粗糙,铸口明显。推测为吕后至武帝时期发行的"八铢半两"、"五铢半两"和"四铢半两"。标本SDM109、SJM1。

C型　直径一般在1.1～1.9厘米,重量在0.1～1.6克左右。钱体较大,字体瘦长,文字可见,但辨识较难,有的甚至无文字。推测为吕后、文帝时期发行的榆荚半两。标本SDM38。

五铢　共7座墓出土五铢钱。钱郭径2.3～2.9厘米,钱径2.1～2.2厘米,重量2.7～4.8克。正面钱郭、背面穿郭明显,"五铢"二字与穿孔宽相等。"五"交笔有斜直、有缓曲,"铢"字的"钅"旁头部多呈三角形,"朱"上横线和下横线有方折和圆折之分。钱币铸造精良,厚重。推测为武帝至宣帝时期发行的五铢。标本SJM49。

大泉五十　1枚。标本SDM87：2-2。

货布　1枚。SDM239：2(图五〇六,8;彩版三九,2)。

9. 其他

泥饼、料珠等,数量极少,形制详见分述。

2.4.2 陶系与纹饰

1. 陶系

陶器的陶质有夹砂、泥质两类,陶色有灰陶、红陶两类。

（1）陶质

根据有无夹砂,可分为两型:

A型 夹砂陶。主要见于日用陶器。根据夹砂颗粒的大小、数量,可分为两亚型:

Aa型 夹细砂陶。夹砂颗粒较小,数量少。涵盖日用陶器、模型明器的各个器类,是最为常见的一种陶质。

Ab型 夹粗砂陶。夹砂颗粒较大,数量多。主要见于釜类。

B型 泥质陶。主要见于各类仿铜陶礼器,在日用陶器中数量很少。

（2）陶色

根据陶色不同,可分为两型:

A型 灰陶。数量最多,涵盖日用陶器、仿铜陶礼器、模型明器的各个器类。其陶色又有浅灰、深灰、灰褐之分,其中以浅灰陶数量最多。

B型 红陶。数量很少,主要见于釜类。陶色又有红褐、橙红之分。

2. 纹饰

多数陶器施有纹饰,以旋纹、暗纹、各类绳纹、篮纹数量最多。

（1）纹饰分类

1）旋纹。有粗细之分,细者亦可称为线纹。多见于缶、罐、釜类的肩腹部,盆甗类的上腹部（图二二,2）。

2）暗纹。以暗旋纹数量最多,其形似旋纹,但无凹槽。多见于缶、罐类的肩腹部,盆甗类内壁。此外,偶见鱼形、锯齿形、三角形暗纹、云形暗纹（图二二,4）。

3）绳纹。一般印痕较浅,仅隐约可见。方向有竖行、斜行、横行、交错几种,以竖行居多。多见于釜、缶、罐、盆甗类局部（图二〇,4）。

4）楔形绳纹。弧腹盆甗类器上腹部常见压印的斜向绳纹,呈楔形,本报告暂将其称为"楔形绳纹"。此类纹饰或单独出现,或与旋纹组成复合纹饰（图二二,1、3）。

5）旋断绳纹。在竖行绳纹上施以数周旋纹,形成若干竖行绳纹带,属复合纹饰。多见于小口旋纹罐的肩腹部（图二一,1）。

6）麦粒状绳纹。似用绳索缠绕器表而成,形似连续分布的麦粒状颗粒。以往称之为麦粒状绳索纹、米粒状绳纹、指甲纹等[1],本报告暂称之为"麦粒状绳纹"。多见于缶、折肩罐的上腹部

[1] 陕西省考古研究所:《西安北郊秦墓》,三秦出版社,2006年,第202页。西安市文物保护考古所:《西安南郊秦墓》,陕西人民出版社,2004年,第663页。西安市文物考古研究所:《龙首原汉墓》,1999年,第232页。

（图二二,6）。

7）弦纹。多见于折腹盆甗类器的肩腹交接处。

8）篮纹。方向有竖行、斜行、横行、交错几种。多见于釜类腹下部及底部（图二〇,6;图二二,8）。

9）方格纹。拍印或压印而成的大小相等、连续分布的小方格（图二一,3）。

10）瓦纹。一般印痕较浅。多见于釜类的肩及腹上部。

（2）纹饰组合

纹饰组合不同于复合纹饰,不是几种纹饰的交错叠压,而是纹饰的排列组合。主要有:旋纹和暗纹组合;旋纹和绳纹组合（图二〇,3）;旋纹和旋断绳纹组合（图二二,7）;旋纹和麦粒状绳纹组合（图二二,5）;旋纹和篮纹组合（图二〇,1;图二一,5）;旋纹和方格纹组合（图二一,4;图二〇,5）;暗纹和麦粒状绳纹组合;瓦纹和篮纹组合（图二〇,2）;绳纹和篮纹组合（图二一,2）等。

3. 彩绘

彩绘见于仿铜陶礼器鼎、盛、锜和簋形甋、壶、钫上。颜色有红、白、绿、蓝、黑、黄等,以红、白两色为主。纹饰主要有云纹、条带纹、三角蕉叶纹、波浪纹、绚索纹等,其中以前两种最为常见。

（1）云纹。多见于鼎盖、盛盖的捉手内,钫的颈肩部、锜的肩部。根据形制不同,可分为五型:

A型 线条围绕中心顺时针旋转一周,靠外线条拖长。如SDM207:12（图三四三:6）。

B型 形似空中行云。如SDM150:7（图二九八）、SJM4:1（图二三七）。

C型 形似水中波浪。如SDM134:2（图一四九）。

D型 由两组纹饰组成,两组纹饰相互独立,各呈"C"形,如SDM164:3（图一六七:6;彩版一四,3）。或两组纹饰连为一体,呈"S"形,如SDM186:1（图三二六;彩版三二,1）。

E型 呈勾状。如SDM186:1（图三二六;彩版三二,1）。

（2）条带纹。多见于鼎、盛、钫的盖面,鼎、盛的上腹部,锜的肩部,钫、簋形甋的器身及圈足。如SDM199:1（图三三五）。

（3）三角蕉叶纹。多见于钫、壶的颈部。如SDM121:4（图二七三）。

（4）绚索纹。多见于钫盖及簋形甋腹部。如SDM134:3（图一四九）。

（5）波浪纹。多见于鼎、盛上腹部,簋形甋腹部。如SDM178:3（图一八二）。

此外,彩绘还见有:鼎盖乳突描红彩;鼎耳两侧、顶端描红、白彩;钫和锜的铺首描红、白彩;钫口部、簋形甋内壁满饰红彩;盛盖捉手内饰鸟纹红彩等。

2.4.3 随葬品位置

1. 陈器位置

小件器物多置于棺内。其中铜镜主要置于墓主头端与脚端,偶见置于腰部者。石砚,除一件置于头箱内,余均置于棺内墓主脚端一角。带钩,置于墓主头部、肩部、脚端及腰部。铜钱,多置于墓主头部、口部及手中,少数墓葬散置于棺外。铁削,多置于墓主腿部,少数墓葬置于棺外。铁灯,除出土于竖穴土坑墓的一件外,余均置于墓室近洞口处,且多孤立出现。

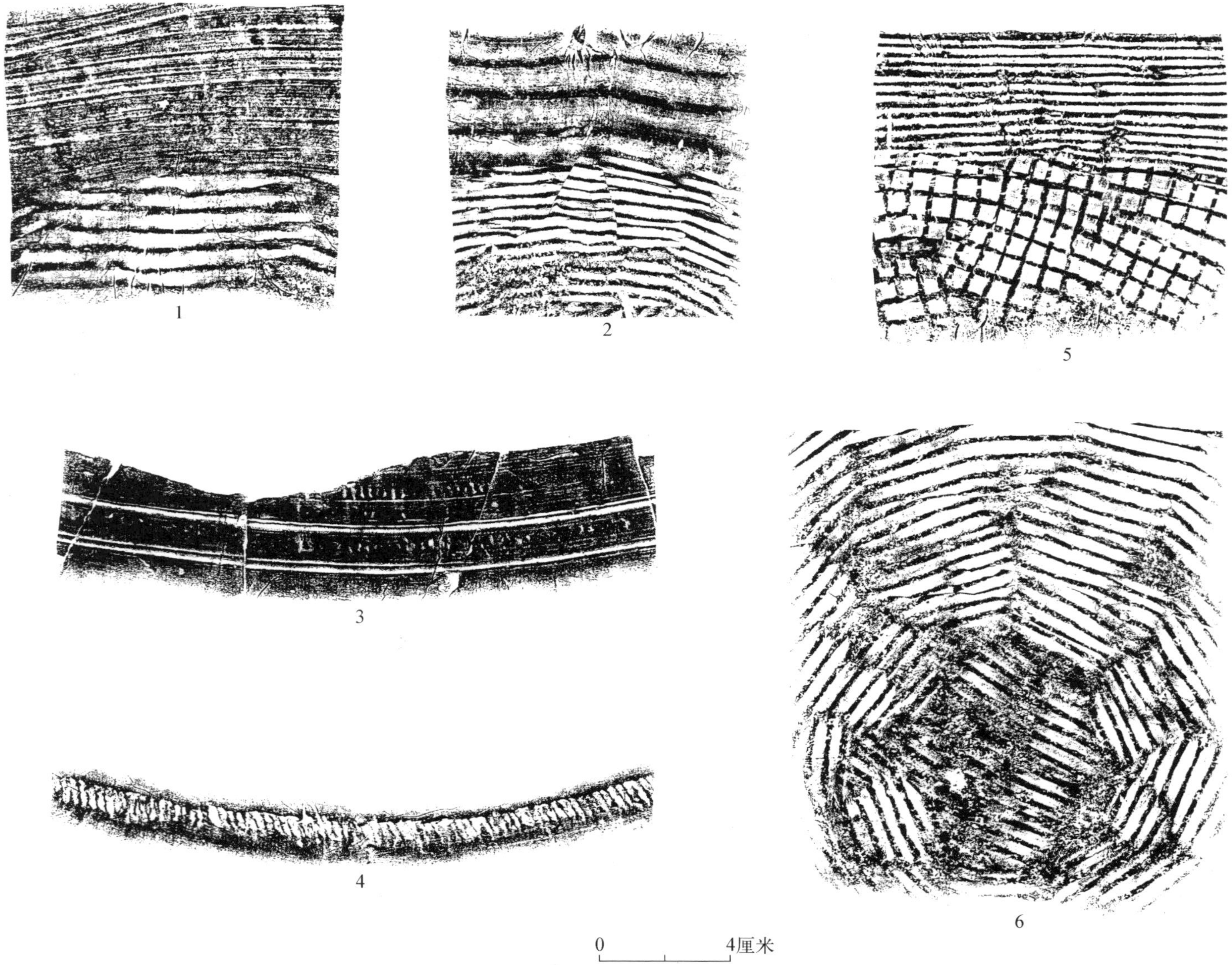

图二〇　SDM113、SDM171、SDM174、SDM245、SDM247、SJM23 随葬陶器纹饰拓片

1. 旋纹＋篮纹（高口釜 SDM171:5）　2. 瓦纹＋篮纹（罐口釜 SDM113:2）　3. 旋纹＋绳纹（卷沿圆肩罐 SJM23:7）　4. 绳纹（直口折肩罐 SDM174:2）　5. 旋纹＋方格纹（罐口釜 SDM245:1）　6. 篮纹（罐口釜 SDM247:5）

图二一　SDM4、SDM93、SDM102、SDM138、SDM177随葬陶器纹饰拓片

1.旋断绳纹(小口旋纹罐SDM102：1)　2.绳纹＋篮纹(鬲口釜SDM177：2)　3.菱形方格纹(罐口釜SDM93：7)

4.旋纹＋方格纹(鬲口釜SDM4：1)　5.旋纹＋篮纹(鬲口釜SDM138：6)

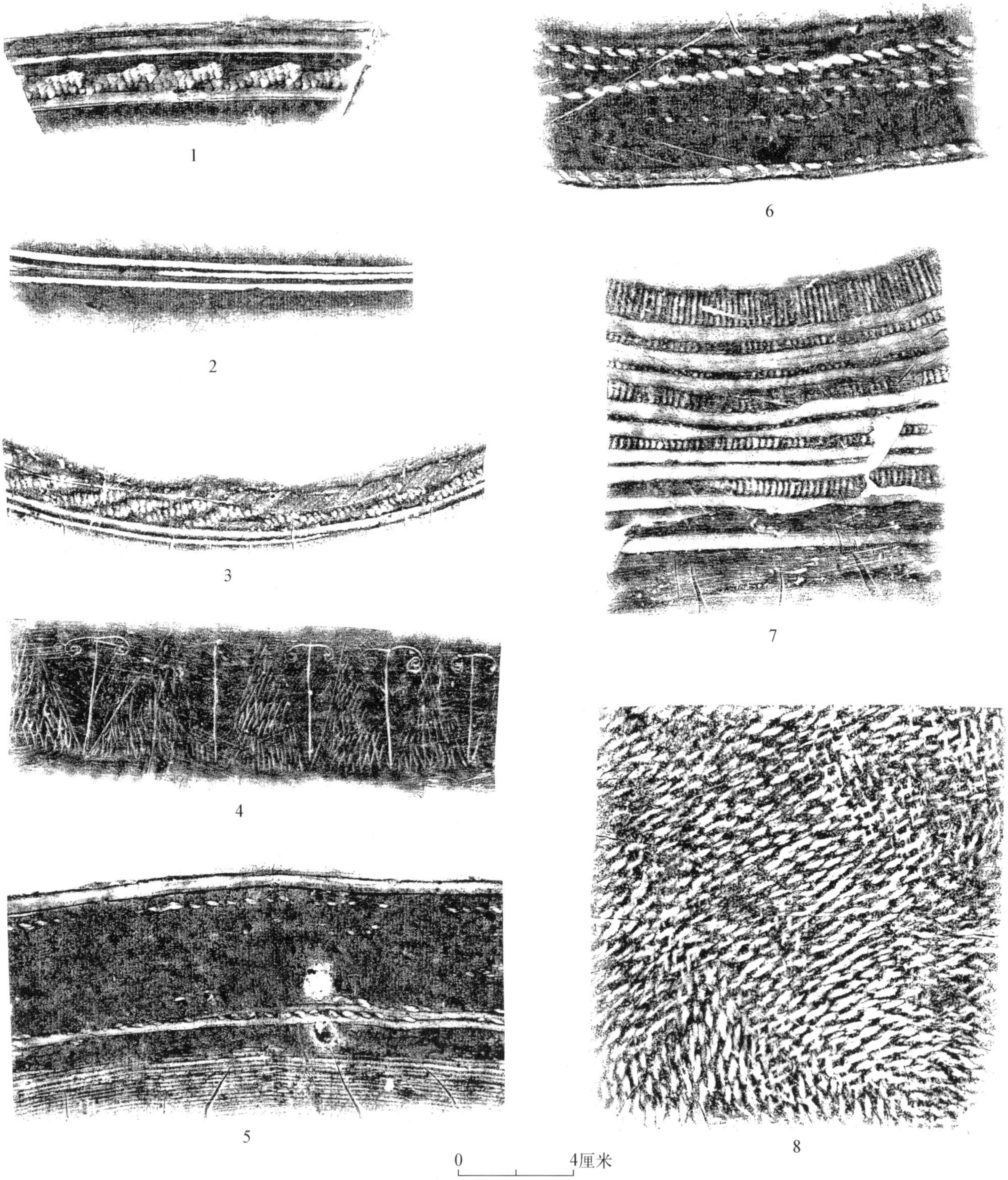

图二二　SDM2、SDM39、SDM107、SDM112、SDM151、SDM155、SDM225、SDM309随葬陶器纹饰拓片

1. 旋纹＋楔形绳纹（盆改甑SDM39：5）　2. 旋纹（有颈罐SDM2：1）　3. 楔形绳纹（盂改甑SDM225：4）
4. 三角形纹＋锯齿形纹＋云纹（壶SDM309：1）　5. 旋纹＋麦粒状绳纹（缶SDM155：1）　6. 麦粒状绳纹（缶SDM112：2）
7. 旋纹＋旋断绳纹（小口旋纹罐SDM107：3）　8. 篮纹（罐口釜SDM151：3）

陶器多置于棺外。竖穴土坑墓中,陶器的放置位置主要有棺外墓主脚端、头端、一侧及棺盖板上四种,其中以前两种最为常见。第一至三期,置于墓主脚端的比例略高于头端,而第四期,多置于头端。竖穴墓道洞室墓中,陶器一般置于墓室近洞口一端。由于墓主头向多朝向墓道,故陶器多置于棺外墓主头端。另有部分置于棺外一侧或棺盖板上,极少见置于墓主脚端。年代上,第一至四期,位置无明显变化。斜坡墓道洞室墓,陶器数量较多者置于棺外一侧,数量较少者置于棺外墓主头端。

2. 陈器方式

陶器的陈器方式纷繁多样,主要有以下四种现象:

（1）同类器对置现象

同一器类的两件或两件以上陶器,存在对称分置于墓室两侧的现象。主要见于盆甑、缶、罐类器。具体包括两种情况:其一,墓室两侧各置一件同类器,位置上相互对应。如SDM107(图一二八),墓室两侧各对置一件小口旋纹罐。其二,墓室一侧放置多件陶器,另一侧放置一件同类器与之对应。如SJM8(图四〇四),6件陶器置于棺外墓室一侧,其中2号直口折肩罐与墓室另一侧单独放置的3号直口折肩罐相对。

（2）盆甑类器侧置现象

具体包括两种情况:其一,盆甑类器侧置于棺与墓壁的夹缝处。如SJM23(图四二〇)的3号盆侧置,盆口朝向墓壁。SDM170(图三〇九)的4号盂形甑侧置,盂口朝向棺室。其二,在墓室一端,存在盆(或甑)侧置于罐旁,而甑(或盆)倒扣于罐上的现象,简称"盆(甑)侧甑(盆)扣现象"。如SDM108(图一二九),盆侧立于直口折肩罐一侧,并被倒扣的甑所扣。

（3）叠置现象

即多件陶器上下叠置在一起的现象。主要见于缶、罐、釜、盆甑类器。具体包括:盆甑叠置,如SDM190(图一八八);盆、甑、釜相叠,如SDM223(图一九九);釜叠置于罐上,如SDM108(图一二九);甑叠置于铁釜上,如SDM161(图三〇八);两罐相叠,如SDM156(图三〇六)等。

（4）倒扣现象

即陶器倒置于墓内或倒置于其他器物上的现象。主要见于釜、罐、盆甑类及锜和簋形甑。具体包括四种情况:其一,陶器倒扣于棺盖板或墓底。如SDM241(图三八二)棺盖板上倒扣一件卷沿折肩罐,SJM71(图四九一)棺外墓主头端倒扣一甑一盂。其二,盆甑互扣,包括盆倒扣在正立的甑上,如SDM245(图三八四);盆甑相叠倒扣于地上,如SDM152(图三〇一)。其三,盆甑类器倒扣于缶、罐类器上,如SJM51(图四五五)。其四,簋形甑倒扣于锜上,如SDM199(图三三四)。

2.4.4 陶器组合

随葬陶器组合可分为以下五类:

1. 单储藏器

共67座。储盛器包括缶及各类罐。根据陶器数量,可分为四型:

A型　共48座。单件。根据器类不同可分五亚型:

Aa型　共26座。直口折肩罐或卷沿折肩罐。如SDM167(图一七二)、SJM28(图二四四)。

Ab型　共5座。缶。如SDM92(图一一四)。

Ac型　共10座。小口旋纹罐。如SDM305(图二二二)。

Ad型　共6座。有颈罐。如SDM78(图一〇一)。

Ae型　共1座。四系罐。如SDM59(图五〇一)。

B型　共3座。同类两件。根据器类不同可分三亚型:

Ba型　共1座。直口折肩罐。如SDM100(图一二三)。

Bb型　共1座。缶。如SDM7(图四〇)。

Bc型　共1座。小口旋纹罐。如SDM145(图一五四)。

C型　共7座。同类三件。根据器类不同可分两亚型:

Ca型　共1座。圆肩罐。如SDM228(图二〇四)。

Cb型　共6座。有颈罐。如SDM116(图一三九)。

D型　共1座。同类四件。如SDM181(图五一三)。

E型　共8座。异类多件。如SDM191(图一八九)。

此类组合以A型单件缶罐类为主。

2. 储藏器 + 炊器

共129座。炊器包括釜类、盆甑类。根据器类构成不同可分为三型:

A型　共95座。储藏器 + 釜 + 盆甑类。根据器类不同,可分三亚型:

Aa型　共47座。缶 + 罐 + 釜 + 盆甑类。如SDM114(图二七〇)、SJM75(图四九五)。

Ab型　共13座。缶 + 釜 + 盆甑类。如SDM39(图七八)、SJM6(图三九九)。

Ac型　共35座。罐 + 釜 + 盆甑类。如SDM99(图一二一)、SJM26(图四二二)。

B型　共21座。储藏器 + 釜。根据器类不同可分三亚型:

Ba型　共14座。罐 + 釜。如SDM306(图二二三)、SJM77(图四九九)。

Bb型　共4座。缶 + 釜。如SDM162(图一六四)、SJM3(图二三五)。

Bc型　共3座。缶 + 罐 + 釜。如SDM103(图二六八)。

C型　共13座。储藏器 + 盆甑类。根据器类不同可分两亚型:

Ca型　共10座。罐 + 盆甑类。如SDM244(图二一二)、SJM68(图四八三)。

Cb型　共3座。缶 + 罐 + 盆甑类。如SDM23(图二五三)、SJM46(图四四五)。

A型为储藏器 + 炊器类的完整组合,数量也最多。B、C两型均是对A型完整组合的简化。此类组合中的各型与亚型,均是对储藏器 + 炊器组合的损益。

3. 单炊器

共6座。根据器类不同,可分为两型:

A型 共2座。釜+盆甑。如SDM109(图一三〇)。

B型 共4座。单随葬釜或盆甑。如SJM52(图四五八)、SDM301(图二一七)。

4. 壶、罐、灶组合或单壶

共6座。如SDM117(图五〇九)、SJM64(图五三四)。

5. 仿铜陶礼器

共26座[1]。其中以鼎+盛+𫭢+篑形甑+钫,为主要组合,共12座。如SDM178(图一八〇)、SJM66(图四七八)。

2.4.5 陶文与陶符

本墓地所见陶文与陶符,均为烧后阴刻。绝大多数见于大体缶的肩部,个别见于缶口部、盂内壁等处。陶文内容包括以下几类:

(1) 姓氏。如SDM90∶5刻铭"马"(图二三,3;图一一二,4;彩版二〇,2)、SDM149∶1刻铭"王"(图二三,6;图二九五,9;彩版二一,2)、SDM114∶1刻铭"杨"(图二四,6;图二六九,8;彩版二〇,6)、SJM66∶1刻铭"申生"(图二三,1;图四七七,7;彩版二一,1)。

(2) 姓氏+容量。如SDM216∶1刻铭"杨氏一石"(图二三,9)。

(3) 姓氏+容量+地名。如SDM209∶13刻铭"□里王氏十斗"(图二四,4)、SJM46∶7刻铭"□□赵氏十斗"(图二四,1)。

(4) 地名。如SDM232∶1刻铭"直里原"(图二三,2)。

此外,还有部分陶文或陶符难以辨识,含义不明。如SDM250∶1刻划"行"字形(图二四,7;彩版二〇,4),SDM62∶2刻划"×、一"形(图二四,2),另有SJM3∶1、(图二三,4)、SJM20∶14(图二三,5、8;彩版二五,4)、SDM226∶5(图二三,7)、SDM247∶1(图二四,3、5)。

2.5 分 期 与 年 代

2.5.1 分期与各期特征

1. 陶器形制分析结果检验

检验包括两方面内容: 一是典型器类的式别顺序有无颠倒与交错; 二是型式划分与演变规律认识的正确与否。

---

[1] 同时随葬仿铜陶礼器与日用陶器的墓葬,也统计在内。

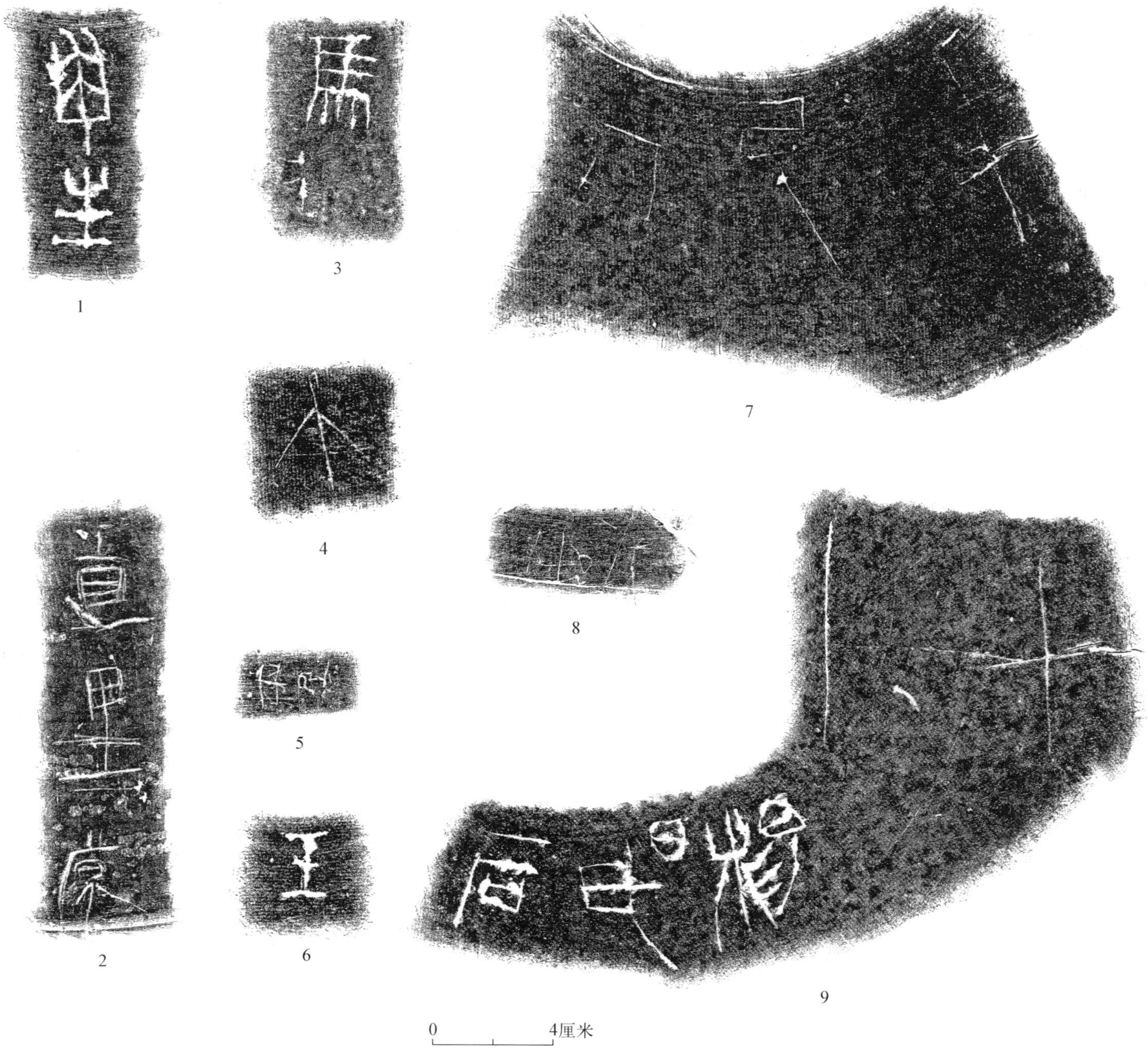

图二三　SDM232、SDM90、SDM149、SDM216、SDM226、SJM20、SJM3、SJM66 随葬陶器陶文拓片

1. SJM66：1　2. SDM232：1　3. SDM90：5　4. SJM3：1　5. SJM20：14　6. SDM149：1　7. SDM226：5　8. SDM226：5　9. SDM216：1

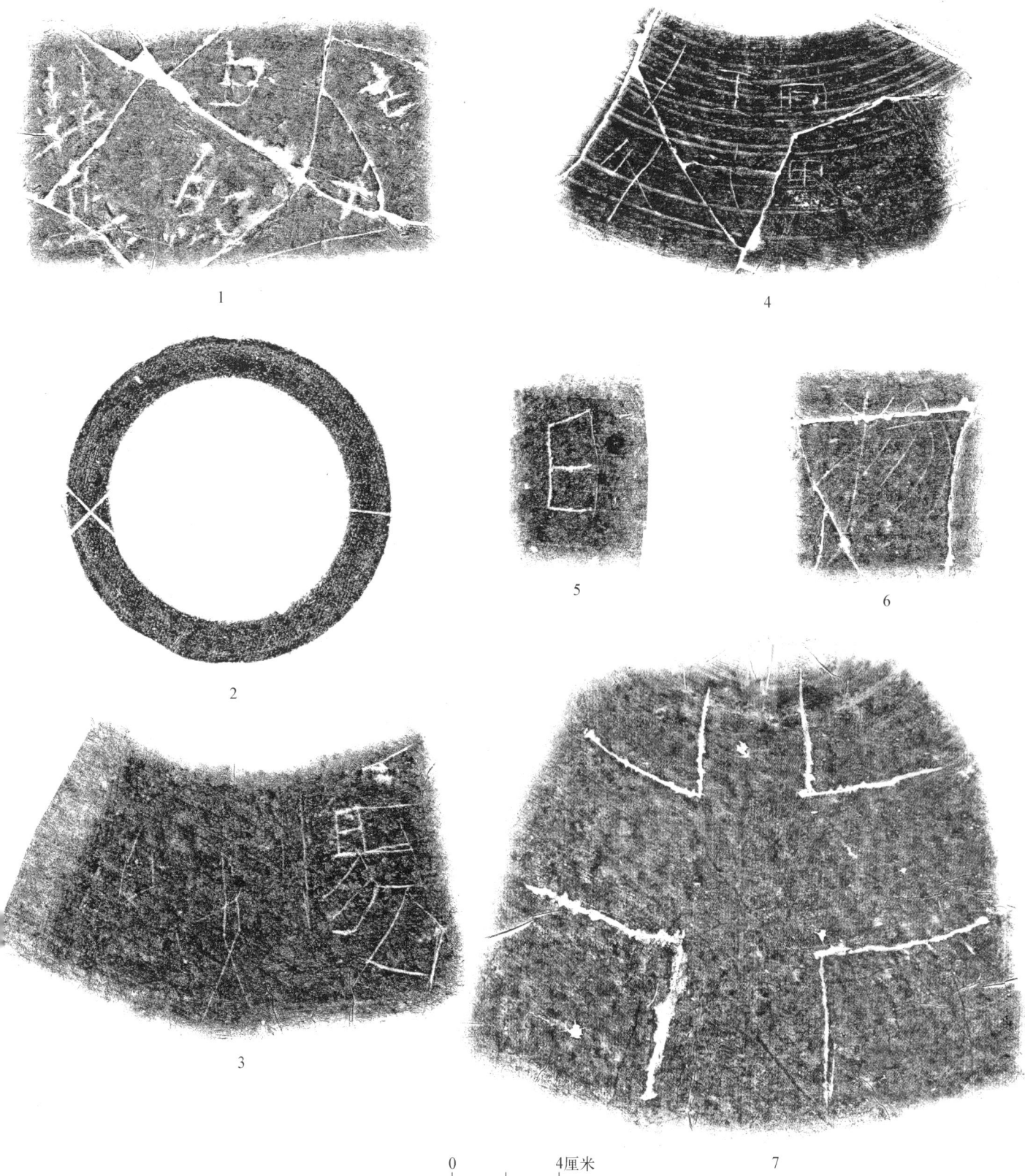

图二四　SDM62、SDM209、SDM114、SDM250、SDM247、SJM46随葬陶缶陶文拓片

1. SJM46：7　2. SDM62：6　3、5. SDM247：1　4. SDM209：13　6. SDM114：1　7. SDM250：1

（1）典型器类式别顺序的检验

器类式别顺序的检验，主要是通过考察陶器型式在典型单位的分布情况，结合地层关系与以往相关认识予以判断的。从典型单位陶器型式统计表中（见表一四）可以看出，各典型器类的式别序列，皆为从Ⅰ式依次发展为Ⅱ式、Ⅲ式、Ⅳ式，无顺序颠倒现象，不同器类式别分布亦无错乱现象。

该墓地仅有一组单位，既有打破关系又出土同类型陶器。即出土BⅡa式盂形甑的SDM241打破出土BⅠ式盂形甑的SDM254，可见B型盂形甑的式别顺序不误，Ⅰ式早于Ⅱa式。另外，比较邰城与秦、东汉时期的同类器，亦可帮助确认式别链条首尾。如各型鼎，Ⅰ式皆深腹、高耳高足，与统一秦时期接近。各型折肩罐、Ac型缶，Ⅰ式的"亚腰"特征与统一秦时期接近。各型盆甑，最晚式别的上腹占腹部比例近半，与东汉时期相近。可见各主要器类的式别顺序皆为Ⅰ式最早，Ⅲ式、Ⅳ式最晚。

（2）演变规律认识的检验

针对汉墓陶器"模件化"的特质因素，本报告提出器类演变的"相关性"分析。"相关性"指的是不同类、型陶器相同部位（或模件）的演变特征、演变规律、演变速率的同异关联度。"相关性"分析既可校验型式划分的正确与否，亦可厘清陶器谱系，总结时代特征。据此考察器类型式划分与演变规律，可以发现以下两点：

其一，存在不同器类相关部位式别演变规律近同或一致的现象。主要表现在以下六组不同型式的器类之间。

①鼎与盛。子母口形态相同，A型鼎Ⅰ至Ⅳ式与A型盛Ⅰ至Ⅲ式的口部，皆由内沿明显高于外沿逐渐演变为内外沿齐平，沿面有凹槽。此外，鼎盖与盛盖形态相近，演变规律近同，皆为盖面由平变弧，盖腹由浅变深。可见，鼎、盛具有相关性的口部与器盖的演变规律是一致的。

②鼎与锜。足部形态相同，A型鼎Ⅰ至Ⅳ式与锜Ⅰ至Ⅳ式的足部，皆由细高逐渐变粗矮，由微内敛逐渐变微外撇。此外，A型鼎与锜的腹部皆弧腹圜底，其演变规律亦相同，即腹由深逐渐变浅。可见，鼎、锜具有相关性的足部与腹部的演变规律是一致的。

③锜与钫。铺首形态相近，锜Ⅰ至Ⅳ式与钫Ⅰ至Ⅳ式的铺首，皆由精致变简化，印痕由清晰变模糊，铺首由有变无。此外，鼎、盛、锜、篦形甑的整体形态皆由大逐渐变小。

④直口折肩罐与卷沿折肩罐。两类罐的各型、亚型器身形态近同，具有相关性的肩腹部的演变规律一致，亚腰特征由明显逐渐减弱而至消失。其式别特征对应如下表：

表八　直口折肩罐与卷沿折肩罐式别对应表

式别特征	直口折肩罐				卷沿折肩罐	
	Aa型	Ab型	Ac型	B型	A型	B型
亚腰	Ⅰ式	Ⅰ式				Ⅰ式
微亚腰	Ⅱ式	Ⅱ式	Ⅰ式	Ⅰ式	Ⅰ式	Ⅱ式
符号亚腰	Ⅲ式	Ⅲ式	Ⅱ式	Ⅱ式	Ⅱ式	Ⅲ式
象征亚腰或亚腰消失	Ⅳ式	Ⅳ式	Ⅲ式	Ⅲ式	Ⅲ式	Ⅳ式

⑤ 缶。Aa型、Ab型缶的腹部形态虽有不同,但仍存在弧腹的相关性。腹部皆由整体弧收演变为腹下部内凹。Ac型、B型缶形态相同的肩腹部,皆由"微亚腰"演变为"符号亚腰"。各型缶的肩部形态近同,皆折肩或圆折肩,其肩部演变规律亦相同,即由隆逐渐变溜,肩最大径由高变低。其式别特征对应如下表:

表九 Aa、Ab型缶腹部式别特征对应表

式别特征	Aa型	Ab型
腹部整体弧收	I式	I式
腹下部内凹	II式	II、III式

表一〇 Ac、B型缶肩腹部式别特征对应表

式别特征	Ac型	B型
微亚腰	I式	I式
符号亚腰	II式	II、III式

表一一 Aa、Ab、Ac、B型缶肩部式别特征对应表

式别特征	Aa型	Ab型	Ac型	B型
隆肩	I、II式	I、II式	I、II式	I、II式
微溜肩	III式	III式		III式
溜肩	IV式			IV式

⑥ 盆盂甑类。共四类器,其中折腹盆盂甑类与弧腹盆盂甑类腹部演变规律近同,均为上腹占腹部比例逐渐变大。

表一二 弧腹型盆盂甑类式别对应表

式 别 特 征	盆	盆形甑	盂	盂形甑
上腹占腹部比例小于三分之一	I	I		
上腹占腹部比例等于或略大于三分之一	II	II	I	I
上腹占腹部比例近半,矮体		IIIa	II	IIa
上腹占腹部比例近半,高体		IIIb		IIb

其二,存在跨越类、型、亚型的多种演变规律。本报告暂称之为"演变系"。就上节陶器演变规律分析而言,大致可总结出以下四系:

"亚腰系" 普遍见于折肩罐类器与部分缶，主要包括直口折肩罐、卷沿折肩罐、Ac型缶及B型缶。部分C型盂也受到了"亚腰系"影响。其演变序列为：亚腰→微亚腰→符号亚腰→象征亚腰或亚腰消失。

"溜肩系" 普遍见于各类圆肩类器，主要包括各型缶、小口旋纹罐及釜。其演变序列为：隆肩→圆鼓肩→微溜肩→溜肩。

"弧腹系" 普遍见于腹部弧收器类，包括Aa型缶、Ab型缶、有颈罐、小口旋纹罐。其演变序列为：腹部整体圆弧→腹上部圆弧，下部斜直或内凹→腹部整体斜直→腹部整体斜直微内凹。

"比例系" 普遍见于能区分上、下腹的器类，包括折腹与弧腹的盆盂甑类。其演变序列为：上腹远小于下腹→上腹略小于下腹→上、下腹比例相若→上腹略大于下腹。

需要说明的是，比例系与溜肩系之间存在一定的内在联系，即溜肩系的肩由隆变溜，亦可看作为肩、腹比例由小变大。此外，不同的"演变系"可共存于同一器类上。如亚腰系与溜肩系共存于B型缶，弧腹系与溜肩系共存于Aa型、Ab型缶及小口旋纹罐。不同演变系在同一器类的不同部位分别演进，交错形成了该器类的式别特征。

综上所论，可知上节陶器型式划分，式别顺序判断不误，演变规律的顺畅不悖，期段划分基础可靠。

2. 分段与分期

根据不同类、型、亚型在典型单位的有无与共存状况（见表一四、九、十），及典型器类式别特征的差异程度，可将58个典型单位归并为五期七段（表一三）。划段分期理由申述如下：

表一三 邰城汉墓典型单位的分段、分期表

期	段		典 型 单 位
一	1		SDM114、SDM226、SDM151
二	2		SJM45、SDM222、SDM35、SDM174、SDM190、SDM251、SDM218、SJM8、SDM213、SDM24、SDM223、SDM64、SDM132、SDM214、SDM90、SJM66、SDM123
三	3	早组	SJM32、SDM38、SDM69、SDM14、SDM182、SDM209、SDM173、SJM2、SDM164、SDM254、SDM122、SDM216
		晚组	SDM238、SJM22、SJM46、SJM51、SDM250、SJM39、SDM178、SDM199
四	4		SDM149、SJM69、SJM17、SJM20、SDM205、SJM7、SDM89、SJM55、SDM148、SDM241
	5		SJM70、SDM170、SDM121、SDM186
五	6		SJM49、SJM63、SJM64
	7		SJM65

（1）关于第1、2、3、4段的分段及分期

其一，第1、2段单位器类组合有异。第1段单位的器类有直口折肩罐、A型缶、盆盂甑类及釜类（图版一四）。第2段仍见上述器类，但较第1段新出现小口旋纹罐、B型缶、有颈罐、卷沿折肩罐等器类（图版一五；图版一六；图版一七，1）。第2、3段单位的仿铜陶礼器组合有异。第2段器类有鼎、盛、锜和簋形甑、钫、壶，而第3段及之后不见陶礼器壶。

表一四　邾城汉墓陶器型式统计表

期	段	典型单位	鼎A	鼎B	敦	簠形甑	盛A	钫B	壶	小口旋纹罐	缶Aa	缶Ab	缶Ac	缶B	直口折肩罐Aa	直口折肩罐Ab	直口折肩罐Ac	直口折肩罐B	卷沿折肩罐A	卷沿折肩罐B	有颈罐	直口圆肩罐	卷沿圆肩罐	盆A	盆B	盆形甑A	盆形甑B	盂A	盂B	盂C	盂形甑A	盂形甑B	壶	灶
一期	1段	SDM114										I			I									I	I									
		SDM226										I			I									I	I									
		SDM151													I		I									I				I				
二期	2段	SJM45												I				I			Ba I							I			I			
		SDM222													II						A													
		SDM35								I					II		I							I	I	I								
		SDM123								I II				I		I																	
		SDM174								II				I	II			I						I			I							
		SDM190																											I						
		SDM251																		I							I				II				
		SDM218													II	I					Bc					I			I II					
		SJM8								II				I	II	II		I								I			II					
		SDM213								II		I								I				I	II	I	I							
		SDM24	I							II									I					I		I								
		SDM132		I	I	I	I		∨		I										A	Ba				I								∨
		SDM90	I		I	I	II								II	II												II			I			
		SDM214	I		I	I	II	I	∨				I	II	II	II												II		II	I			
		SDM223				I	I II	I					I					II	II	III														
		SJM66	I		I	I	I II							II				III																
		SDM64	II											II	II		I	II										II			I			

期	段	典型单位	鼎A	鼎B	簋	簠形甑	盛A	铂B	壶	小口旋纹罐	缶Aa	缶Ab	缶Ac	缶B	直口折肩罐Aa	直口折肩罐Ab	直口折肩罐Ac	直口折肩罐B	卷沿折肩罐A	卷沿折肩罐B	有颈罐	直口圆肩罐	卷沿圆肩罐	盆A	盆B	盆形甑A	盆形甑B	盂A	盂B	盂C	盂形甑A	盂形甑B	壶	灶
三期	3段早组	SJM32		Ⅱ								Ⅱ				Ⅲ		Ⅰ						Ⅰ			Ⅱ							
		SDM254												Ⅱ											Ⅱ							Ⅰ		
		SDM38												Ⅱ	Ⅲ			Ⅱ							Ⅱ		Ⅱ							
		SDM69												Ⅱ															Ⅰ		Ⅰ			
		SDM14								Ⅱ					Ⅲ									Ⅰ		Ⅱ								
		SDM182			Ⅰ	Ⅰ												Ⅱ		Ⅰ									Ⅱ					
		SDM209			Ⅱ	Ⅱ		Ⅱ					Ⅱ					Ⅱ																
		SDM173			Ⅱ	Ⅱ	Ⅱ	Ⅱ					Ⅱ			Ⅲ										Ⅱ		Ⅱ	Ⅱ						
		SDM122			Ⅱ	Ⅱ	Ⅱ	Ⅱ		Ⅱ				Ⅱ	Ⅲ										Ⅱ							Ⅱa		
		SDM216											Ⅱ									Ba Ⅱ Bb	AbBa											
		SJM2	Ⅱ		Ⅰ	Ⅰ	Ⅱ	Ⅱ								Ⅱ					Ⅲ			B					Ⅱ					
		SDM164		Ⅱ	Ⅱ	Ⅰ	Ⅱ	Ⅱ					Ⅲ																					
	3段晚组	SDM238	Ⅲ		Ⅱ	Ⅱ	Ⅱ	Ⅱ		Ⅱ			Ⅲ			Ⅲ				Ⅱ				B	Ⅰ				Ⅱ					
		SJM39	Ⅲ		Ⅱ	Ⅲ	Ⅱ	Ⅱ							Ⅱ	Ⅲ Ⅳa				Ⅱ														
		SJM22	Ⅲ		Ⅱ	Ⅲ	Ⅱ	Ⅱ		Ⅱ					Ⅲ					Ⅱ	Ⅳ	A		B	Ⅱ							Ⅱ		
		SDM178	Ⅲ		Ⅲ	Ⅲ	Ⅲ	Ⅲ								Ⅲ											Ⅲ		Ⅲ					
		SDM199	Ⅲ		Ⅲ	Ⅲ	Ⅲ	Ⅲ								Ⅲ					Ⅳ													
		SJM46									Ⅱ					Ⅲ	Ⅳa																	
		SJM51								ⅡⅢ	Ⅱ						Ⅳb			Ⅱ										Ⅱ					
		SDM250									Ⅲ									Ⅱ						Ⅱ		Ⅱ			Ⅲ			

期	段	典型单位	仿铜陶礼器 鼎A	鼎B	簋	簠形甑	盛A	彷B	小口旋纹罐	缶Aa	缶Ab	缶Ac	缶B	直口折肩罐Aa	直口折肩罐Ab	直口折肩罐Ac	直口折肩罐B	卷沿折肩罐A	卷沿折肩罐B	有颈罐	直口圆肩罐	卷沿圆肩罐	盆A	盆B	盆形甑A	盆形甑B	盂A	盂B	盂C	盖形甑A	盖形甑B	壶	灶
四期	4段	SDM149							III			II								Bb		B					III						
		SDM205			III	III							IV						IV											II			
		SJM7				III		III	III													B					II	III					
		SDM148					II	III	III				IV						IV									II	III		IIa		
		SDM241							III									III										II	III		IIa		
		SJM69			IV	IV	II	III	III				IV							Bb		B				IIIa			III				
		SJM17							III				IV							Bc	Aa Ab					IIIb			III				
		SJM20							III												Aa Ab								III		IIb		
		SDM89	IV			IV			III	IV											Aa Ab	AB											
		SJM55	IV						III						IVb																		
	5段	SDM170							IVb													A								IIa	IIb	√	
		SDM121	IV			III	III	III							IVb					BbBc		B							IV		IIb		
		SDM186	IV			IV	III	IV	IVa													A									IIb		
		SJM70							IVb				IV									A						II					
五期	6段	SJM49																			Ba											√	√
		SJM63																			Ba											√	√
		SJM64																			Aa											√	√
	7段	SJM65																			Bb											√	√

其二,这四段单位中典型器类主要型式的组合状况有明显差异。1)第1段典型陶器型式有"亚腰"特征的直口折肩罐,腹部整体圆弧或近底部微内凹的"弧腹系"缶。折腹盆盂甑类上腹占腹部比例均小于三分之一。C型鼓腹盂卷沿,沿面下倾。2)第2段直口折肩罐、卷沿折肩罐的式别特征皆以"微亚腰"为主,"亚腰系"Ac型、B型缶的式别特征亦以"微亚腰"最为常见。小口旋纹罐肩最大径位置较高,肩部微隆或圆鼓,部分标本肩面近口处微平。C型鼓腹盂口部仍做卷沿,但沿面近平,沿下角变大。折腹盂出现Ⅱ式。仿铜陶礼器鼎以Ⅰ式为主,少见Ⅱ式;盛见Ⅰ式、Ⅱ式。锜和簋形甑皆Ⅰ式,钫见A型、BⅠ式。3)第3段直口折肩罐、卷沿折肩罐的式别特征皆以"符号亚腰"为主,在较晚单位中出现部分"象征亚腰"与亚腰消失者。"亚腰系"B型缶的式别特征亦为"符号亚腰",在较晚单位中出现微溜肩特征。"弧腹系"缶的腹下部内凹,在较晚的一组亦出现微溜肩特征。小口旋纹罐的式别特征为圆鼓肩。折腹盆盂甑类上腹占腹部比例变大至三分之一,部分标本上腹占腹部比例大于三分之一。仿铜陶礼器鼎以Ⅱ式、Ⅲ式为主,不见Ⅰ式。盛皆Ⅱ式,已不见Ⅰ式。锜和簋形甑Ⅰ、Ⅱ、Ⅲ式并存。钫皆BⅡ式,不见BⅠ式。4)第4段罕见折肩罐类,所见标本的式别特征亦多为亚腰消失。"亚腰系"Ac型、B型缶的式别特征亦为亚腰消失,肩部较溜,肩部占器身比例近半。"弧腹系"缶的腹部整体斜直微内凹,肩部特征与"亚腰系"缶相同,溜肩特征较明显。小口旋纹罐的式别特征皆微溜肩,腹部斜直。折腹盆盂甑类上腹占腹部比例大于三分之一或近半。鼓腹盂侈口,沿面较宽。仿铜陶礼器鼎Ⅲ、Ⅳ式并存,盛皆Ⅱ式。簋形甑Ⅲ、Ⅳ式并存,锜Ⅲ、Ⅳ式并存。钫皆BⅢ式,不见BⅡ式。

由以上分析可知,第1、2、3、4段之间陶器面貌与特征存在明显差异。第2、3、4段间因有直接的层位(SDM122→SDM123,SDM148→SDM216,SDM241→SDM254)而早晚关系明确,即第2段最早,第4段最晚。第1段与第2段同类器相比,就式别演变规律而言,前者早于后者。由此,这四段均可独立分为具有年代先后的第一、二、三、四期。

(2)关于第3段可细分为早晚两组的讨论

第3段中器类较丰富的单位可细分为早晚两组。早组A型小口旋纹罐仅见Ⅱ式,晚组虽仍以Ⅱ式为主,但偶见Ⅲ式。早组直口折肩罐、卷沿折肩罐的式别特征皆为"符号亚腰",晚组"符号亚腰"与"象征亚腰"、亚腰消失并存。早组缶皆隆肩,晚组缶隆肩与微溜肩并存。早组折腹型的盆、盂形甑为Ⅰ式,盆形甑、盂为Ⅱ式,而晚组折腹型的盆Ⅰ、Ⅱ式并存,盂形甑为Ⅱ式,盆形甑、盂为Ⅲ式。早组鼎皆Ⅱ式,锜与簋形甑Ⅰ、Ⅱ式并存,而晚组鼎仅见Ⅲ式,锜与簋形甑Ⅱ、Ⅲ式并存。

换言之,区分第3段早晚两组的标准为:式别特征为"象征亚腰"或亚腰消失的折肩罐类、微溜肩的缶类、上腹占腹部比例较大的盆盂甑类及部分仿铜陶礼器。一单位出现上述特征的器类,即进入第3段晚组。但若某单位出土陶器数量较少,无上述几类器,则无法区分该单位组别。此外,若某单位仅出土式别特征为"符号亚腰"的折肩罐类及缶类,亦无法确定此单位组别。鉴于此,仅在第3段中细分两组,而不将两组各归为段(图版一七,2;图版一八;图版一九)。

(3)关于第5段与第4段、第6段的关系

比较而言,第5段与第4段的年代特征整体相似而略有差异。

两者相似点是:1)随葬陶器器类组合近同。两组单位的主要器类均以缶类、小口旋纹罐、盆甑类、釜类为主。仿铜陶礼器均见鼎、盨、锜和簋形甑、钫。2）部分典型器类式别特征相同，如两段单位的 B 型缶皆Ⅳ式，鼎、锜、簋形甑均见Ⅳ式，钫均见 B Ⅲ式。3）典型器类的时代风格相近，如两段单位的小口旋纹罐虽有式别差异，但整体风格皆溜肩。

两者的差异主要表现为部分器类式别组合略有不同。如第4、5段鼓腹盉分别为Ⅲ、Ⅳ式，但两式特征皆侈口，唯Ⅳ式口沿较窄，两式式别差异不大。第4段的盨为 A Ⅱ式，而第5段为 A Ⅲ式。小口旋纹罐在第4段为 A Ⅲ式，第5段为 A Ⅳ式，两式均为溜肩特征，只是溜肩程度略有差异。

相比第5段与第4段的些许差异，第5段与第6段间的差异则更大一些。主要表现在器类组合发生明显变化。第6段单位陶器组合为罐、壶、灶，而第5段及之前常见的仿铜陶礼器、缶、盆盉甑类、釜类不见于该段。此外，罐类的"截底"作风较第5段明显。

综上分析可知，第5段与第4段之间年代特征的差异是微小的、次要的，而相同点是主要的。两者的差异表明它们归属于不同的段别，相同点表明两段应属同期遗存。相对而言，第5段与第6段间的差异要远大于其与第4段的差异，因此不能将第5段与第6段归为同一期。鉴此，可将第5段与第4段合并为一期（图版二〇至图版二二；图版二三，1）。

（4）关于第7段与第6段的关系

该墓地发现的属第7段与第6段的单位较少。本文将这两段合并为一期，即第五期。主要基于以下两点理由：1）随葬陶器器类组合近同。两段单位陶器组合皆为罐、壶、灶。2）相对而言，两段间的差异主要是一些细部的变化。如第7段新出现了釉陶器，新出现器类釉陶樽（图版二三，2；图版二四）。

综上，第1、2、3、4段之间，第5、6段之间区别比较大；而第4、5段，第6、7段之间相对比较接近。由此，将上述七段归为五期。

3. 各期特征

（1）第一期仅包括第1段，亚腰系器类"亚腰"作风明显，成为该期最鲜明的时代特征。弧腹系器类腹部整体圆弧，比例系器类上腹占腹部之比小于三分之一，溜肩系肩部较高。具体说来，直口折肩罐肩腹部呈"亚腰"状，弧腹系缶的腹部整体圆弧，盆盉甑类器上腹占腹部比例不足三分之一。

（2）第二期仅包括第2段。亚腰系器类呈"微亚腰"作风，为该期最鲜明的时代特征。弧腹系器类腹部整体圆弧，比例系器类上腹占腹部之比小于三分之一，溜肩系器类肩部仍较高。具体说来，弧腹系缶的腹部整体圆弧，亚腰系缶的肩腹部多呈"微亚腰"状。直口折肩罐、卷沿折肩罐的肩腹部呈"微亚腰"状。小口旋纹罐肩部较高，隆肩或圆鼓肩，部分标本的肩面近口处微平。盆盉甑类器上腹占腹部比例仍不足三分之一。该期新出现有颈罐，腹部圆弧，无明显修整痕迹。

仿铜陶礼器鼎高足高底，"耳穿半透"，盖面微弧近平，乳突较大。盨盖面最高处明显或略低于捉手顶部，鼎、盨口部内沿明显高于外沿。锜腹深大于肩高，铺首大而纹饰精致。簋形甑折平沿，器底内壁明显低于腹底相接处，甑孔布局多为内外两周式，孔数多于10个。钫铺首为兽面衔环式，印痕清晰，纹饰精致。壶底做圈足。

（3）第三期仅包括第3段，可分为早晚两组。亚腰系器类常见"符号亚腰"作风，较晚单位出现"象征亚腰"及亚腰消失，"符号亚腰"为该期最鲜明的时代特征之一。弧腹系器类腹下部内凹或整体斜直。溜肩系器类肩部仍较高，偶见肩部微溜者。罐类的下腹部出现修整痕迹。

早组弧腹系缶的腹下部内凹，亚腰系缶的肩腹部呈"符号亚腰"。直口折肩罐、卷沿折肩罐的肩腹部亦呈"符号亚腰"。小口旋纹罐皆圆鼓肩，不见隆肩者。盆盂甑类器上腹占腹部比例约三分之一。出现直口和卷沿的圆肩罐。仿铜陶礼器鼎"耳穿小透"，盛的盖面最高处略低于捉手顶部。锜腹深大于或等于肩高，铺首或大而精致或小而简化。簋形甑折平沿，器底内壁低于腹底相接处，甑孔布局或内外两周，或中心一孔与边缘一周。钫铺首做兽面衔环式，印痕模糊，不见兽面细部纹饰。壶于本期消失。

晚组与早组相比，部分小口旋纹罐、缶出现微溜肩作风，盆盂甑类器上腹占腹部比例近半。直口折肩罐、卷沿折肩罐出现"象征亚腰"及亚腰消失者。仿铜陶礼器鼎"耳穿微透"。锜腹深等于或小于肩高，铺首小而简化。簋形甑多直口方唇，底内壁或不被刮或仅刮出一周浅痕，甑孔布局为中心一孔与边缘一周。钫与3段早组无明显区别。

（4）第四期包括第4、5两段。亚腰系器类基本消失，溜肩系器类呈溜肩作风，为该期最为鲜明的时代特征，且时代越晚溜肩特征越明显。比例系器类上腹占腹部比例近半。

第4段的各型缶皆溜肩，肩腹部基本不见"符号亚腰"，肩部占器身比例近半。很少见折肩罐类，所见标本亦多亚腰消失。直口圆肩罐与卷沿折肩罐较常见，圆肩外突。小口旋纹罐皆微溜肩，腹近斜直。盆盂甑类器与前期无明显变化。仿铜陶礼器鼎的耳穿微透或不透。锜腹深小于肩高，铺首消失。簋形甑多直口方唇，底内壁无刮痕，圈足微外撇。钫铺首中的衔环消失。

第5段缶溜肩明显，肩部占器身比例一半。小口旋纹罐溜肩明显，腹部斜直或微内凹，整体形态有矮体与高体两种。釜亦溜肩明显。盆盂甑类器出现高体者。罐类出现大平底特征，似有底部被截去之感，暂称"截底"作风。仿铜陶礼器鼎"耳穿不透"，耳足与器身相接于腹部凸棱。盛盖较深，盖面斜弧，盖面最高处高于捉手顶部，鼎、盛口部内外沿大致齐平。部分钫铺首中的兽面消失。锜、簋形甑与第4段的特征相同。

（5）第五期包括第6、7两段。陶器组合发生改变，以罐、壶、灶为组合。罐类"截底"作风普遍，最晚的单位罐类出现急收小平底作风。壶多为假圈足，与早期仿铜陶礼器的圈足壶不同。

2.5.2　墓葬形制与陶器分期的关系

汉墓的分期研究，自20世纪50年代出版的《洛阳烧沟汉墓》开始，便立足于陶器形制与墓葬形制两方面。本报告拟在陶器分期的基础上，尽可能统计各种墓葬形制数据，以探讨其演变规律。

1. 无墓道竖穴土坑墓

墓室长宽比方面。各期段墓室长宽比值都集中在1.53～2.67之间，各期无明显变化，即不存在宽长方形和窄长方形之间的转变。

墓壁形制方面。除袋状壁数量过少外,直壁见于第一至四期,斜壁见于第二至五期,两种墓葬大致平行发展,不存在年代上的演变关系。形态上,直壁,各期均墓壁竖直。斜壁,各期墓口与墓底长之比集中在1.02～1.19之间,墓口与墓底宽之比集中在1.08～1.45之间,墓壁倾斜程度无年代上的变化。

2. 竖穴墓道洞室墓

墓道、洞室长宽比方面。各期段墓道底长宽比集中在1.51～2.24之间,洞室长宽比集中在2.09～3.33之间,各期无明显变化。即墓道、洞室均不存在宽长方形和窄长方形之间的转变。

墓道与洞室的相对宽窄方面。墓道底宽于洞室者见于第一至四期,墓道底与洞室等宽者见于第二至四期,两类大致平行发展,不存在年代上的演变关系。墓道底窄于洞室者,虽然数量很少,但似可看出其出现年代较晚。此外,对各期段墓道底宽于洞室者宽度比值的统计,亦未见明显的演变关系。但可看出,甬道、穹隆顶的出现年代较晚。

3. 斜坡墓道洞室墓

此类墓数量很少,出现年代晚,主要见于第五期。限于可定期段的墓葬数量过少,尚无法确定墓葬长宽比、墓道与墓室连接结构的演变规律。

综上,以本墓地的陶器分期刻度看,斜坡墓道洞室墓的出现明显较晚,但无法对三类墓葬各自的形制进行细致的阶段划分。

2.5.3　各期段年代判断

1. 关于断代方法的讨论

以往断代主要根据共出铜钱、铜镜的年代。本报告对各期段断代仍以其为参考,但需指出两点:(1)各期段中最晚铜钱的年代,既不能确定期段年代的上限,也不能确定期段年代的下限,但可确定期段的下限不早于该铜钱年代。铜钱年代虽可确定墓葬年代的上限。但就期段而言,最晚的铜钱却不能确定期段年代上限。举例来说,若第一期的年代有30年,一座第29年下葬的墓刚好随葬了发行于这年的铜钱,那以这枚钱所定第一期的年代就非该期年代的上限。(2)目前对各种五铢钱的流行年代仍存在较大争议[1]。故本文仅以出土五铢钱来确定墓葬年代上限不早于武帝元狩五年,期段下限不早于武帝元狩五年,而不以五铢形制的不同进行断代。

鉴此,本报告的断代与以往稍有不同。其一,利用郿城铸铁作坊中出土的钱范,判断相应期段的年代。首先根据与钱范共出的陶器,确定该单位的期段,再根据钱范上铜钱的年代确定钱范年代,最终以钱范年代确定所属期段的年代。其二,类比关中地区年代明确的墓葬材料,如汉景

---

[1]　对五铢钱的断代研究始于1959年出版的《洛阳烧沟汉墓》,1968年满城汉墓发掘之后,即有学者对以往五铢钱的断代结果提出异议,见周祥:《郡国五铢、赤仄五铢和上林三官五铢钱管见》,《上海博物馆集刊》,1996年,第71页。

墓　葬	典　型　器　类		
云梦睡虎地	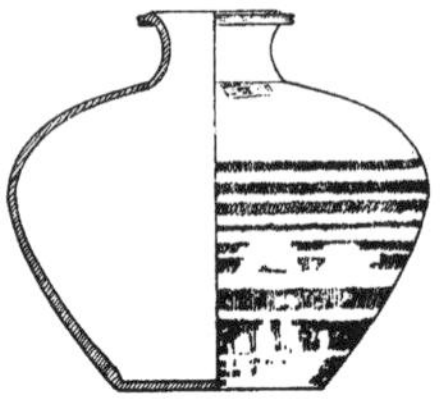 1. M11:41	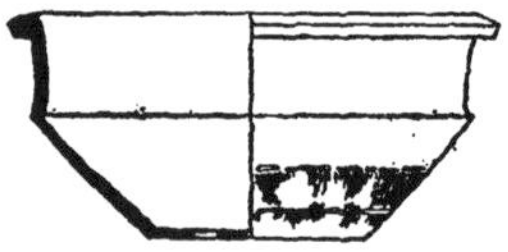 2. M11:30	
尤家庄 00向阳M11	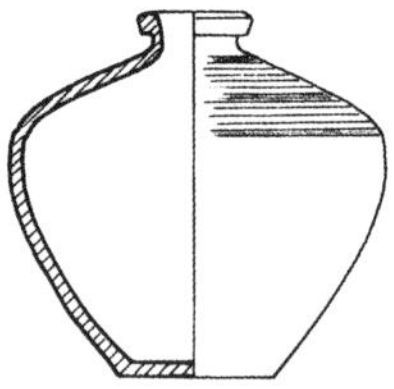 3. M11:1	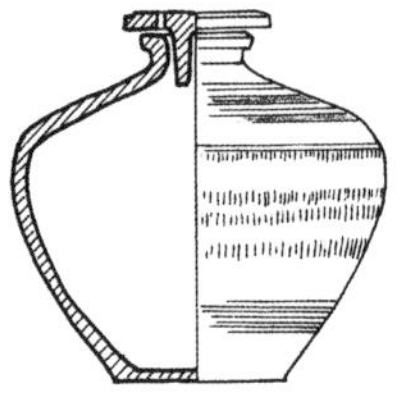 4. M11:2	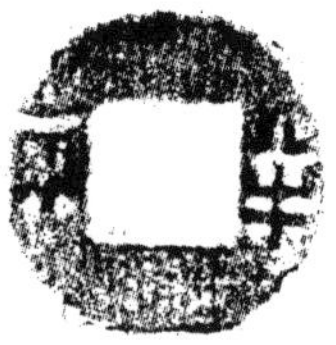 5. M11:4
邰城第一期1段	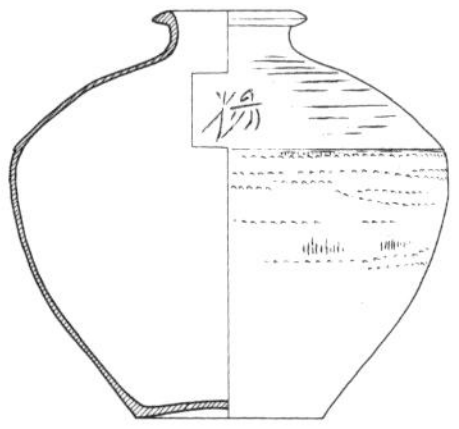 6. SDM114:1	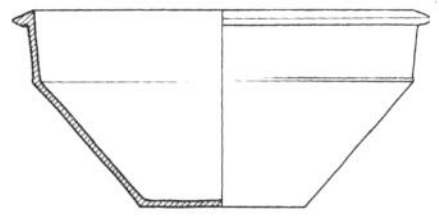 7. SDM114:2	

图二五　邰城汉墓第一期1段陶器的年代对比图

帝阳陵的从葬坑、张安世家族墓地等。遗憾的是,在以往较高等级墓葬的发表中,陶器常被忽视,致使可类比的墓葬材料极为有限。所以,本文对各期段年代的判断仅是大致的推断,尚待新材料的出现,以不断补充完善。

2. 第一期1段年代判断

第一期1段(图版一)的年代不早于高祖时期,理由如下:

其一,第一期1段的陶器面貌与统一秦时期有异。云梦睡虎地M11的下葬年代被认为是秦始皇三十年(前217年)[1],出土的缶(M11:41[图二五,1]原报告称瓮)腹部整体圆弧,肩腹部施旋断绳纹。与邰城第1段缶相比,M11:41腹部形态相同,但纹饰有异,不施旋断绳纹,仅施麦粒状绳纹。出土折腹甑M11:30(图二五,2)的下腹部隐约可见竖行绳纹,而邰城盆甑下腹部皆素面,两者器形相近但谱系不同。

其二,尤家庄00向阳M11出土的缶M11:1、2(图二五,3、4)腹部整体圆弧,均属邰城Ab I

[1] 《云梦睡虎地秦墓》编写组:《云梦睡虎地秦墓》,文物出版社,1981年,第69页。

墓 葬	鼎	盛
马王堆M1	 1. M1：66	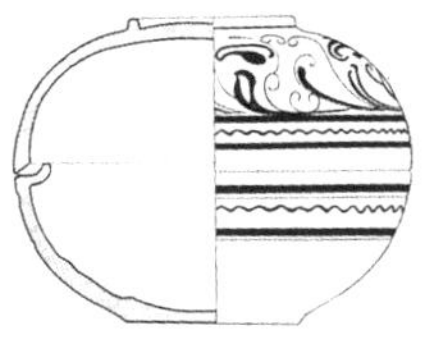 2. M1：71
邰城第二期2段	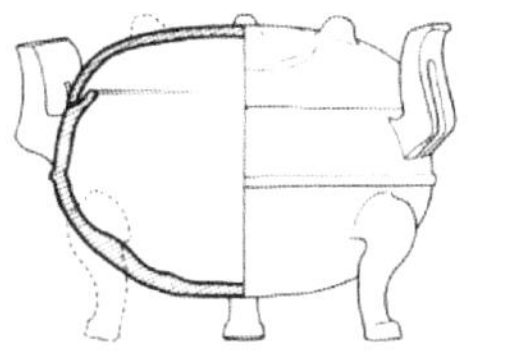 3. SDM214：6	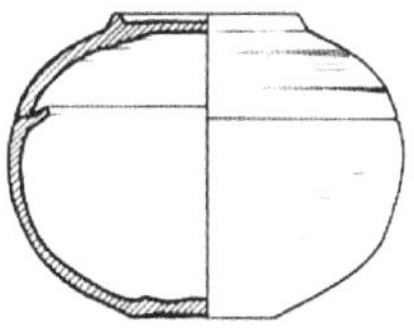 4. SDM214：9

图二六　邰城汉墓第二期2段与马王堆M1出土陶器的对比图

式,但M11：2腹部仍隐约可见旋断绳纹,似早于邰城的素面缶。故M11略早于邰城第一期1段。该墓出土的铜钱为流行于高祖时期的半两钱(图二五,5)[1],可知该墓不早于高祖时期。故邰城第一期1段的年代上限为高祖时期。

其三,第一期1段出土铜钱的墓葬仅SDM226一座,出土铜钱1枚(SDM226：7),锈蚀残损较严重,根据钱径与重量推测为统一秦或吕后时期的半两钱。若这枚钱为吕后时期,则邰城第一期1段年代下限不早于吕后时期。若这枚钱为统一秦时期,则无法确定邰城第一期1段年代下限。

3. 第二期2段年代判断

第二期2段(图版二至图版四)的年代大致在文景前后,理由如下:

其一,长沙马王堆M1被认为是文帝前元二十年(前168年)之后数年的墓葬[2]。墓中出土的仿铜陶礼器鼎M1：66(图二六,1)为AⅠ式,"耳穿半透",高足高底;盛M1：71(图二六,2)为AⅡ式,鼎、盛皆子母口内敛,内沿明显高于外沿。该墓相当于邰城第二期2段,所以二期2段已经进入文帝时期。

其二,邰城墓地第二期2段出土铜钱的墓葬共9座,铜钱年代在战国秦至文景时期,其中年代最晚的是SJM45出土的流行于景帝时期的四铢半两。所以,二期2段下限不早于景帝。结合第一点认识,二期2段已进入景帝时期。

［1］　陕西省考古研究院：《西安尤家庄秦墓》,陕西科学技术出版社,2008年,第180页。
［2］　湖南省博物馆、中国社会科学院考古研究所：《长沙马王堆一号汉墓》,文物出版社,1973年,第123页,图八○七：1、3。

墓葬	鼎	缶	小口旋纹罐		铜钱
医 M92	 　1. M92∶22	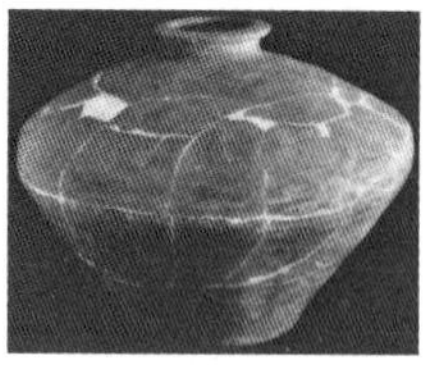 　2. M92∶1	 　3. M92∶11 	4. M92∶14	5. M92∶6
医 M39	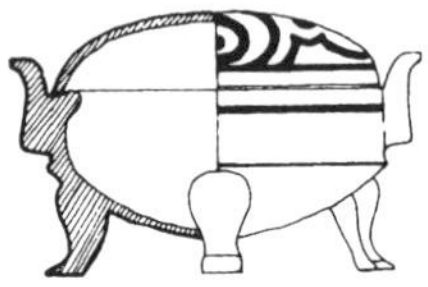 　6. M39∶8	 　7. M39∶1			 　8. M39∶14

图二七　相当于邰城汉墓第三期3段的关中地区其他墓葬

（《龙首原》发表的M92、M39部分器物的线图与照片略有不同，故本文以器物照为准）

4. 第三期3段年代判断

第三期3段（图版五至图版七）的年代进入景帝至武帝初期，理由如下：

其一，邰城铸铁作坊11YFH3、11YFH28出土钱范上的铜钱，皆为文景时期的半两钱[1]。11YFH3出土的小口旋纹罐H3∶12、H3∶11肩部整体圆鼓，属 A Ⅱ 式。该单位相当于墓地分期的第三期3段。11YFH28出土的小口旋纹罐H28∶16肩部微溜，属 A Ⅲ 式；小口旋纹罐H28③∶6肩部圆鼓，属 A Ⅱ 式；折肩罐H28③∶11肩腹部呈"符号亚腰"。该单位相当于墓地第三期3段晚组。可见，邰城第三期3段的年代进入文景时期。

其二，邰城第三期3段出土铜钱的墓葬共21座，其中年代最晚的铜钱有SJM46、SJM1出土的流行于武帝元狩五年之前的四铢半两。所以，三期3段的下限不早于武帝前期。结合第一点认识，可知三期3段已进入武帝初期。

其三，在关中地区其他墓地中，龙首原医M92[2]，出土 A Ⅱ 式鼎（图二七，1）、A Ⅱ 式盛M92∶21、Ⅰ 式锜M92∶23、A Ⅱ 式小口旋纹罐（图二七，3、4）、Aa Ⅱ 式缶（图二七，2）[3]，属邰城第三期3段早组。龙首原医M39[4]，出土 A Ⅲ 式鼎（图二七，6）、A Ⅱ 式盛M39∶3、Aa Ⅲ 式缶（图二七，7），属邰城第3段晚组。两墓出土铜钱皆为武帝时期的半两钱（图二七，5、8）。进一步佐证上述认识。

---

[1]　赵艺蓬、陈钢、种建荣：《陕西杨凌邰城汉代铸铁作坊遗址》，《中国文物报》2012年3月16日第008版。
[2]　西安市文物保护考古所：《西安龙首原汉墓》，西北大学出版社，1999年，第112页，图版三二、三三、三四。
[3]　各器物的型式均以本报告的形制分析标准划分，下同。
[4]　西安市文物保护考古所：《西安龙首原汉墓》，西北大学出版社，1999年，第57页，图版二十、二十一。

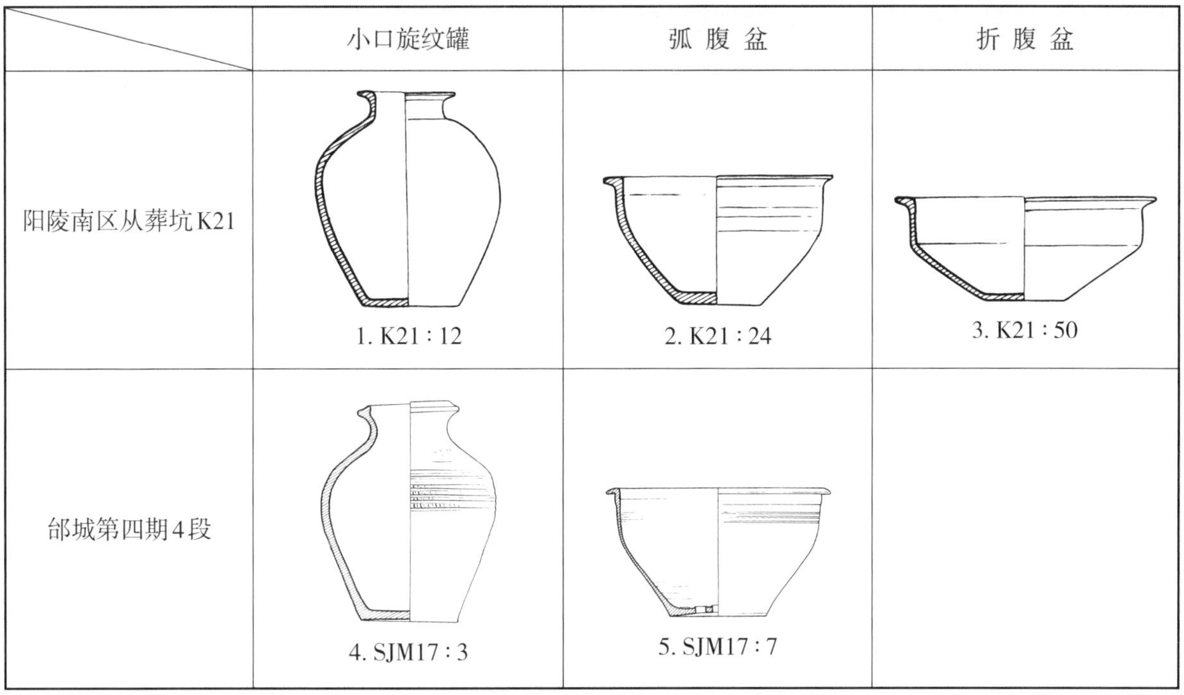

	小口旋纹罐	弧腹盆	折腹盆
阳陵南区从葬坑K21	1. K21：12	2. K21：24	3. K21：50
邰城第四期4段	4. SJM17：3	5. SJM17：7	

图二八 邰城汉墓第四期4段与阳陵从葬坑出土陶器的对比图

5. 第四期4段年代判断

第四期4段（图版八、九）的年代进入武帝时期，理由如下：

其一，景帝阳陵的部分从葬坑与陪葬墓年代在武帝前期。阳陵南区从葬坑K21[1]出土的小口旋纹罐K21：12（图二八，1）微溜肩；弧腹盆K21：12器形较矮，上腹占腹部比例近半；弧腹盆K21：24（图二八，2）器形较高，上腹占腹部比例近半；折腹盆K21：50（图二八，3）上腹占腹部比例近半。故该单位属邰城第四期4段。

此外，笔者在汉阳陵博物馆参观时，注意到一座位于司马道一侧的陪葬大墓，由其墓位可知时代距景帝去世不远。墓中出土十余件"多罐同形"的圆肩罐，且肩腹部无"亚腰系"作风，可知该墓相当于邰城第四期4段。鉴于上述从葬坑与陪葬墓的年代大致在武帝前期，故邰城第四期4段年代进入武帝前期。

其二，邰城第四期4段出土铜钱的墓葬共9座，其中最晚的铜钱有SJM17出土的流行于武帝元狩五年之后的五铢钱。结合第一点认识，可知四期4段的年代可进入武帝后期。

6. 第四期5段年代判断

第四期5段（图版一〇）的年代大致进入宣帝时期，理由如下：

其一，邰城第四期5段出土铜钱的墓葬共2座，最晚的铜钱为SDM170出土的五铢钱。故该段

---

[1] 陕西省考古研究所汉陵考古队：《汉景帝阳陵南区从葬坑发掘第二号简报》，《文物》1994年第6期，第4页。

墓　　葬	小口旋纹罐	弧腹盆	缶
张安世墓	 1. K5∶10	 2. M8耳三∶38	 3. M8耳一∶54
邰城第四期5段	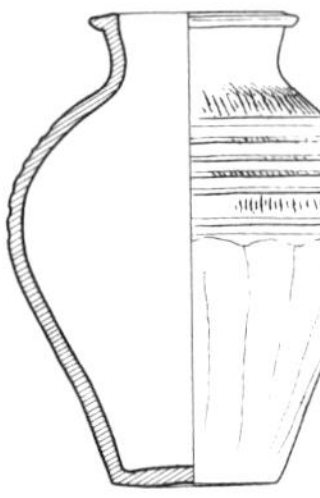 4. SDM186∶6	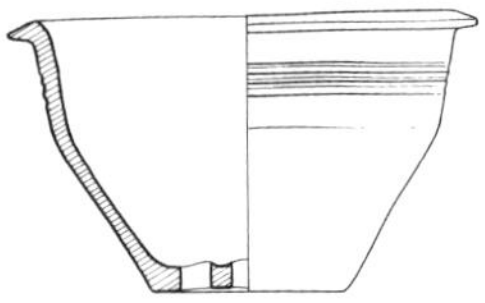 5. SDM121∶12	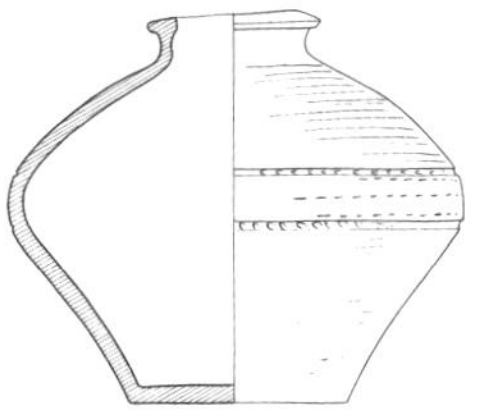 6. SJM70∶7

图二九　邰城汉墓第四期5段与张安世墓出土陶器的对比图

年代的下限不早于武帝元狩五年。

其二，西安凤栖原墓地为葬于宣帝时期的张安世及其后代的家族合葬墓地，其中M8为张安世墓，M25为其夫人墓。M1、M2（未发掘）可能为第二代，M3、M4可能为第三代，M5、M6可能为第四代子孙墓[1]。各代墓葬早晚顺序明确，可为邰城第四期5段及之后各期段的断代做参照。

张安世墓M8出土的陶缶耳一∶54（图二九，3）溜肩明显，腹部斜直微内凹，底部略有截底作风，属邰城Aa Ⅳ式。弧腹盆耳三∶38（图二九，2），上腹占腹部比例一半，器形较高。釉陶鼎耳三∶26的耳穿不透、蹄足极粗矮，时代特征相当于邰城Ⅳ式陶鼎。M8从葬坑出土的小口旋纹罐K5∶10（图二九，1）溜肩明显，腹部斜直微内凹，属邰城A Ⅳa式。折腹盆K4(5)∶75、K5∶14，上腹占腹部比例过半，晚于邰城出土折腹盆的最晚形态。釜K4(5)∶67溜肩明显。可见该墓相当于邰城第四期5段或略晚。由于张安世墓的下葬年代为宣帝元康四年（前62年），故邰城第四期5段大致进入宣帝时期。

7. 第五期7段年代判断

第五期7段（图版一一，2）的年代下限不早于王莽，该段年代大致在汉末至王莽时期，理由如下：

其一，邰城第五期7段出土铜钱的墓葬仅JM65一座，出土年代最晚的铜钱为五铢钱，故该段

[1]　陕西省考古研究院：《西安凤栖原西汉墓地田野考古发掘收获》，《考古与文物》2009年第5期，第111页。

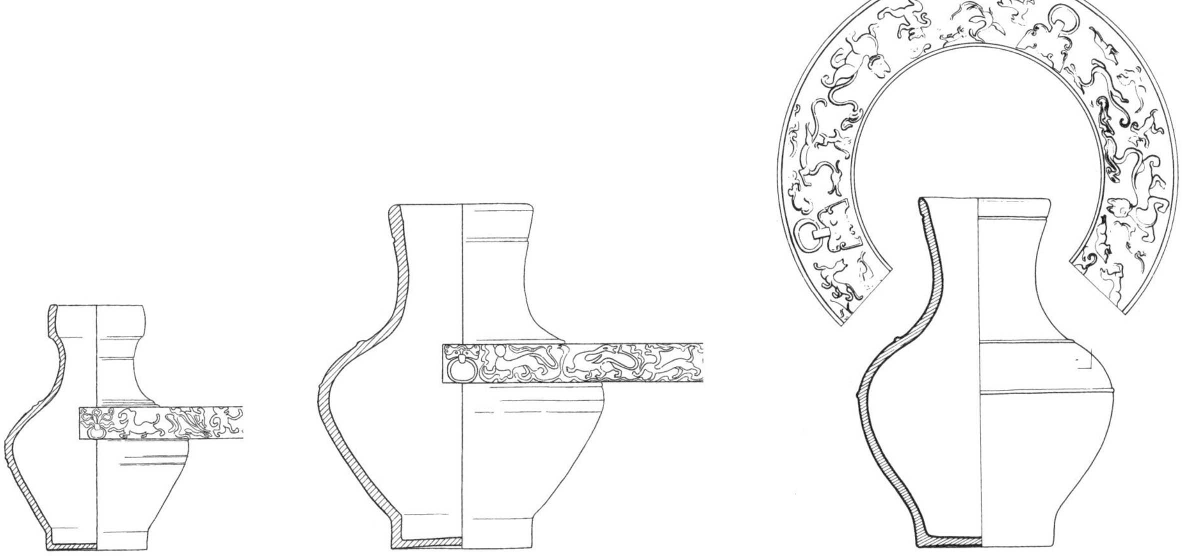

图三〇 邰城汉墓第五期7段与张安世家族第四代墓出土釉陶器的对比图

1. 凤栖原M5：93 2. 凤栖原M5：78 3. 邰城SJM65：1

年代的下限不早于武帝元狩五年。

其二，张安世的第四代子孙墓M5出土多件黄绿釉陶壶M5：77、78、84、88（图三〇，2），与邰城第五期7段SJM65出土同类器SJM65：1（图三〇，3；彩版三〇，4）的器形与釉色近同，M5还出土了不见于邰城第7段的绿釉陶壶M5：93（图三〇，1）。根据绿釉陶的出现晚于黄绿釉陶这一认识，可知该墓时代相当于或略晚于邰城第五期7段。M5出土王莽时期的"大泉五十"钱，可知该墓的下葬年代不早于王莽时期。邰城第五期7段下限不早于王莽。

8. 第五期6段年代判断

第五期6段（图版一一，1）的年代大致在元成哀平前后，理由如下：

其一，邰城墓地第五期6段出土铜钱的墓葬共3座，其中最晚的铜钱有SJM64出土的五铢钱。故该段年代的下限不早于武帝元狩五年。

其二，凤栖原M4出土的罐形壶M4北：4（图三一，2）溜肩与截底作风明显，腹近斜直，与邰城五期6段墓葬SJM63出土的同类器（图三一，3）式别特征近同。凤栖原M3出土的小口旋纹罐M3：12（图三一，1），溜肩明显，器形较邰城最晚形态的AⅣb式更瘦高，故该墓的时代晚于邰城第四期5段。M3、M4为一组夫妻并穴合葬墓，根据这组墓葬出土陶器的式别特征，可知其时代相当于邰城第五期6段。

凤栖原M3、M4被认为是张安世的第三代子孙墓，根据这组墓葬在家族中的世系，可知其年代晚于宣帝时期的M8，早于王莽时期的M5，故大致相当于元成哀平时期。这样，邰城第五期6段的年代大致在元成哀平前后。

图三一　邺城汉墓第五期6段与张安世家族第三代墓出土陶器的对比图

1. 凤栖原M3：12　2. 凤栖原M4北：4　3. 邺城SJM63：7

综上所述，第一期约相当于高祖之后文帝之前的汉初；第二期大致相当于文景时期；第三期大致相当于景帝到武帝初期；第四期相当于武帝到宣帝时期；第五期相当于元成哀平以至王莽时期。虽尚无法精确判断各期段的年代跨度，但亦能如上大致确定各期分界范围。

第三章　分　　述

本次邹城墓地发掘汉墓294座,最明显的特征差异就是墓葬形制,可分为三类,即无墓道竖穴土坑墓、竖穴墓道洞室墓、斜坡墓道洞室墓。本章即据墓葬形制的不同分三节,分别从位置、墓向、形制结构、葬具、墓主人、随葬品种类及位置、随葬品介绍等七个方面,按序公布所有墓葬的信息。

3.1　无墓道竖穴土坑墓

共155座墓葬,包括尚德发掘区146座、石家发掘区9座。下面按照先尚德后石家,以墓葬编号由小到大分别介绍。具体顺序如下:

1-10:SDM1、SDM2、SDM3、SDM4、SDM5、SDM6、SDM7、SDM8、SDM9、SDM10

11-19:SDM11、SDM12、SDM13、SDM16、SDM17、SDM19、SDM21、SDM22、SDM24

20-28:SDM25、SDM26、SDM27、SDM28、SDM29、SDM31、SDM32、SDM33、SDM34

29-37:SDM35、SDM36、SDM37、SDM38、SDM39、SDM41、SDM42、SDM55、SDM56

38-46:SDM57、SDM58、SDM60、SDM61、SDM65、SDM67、SDM68、SDM69、SDM71

47-55:SDM72、SDM74、SDM76、SDM77、SDM78、SDM79、SDM81、SDM82、SDM83

56-64:SDM84、SDM85、SDM86、SDM88、SDM90、SDM92、SDM93、SDM94、SDM95

65-72:SDM98、SDM99、SDM100、SDM102、SDM104、SDM105、SDM107、SDM108

73-80:SDM109、SDM110、SDM111、SDM112、SDM113、SDM115、SDM116、SDM118

81-88:SDM120、SDM124、SDM129、SDM130、SDM132、SDM134、SDM135、SDM141

89-96:SDM143、SDM145、SDM146、SDM148、SDM154、SDM157、SDM159、SDM160

97-104:SDM162、SDM163、SDM164、SDM165、SDM166、SDM167、SDM168、SDM169

105-112:SDM173、SDM176、SDM177、SDM178、SDM179、SDM180、SDM184、SDM187

113-120:SDM190、SDM191、SDM193、SDM195、SDM202、SDM203、SDM204、SDM212

121-128:SDM216、SDM223、SDM227、SDM228、SDM229、SDM230、SDM231、SDM234

129-136:SDM236、SDM237、SDM244、SDM250、SDM300、SDM301、SDM302、SDM303

137-144：SDM305、SDM306、SDM307、SDM308、SDM309、SDM310、SDM311、SDM312

145-153：SDM313、SDM316、SJM2、SJM3、SJM4、SJM5、SJM9、SJM21、SJM28

154-155：SJM29、SJM40

1. 2010YFSDM1

（1）位置

东北距SDM200约2.6米，西南距SDM2约11.0米。

（2）形制结构（图三二；图版五，1）

墓向：109°。

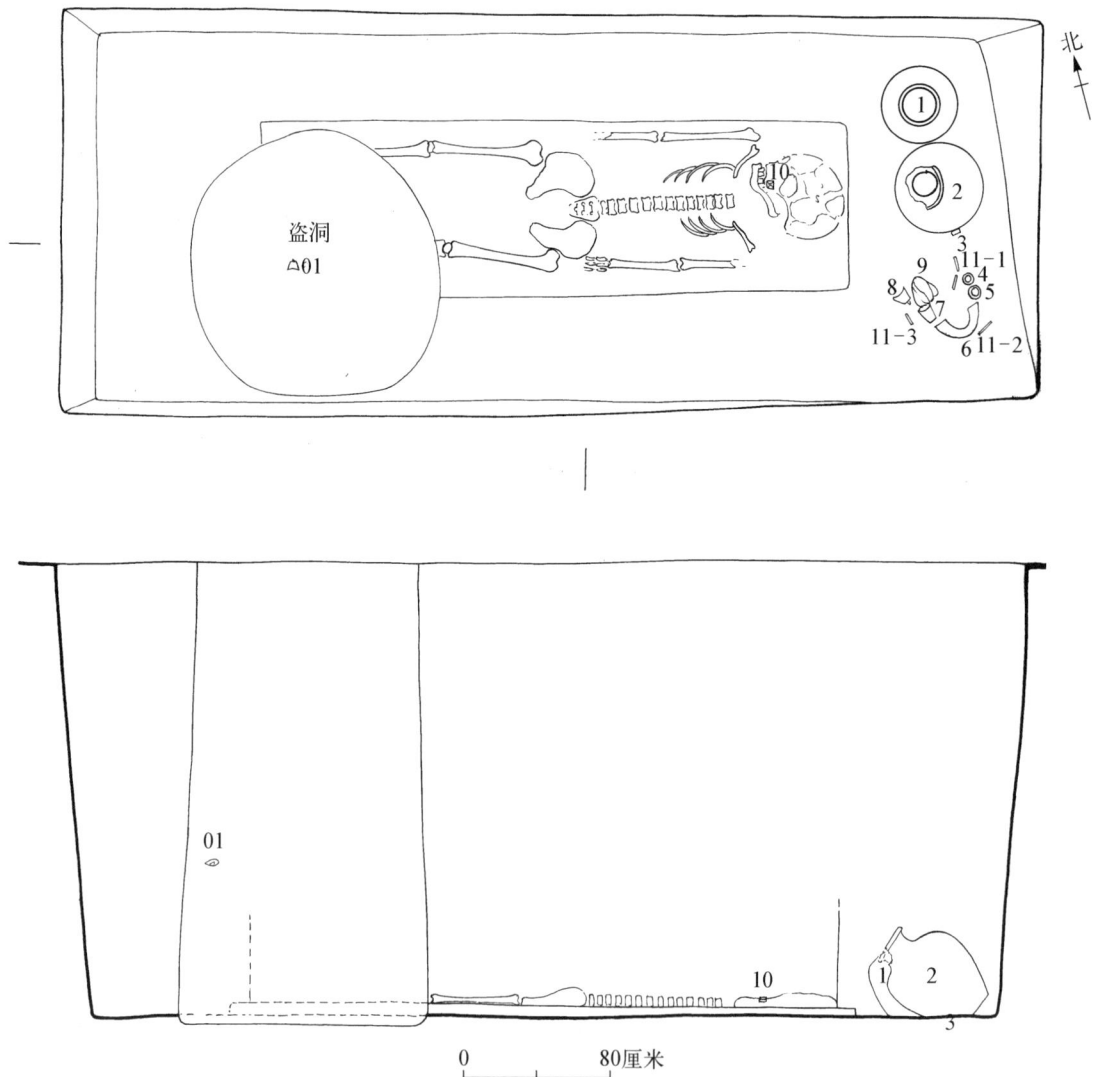

图三二　SDM1墓葬平面图

1.陶有颈罐　2.陶壶形罐　3.骨饰　4.铜环　5.骨环　6.铜璜形器　7、8、D01.铜铃　9.螺（？）　10.石印章　11.残铁器

墓室：口大底小。口呈长方形，南长2.69、北长2.67、东宽1.00、西宽1.07米。斜壁。平底，南长2.40、北长2.60、东宽0.95、西宽0.98米。自深1.20米。

填土：黄褐色五花土，土质较致密。

（3）葬具

单棺，呈矩形，棺西端因盗扰而不存。棺侧板与端板四角闭合相接。棺长1.62、宽0.47米。

（4）墓主人

除下肢略残外，其余保存较好。葬式为仰身直肢葬，头向东，面向北。

（5）随葬品及其位置

共12件，包括陶器2件、铜器5件、铁器1件、骨器2件、石印章1枚、蚌器1件。铜铃（：D01）位于盗洞中，初始位置不详。陶器均位于墓主头端棺外，从北向南依次为有颈罐（：1）、壶形罐（：2）。2号东南侧从北向南依次是骨饰（：3）、铜环（：4）、骨环（：5）、铜璜形器（：6），6号北侧从南向北依次是铜铃（：7）、铜铃（：8）、螺（：9）。铁器（：11）分布于4号北侧、6号南侧、7号的西侧三处。石印章（：10）位于墓主头部。

（6）随葬品介绍

有颈罐　1件。标本SDM1：1，夹细砂灰陶。口微侈，厚圆唇，矮直颈；圆鼓肩，腹部整体圆弧，平底。肩及腹上部饰数周暗旋纹，腹下部似有修整刮痕。口径13.4、器身最大径20.6、底径8.6、通高17.6厘米（图三三，3）。

壶形罐　1件。标本SDM1：2，夹细砂灰褐陶。侈口，方圆唇，唇部加厚，束颈较高；圆肩，弧腹，平底。颈及肩部饰数周旋纹，上下腹交接处饰两至三周麦粒状绳纹，下腹及器底饰细绳纹，口及颈部有铁锈痕迹。口径12.6、器身最大径22.3、底径9.6、通高25.0厘米（图三三，5）。

铜璜形器　1件。标本SDM1：6，钮残。器体扁薄，半圆形；两端斜直，尖角，上端圆弧。正面边缘饰一周凸棱，依器形下缘饰一道弦纹及四组卷云纹。长13.3、宽2.5、高6.2厘米（图三四，6）。

铜铃　共2件。器形较小，器壁较薄；环形扁钮，下缘两角下垂，弧形凹口，铃内有鼻穿。标本SDM1：8，素面。上缘宽2.3、下缘宽4.1、钮高0.7、通高3.3厘米（图三四，9）。标本SDM1：7，鼻穿挂一实心长条形舌，舌断面呈半圆形。铃身饰菱格乳钉纹。上缘宽2.8、下缘宽4.2、钮高0.8、通高4.5厘米（图三四，14）。

铜环　1件。标本SDM1：4，圆环形，断面呈圆形，器表内外光滑。局部有红彩。外径3.55、内径2.30厘米（图三四，12）。

铜铃　1件。标本SDM1：D01，器形较大，器壁较厚；环形扁钮，下缘两角下垂，弧形凹口；铃内鼻穿挂一实心长条形舌，舌断面呈半圆形。素面。上缘宽4.00、下缘宽6.00、钮高0.90、通高6.05厘米（图三四，16）。

残铁器　1件。标本SDM1：11，残成数截，器形不可辨。残长12.0厘米（图三四，5）。

骨饰　1件。标本SDM1：3，上拱下平，两侧竖直，侧面有一圆形穿孔。正面饰两个同心圆圈纹。长2.45、宽1.00、高0.85厘米（图三四，1）。

骨环　1件。标本SDM1：5，残。不规整环状，上下两面平整，断面呈长方形。器表淡绿色，

图三三　SDM1、SDM2、SDM3、SDM4 随葬陶器

1. 盂改甑（SDM3：6）　2. 陶盂（？）（SDM3：5）　3. 有颈罐（SDM1：1）　4. 敞口釜（SDM4：1）　5. 壶形罐（SDM1：2）

6. 缶（SDM4：2）　7、8、9. 卷沿圆肩罐（SDM3：1、SDM3：3、SDM3：2）　10、11、12. 有颈罐（SDM2：2、SDM2：1、SDM2：3）

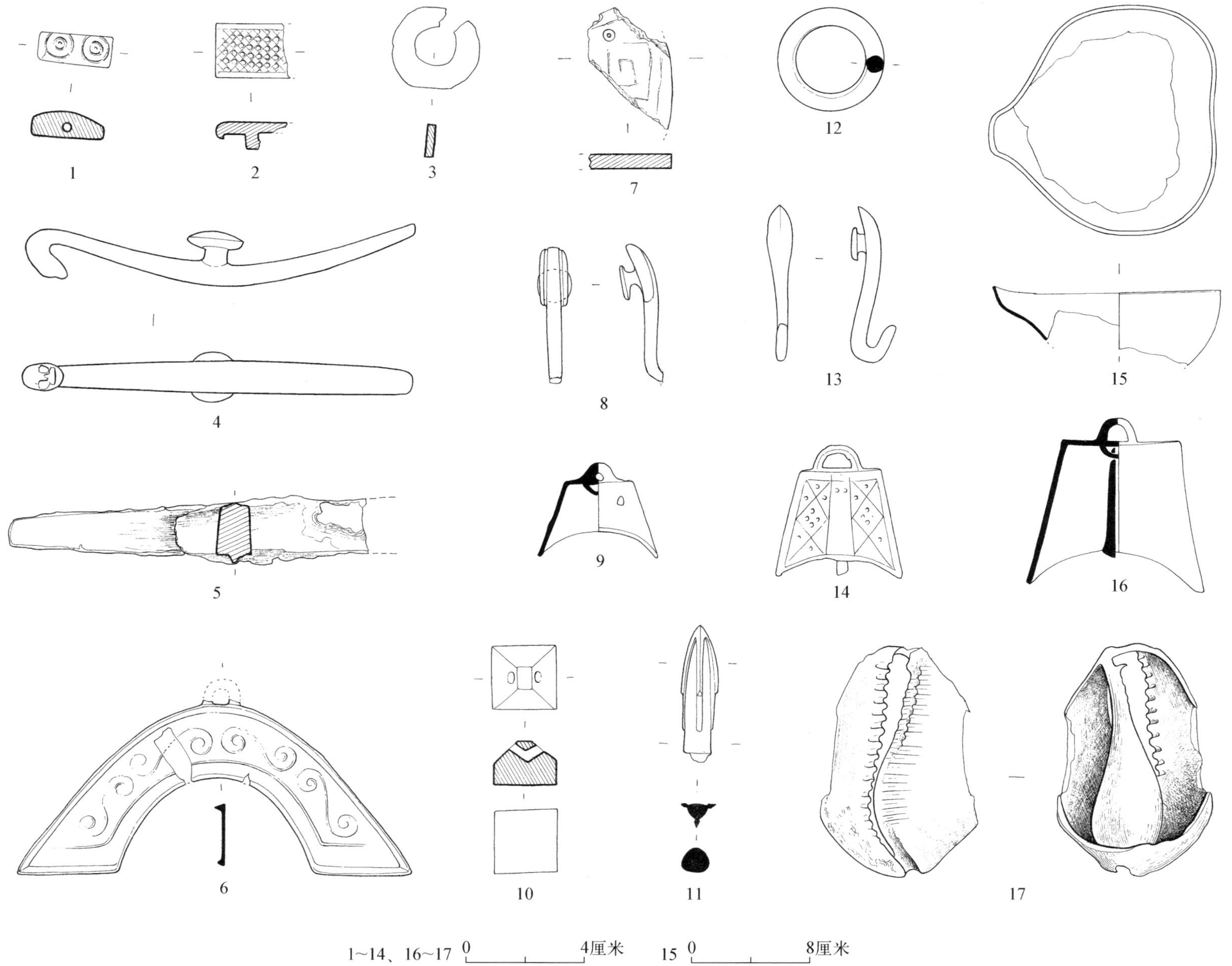

图三四 SDM1、SDM2、SDM3、SDM4、SDM7、SDM9、SDM12、SDM16随葬小件器物

1. 骨饰（SDM1：3） 2. 玉剑璲（SDM7：3） 3. 骨环（SDM1：5） 4、8、13. 铜带钩（SDM9：1，SDM3：4，SDM12：D01） 5. 残铁器（SDM1：11） 6. 铜璜形器（SDM1：6） 7. 玉含（SDM4：D02）
9、14、16. 铜铃（SDM1：8，SDM1：7，SDM1：D01） 10. 石印章（SDM1：10） 11. 铜镞（SDM16：1） 12. 铜环（SDM1：4） 15. 铜匜形器（SDM2：5） 17. 螺（SDM1：9）

残留红色彩绘。外径2.9、内径1.3厘米(图三四,3)。

螺 1件。标本SDM1:9,残。黄白色,壳表面粗糙,内面光滑,具有排列整齐的螺肋和细沟。高8.1厘米(图三四,17;彩版三六,6)。

石印章 1枚。标本SDM1:10,乳白色,似玉质。器身覆斗形;顶面长方形,顶部两侧有对穿的圆孔;下部为扁正方体,四边竖直。印面阴刻文字。印面边长2.2、印顶长1.8、宽0.5、印高1.6厘米(图三四,10;彩版四五,3)。

2. 2010YFSDM2

（1）位置

东北距SDM1约11.0米,西北距SDM3约2.4米。

（2）形制结构(图三五)

墓向:14°。

墓室:口大底小。口呈长方形,东长2.94、西长2.96、南宽1.46、北宽1.42米。斜壁。平底,东长2.28、西长2.24、南宽1.10、北宽1.10米。自深3.90米。

填土:黄褐色五花土,墓口向下1米有明显的夯土,结构较乱,再向下土质疏松。

（3）葬具

单棺,呈矩形。棺侧板与端板四角闭合相接。棺长1.56、宽0.81、厚0.06、高0.65米。

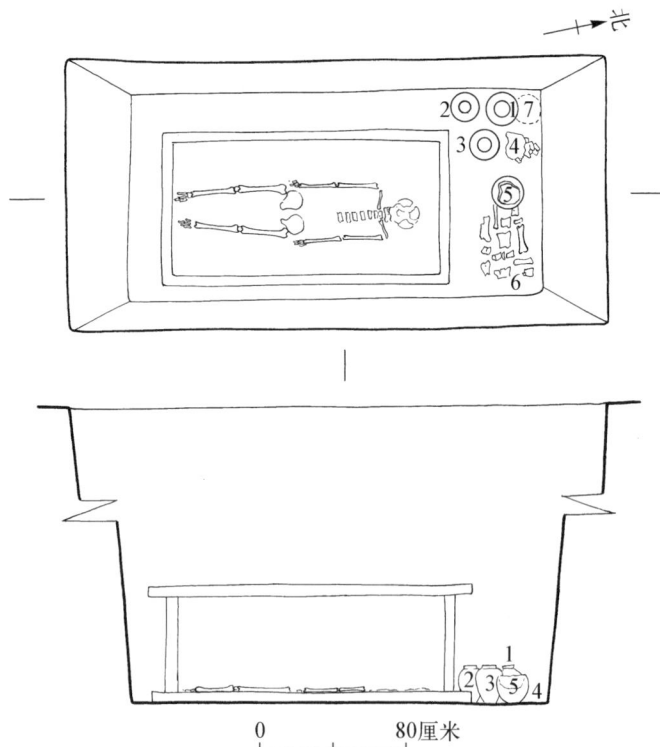

图三五 SDM2墓葬平、剖图

1、2、3.陶有颈罐 4.石臼(？) 5.铜匜形器 6.动物骨骼 7.漆器

（4）墓主人

骨架仅存痕迹。葬式为仰身直肢葬,上肢基本伸直于躯干两侧。头向北,面向上。

（5）随葬品及其位置

共7件,包括陶器3件、铜器1件、漆器1件、石臼1件、动物骨骼一堆,均位于墓主头端棺外。有颈罐(:1、:2、:3)集中成三角形,置于墓室西北角。1号北侧为漆器(:7),3号北侧为石臼(?)(:4)。墓室北部正中置铜匜形器(:5),其东侧为动物骨骼(:6)。

（6）随葬品介绍

有颈罐 共3件。皆为夹细砂灰陶。口微侈,尖圆唇,微出沿,矮直颈;圆肩,腹上部微弧,下部斜直内收,平底。肩及腹上部饰两组旋纹,每组有两至三周,腹下部有修整刮痕。标本SDM2:2,肩部饰数周暗旋纹。口径7.9、器身最大径17.6、底径10.4、通高16.1厘米(图三三,10)。标本SDM2:1,口径7.6、器身最大径17.6、底径9.9、通高16.4厘米(图三三,11)。标本SDM2:3,颈部饰数周旋纹。口径8.1、器身最大径17.8、底径9.6、通高16.5厘米(图三三,12)。

铜匜形器 1件。标本SDM2:5,底残。器体呈瓢形,流较短。素面。器表及内壁有烟炱。长16、宽15.2、残高5.1厘米(图三四,15)。

石臼(?) 1件。标本SDM2:4,残碎。

动物骨骼 1堆。标本SDM2:6,残碎,无法辨识。

漆器 1件。标本SDM2:7,无法提取。

3. 2010YFSDM3

（1）位置

东南距SDM2约2.4米,西北距SDM10约6.5米。

（2）形制结构(图三六;图版五,2)

墓向:16°。

墓室:口底等大。口呈长方形,东长2.92、西长2.92、南宽1.30、北宽1.30米。直壁。平底。自深2.84米。

填土:浅黄色五花土,上部土质较硬,中部土质坚硬,经过夯打,夯层厚度为0.23～0.27米,再向下土质疏松。

（3）葬具

单棺,呈矩形。棺侧板与端板四角闭合相接。棺长2.00、宽0.74米。

（4）墓主人

骨架保存较好。葬式为仰身直肢葬,上肢垂直伸于躯干两侧。头向北,面向上。

（5）随葬品及其位置

共6件,包括陶器5件、铜器1件。墓室东北角自北向南依次为卷沿圆肩罐(:1、:2、:3)。盂(?)(:5)、盂改甑(:6)位于墓主脚端棺外正中。铜带钩(:4)位于棺内墓主腰部。

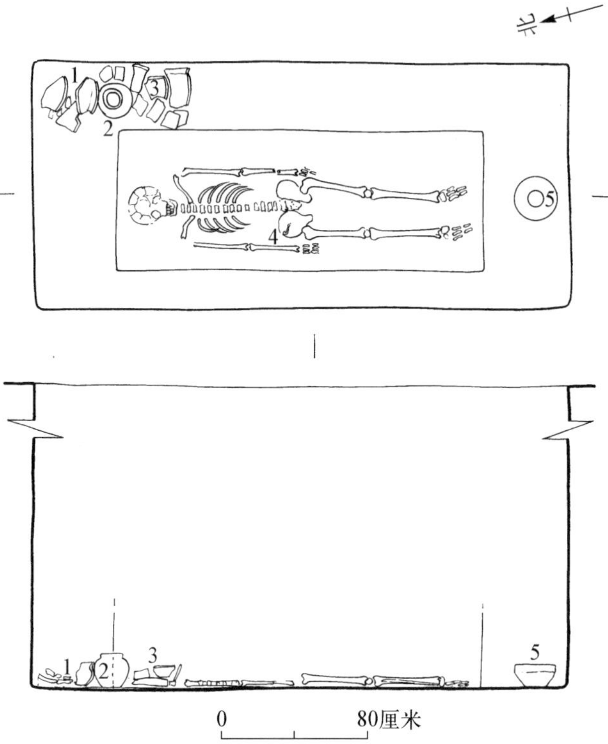

图三六　SDM3墓葬平、剖图

1、2、3.陶卷沿圆肩罐　4.铜带钩　5.陶盂（？）　6.陶盂改甑

（6）随葬品介绍

卷沿圆肩罐　共3件。皆为夹细砂灰陶。小体，侈口卷沿，圆唇，圆肩，腹部整体圆弧，平底。肩及腹部饰数周暗旋纹。标本SDM3∶1，口径10.6、器身最大径16.4、底径7.0、通高15.0厘米（图三三，7）。标本SDM3∶3，口径10.6、器身最大径17.0、底径7.4、通高16.1厘米（图三三，8）。标本SDM3∶2，口径10.8、器身最大径17.0、底径8.6、通高16.4厘米（图三三，9）。

盂改甑　1件。标本SDM3∶6，夹细砂灰陶。敞口，尖圆唇；腹上部略弧，下部微内凹，平底，器底凿制1个圆形甑孔。素面，内壁饰数周暗旋纹。口径23.1、底径8.6、通高10.5厘米（图三三，1）。

盂（？）　1件。标本SDM3∶5，夹细砂灰褐陶。口微侈，圆唇；折腹，上腹近直，下腹斜收，上下腹交接处有一周折棱，上腹占腹部比例约大于三分之一，假圈足。素面。口径22.5、底径8.9、通高9.8厘米（图三三，2）。

铜带钩　1件。标本SDM3∶4，钩首残。水禽形，钩体断面呈长方形；钩尾较窄，其外侧加厚间以两道凹槽；圆形钩钮位于钩尾下部，以一短柱相连。残长4.7、宽0.5、钮径1.2厘米（图三四，8；彩版三九，3）。

4. 2010YFSDM4

（1）位置

东距SDM5约1.5米，南距SDM21约3.0米，北距SDM7约5.6米。

（2）形制结构（图三七）

墓向：6°。

墓室：口大底小。口呈长方形，东长2.58、西长2.58、南宽1.34、北宽1.27米。斜壁。平底，东长2.24、西长2.22、南宽0.80、北宽0.87米。自深5.50米。

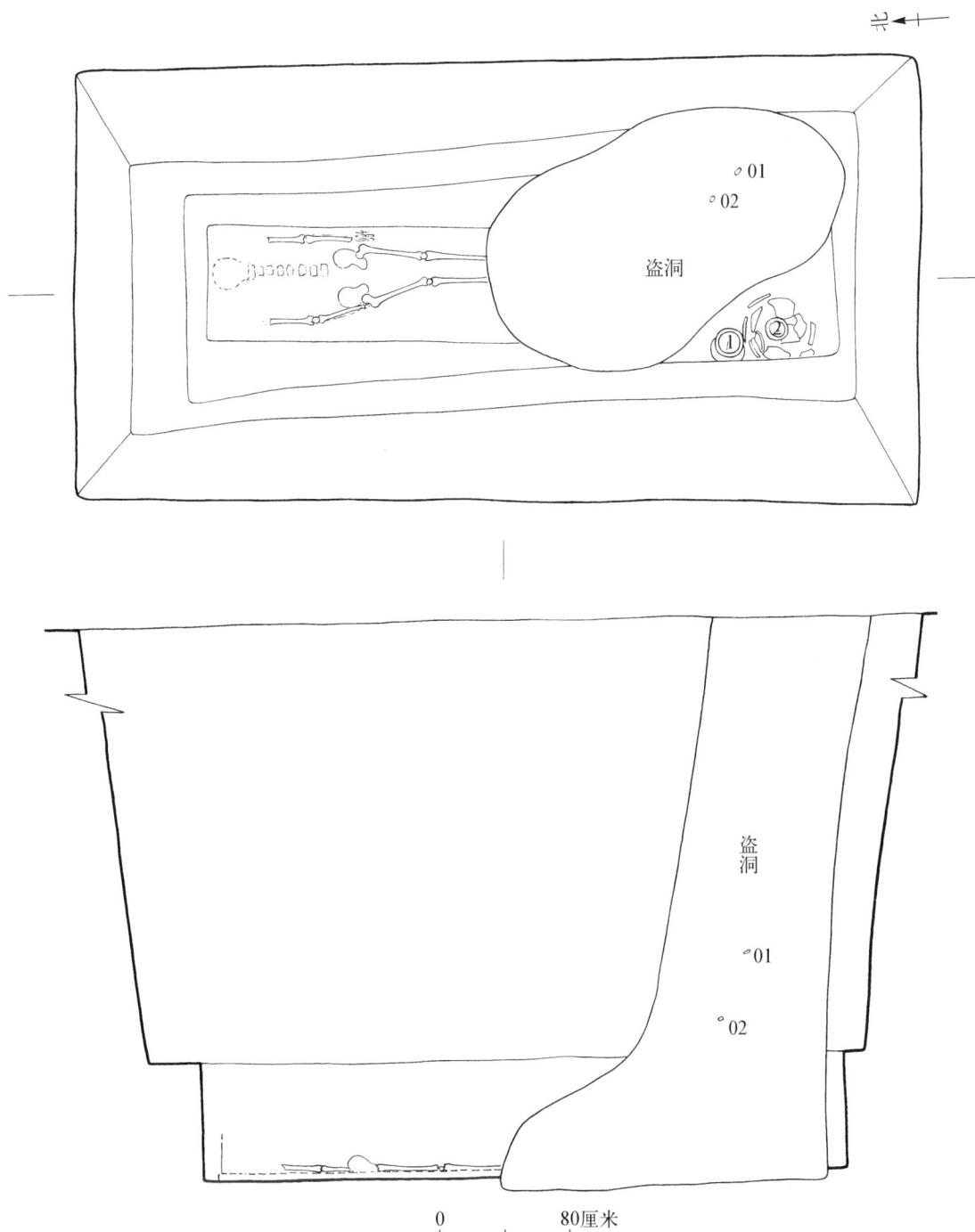

图三七　SDM4墓葬平、剖图

1.陶鬲口釜　2.陶缶　D01.铜镜　D02.玉含

二层台:四周。东侧台面宽0.10、西侧台面宽0.08～0.14、南侧台面宽0.06、北侧台面宽0.17米。高0.70米。

填土:深褐色五花土,土质较硬。

（3）葬具

单棺,棺南端被盗扰破坏,形制不明。棺残长1.98、宽0.62米。

（4）墓主人

头骨、脊椎和胸骨朽成粉末状,仅四肢保存较好。葬式为仰身直肢葬,头向北。

（5）随葬品及其位置

共4件,包括陶器2件、铜器1件、玉器1件。缶(:2)位于墓室西南角,其北侧为鬲口釜(:1)。铜镜残片(:D01)、玉含(:D02)出于盗洞,初始位置不详。

（6）随葬品介绍

缶　1件。标本SDM4:2,夹细砂灰陶。大体,小口束颈,折沿微下倾,尖圆唇;广折肩,上腹弧收,下腹斜直微内凹,上下腹交接处圆弧,仅以一周旋纹分界,形成"符号亚腰",平底。肩部饰数周暗旋纹,肩腹交接处饰一周旋纹,上腹饰两周麦粒状绳纹。口径7.8、器身最大径34.8、底径14.8、通高28.9厘米(图三三,6)。

鬲口釜　1件。标本SDM4:1,夹砂红褐陶,底部夹粗砂。口微侈,斜方唇,圆肩,肩部近口处内收,弧腹,圜底。腹上部饰数周旋纹,腹下部及底部拍印方格纹。腹底有烟炱。肩部有两个不规则穿孔。口径15.6、器身最大径19.8、通高14.2厘米(图三三,4)。

玉含　1件。标本SDM4:D02,残。鸡骨白色,形状不规则,或为圆形或半圆形玉器的一部分。有一圆形穿孔,器表有阴线刻划纹。残长4.30、宽2.80、厚0.45厘米(图三四,7)。

铜镜　1面。标本SDM4:D01,残片,饰宽带纹。

5. 2010YFSDM5

（1）位置

西距SDM4约1.5米,西南距SDM21约3.8米。

（2）形制结构(图三八)

墓向: 0°。

墓室:口底等大。口呈长方形,东长2.30、西长2.30、南宽1.44、北宽1.38米。直壁。平底。自深2.30米。

二层台:东西两侧。东侧台面宽0.36～0.38、西侧台面宽0.34米。高0.62米。

填土:黄褐色五花土,夹杂红色土颗粒,土质较硬。

（3）葬具

因盗扰严重,葬具不明。

（4）墓主人

骨骼不存,葬式不明。

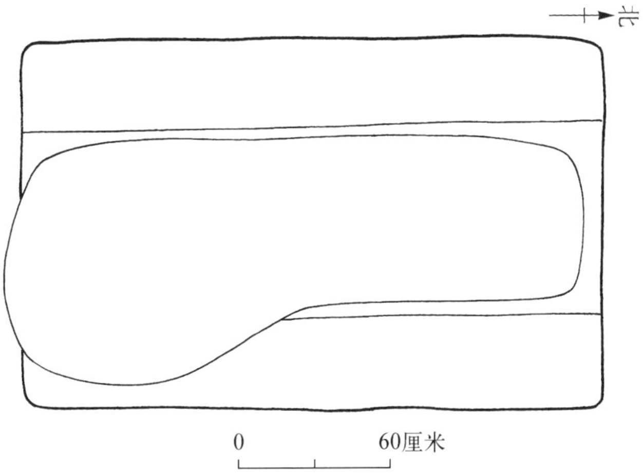

0　　　　　60厘米

图三八　SDM5墓葬平面图

（5）随葬品及其位置

无随葬品。

6. 2010YFSDM6

（1）位置

西距SDM7约1.9米，东距SDM9约5.8米。

（2）形制结构（图三九）

墓向：7°。

墓室：口大底小。口呈长方形，东长3.68、西长3.68、南宽1.96、北宽2.00米。斜壁，北壁略呈袋状。平底，东长3.44、西长3.44、南宽1.64、北宽1.66米。自深5.30米。

壁龛：呈梯形，1个。位于西壁中部，人骨右侧。顶部由北向南倾斜，直壁，平底，底部平面略呈长方形。口宽0.69、进深0.43、高0.30～0.40米。

填土：深褐色小五花土，土质较硬，经过夯打，夯层厚约0.2米，夯土与一般填土交替分布，另有鹅卵石呈层状分布。

（3）葬具

葬具不明。

（4）墓主人

骨架不存，葬式不明。

（5）随葬品及其位置

共2件，均为陶器。位于墓室西壁中部壁龛内，从北向南依次为有颈罐（：2）、有颈罐（：1）。

（6）随葬品介绍

有颈罐　2件。皆夹细砂灰陶。口微侈，方圆唇，矮直颈；圆鼓肩，腹部圆弧，腹下部近底处微内凹，平底。标本SDM6：2，素面。口径10.6、器身最大径18.5、底径7.6、通高15.5厘米（图

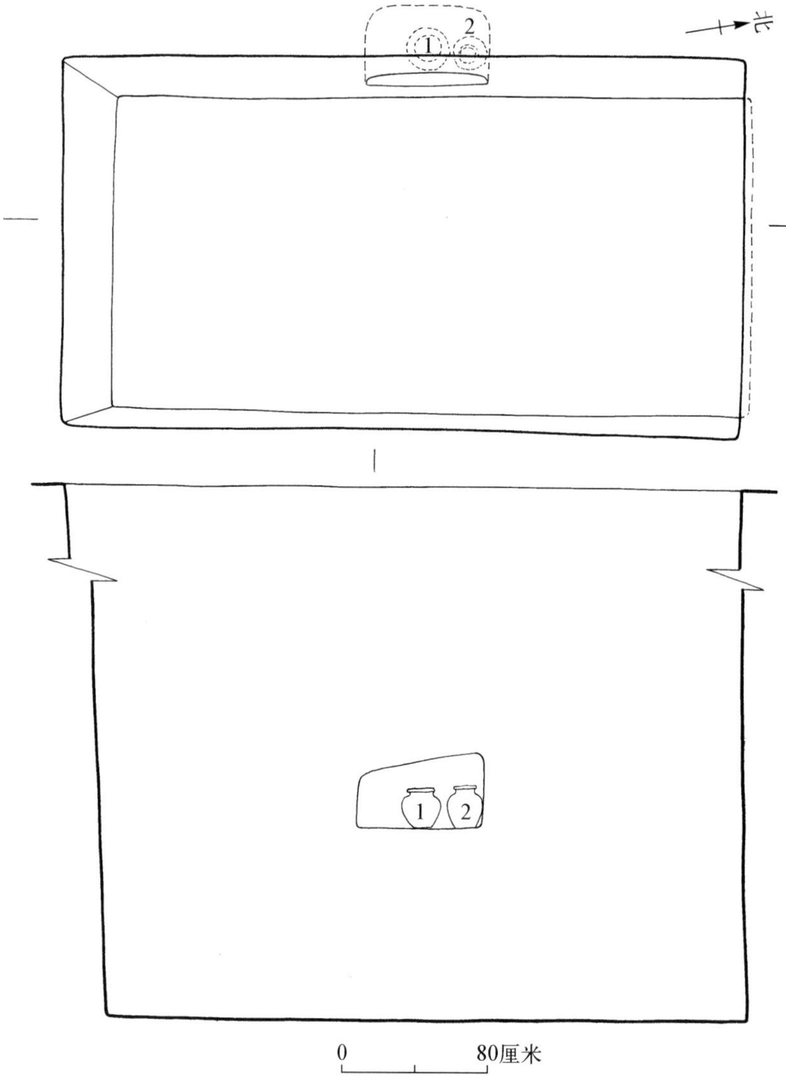

图三九　SDM6墓葬平、剖图

1、2. 陶有颈罐

四一，3）。标本SDM6∶1，肩部饰数周旋纹。口径10.3、器身最大径16.5、底径8.6、通高15.6厘米（图四一，4）。

7. 2010YFSDM7

（1）位置

东距SDM6约1.9米，南距SDM4约5.6米。

（2）形制结构（图四○）

墓向：17°。

墓室：口大底小。口呈长方形，东长3.72、西长3.72、南宽2.28、北宽2.12米。斜壁。平底，东

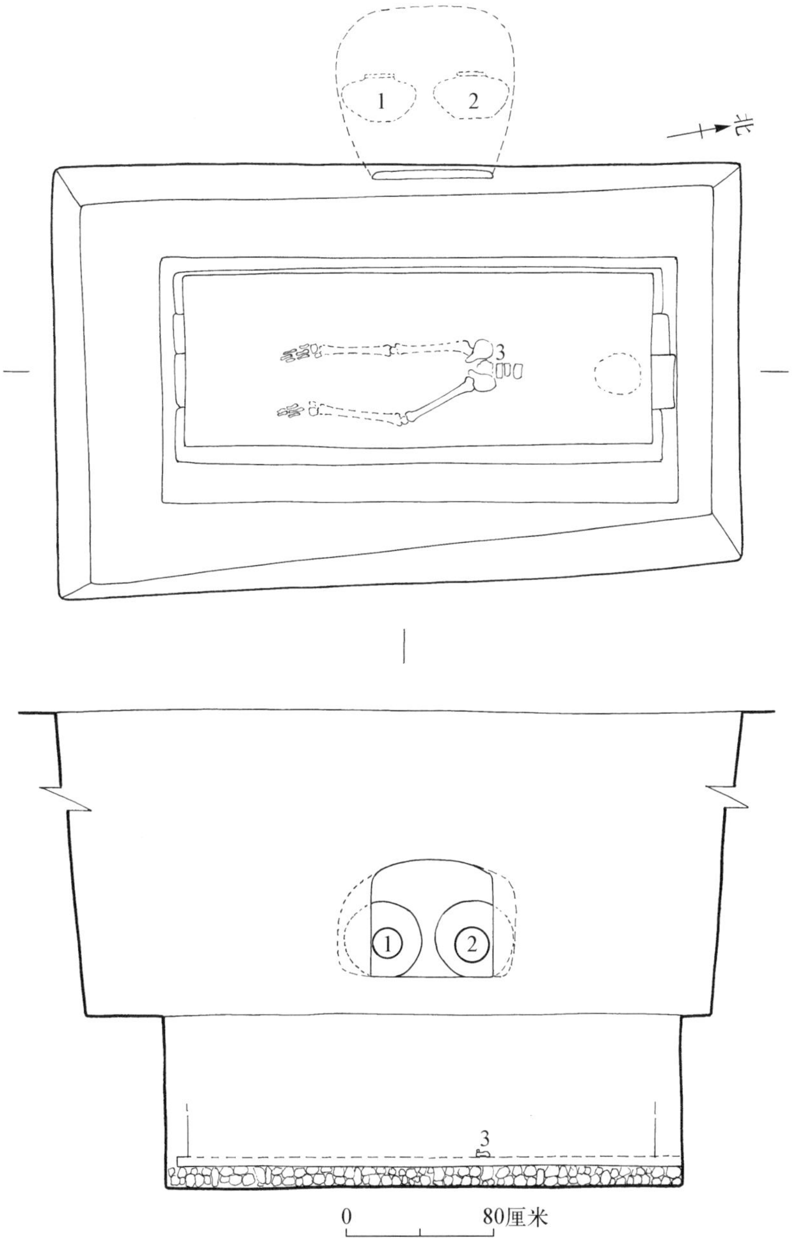

图四〇 SDM7墓葬平、剖图

1、2. 陶缶 3. 玉剑璏

长3.44、西长3.40、南宽2.00、北宽1.76米。自深6.70米。

二层台:四周。东侧台面宽0.08~0.40、西侧台面宽0.30~0.36、南侧台面宽0.4~0.43、北侧台面宽0.20米。高0.90米。

壁龛:呈圆拱形,1个。位于西壁中部,人骨右侧。拱形顶,直壁,平底,底部平面略呈圆形。底最大直径0.98、口宽0.66、进深0.92、高0.62米。

填土:深褐色五花土,夹杂红色土颗粒,土质较硬。

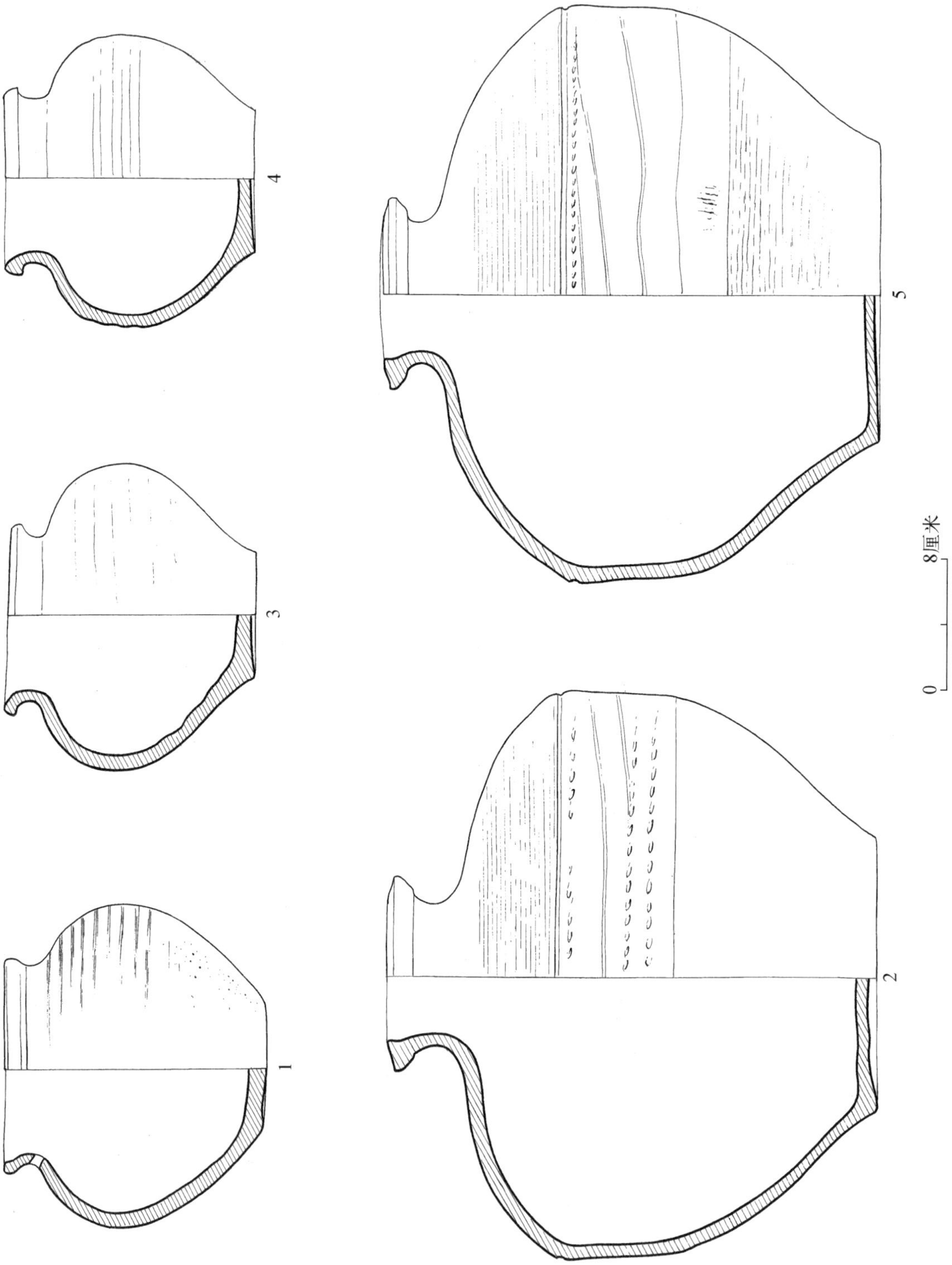

0　　　　　　　8厘米

图四一　SDM6、SDM7、SDM12随葬陶器

1、3、4. 有颈罐（SDM12：1, SDM6：2, SDM6：1）　2、5. 缶（SDM7：2, SDM7：1）

（3）葬具

单棺，呈矩形。棺长2.80、宽1.30米。棺底板由4块木板纵向铺设，由西向东各块木板的长、宽依次为2.65×0.25、2.70×0.22、2.73×0.28、2.65×0.30 m²。棺下铺垫一层小鹅卵石。

（4）墓主人

仅存下肢骨痕迹。葬式为仰身屈肢葬，左下肢向左侧弯曲，右下肢伸直，头向北。

（5）随葬品及其位置

共3件，包括陶器2件、玉石器1件。2件缶（:1、:2）位于墓室西壁中部壁龛内，均侧置，缶口朝向壁龛内壁。墓主盆骨下置玉剑璏（:3）。

（6）随葬品介绍

缶　共2件。皆夹细砂灰陶。大体，小口束颈，尖圆唇，折沿下倾；广折肩，上腹近直，下腹弧收，上下腹交接处微折，形成"微亚腰"，平底。肩部饰数周暗旋纹，肩腹及上下腹交接处各饰一周旋纹，上腹饰两周暗旋纹及两至三周麦粒状绳纹。标本SDM7:2，口径8.6、器身最大径34.5、底径16.2、通高30.6厘米（图四一，2）。标本SDM7:1，口径8.6、器身最大径34.8、底径18.1、通高31.0厘米（图四一，5）。

玉剑璏　1件。标本SDM7:3，残。乳白色。器体宽扁，呈长方形。两侧各饰一道旋纹，内填菱格纹，菱格内有排列整齐的乳钉纹。残长2.30、宽1.85、通高0.90厘米（图三四，2）。

8. 2010YFSDM8

（1）位置

西北距SDM9约5.5米，北距SDM205约4.0米。

（2）形制结构（图四二）

墓向：16°。

墓室：口底等大。口呈长方形，东长4.30、西长4.30、南宽2.28、北宽2.22米。直壁。平底。自深1.2米。

二层台：东西两侧。东侧台面宽0.54～0.59、西侧台面宽0.50～0.55米。高0.86米。

填土：深褐色小五花土，夹杂红、白色土颗粒，土质较硬。

（3）葬具

单棺，呈矩形。棺长3.60、宽1.00米。棺底板由5块木板纵向铺设而成，由西向东各块木板长、宽依次为3.68×0.16、3.66×0.24、3.66×0.21、3.70×0.20、3.68×0.22 m²。棺下置两根垫木，南侧垫木长1.06、宽0.08、厚0.05、北侧垫木长1.13、宽0.07～0.09、厚0.05米。

（4）墓主人

人骨保存较好，仅肋骨和双脚不存。葬式为仰身直肢葬，上肢伸直放置于躯干两侧，双腿并拢。头向北，面向东。

（5）随葬品及其位置

无随葬品。

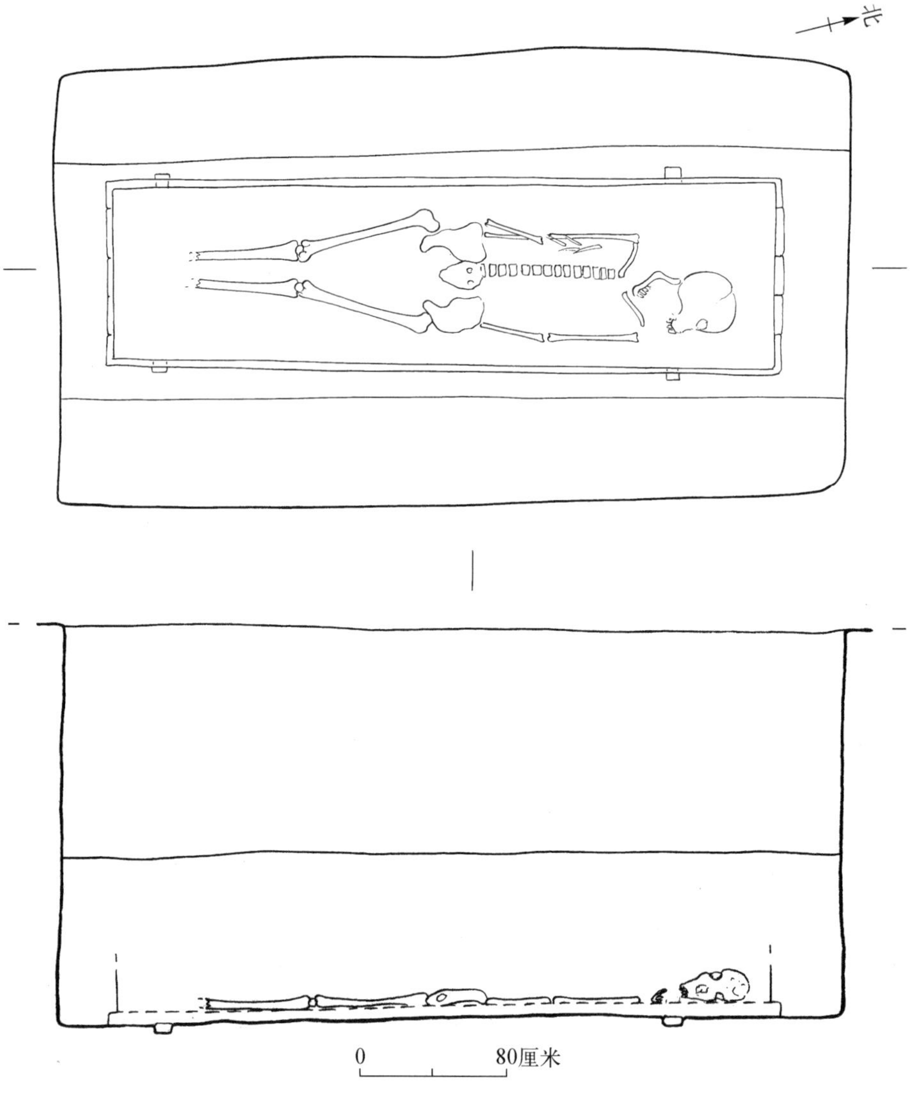

图四二　SDM8墓葬平、剖图

9. 2010YFSDM9

（1）位置

东南距SDM8约5.5米，西距SDM6约5.8米。

（2）形制结构（图四三）

墓向：17°。

墓室：口大底小。口呈长方形，东长2.66、西长2.66、南宽1.04、北宽1.00米。斜壁。平底，东长2.48、西长2.52、南宽0.96、北宽0.89米。自深0.93米。

填土：深褐色五花土，土质较疏松。

（3）葬具

无葬具。

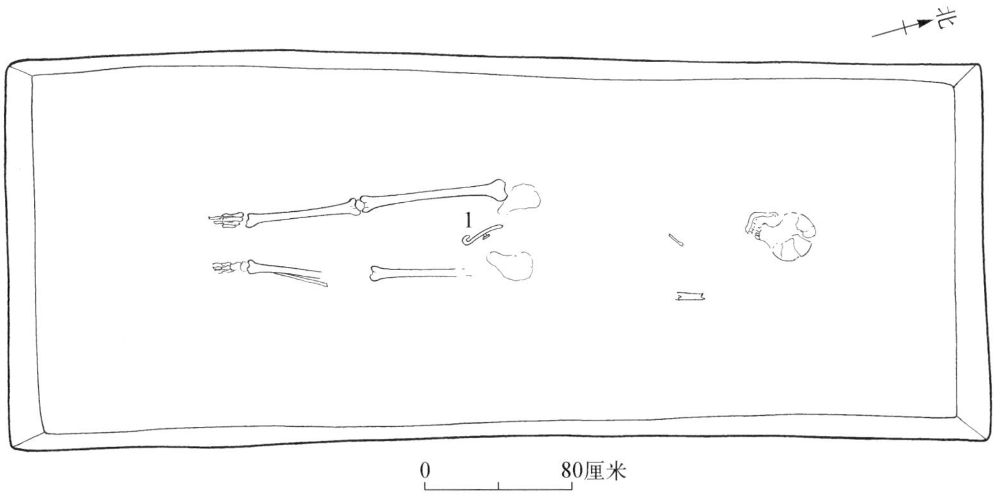

图四三　SDM9墓葬平面图

1. 铜带钩

（4）墓主人

仅存下肢骨和头骨。葬式为仰身直肢葬。头向北,面向东。

（5）随葬品及其位置

仅随葬1件铜带钩（:1）,位于棺内墓主腰部。

（6）随葬品介绍

铜带钩　1件。标本SDM9:1,蛇形,钩体较长,断面呈扁圆形;钩首似蛇头,圆形钩钮位于钩体中部,以一短柱相连。长13.2、宽0.8～1.1、钮径1.9厘米（图三四,4;彩版四〇,1）。

10. 2010YFSDM10

（1）位置

西南距SDM11约1.0米,东南距SDM3约6.5米。

（2）形制结构（图四四）

墓向:14°。

墓室:口略大于底。口呈长方形,东长2.94、西长2.96、南宽1.38、北宽1.38米。斜壁近直。平底,东长2.90、西长2.90、南宽1.32、北宽1.30米。自深3.00米。

填土:上部为黄褐色五花土,土质较硬;下部为浅黄色土,土质疏松。

（3）葬具

单棺,呈矩形,稍向西倾斜。棺长2.46、宽0.85、端板厚0.08、侧板厚0.06米。棺底板由5块木板纵向铺设而成,由西向东各块木板长、宽依次为2.60×0.14、2.40×0.24、2.60×0.18、2.40×0.28、2.62×0.18 m²。棺底板在墓主人头部到脊椎骨间有朱砂痕。

（4）墓主人

葬式为仰身直肢葬,上肢伸直置于躯干两侧。头向北,面向西。

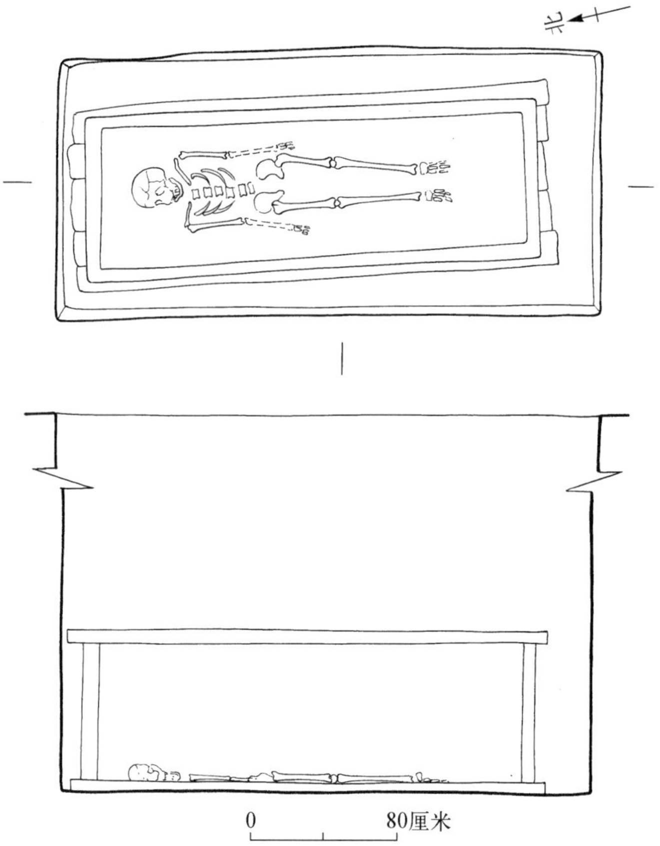

图四四　SDM10墓葬平、剖图

（5）随葬品及其位置

无随葬品。

11. SDM11

（1）位置

东北距SDM10约1.0米，西南距SDM22约
4.8米。

（2）形制结构（图四五）

墓向：15°。

墓室：口小底大。口呈长方形，东长2.58、
西长2.58、南宽1.40、北宽1.38。袋状壁。东、
西近直壁，南、北袋状壁。平底，东长2.76、西长
2.76、南宽1.40、北宽1.41米。自深2.56米。

二层台：东西两侧。东侧台面宽0.25～0.33、
西侧台面宽0.20～0.27米。高0.70米。

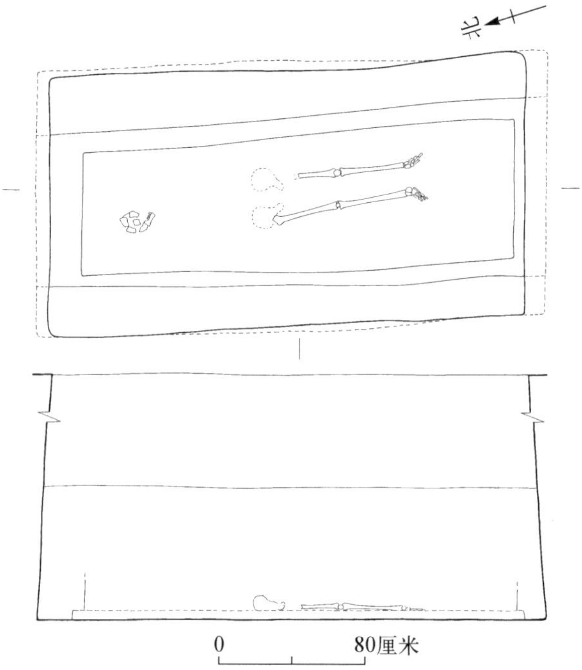

图四五　SDM11墓葬平、剖图

填土：深褐色五花土，土质较硬。

（3）葬具

单棺，呈梯形。两端板长度不相等，棺侧板与端板闭合相接。棺长2.35、北宽0.65、南宽0.74米。

（4）墓主人

仅存头骨和下肢骨，盆骨仅存痕迹。葬式为仰身直肢葬。头向北，面向东。

（5）随葬品及其位置

无随葬品。

12. 2010YFSDM12

（1）位置

南距SDM13约1.0米，西距SDM14约3.0米。

（2）形制与结构（图四六）

墓向：95°。

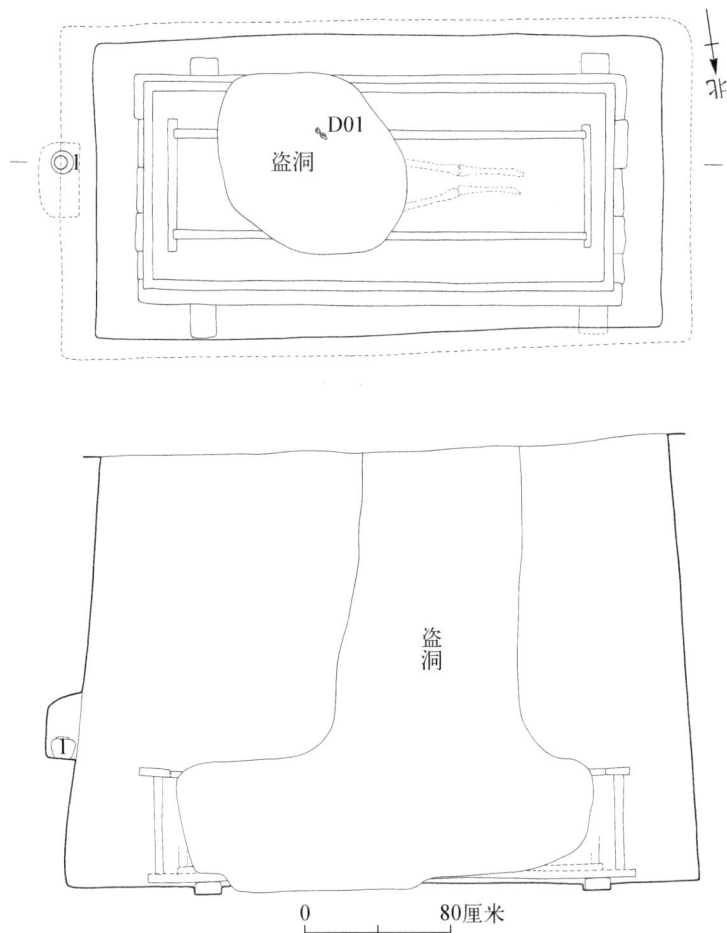

图四六 SDM12墓葬平、剖图

1. 陶有颈罐 D01. 铜带钩

墓室：口小底大。口近长方形，南长3.07、北长3.10、东宽1.57、西宽1.59米。袋状壁。平底，南长3.43、北长3.43、东宽1.75、西宽1.71米。自深2.4米。

壁龛：呈圆拱形，1个。位于东壁中部略偏下，人骨头部一端。拱形顶，近直壁，平底，底部平面略呈长方形。口宽0.38、进深0.22、高0.26～0.35米。

填土：深褐色五花土，土质较硬，经过夯打，夯层厚约0.2米，夯土和一般填土交替分布。

（3）葬具

一棺一椁，均呈矩形。棺侧板嵌于端板内，形成榫卯套接，端板两端长出侧板外侧。棺长2.30、宽0.58、端板长0.65、端板厚0.03～0.05、侧板长2.25、侧板厚0.05米。椁端板与侧板四角闭合相接。椁长2.56、宽1.04、厚0.05米。椁底板由6块木板横向铺设而成，由北向南各块木板长、宽依次为2.65×0.13、2.63×0.15、2.65×0.21、2.63×0.24、2.65×0.25、2.65×0.24 m^2。椁下置两根垫木，东侧垫木长1.48、宽0.15、厚0.05米，西侧垫木长1.48、宽0.15、厚0.06米。

（4）墓主人

骨架保存较差，仅存下肢骨痕迹。葬式似为仰身直肢葬。

（5）随葬品及其位置

共2件，包括陶器1件、铜器1件。有颈罐（：1）位于墓室东壁中部壁龛内。铜带钩（：D01）出土于盗洞中，初始位置不详。

（6）随葬品介绍

有颈罐　1件。标本SDM12：1，夹细砂灰陶。口微侈，圆唇，矮直颈，颈部有两个对称圆形钻孔；圆肩，腹部整体圆弧，平底。肩及腹上部饰数周暗旋纹。口径12.0、器身最大径19.6、底径7.9、通高16.2厘米（图四一，1）。

铜带钩　1件。标本SDM12：D01，水禽形，钩体断面呈半圆形。钩尾较窄，弧收成尖；椭圆形钩钮位于钩尾下部，以一短柱相连。器表自钩首至钩尾有一道突棱。长5.35、宽0.30～0.80、钮径1.20厘米（图三四，13；彩版三九，4）。

13. 2010YFSDM13

（1）位置

北距SDM12约1.0米，西北距SDM14约3.9米。

（2）形制结构（图四七）

墓向：106°。

墓室：口大底小。口呈长方形，北长3.38、南长3.38、东宽1.80、西宽1.80米。斜壁。平底，北长3.20、南长3.22、东宽1.68、西宽1.68米。自深2.80米。

二层台：四周。东侧台面宽0.44、西侧台面宽0.40、南侧台面宽0.39、北侧台面宽0.26米。高0.52米。

填土：土色红褐色，土质较硬，经过夯打，有明显的夯层，夯窝不清。

（3）葬具

单棺，呈矩形。置于墓室偏东。棺长1.89、宽0.64米。

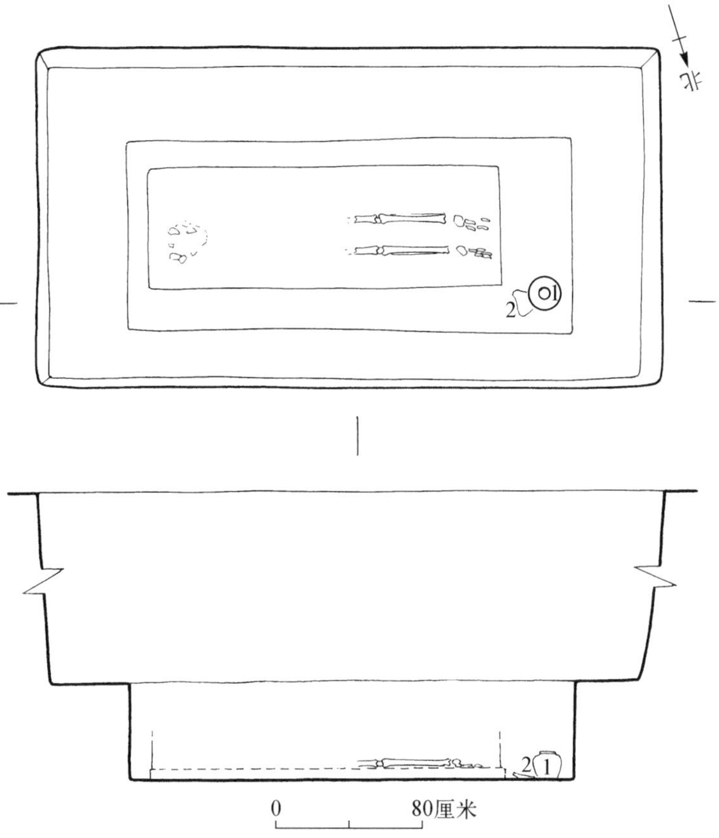

图四七　SDM13墓葬平、剖图

1. 陶有颈罐　2. 陶罐口釜

（4）墓主人

仅存部分下肢骨和被压碎的头骨。葬式为仰身直肢葬。头向东。

（5）随葬品及其位置

共2件，皆陶器。棺外西北角由西向东依次为有颈罐（：1）、罐口釜（：2）。

（6）随葬品介绍

有颈罐　1件。标本SDM13：1，夹细砂灰陶。厚圆唇，矮直颈，圆鼓肩，腹上部圆弧，下部斜直，平底。腹上部饰数周暗旋纹，腹下部有修整刮痕。口径11.6、器身最大径20.5、底径10.2、通高17.5厘米（图五〇，4）。

罐口釜　1件。标本SDM13：2，夹砂红褐陶，底部夹粗砂。小体，侈口，圆唇，矮直颈，圆肩，弧腹，圜底。颈肩交接处有一周旋纹，肩部饰两至三周瓦纹，腹下部饰横向篮纹，底部饰纵向篮纹。腹底有烟炱。口径10.2、器身最大径14.3、通高12.0厘米（图五〇，5）。

14. 2010YFSDM16

（1）位置

南距SDM17约1.4米，北距SDM25约5.0米。

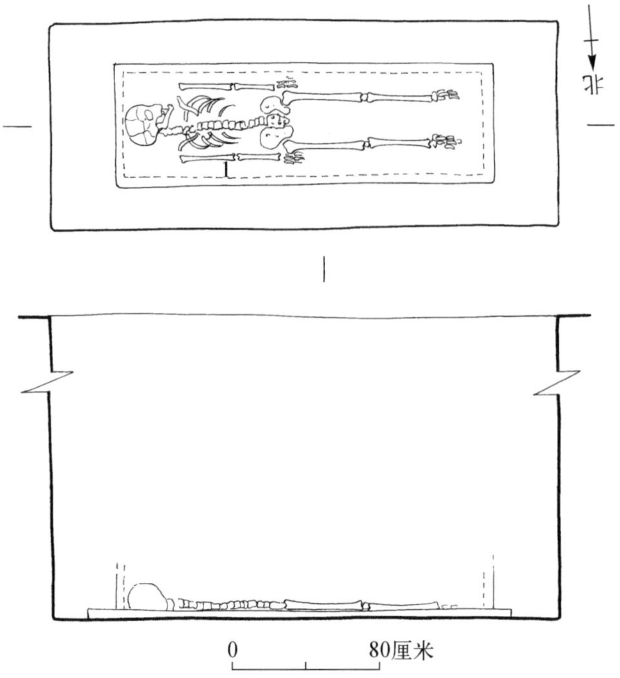

图四八　SDM16墓葬平、剖图

1. 铜镞

（2）形制结构（图四八）

墓向：93°。

墓室：口底等大。口呈长方形，南长2.76、北长2.76、东宽1.10、西宽1.10米。直壁。平底。自深2.10米。

填土：红褐色五花土，土质坚硬，经过夯打，夯层不明显，未发现夯窝。

（3）葬具

单棺，呈矩形。棺侧板与端板四角闭合相接。棺长2.05、宽0.64、厚0.04米。

（4）墓主人

骨架保存较好。葬式为仰身直肢葬，上肢伸直置于躯干两侧。头向东，面向南。

（5）随葬品及其位置

仅随葬1件铜镞（：1），位于棺内墓主右胸，呈插入状。

（6）随葬品介绍

铜镞　1件。标本SDM16：1，铤残。三棱锥形，脊出本较短，棱较窄，前锋弧收成尖，后锋较短且竖直，刃部自锋尖呈弧形走向，至中部变平直走向。残长4.85、本宽0.85、脊宽0.10～0.20厘米（图三四，11；彩版四三，5）。

15. 2010YFSDM17

（1）位置

北距SDM16约1.4米，西距SDM121约10.5米。

（2）形制结构（图四九）

墓向：98°。

墓室：口略大于底。口呈长方形，南长3.50、北长3.50、东宽1.86、西宽1.84米。斜壁近直。平底，南长3.28、北长3.28、东宽1.60、西宽1.60米。自深3.50米。

填土：红褐色五花土，内夹黑色土颗粒，土质坚硬，经过夯打，有夯窝，直径为0.07～0.15米。

（3）葬具

一棺一椁，均呈矩形。棺位于椁内偏西，棺长2.02、宽0.78、厚0.05～0.09米。椁长2.92、宽1.20米。

（4）墓主人

头骨仅存痕迹，其余保存较好。葬式为仰身直肢葬，上肢伸直置于躯干两侧。头向东。

（5）随葬品及其位置

共7件，皆陶器，均位于墓主头端棺椁之间。缶（:3）位于中部，北侧自西向东分别为鬲口

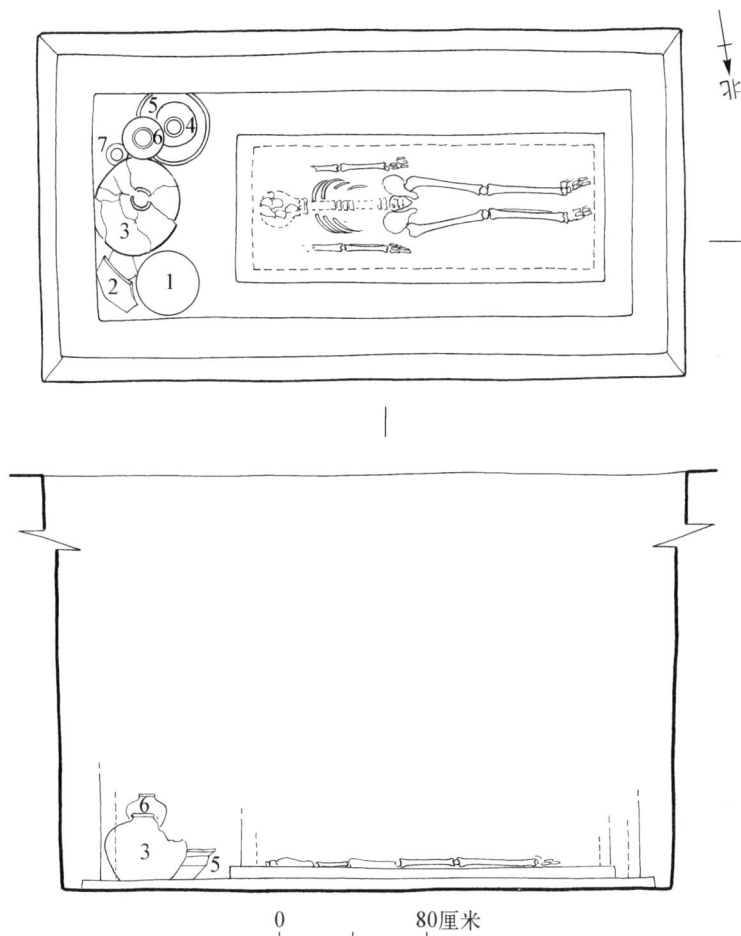

图四九　SDM17墓葬平、剖图

1.陶鬲口釜　2.陶盆形甑　3.陶缶　4.陶卷沿圆肩罐　5.陶盆　6.陶有颈罐　7.陶罐口釜

釜（：1）和盆形甑（：2），南侧自西向东分别为卷沿圆肩罐（：4）、盆（：5）、有颈罐（：6）和罐口釜（：7）。4号和6号叠置于5号之上，1号倒置。

（6）随葬品介绍

缶　1件。标本SDM17：3，夹细砂灰褐陶。大体，小口束颈，平折沿，尖圆唇；圆折肩，上下腹交接处圆弧，仅以一周旋纹分界，形成"符号亚腰"，平底。肩部饰数周暗旋纹，肩腹交接处饰一周旋纹，上腹饰四周麦粒状绳纹，下腹有一周凸痕。口径10.0、器身最大径37.4、底径14.8、通高32.1厘米（图五〇，9）。

卷沿圆肩罐　1件。标本SDM17：4，夹细砂灰陶。小体，侈口卷沿，方圆唇，微溜肩，腹部微

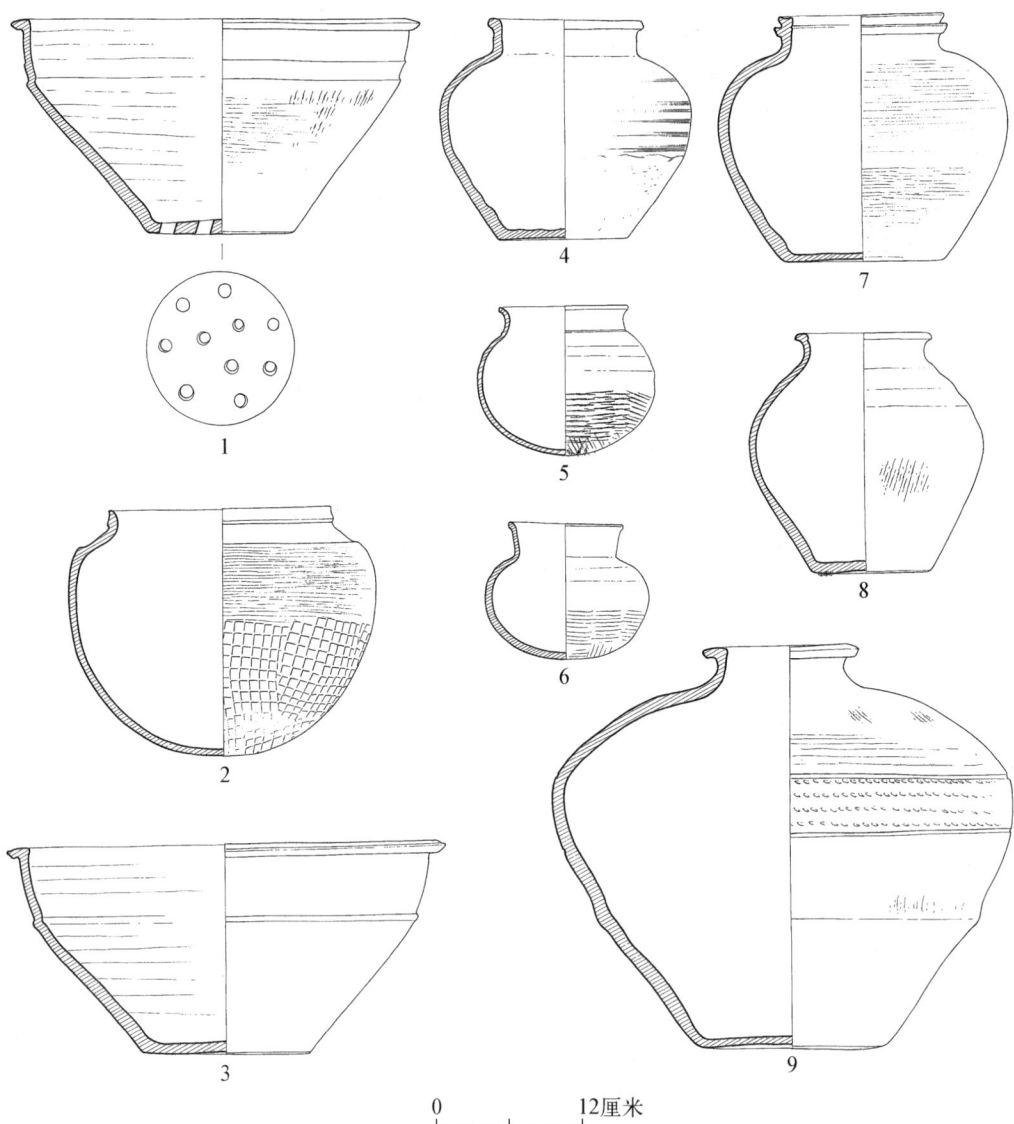

图五〇　SDM13、SDM17随葬陶器

1. 盆形甑（SDM17：2）　2. 鬲口釜（SDM17：1）　3. 盆（SDM17：5）　4、7. 有颈罐（SDM13：1、SDM17：6）
5、6. 罐口釜（SDM13：2、SDM17：7）　8. 卷沿圆肩罐（SDM17：4）　9. 缶（SDM17：3）

弧近直,平底。肩部饰数周旋纹。口径9.8、器身最大径19.2、底径9.4、通高19.0厘米(图五○,8)。

有颈罐 1件。标本SDM17:6,夹细砂灰陶。直口,双唇,唇面有一周凹槽,矮直颈;圆肩,腹部整体圆弧,平底。肩部饰数周暗旋纹,腹下部有轮制痕迹。口径12.2、器身最大径23.4、底径12.8、通高19.6厘米(图五○,7)。

盆 1件。标本SDM17:5,夹细砂灰陶。敞口,折沿下倾,尖圆唇;折腹,上腹近直,下腹斜直,上腹占腹部比例约三分之一,平底。器内壁饰数周暗旋纹,上下腹交接处有一周折棱。口径32.9、底径13.8、通高16.8厘米(图五○,3)。

盆形甑 1件。标本SDM17:2,夹细砂灰陶。敞口,折沿下倾,尖圆唇;折腹,上腹近直,下腹斜直,上腹占腹部比例约四分之一;平底,器底戳制10个圆形甑孔,布局为中心三孔与边缘一周。上腹饰一周弦纹,上下腹交接处有一周折棱,下腹局部隐约可见竖行细绳纹。口径31.8、底径12.2、通高17.1厘米(图五○,1)。

鬲口釜 1件。标本SDM17:1,夹砂灰褐陶,底部夹粗砂。口微侈,斜方唇,唇面微内凹;圆肩,肩部近口处内收,腹上部微弧近直,下部弧收,圜底。腹上部饰数周旋纹,下部及底部拍印方格纹。口径17.6、器身最大径25.2、通高19.6厘米(图五○,2)。

罐口釜 1件。标本SDM17:7,夹砂红褐陶,底部夹粗砂。小体,口微侈,尖圆唇,矮直颈;圆肩,肩部近颈处略平,鼓腹,圜底。颈肩交接处饰一周弦纹,肩部饰数周瓦纹,腹下部饰横向篮纹,底部饰纵向篮纹。腹底有烟炱。口径8.8、器身最大径13.4、通高10.8厘米(图五○,6)。

16. 2010YFSDM19

(1)位置

东距SDM15约2.0米,西南距SDM27约7.5米。

(2)形制结构(图五一)

墓向:12°。

墓室:口底等大。口呈长方形,东长3.00、西长3.06、南宽2.00、北宽1.78米。直壁。平底。自深3.88米。

填土:红褐色五花土,土质松软。

(3)葬具

一棺一椁,均呈矩形,端板与侧板四角闭合相接。棺位于椁内偏东北,棺长1.88、宽0.70、厚0.06米。椁长2.90、宽1.34、端板厚0.06~0.10、侧板厚0.06米。椁盖板由13块木板横向铺设而成,由北向南各块木板宽度依次为0.26、0.26、0.26、0.32、0.26、0.16、0.22、0.20、0.20、0.24、0.20、0.18、0.19米。

(4)墓主人

仅存部分肢骨。葬式为仰身直肢葬,头向北。

(5)随葬品及其位置

共5件,皆陶器,均置于墓室西南部的棺椁之间。自北向南依次为鼎(:1)、盛(:2)、篮形甑(:3)、锜(:5)、钫(:4),3号倒置于5号上。

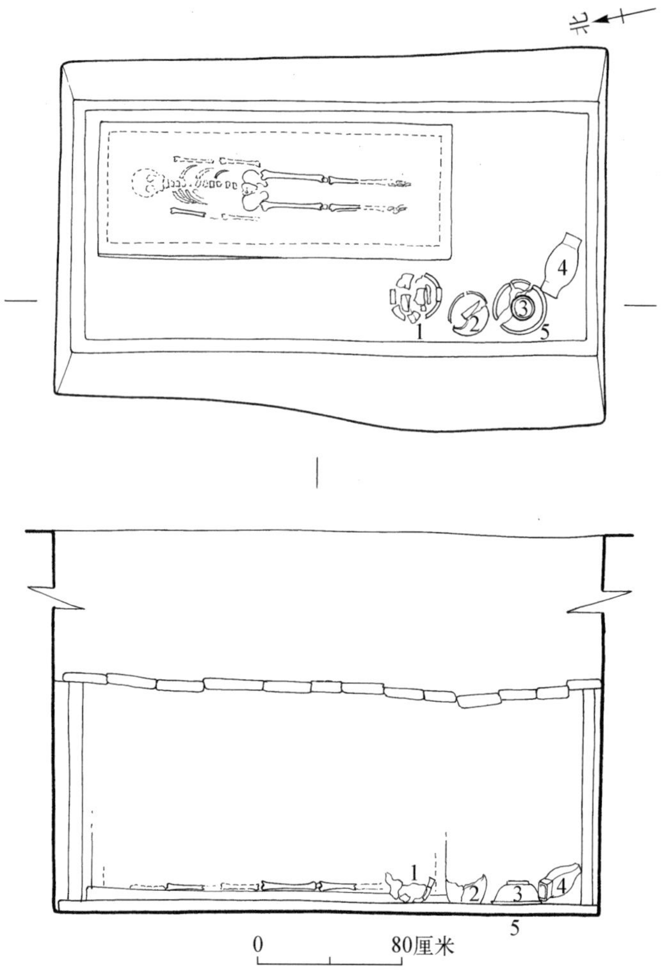

图五一　SDM19墓葬平、剖图

1. 陶鼎　2. 陶盛　3. 陶篕形甑　4. 陶钫　5. 陶锜

（6）随葬品介绍

钫　1件。标本SDM19：4，泥质灰陶。覆斗形盖，与器身以子母口扣合；器身侈口方唇，口外侧加厚一周泥条，束颈，溜肩，鼓腹，方形圈足微外撇；肩部对称饰一对兽面衔环状铺首，铺首立体感较强，兽面纹饰较精致，印痕清晰。盖面及口部内壁残存部分白彩，器身近口处饰一周条带状红彩，颈肩交接处饰两周条带状红彩，间以红白色三角蕉叶纹、白色云纹；肩腹部饰八组蓝红白相间的云纹，圈足残存条带状红彩。盖高4.2、盖顶阔5.1、口阔12.0、器身最大径21.5、器身高37.2、足高3.4、足阔13.0、通高41.0厘米（图五二）。

鼎　1件。标本SDM19：1，泥质灰陶。盖面微弧，上饰三半圆形乳突；鼎身与盖以子母口扣合，口内敛，内沿略高于外沿，沿面微内凹；腹较深，上腹竖直，下腹斜收，上下腹交接处有一周凸棱，平底；双附耳，耳微外撇，有长方形穿，耳穿透出鼎身部分小于未透出部分；耳、足与鼎身连接处距腹部凸棱略远，蹄足较高，耳足呈五点式分布。盖面边缘残留有一周红彩，中心饰三组红白彩相间的卷云纹。器盖口径17.0、器盖高4.1、耳宽4.5、耳高5.7、器身口径14.8、器身最大径18.8、

图五二 SDM19随葬陶钫

SDM19：4

底径7.4、器身高9.8、足高6.3、通高16.4厘米（图五三，2）。

盛 1件。标本SDM19：2，泥质灰陶。盖折盘微弧，盖较深，上有矮圈足状捉手，盖面最高处略低于捉手顶部；器身与盖以子母口扣合，口微内敛，内沿略高于外沿，沿面内凹成槽；上腹微弧近直，下腹斜直，近底部微内凹，上下腹交接处略有折痕，平底。捉手内饰一周条带状红彩，其内残存白彩，近捉手处及近口处各饰一周条带状红彩，间残存红白彩，腹上部饰红、白彩各一周，间以一周波浪状白彩。器盖口径17.2、器盖高4.4、捉手直径10.0、器身口径16.4、器身最大径19.0、器身高9.8、底径7.2、通高15.1厘米（图五三，6）。

锜 1件。标本SDM19：5，泥质灰陶。小直口方唇，弧肩，肩部对称饰一对兽面衔环状铺首，铺首小而纹饰简化、印痕较模糊；弧腹圜底，腹深与肩高大致相等；肩腹交接处有一周腰檐，

图五三　SDM19、SDM21随葬陶器

1.盂形甑(SDM21∶4)　2.鼎(SDM19∶1)　3.盂(SDM21∶5)　4、5.罐口釜(SDM21∶2、SDM21∶1)　6.盛(SDM19∶2)
7.簋形甑(SDM19∶3)　8.錡(SDM19∶5)　9.缶(SDM21∶3)

腰檐较宽,腹下接三蹄足,蹄足较高。近口处及近腰檐处各饰一周条带状红彩,间以云纹。口径6.6、器身最大径21.4、檐宽1.4、足高5.8、通高11.8厘米(图五三,8)。

簋形甑　1件。标本SDM19∶3,泥质灰陶。敞口,平折沿,方唇;弧腹,器底内壁全部被刮,刮痕较浅,器底内壁略低于腹底相接处;器底戳制6个短条形甑孔,布局为中心一孔与边缘一周,圈足微内敛。器身残存条带状红、白彩各两周,圈足饰一周条带状红彩,内壁残存部分红彩。口径19.6、圈足径10.6、通高9.4厘米(图五三,7;彩版一五,2)。

17. 2010YFSDM21

(1) 位置

东南距SDM20约0.5米,北距SDM4约3.0米。

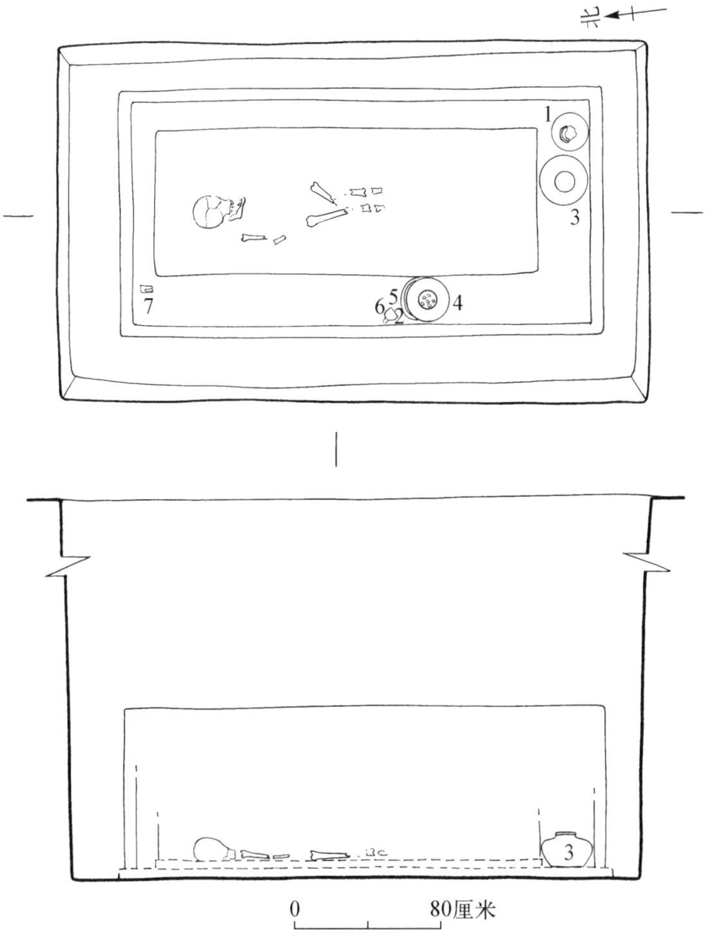

图五四 SDM21墓葬平、剖图

1、2.陶罐口釜 3.陶缶 4.陶盂形瓿 5.陶盂 6、7.铁鍪

（2）形制结构（图五四）

墓向：5°。

墓室：口略大于底。口呈长方形，东长3.18、西长3.20、南宽1.98、北宽1.98米。斜壁近直。平底，东长3.10、西长3.05、南宽1.74、北宽1.68米。自深3.60米。

填土：黄褐色五花土，土质坚硬。

（3）葬具

一棺一椁，均呈矩形，端板与侧板四角闭合相接。棺位于椁内略偏东北，棺长2.06、宽0.78米。椁长2.60、宽1.30、厚0.06米。

（4）墓主人

仅存少量肢骨，头骨被压碎。葬式不明。头向北，面向东。

（5）随葬品及其位置

共7件，包括陶器5件、铁器2件，均位于棺椁之间。罐口釜（：1）位于棺外东南角，缶（：3）紧邻其西侧。罐口釜（：2）、盂形瓿（：4）和盂（：5）位于棺外西侧中部，其北侧为铁鍪（：6）。铁

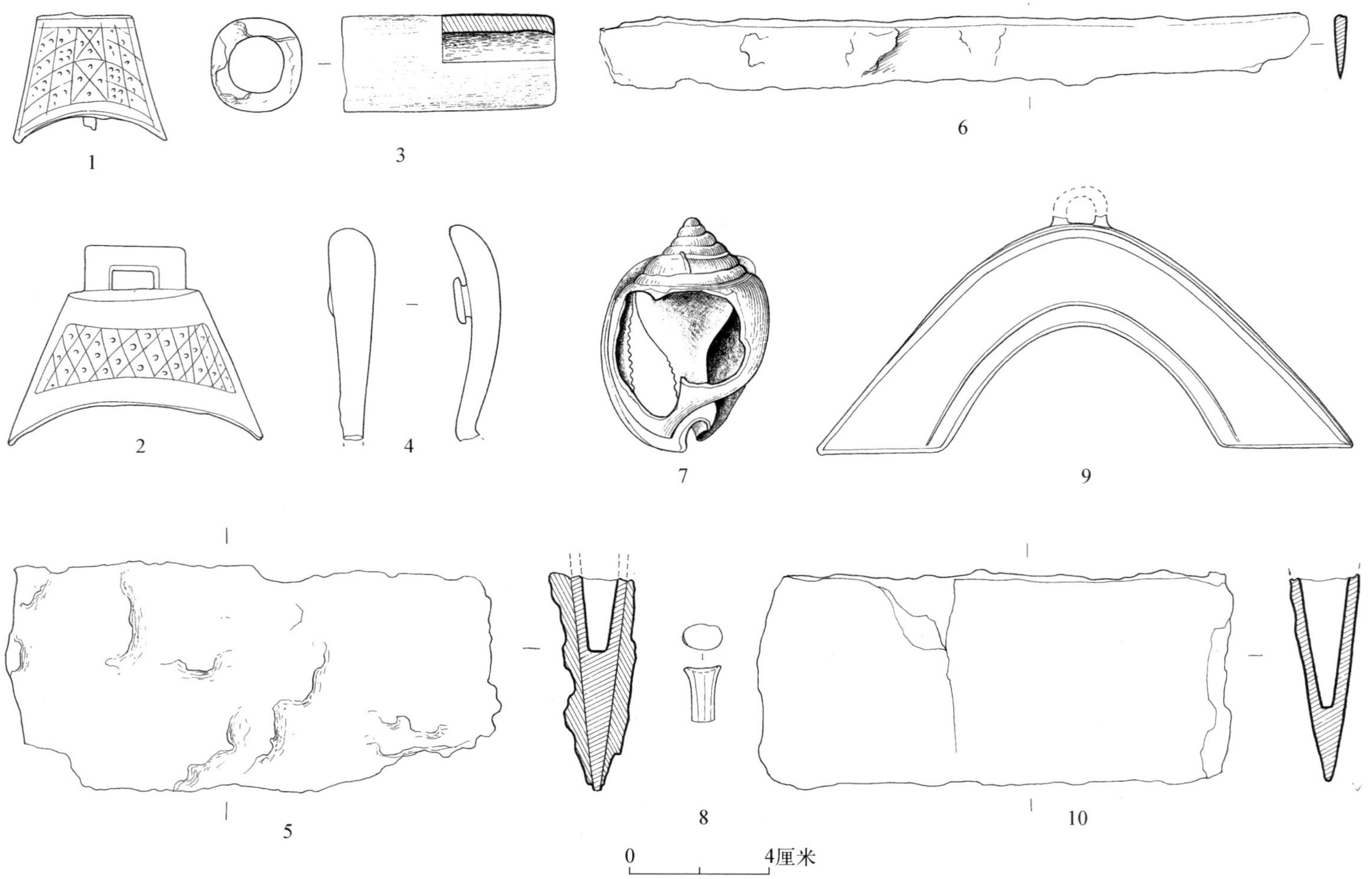

图五五　SDM21、SDM26、SDM36 随葬小件器物

1、2. 铜铃（SDM26：7-2、SDM26：7-1）　3. 骨管（SDM36：1）　4. 铜带钩（SDM26：5）　5、10. 铁錾（SDM21：7、SDM21：6）　6. 铁削（SDM26：9）　7. 螺（SDM26：4）
8. 石耳珰（SDM26：10）　9. 铜黄形器（SDM26：6-5）

鍪（ :7）位于棺外西北角。

（6）随葬品介绍

缶 1件。标本SDM21:3，夹细砂灰陶。小体。小口束颈，折沿下倾，尖圆唇；圆折肩，肩面微溜，肩部占器身比例三分之一；上腹略弧，下腹斜直，上下腹交接处圆弧，以一周旋纹分界，形成"符号亚腰"。肩部饰数周暗旋纹，肩腹交接处饰一周旋纹，上腹饰两至三周麦粒状绳纹。口径8.6、器身最大径30.0、底径14.2、通高25.8厘米（图五三,9）。

盂 1件。标本SDM21:5，夹细砂灰褐陶。敞口，折沿下倾，尖圆唇，弧腹，腹近底处微内凹，平底。素面。口径21.8、底径9.8、通高10.7厘米（图五三,3）。

盂形甑 1件。标本SDM21:4，夹细砂灰陶。敞口，折沿下倾，尖圆唇，弧腹，腹下部斜收，平底；底部戳制5个圆形甑孔，甑孔大小不一，布局为边缘一周。素面。口径20.4、底径9.8、通高12.0厘米（图五三,1）。

罐口釜 共2件。皆方圆唇，圆鼓肩，圜底。底部夹粗砂。标本SDM21:2，夹细砂灰陶。直口，肩面近平，腹上部微弧近直，腹下部弧收。肩部及腹上部饰数周旋纹，腹下部饰斜向篮纹，底部饰交错篮纹。口径11.9、器身最大径20.6、通高16.0厘米（图五三,4）。标本SDM21:1，夹砂红褐陶。小体，卷沿，矮直颈，鼓腹。肩及腹上部饰数周瓦纹，腹下部饰横向篮纹，底部饰纵向篮纹。釜底有烟炱。口径12.6、器身最大径18.9、通高14.2厘米（图五三,5）。

铁鍪 共2件。长方形，扁体，刃部正视对称，背中空成銎，器身断面呈窄三角形。标本SDM21:7，刃部有残缺，首部宽度略大于刃部。长13.7、残宽6.2、銎口厚1.5厘米（图五五,5）。标本SDM21:6，首部有残缺，刃部与首部宽度大致相等。长13.3、宽5.9、銎口厚2.0厘米（图五五,10）。

18. 2010YFSDM22

（1）位置

西南距SDM14约4.4米、东北距SDM11约4.7米。

（2）形制结构（图五六）

墓向：12°。

墓室：口底等大。口呈长方形，东长2.28、西长2.28、南宽1.10、北宽1.03米。直壁。平底。自深2.14米。

填土：红褐色五花土，墓口向下1米有明显夯土痕迹，结构不清。再向下土质较疏松。

（3）葬具

单棺，呈倒梯形。棺长1.90、南宽0.43、北宽0.55米。

（4）墓主人

骨架保存较好。葬式为仰身直肢葬，上肢伸直置于躯干两侧。头向北，面向东。

（5）随葬品及其位置

无随葬品。

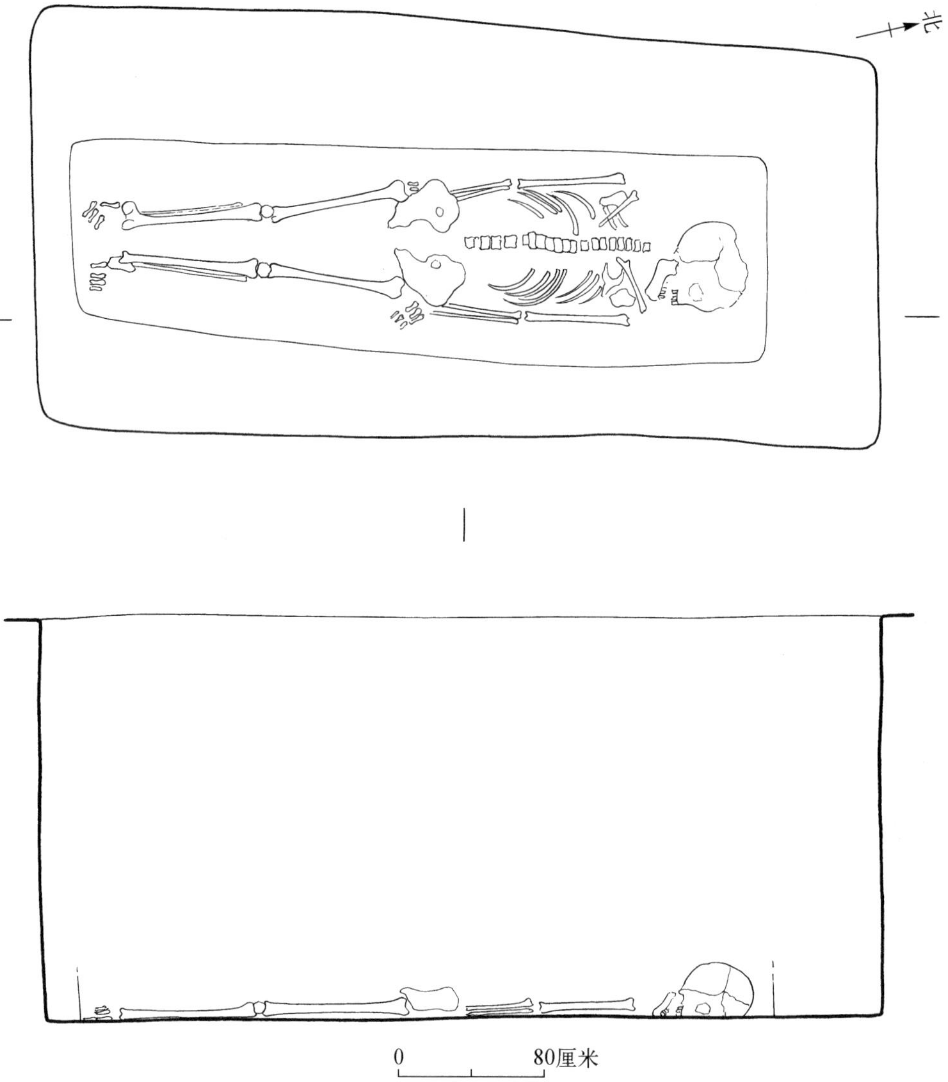

图五六 SDM22墓葬平、剖图

19. 2010YFSDM24

（1）位置

北距SDM23约6.8米，南距SDM25约0.8米。

（2）形制结构（图五七）

墓向：99°。

墓室：口底等大。口呈长方形，南长2.60、北长2.60、东宽1.06、西宽1.00米。直壁。平底。自深2.25米。

二层台：南北两侧。南侧台面宽0.18、北侧台面宽0.15米。高0.90米。

填土：黄褐色五花土，土质较硬，经过夯打，但未发现明显夯层及夯窝。

（3）葬具

单棺，呈矩形。棺长2.12、宽0.50米。

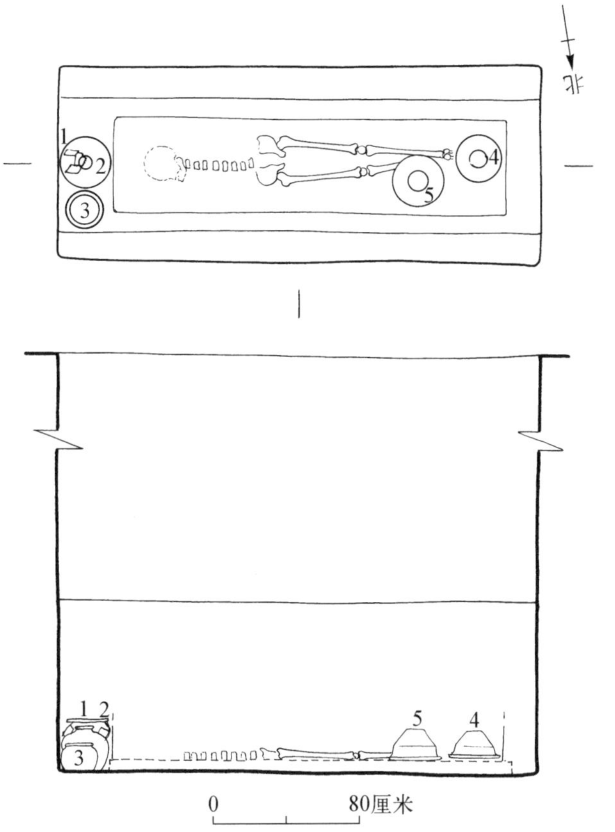

图五七　SDM24墓葬平、剖图

1.陶钵（？）　2.陶小口旋纹罐　3.陶异类釜　4.陶盆形甑　5.陶盆

（4）墓主人

骨架保存较差。葬式为仰身直肢葬,双脚并拢。头向东,面向北。

（5）随葬品及其位置

共5件,皆陶器。盆形甑（：4）、盆（：5）均倒置于棺内人骨脚端,两器原应位于棺盖板上相应位置。墓主头端棺外由南向北依次为钵（？）（：1）、小口旋纹罐（：2）、异类釜（：3）,1号置于2号上。

（6）随葬品介绍

小口旋纹罐　1件。标本SDM24：2,夹砂灰褐陶。小口束颈,折沿下倾,尖圆唇,圆鼓肩,腹上部略弧,下部微内凹,平底。肩及腹上部饰数周旋断绳纹。口径7.6、器身最大径23.0、底径11.2、通高23.9厘米（图五八,1）。

盆　1件。标本SDM24：5,夹细砂灰陶。敞口,折沿下倾,尖唇;折腹,上腹近直,下腹斜直内收,上腹占腹部比例约小于三分之一,平底。上下腹交接处有一周折棱,下腹隐约可见竖形绳纹及轮制痕迹。口径29.9、底径13.0、通高15.6厘米（图五八,10）。

盆形甑　1件。标本SDM24：4,夹细砂灰陶。敞口,平折沿,尖唇;折腹,上腹竖直微内敛,下腹斜直内收,上腹占腹部比例约五分之一,平底;器底戳制10个圆形甑孔,布局为中心三孔与边缘一周。上腹饰一周弦纹,上下腹交接处有一周折棱。下腹有轮制痕迹。口径27.0、底径12.5、通

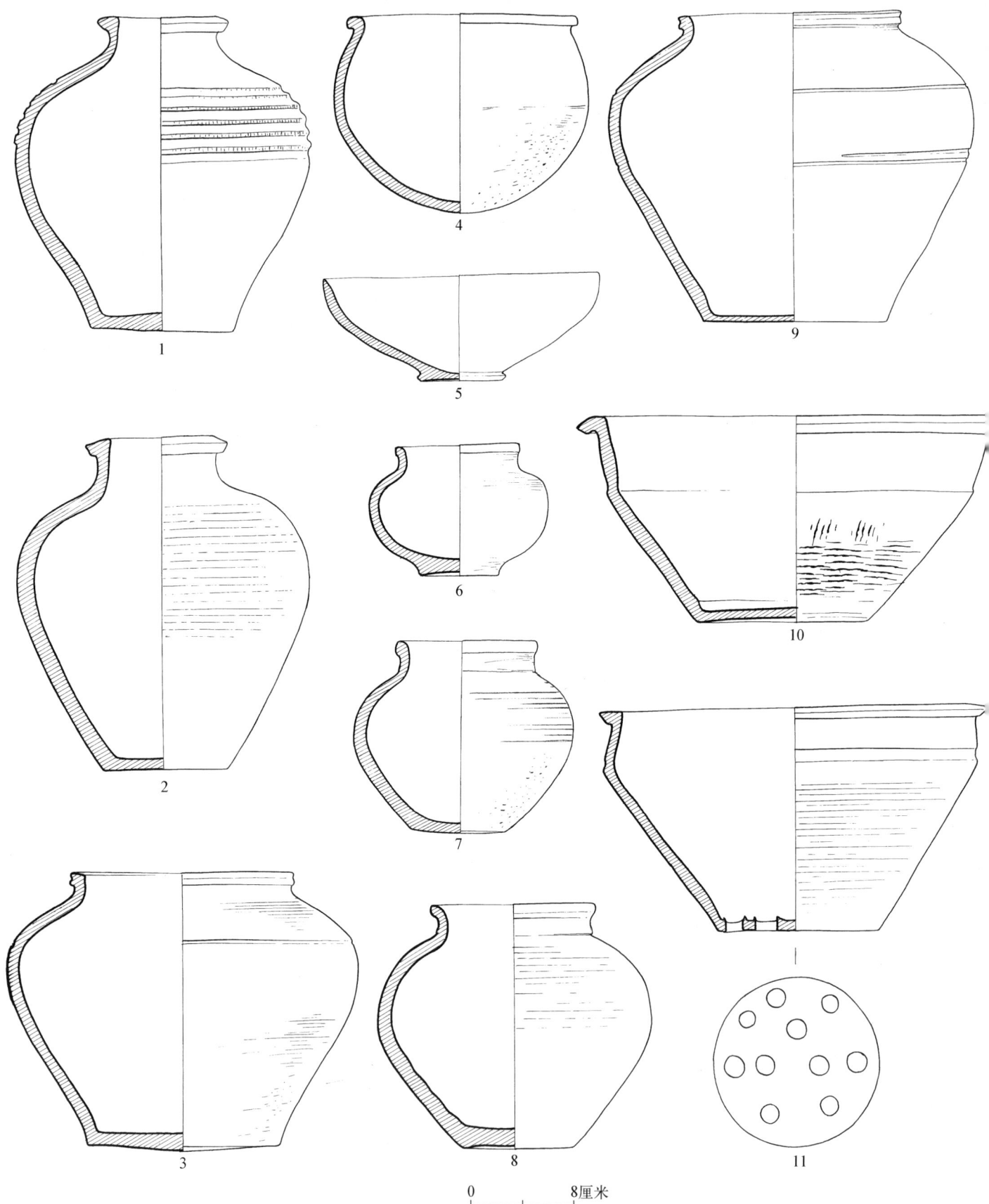

图五八　SDM24、SDM25、SDM26、SDM28、SDM31 随葬陶器

1、2.小口旋纹罐（SDM24：2、SDM25：1）　3、9.直口折肩罐（SDM31：1、SDM28：1）　4.异类釜（SDM24：3）　5.钵（？）（SDM24：1）
6、7、8.有颈罐（SDM26：1、SDM26：2、SDM26：3）　10.盆（SDM24：5）　11.盆形甑（SDM24：4）

高16.9厘米（图五八,11）。

异类釜　1件。标本SDM24:3,夹砂灰褐陶。侈口卷沿,厚圆唇,溜肩明显,腹上部近直,下部弧收,圜底。腹下部有修整痕迹。素面。口径16.5、器身最大径19.7、通高15.2厘米（图五八,4）。

钵（？）　1件。标本SDM24:1,夹细砂灰陶。敞口,尖唇,腹上部微弧近直,下部弧收,假圈足。素面。口径21.2、底径6.3、通高8.0厘米（图五八,5）。

20. 2010YFSDM25

（1）位置

北距SDM24约0.8米,南距SDM16约5.0米。

（2）形制结构（图五九）

墓向:99°。

墓室:口大底小。口呈长方形,南长3.30、北长3.29、东宽1.60、西宽1.60米。斜壁。平底,北长3.04、南长3.04、东宽1.32、西宽1.32米。自深2.90米。

二层台:四周。东侧台面宽0.16、西侧台面宽0.26、南侧台面宽0.24、北侧台面宽0.24米。高0.80米。

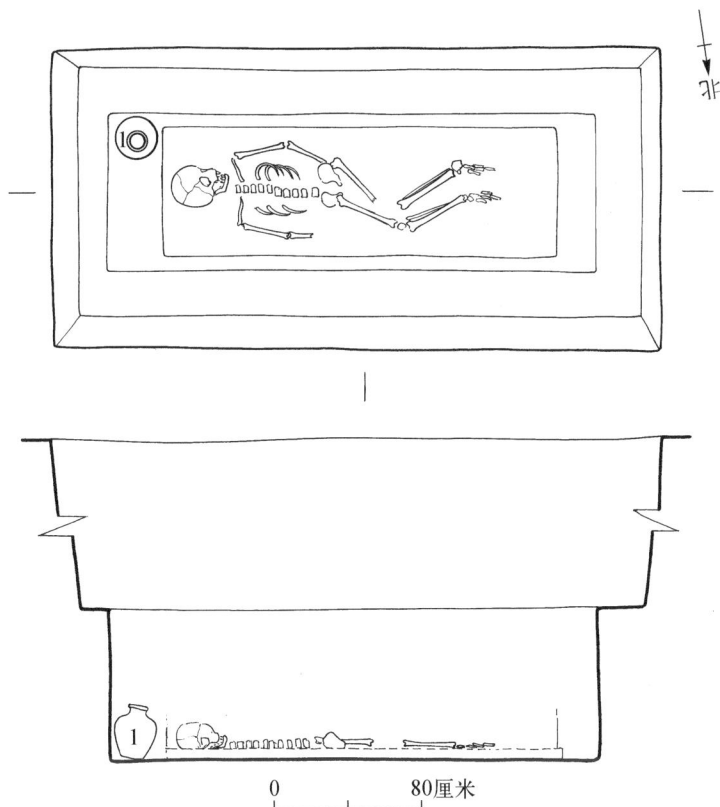

图五九　SDM25墓葬平、剖图

1.陶小口旋纹罐

填土：黄褐色五花土,土质坚硬,经过夯打,但未发现明显夯层及夯窝。

（3）葬具

单棺,呈矩形。棺长2.34、宽0.68米。

（4）墓主人

骨架保存较好。葬式为侧身屈肢葬,下肢向右弯曲。头向东,面向南。

（5）随葬品及其位置

仅随葬1件小口旋纹罐（∶1）,位于棺外东南角。

（6）随葬品介绍

小口旋纹罐　1件。标本SDM25∶1,夹细砂灰陶。小口束颈,折沿下倾,尖圆唇；隆肩,肩面近口处微平,腹部整体圆弧,平底。肩及腹上部饰数周旋纹。口径7.8、器身最大径22.5、底径9.6、通高25.0厘米（图五八,2）。

21. 2010YFSDM26

（1）位置

东距SDM25约9.0米,南距SDM122约4.0米。

（2）形制结构（图六〇）

墓向：12°。

墓室：口底等大。口呈长方形,东长3.00、西长3.00、南宽1.50、北宽1.48米。直壁。平底。自深3.20米。

二层台：东西两侧。东侧台面宽0.22～0.24、西侧台面宽0.30米。高1.00米。

填土：黄褐色五花土,土质较硬,经过夯打,但未发现明显夯层及夯窝。

（3）葬具

单棺,呈矩形。置于墓室偏北。棺长2.00、宽0.71米。

（4）墓主人

骨架保存较好。葬式为仰身直肢葬,上肢伸直置于躯干两侧。头向北,面向西。

（5）随葬品及其位置

共11件（组）,包括陶器3件、铜器3件（组）、铁器1件、骨器2件（组）、蚌器1个、动物骨骼一堆。铜器、铁器和骨器均位于棺内墓主头部西侧,铜璜形器（∶6）一组9件叠置,铜带钩（∶5）位于6号西北侧,铜铃（∶7）紧邻6号南侧,骨串饰（∶8）、铁削（∶9）和耳珰（∶10）位于7号南侧,部分骨串饰叠压于铜铃之上。陶器、螺及动物骨骼位于墓主头端棺外,有颈罐（∶2、∶1）和有颈罐（∶3）分置东西两侧。螺（？）（∶4）位于3号西南侧,动物骨骼（∶11）位于1号西侧。

（6）随葬品介绍

有颈罐　共3件。皆夹细砂灰陶。口微侈,方圆唇,矮直颈。标本SDM26∶1,圆折肩,肩部近颈处微平,鼓腹,假圈足。素面。口径8.8、器身最大径13.9、底径6.1、通高9.8厘米（图五八,6）。标本SDM26∶2,圆肩,腹部整体圆弧,平底。肩及腹上部饰数周暗旋纹。口径10.2、器身最大径17.1、底径7.2、通高15.0厘米（图五八,7）。标本SDM26∶3,圆肩,腹部整体圆弧。颈肩交接处饰一周旋纹,

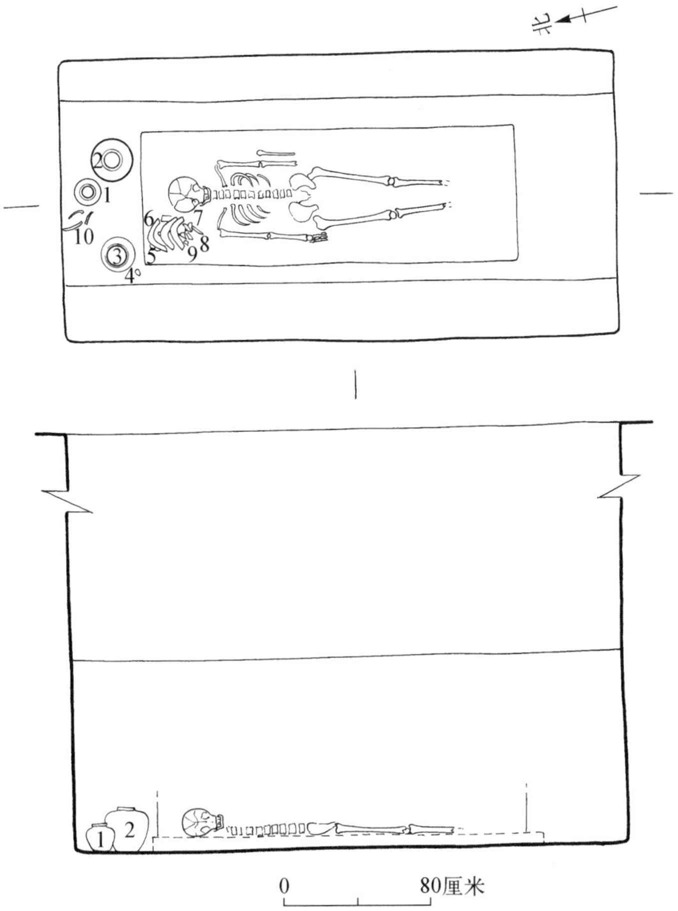

图六〇　SDM26墓葬平、剖图

1、2、3.陶有颈罐　4.螺(?)　5.铜带钩　6.铜璜形器　7.铜铃　8.骨串饰　9.铁削　10.石耳珰　11.动物骨骼

肩及腹上部饰数周暗旋纹,平底。口径11.9、器身最大径21.3、底径8.4、通高18.6厘米(图五八,8)。

　　铜铃　共2件。下缘两角下垂,弧形凹口,铃内有鼻穿。铃身饰菱格乳钉纹。标本SDM26:7-2,钮残。器形较小,器壁较薄,长条形舌。上缘宽2.8、下缘宽7.3、通高5.6厘米(图五五,1)。标本SDM26:7-1,器形较大,器壁较薄;方形扁钮,铃身两侧斜张程度大。上缘宽3.8、下缘宽4.9、钮高1.3、通高3.8厘米(图五五,2)。

　　铜带钩　1件。标本SDM26:5,钩首残。水禽形,钩尾较宽,圆形钩钮位于钩尾下部,以一短柱相连。残长6.3、宽0.6~1.3、钮径1.4厘米(图五五,4)。

　　铁削　1件。标本SDM26:9,柄部残。单面刃,直背直刃,削身断面近三角形,锋端刃部向背部弧收,直柄。残长22.0、刃最宽处1.6、刃厚0.3、柄最宽处2.1厘米(图五五,6)。

　　石耳珰　1件。标本SDM26:10,柱状,断面近圆形,一端略大,向内凹。残长1.6、宽0.6厘米(图五五,8;彩版四五,1)。

　　螺(?)　1件。标本SDM26:4,残。黄白色。顶部呈盘旋状,壳表面粗糙,内面光滑,有排列整齐的螺肋和细沟。高6.9厘米(图五五,7)。

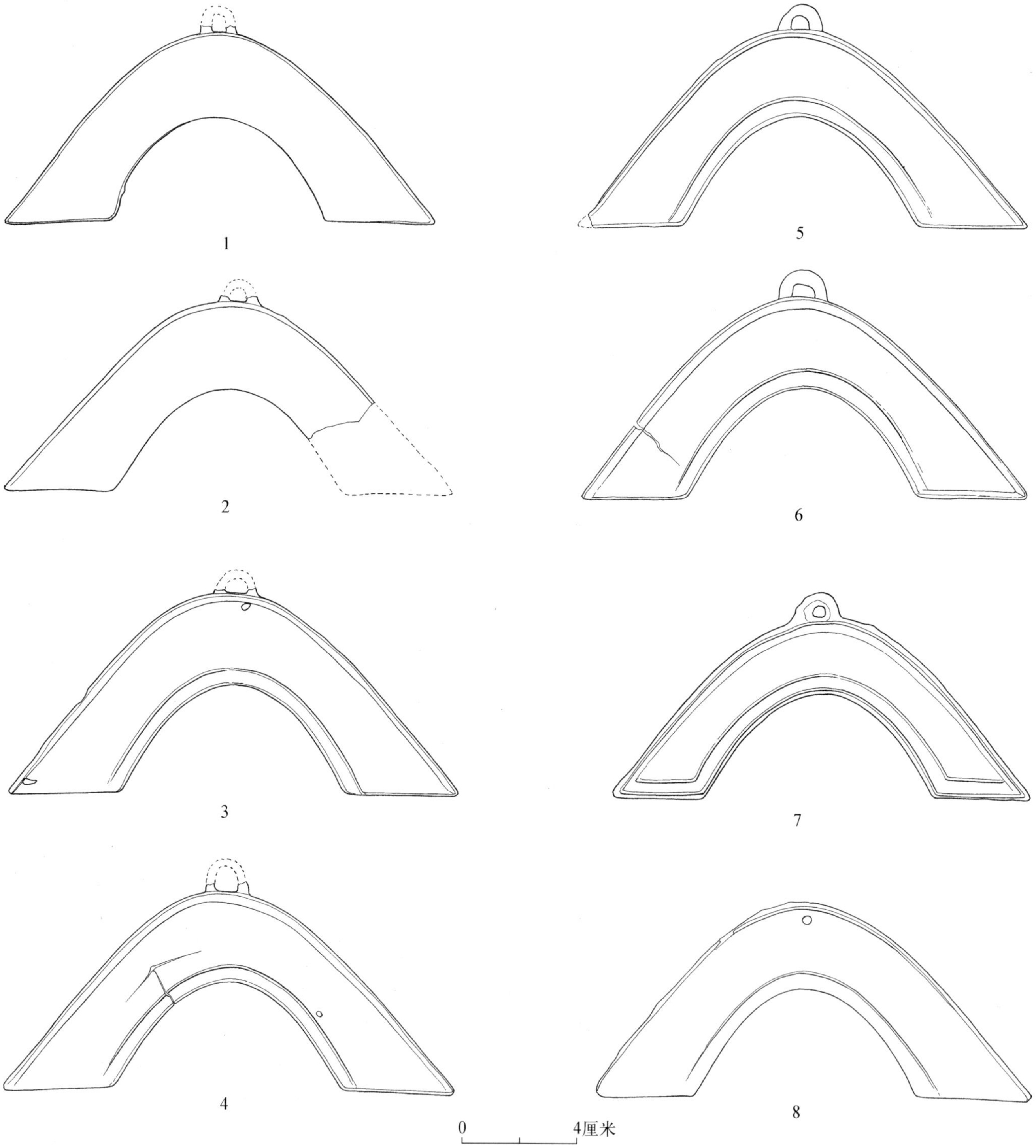

图六一　SDM26随葬铜璜形器

1. SDM26：6-4　2. SDM26：6-3　3. SDM26：6-1　4. SDM26：6-9　5. SDM26：6-6　6. SDM26：6-8　7. SDM26：6-7　8. SDM26：6-2

动物骨骼 1堆。标本SDM26：11，残碎，无法辨识。

铜璜形器 共9件。形制近同，大小相若。器体扁薄，呈半圆形，两端斜直，尖角，上端有半环形钮。正面边缘饰一周凸棱（彩版四二，7）。标本SDM26：6-5，钮残。依器形下弧缘饰一道弦纹。长15.2、宽3.1、残高6.7厘米（图五五，9）。标本SDM26：6-4，钮残。长14.9、宽2.8、残高6.6厘米（图六一，1）。标本SDM26：6-3，残。长15.5、宽2.9、残高6.5厘米（图六一，2）。标本SDM26：6-1，钮残。依器形上、下弧缘各饰一道弦纹。长15.5、宽3.0、残高7.0厘米（图六一，3）。标本SDM26：6-9，钮残。依器形上、下弧缘各饰一道弦纹。长15.6、宽3.0、残高7.1厘米（图六一，4）。标本SDM26：6-6，依器形下弧缘饰一道弦纹。长14.9、宽2.9、高7.6厘米（图六一，5）。标本SDM26：6-8，依器形上、下弧缘各饰一道弦纹。长15.3、宽3.1、高7.7厘米（图六一，6）。标本SDM26：6-7，依器形上、下弧缘各饰一道弦纹。长14.3、宽2.6、高6.9厘米（图六一，7）。标本SDM26：6-2，钮残。依器形下弧缘饰一道弦纹。长14.9、宽3.0、高6.7厘米（图六一，8）。

骨串饰 1组。标本SDM26：8，复原串接。串珠有长条形、短管形、扁长方形三种。扁长方形截面有一穿透孔，其上饰同心圆纹；长条形一端有一穿孔，短管形截面中间有一穿孔。现长8.3厘米（图六二）。

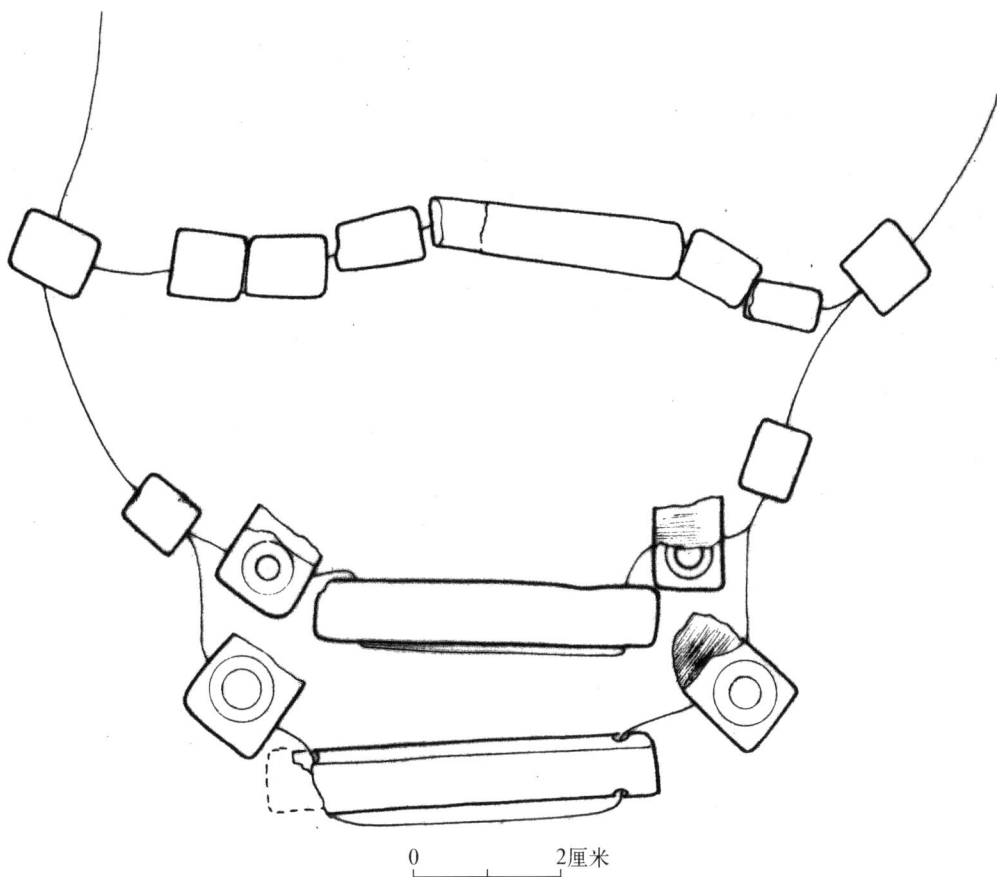

0   2厘米

图六二 SDM26随葬骨串饰

SDM26：8

22. 2010YFSDM27

（1）位置

东北距SDM19约7.5米。

（2）形制结构（图六三）

墓向：92°。

墓室：口底等大。口呈长方形，南长1.88、北长1.88、东宽0.90、西宽0.90米。直壁。平底。自深2.60米。

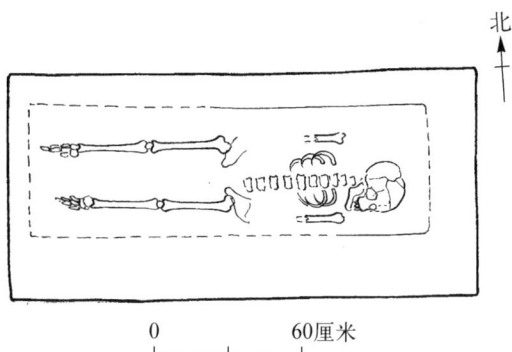

图六三　SDM27墓葬平面图

填土：土色黄褐色，土质较松散。

（3）葬具

单棺，似呈矩形，仅见部分板灰痕迹。棺长1.62、宽0.52米。

（4）墓主人

除上肢残外，其余均保存较好。葬式为仰身直肢葬。头向东，面向南。

（5）随葬品及其位置

无随葬品。

23. 2010YFSDM28

（1）位置

南距SDM29约0.5米，东距SDM121约4.0米。

（2）形制结构（图六四）

墓向：92°。

墓室：口大底小。口呈长方形，南长3.06、北长3.06、东宽1.60、西宽1.60米。斜壁。平底，南长2.88、北长2.86、东宽1.48、西宽1.50米。自深2.70米。

二层台：南北两侧。南侧台面宽0.28～0.34、北侧台面宽0.26～0.3米。高0.80米。

填土：黄褐色五花土，土质较硬，经过夯打，但无明显夯迹。

（3）葬具

单棺，呈倒梯形。棺长2.14、西宽0.60、东宽0.70米。

（4）墓主人

骨架保存较好。葬式为仰身直肢葬，上肢伸直置于躯干两侧，双手放于盆骨旁。头向东，面向南。

（5）随葬品及其位置

仅随葬1件直口折肩罐（:1），位于墓主头端棺外中部略偏北。

（6）随葬品介绍

直口折肩罐　1件。标本SDM28:1，夹细砂灰褐陶。大体，直口方唇，口外侧有一周凹槽；圆折肩，上腹略弧，下腹近底部微内凹，上下腹交接处圆弧，仅以一周旋纹分界，形成"符号亚腰"，平底。肩腹交接处饰一周旋纹。口径15.8、器身最大径28.2、底径14.2、通高23.2厘米（图五八，9）。

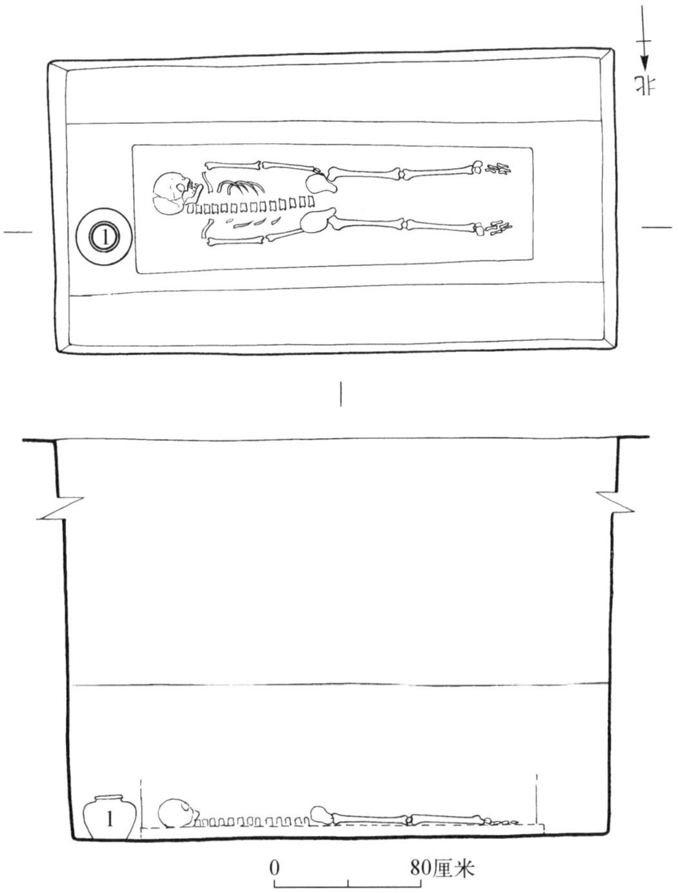

图六四　SDM28墓葬平、剖图

1. 陶直口折肩罐

24. 2010YFSDM29

（1）位置

北距SDM28约0.5米，东距SDM121约4.0米。

（2）形制结构（图六五）

墓向：90°。

墓室：口大底小。口呈梯形，南长2.70、北长2.70、东宽1.34、西宽1.50米。斜壁。平底，南长2.58、北长2.58、东宽1.24、西宽1.22米。自深1.70米。

二层台：南北两侧。南侧台面宽0.22～0.38、北侧台面宽0.22米。高0.70米。

填土：黄褐色五花土，土质较硬，经过夯打，但无明显夯层及夯窝。

（3）葬具

单棺，呈矩形。棺长1.80、宽0.62米。

（4）墓主人

盆骨及部分椎骨不存，下肢骨保存较好。葬式为仰身直肢葬。头向东，面向北。

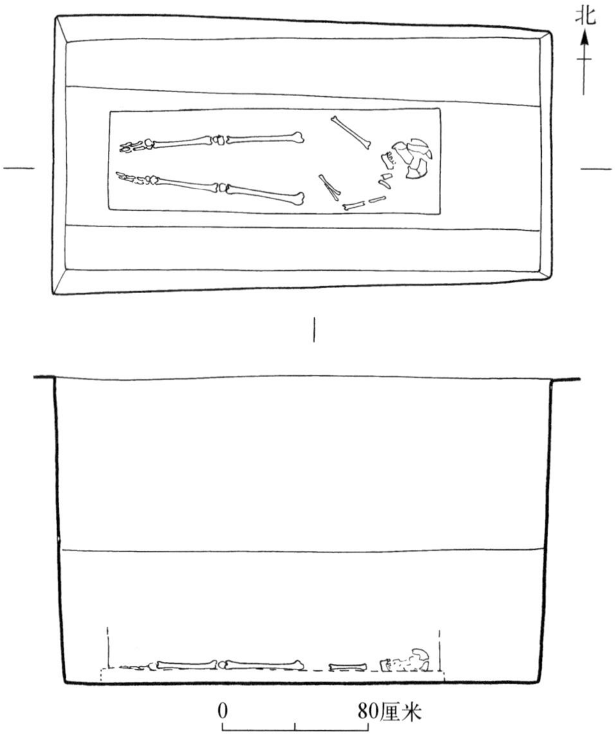

图六五　SDM29墓葬平、剖图

（5）随葬品及其位置

无随葬品。

25. 2010YFSDM31

（1）位置

北距SDM35约5.8米。

（2）形制结构（图六六）

墓向：4°。

墓室：口大底小。口呈长方形，东长2.80、西长2.80、南宽1.62、北宽1.50米。斜壁。平底，东长2.50、西长2.50、南宽1.36、北宽1.44米。自深2.90米。

填土：土色黄褐色，土质较硬，包含极少陶片。

（3）葬具

单棺，呈矩形。棺侧板与端板四角闭合相接。棺长2.00、宽0.80、厚0.04～0.06米。

（4）墓主人

仅存头骨及下肢骨。葬式为仰身直肢葬，头向北，面向西。

（5）随葬品及其位置

仅随葬1件直口折肩罐（：1），位于墓主脚端棺外中部略偏东。

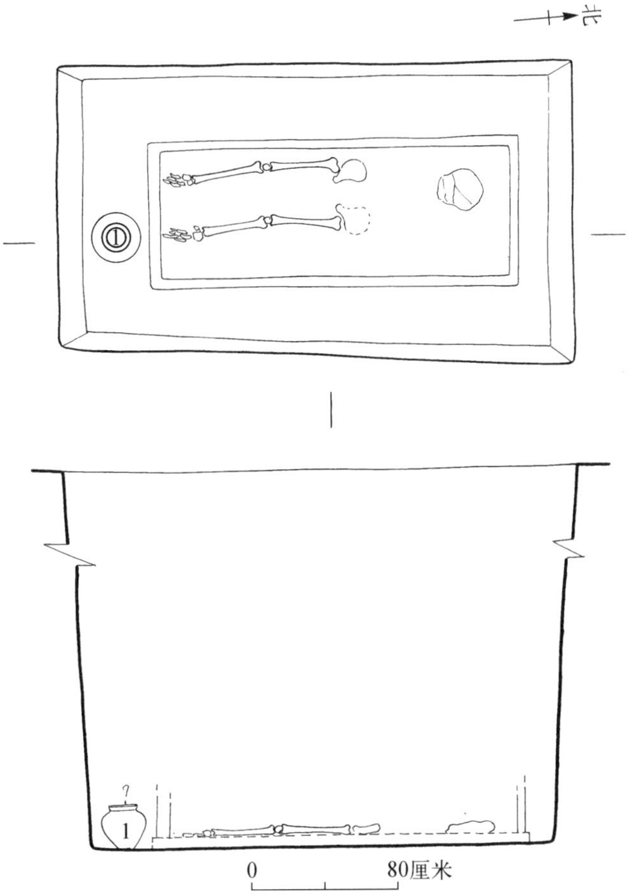

图六六 SDM31墓葬平、剖图

1. 陶直口折肩罐

（6）随葬品介绍

直口折肩罐 1件。标本SDM31：1，夹细砂灰陶。大体，直口方唇，口外侧有一周凹槽；圆折肩，上下腹交接处圆弧，但似有折痕，形成"象征亚腰"，平底。肩部隐约可见数周暗旋纹，肩腹交接处饰一周旋纹。下腹有轮制痕迹。口径16.6、器身最大径28.3、底径15.0、通高21.0厘米（图五八，3）。

26. 2010YFSDM32

（1）位置

东北距SDM38约11.0米，西北距SDM31约18.0米。

（2）形制结构

墓向：95°。

墓室：口大底小。口呈长方形，南长2.26、北长2.24、东宽1.08、西宽1.02米。斜壁。平底，南长2.18、北长2.14、东宽0.94、西宽0.92米。自深3.30米。

填土：土色黄褐色，土质较松散。

（3）葬具

葬具不明。

（4）墓主人

骨架腐朽严重，又遭盗扰，葬式不明。

（5）随葬品及其位置

无随葬品。

27. 2010YFSDM33

（1）位置

南距SDM38约0.5米，北距SDM34约3.6米。

（2）形制结构（图六七）

墓向：102°。

墓室：口大底小。口呈长方形，南长2.80、北长2.80、东宽1.28、西宽1.28米。斜壁。平底，南长2.40、北长2.38、东宽0.90、西宽0.90米。自深1.90米。

填土：黄褐色五花土，土质较松散。

（3）葬具

单棺，呈矩形。棺长1.98、宽0.60米。

（4）墓主人

骨架保存较好。葬式为仰身直肢葬，上肢伸直置于躯干两侧。头向东，面向北。

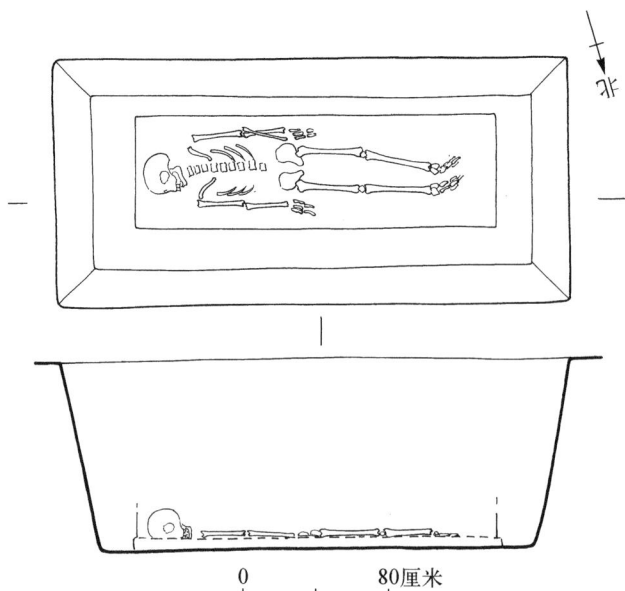

图六七　SDM33墓葬平、剖图

（5）随葬品及其位置

无随葬品。

28. 2010YFSDM34

（1）位置

西南距SDM33约3.6米，东距SDM36约3.5米。

（2）形制结构（图六八）

墓向：22°。

墓室：口底等大。口呈长方形，东长3.00、西长3.00、南宽1.42、北宽1.44米。直壁。平底。自深2.2米。

二层台：东西两侧。东侧台面宽0.34～0.44、西侧台面宽0.30～0.40米。高0.90米。

填土：土色浅黄色，土质松散。

（3）葬具

无葬具。

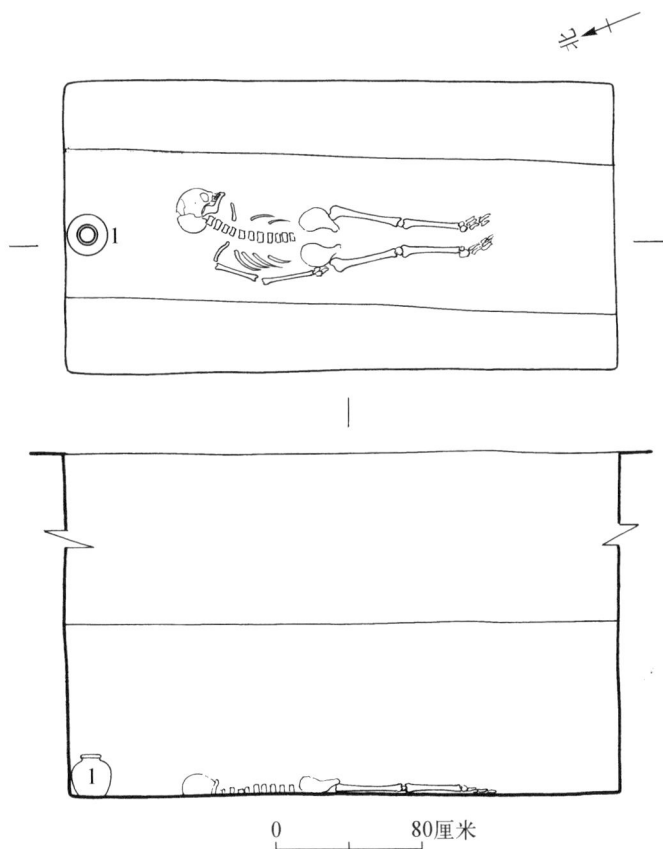

图六八 SDM34墓葬平、剖图

1. 陶小口旋纹罐

（4）墓主人

左上肢不存，其余保存较好。葬式为仰身直肢葬，双手位于盆骨两侧。头向北，面向东。

（5）随葬品及其位置

仅随葬1件小口旋纹罐（ :1），位于墓主头端正中，紧邻墓室北壁。

（6）随葬品介绍

小口旋纹罐　1件。标本SDM34:1，夹细砂灰陶。小口束颈，折沿下倾，尖圆唇；圆鼓肩，腹部整体圆弧，平底。腹下部隐约可见一周竖形绳纹。口径8.6、底径10.8、器身最大径24.9、通高23.5厘米（图七四，3）。

29. 2010YFSDM35

（1）位置

南距SDM31约5.8米。

（2）形制结构（图六九）

墓向：100°。

墓室：口略大于底。口呈长方形，南长3.66、北长3.66、东宽1.88、西宽1.92米。斜壁近直。平底，南长3.60、北长3.60、东宽1.78、西宽1.74米。自深1.48米。

二层台：四周。东侧台面宽0.36～0.40、西侧台面宽0.40、南侧台面宽0.20、北侧台面宽0.18米。高1.20米。

填土：黄褐色五花土，土质较松散。

（3）葬具

单棺，呈矩形。置于墓室偏西。棺长2.04、宽0.75米。

（4）墓主人

头骨、胸骨残缺，下肢及部分上肢完整。葬式为仰身直肢葬，上肢伸直置于躯干两侧，头向东。

（5）随葬品及其位置

共8件，包括陶器6件、铜镜1面、漆器1件。棺内墓主头部北侧置铜镜（ :7）、漆器（ :8），8号位于7号之下。陶器均置于墓主头端棺外，盆形甑（ :3）、鬲口釜（ :2）、盆（ :1）紧邻墓室南壁，2号置于3号内，1号倒扣。直口折肩罐（ :4、:5）并置于墓主头端正中，小口旋纹罐（ :6）位于5号北侧。

（6）随葬品介绍

小口旋纹罐　1件。标本SDM35:6，夹细砂灰陶。小口束颈，折沿微下倾，尖圆唇，隆肩，腹部整体圆弧，平底。肩及腹上部饰数周旋纹和旋断绳纹。口径8.0、器身最大径22.1、底径10.5、通高23.8厘米（图七〇，4；彩版三二，2）。

直口折肩罐　共2件，皆夹细砂灰陶。大体，直口方唇，口外侧有一周凹槽；折肩，腹微折，上腹微弧近直，下腹斜直，近底部微内凹，肩腹部呈"微亚腰"状，平底。肩部饰数周暗旋纹。标本SDM35:4，肩腹及上下腹交接处各饰一周旋纹。口径14.9、器身最大径28.9、底径13.2、通高20.7厘米（图七〇，5）。标本SDM35:5，肩腹交接处饰一周旋纹，下腹有轮制痕迹。口径15.6、器身最

图六九 SDM35墓葬平、剖图

1. 陶盆 2. 陶鬲口釜 3. 陶盆形甑 4、5. 陶直口折肩罐 6. 陶小口旋纹罐 7. 铜镜 8. 漆器

大径28.2、底径12.3、通高21.5厘米（图七〇,6；彩版一六,2）。

盆 1件。标本SDM35:1,夹细砂灰陶。敞口,折沿微下倾,尖圆唇；弧腹微折,上腹近直,下腹斜直内收,上腹占腹部比例小于三分之一,平底。上腹饰一周楔形绳纹。口径33.0、底径13.8、通高19.3厘米（图七〇,1；彩版二二,3）。

盆形甑 1件。标本SDM35:3,夹细砂灰陶。敞口,折沿微下倾,尖圆唇；折腹,上腹近直,下腹斜直内收,上腹占腹部比例约五分之一,平底；底部戳制10个圆形甑孔,布局为中心三孔与边缘一周。上腹饰两周弦纹,上下腹交接处有一周折棱。口径33.0、底径12.7、通高19.0厘米（图七〇,3）。

鬲口釜 1件。标本SDM35:2,夹砂灰褐陶,底部夹粗砂。口微侈,斜方唇,圆肩,肩部近口处内收,腹上部微弧近直,下部弧收,圜底。肩及腹上部饰数周旋纹,腹下部及底部饰横向篮纹和

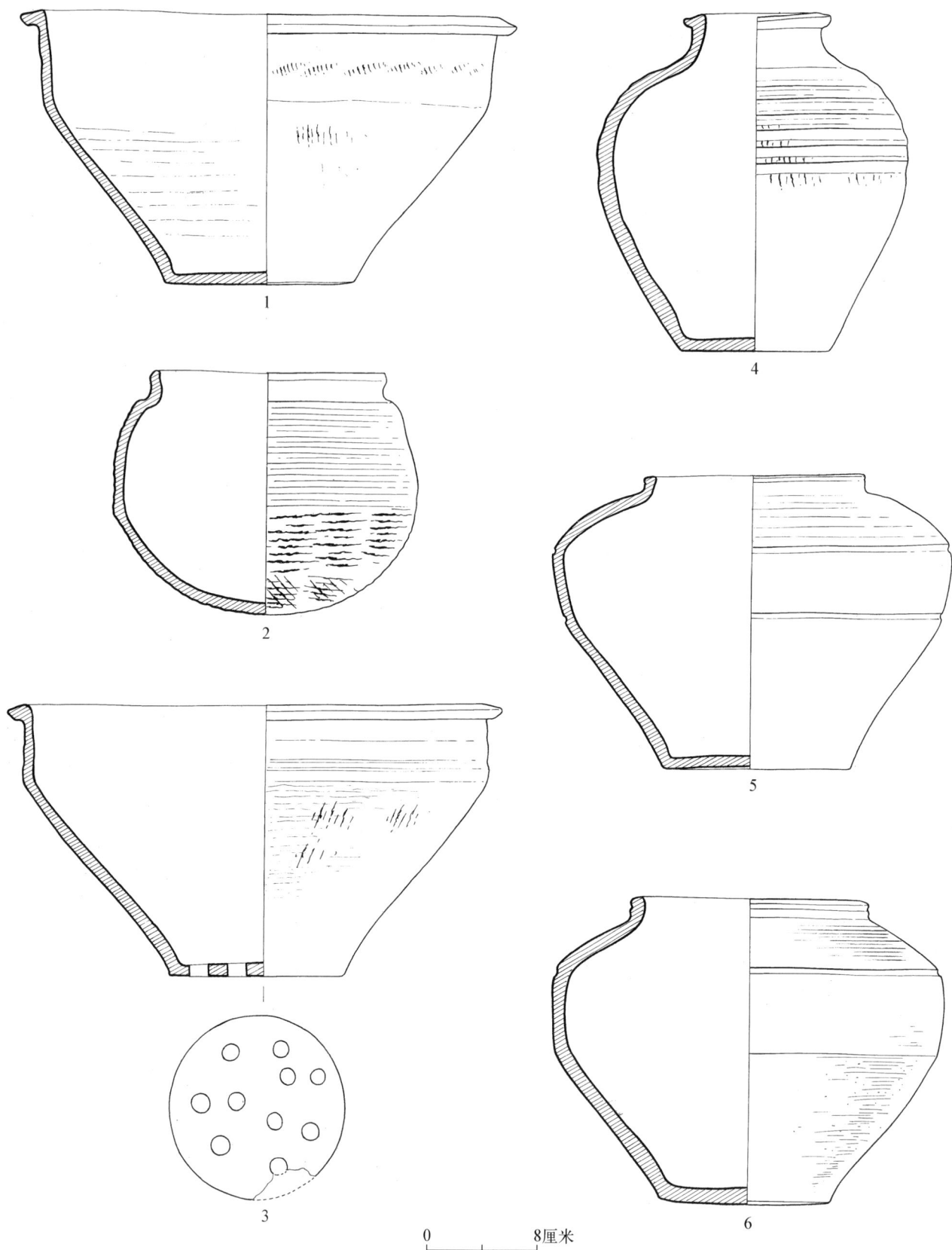

图七〇　SDM35随葬陶器

1.盆（SDM35：1）　2.鬲口釜（SDM35：2）　3.盆形甑（SDM35：3）　4.小口旋纹罐（SDM35：6）

5、6.直口折肩罐（SDM35：4、SDM35：5）

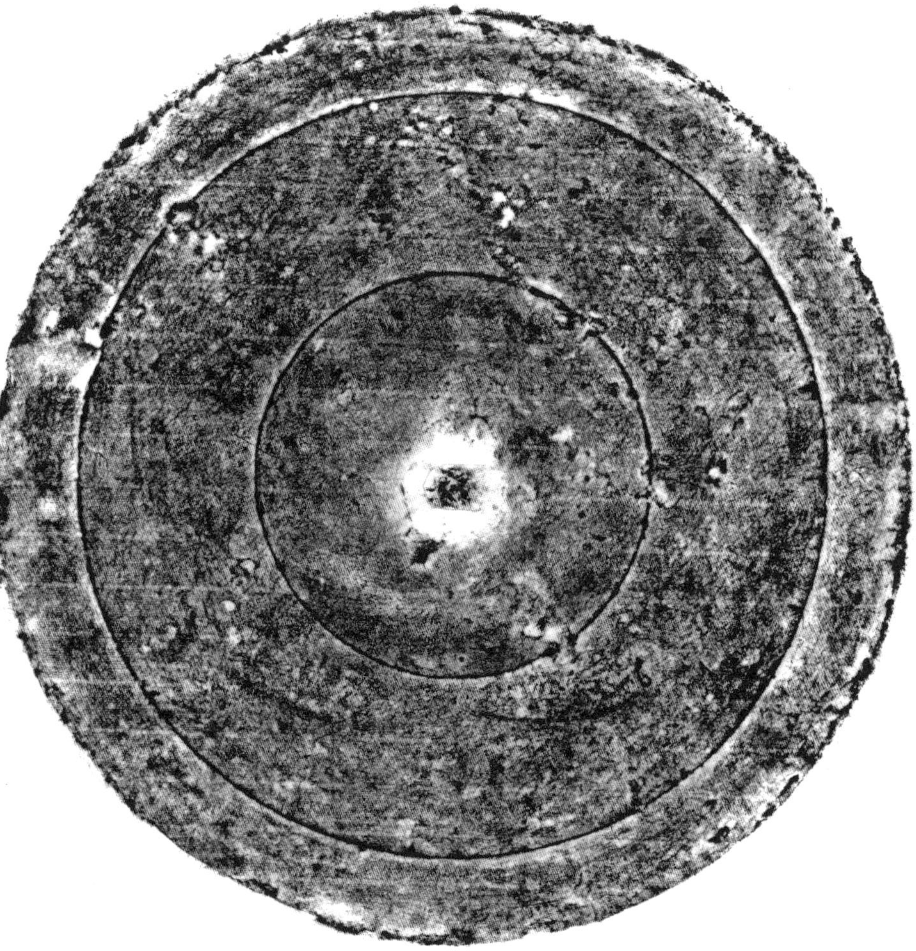

0 ————— 2厘米

图七一 SDM35随葬铜镜拓片

SDM35∶7

方格纹。口径16.5、器身最大径22.3、通高17.0厘米(图七〇,2;彩版二八,5)。

铜镜 1面。标本SDM35∶7,素地弦纹镜。圆形,镜体较大,镜面平直;桥形钮,无钮座,镜背饰两周弦纹,平镜缘。直径12.4厘米(图七一;彩版三七,1)。

漆器 1件。标本SDM35∶8,无法提取。

30. 2010YFSDM36

(1)位置

南距SDM37约4.0米,西距SDM34约3.5米。

(2)形制结构(图七二)

墓向:12°。

墓室:口大底小。口呈长方形,东长3.70、西长3.70、南宽2.00、北宽2.00米。斜壁。平底,东

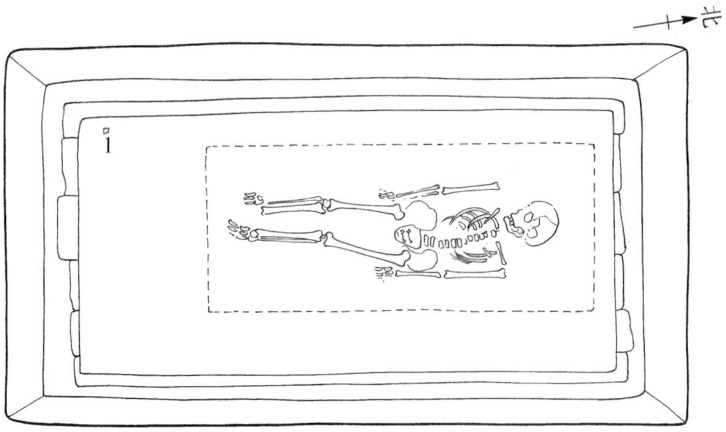

图七二　SDM36墓葬平面图

1. 骨管

长3.20、西长3.24、南宽1.68、北宽1.68米。自深4.20米。

填土：土色黄褐色，土质较硬，经过夯打，但无明显夯窝。

（3）葬具

一棺一椁，均呈矩形。棺仅见板灰痕迹，位于椁内偏西北。棺长2.10、宽0.88米。椁长2.88、宽1.44米。椁底板由6块木板纵向铺设而成，由西向东各块木板长、宽依次为3.04×0.18、3.00×0.3、3.06×0.34、3.04×0.30、3.00×0.22、2.98×0.16 m²。

（4）墓主人

人骨保存较好。葬式为仰身屈肢葬，下肢略向右弯曲。头向北，面向西。

（5）随葬品及其位置

仅随葬1件骨管（：1），位于棺椁间西南角。

（6）随葬品介绍

骨管　1件。标本SDM36：1，圆柱状，管壁厚度不均。残长6.00、宽2.80、孔外径2.60、内径1.65厘米（图五五，3）。

31. 2010YFSDM37

（1）位置

北距SDM36约4.0米，西北距SDM34约6.3米。

（2）形制结构（图七三）

墓向：279°。

墓室：口底等大。口呈长方形，南长2.80、北长2.80、东宽1.80、西宽1.80米。直壁。平底。自深2.40米。

二层台：西、南、北三侧。西侧台面宽3.20、南侧台面宽3.60、北侧台面宽3.40米。高0.72米。

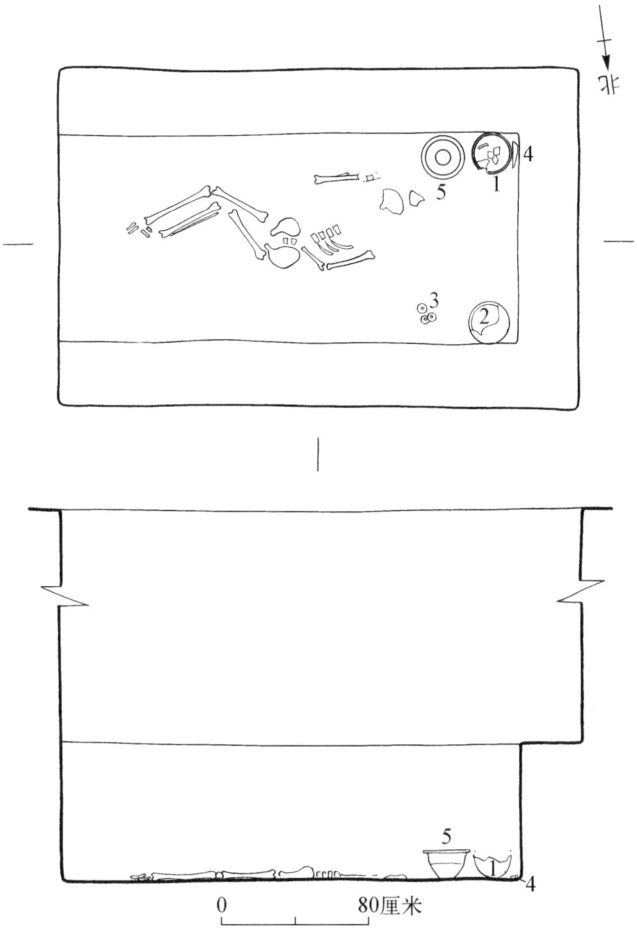

图七三　SDM37墓葬平、剖图

1. 铁釜　2. 陶小口旋纹罐　3. 铜钱　4. 陶盆　5. 陶盆改甑

填土：黄褐色五花土，局部呈黄色，土质较松软。

（3）葬具

无葬具。

（4）墓主人

下肢较完整。葬式为侧身屈肢葬，下肢向右弯曲，头向西。

（5）随葬品及其位置

共5件（组），包括陶器3件、铁器1件、铜钱1组3枚。小口旋纹罐（：2）位于墓室西北角，铜钱（：3）位于其东侧。盆（：4）、铁釜（：1）位于墓室西南角，盆改甑（：5）位于1号东侧。

（6）随葬品介绍

小口旋纹罐　1件。标本SDM37：2，夹细砂灰陶。小口束颈，平折沿，尖圆唇；圆鼓肩，腹部整体弧收，平底。肩部饰数周旋纹及旋断绳纹。口径9.2、器身最大径24.7、底径13.0、通高25.0厘米（图七四，4）。

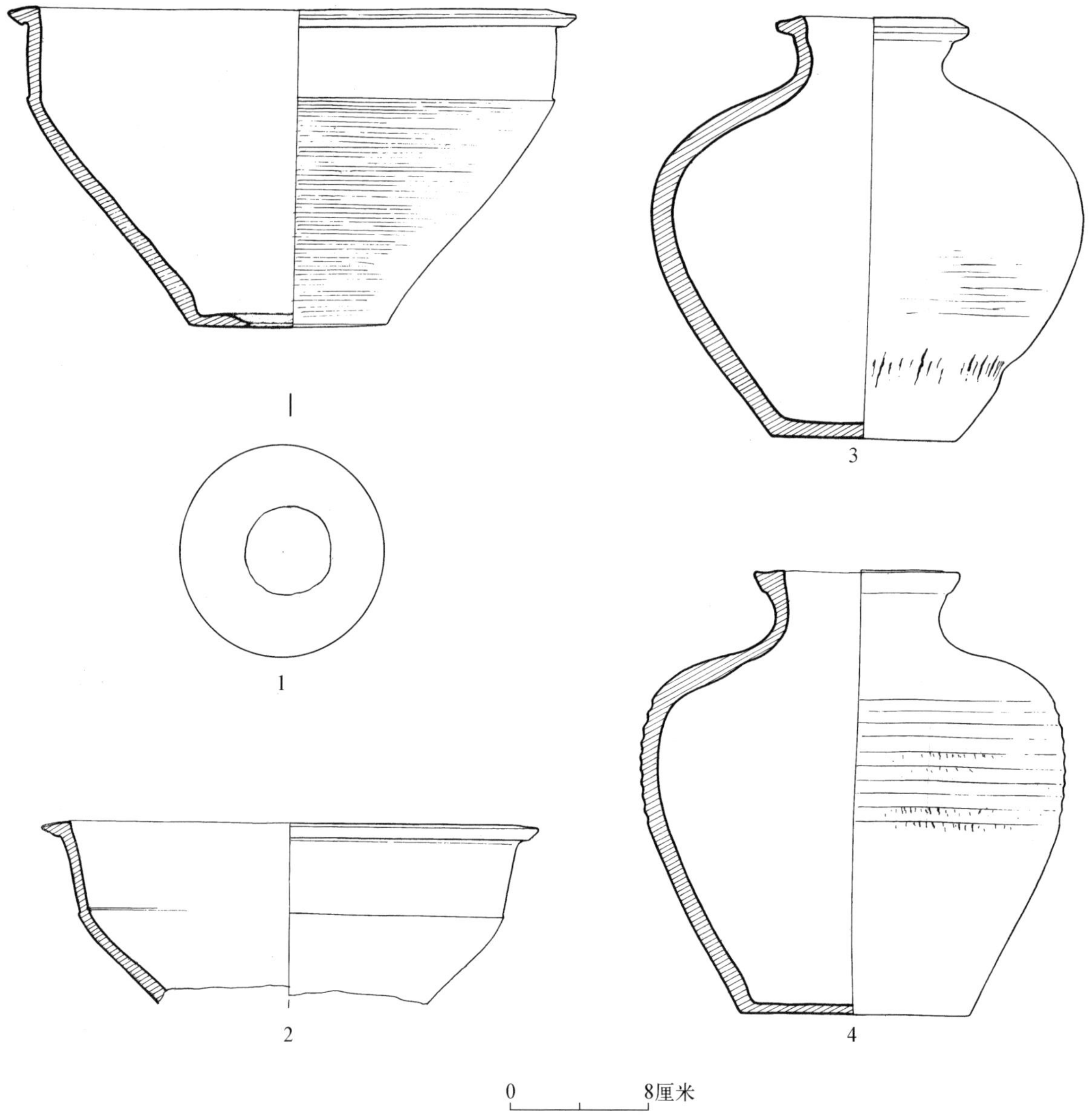

图七四　SDM34、SDM37 随葬陶器

1. 盆改甑(SDM37：5)　2. 盆(SDM37：4)　3、4. 小口旋纹罐(SDM34：1、DM37：2)

盆　1件。标本SDM37：4，底残。夹细砂灰陶。敞口，折沿下倾，尖圆唇；折腹，上腹近直，下腹斜直内收。上下腹交接处有一周折棱，器身有铁锈痕迹。口径26.4、残高9.4厘米(图七四，2)。

盆改甑　1件。标本SDM37：5，夹细砂灰陶。敞口，折沿下倾，尖圆唇；折腹，上腹占腹部比例约四分之一，上腹近直，下腹斜直内收，平底；底部凿制1个圆形甑孔。上下腹交接处有一周折棱，下腹有轮制痕迹，内壁及下腹有铁锈痕迹。口径29.9、底径11.5、通高18.0厘米(图七四，1)。

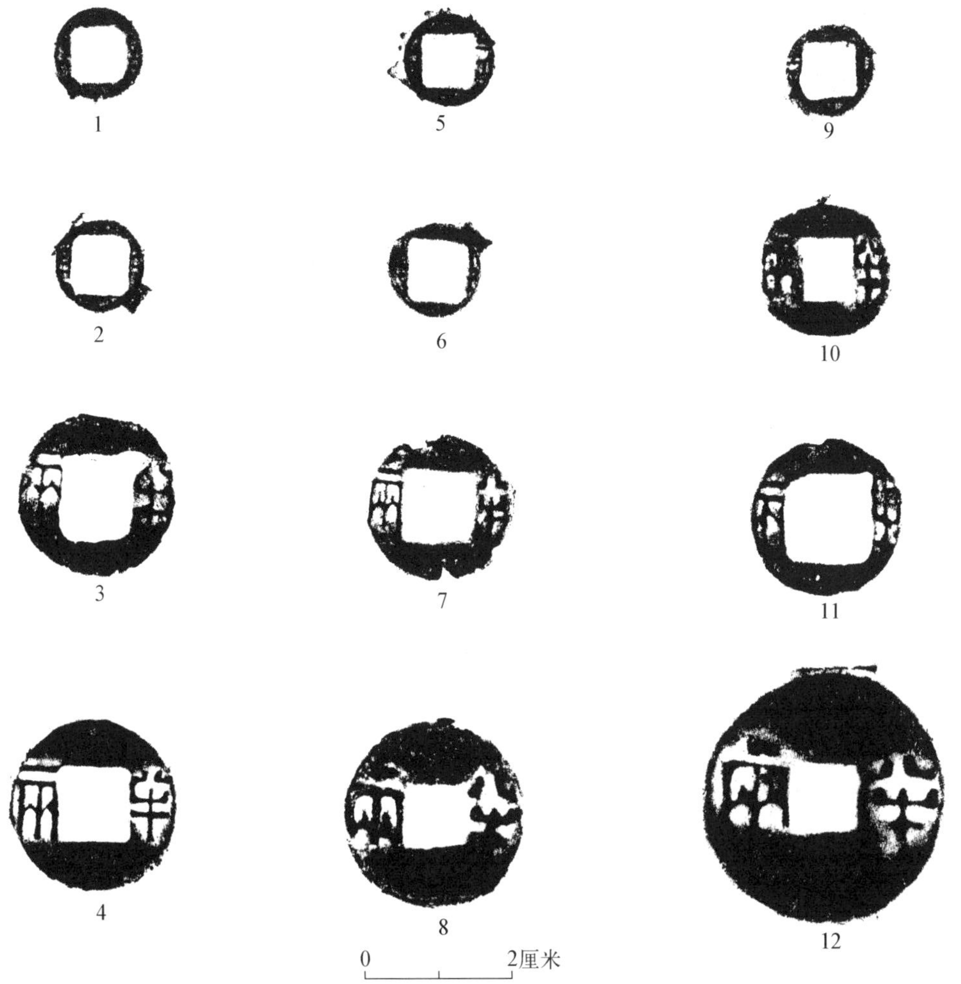

图七五　SDM37、SDM38、SDM69、SDM109随葬铜钱拓片

1.SDM38∶1-2　2.SDM38∶1-3　3.SDM109∶1-1　4.SDM69∶6-1　5.SDM38∶1-4　6.SDM38∶1-1　7.SDM109∶1-6
8.SDM109∶1-13　9.SDM38∶1-5　10.SDM109∶1-4　11.SDM109∶1-9　12.SDM37∶3-1

铁釜　1件。标本SDM37∶1，残。鼓腹，圜底。残高13.7厘米（图九一，17）。

铜钱[1]　3枚。标本SDM37∶3，均为"半两"。大小不同，文字各异。SDM37∶3-1，文字凸起，字略大于穿。"半"字上部转折略弧，下横线较短，竖线微出下横线；"两"字上横线较短，折肩，为"双人两"，有一铸口。钱径3.6、穿宽0.8厘米，重量15.1克（图七五，12）。SDM37∶3-2，文字略凸起，字等于穿。"半"字上部转折明显，下横线较短，竖线略出下横线；"两"字上横线较短，折肩，为"双人两"。钱径3.3、穿宽0.7厘米，重量11.6克。SDM37∶3-3，文字凸起，字大于穿。"半"字

---

[1]　铜钱数量少于10枚的，单枚文字描述，多于10枚的以表格进行统计。少量粘合在一起的铜钱，数量以1枚统计，重量仅统计总重量（粘合后的钱边缘不整齐，其他数据无法测量），文字描述则以最上面能见到的1枚为准。五铢钱的钱文文字均略凸起，字等于穿，故描述时省略。有钱（穿）郭的钱在文字或表格中注明，无郭则不予说明。铜钱除"货布"外，皆为圆形方穿，描述时省略。"双人两""连山两""十字两""倒T两""1字两"是对两字内部的表述，分别为"兩""兩""兩""兩""兩"。

上部转折明显,下横线略短,竖线略出下横线;"两"字上横线略短,折肩,为"双人两"。钱径3.3、穿宽0.7厘米,重量16.2克(图五〇六,6)。

32. 2010YFSDM38

(1)位置

北距SDM33约0.5米,东距SDM37约7.5米。

(2)形制结构(图七六)

墓向:99°。

墓室:口大底小。口呈长方形,南长3.86、北长3.86、东宽2.28、西宽2.28米。斜壁。平底,南长3.48、北长3.48、东宽1.08、西宽1.09米。自深4.10米。

填土:黄褐色五花土,夹杂紫色土颗粒,土质较硬,上部填土经过夯打,夯层厚0.30~0.40米。

(3)葬具

单棺,呈矩形。置于墓室偏西。棺长2.10、宽0.70、厚0.04米。棺底板由3块木板横向铺设而成,由北向南各木板的宽为0.30、0.30、0.35、厚0.02米。

(4)墓主人

除头骨、椎骨和部分肢骨外,其余不存或仅见痕迹。葬式为仰身直肢葬,头向东,面向北。

(5)随葬品及其位置

共9件(组),包括陶器6件、漆器1件、铜钱1组188枚、动物骨骼一堆。铜钱(:1)1组177枚位于棺内东南角。其余随葬品均置于棺外东部。缶(:6)紧邻墓室东壁,其西侧由东向西依次是直口折肩罐(:2、:3),其西南侧由东向西依次是鬲口釜(:4)、盆(:5)、盆形甑(:7)。5号、7号均倒置,5号叠在7号上。6号北侧置漆器(:8),其西北有少量动物骨骼(:9)。

(6)随葬品介绍

缶 1件。标本SDM38:6,夹细砂灰陶。小体,小口束颈,折沿下倾,尖圆唇;折肩,上腹微弧,下腹斜直微内凹,上下腹交接处圆弧,仅以一周旋纹分界,形成"符号亚腰",平底。肩腹交接处饰一周旋纹,上腹饰三周麦粒状绳纹。口径8.0、器身最大径32.5、底径15.6、通高26.6厘米(图七七,6)。

直口折肩罐 共2件。皆夹细砂灰陶。直口方唇,上腹微弧,下腹斜直微内凹,上下腹交接处圆弧,仅以一周旋纹分界,形成"符号亚腰",平底。肩腹部交接处饰一周旋纹,上腹饰三至四周麦粒状绳纹。标本SDM38:2,大体,口外侧有一周凹槽,圆折肩。口径15.2、器身最大径26.9、底径14.5、通高19.2厘米(图七七,4)。标本SDM38:3,小体,折肩。口径11.6、器身最大径21.3、底径9.6、通高15.5厘米(图七七,5;彩版一七,8)。

盆 1件。标本SDM38:5,夹细砂灰陶。敞口,折沿下倾,尖圆唇;弧腹微折,上腹近直,下腹斜直内收,上腹占腹部比例略大于三分之一,平底。内壁饰数周暗旋纹,上腹饰两周旋纹间以楔形绳纹。口径28.4、底径13.4、通高14.3厘米(图七七,2)。

盆形甑 1件。标本SDM38:7,夹细砂灰陶。敞口,折沿下倾,尖圆唇;弧腹微折,上腹近直,下腹斜直微内凹,上腹占腹部比例略大于三分之一,平底微内凹;底部戳制17个圆形甑孔,布局为中心

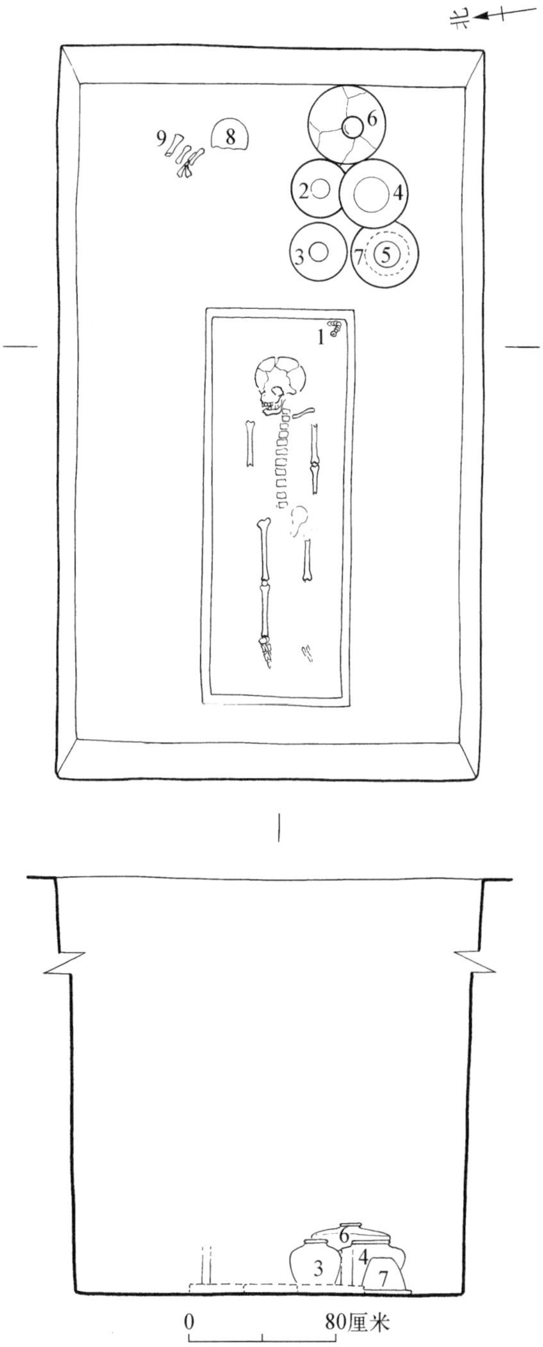

图七六　SDM38墓葬平、剖图

1.铜钱　2、3.陶直口折肩罐　4.陶髙口釜　5.陶盆　6.陶缶　7.陶盆形甑　8.漆器　9.动物骨骼

一孔与边缘两周。上腹饰三周旋纹。口径28.7、底径11.6、通高16.5厘米(图七七,1;彩版二三,1、2)。

髙口釜　1件。标本SDM38：4,夹砂灰陶,底部夹粗砂。口微侈,斜方唇,唇面微内凹;圆鼓肩,肩部近口处内收,腹上部微弧近直,下部弧收,圜底。肩部饰数周旋纹,腹上部饰一周竖形绳纹,腹下部及底部拍印方格纹。口径15.0、器身最大径23.6、通高21.0厘米(图七七,3)。

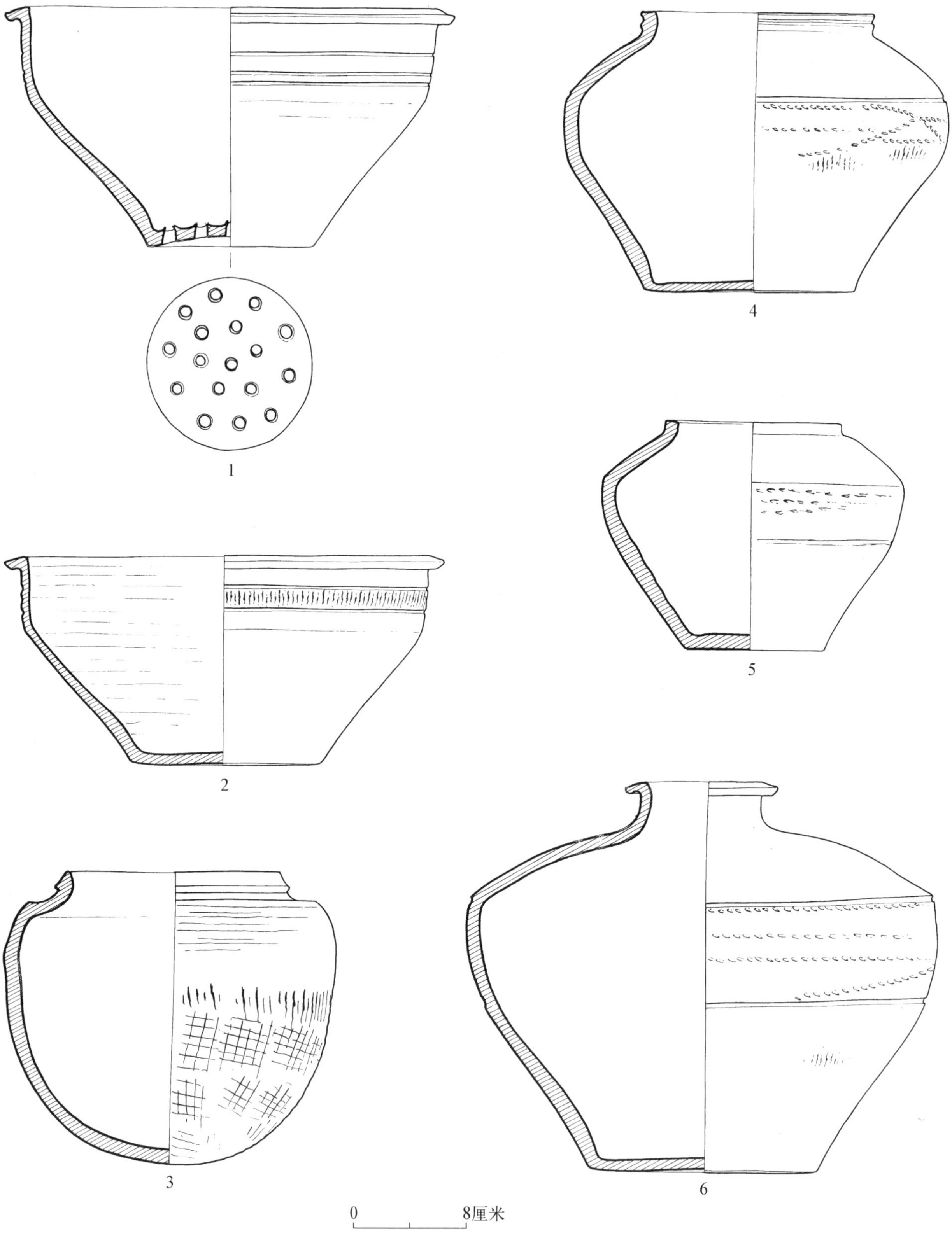

0 _____ 8厘米

图七七　SDM38 随葬陶器

1. 盆形甑（SDM38：7）　　2. 盆（SDM38：5）　　3. 鬲口釜（SDM38：4）　　4、5. 直口折肩罐（SDM38：2、SDM38：3）　　6. 缶（SDM38：6）

铜钱 共188枚。标本SDM38：1，均为"榆荚半两"。大小近同，无钱文，肉较轻薄，无郭，穿孔多方正，少量不规则。铸造略粗糙。钱径1.3～1.5、穿宽0.6～0.8厘米，重量0.1～0.6克（彩版三八，3）。具体形制详见表一五。

动物骨骼 1堆。标本SDM38：9-1，为羊的左肢骨近端骨干，代表个体数为1，近端未愈合，大部分已残，年龄小于2.5岁。标本SDM38：9-2，为雉鸡（Phasianus colchicus）左侧鸟喙骨1（末端）、肱骨1（完整）、尺骨1（近完整）和桡骨1（缺末端）。标本SDM38：9-3，为右侧鸟喙骨1（完整）、肩胛骨1（完整）、肱骨1（完整）和尺骨1（缺末端）。标本SDM38：9-4，为右侧肢骨1（骨干）。标本SDM38：9-5，为左侧胫跗骨1（末端）。标本SDM38：9-6，为右侧肋骨1（完整）。标本SDM38：9-2、3、4、5、6，应代表个体1，墓内原来可能随葬完整雉鸡1只。

漆器 1件。标本SDM38：8，无法提取。

表一五 SDM38铜钱统计表

编 号	种类	钱径	穿宽	重量	文 字	形 制	记号	附着物	图 号	备 注
SDM38：1-1		1.3	0.7	0.6	文字不清，不可辨识				图七五，6	有1铸口
SDM38：1-2		1.3	0.7	0.2	同上				图七五，1	
SDM38：1-3		1.3	0.7	0.4	同上				图七五，2	有1铸口
SDM38：1-4		1.4	0.7	0.4	同上				图七五，5	
SDM38：1-5		1.3	0.7	0.3	同上				图七五，9；彩版三八，3	
SDM38：1-6		1.3	0.7	0.2	同上					
SDM38：1-7		1.3	0.7	0.3	同上					
SDM38：1-8		1.4	0.7	0.2	同上					
SDM38：1-9	榆荚半两	1.3	0.7	0.2	同上	钱缘有毛茬，穿孔较大				
SDM38：1-10		1.3	0.7	0.2	同上					
SDM38：1-11		1.3	0.7	0.3	同上					
SDM38：1-12		1.3	0.7	0.2	同上					
SDM38：1-13		1.3	0.7	0.2	同上					
SDM38：1-14		1.3	0.6	0.2	同上					
SDM38：1-15		1.3	0.7	0.3	同上					
SDM38：1-16		1.3	0.7	0.3	同上					
SDM38：1-17		1.3	0.7	0.1	同上					
SDM38：1-18		1.3	0.7	0.3	同上					
SDM38：1-19		1.3	0.7	0.3	同上					
SDM38：1-20		1.3	0.6	0.4	同上					

续表

编　号	种类	钱径	穿宽	重量	文　字	形　制	记号	附着物	图号	备　注
SDM38∶1-21		1.3	0.7	0.4	同上					
SDM38∶1-22		1.3	0.7	0.2	同上					
SDM38∶1-23		1.3	0.7	0.4	同上					
SDM38∶1-24		1.3	0.6	0.4	同上					
SDM38∶1-25		1.3	0.7	0.4	同上					
SDM38∶1-26		1.4	0.7	0.4	同上					
SDM38∶1-27		1.3	0.7	0.3	同上					
SDM38∶1-28		1.3	0.7	0.2	同上					
SDM38∶1-29		1.4	0.6	0.4	同上					
SDM38∶1-30		1.3	0.7	0.3	同上					
SDM38∶1-31		1.3	0.7	0.4	同上					
SDM38∶1-32		1.3	0.7	0.3	同上					
SDM38∶1-33		1.3	0.7	0.2	同上					
SDM38∶1-34	榆荚半两	1.4	0.8	0.2	同上	钱缘有毛茬，穿孔较大				
SDM38∶1-35		1.4	0.7	0.3	同上					
SDM38∶1-36		1.4	0.6	0.2	同上					
SDM38∶1-37		1.3	0.6	0.4	同上					
SDM38∶1-38		1.4	0.7	0.2	同上					
SDM38∶1-39		1.3	0.7	0.2	同上					
SDM38∶1-40		1.3	0.7	0.3	同上					
SDM38∶1-41		1.4	0.6	0.4	同上					
SDM38∶1-42		1.4	0.7	0.4	同上					
SDM38∶1-43		1.3	0.7	0.3	同上					
SDM38∶1-44		1.3	0.7	0.2	同上					
SDM38∶1-45		1.3	0.6	0.5	同上					
SDM38∶1-46		1.3	0.7	0.4	同上					
SDM38∶1-47		1.3	0.7	0.3	同上					
SDM38∶1-48		1.4	0.7	0.6	同上					

编 号	种类	钱径	穿宽	重量	文 字	形 制	记号	附着物	图号	备 注
SDM38：1-49		1.3	0.7	0.3	同上					
SDM38：1-50		1.2	0.7	0.3	同上					
SDM38：1-51		1.2	0.7	0.3	同上					
SDM38：1-52		1.4	0.7	0.4	同上					
SDM38：1-53		1.4	0.6	0.1	同上					
SDM38：1-54		1.3	0.7	0.2	同上					
SDM38：1-55		1.3	0.7	0.4	同上					
SDM38：1-56		1.3	0.7	0.1	同上					
SDM38：1-57		1.3	0.6	0.4	同上					
SDM38：1-58		1.4	0.6	0.4	同上					
SDM38：1-59		1.3	0.7	0.2	同上					
SDM38：1-60		1.3	0.7	0.4	同上					
SDM38：1-61		1.3	0.7	0.3	同上					
SDM38：1-62	榆荚半两	1.3	0.7	0.4	同上	钱缘有毛茬，穿孔较大				
SDM38：1-63		1.4	0.6	0.4	同上					
SDM38：1-64		1.3	0.6	0.2	同上					
SDM38：1-65		1.4	0.7	0.3	同上					
SDM38：1-66		1.3	0.7	0.3	同上					
SDM38：1-67		1.3	0.7	0.4	同上					
SDM38：1-68		1.3	0.7	0.2	同上					
SDM38：1-69		1.4	0.6	0.5	同上					
SDM38：1-70		1.3	0.7	0.3	同上					
SDM38：1-71		1.4	0.7	0.4	同上					
SDM38：1-72		1.3	0.8	0.1	同上					
SDM38：1-73		1.4	0.7	0.4	同上					
SDM38：1-74		1.3	0.6	0.4	同上					
SDM38：1-75		1.3	0.7	0.1	同上					
SDM38：1-76		1.3	0.7	0.3	同上					

编　号	种类	钱径	穿宽	重量	文　字	形　制	记号	附着物	图号	备　注
SDM38：1-77		1.3	0.7	0.3	同上					
SDM38：1-78		1.3	0.7	0.2	同上					
SDM38：1-79		1.4	0.7	0.4	同上					
SDM38：1-80		1.4	0.7	0.3	同上					
SDM38：1-81		1.4	0.7	0.3	同上					
SDM38：1-82		1.3	0.7	0.1	同上					
SDM38：1-83		1.3	0.7	0.1	同上					
SDM38：1-84		1.4	0.6	0.3	同上					
SDM38：1-85		1.4	0.7	0.3	同上					
SDM38：1-86		1.3	0.7	0.1	同上					
SDM38：1-87		1.3	0.6	0.2	同上					
SDM38：1-88		1.3	0.6	0.3	同上					
SDM38：1-89		1.3	0.6	0.4	同上					
SDM38：1-90	榆荚半两	1.3	0.7	0.2	同上	钱缘有毛茬，穿孔较大				
SDM38：1-91		1.3	0.6	0.4	同上					
SDM38：1-92		1.3	0.7	0.3	同上					
SDM38：1-93		1.4	0.7	0.4	同上					
SDM38：1-94		1.4	0.6	0.4	同上					
SDM38：1-95		1.4	0.7	0.1	同上					
SDM38：1-96		1.3	0.7	0.3	同上					
SDM38：1-97		1.5	0.8	0.4	同上					
SDM38：1-98		1.3	0.7	0.1	同上					
SDM38：1-99		1.3	0.7	0.3	同上					
SDM38：1-100		1.3	0.7	0.3	同上					
SDM38：1-101		1.3	0.7	0.2	同上					
SDM38：1-102		1.3	0.7	0.2	同上					
SDM38：1-103		1.3	0.6	0.2	同上					
SDM38：1-104		1.3	0.7	0.4	同上					

编　号	种类	钱径	穿宽	重量	文　字	形　制	记号	附着物	图号	备　注
SDM38：1-105		1.3	0.7	0.3	同上					
SDM38：1-106		1.3	0.7	0.2	同上					
SDM38：1-107		1.3	0.7	0.3	同上					
SDM38：1-108		1.3	0.7	0.4	同上					
SDM38：1-109		1.3	0.7	0.1	同上					
SDM38：1-110		1.3	0.7	0.2	同上					
SDM38：1-111		1.3	0.8	0.4	同上					
SDM38：1-112		1.3	0.7	0.1	同上					
SDM38：1-113		1.3	0.7	0.3	同上					
SDM38：1-114		1.3	0.7	0.4	同上					
SDM38：1-115		1.3	0.7	0.3	同上					
SDM38：1-116		1.3	0.7	0.4	同上					
SDM38：1-117		1.3	0.7	0.3	同上					
SDM38：1-118	榆荚半两	1.3	0.7	0.2	同上	钱缘有毛茬，穿孔较大				
SDM38：1-119		1.4	0.7	0.3	同上					
SDM38：1-120		1.3	0.7	0.4	同上					
SDM38：1-121		1.3	0.7	0.1	同上					
SDM38：1-122		1.3	0.7	0.2	同上					
SDM38：1-123		1.3	0.7	0.3	同上					
SDM38：1-124		1.4	0.6	0.4	同上					
SDM38：1-125		1.3	0.7	0.4	同上					
SDM38：1-126		1.3	0.6	0.3	同上					
SDM38：1-127		1.4	0.6	0.2	同上					
SDM38：1-128		1.3	0.7	0.1	同上					
SDM38：1-129		1.3	0.7	0.4	同上					
SDM38：1-130		1.3	0.7	0.2	同上					
SDM38：1-131		1.3	0.6	0.4	同上					
SDM38：1-132		1.4	0.6	0.4	同上					

续表

编　号	种类	钱径	穿宽	重量	文　字	形　制	记号	附着物	图号	备　注
SDM38∶1-133		1.3	0.6	0.3	同上					
SDM38∶1-134		1.3	0.6	0.4	同上					
SDM38∶1-135		1.3	0.7	0.2	同上					
SDM38∶1-136		1.3	0.7	0.3	同上					
SDM38∶1-137		1.3	0.7	0.3	同上					
SDM38∶1-138		1.3	0.7	0.2	同上					
SDM38∶1-139		1.3	0.7	0.4	同上					
SDM38∶1-140		1.3	0.7	0.1	同上					
SDM38∶1-141		1.3	0.7	0.3	同上					
SDM38∶1-142		1.3	0.7	0.1	同上					
SDM38∶1-143		1.3	0.6	0.3	同上					
SDM38∶1-144		1.3	0.7	0.4	同上					
SDM38∶1-145		1.3	0.7	0.3	同上					
SDM38∶1-146	榆荚半两	1.3	0.6	0.4	同上	钱缘有毛茬，穿孔较大				
SDM38∶1-147		1.3	0.7	0.1	同上					
SDM38∶1-148		1.3	0.7	0.2	同上					
SDM38∶1-149		1.3	0.8	0.1	同上					
SDM38∶1-150		1.3	0.7	0.2	同上					
SDM38∶1-151		1.2	0.7	0.1	同上					
SDM38∶1-152		1.3	0.6	0.2	同上					
SDM38∶1-153		1.3	0.7	0.1	同上					
SDM38∶1-154		1.3	0.7	0.3	同上					
SDM38∶1-155		1.4	0.7	0.4	同上					
SDM38∶1-156		1.3	0.7	0.2	同上					
SDM38∶1-157		1.3	0.7	0.4	同上					
SDM38∶1-158		1.3	0.7	0.4	同上					
SDM38∶1-159		1.3	0.7	0.4	同上					
SDM38∶1-160		1.4	0.7	0.4	同上					

编　号	种类	钱径	穿宽	重量	文　字	形　制	记号	附着物	图号	备　注
SDM38：1-161		1.3	0.7	0.3	同上					
SDM38：1-162		1.4	0.7	0.3	同上					
SDM38：1-163		1.3	0.7	0.4	同上					
SDM38：1-164		1.4	0.6	0.4	同上					
SDM38：1-165		1.3	0.8	0.3	同上					
SDM38：1-166		1.3	0.7	0.2	同上					
SDM38：1-167		1.3	0.7	0.2	同上					
SDM38：1-168		1.3	0.7	0.3	同上					
SDM38：1-169		1.3	0.6	0.3	同上					
SDM38：1-170		1.3	0.7	0.4	同上					
SDM38：1-171		1.3	0.7	0.3	同上					
SDM38：1-172		1.4	0.7	0.3	同上					
SDM38：1-173		1.3	0.6	0.4	同上					
SDM38：1-174	榆荚半两	1.3	0.7	0.3	同上	钱缘有毛茬，穿孔较大				
SDM38：1-175		1.4	0.6	0.4	同上					
SDM38：1-176		1.3	0.7	0.2	同上					
SDM38：1-177		1.3	0.6	0.3	同上					
SDM38：1-178		1.3	0.7	0.3	同上					
SDM38：1-179		1.3	0.7	0.3	同上					
SDM38：1-180		1.3	0.7	0.3	同上					
SDM38：1-181		1.3	0.7	0.3	同上					
SDM38：1-182		1.3	0.7	0.3	同上					
SDM38：1-183		1.3	0.7	0.3	同上					
SDM38：1-184		1.3	0.6	0.3	同上					
SDM38：1-185		1.3	0.7	0.4	同上					
SDM38：1-186		1.4	0.7	0.2	同上					
SDM38：1-187		1.2	0.7	0.1	同上					
SDM38：1-188		1.3	0.7	0.3	同上					

33. 2010YFSDM39

（1）位置

西距SDM1约16.0米。

（2）形制结构（图七八）

墓向：115°。

墓室：口大底小。口呈长方形，南长3.38、北长3.38、东宽1.70、西宽1.70米。斜壁。平底，南长3.20、北长3.20、东宽1.40、西宽1.40米。自深3.76米。

壁龛：呈圆拱形，1个。位于北壁中部偏西、近脚端，人骨右侧。拱形顶，直壁，平底，底部平面近方形。口宽0.42、进深0.40、高0.30米。

填土：土色黄褐色，土质坚硬。

（3）葬具

一棺一椁，均呈矩形。棺置于椁室中间，棺端板与侧板四角闭合相接。棺长2.37、宽0.87、端板厚0.08、侧板厚0.07米。椁侧板两端嵌于端板内，形成榫卯套接，端板两端长出侧板外侧。椁

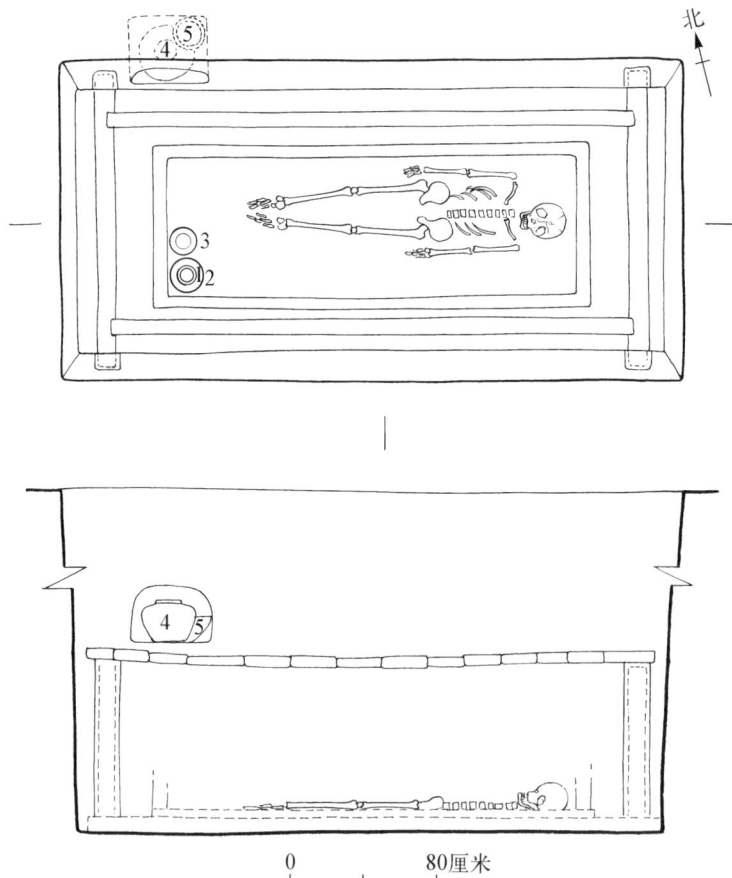

图七八　SDM39墓葬平、剖图

1.陶鍪　2.陶盂形甑　3.陶罐口釜　4.陶缶　5.陶盆改甑

长3.00、宽1.18、端板长1.57、端板厚0.10、侧板长2.87、侧板厚0.08、高0.96米。椁端板嵌入墓壁，形成沟槽，沟槽宽0.14、深0.10、高1.56米。椁盖板由14块木板纵向铺设而成，由西向东各木板的宽为0.16、0.18、0.21、0.32、0.27、0.25、0.24、0.25、0.20、0.20、0.19、0.17、0.19、0.29米。

（4）墓主人

骨架保存较好。葬式为仰身直肢葬，上肢伸直置于躯干两侧。头向东，面向上。

（5）随葬品及其位置

共5件，均为陶器。棺内西南角，由南至北依次为鍪（:1）、盂形甑（:2）、罐口釜（:3），1号置于2号内。墓室北壁中部，近墓主脚端的壁龛内有一堆陶器残片，经拼对，可辨认为缶（:4）、盆改甑（:5）。

（6）随葬品介绍

缶　1件。标本SDM39:4，夹细砂灰陶。小体，小口束颈，折沿下倾，尖圆唇；折肩，腹微折，肩腹部呈"微亚腰"状，上腹微弧近直，下腹斜直内收，平底。肩部饰数周暗旋纹，肩腹及上下腹交接处各饰一周旋纹，上腹饰一至二周麦粒状绳纹，口部有划痕。下腹有轮制痕迹。口径8.6、器身最大径33.7、底径14.8、通高28.6厘米（图七九，6）。

盆改甑　1件。标本SDM39:5，夹细砂灰陶。敞口，折沿下倾，尖圆唇；弧腹，腹上部微弧近直，下腹斜直内收，腹上部占腹部比例小于三分之一，平底；器底凿制1个大圆形甑孔。上腹饰两周旋纹间以一周楔形绳纹。下腹有轮制痕迹。口径31.8、底径14.9、通高17.3厘米（图七九，2）。

盂形甑　1件。标本SDM39:2，夹细砂灰陶。敞口，折沿微下倾，尖唇；弧腹微折，腹上部近直，下部弧收，腹上部占腹部比例约三分之一，平底；器底戳制8个圆形甑孔，布局为中心一孔与边缘一周。上腹饰两周旋纹间以一周楔形绳纹。口径21.2、底径8.3、通高10.9厘米（图七九，5）。

罐口釜　1件。标本SDM39:3，夹砂红褐陶，底部夹粗砂。小体，侈口卷沿，矮直颈，圆鼓肩，鼓腹，圜底。腹部饰横向篮纹，底部饰纵向篮纹。腹底有烟炱。口径8.5、器身最大径13.1、通高10.4厘米（图七九，4）。

鍪　1件。标本SDM39:1，夹砂红褐陶，底部夹粗砂。侈口卷沿，方唇，束颈，圆折肩，上腹微鼓，下腹弧收，圜底。腹上部饰数周旋纹，下部饰横向篮纹，底部饰纵向篮纹。底部有烟炱。口径12.2、器身最大径15.6、通高12.2厘米（图七九，3）。

34. 2010YFSDM41

（1）位置

东北距SDM39约11.6米。

（2）形制结构（图八〇）

墓向：12°。

墓室：口大底小。口呈长方形，东长3.46、西长3.46、南宽1.80、北宽1.80米。斜壁。平底，东长2.90、西长2.90、南宽1.50、北宽1.54米。自深2.54米。

二层台：四周。东侧台面宽0.34、西侧台面宽0.26～0.32、南侧台面宽0.40、北侧台面宽0.28～0.30米。高0.24米。

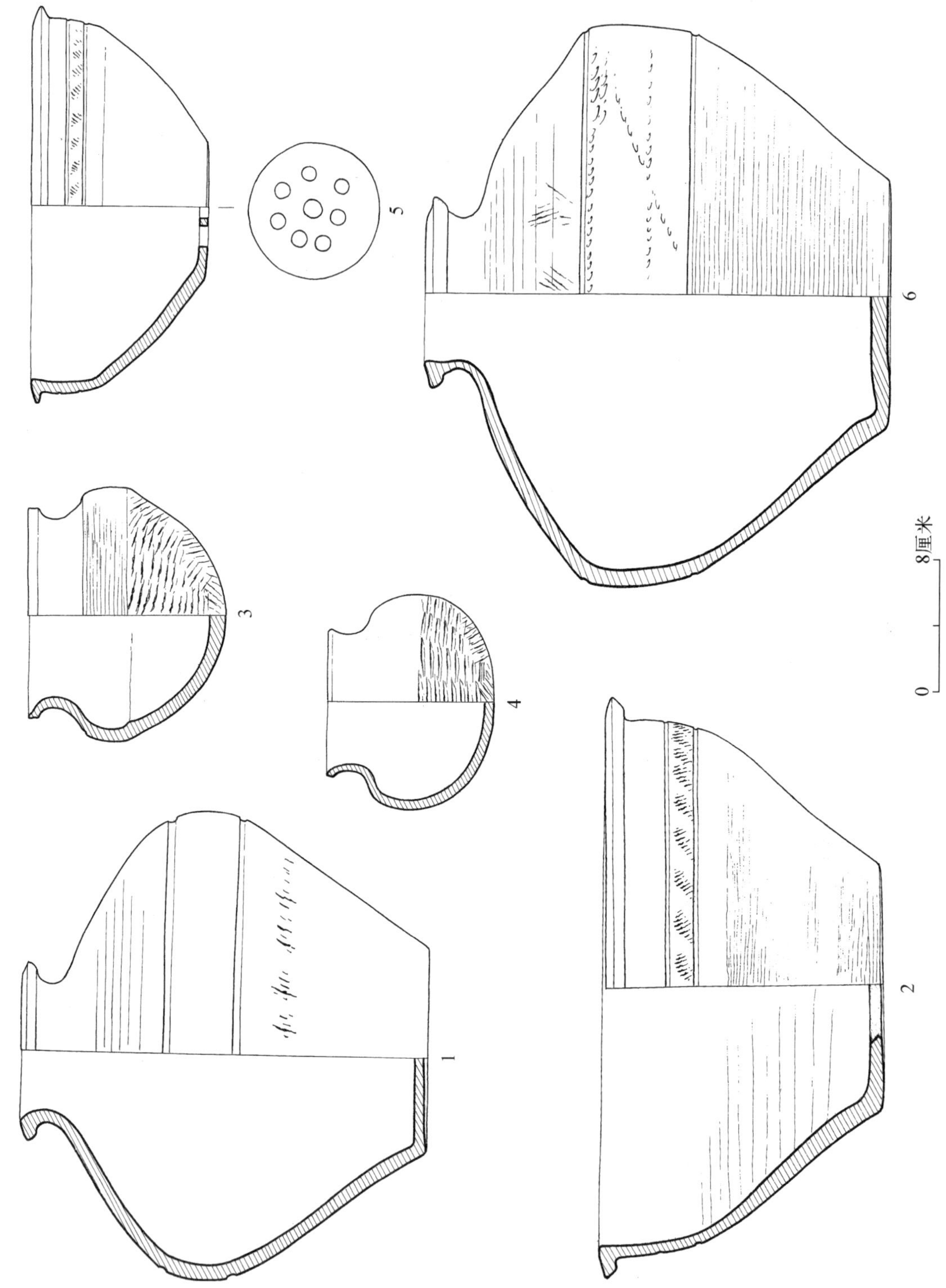

图七九　SDM39、SDM41 随葬陶器

1、6. 缶（SDM41：1，SDM39：4）　2. 盆改甑（SDM39：5）　3. 鍪（SDM39：1）　4. 罐口釜（SDM39：3）　5. 盂形甑（SDM39：2）

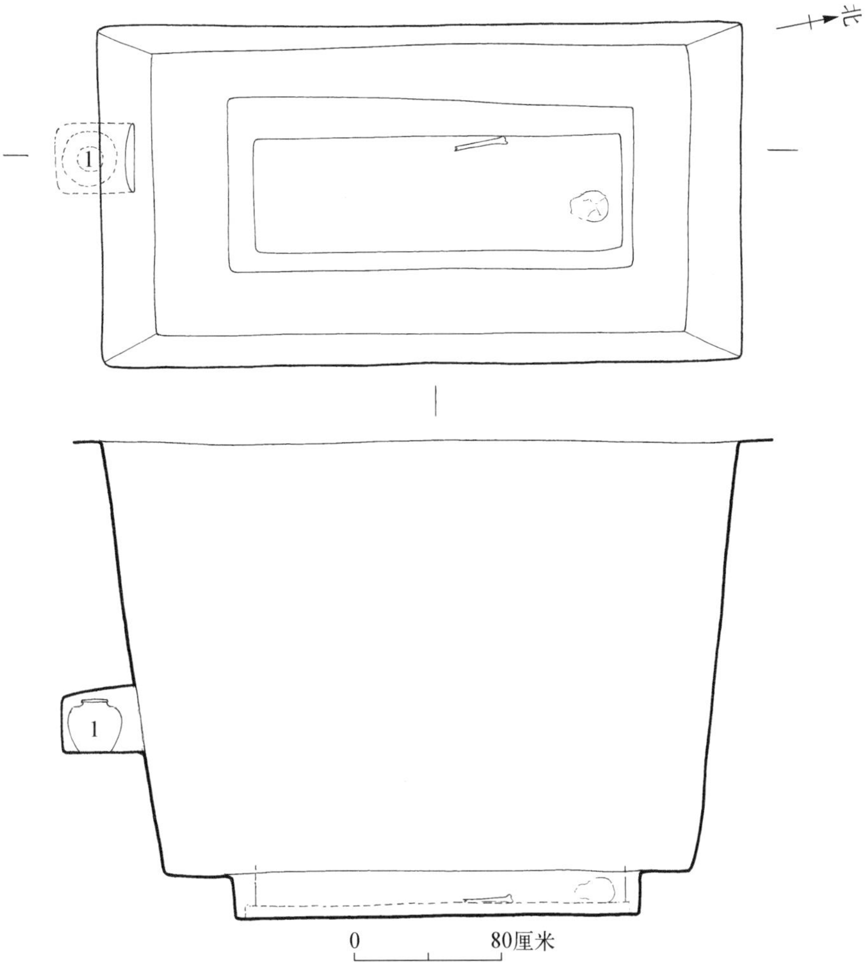

图八〇 SDM41 墓葬平、剖图

1. 陶缶

壁龛：呈圆拱形，1个。位于南壁中部略偏下，人骨脚部一端。拱形顶，直壁，平底，底部平面略呈方形。口宽0.36、进深0.44、高0.36米。

填土：红褐色五花土，夹杂少许黑色土颗粒，土质较硬。

（3）葬具

单棺，呈矩形。棺长2.00、宽0.60米。

（4）葬具

仅存头骨和一根肢骨。葬式不明，头向北。

（5）随葬品及其位置

仅随葬1件缶（：1），位于墓室南壁中部壁龛内。

（6）随葬品介绍

缶 1件。标本SDM41：1，夹细砂灰陶。小体，小口束颈，折沿微下倾，尖圆唇；圆鼓肩，上腹微弧，下腹斜直，上下腹交接处圆弧，仅以一周旋纹分界，形成"符号亚腰"，平底。肩面饰数周暗旋纹,肩腹交接处饰一周旋纹,下腹隐约可见竖行绳纹。口径8.7、器身最大径29.2、底径12.3、通高25.5厘米(图七九,1)。

35. 2010YFSDM42

(1)位置

南距SDM35约12.0米。

(2)形制结构

墓向:9°。

墓室:口大底小。口呈长方形,东长2.7、西长2.68、南宽1.5、北宽1.5米。斜壁近直。平底,东长2.58、西长2.56、南宽1.24、北宽1.08米。自深1.1米。

壁龛:呈圆拱形,1个。位于东壁底部偏南。拱形顶,弧壁,平底,底面呈椭圆形。口宽0.37、进深0.26、高0.25米。

填土:灰褐色五花土,土质松散。

(3)葬具

葬具不明。

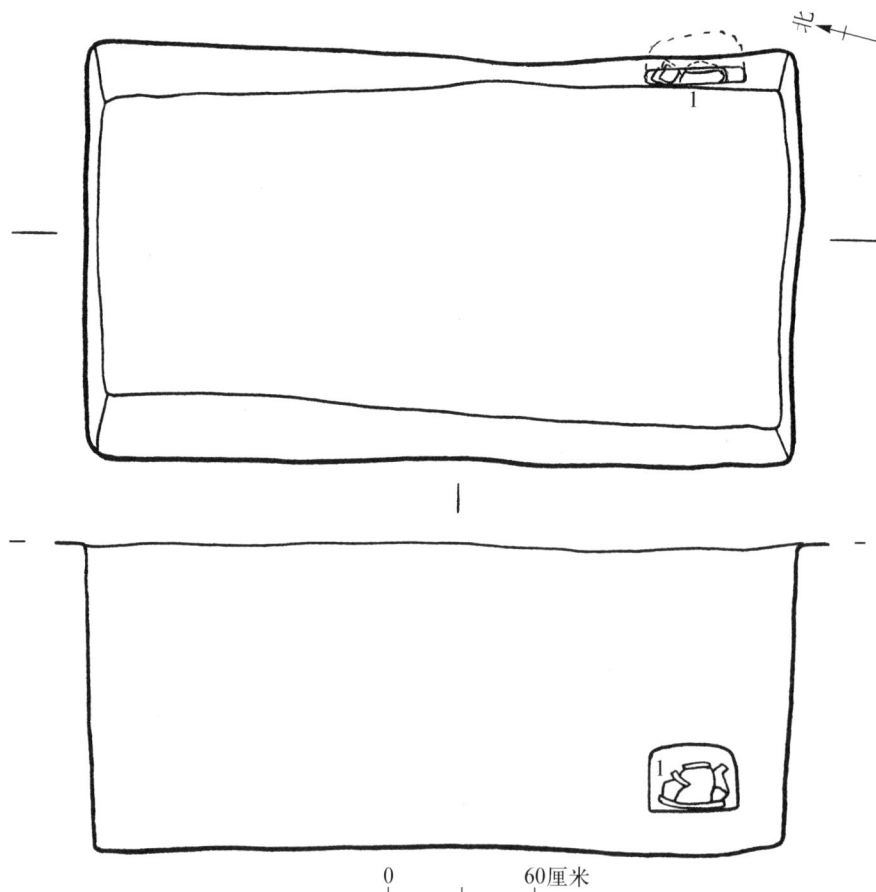

图八一　SDM42墓葬平、剖图

1.直口折肩罐

（4）墓主人

骨架不存，葬式不明。

（5）随葬品及其位置

仅随葬1件直口折肩罐（:1），位于墓室东壁底部的壁龛内。

（6）随葬品介绍

直口折肩罐 1件。标本SDM42:1，夹细砂灰陶。大体，直口方唇，圆折肩，上下腹交接处圆弧，仅以一周旋纹分界，形成"符号亚腰"，平底。肩及上腹饰数周暗旋纹，肩腹交接处饰一周旋纹。口径16.4、器身最大径30.1、底径14.2、通高22.9厘米（图九四，12）。

36. 2010YFSDM55

（1）位置

西距SDM57约1.2米。

（2）形制结构（图八二）

墓向：17°。

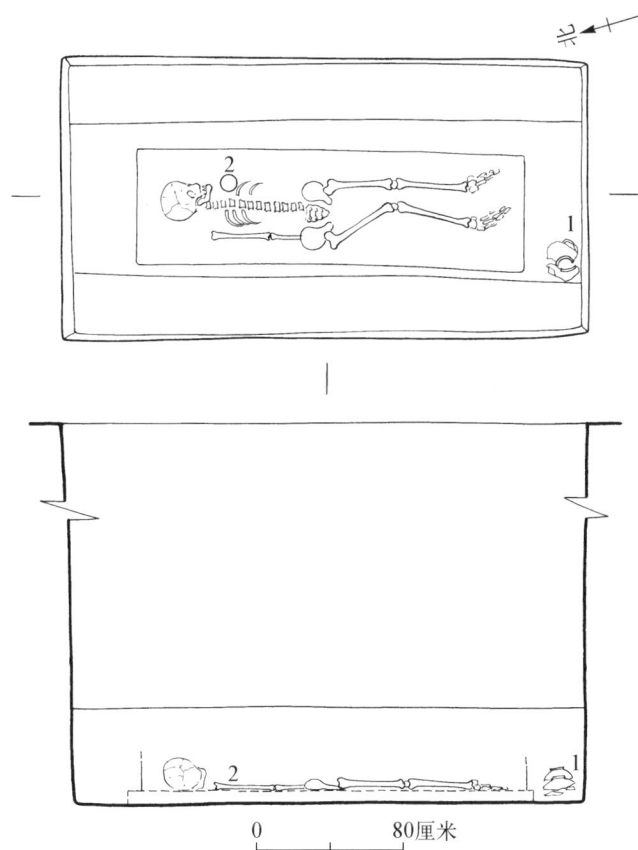

图八二　SDM55墓葬平、剖图

1. 陶直口折肩罐　2. 铜镜

墓室：口略大于底。口呈长方形，东长2.84、西长2.85、南宽1.44、北宽1.51米。斜壁近直。平底，东长2.78、西长2.76、南宽1.38、北宽1.40米。自深2.80米。

二层台：东西两侧。东侧台面宽0.30、西侧台面宽0.23～0.34米。高0.50米。

填土：上部为黑褐色五花土，土质坚硬，经过夯打。下部为黄褐色五花土，经过夯打，土质较松软，未发现明显夯层和夯窝。

（3）葬具

单棺，呈矩形。棺长2.10、宽0.62米。

（4）墓主人

骨架保存较好。葬式为侧身屈肢葬，右下肢向左微弯曲。头向北，面向东。

（5）随葬品及其位置

共2件，包括陶器1件、铜器1件。直口折肩罐（：1）位于墓主脚端棺外西南侧，铜镜（：2）位于墓主左胸处。

（6）随葬品介绍

直口折肩罐　1件。标本SDM55：1，夹细砂灰陶。大体，直口方唇，唇面有一周凹槽；圆折肩，上下腹交接处圆弧，仅以一周旋纹分界，形成"符号亚腰"，平底。肩及上腹饰数周暗旋纹，肩腹交接处饰一周旋纹，上腹饰一周麦粒状绳纹。口径16.0、器身最大径30.2、底径13.4、通高21.8厘米（图九四，11）。

铜镜　1面。标本SDM55：2，素地弦纹镜。圆形，镜面平直；双弦桥形钮，无钮座，镜背饰两周细弦纹，平镜缘。直径7.4厘米（图八三，1）。

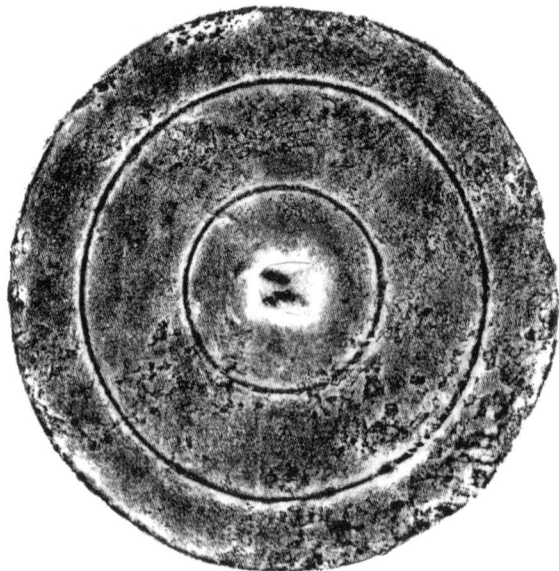

0 ———— 2厘米

图八三　SDM55随葬铜镜拓片

SDM55：2

37. 2010YFSDM56

（1）位置

东距SDM80约5.7米。

（2）形制结构（图八四）

墓向：284°。

墓室：口底等大。口呈长方形，南长2.54、北长2.55、东宽1.40、西宽1.40米。直壁。平底。自深1.85米。

二层台：四周。东侧台面宽0.09、西侧台面宽0.12、南侧台面宽0.08～0.36、北侧台面宽0.23～0.28米。高0.38米。

填土：黄褐色五花土，土质较坚硬，经过夯打，但未发现明显夯层和夯窝。

（3）葬具

单棺，呈矩形。棺长2.08、宽0.56米。

（4）墓主人

骨架仅存痕迹。葬式为仰身直肢葬，上肢伸直置于躯干两侧，双手位于盆骨两侧。头向西。

（5）随葬品及其位置

共2件，皆陶器，均置于棺外西南角与二层台之间的填土内。由西向东依次为有颈罐

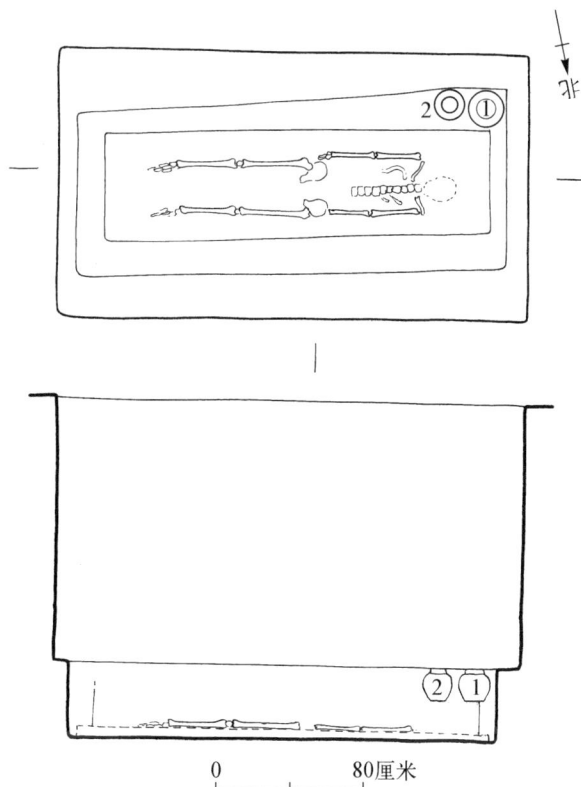

图八四 SDM56墓葬平、剖图

1、2.陶有颈罐

（：1、：2），罐口与二层台齐平。

（6）随葬品介绍

有颈罐　共2件。圆肩，腹部整体圆弧，平底。标本SDM56：1，口残，夹细砂灰陶。素面。器身最大径19.6、底径8.0、残高15.8厘米（图九四，7）。标本SDM56：2，夹细砂灰陶。侈口，圆唇，矮直颈。肩部饰数周暗旋纹，腹上部隐约可见竖形绳纹。口径10.0、器身最大径18.1、底径8.6、通高16.5厘米（图九四，9）。

38. 2010YFSDM57

（1）位置

西北距SDM128约8.0米，南距SDM59约6.4米，东北距SDM133约8.4米。

（2）形制结构（图八五）

墓向：5°。

墓室：口小底大。口呈长方形，东长2.96、西长2.92、南宽1.54、北宽1.60米。东、西直壁，南、北袋状壁。近平底，东长3.06、西长3.06、南宽1.58、北长1.56米。自深3.10米。

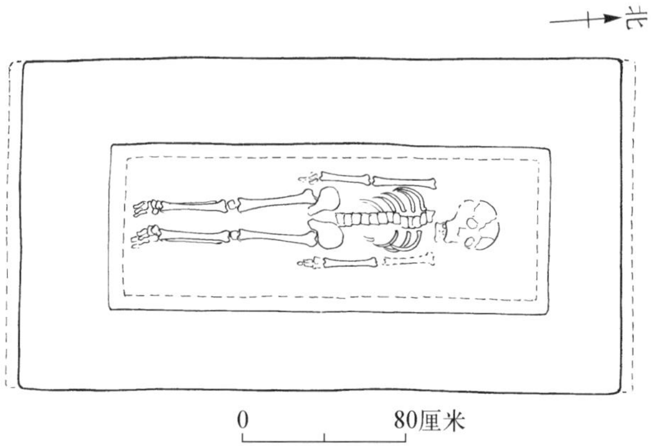

图八五　SDM57墓葬平面图

填土：黄褐色五花土，土质坚硬，经过夯打，无明显夯窝，夯层厚0.20米。

（3）葬具

单棺，呈矩形。棺侧板与端板四角闭合相接，棺长2.02、宽0.66米。

（4）墓主人

骨架保存较好。葬式为仰身直肢葬，上肢伸直置于躯干两侧。头向北，面向东。

（5）随葬品及其位置

无随葬品。

39. 2010YFSDM58

（1）位置

东距SDM61约6.6米，西边被SDM59打破。

（2）形制结构（图八六）

墓向：0°。

墓室：口底等大。口呈长方形，东长2.60、西长2.58、南宽0.80、北宽0.81米。直壁。平底。自深2.10米。

填土：黄褐色五花土，土质紧密。

（3）葬具

单棺，呈矩形。棺长1.86、宽0.54米。

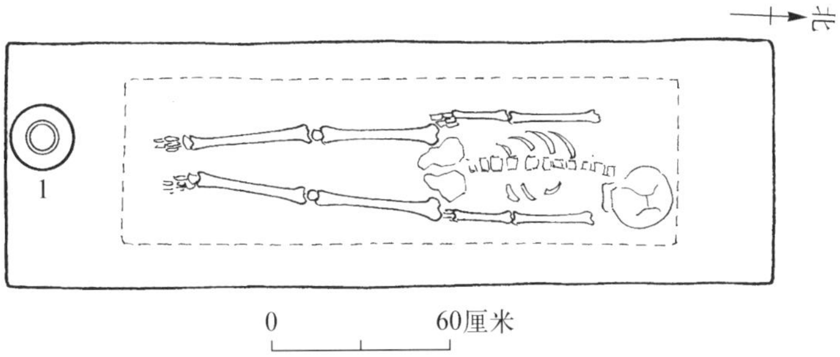

图八六　SDM58墓葬平面图

1.陶折肩罐

（4）墓主人

骨架保存较好。葬式为仰身直肢葬，上肢伸直置于躯干两侧。头向北，面向上。

（5）随葬品及其位置

仅随葬1件折肩罐（：1），位于墓主脚端棺外，紧邻墓室南壁。

（6）随葬品介绍

折肩罐　1件。标本SDM58：1，夹细砂灰陶。口残。小体，圆折肩，腹部整体圆弧，肩腹及上下腹交接处似修整出折痕，形成"象征亚腰"，平底微内凹。肩部饰数周暗旋纹。腹下部有轮制痕迹。器身最大径20.6、底径8.5、残高15.6厘米（图九四，8）。

40. 2010YFSDM60

（1）位置

西距SDM61约1.2米。

（2）形制结构（图八七）

墓向：282°。

墓室：口底等大。口呈长方形，南长3.20、北长3.20、西宽1.62、东宽1.50米。直壁。平底。自深3.46米。

二层台：四周。北侧台面宽0.40～0.50、南侧台面宽0.32～0.38、东侧台面宽0.34、西侧台面宽0.30米。高0.80米。

填土：灰褐色五花土，土质坚硬。

（3）葬具

单棺，呈矩形。棺长2.52、宽0.69米。棺下加棺床，棺床存4块木板置于棺南端，横向铺设而成。由南向北，各木板的长、宽分别为0.73×0.08、0.74×0.13、0.75×0.13、0.75×0.16 m²。

（4）墓主人

骨架保存较好。葬式为仰身直肢葬，上肢伸直置于躯干两侧，双手略折向盆骨。头向西，面向南。

（5）随葬品及其位置

共3件，包括陶器1件、铜器1件、铜印章1枚。直口折肩罐（：1）位于棺外西南角，铜印章

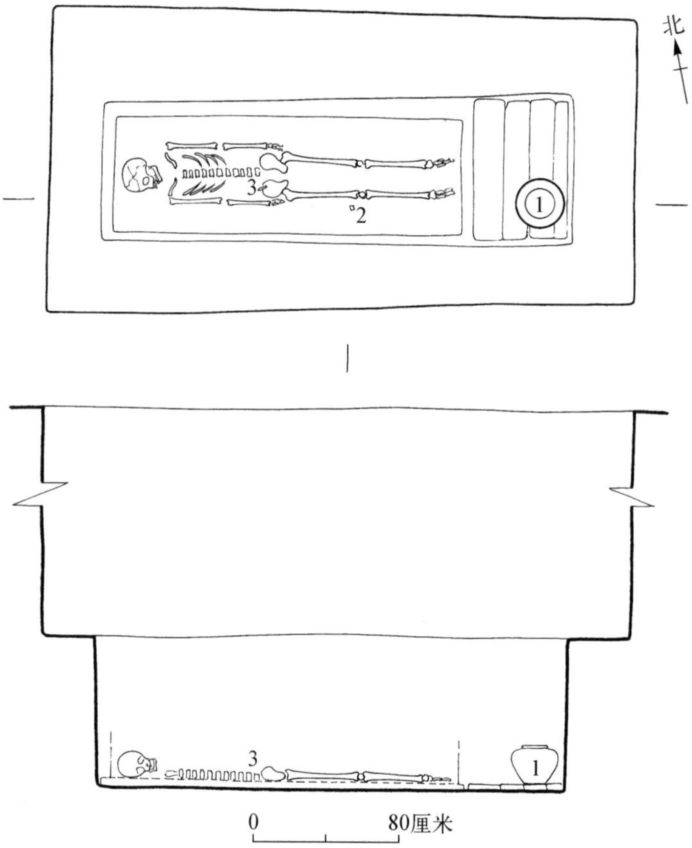

图八七　SDM60墓葬平、剖图

1. 陶直口折肩罐　2. 铜印章　3. 铜带钩

（：2）位于墓主右腿膝盖处，铜带钩（：3）位于墓主腰部。

（6）随葬品介绍

直口折肩罐　1件。标本SDM60：1，夹细砂灰陶。大体，直口方圆唇，圆折肩，上下腹交接处圆弧，肩腹及上下腹交接处似修整出折痕，形成"象征亚腰"，平底。腹上部饰数周旋断绳纹。口径15.4，器身最大径27.3，底径13.6，通高22.1厘米（图九四，4）。

铜带钩　1件。标本SDM60：3，钩体较长，断面呈长方形；兽面钩尾，圆形钩钮位于钩尾下部，以一短柱相连。长7.9、宽0.5、钮径1.2厘米（图九一，14；彩版四〇，3）。

铜印章　1枚。标本SDM60：2，平面呈椭圆形，上拱下平，顶部中间有一道凹槽，侧面一端有一小孔。印面阴刻文字。长1.45、宽0.80、高0.50厘米（图九一，15；彩版四五，2）。

41. 2010YFSDM61

（1）位置

西距SDM58约6.6米，东距SDM60约1.2米。

（2）形制结构（图八八）

墓向：11°。

墓室：口大底小。口呈长方形，东长3.00、西长2.98、南宽1.84、北宽1.88米。斜壁。平底，东长2.48、西长2.48、南宽0.86、北宽0.84米。自深3.60米。

填土：灰褐色五花土，土质较硬。

（3）葬具

单棺，呈矩形。棺侧板与端板四角闭合相接。棺长2.46、宽0.86、端板厚0.04、侧板厚0.06米。

（4）墓主人

骨架保存较好。葬式为仰身直肢葬，上肢内折，双手似放于盆骨上。头向北，面向东。

（5）随葬品及其位置

无随葬品。

图八八　SDM61墓葬平面图

42. 2010YFSDM65

（1）位置

西距SDM72约1.8米，东距SDM64近7.5米，南距SDM102约9.0米，北距SDM84约5.5米。

（2）形制结构（图八九）

墓向：7°。

墓室：口大底小。口呈长方形，东长

图八九　SDM65墓葬平面图
1.陶直口折肩罐

3.22、西长3.22、南宽1.63、北宽1.64米。斜壁。平底，东长3.08、西长3.08、南宽1.32、北宽1.42米。自深2.78米。

填土：土色黄褐色，土质较疏松。

（3）葬具

单棺，呈矩形。棺长2.20、宽0.66米。

（4）墓主人

上身残存痕迹，下肢相对完整。葬式为仰身直肢葬，上肢伸直置于躯干两侧。头向北。

（5）随葬品及其位置

仅随葬1件直口折肩罐（ :1），位于墓主脚端棺外西南角。

（6）随葬品介绍

直口折肩罐　1件。标本SDM65:1，夹细砂灰陶。大体，直口方唇，口外侧有一周凹槽；圆折肩，腹微折，上腹微弧，下腹斜直，肩腹部呈"微亚腰"状，平底。肩腹及上下腹交接处

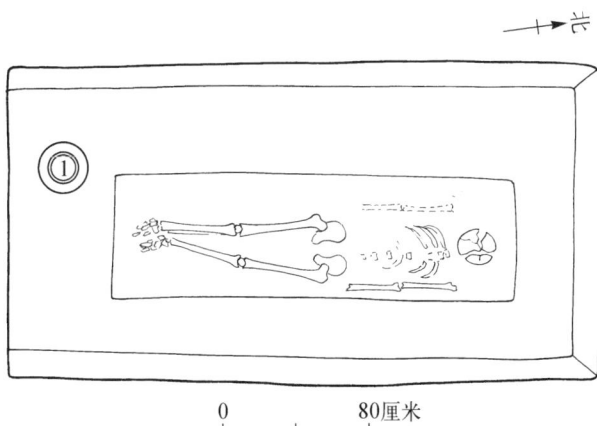

各饰一周旋纹。下腹有轮制痕迹。口径15.4、器身最大径26.2、底径11.8、通高20.3厘米（图九四，3）。

43. 2010YFSDM67

（1）位置

南距SDM70约4.5米，西北距SDM102约10.0米，东距SDM74约12.7米。

（2）形制结构（图九〇）

墓向：10°。

墓室：口底等大。口呈长方形，东长3.44、西长3.42、南宽1.86、北宽1.92米。直壁。平底。自深3.60米。

填土：黄褐色五花土，土质坚硬，经过夯打，夯层厚度为0.15米，未发现明显夯迹。

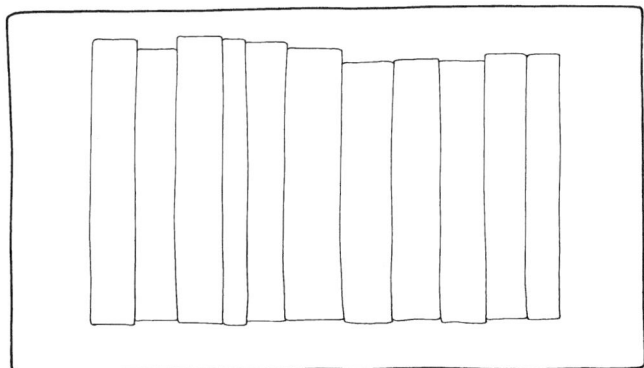

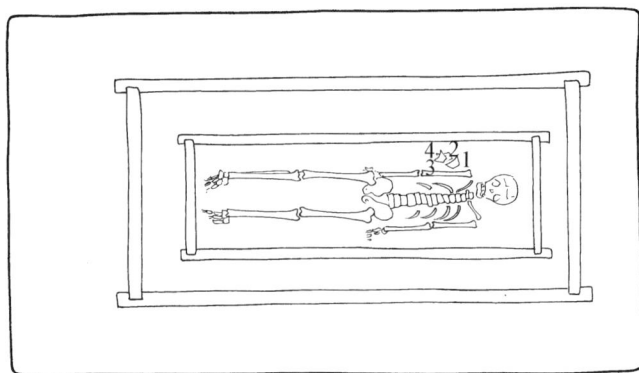

0　　　　　80厘米

图九〇　SDM67墓葬平、剖图

1、2、3、4. 铜铃

（3）葬具

一棺一椁，均呈矩形，端板两端嵌于两侧板内，形成榫卯套接，侧板两端伸出端板外侧。棺置于椁室中间，长1.92、宽0.66、端板长0.62、端板厚0.04、侧板长2.02、侧板厚0.06米。椁长2.45、宽0.9、端板长1.13、端板厚0.06、侧板长2.58、侧板厚0.08米。椁盖板由11块木板横向铺设而成，由北向南长、宽依次为1.41×0.18、1.4×0.22、1.4×0.24、1.36×0.25、1.38×0.26、1.38×0.28、1.44×0.3、1.52×0.14、1.54×0.25、1.44×0.22、1.52×0.24 m²。

（4）墓主人

骨架保存较好。葬式为仰身直肢葬，上肢伸直置于躯干两侧。头向北，面向上。

（5）随葬品及其位置

共4件，均为铜铃（：1、：2、：3、：4），位于棺内墓主右肩处。

（6）随葬品介绍

铜铃 共4件。体形较小，器壁较薄；环形扁钮，钮下顶透空，下缘两角下垂，弧形凹口。标本SDM67：1，铃身一面有"凸"字形镂孔。上缘宽1.6、下缘宽2.3、钮高0.7、通高4.1厘米（图九一，5）。标本SDM67：2，铃身一面有长方形镂孔。上缘宽1.7、钮高0.6、高4.9厘米（图九一，8）。标本SDM67：4，铃身一面有弧形镂孔。上缘宽2.1、下缘宽3.0、钮高0.8、通高5.4厘米（图九一，6）。标本SDM67：3，铃身两面各有两个长方形镂孔。上缘宽1.9、下缘宽2.7、钮高0.5、通高3.9厘米（图九一，12）。

44. 2010YFSDM68

（1）位置

南距SDM69约1.6米，北距SDM102约11.0米。

（2）形制结构（图九二）

墓向：275°。

墓道：口底等大。口呈长方形，北长2.90、南长2.88、东宽1.36、西宽1.36米。直壁。平底。自深2.80米。

二层台：四周。东侧台面宽0.22、西侧台面宽0.28、南侧台面宽0.32、北侧台面宽0.18米。高0.70米。

壁龛：呈长方形，1个。位于西南壁中部夹角处，人骨头部一端。平顶，直壁，平底，底部平面呈圆形。底最大径0.38、进深0.34、高0.34米。

填土：土色黄褐色，土质较硬，局部经过夯打，无明显夯窝。

（3）葬具

单棺，呈矩形。棺侧板与端板四角闭合相接。棺长2.37、宽0.86米。

（4）墓主人

骨架保存较好，仅头骨被压碎。葬式为仰身直肢葬，上肢伸直置于躯干两侧。头向西，面向上。

（5）随葬品及其位置

仅随葬1件有颈罐（：1），位于墓室西南角、墓壁中部的壁龛内。

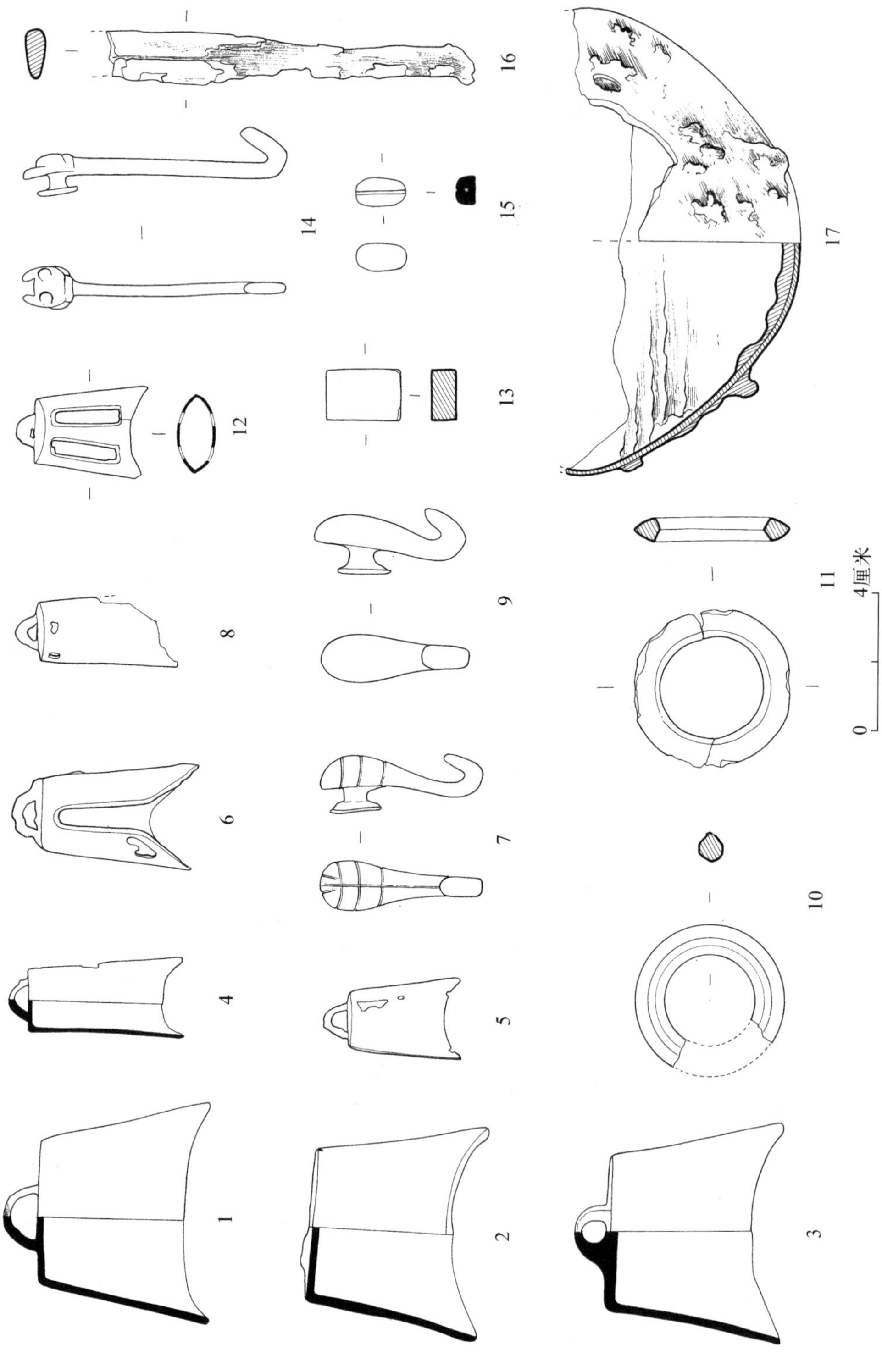

图九一　SDM37、SDM60、SDM67、SDM74、SDM90、SDM105、SDM110 随葬小件器物

1、2、3、4、5、6、8、12. 铜铃（SDM74：4-1、SDM74：4-3、SDM74：4-2、SDM74：4-4、SDM67：1、SDM67：4、SDM67：2、SDM67：3）　7、9、14. 铜带钩（SDM105：2、SDM90：1、SDM60：3）
10、11. 玉环（SDM74：6、SDM74：5）　13. 牌形骨器（SDM110：2）　15. 铜印章（SDM60：2）　16. 铁削（SDM105：1）　17. 铁釜（SDM37：1）

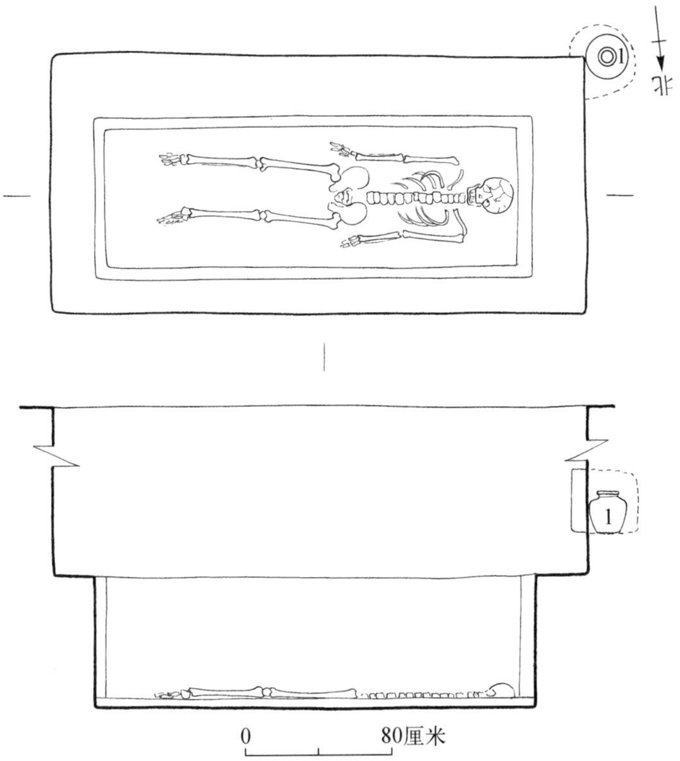

图九二 SDM68墓葬平、剖图

1.陶有颈罐

（6）随葬品介绍

有颈罐 1件。标本SDM68：1，泥质灰陶。口微侈，方圆唇，矮直颈；圆折肩，弧腹，腹下部微内凹，平底。肩部饰数周暗旋纹，腹下部有轮制痕迹。口径11.4、器身最大径19.6、底径8.5、通高16.5厘米（图九四，10）。

45. 2010YFSDM69

（1）位置

北距SDM68约1.6米，西南距SDM116约4.6米。

（2）形制结构（图九三）

墓向：90°。

墓室：口底等大。口部呈长方形，南长3.50、北长3.51、东宽1.60、西宽1.60米。直壁。平底。自深4.50米。

填土：土色红褐色，土质较硬。

（3）葬具

一棺一椁，均呈矩形，侧板与端板四角闭合相接。棺仅见板灰痕迹，置于椁内偏东。棺长2.07、宽0.78米。椁长3.12、宽1.02、端板厚0.05、侧板厚0.07米。

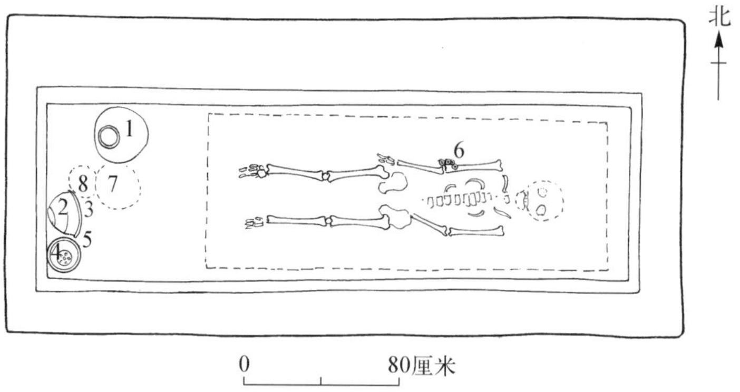

图九三 SDM69墓葬平面图

1.陶缶 2.陶盂 3、5.陶罐口釜 4.陶盂形甑 6.铜钱 7、8.漆器

（4）墓主人

头骨仅存痕迹,其余保存较好。葬式为仰身直肢葬,左上肢内折且该手放于腹部,右上肢伸直于躯干旁。头向东,面向上。

（5）随葬品及其位置

共8件,包括陶器5件、漆器2件、铜钱1组2枚。铜钱（：6）位于墓主右臂肘部。陶器、漆器均位于墓主脚端棺椁之间。椁内西南角,由北向南依次为盂（：2）、罐口釜（：3）、盂形甑（：4）、罐口釜（：5）,2号倒扣在3号上,4号倒扣在5号上。3号东北为漆器（：7、：8）,7号北侧为缶（：1）。

（6）随葬品介绍

缶 1件。标本SDM69：1,夹细砂灰陶。小体,小口束颈,折沿微下倾,尖圆唇;折肩,肩面近颈处微平,弧腹,上下腹交接处圆弧,仅以一周旋纹分界,形成"符号亚腰",平底。肩腹交接处饰一周旋纹,上腹饰两至三周麦粒状绳纹。口径8.4、器身最大径31.0、底径12.8、通高25.0厘米（图九四,13）。

盂 1件。标本SDM69：2,夹细砂灰陶。敞口,折沿下倾,尖圆唇;弧腹微折,上腹微弧近直,下腹斜直内收,上腹占腹部比例略大于三分之一,平底。内壁饰数周暗旋纹,上腹饰两周旋纹间以一周楔形绳纹。口径21.4、底径9.2、通高10.7厘米（图九四,5；彩版二四,8）。

盂形甑 1件。标本SDM69：4,夹细砂灰陶。敞口,折沿下倾,尖圆唇;折腹,上腹竖直,下腹斜直内收,上腹占腹部比例约四分之一,平底;器底戳制12个圆形甑孔,布局为中心四孔与边缘一周。内壁饰数周暗旋纹,上腹饰两周弦纹,上下腹交接处有一周折棱。口径23.8、底径8.9、通高14.2厘米（图九四,1；彩版二五,6）。

罐口釜 共2件。底部夹粗砂。小体,矮直颈,圆肩,鼓腹,圜底。标本SDM69：3,夹砂红褐陶。侈口,方圆唇,肩部隐约可见数周瓦纹,腹及底部饰横向篮纹。腹底有烟炱。口径11.8、器身最大径17.2、通高14.2厘米（图九四,6）。标本SDM69：5,夹砂灰陶。侈口卷沿,方唇。肩部隐约可见竖形绳纹,腹上部饰数周旋纹,腹下部及底部饰粗绳纹。口径12.0、器身最大径19.2、通高19.9厘米（图九四,2）。

铜钱 共2枚。标本SDM69：6,均为"半两"。大小不同,文字各异。SDM69：6-1,文字扁平、瘦长,结构紧密,字等于穿。"半"字头部转折明显,两横线等长,竖线长出下横线;"两"字上横

图九四 SDM42、SDM55、SDM56、SDM58、SDM60、SDM65、SDM68、SDM69 随葬陶器

1. 盂形甑（SDM69∶4） 2、6. 罐口釜（SDM69∶5、SDM69∶3） 3、4、11、12. 直口折肩罐（SDM65∶1、SDM60∶1、SDM55∶1、SDM42∶1）
5. 盂（SDM69∶2） 7、9、10. 有颈罐（SDM56∶1、SDM56∶2、SDM68∶1） 8. 折肩罐（SDM58∶1） 13. 缶（SDM69∶1）

线与肩等长,折肩,为"连山两"。钱径2.4、穿宽0.8厘米,重量3.0克(图七五,4)。SDM69：6-2,字迹依稀可见,但不可辨形。钱径2.4、穿宽0.9厘米,重量2.1克。

漆器　共2件。标本SDM69：7、SDM69：8,无法提取。

46. 2010YFSDM71

(1)位置

东南距SDM7约13.0米。

(2)形制结构

墓向：8°。

墓室：口小底大。口部近呈长方形,东长2.59、西长2.59、南宽1.39、北宽1.33米。袋状壁。平底,东长2.76、西长2.76、南宽1.40、北宽1.40米。自深3.04米。

填土：土色黄褐色,土质较硬,经过夯打,无明显夯窝。

(3)葬具

盗扰严重,葬具不明。

(4)墓主人

骨架腐朽,葬式不明。

(5)随葬品及其位置

无随葬品。

47. 2010YFSDM72

(1)位置

南距SDM102约8.5米,东距SDM65近1.8米,北距SDM85约6.5米。

(2)形制结构(图九五)

墓向：5°。

墓室：口大底小。口呈长方形,东长3.10、西长3.10、南宽1.80、北宽1.80米。斜壁。平底,东长2.90、西长2.90、南宽1.58、北宽1.60米。自深3.40米。

二层台：四周。东侧台面宽0.34、西侧台面宽0.22、南侧台面宽0.20、北侧台面宽0.21米。高0.90米。

填土：土色黄褐色,土质较硬。

(3)葬具

一棺一椁,均呈矩形,端板与侧板四角闭合相接。棺长2.10、宽0.70米。椁长2.51、宽1.03米。椁盖板由13块木板横向铺设而成,由北向南,各块木板宽依次为0.20、0.20、0.21、0.22、0.20、0.23、0.22、0.20、0.26、0.18、0.20、0.20、0.14、厚0.06~0.08米。

(4)墓主人

骨架保存较好。葬式为仰身直肢葬,上肢垂直于躯干两侧。头向北,面向西。

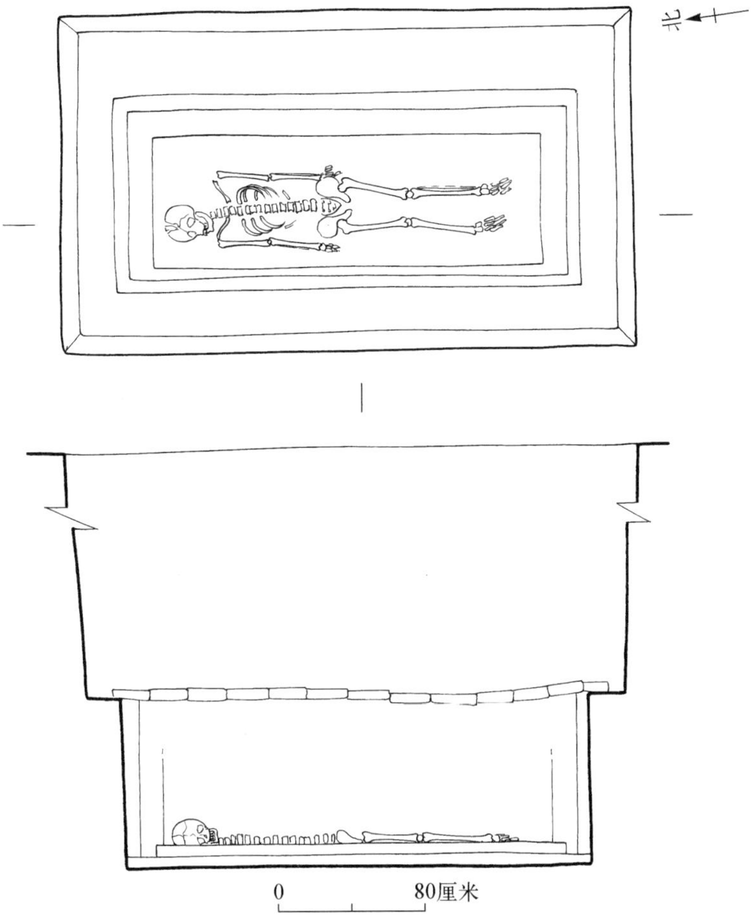

图九五 SDM72墓葬平、剖图

（5）随葬品及其位置

无随葬品。

48.2010YFSDM74

（1）位置

西距SDM67约12.6米，东距SDM75约2.7米。

（2）形制结构（图九六）

墓向：10°。

墓室：口底等大。口呈长方形，东长2.50、西长2.50、南宽1.38、北宽1.40米。直壁。平底。自深3.00米。

二层台：东西两侧。东侧台面宽0.16～0.28、西侧台面宽0.35米。高0.76米。

填土：土色褐色，夹杂较多的红色土颗粒，土质较疏松。

（3）葬具

单棺，呈矩形。棺长2.00、宽0.66米。

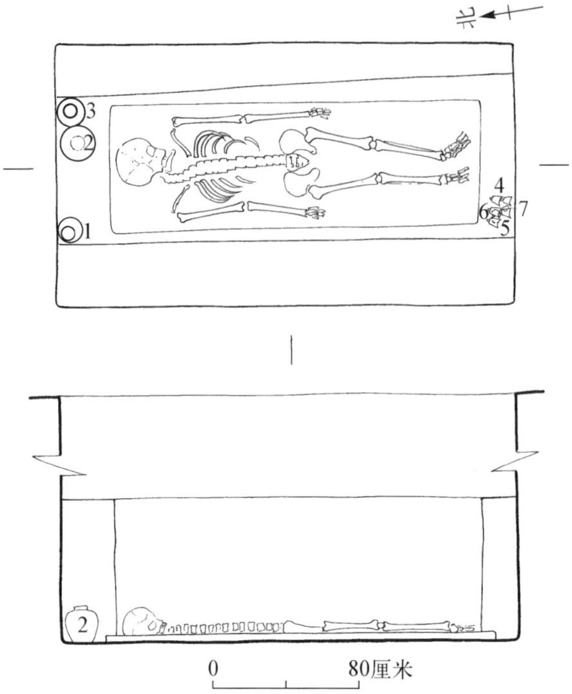

图九六　SDM74墓葬平、剖图

1、2、3. 陶有颈罐　4. 铜铃　5、6. 玉环　7. 串饰

（4）墓主人

骨架保存较好。葬式为仰身直肢葬，上肢伸直置于躯干两侧。头向北，面向东。

（5）随葬品及其位置

共7件（组），包括陶器3件、铜器1件（组）、玉器2件、串饰1组，均置于棺外。有颈罐（∶1）位于墓室西北角，有颈罐（∶2、∶3）并置于墓室东北角。墓室西南角置铜铃（∶4）1组4件，铜铃之下置玉环两件（∶5、∶6）和串饰（∶7）。

（6）随葬品介绍

有颈罐　共3件。夹细砂灰陶。侈口，厚圆唇，腹部整体圆弧，假圈足。标本SDM74∶1，矮直颈，圆鼓肩。素面。口径6.7、器身最大径11.2、底径5.0、通高8.6厘米（图九七，5）。标本SDM74∶2，高直颈，圆肩。肩部饰数周暗旋纹。口径9.2、器身最大径17.0、底径8.2、通高15.8厘米（图九七，9）。标本SDM74∶3，高直颈，圆肩。素面。口径9.6、器身最大径16.5、底径7.4、通高16.5厘米（图九七，10）。

铜铃　共4件（彩版四二，5）。标本SDM74∶4-1，鼻穿残。体形较大，器壁较厚，环形扁钮，下缘两角下垂，弧形凹口。素面。上缘宽4.2、下缘宽6.40、钮高1.00、通高6.15厘米（图九一，1）。标本SDM74∶4-3，鼻穿及钮残。体形较大，器壁较厚，下缘两角下垂，弧形凹口。素面。上缘宽4.40、下缘宽6.20、残高5.20厘米（图九一，2）。标本SDM74∶4-2，鼻穿残。体形较大，器壁较厚，环形扁钮，下缘两角下垂，弧形凹口。素面。上缘宽4.50、下缘宽6.40、钮高0.90、通高6.20厘米（图九一，3）。标本SDM74∶4-4，体形较小，瘦长，器壁较薄，环形扁钮，钮下顶透空，

图九七 SDM74、SDM76、SDM77、SDM78、SDM79、SDM83、SDM84随葬陶器

1.盂(?)(SDM79：1) 2.罐口釜(SDM83：3)

3、4、5、6、7、8、9、10.有颈罐(SDM79：2、SDM79：3、SDM74：1、SDM77：1、SDM78：1、SDM76：1、SDM74：2、SDM74：3)

11.直口折肩罐(SDM83：2) 12.缶(SDM84：2)

下缘两角下垂,弧形凹口。铃身一面有长条形镂孔。上缘宽1.80、下缘宽2.30、钮高0.60、通高5.20厘米(图九一,4)。

玉环　共2件。残,色泽莹润、较通透。标本SDM74:6,断面呈不规则多边形。外环径4.4、内环径2.7厘米(图九一,10)。标本SDM74:5,断面呈三角形。外环径4.7、内环径3.0厘米(图九一,11;彩版四四,6)。

串饰　1组。标本SDM74:7,复原串接。骨质串珠有长条形、短管形、扁长方形三种;扁长方形截面有一穿孔,其上饰同心圆圈纹,长条形一端有一穿孔,短管形截面中间有一穿孔。圆形料珠呈透明红褐色,有一穿孔。现长23.5厘米(图九八)。

49. 2010YFSDM76

(1)位置

南距SDM58约6.0米。

(2)形制结构(图九九)

墓向:6°。

墓室:口底等大。口呈长方形,东长2.50、西长2.50、南宽1.24、北宽1.24米。直壁。平底。自深2.10米。

二层台:东西两侧。东侧台面宽0.24、西侧台面宽0.26米。高0.70米。

填土:黄褐色五花土,土质坚硬,经过夯打,但未发现明显的夯迹。

(3)葬具

单棺,呈矩形。棺长2.01、宽0.63米。

(4)墓主人

骨架保存较好,仅头骨被压碎。葬式为仰身直肢葬,上肢置于躯干两侧,双手置于盆骨两侧。头向北,面向上。

(5)随葬品及其位置

仅随葬1件有颈罐(:1),位于棺外墓室东北角。

(6)随葬品介绍

有颈罐　1件。标本SDM76:1,泥质灰陶。直口,厚圆唇,矮直颈;圆肩,腹上部略弧,下部斜直,平底。肩及腹上部饰暗旋纹且有一周麦粒状绳纹,腹下部有修整刮痕。口径9.2、器身最大径

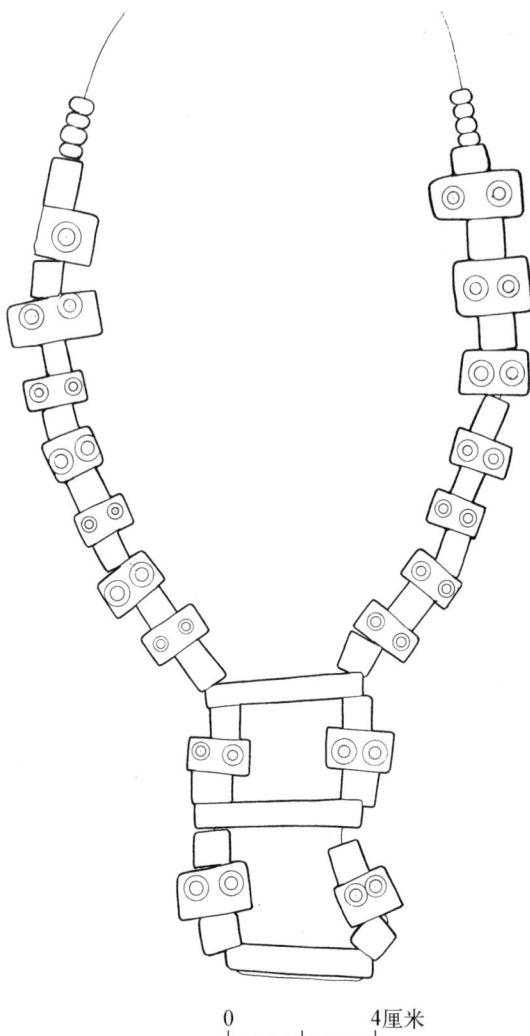

图九八　SDM74随葬串饰

SDM74:7

0 ————— 4厘米

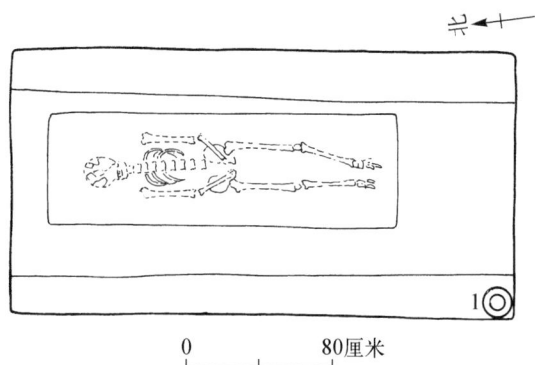

图九九 SDM76墓葬平、剖图

1. 陶有颈罐

图一〇〇 SDM77墓葬平面图

1. 陶有颈罐

19.5、底径7.4、通高16.6厘米(图九七,8;彩版一九,7)。

50. 2010YFSDM77

(1) 位置

东北距SDM129约7.0米,西北距SDM115约10.0米。

(2) 形制结构(图一〇〇)

墓向:7°。

墓室:口底等大。口呈长方形,东长2.76、西长2.76、南宽1.40、北宽1.40米。直壁。平底。自深2.70米。

二层台:东西两侧。东侧台面宽0.26、西侧台面宽0.20米。高0.50~0.80米。

填土:黄褐色五花土,土质坚硬,经过夯打,夯层厚度约0.10米,未发现明显的夯窝。

(3) 葬具

单棺,呈矩形。置于墓室偏东北。棺长1.90、宽0.60米。

(4) 墓主人

人骨仅存痕迹。葬式为仰身直肢葬,上肢内折,双手交叉放置于腹部。头向北,面向上。

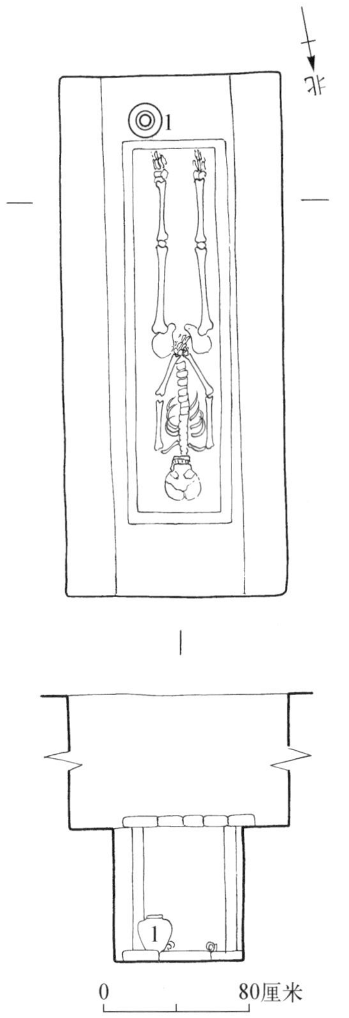

图一〇一　SDM78墓葬平、剖图

1.陶有颈罐

（5）随葬品及其位置

仅随葬1件有颈罐（:1），位于墓室西南角二层台上。

（6）随葬品介绍

有颈罐　1件。标本SDM77:1，夹细砂灰陶。侈口，圆唇，矮直颈；圆折肩，腹部整体圆弧，假圈足。肩部隐约可见暗旋纹。口径9.6、器身最大径17.2、底径8.0、通高13.8厘米（图九七,6）。

51. 2010YFSDM78

（1）位置

东距SDM28约8.2米，北距SDM69约11.4米，西距SDM118约9.0米。

（2）形制结构（图一〇一）

墓向：7°。

墓室：口底等大。口呈长方形，东长2.74、西长2.77、南宽1.20、北宽1.20米。直壁。平底。自深2.75米。

二层台：东西两侧。东侧台面宽0.22～0.28、西侧台面宽0.23～0.28米。高0.70米。

填土：黄褐色五花土，土质坚硬，经过夯打，但无明显夯迹。

（3）葬具

单棺，呈矩形。棺侧板与端板四角闭合相接。棺长2.04、宽0.56、端板厚0.07、侧板厚0.05、高0.67米。棺盖板由5块木板纵向铺设，由东向西各块木板宽依次为0.18、0.14、0.10、0.14、0.13米。棺底板由3块木板纵向铺设，由东向西各块木板宽依次为0.20、0.28、0.18米。

（4）墓主人

骨架保存较好。葬式为仰身直肢葬，上肢内折，双手交叉放置于腹部。头向北，面向上。

（5）随葬品及其位置

仅随葬1件有颈罐（:1），位于墓主脚端棺外略偏东。

（6）随葬品介绍

有颈罐　1件。标本SDM78:1，夹细砂灰陶。口微侈，圆唇，矮直颈；圆折肩，腹部整体圆弧，假圈足。颈、肩及腹部饰数周暗旋纹。口径10.5、最大径18.3、底径7.2、通高15.7厘米（图九七,7）。

52. 2010YFSDM79

（1）位置

西距SDM81约7.4米，东距SDM102约11.0米。

（2）形制结构（图一〇二）

墓向：15°。

墓室：口大底小。口呈长方形，东长2.90、西长2.90、南宽1.50、北宽1.50米。斜壁。平底，东长2.70、西长2.70、南宽1.28、北宽1.30米。自深3.50米。

二层台：东西两侧。东侧台面宽0.21、西侧台面宽0.19米。高0.70米。

填土：土色黄褐色，夹杂褐色土粒，土质坚硬，经过夯打，但夯层及夯窝不明显。

（3）葬具

单棺，呈矩形。棺长1.76、宽0.55米。

（4）墓主人

骨架保存较完好。葬式为仰身直肢葬，上肢伸直置于躯干两侧。头向北，面向西。

（5）随葬品及其位置

共3件，皆陶器，均置于棺外墓室东北角。自西向东依次为盂（？）（：1）、有颈罐（：2）、有颈罐（：3）。

（6）随葬品介绍

有颈罐　共2件。皆夹细砂灰陶。口微侈，厚圆唇，矮直颈；圆肩，腹部整体圆弧，平底。素

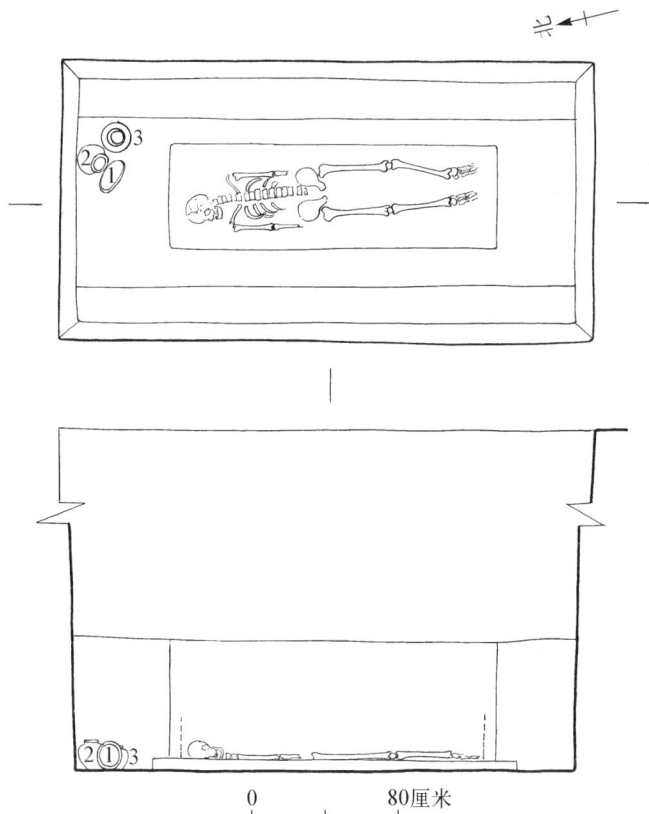

图一〇二　SDM79墓葬平、剖图

1.陶盂（？）　2、3.陶有颈罐

面。标本SDM79：2，口径10.0、器身最大径19.0、底径10.2、通高16.9厘米（图九七，3；彩版一九，6）。标本SDM79：3，口径10.2、器身最大径19.1、底径10.2、通高16.7厘米（图九七，4）。

盂（？）　1件。标本SDM79：1，夹细砂灰陶。侈口卷沿，沿面下倾，尖圆唇；弧腹，腹近口部微内敛，假圈足。素面。口径20.5、底径7.8、通高9.4厘米（图九七，1）。

53. 2010YFSDM81

（1）位置

北距SDM82约1.0米，东距SDM79约7.4米。

（2）形制结构（图一〇三）

墓向：90°。

墓室：口底等大。口呈长方形，南长2.60、北长2.60、东宽1.04、西宽1.04米。直壁。平底。自深2.30米。

二层台：南北两侧。南侧台面宽0.16、北侧台面宽0.16米。高0.70米。

填土：黄褐色五花土，土质坚硬。

（3）葬具

单棺，呈矩形。棺长2.00、宽0.50米。

（4）墓主人

骨架保存较差，仅存头骨和部分肢骨。葬式为仰身直肢葬。头向东，面向上。

（5）随葬品及其位置

无随葬品。

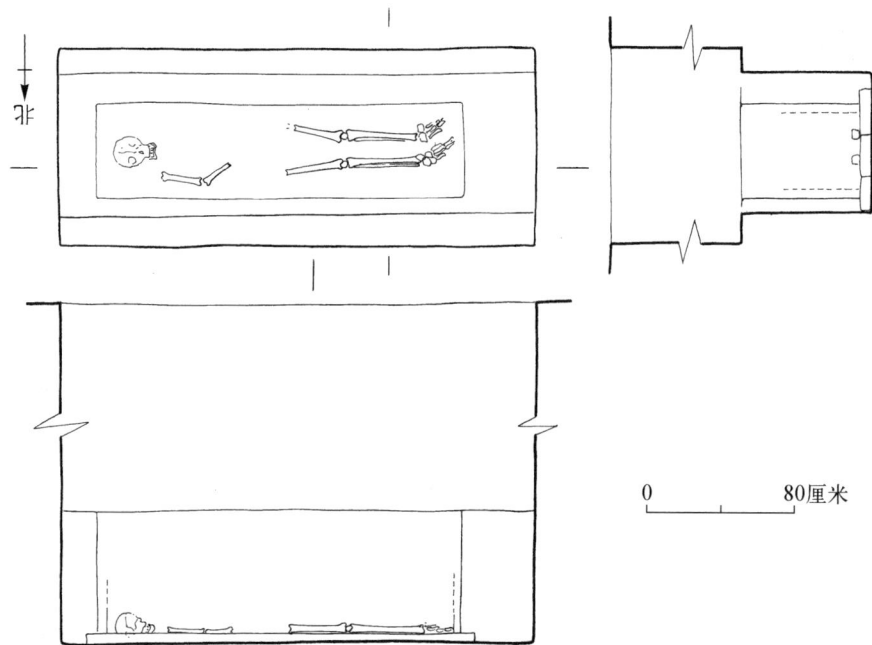

图一〇三　SDM81墓葬平、剖图

54. 2010YFSDM82

（1）位置

南距SDM81约1.0米，东南距SDM79约7.0米。

（2）形制结构（图一〇四）

墓向：99°。

墓室：口大底小。口呈长方形，南长3.50、北长3.50、东宽1.70、西宽1.70米。斜壁近直。平底，南长3.30、北长3.30、东宽1.50、西宽1.50米。自深5.00米。

填土：土色黄褐色，土质坚硬，经过夯打，但未发现明显夯迹。

（3）葬具

一棺一椁，均呈矩形。棺置于椁内偏东，棺端板与侧板四角闭合相接。棺长2.14、宽0.71、厚0.06米。椁侧板两端嵌于端板内，形成榫卯套接，端板两端长出侧板外侧。椁长3.01、宽1.27、端板长1.37、端板厚0.08、侧板长2.94、侧板厚0.06、高0.96米。椁盖板由13块木板纵向铺设，由东向西各块木板宽度依次为0.26、0.26、0.22、0.22、0.24、0.30、0.14、0.20、0.24、0.24、0.24、0.28、0.24米。椁底板由6块木板横向铺设，由南向北各块木板长、宽依次为3.12×0.24、3.1×0.24、3.10×0.16、3.11×0.30、3.08×0.24、3.09×0.20 m²。

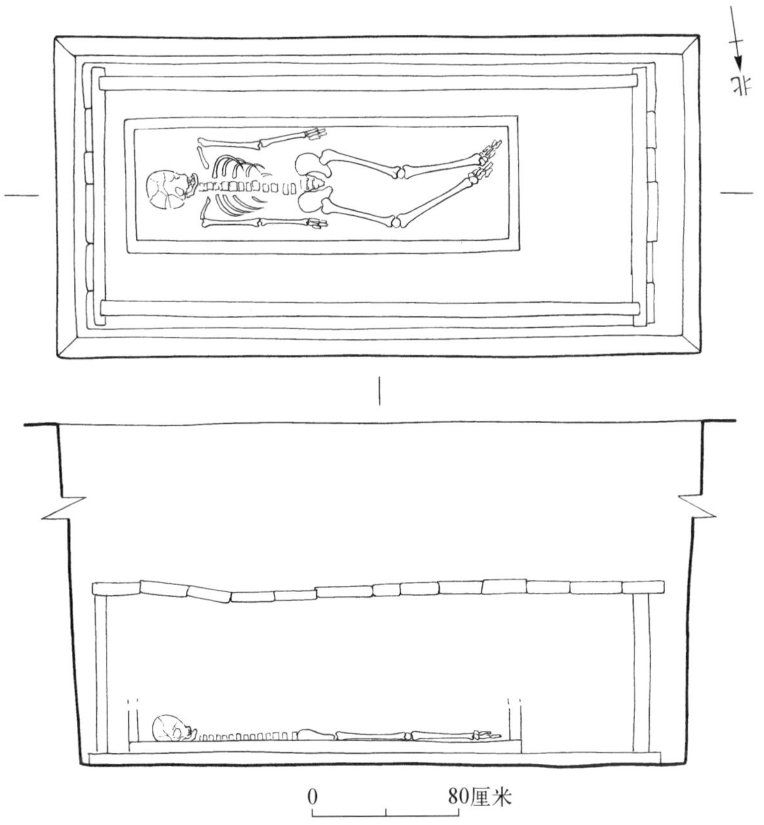

图一〇四 SDM82墓葬平、剖图

（4）墓主人

骨架保存较好。葬式为仰身屈肢葬，下肢略向右弯曲。头向东，面向南。

（5）随葬品及其位置

无随葬品。

55. 2010YFSDM83

（1）位置

西距SDM86约1.5米，西南距SDM85约2.6米。

（2）形制结构（图一〇五）

墓向：20°。

墓室：口大底小。口呈长方形，东长3.08、西长3.10、南宽1.98、北宽2.00米。斜壁。平底，东长2.88、西长2.90、南宽1.74、北宽1.75米。自深4.50米。

填土：深褐色五花土，土质较硬。

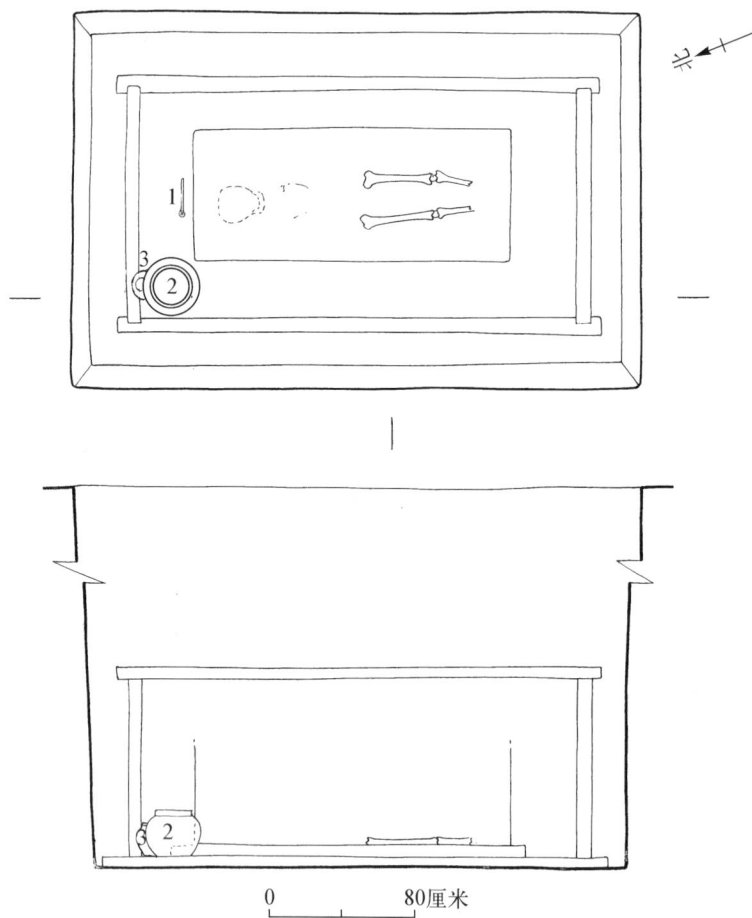

图一〇五　SDM83墓葬平、剖图

1. 铁削　2. 陶直口折肩罐　3. 陶罐口釜

（3）葬具

一棺一椁，均呈矩形。棺长1.72、宽0.70米。椁端板两端嵌于两侧板内，形成榫卯套接，侧板两端伸出端板外侧。椁长2.53、宽1.36、端板长1.26、端板厚0.07、侧板长2.64、侧板厚0.08米。

（4）墓主人

骨架保存极差，仅存少许牙齿及下肢。葬式为仰身直肢葬。头向北。

（5）随葬品及其位置

共3件，包括陶器2件、铁器1件，均位于墓主头端棺外。铁削（:1）位于头端棺外正中。椁内西北角，由北向南依次为罐口釜（:3）、直口折肩罐（:2）。

（6）随葬品介绍

直口折肩罐 1件。标本SDM83:2，夹细砂灰陶。大体，直口方唇，口外侧饰一周凹槽；折肩，腹微折，肩腹部呈"微亚腰"状，上腹近直，下腹斜直内收，平底。肩部饰数周暗旋纹，肩腹交接处饰一周旋纹。下腹有轮制痕迹。口径13.6、器身最大径25.4、底径12.0、通高19.6厘米（图九七，11）。

罐口釜 1件。标本SDM83:3，夹砂红陶。底残，小体，侈口，圆唇，矮直颈；圆肩，鼓腹，圜底。腹下部饰横向篮纹。腹底有烟炱。口径12.8、器身最大径19.1、残高13.8厘米（图九七，2）。

铁削 1件。标本SDM83:1，残碎，无法复原。

56. 2010YFSDM84

（1）位置

西距SDM85约2.0米，东距SDM63约6.5米，南距SDM65约5.5米。

（2）形制结构（图一〇六）

墓向：4°。

墓室：口大底小。口呈长方形，东长3.70、西长3.70、南宽1.84、北宽1.84米。斜壁。平底，东长3.50、西长3.50、南宽1.70、北宽1.74米。自深3.80米。

填土：红褐色五花土，土质较硬。

（3）葬具

一棺一椁，均呈矩形。棺置于椁内偏北，棺长1.92、宽0.84米。椁端板两端嵌于两侧板内，形成榫卯套接，侧板两端伸出端板外侧。椁长3.00、宽1.53、端板长1.40、端板厚0.09～0.12、侧板长3.12、侧板厚0.09～0.10米。椁底板由13块木板横向铺设，由南向北各块木板的宽度依次为0.24、0.20、0.24、0.16、0.30、0.24、0.26、0.34、0.28、0.21、0.29、0.24、0.22米。

（4）墓主人

仅存下肢骨，上身及头骨仅存痕迹。葬式为仰身直肢葬，上肢伸直置于躯干两侧。头向北。

（5）随葬品及其位置

共2件，皆陶器，均位于墓主脚端棺椁之间。灶（:1）位于棺外东南角，缶（:2）紧邻椁南侧端板中部。

（6）随葬品介绍

缶 1件。标本SDM84:2，夹细砂灰陶。小体，小口束颈，折沿下倾，尖圆唇；折肩，弧腹，上

图一○六 SDM84墓葬平、剖图

1. 陶灶 2. 陶缶

下腹交接处圆弧，仅以一周旋纹分界，形成"符号亚腰"，平底。肩部饰数周暗旋纹，上腹饰两至三周麦粒状绳纹，局部间以竖形绳纹。下腹有轮制痕迹。口径8.0、器身最大径30.5、底径14.0、通高26.7厘米（图九七，12）。

灶　1件。灶体1件。标本SDM84：1-1，夹细砂灰陶。灶身前方后圆，平面呈马蹄形；灶面有三釜，"品"字形分布，皆直口方唇，圆肩，鼓腹较浅；近灶门处两釜平圜底，近烟囱处一釜圜底；灶面尾端有一烟囱，上部呈罐状，烟囱顶部明显高于釜口部；前有方形灶门，灶门落地。素面。长24.6、宽19.2、灶门长4.6、灶门宽4、烟囱高9.6、通高18.3厘米。模型灶具2件。甑1件。标本SDM84：1-2，夹细砂灰陶。敞口，折沿微下倾，尖圆唇，弧腹微折，平底。器底戳制6个圆形甑孔，布局为中心一孔与边缘一周。素面。口径10.4、底径3.6、通高5.0厘米。盆1件。标本SDM84：1-3，夹细砂灰陶。敞口，平折沿，尖唇，折腹，上腹近直，下腹斜收，上腹占腹部比例约三分之一，平底。素面。口径11.2、底径3.6、通高5.0厘米（图一○八，1）。

57. 2010YFSDM85

（1）位置

东距SDM84约2.0米，北距SDM86约1.0米，西距SDM87约2.8米。

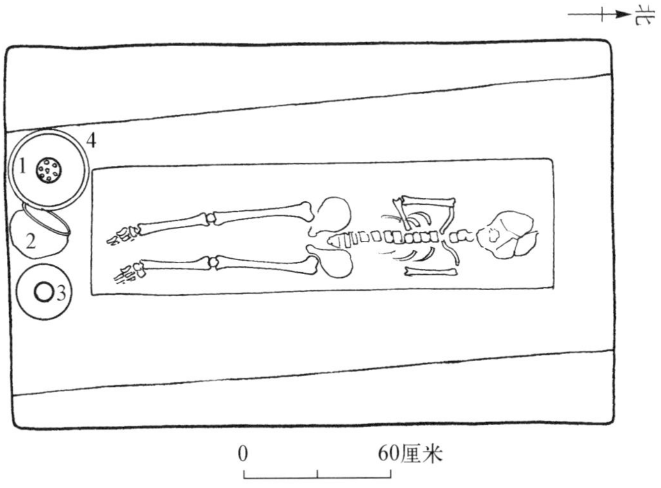

图一〇七 SDM85墓葬平面图

1.陶甑 2.陶直口折肩罐 3.陶小口旋纹罐 4.陶盆

（2）形制结构（图一〇七；彩版九，1）

墓向：0°。

墓室：口底等大。口呈长方形，东长2.45、西长2.46、南宽1.52、北宽1.52米。直壁。平底。自深3.90米。

二层台：东西两侧。东侧台面宽0.12～0.28、西侧台面宽0.14～0.34米。高0.70米。

填土：深褐色五花土，土质坚硬，经过夯打，但无明显夯层及夯窝。

（3）葬具

单棺，呈矩形。棺长1.87、宽0.50米。

（4）墓主人

骨架保存较好。葬式为仰身直肢葬，双手抱于胸前。头向北，面向上。

（5）随葬品及其位置

共4件，皆陶器，均位于墓主脚端棺外。由东向西依次为小口旋纹罐（：3）、直口折肩罐（：2）、盆（：4）、甑（：1），1号倒扣于4号上。

（6）随葬品介绍

小口旋纹罐 1件。标本SDM85：3，夹细砂灰陶。小口束颈，厚圆唇，圆鼓肩，腹部微弧近直，平底。肩部饰数周旋断绳纹，器身有明显烧流痕迹。腹下部有轮制痕迹。口径约9.0、底径约11.4、器身最大径约22.0、通高24.6厘米（图一〇八，3）。

直口折肩罐 1件。标本SDM85：2，夹细砂灰陶。大体，直口方唇，口外侧有一周凹槽；圆折肩，弧腹，上下腹交接处圆弧，仅以一周旋纹分界，形成"符号亚腰"，平底。肩部隐约可见数周暗旋纹，肩腹交接处饰一周旋纹。口径17.4、最大径28.3、底径12.3、通高20.0厘米（图一〇八，4）。

盆 1件，标本SDM85：4，夹细砂灰陶。敞口，折沿微下倾，尖圆唇；折腹，上腹近直，下腹斜

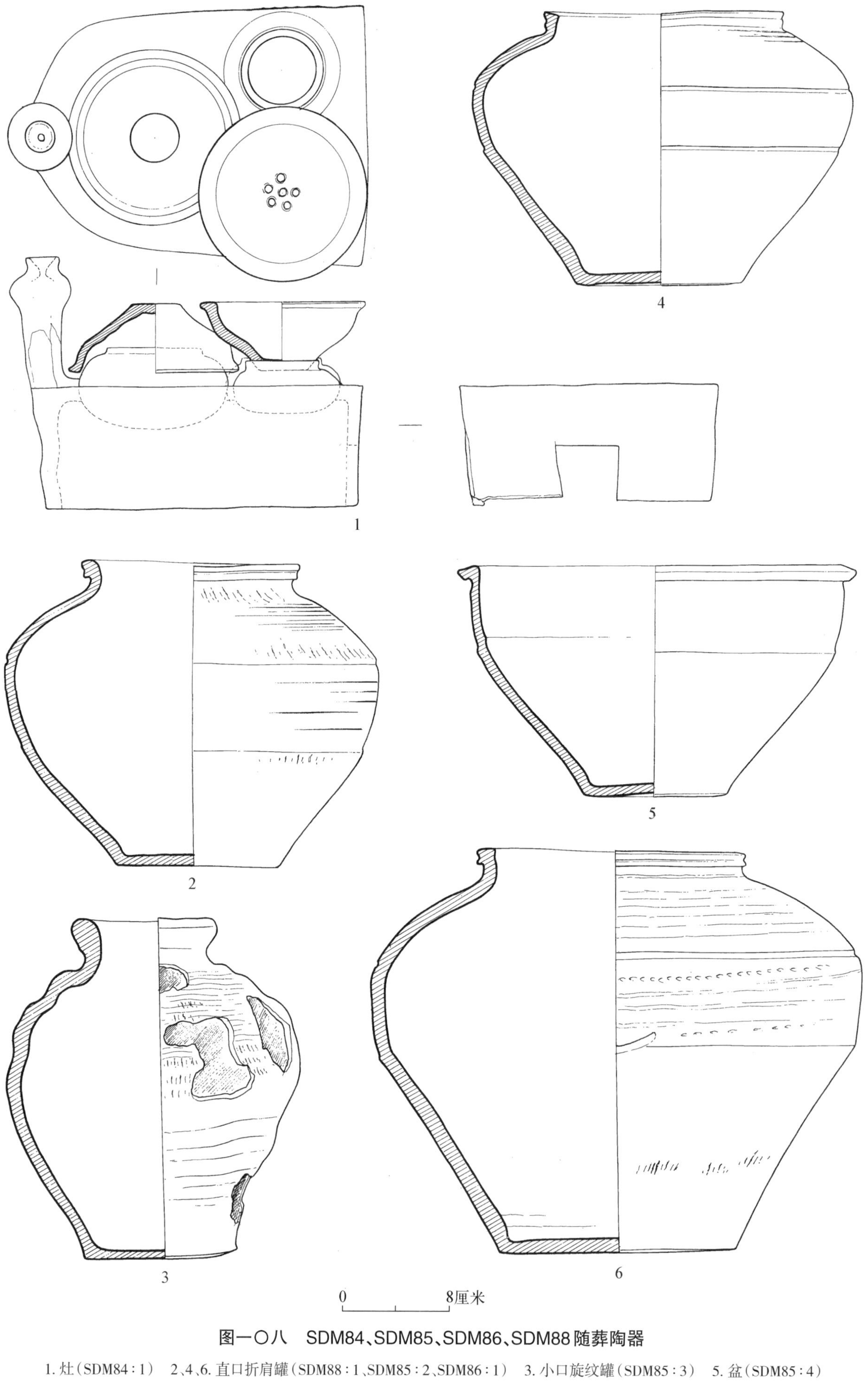

图一〇八　SDM84、SDM85、SDM86、SDM88 随葬陶器

1. 灶（SDM84：1）　2、4、6. 直口折肩罐（SDM88：1、SDM85：2、SDM86：1）　3. 小口旋纹罐（SDM85：3）　5. 盆（SDM85：4）

直内收,上腹占腹部比例大于三分之一,平底。折腹处有一周弦纹。口径27.0、底径10.2、通高16.8厘米(图一○八,5)。

　　甑　1件。标本SDM85:1,出土时残碎,无法修复。夹细砂灰陶。平折沿,尖圆唇,平底,戳制圆形甑孔。

58. 2010YFSDM86

（1）位置

南距SDM85约1.0米,东距SDM83约1.5米,西距SDM87约2.3米。

（2）形制结构（图一○九）

墓向:5°。

墓室:口底等大。口呈长方形,东长3.46、西长3.46、南宽1.56、北宽1.62米。直壁。平底。自深3.24米。

填土:土色红褐色,土质较硬,经过夯打,有较明显的夯层。

（3）葬具

一棺一椁。棺呈倒梯形,置于椁内偏南。棺两端板长度不相等,侧板与端板闭合相接。棺

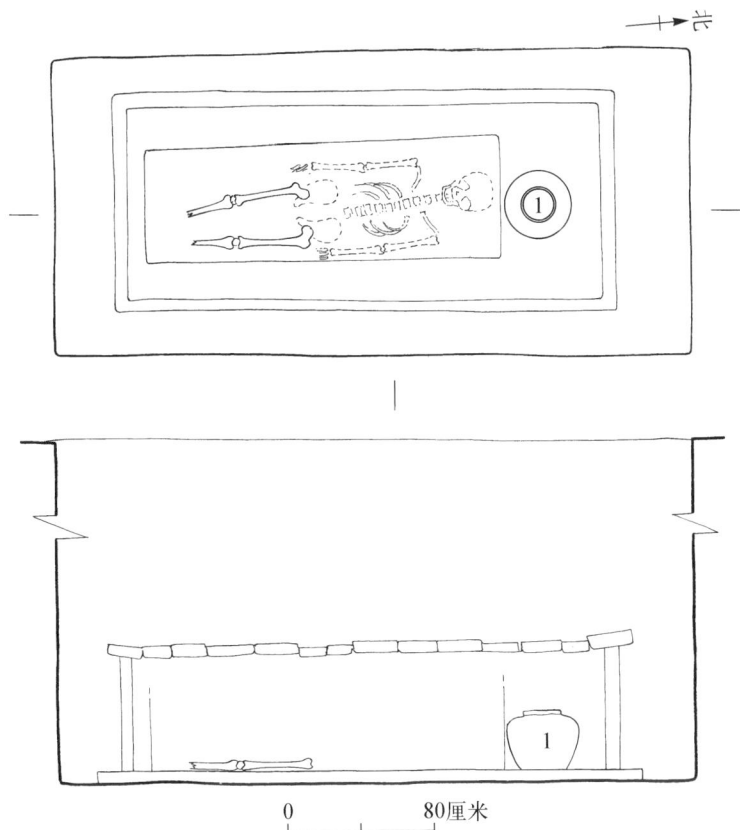

图一○九　SDM86墓葬平、剖图

1.陶直口折肩罐

长1.92、南宽0.60、北宽0.66米。椁呈矩形,端板与侧板四角闭合相接。椁长2.70、宽1.18、厚0.06～0.08米。椁盖板由14块木板横向铺设而成,由北向南各块木板宽度依次为0.24、0.14、0.23、0.22、0.24、0.22、0.24、0.12、0.16、0.24、0.25、0.18、0.16、0.18米。

(4)墓主人

上身仅存痕迹,下肢保存较好。葬式为仰身直肢葬,上肢伸直置于躯干两侧。头向北。

(5)随葬品及其位置

仅随葬1件直口折肩罐(:1),位于墓主头端棺椁之间中部。

(6)随葬品介绍

直口折肩罐 1件。标本SDM86:1,夹细砂灰陶。大体,直口方唇,口外侧有一周凹槽;折肩,腹微折,肩腹部呈"微亚腰"状,上腹竖直,下腹斜直微内凹,平底。肩部近口处、肩腹交接处各饰一周弦纹,肩部饰数周暗旋纹,上腹饰两周麦粒状绳纹间以三周暗旋纹。口径18.0、器身最大径36.5、底径17.4、通高29.0厘米(图一〇八,6)。

59. 2010YFSDM88

(1)位置

南距SDM91约9.7米,西距SDM97约13.7米。

(2)形制结构(图一一〇)

墓向:96°。

墓室:口底等大。口呈长方形,南长3.18、北长3.20、东宽1.90、西宽1.90米。直壁。平底。自深2.80米。

填土:红褐色五花土,土质松软。

(3)葬具

一棺一椁,均呈矩形。棺侧板嵌于端板内,形成榫卯套接,端板两端长出侧板外侧。棺长2.22、宽0.78、端板长0.89、端板厚0.06、侧板长2.14、侧板厚0.07米。椁长2.84、宽1.36、厚0.06～0.08米。椁盖板由13块木板纵向铺设而成,由东向西各块木板宽依次为0.20、0.18、0.22、0.24、0.24、0.28、0.22、0.14、0.17、0.27、0.30、0.26、0.22米。

(4)墓主人

骨架保存较好。葬式为仰身直肢葬,上肢伸直置于躯干两侧。头向东,面向北。

(5)随葬品及其位置

仅随葬1件直口折肩罐(:1),位于墓主脚端棺椁之间的"熟土二层台"上,罐口与椁盖板齐平。

(6)随葬品介绍

直口折肩罐 1件。标本SDM88:1,夹细砂灰陶。大体,直口方唇,口外侧有一周凹槽;圆折肩,弧腹,上下腹交接处圆弧,仅以一周旋纹分界,形成"符号亚腰",平底。肩部近口处饰一周竖行绳纹,肩部饰数周暗旋纹,肩腹交接处饰一周旋纹。口径14.5、器身最大径28.3、底径12.0、通高22.2厘米(图一〇八,2)。

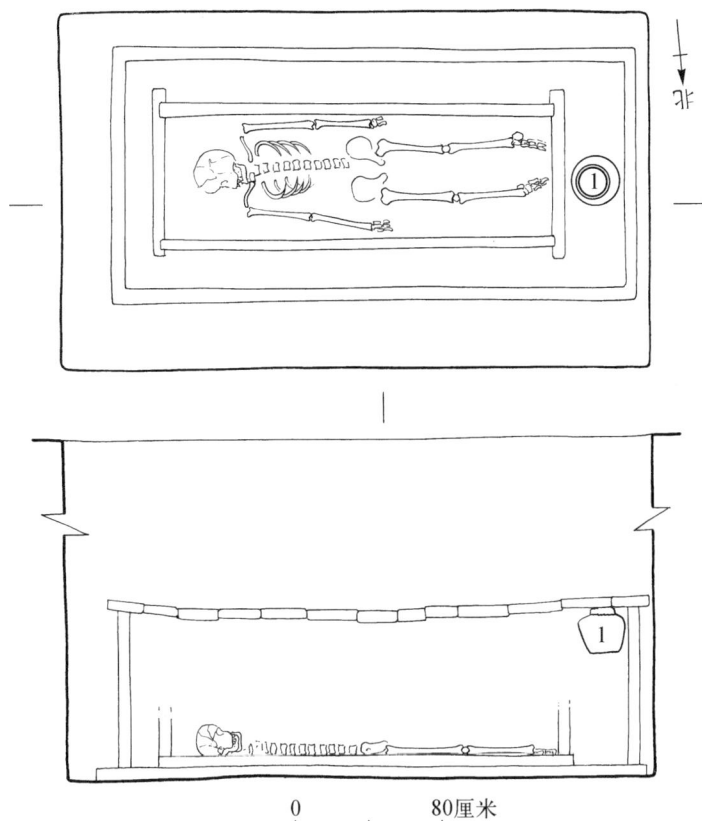

图一一〇　SDM88墓葬平、剖图

1. 陶直口折肩罐

60. 2010YFSDM90

（1）位置

东距SDM89约1.0米，南距SDM92约6.8米，西距SDM91约1.0米。

（2）形制结构（图一一一）

墓向：12°。

墓室：口大底小。口呈长方形，东长3.90、西长3.88、南宽1.98、北宽2.00米。斜壁。平底，东长3.46、西长3.48、南宽1.54、北宽1.54米。自深5.80米。

填土：土色黄褐色，土质较硬，经过夯打，但无明显夯窝。

（3）葬具

一棺一椁，均呈矩形，侧板与端板四角闭合相接。棺置于椁内偏西南，长2.07、宽0.80米。椁长3.42、宽1.36、端板及侧板厚均为0.04～0.08米。

（4）墓主人

骨架保存较好。葬式为仰身直肢葬，上肢伸直置于躯干两侧。头向北，面向上。

（5）随葬品及其位置

共11件，包括陶器8件、铜器1件、漆器2件。陶器、漆器均位于头端棺椁之间，自东向西分为

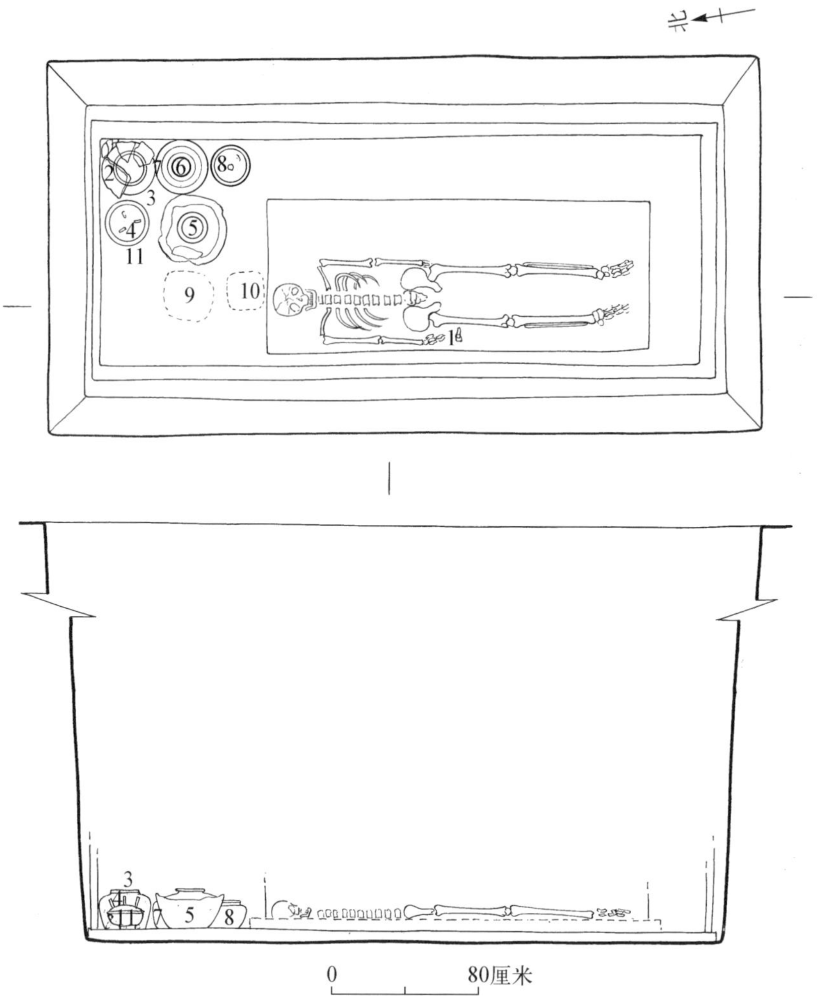

图一一一　SDM90墓葬平、剖图

1.铜带钩　2、6.陶盂　3.陶卷沿折肩罐　4.陶锜　5.陶缶　7.陶直口折肩罐　8.陶鼎　9、10.漆器　11.陶簋形甗

三排。第一排自北向南依次是盂（:2）、卷沿折肩罐（:3）、盂（:6）、直口折肩罐（:7）、鼎（:8），2号倒扣于3号上，6号倒扣于7号上；第二排自北向南依次是锜（:4）、簋形甗（:11）、缶（:5），4号倒置于11号内；第三排自北向南依次为漆器（:9）、漆器（:10）。铜带钩（:1）位于棺内墓主腰部。

（6）随葬品介绍

鼎　1件。标本SDM90:8，泥质灰陶。盖面微弧近平，上饰三半圆形乳突，乳突较大；鼎身与盖以子母口扣合，口内敛，内沿明显高于外沿；深弧腹，上下腹交接处有一周凸棱，圜底。双附耳，耳微外撇，有长方形穿，耳穿透出鼎身部分与未透出部分大小相当；耳、足与鼎身连接处距腹部凸棱较远，蹄足瘦高微内收，耳足呈五点式分布。盖面及上部残存部分白彩。器盖口径17.4、器盖高4.0、耳宽3.8、耳高6.3、器身口径16.1、器身最大径19.9、器身高13.1、足高7.8、通高18.5厘米（图一一二，3；彩版一三，1）。

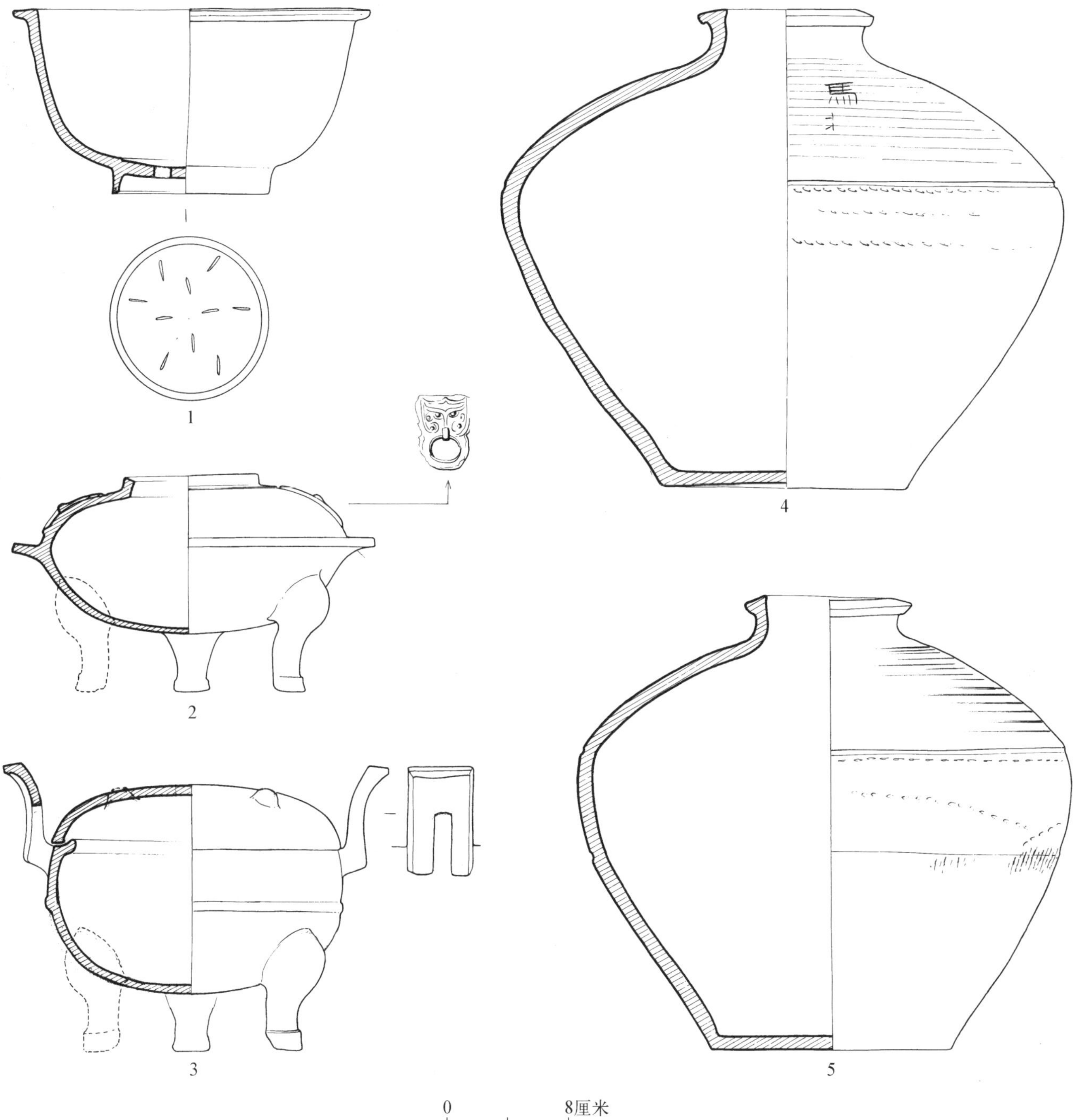

图一一二 SDM90、SDM92随葬陶器

1.簋形甑（SDM90：11） 2.錡（SDM90：4） 3.鼎（SDM90：8） 4、5.缶（SDM90：5、SDM92：1）

　　　锜　　1件。标本SDM90：4，泥质灰陶。小直口方唇，弧肩，肩部对称饰一对兽面衔环状铺首，铺首大而纹饰精致、印痕清晰；弧腹，圜底，腹深大于肩高；肩腹转折处有腰檐，腰檐较宽；腹下接三蹄足，蹄足细高。彩绘脱落。口径8.0、器身最大径22.3、檐宽2.1、足高7.5、通高13.8厘米（图一一二，2）。

　　　簋形甗　　1件。标本SDM90：11，泥质灰陶。敞口，折沿微下倾，方圆唇；弧腹，器底内壁全部被刮，刮痕较深，底内壁明显低于腹底相接处；器底戳制10个短条形甑孔，布局为内外两周，圈足微内敛。器内壁不施彩，外壁残存少量白彩。口径21.0、圈足径10.7、通高11.9厘米（图一一二，1；彩版一五，1）。

　　　缶　　1件。标本SDM90：5，夹细砂灰陶。大体，小口束颈，折沿下倾，尖圆唇；隆肩，腹部整体弧收，平底。肩部饰数周暗旋纹，阴刻"马"字，腹上部饰三周麦粒状绳纹。口径8.6、器身最大径37.4、底径16.5、通高30.7厘米（图二三，3；图一一二，4；彩版二〇，2）。

　　　直口折肩罐　　1件。标本SDM90：7，夹细砂灰陶。大体，直口方唇，口外侧有一周凹槽；折肩，腹微折，肩腹部呈"微亚腰"状，上腹微弧，下腹斜直，平底。肩部饰数周暗旋纹，下腹局部可见竖行绳纹。口径15.2、器身最大径26.2、底径11.0、通高19.0厘米（图一一三，1）。

　　　卷沿折肩罐　　1件。标本SDM90：3，夹细砂灰陶。大体，卷沿方唇；圆折肩，腹微折，肩腹部呈"微亚腰"状，上腹微弧，下腹斜直，平底。上腹饰数周暗弦纹，肩腹交接处饰一周旋纹。下腹

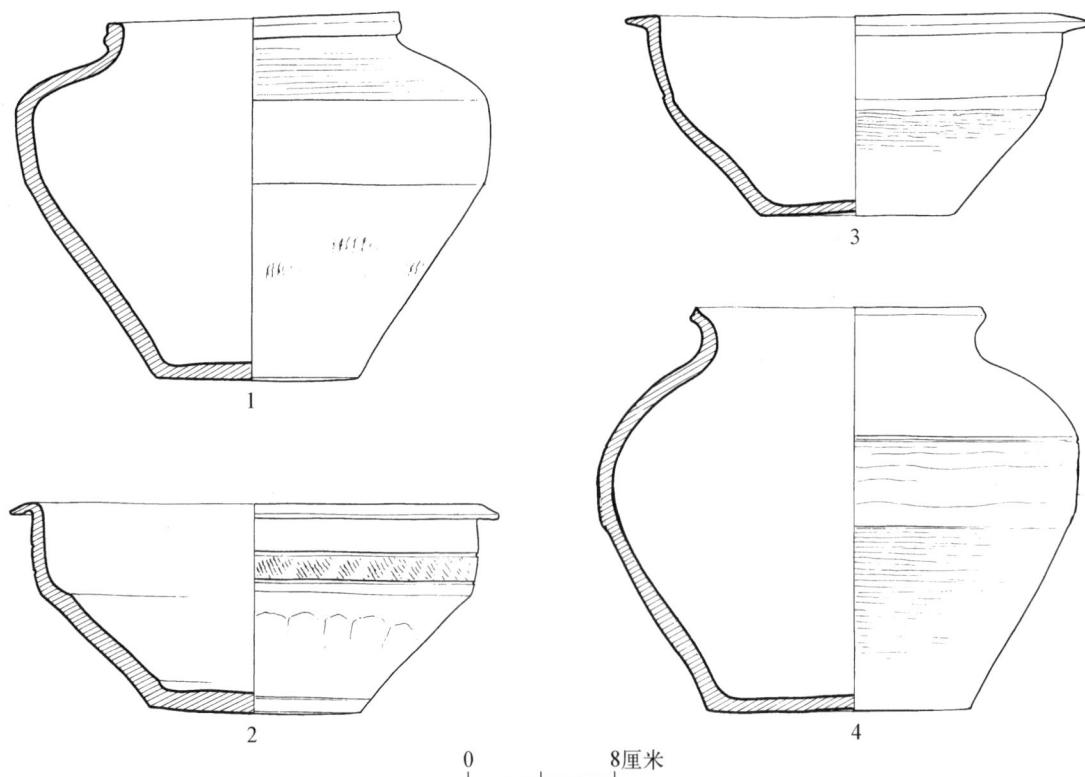

0　　　　　8厘米

图一一三　SDM90随葬陶器

1. 直口折肩罐（SDM90：7）　2、3. 盂（SDM90：6、SDM90：2）　4. 卷沿折肩罐（SDM90：3）

有轮制痕迹。口径15.3、器身最大径25.6、底径14.3、通高21.4厘米(图一一三,4)。

盂 共2件,皆夹细砂灰陶。敞口,折沿下倾,尖圆唇;折腹,上腹占腹部比例约三分之一,下腹斜直,平底。标本SDM90:6,上腹竖直,饰两周旋纹间以一周楔形绳纹。下腹有修整刮痕。口径24.2、底径11.6、通高11.2厘米(图一一三,2)。标本SDM90:2,上腹微弧。上下腹交接处饰有一周旋纹。下腹有轮制痕迹。口径21.5、底径11.4、通高10.5厘米(图一一三,3)。

铜带钩 1件。标本SDM90:1,水禽形;钩体厚重,断面为半圆形;钩尾较宽,椭圆形钩钮位于钩尾下部,以一短柱相连。长4.4、宽0.5~1.4、钮径1.6厘米(图九一,9;彩版三九,5)。

漆器共2件。标本SDM90:9、SDM90:10,无法提取。

61. 2010YFSDM92

(1)位置

北距SDM90约6.8米,西部被SDM91打破。

(2)形制结构(图一一四)

墓向:90°。

墓室:口底等大。口呈长方形,南长3.60、北长3.58、东宽2.24、西宽2.26米。直壁。平底。自深5.00米。

二层台:四周。台壁面内收,底面南长3.10、北长3.12、东宽1.80、西宽1.80米。东侧台面宽0.03~0.05、西侧台面宽0.10~0.16、南侧台面宽0~0.08、北侧台面宽0.06~0.16米。高1.28米。

填土:土色黄褐色,夹杂较多的褐色土颗粒,土质坚硬。椁四周用鹅卵石填实。

(3)葬具

一棺一椁,均呈矩形。棺置于椁内偏西。棺长1.80、宽0.68米。椁长2.56、宽1.26米。

(4)墓主人

骨架腐朽严重,残存头骨痕迹。葬式不明,头向东。

(5)随葬品及其位置

仅随葬1件缶(:1),位于墓主头端棺椁之间略偏南处。

(6)随葬品介绍

缶 1件,标本SDM92:1,夹细砂灰陶。小口束颈,折沿下倾,尖唇;圆折肩,弧腹,上下腹交接处圆弧,以一周旋纹分界,形成"符号亚腰",平底。肩面饰数周暗旋纹,肩腹交接处饰一周旋纹,上腹饰两周麦粒状绳纹,上下腹交接处局部可见竖行细绳纹。口径8.6、底径15.9、器身最大径32.6、通高29.0厘米(图一一二,5)。

62. 2010YFSDM93

(1)位置

东距SDM91约1.6米,西距SDM94约1.0米。

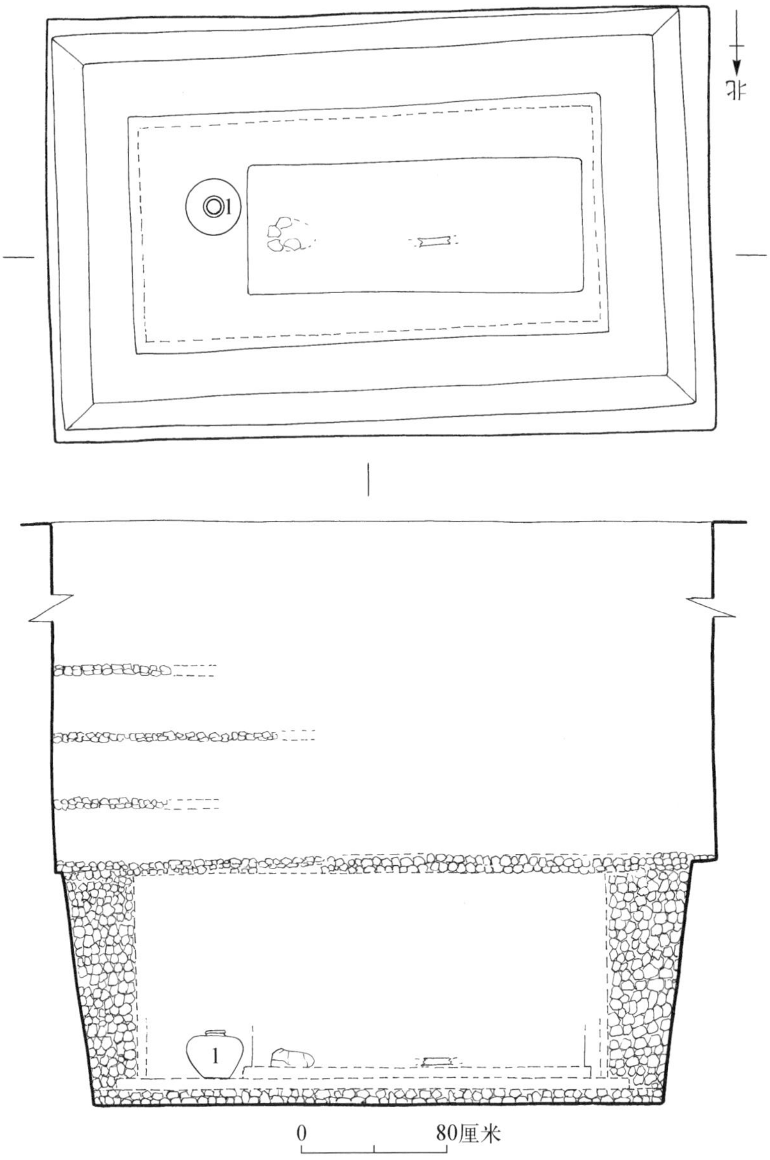

图一一四　SDM92墓葬平、剖图

1. 陶缶

（2）形制结构（图一一五）

墓向：5°。

墓室：口底等大。口呈长方形，东长3.20、西长3.18、南宽1.62、北宽1.60米。直壁。平底。自深3.40米。

二层台：东西两侧。东侧台面宽0.40、西侧台面宽0.30米。高0.90米。

填土：土色呈黄褐色，土质较松散，无夯打痕迹。

（3）葬具

单棺，呈矩形。置于墓室略偏南。棺长2.20、宽0.70米。

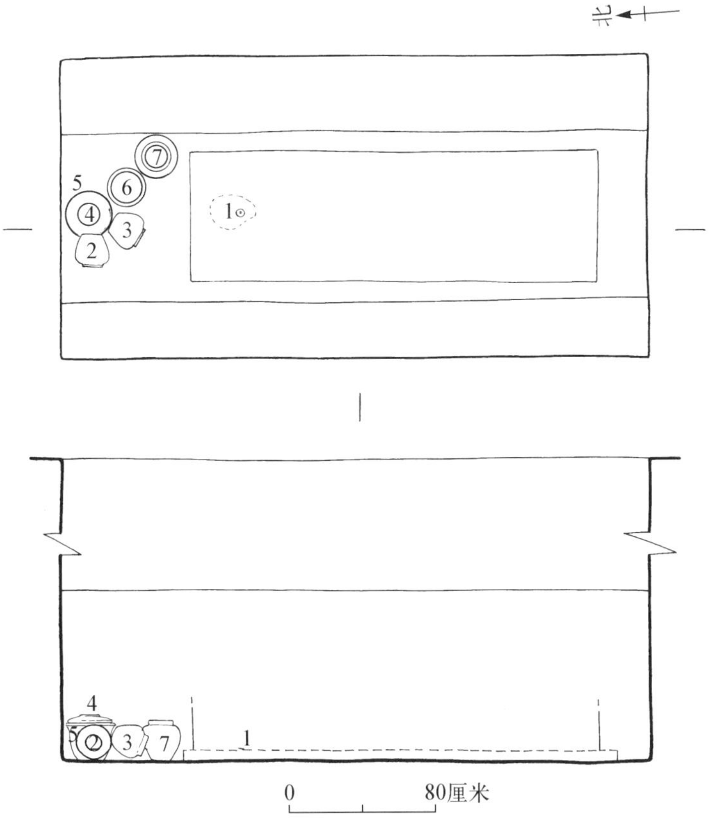

图一一五　SDM93墓葬平、剖图

1. 铜钱　2. 陶有颈罐　3、4. 陶卷沿圆肩罐　5. 陶盂　6. 陶盂形甑　7. 陶罐口釜

（4）墓主人

仅存头骨痕迹。葬式不明，头向北。

（5）随葬品及其位置

共7件，包括陶器6件、铜钱1枚。铜钱（：1）位于棺内墓主口部。陶器皆位于墓主头端棺外。罐口釜（：7）位于棺外东北角，紧贴东侧二层台。7号以西为盂形甑（：6）和卷沿圆肩罐（：3）。卷沿圆肩罐（：4）、陶盂（：5）和有颈罐（：2）紧靠墓室北壁，东西向排列。4号叠置于5号内。

（6）随葬品介绍

卷沿圆肩罐　共2件。皆夹细砂灰陶。小体，侈口卷沿，方圆唇，圆鼓肩，弧腹，平底。肩部饰数周暗旋纹，腹下部有修整刮痕。标本SDM93：4，腹下部斜直。口径11.6、器身最大径19.8、底径9.4、通高16.0厘米（图一一六，3）。标本SDM93：3，腹部整体圆弧。口径11.6、器身最大径20.1、底径9.6、通高16.5厘米（图一一六，4）。

有颈罐　1件。标本SDM93：2，夹细砂灰陶。侈口方唇，矮直颈，微溜肩，腹部整体圆弧，平底。腹上部隐约可见竖行绳纹。口径12.0、器身最大径20.8、底径10.0、通高18.0厘米（图一一六，6）。

盂　1件。标本SDM93：5，夹细砂灰陶。敞口，平折沿，尖圆唇，弧腹，平底。内壁饰数周暗旋纹，腹上部饰两周旋纹间以一周楔形绳纹。口径22.5、底径9.4、通高11.7厘米（图一一六，1）。

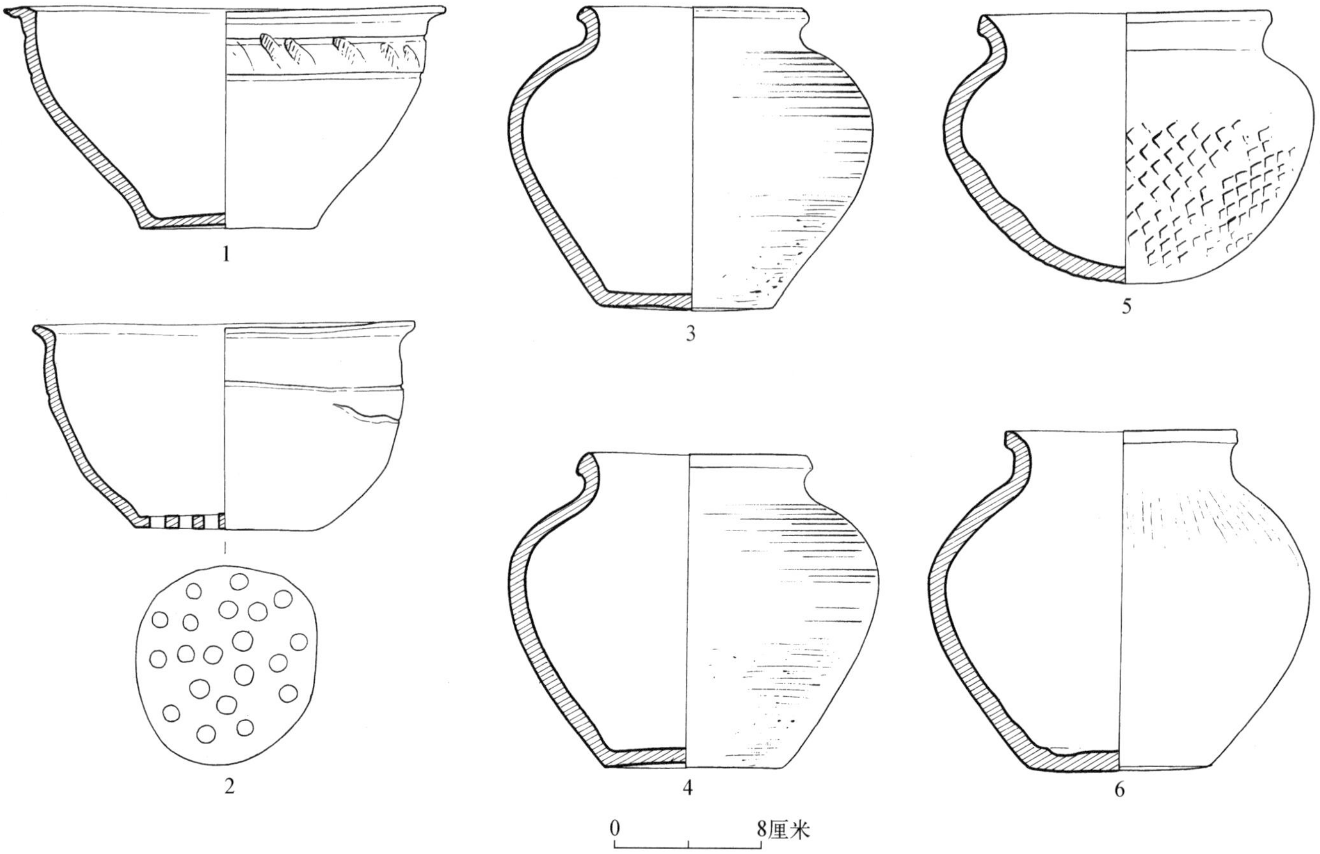

图一一六　SDM93随葬陶器

1. 盂（SDM93：5）　2. 盂形甑（SDM93：6）　3、4. 卷沿圆肩罐（SDM93：4、SDM93：3）
5. 罐口釜（SDM93：7）　6. 有颈罐（SDM93：2）

　　盂形甑　1件。标本SDM93：6，夹细砂灰陶。器形不甚规整。侈口卷沿，尖圆唇，弧腹微折，上腹占腹部比例近半，平底；底部戳制20个圆形甑孔，布局不规则。上腹饰一周旋纹。口径20.4、底径9.8、通高11.0厘米（图一一六，2）。

　　罐口釜　1件。标本SDM93：7，夹砂灰陶，底部夹粗砂。侈口卷沿，方圆唇，鼓肩，弧腹，圜底。腹及底部饰方格纹。口径15.6、器身最大径20.2、通高14.4厘米（图一一六，5）。

　　铜钱1枚。标本SDM93：1，为"榆荚半两"，4枚粘合。文字不清，锈蚀严重。钱体极轻薄。总重量1.1克。

63. 2010YFSDM94

（1）位置

东距SDM93约1.0米，西距SDM95约1.28米。

（2）形制结构（图一一七；图版六，2）

墓向：18°。

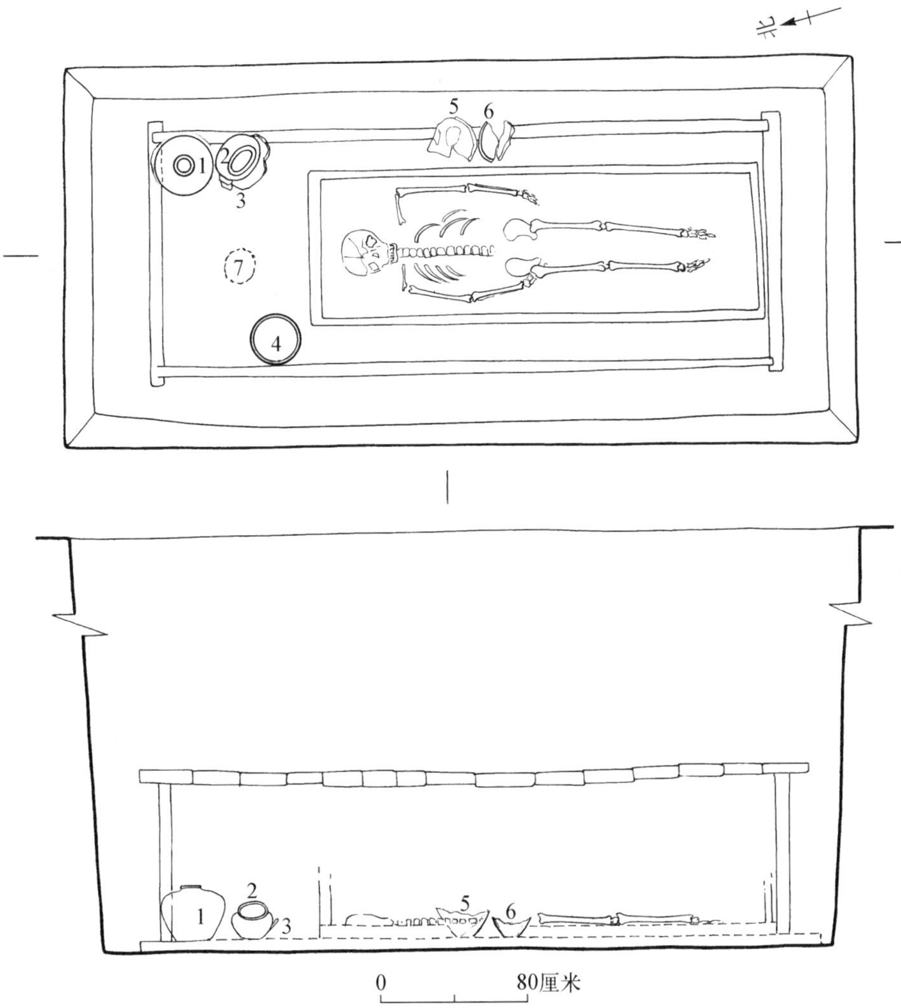

图一一七　SDM94墓葬平、剖图

1.陶缶　2、3.陶直口折肩罐　4.陶盂　5.陶鬲口釜　6.陶盂形瓿　7.漆器

墓室：口大底小。口呈长方形，东长4.32、西长4.30、南宽2.04、北宽2.00米。斜壁。平底，东长4.00、西长3.98、南宽1.72、北宽1.68米。自深4.60米。

填土：土色黄褐色，土质较硬，有夯土块，无明显夯层及夯窝。

（3）葬具

一棺一椁，均呈矩形。棺置于椁内偏南。棺长2.50、宽0.82、厚0.06米。椁侧板两端嵌于端板内，形成榫卯套接，端板两端长出侧板外侧。椁长3.44、宽1.30、端板长1.40、端板厚0.08、侧板长3.34、侧板厚0.06米。椁盖板由15块木板横向铺设，由北向南各块木板宽度依次为0.30、0.26、0.26、0.20、0.22、0.18、0.16、0.26、0.34、0.26、0.28、0.24、0.24、0.22、0.24米。

（4）墓主人

骨架保存较好。葬式为仰身直肢葬，右上肢略内折且该手放于腹部，左上肢伸直于躯干旁。头向北，面向西。

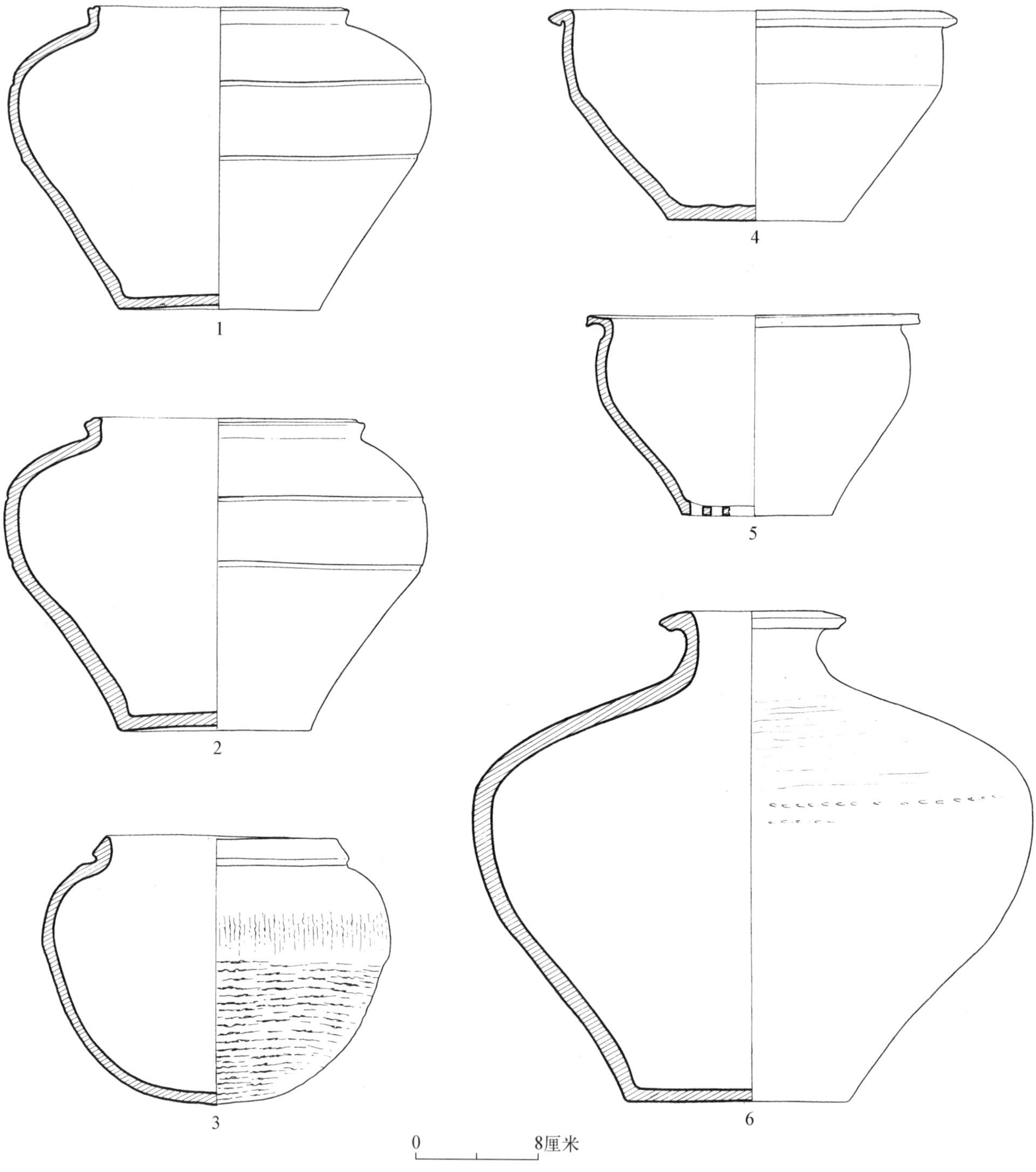

0 _____ 8厘米

图一一八　SDM94 随葬陶器

1、2. 直口折肩罐（SDM94：2、SDM94：3）　3. 鬲口釜（SDM94：5）　4. 盂（SDM94：4）　5. 盂形甑（SDM94：6）　6. 缶（SDM94：1）

（5）随葬品及其位置

共7件，包括陶器6件、漆器1件，均位于棺椁之间。缶（：1）位于椁内东北角，其南侧为直口折肩罐（：2、：3），2号叠置于3号上。盂（：4）位于棺外西北角。盂形甑（：6）、鬲口釜（：5）南北向排列于椁东侧板的朽痕上，原应位于椁盖板上相应位置。漆器（：7）位于4号东北侧。

（6）随葬品介绍

缶 1件。标本SDM94：1，夹细砂灰陶。大体，小口束颈，折沿下倾，尖圆唇；隆肩，腹部整体斜收，下部微内凹，平底。肩部饰数周暗旋纹，腹上部饰一周麦粒状绳纹，口及肩部有划痕。口径8.5、器身最大径36.2、底径14.3、通高30.7厘米（图一一八，6）。

直口折肩罐 共2件。皆夹细砂灰陶。大体，直口方唇，唇面有一周凹槽；圆折肩，上腹略弧，下腹斜直，上下腹交接处圆弧，仅以一周旋纹分界，形成"符号亚腰"，平底。肩腹交接处饰一周旋纹。标本SDM94：2，口径15.6、器身最大径27.6、底径13.2、通高19.0厘米（图一一八，1）。标本SDM94：3，口径16.6、器身最大径27.5、底径12.4、通高19.6厘米（图一一八，2）。

盂 1件。标本SDM94：4，夹细砂灰陶。敞口，折沿下倾，尖唇，弧腹微折，上腹微弧近直，下腹斜直，上腹占腹部比列约三分之一，平底。内壁饰数周暗旋纹。口径23.6、底径10.4、通高13.4厘米（图一一八，4）。

盂形甑 1件。标本SDM94：6，夹砂灰褐陶。卷沿方唇，沿面近平；鼓腹，腹近口处内敛，腹下部斜直，平底；底部残留戳制甑孔6个。素面。口径19.8、底径9.6、通高12.5厘米（图一一八，5）。

鬲口釜 1件。标本SDM94：5，夹砂灰陶，底部夹粗砂。口微侈，斜方唇，唇面微内凹；圆鼓肩，弧腹，圜底。腹上部饰竖行绳纹，下部及底饰横向篮纹。口径14.8、器身最大径22.8、通高16.8厘米（图一一八，3；彩版二八，6）。

漆器 1件。标本SDM94：7，无法提取。

64. 2010YFSDM95

（1）位置

东距SDM94约1.28米，西北距SDM97约7米。

（2）形制结构（图一一九）

墓向：12°。

墓室：口底等大。口呈长方形，东长3.22、西长3.24、南宽1.54、北宽1.52米。直壁。平底。自深5.18米。

填土：黄褐色五花土，土质较细密。

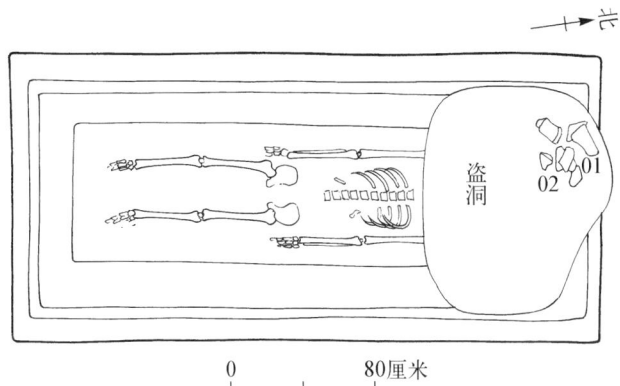

图一一九 SDM95墓葬平面图

D01.陶直口折肩罐 D02.陶盂形甑

（3）葬具

一棺一椁。棺北端因盗扰而不存，具体形制不明。棺残长1.94、宽0.74米。椁似呈矩形，端板与侧板四角闭合相接。椁长3.08、宽1.25、端板厚0.05、侧板厚0.06米。

（4）墓主人

头骨不存，其余保存较好。葬式为仰身直肢葬，上肢伸直置于躯干两侧。头向北。

（5）随葬品及其位置

共2件，皆陶器，均位于墓室北部盗洞中。据盗洞位置推测，直口折肩罐（：D01）、盂形甑（：D02）原应置于墓主头端棺椁之间。

（6）随葬品介绍

直口折肩罐　1件。标本SDM95：D01，夹细砂灰陶。大体，直口方唇，口外侧有一周凹槽；圆折肩，弧腹，上下腹交接处圆弧，仅以一周旋纹分界，形成"符号亚腰"，下腹斜直微内凹，平底。肩部饰数周暗旋纹，肩腹交接处饰一周旋纹。口径14.4、器身最大径27.0、底径12.8、通高22.0厘米（图一二二，3）。

盂形甑　1件。标本SDM95：D02，夹细砂灰陶。卷沿方唇，沿面近平；弧腹，腹下部斜直微内凹，腹上部占腹部比例略大于三分之一，平底；底部残留11个戳制圆形甑孔。上腹饰三周旋纹。口径22.6、底径9.0、通高12.5厘米（图一二二，2）。

65. 2010YFSDM98

（1）位置

东距SDM97约7.5米，南距SDM99约1.0米。

（2）形制结构（图一二○）

墓向：101°。

墓室：口底等大。口呈长方形，南长2.90、北长2.90、东宽1.51、西宽1.50米。直壁。平底。自深2.80米。

二层台：南北两侧。南侧台面宽0.36、北侧台面宽0.24米。高0.45米。

填土：土色红褐色，土质较软。

（3）葬具

无葬具。

（4）墓主人

骨架保存极差，仅存部分肢骨痕迹。葬式不明。

（5）随葬品及其位置

仅随葬1件小口旋纹罐（：1），位于墓室东南角。

（6）随葬品介绍

小口旋纹罐　1件。标本SDM98：1，夹细

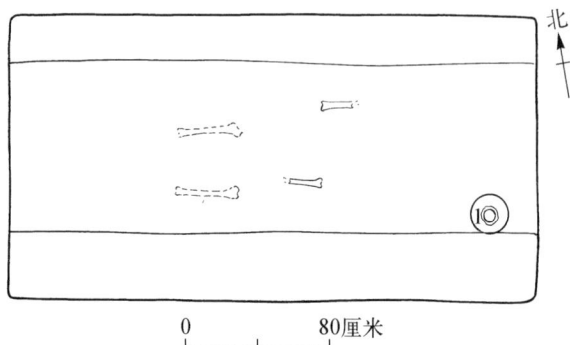

图一二○　SDM98墓葬平面图

1. 陶小口旋纹罐

砂灰陶。小口束颈，折沿下倾，尖圆唇；微溜肩，腹部微弧近直，平底。肩及腹上部饰数周旋纹及旋断绳纹。口径8.0、底径11.2、器身最大径24.5、通高25.3厘米（图一二二,4）。

66. 2010YFSDM99

（1）位置

北距SDM98约1.0米，南距SDM100约1.0米。

（2）形制结构（图一二一）

墓向：102°。

墓室：口底等大。口呈长方形，南长3.32、北长3.32、东宽2.18、西宽2.16米。直壁。平底。自深3.22米。

二层台：南北两侧。南侧台面宽0.44、北侧台面宽0.28米。高0.70米。

填土：灰褐色五花土，土质较坚硬。

（3）葬具

单棺，呈矩形。棺长2.01、宽0.72米。棺底板由5块木板横向铺设而成，由北向南各块木板的宽度依次为0.16、0.12、0.19、0.2、0.10米。

（4）墓主人

头骨仅存痕迹，其余保存较好。葬式为仰身直肢葬，右上肢内折且该手放于腹部，左上肢伸直于躯干旁，双脚并拢，下肢整体向南倾斜。头向东。

（5）随葬品及其位置

共4件，皆陶器，均位于墓主头端棺外。由北向南依次为直口折肩罐（：1、：2）、盆形甑（：3）、罐口釜（：4），其中3号倒扣在4号上。

（6）随葬品介绍

直口折肩罐 共2件。夹细砂灰陶。大体，直口方唇，口外侧有一周凹槽；折肩，腹微折，肩腹部呈"微亚腰"状，上腹略弧，下腹斜直，平底。标本SDM99：1，肩腹及上下腹交接处各饰两周旋纹，上腹饰一周麦粒状绳纹。口径16.2、器身最大径28.2、底径13.4、通高21.3厘米（图一二二,7）。标本SDM99：2，肩部饰数周暗旋纹，肩腹及上下腹交接处各饰一周旋纹。口径16.0、器身最大径28.9、底径12.3、通高21.4厘米（图一二二,8）。

盆形甑 1件。标本SDM99：3，夹细砂灰陶。敞口，折沿微下倾，尖唇；折腹，上腹近直，下腹斜直内收，上腹占腹部比例约四分之一，平底；底部戳制13个圆形甑孔，布局为中

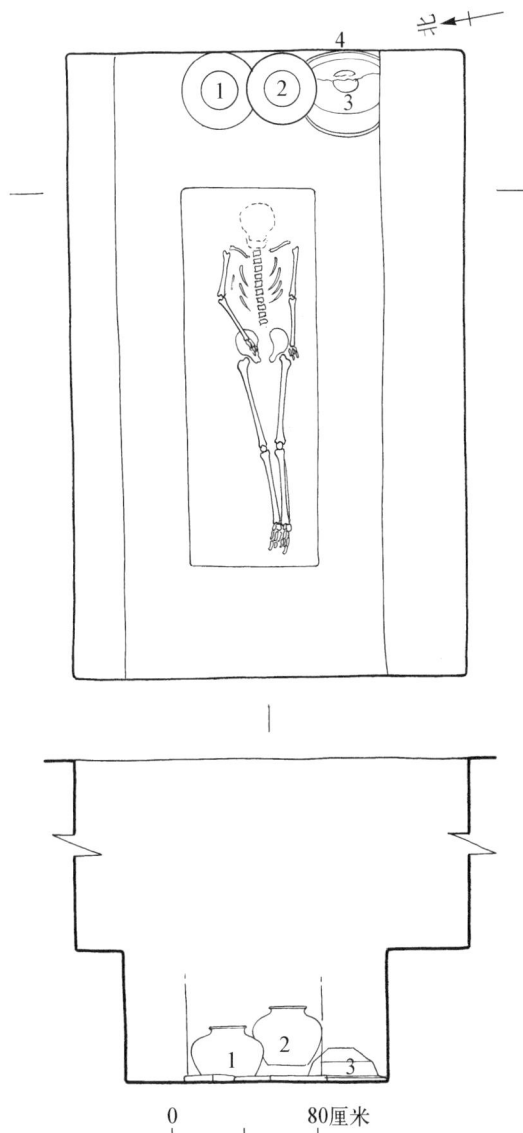

图一二一 SDM99墓葬平、剖图

1、2.陶直口折肩罐 3.陶盆形甑 4.陶罐口釜

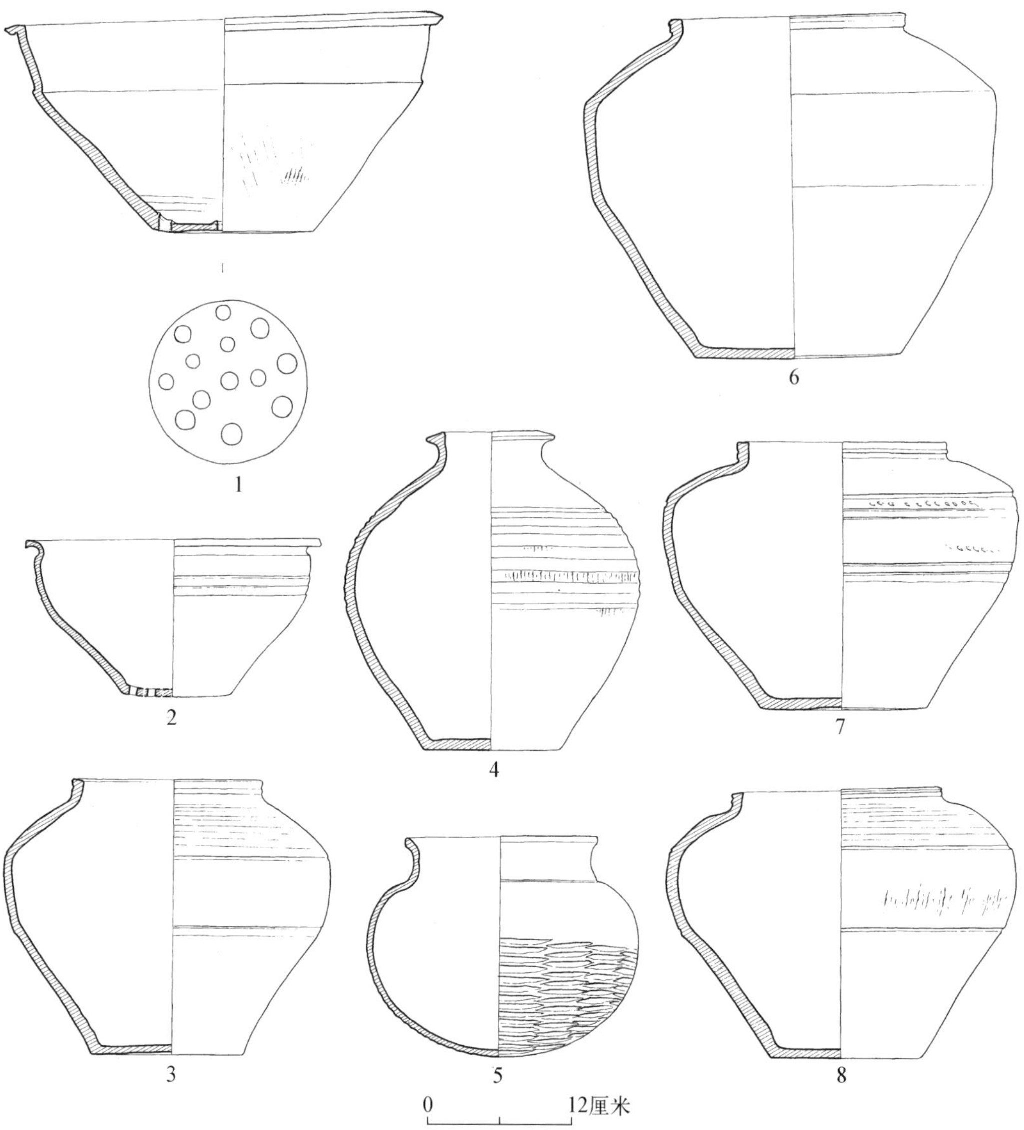

图一二二　SDM95、SDM98、SDM99、SDM100 随葬陶器

1. 盆形甑(SDM99：3)　2. 盂形甑(SDM95：D02)　3、6、7、8 直口折肩罐(SDM95：D01、SDM100：2、SDM99：1、SDM99：2)
4. 小口旋纹罐(SDM98：1)　5. 罐口釜(SDM99：4)

心五孔与边缘一周。上下腹交接处有一周折棱。口径33.1、底径13.0、通高16.9厘米（图
一二二，1）。

　　罐口釜　1件。标本SDM99：4，夹粗砂红陶。大体，卷沿圆唇，矮直颈，圆肩，鼓腹，圜底。腹
及底部饰横向篮纹，布满烟炱。口径15.2、器身最大径22.5、通高17.5厘米（图一二二，5）。

67. 2010YFSDM100

（1）位置

北距SDM99约1.0米，东距SDM97约8.7米。

（2）形制结构（图一二三）

墓向：95°。

墓室：西端残，口底等大。口呈长方形，北边残长1.96、南边残长1.70、东宽1.80米。直壁。平底。自深2.80米。

二层台：南北两侧。南侧台面宽0.28、北侧台面宽0.40米。高0.74米。二层台东端两侧各有一个长方形小坑，底距墓底0.54米。北边小坑长0.28、宽0.20、深0.20米，南边小坑长0.34、宽0.24、深0.18米。

填土：黄褐色五花土，土质坚硬。

（3）葬具

单棺，呈矩形。南端残长1.50、北端残长1.60、宽0.70米。棺底板由5块木板横向铺设而成，由南向北各木板的宽分别为0.12、0.10、0.18、0.16、0.19米。

（4）墓主人

骨架保存极差，仅存头骨、右侧股骨上端痕迹。葬式不明，头向东。

（5）随葬品及其位置

共2件，皆陶器，均位于墓主头端。直口折肩罐（：1）嵌于北侧二层台内，直口折肩罐（：2）嵌于南侧二层台内。

（6）随葬品介绍

直口折肩罐 2件。夹细砂灰陶。大体，直口方唇，口外侧有一周凹槽，折肩，平底。标本SDM100：1，腹微折，肩腹部呈"微亚腰"状，上腹略弧，下腹斜直略内凹。肩腹及上下腹交接处各饰一周旋纹。口径12.8、底径10.5、器身最大径25.6、通高19.2厘米（图一二六，7）。标本SDM100：2，折腹，肩腹部呈"亚腰"状，上腹竖直，下腹斜直。口径18.0、底径17.0、器身最大径33.8、通高27.2厘米（图一二二，6）。

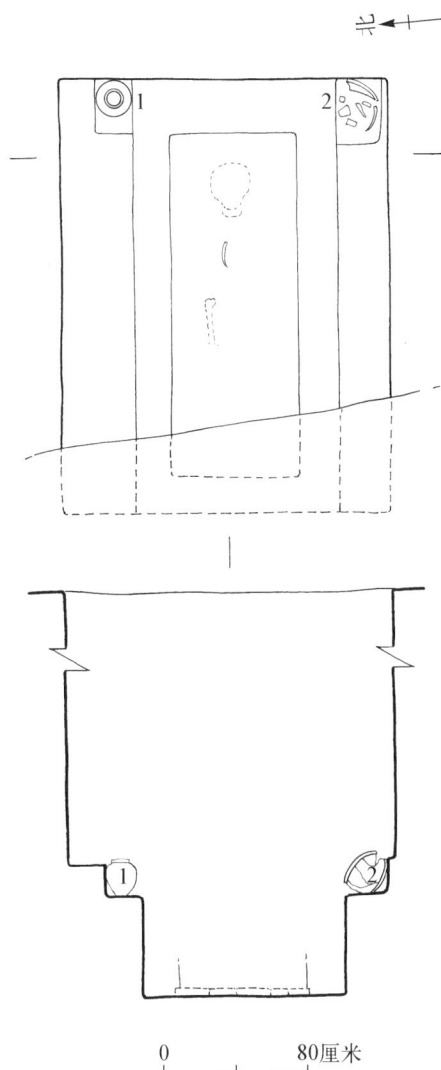

图一二三 SDM100墓葬平、剖图
1、2.陶直口折肩罐

68. 2010YFSDM102

（1）位置

西距SDM79约11.0米，北距SDM72约8.5米，东距SDM67约10.0米。

（2）形制结构（图一二四）

墓向：14°。

墓室：口底等大。口呈长方形，东长2.80、西长2.78、南宽1.16、北宽1.18米。直壁。平底。

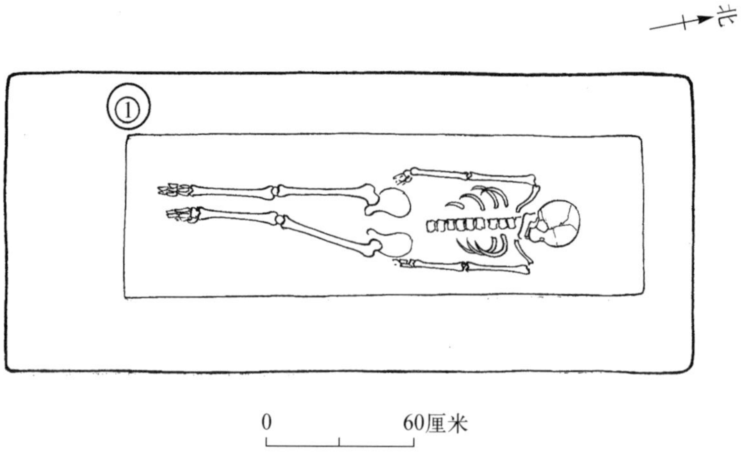

图一二四　SDM102墓葬平面图

1.陶小口旋纹罐

自深2.90米。

填土:红褐色五花土,土质较硬。

（3）葬具

单棺,呈矩形。棺长2.12、宽0.64米。

（4）墓主人

骨架保存较好。葬式为仰身直肢葬,上肢伸直置于躯干两侧,双手置于盆骨两侧。头向北,面向东。

（5）随葬品及其位置

仅随葬1件小口旋纹罐(　:1),位于棺外西南角。

（6）随葬品介绍

小口旋纹罐　1件。标本SDM102:1,夹细砂灰褐陶。小口束颈,折沿微下倾,尖唇;微溜肩,腹近斜直,平底。肩及腹上部饰数周旋断绳纹。口径8.1、器身最大径21.6、底径10.8、通高23.2厘米(图一二六,8)。

69. 2010YFSDM104

（1）位置

北距SDM103约6.6米,东距SDM105近0.5米。

（2）形制结构（图一二五;图版二,1）

墓向:11°。

墓室:口大底小。口呈长方形,东长3.94、西长3.92、南宽1.90、北宽1.92米。斜壁。平底,东长3.54、西长3.52、南宽1.56、北宽1.58米。自深4.20米。

填土:灰褐色五花土,土质疏松。

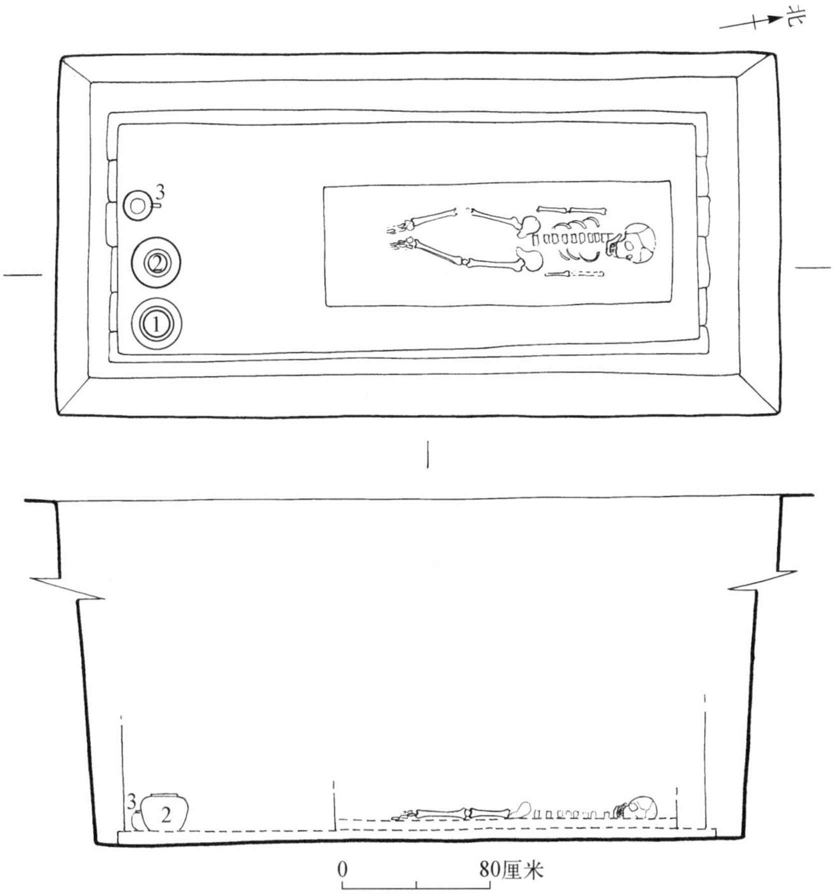

图一二五　SDM104墓葬平、剖图

1.陶卷沿圆肩罐　2.陶直口折肩罐　3.陶带把釜

（3）葬具

一棺一椁，均呈矩形。棺置于椁内偏北，棺长1.87、宽0.65米。椁长3.15、宽1.22米。椁底板由6块木板纵向铺设，由东向西，长、宽依次为3.26×0.16、3.24×0.20、3.22×0.24、3.26×0.24、3.26×0.22、3.28×0.26 m²。

（4）墓主人

骨架保存较好。葬式为仰身屈肢葬，下肢分别向左右略弯曲。头向北，面向东。

（5）随葬品及其位置

共3件，皆陶器，均位于墓主脚端棺椁之间。自东向西，依次是卷沿圆肩罐（:1）、直口折肩罐（:2）、带把釜（:3）。

（6）随葬品介绍

直口折肩罐　1件。标本SDM104:2，夹细砂灰陶。大体，直口方唇，口外侧有一周凹槽；折肩，腹微弧，肩腹部呈"微亚腰"状，平底。肩腹交接处饰一周旋纹，上腹饰三周麦粒状绳纹。下腹有轮制痕迹。口径16.2、器身最大径31.2、底径15.5、通高21.8厘米（图一二六，1）。

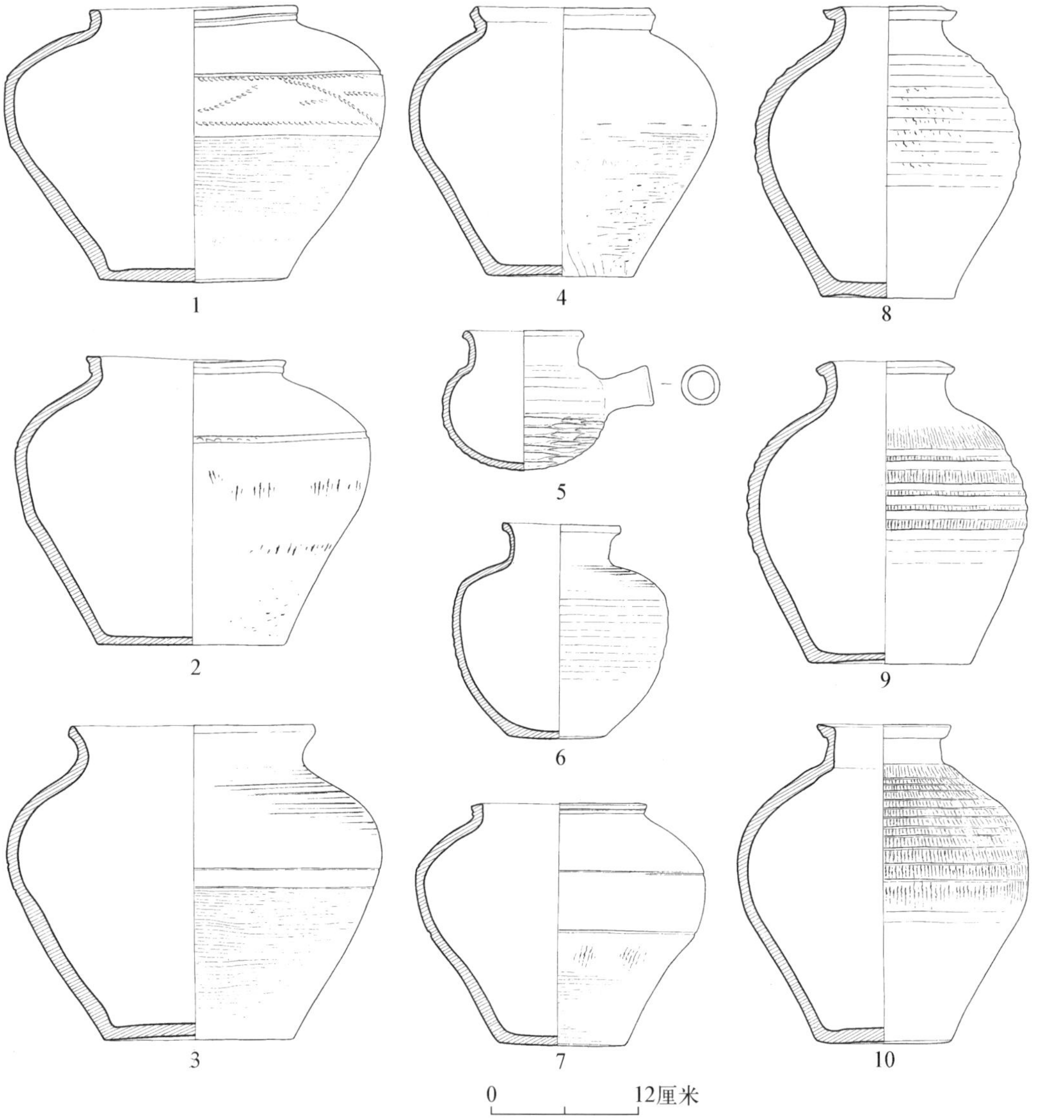

图一二六　SDM100、SDM102、SDM104、SDM105、SDM107随葬陶器

1、2、7. 直口折肩罐（SDM104：2、SDM105：3、SDM100：1）　3. 卷沿圆肩罐（SDM104：1）　4. 卷沿折肩罐（SDM107：2）

5. 带把釜（SDM104：3）　6. 有颈罐（SDM107：4）　8、9、10. 小口旋纹罐（SDM102：1、SDM107：3、SDM107：1）

　　卷沿圆肩罐　1件。标本SDM104：1，夹细砂灰陶。大体，卷沿方唇，圆鼓肩，腹部微弧近直，平底。肩部饰数周暗旋纹，腹上部饰两周旋纹。腹下部有轮制痕迹。口径19.7、器身最大径30.9、底径15.6、通高25.0厘米（图一二六，3）。

　　带把釜　1件。标本SDM104：3，夹砂红褐陶，底部夹粗砂。卷沿圆唇，矮直颈，圆肩，鼓腹，圜底；肩腹交接处有一圆筒形把。腹上部饰数周瓦纹，腹下部饰横向篮纹，底部饰纵向篮纹。腹底有烟炱。口径9.2、器身最大径13.4、通高11.2、把长3.6厘米（图一二六，5）。

70. 2010YFSDM105

（1）位置

西距SDM104约0.5米,北距SDM103约6.8米。

（2）形制结构（图一二七）

墓向：13°。

墓室：口底等大。口呈长方形,东长3.36、西长3.36、南宽1.74、北宽1.74米。直壁。平底。自深3.10米。

壁龛：呈圆拱形,1个。位于西南壁中部夹角处,人骨脚部一端。拱形顶,近直壁,平底,底部平面呈长方形。口宽0.42、进深0.38、高0.36米。

填土：黄褐色五花土,土质较坚硬。

（3）葬具

单棺,呈矩形。置于墓室中间。棺长2.12、宽0.58米。

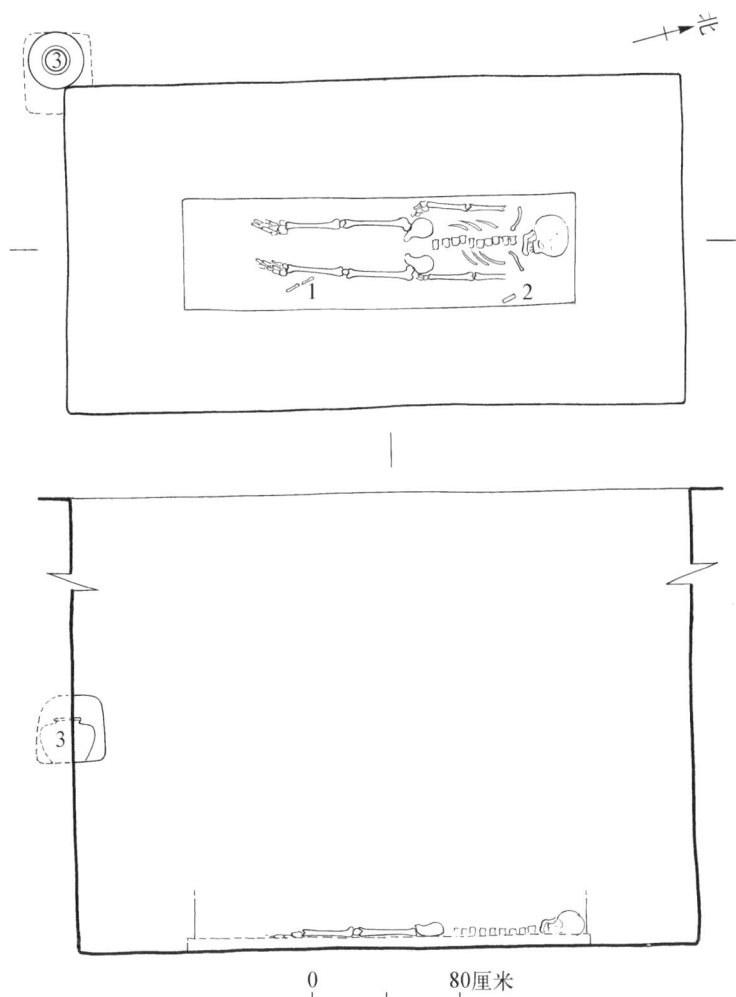

图一二七　SDM105墓葬平、剖图

1. 铁削　2. 铜带钩　3. 陶直口折肩罐

（4）墓主人

头骨仅存痕迹，其余保存较好。葬式为仰身直肢葬，上肢伸直置于躯干两侧。头向北，面向东。

（5）随葬品及其位置

共3件，包括陶器1件、铜器1件、铁器1件。铁削（：1）位于棺内墓主左胫骨东侧，铜带钩（：2）位于棺内墓主左肩部。直口折肩罐（：3）位于墓室西南壁夹角中部的壁龛内。

（6）随葬品介绍

直口折肩罐　1件。标本SDM105：3，夹细砂灰陶。大体，直口方唇，口外侧有一周凹槽；折肩，微折腹，肩腹部呈"微亚腰"状，上腹微弧，下腹斜直，平底。肩腹交接处饰一周旋纹，腹上部隐约可见麦粒状绳纹、竖行细绳纹。口径15.2、器身最大径29.3、底径15.4、通高22.5厘米（图一二六，2）。

铜带钩　1件。标本SDM105：2，水禽形，钩体断面呈半圆形；钩尾较宽，圆形钩钮位于钩尾下部，以一短柱相连。钩表由首至尾饰一道凹槽，构尾饰两道纵向凹槽、三道横向凹槽。长4.80、宽0.45～1.40、钮径1.50厘米（图九一，7；彩版三九，6）。

铁削1件。标本SDM105：1，削身残。单面刃，直背直刃，削身断面近三角形；直柄，柄部略窄于刃部，柄上下等宽。残长11.0、刃最宽处1.5、刃厚0.6、柄最宽处1.0厘米（图九一，16）。

71. 2010YFSDM107

（1）位置

西距SDM108约0.75米，东南被SDM106打破。

（2）形制结构（图一二八）

墓向：185°。

墓室：口大底小。口呈长方形，东长2.90、西长2.90、南宽1.40、北宽1.40米。斜壁。平底，东长2.82、西长2.80、南宽1.33、北宽1.30米。自深3.00米。

二层台：东西两侧。东侧台面宽0.20、西侧台面宽0.20米。高0.70米。

填土：红褐色五花土，土质坚硬。

（3）葬具

单棺，呈矩形。置于墓室偏南。棺长1.78、宽0.62米。

（4）墓主人

骨架保存较好。葬式为仰身直肢葬，上肢伸直置于躯干两侧。头向南，面向上。

（5）随葬品及其位置

共4件，皆陶器，均位于墓主脚端棺外。卷沿折肩罐（：2）紧邻墓室北壁，小口旋纹罐（：1）紧邻东二层台。有颈罐（：4）与小口旋纹罐（：3）相邻，靠近西二层台。

（6）随葬品介绍

小口旋纹罐　共2件。小口束颈，尖圆唇，圆鼓肩，平底。肩及上腹饰数周旋断绳纹。标本

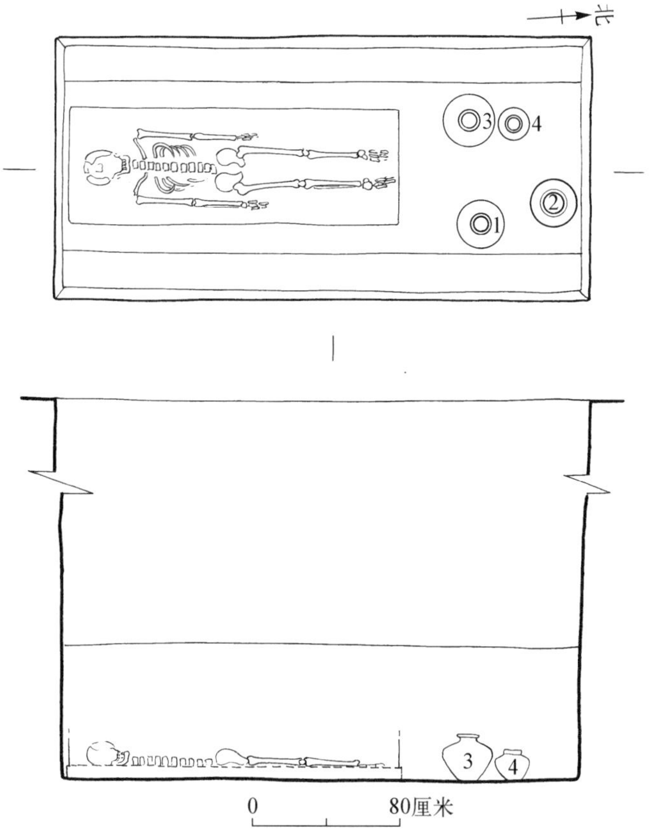

图一二八 SDM107墓葬平、剖图

1、3. 陶小口旋纹罐 2. 陶卷沿折肩罐 4. 陶有颈罐

SDM107：3，夹细砂灰褐陶。整体较矮胖，折沿下倾，腹微弧近直。口径8.8、器身最大径22.9、底径13.2、通高24.0厘米（图一二六，9）。标本SDM107：1，夹细砂灰陶。平折沿，腹近斜直。口径10.2、器身最大径23.8、底径11.0、通高25.3厘米（图一二六，10）。

卷沿折肩罐 1件。标本SDM107：2，夹细砂灰陶。大体，卷沿，斜方唇；圆折肩，上腹圆弧，下腹斜直，肩腹及上下腹交接处似修整出折痕，形成"象征亚腰"，平底。腹下部有轮制痕迹。口径14、器身最大径25.3、底径12.0、通高21.1厘米（图一二六，4）。

有颈罐 1件。标本SDM107：4，夹细砂灰陶。侈口方唇，矮直颈；圆折肩，腹部整体圆弧，平底。肩部饰数周暗旋纹，腹上部隐约可见数周瓦纹。口径8.9、器身最大径17.6、底径7.8、通高17.0厘米（图一二六，6）。

72. 2010YFSDM108

（1）位置

东距SDM107约0.75米，西北距SDM120约10.3米。

（2）形制结构（图一二九）

墓向：15°。

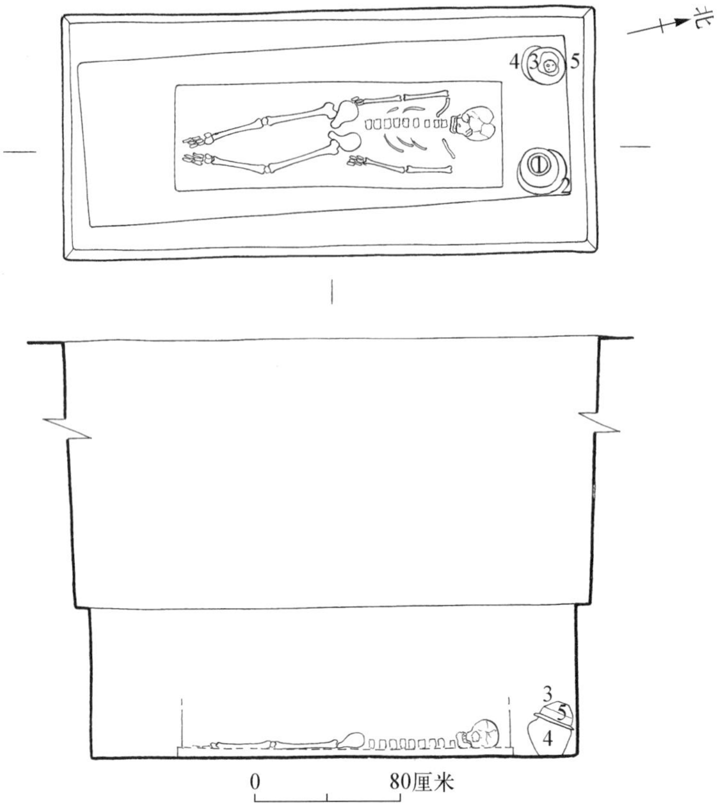

图一二九　SDM108墓葬平、剖图

1.陶罐口釜　2、5.陶直口折肩罐　3.陶盂形甑　4.陶盆

墓室：口略大于底。口呈长方形，东长2.90、西长2.90、南宽1.30、北宽1.30米。斜壁近直。平底，东长2.80、西长2.80、南宽1.20、北宽1.20米。自深2.80米。

二层台：四周。东侧台面宽0.12～0.26、西侧台面宽0.10～0.20、南侧台面宽0.04～0.10、北侧台面宽0.08～0.10米。高0.80米。

填土：黄褐色五花土，土质坚硬，经过夯打，但夯层及夯窝不明显。

（3）葬具

单棺，呈矩形。置于墓室略偏北。棺长1.80、宽0.56米。

（4）墓主人

骨架保存较好。葬式为仰身屈肢葬，左下肢略向左弯曲，双脚并拢。头向北，面向上。

（5）随葬品及其位置

共5件，皆陶器，均位于墓主头端棺外。罐口釜（:1）、直口折肩罐（:2）位于墓室东北角，1号叠置于2号上。盂形甑（:3）、盆（:4）、直口折肩罐（:5）位于墓室西北角，4号侧置于5号旁，3号倒扣于4、5号上。

（6）随葬品介绍

直口折肩罐　共2件。皆夹细砂灰陶。大体，直口方唇，平底。标本SDM108:2，折肩，腹微折,肩腹部呈"微亚腰"状,下腹斜直微内凹。素面。下腹有轮制痕迹。口径13.0、器身最大径24.6、底径12.8、通高17.8厘米(图一三一,7)。标本SDM108:5,圆折肩,弧腹,上下腹交接处圆弧,仅以一周旋纹分界,形成"符号亚腰"。肩腹交接处饰一周旋纹。口径14.6、器身最大径24.8、底径12.8、通高20.8厘米(图一三一,8)。

盆　1件。标本SDM108:4,夹细砂灰陶。敞口,平折沿,尖圆唇;弧腹微折,上腹占腹部比例略大于三分之一,平底。素面。口径26.6、底径10.8、通高12.7厘米(图一三一,5)。

盂形甑　1件。标本SDM108:3,夹细砂灰陶。敞口,折沿下倾,尖圆唇;弧腹微折,上腹占腹部比例略大于三分之一,平底;底部戳制11个圆形甑孔,布局为中心三孔与边缘一周。口径22.6、底径10.5、通高13.6厘米(图一三一,3)。

罐口釜　1件。标本SDM108:1,夹砂灰陶,底部夹粗砂。直口方唇,圆肩,鼓腹,圜底。肩部隐约可见瓦纹,腹及底部饰横向与斜向篮纹。口径13.4、器身最大径20.7、通高16.2厘米(图一三一,1)。

73. 2010YFSDM109

（1）位置

西距SDM110约1.4米。

（2）形制结构(图一三〇)

墓向:10°。

墓室:口底等大。口呈长方形,东长3.20、西长3.16、南宽1.96、北宽1.88米。直壁。平底。自深3.20米。

填土:土色黄褐色,土质较疏松。

（3）葬具

单棺,呈矩形,棺侧板与端板四角闭合相接。棺长2.66、宽1.20、厚0.05～0.07米。棺底

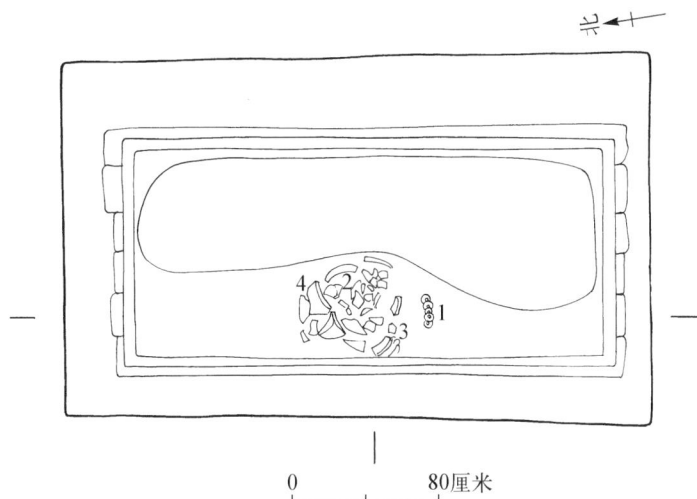

图一三〇　SDM109墓葬平面图

1.铜钱　2.陶异类釜　3.陶盆　4.陶盆形甑

板由6块木板纵向铺设而成,由西向东,尺寸长、宽依次为2.76×0.24、2.78×0.22、2.76×0.22、2.78×0.22、2.82×0.26、2.82×0.20 m^2。

（4）墓主人

骨架不存,葬式不明。

（5）随葬品及其位置

共4件（组）,包括陶器3件、铜钱1组14枚。异类釜（:2）、盆（:3）、盆形甑（:4）叠置于盗洞西侧。铜钱（:1）位于2号南侧。

（6）随葬品介绍

盆　1件。标本SDM109:3,夹细砂灰陶。敞口,折沿微下倾,方唇;折腹,上腹竖直,下腹斜直内收,上腹占腹部比例约三分之一,平底。内壁饰数周暗旋纹,上下腹交接处有一周弦纹。口径30.6、底径12.5、通高15.8厘米（图一三一,6）。

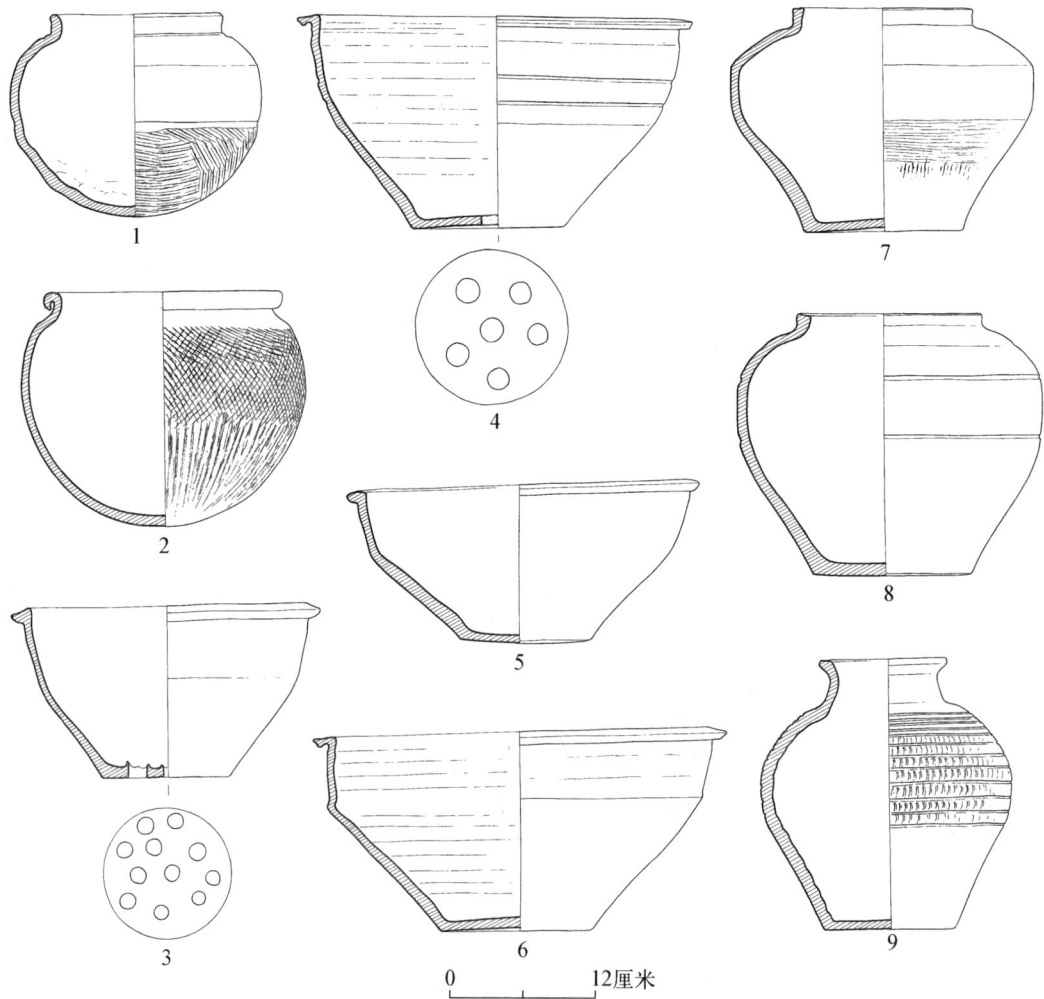

0　　　　　　12厘米

图一三一　SDM108、SDM109、SDM110随葬陶器

1.罐口釜（SDM108:1）　2.异类釜（SDM109:2）　3.盂形甑（SDM108:3）　4.盆形甑（SDM109:4）
5、6.陶盆（SDM108:4、SDM109:3）　7、8.直口折肩罐（SDM108:2、SDM108:5）　9.小口旋纹罐（SDM110:1）

盆形甑 1件。标本SDM109：4，夹细砂灰陶。敞口，折沿微下倾，方唇；弧腹微折，腹下部斜直内收，腹上部占腹部比例略大于三分之一，平底；底部戳制6个圆形甑孔，布局为中心一孔与边缘一周。内壁饰数周暗旋纹，腹上部饰两周旋纹。口径29.8、底径12.4、通高16.8厘米（图一三一，4）。

异类釜 1件。标本SDM109：2，夹砂灰陶，底部夹粗砂。卷沿，厚圆唇，圆鼓腹，圜底。腹上部饰菱形方格纹，下部及底部饰纵向粗绳纹。口径18.2、器身最大径23.5、通高18.6厘米（图一三一，2）。

铜钱 共14枚。标本SDM109：1，均为"半两"。肉上或有孔或凸起。穿多方正，亦有不规则或穿孔较大者。可辨钱文的文字各异，字与穿比例不同。"半"字头部转折程度不同，两横线及竖线出于下横线的长度不等；"两"字上横线与肩长度比例不同，均折肩，"两"字内部结构亦有区别。铸造较粗糙。钱径1.9～2.6、穿宽0.7～1.1厘米，重量0.8～4.6克（彩版三八，4）。亦有部分钱文不可辨。具体形制详见（表一六）。

74. 2010YFSDM110

（1）位置

东距SDM109约1.0米，西距SDM106约5.0米。

（2）形制结构（图一三二）

墓向：15°。

墓室：口大底小。口呈长方形，东长2.90、西长2.90、南宽1.50、北宽1.56米。斜壁。平底，东长2.58、西长2.58、南宽1.36、北宽1.38米。自深1.59米。

二层台：东西两侧。东侧台面宽0.14～0.20、西侧台面宽0.20米。高0.70米。

填土：黄褐色五花土，土质较疏松。

（3）葬具

单棺，呈矩形。棺长2.20、宽0.70米。

（4）墓主人

骨架保存较差。葬式为仰身屈肢葬，右下肢略向右弯曲。头向北。

（5）随葬品及其位置

共2件（组），包括陶器1件、骨器1组。小口旋纹罐（：1）位于棺外西南角，牌形骨器（：2）位于棺内东南角。

（6）随葬品介绍

小口旋纹罐 1件。标本SDM110：1，夹细砂灰褐陶。小口束颈，平折沿，尖圆唇；微溜肩，腹近斜直，平底。肩及腹上部饰数周旋断绳纹。口径9.4、器身最大径20.5、底径10.7、通高21.6厘米（图一三一，9）。

牌形骨器 共11件。标本SDM110：2，形制大小基本近同，均呈长方形。长2.2、宽1.4、高0.7厘米（图九一，13；彩版四八，7）。

表一六 SDM109铜钱统计表

编 号	种类	钱径	穿宽	重量	文 字	形 制	记 号	附着物	图 号	备 注
SDM109:1-1		2.2	1	1.6	文字扁平，字小于穿。"半"字头部呈"八"字状，两横线略短等，竖线出于下横线；"两"字上横线比肩略短，折肩，为"双人两"	穿不规则			图七五，3	
SDM109:1-2		2.6	0.8	4.6	字迹依稀可见，但不可辨形		钱背有一道凸起			
SDM109:1-3		2.3	0.7	4	文字略凸起，字等于穿。"半"字头部转折，两横线等长，竖线略出于下横线，折肩，内部锈蚀					
SDM109:1-4		1.9	0.7	1.6	文字扁平，字等于穿。"半"字头部呈"八"字状，两横线略等，竖线出于下横线；"两"字上横线较短，折肩，为"十字两"				图七五，10	
SDM109:1-5		2.1	1.1	0.8	文字不清					
SDM109:1-6	半两	2.1	0.9	0.9	文字扁平，瘦长，字头转折明显，两横线略等，竖线长出于下横线；"两"字上横线比肩略短，折肩，为"双人两"				图七五，7	钱缘残损
SDM109:1-7		2.3	0.9	1.2	文字不清					
SDM109:1-8		2.2	0.9	1.3	字迹依稀可见，但不可辨形					残
SDM109:1-9		2.2	1.2	1.3	文字扁平，字小于穿。"半"字头部锈蚀，下横线略出于下横线；"两"字上横线与肩略等，折肩，为"连山两"	广穿			图七五，11；彩版三八，4	
SDM109:1-10		2	1	1.5	文字不清					
SDM109:1-11		2	0.9	1	文字不清					有1铸口
SDM109:1-12		2.1	0.9	1.4	文字不清					
SDM109:1-13		2.5	0.8	3.6	文字扁平，字等于穿。"半"字头部呈"八"字状，下横线略短，竖线微出微弧，为"倒丁两"				图七五，8	有1铸口
SDM109:1-14		2.1	0.9	1.4	字迹依稀可见，但不可辨形		肉上有孔			

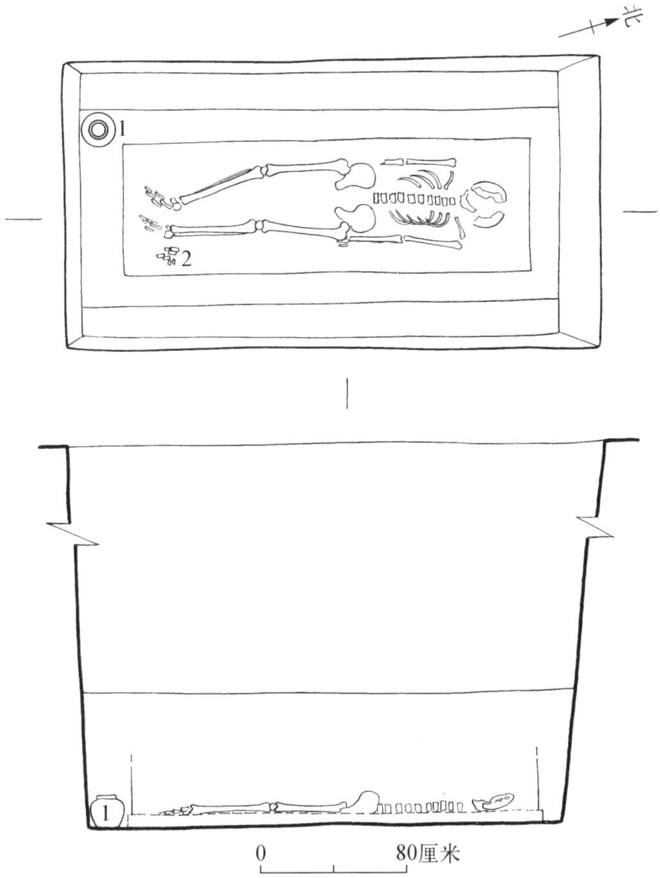

图一三二 SDM110墓葬平、剖图

1.陶小口旋纹罐 2.牌形骨器

75. 2010YFSDM111

（1）位置

东南距SDM230约13.2米，西距SDM112约8.8米，东北距SDM125约8.0米。

（2）形制结构（图一三三；图版一，1）

墓向：184°。

墓室：口底等大。口呈长方形，东长2.84、西长2.84、南宽1.58、北宽1.60米。直壁。平底。自深2.46米。

二层台：东西两侧。东侧台面宽0.20、西侧台面宽0.26米。高0.80米。

填土：土色红褐色，土质较硬。

（3）葬具

单棺，呈矩形。置于墓室略偏东南。棺侧板与端板四角闭合相接，长2.42、宽0.86、端板及侧板厚0.06米。

（4）墓主人

肋骨不存，其余保存较好。葬式为仰身屈肢葬，左下肢略向左弯曲。头向南，面向西。

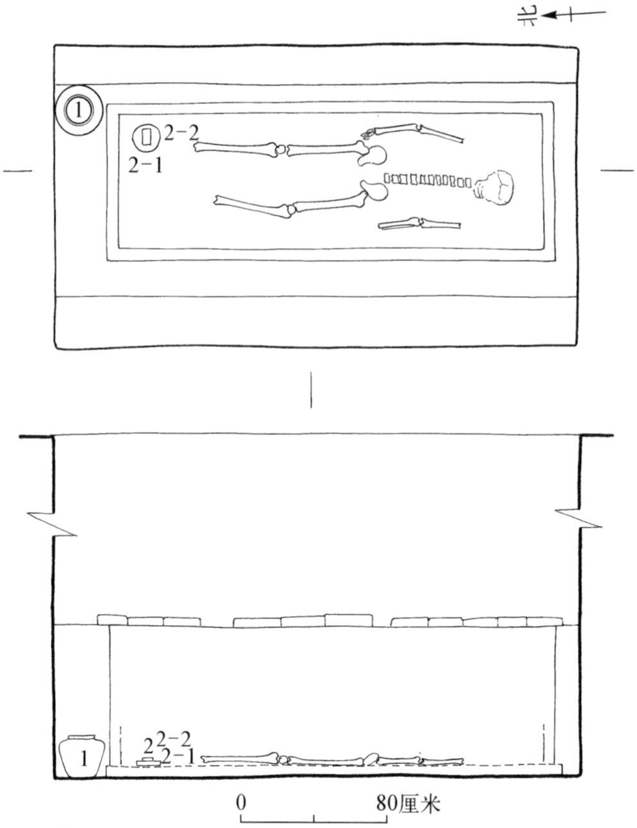

图一三三　SDM111墓葬平、剖图

1. 陶直口折肩罐　2. 石砚（2-1. 石砚、2-2. 石砚）

（5）随葬品及其位置

共2件（组），包括陶器1件、石器2件。直口折肩罐（：1）位于棺外东北角，石砚（：2）位于棺内墓主右脚北侧。

（6）随葬品介绍

直口折肩罐　1件。标本SDM111：1，夹细砂灰陶。大体，直口方唇，口外侧有一周凹槽，折肩折腹，肩腹部呈"亚腰"状，平底。肩腹及上下腹交接处各饰一周旋纹。口径13.8、器身最大径25.9、底径11.8、通高18.7厘米（图一三六，8）。

石砚　共2件。均为砚，砂岩（彩版四八，5）。标本SDM111：2-2，不规则平板长方形，前后两端断面粗糙，上下两面皆平且等大，上面光滑，下面较粗糙，两侧面竖直。长9.70、宽7.75、厚2.60厘米（图一三四，5）。标本SDM111：2-1，圆饼形，上下两面皆平且等大，上面光滑，下面粗糙，侧面凹凸不平。砚面残存白色物质。最大径11.85、厚1.90厘米（图一三四，8）。

76. 2010YFSDM112

（1）位置

东距SDM111约8.8米，西距SDM113约1.0米，南距SDM249约8.2米。

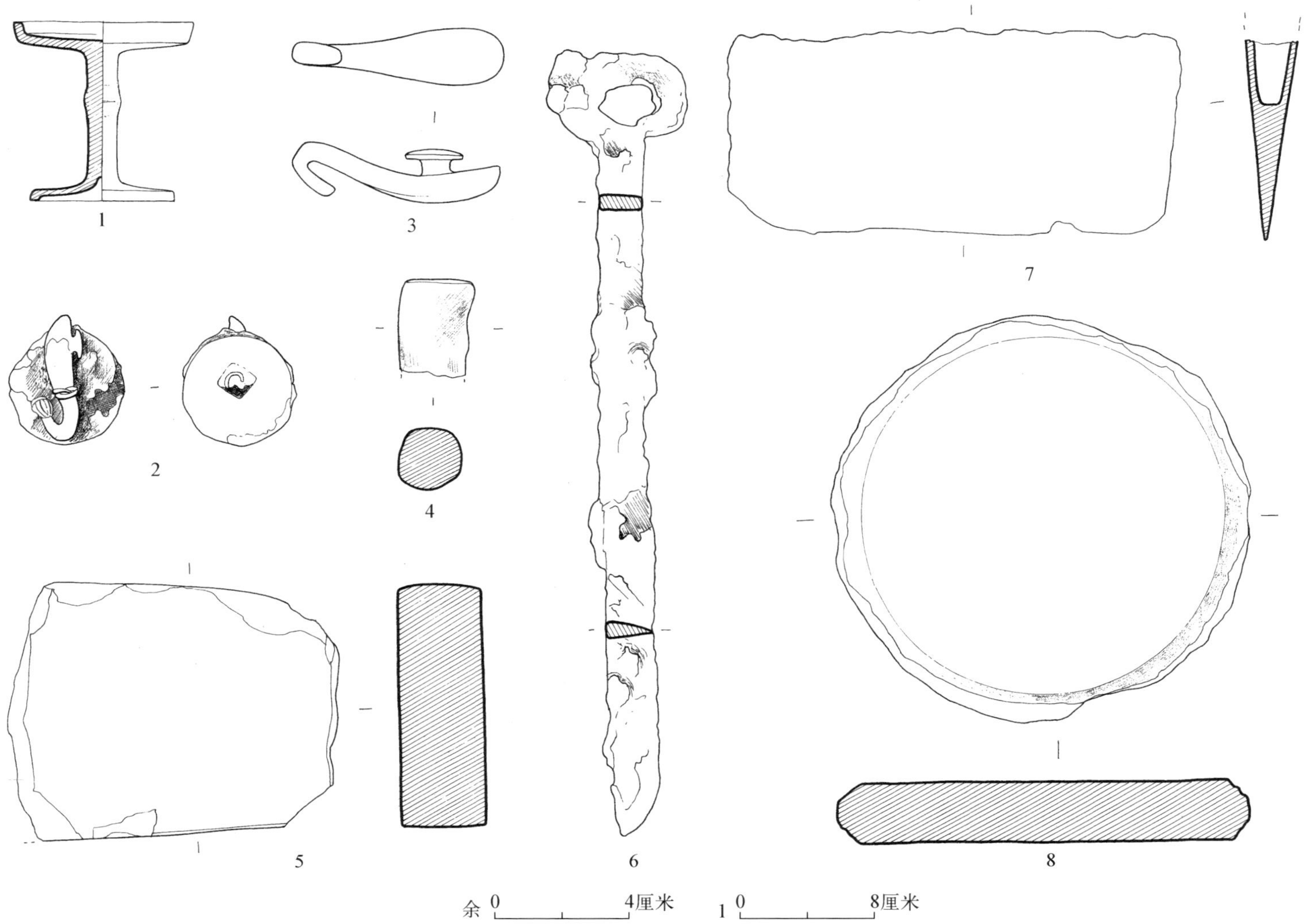

图一三四　SDM111、SDM146、SDM148、SDM164、SDM169随葬小件器物

1.铁灯（SDM148:3）　2.铁带钩（附铜钱）（SDM146:6）　3.铜带钩（SDM146:5）　4.陶兽（SDM169:4）　5、8.石砚（SDM111:2-2、SDM111:2-1）
6.铁削（SDM146:5）　7.铁鐾（SDM164:5）

（2）形制结构（图一三五）

墓向：10°。

墓室：口底等大。口呈长方形，东长3.90、西长3.90、南宽2.40、北宽2.50米。直壁。平底。自深3.90米。

填土：土色红褐色，土质较硬。

（3）葬具

单棺，呈矩形。置于墓室略偏北。棺长2.10、宽0.70米。

（4）墓主人

仅存少量骨骼。葬式不明。

（5）随葬品及其位置

共3件（组），皆陶器，均位于棺外南侧。灶体（:1-1）紧邻墓室南壁，缶（:2）位于棺外东南角。棺外西南角为灶具甑（:1-2）、盆（盂）（:1-3）、带把釜（:3），灶具甑置于灶具盆之上，其南侧为3号。

（6）随葬品介绍

缶　1件。标本SDM112:2，夹细砂灰陶。小体，小口束颈，折沿下倾，尖唇；折肩，弧腹，上下腹交接处圆弧，仅以一周旋纹分界，形成"符号亚腰"，平底。肩部饰数周暗旋纹，肩腹交接处

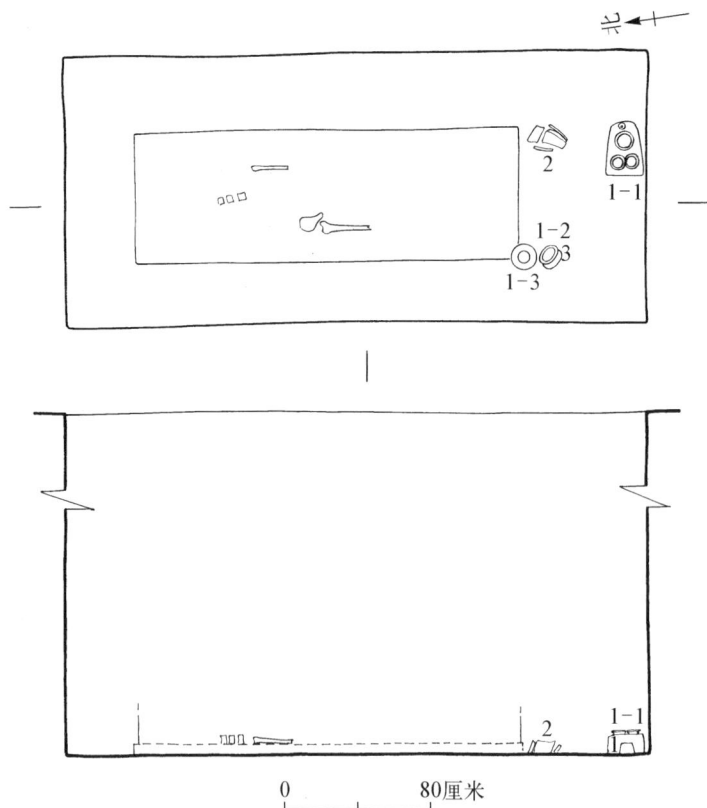

图一三五　SDM112墓葬平、剖图

1.陶灶（1-1灶体、1-2甑、1-3盆）　2.陶缶　3.陶带把釜

饰一周旋纹,上腹饰四周麦粒状绳纹。口径8.4、器身最大径29.4、底径13.4、通高25.0厘米(图一三六,9)。

带把釜　1件。标本SDM112∶3,夹砂红褐陶,底部夹粗砂。卷沿圆唇,矮直颈,圆肩,鼓腹,肩腹交接处有一圆筒形把,圜底。腹上部饰瓦纹,下部饰横向篮纹,底部饰纵向篮纹。腹底有烟炱。口径9.6、器身最大径13.2、把长5.2、通高10.0厘米(图一三六,2)。

灶　1件。夹细砂灰陶。灶体1件。标本SDM112∶1-1,灶身前方后圆,平面呈马蹄形;灶面有三釜,"品"字形布局,近灶门处并排两小陶釜,近烟囱处一大釜;皆直口方唇,鼓腹较浅,近灶门两釜圜底近平,近烟囱一釜圜底;灶面尾端有一烟囱,上部呈罐状,烟囱顶部明显高于釜口部;前有方形灶门,灶门落地。素面。长25.8、宽21.2、灶门长17.2、灶门宽5.2、烟囱高9.8、通高19.0厘米。模型灶具2件。甑1件。标本SDM112∶1-2,敞口,平折沿,尖唇,弧腹,平底;戳制7个圆形甑孔,布局为中心一孔与边缘一周。素面。口径11.2厘米。盆1件。标本SDM112∶1-3,敞口,平折沿,尖唇,弧腹,平底。素面。口径11.0厘米(图一三六,1)。

77. 2010YFSDM113

(1)位置

东距SDM112约1.0米,西北距SDM114约9.2米。

(2)形制结构(图一三七)

墓向:7°。

墓室:口大底小。口呈长方形,东长3.64、西长3.70、南宽2.40、北宽2.50米。斜壁。平底,东长3.20、西长3.20、南宽1.56、北宽1.58米。自深5.40米。

壁龛:呈圆拱形,1个。位于西壁中部偏南,近脚端,人骨右侧。拱形顶,直壁,平底,底部平面呈圆形。口宽0.84、进深0.46、高0.48米。

填土:红褐色五花土,土质松散。

(3)葬具

一棺一椁,均呈矩形。棺长2.40、宽0.70米。椁长2.82、宽1.10米。

(4)墓主人

仅存部分下肢骨。葬式为仰身直肢葬,头向北。

(5)随葬品及其位置

共3件,包括陶器2件、漆器1件。均位于墓室西壁中部、近墓主脚端的壁龛内。

(6)随葬品介绍

直口折肩罐　1件。标本SDM113∶1,夹细砂灰陶。大体,直口方唇,口外侧有一周凹槽;折肩,腹微折,肩腹部呈"微亚腰"状,上腹略弧,下腹斜直,平底。肩腹及上下腹交接处各饰一周旋纹。口径18.3、器身最大径31.0、底径13.6、通高25.6厘米(图一三六,7)。

罐口釜　1件。标本SDM113∶2,夹砂红褐陶,底部夹粗砂。小体,侈口卷沿,方唇,矮直颈,鼓肩,鼓腹,圜底。腹上部饰瓦纹,腹下部饰横向篮纹,底部饰纵向篮纹。器底有烟炱。口径8.8、

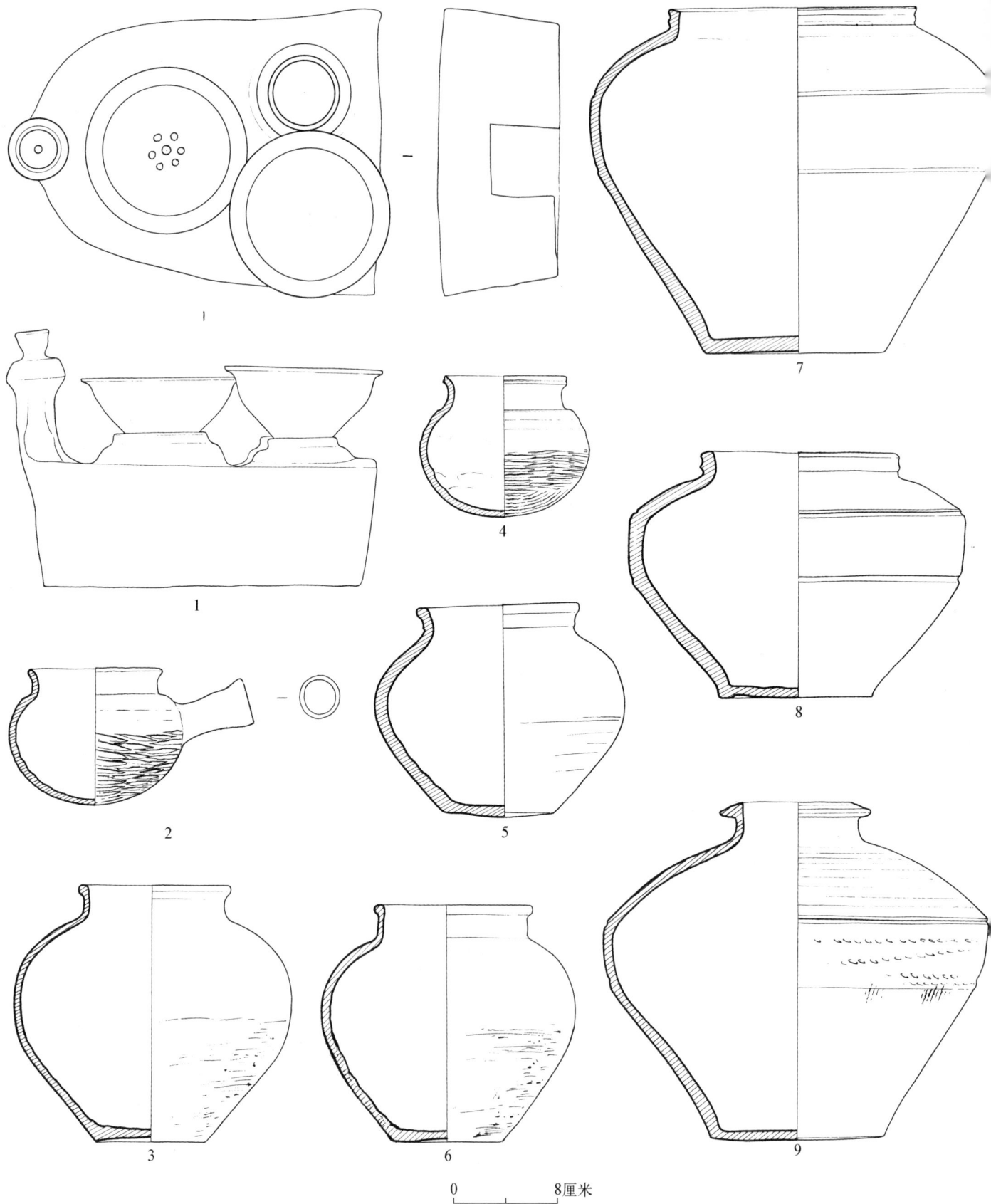

图一三六　SDM111、SDM112、SDM113、SDM116随葬陶器

1. 灶（SDM112：1）　2. 带把釜（SDM112：3）　3、5、6. 有颈罐（SDM116：1、SDM116：2、SDM116：3）　4. 罐口釜（SDM113：2）
7、8. 直口折肩罐（SDM113：1、SDM111：1）　9. 缶（SDM112：2）

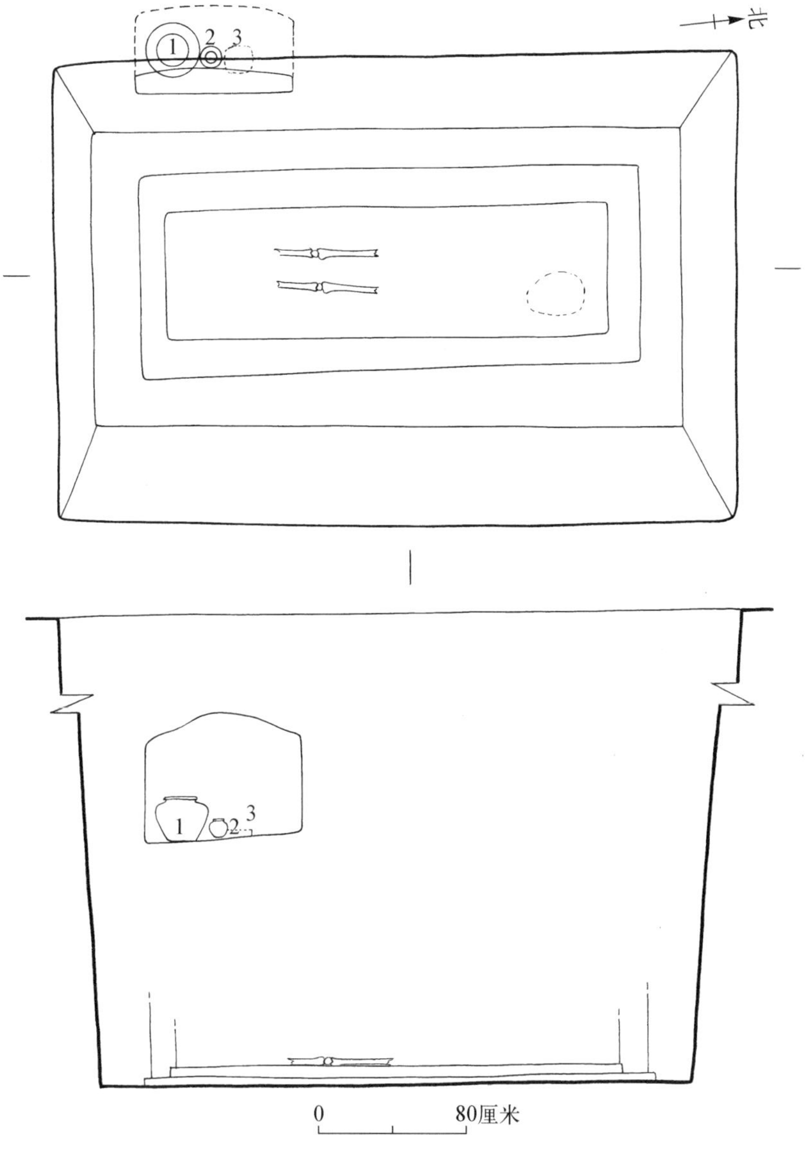

图一三七　SDM113墓葬平、剖图

1.陶直口折肩罐　2.陶罐口釜　3.漆器

器身最大径12.9、通高10.4厘米(图一三六,4)。

漆器1件。标本SDM113：3,无法提取。

78. 2010YFSDM115

(1)位置

东北距SDM104约5.5米,东南距SDM77约10.0米,西北距SDM237约11.6米。

(2)形制结构(图一三八)

墓向：15°。

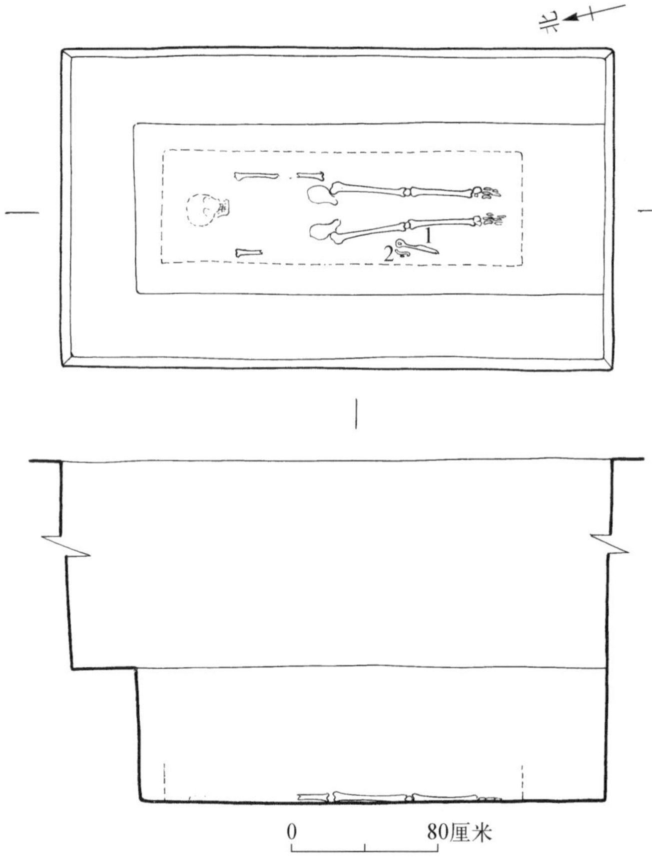

图一三八　SDM115墓葬平、剖图

1. 铁削　2. 铁带钩

　　墓室：口略大于底。口呈长方形，东长3.00、西长3.00、南宽1.70、北宽1.70米。斜壁近直。平底，东长2.90、西长2.90、南宽1.60、北宽1.60米。自深3.50米。

　　二层台：东、西、北三侧。东侧台面宽0.35、西侧台面宽0.34、北侧台面宽0.35米。高0.70米。

　　填土：红褐色五花土，土质坚硬，经过夯打，但未发现明显的夯迹。

　　（3）葬具

　　单棺，呈矩形。置于墓室中间。棺长1.96、宽0.60米。

　　（4）墓主人

　　残存下肢骨，其余仅见痕迹。葬式为仰身直肢葬。头向北，面向上。

　　（5）随葬品及其位置

　　共2件，皆为铁器。铁削（：1）、铁带钩（：2）均位于棺内墓主右髋骨西侧。

　　（6）随葬品介绍

　　铁带钩　1件。标本SDM115：2，水禽形，钩体较小，断面呈椭圆形；圆形钩钮位于钩尾下部，以一短柱相连。长3.65、宽0.50～1.20、钮径1.0厘米（图一四七，11）。

铁削 1件。标本SDM115∶1,锋端及环首残。单面刃,直背直刃,削身断面呈三角形,削体刃部宽于柄部,圆形环首。残长19.30、刃最宽处2.50、刃厚0.55、柄最宽处1.60、环首宽4.25厘米(图一四七,12)。

79. 2010YFSDM116

（1）位置

东北距SDM69约4.6米,南紧邻SDM117。

（2）形制结构（图一三九）

墓向:10°。

墓室:口底等大。口呈长方形,东长2.52、西长2.54、南宽0.94、北宽1.06米。直壁。平底。自深3.00米。

填土:黄褐色五花土,土质坚硬。

（3）葬具

单棺,呈矩形。棺长1.98、宽0.70米。

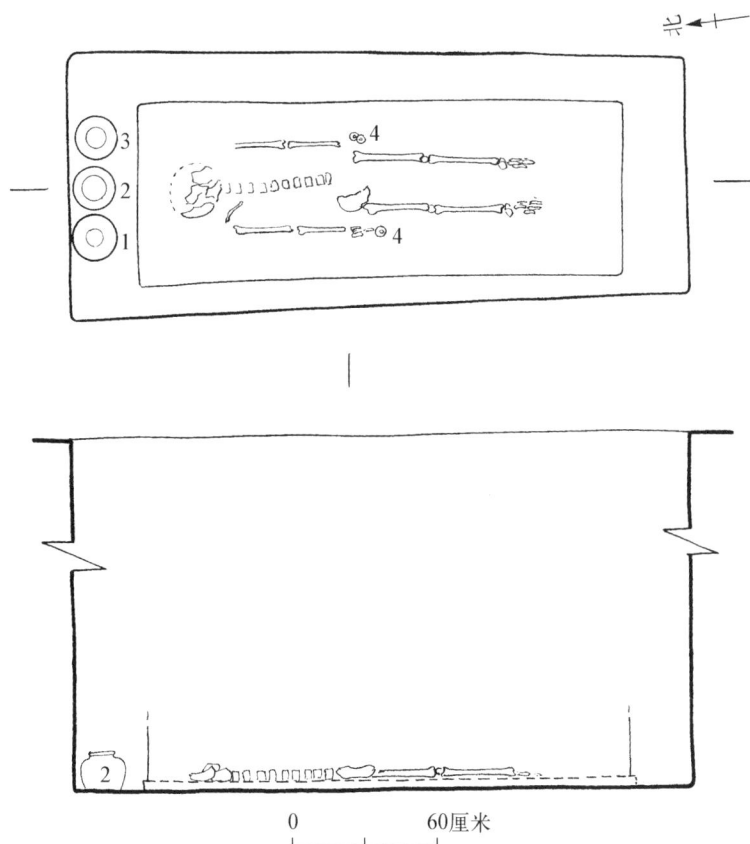

图一三九 SDM116墓葬平、剖图

1、2、3.陶有颈罐 4.铜钱

（4）墓主人

肋骨不存、头骨碎。葬式为仰身直肢葬，上肢伸直置于躯干两侧。头向北。

（5）随葬品及其位置

共4件（组），包括陶器3件、铜钱1组3枚。3件有颈罐（:1、:2、:3）位于头端棺外，自西向东依次排列。铜钱（:4）分置于两处，其中2枚位于墓主左手，1枚位于墓主右手。

（6）随葬品介绍

有颈罐　共3件。皆夹细砂灰陶。厚圆唇，矮直颈，圆肩，腹部整体圆弧，平底。腹下部有轮制痕迹。标本SDM116:1，直口。口径10.6、器身最大径21.3、底径8.4、通高19.2厘米（图一三六，3）。标本SDM116:2，口微侈。口径11.5、器身最大径19.2、底径8.4、通高16.0厘米（图一三六，5）。标本SDM116:3，直口。口径11.0、器身最大径19.5、底径8.4、通高17.6厘米（图一三六，6）。

铜钱　共3枚。标本SDM116:4，均为"半两"。大小及文字近同。SDM116:4-1，文字略凸起，字大于穿。"半"字头部转折明显，下横线略短，竖线长出下横线；"两"字上横线极短，折肩，为"双人两"。钱径2.7、穿宽0.8厘米，重量1.7克（图二四一，8）。SDM116:4-2，文字凸起，字略大于穿。"半"字头部转折，下横线略短，竖线长出下横线；"两"字上横线较短，折肩，为"双人两"。钱径2.6、穿宽0.8厘米，重量1.8克。SDM116:4-3，2枚粘合，文字锈蚀不清。有织物痕迹。重量3.8克。

80. 2010YFSDM118

（1）位置

东距SDM78约8.7米，西部被SDM117的墓道打破。

（2）形制结构（图一四〇；图版一二，2）

墓向：12°。

墓室：口底等大。口呈长方形，东长2.62、南边残宽0.66、北边残宽0.72米。直壁。平底。自深2.20米。

填土：红褐色五花土，土质坚硬，经过夯打，夯层不清晰。

（3）葬具

单棺，具体形制不明。棺残长1.94、南残宽0.42、北残宽0.68米。

（4）墓主人

骨架保存较好。葬式为仰身直肢葬，上肢伸直置于躯干两侧，双手折向盆骨。头向北，

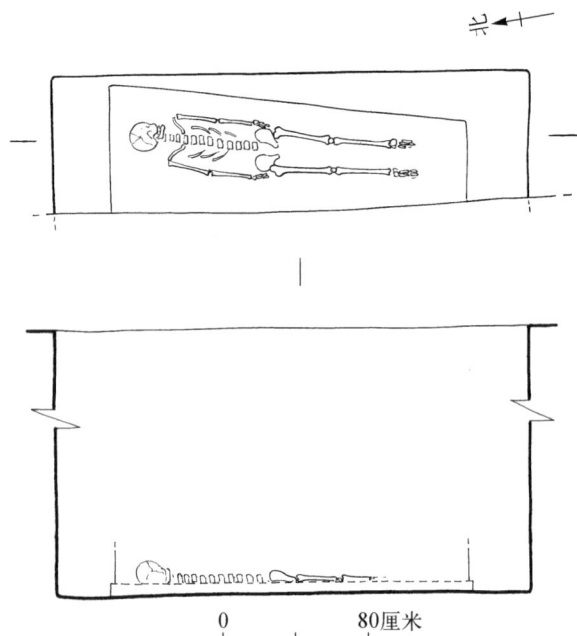

图一四〇　SDM118墓葬平、剖图

面向东。

（5）随葬品及其位置

无随葬品。

81. 2010YFSDM120

（1）位置

西距SDM125约4.0米,南距SDM231约10.3米。

（2）形制结构（图一四一）

墓向：9°。

墓室：口底等大。口呈长方形,东长2.88、西长2.90、南宽1.80、北宽1.80米。直壁。平底。自深2.70米。

二层台：四周。东侧台面宽0.40、西侧台面宽0.40、南侧台面宽0.30、北侧台面宽0.20米。高0.76米。

填土：黄褐色五花土,土质坚硬,经过夯打,但未发现明显的夯迹。

（3）葬具

单棺,呈矩形。棺长2.00、宽0.60米。

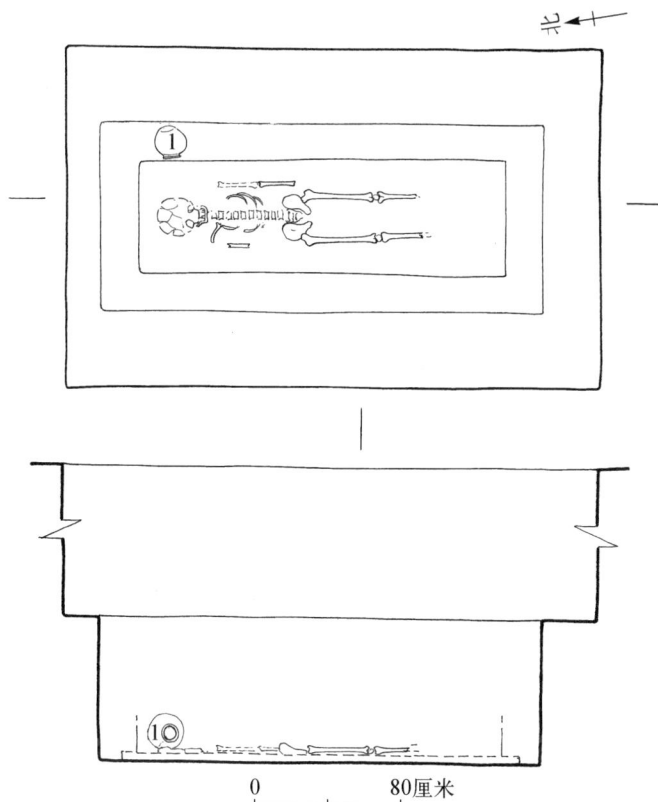

图一四一　SDM120墓葬平、剖图

1.陶有颈罐

（4）墓主人

骨架保存较差，上肢仅存痕迹，头骨被压碎。葬式为仰身直肢葬。头向北，面向东。

（5）随葬品及其位置

仅随葬1件有颈罐（ :1），位于棺外东侧近墓主头端。

（6）随葬品介绍

有颈罐　1件。标本SDM120 :1，夹细砂灰陶。侈口，厚圆唇，矮直颈，圆肩，弧腹，腹下部斜直，平底。肩及腹上部饰数周暗旋纹。腹下部有修整刮痕。口径10.0、器身最大径18.4、底径10.2、通高15.8厘米（图一四五，1）

82. 2010YFSDM124

（1）位置

北距SDM234约9.5米，东距SDM135约8.0米。

（2）形制结构（图一四二）

墓向：9°。

墓室：口大底小。口呈长方形，东长3.14、西长3.14、南宽1.60、北宽1.60米。斜壁。平底，东长2.90、西长2.90、南宽1.44、北宽1.46米。自深2.70米。

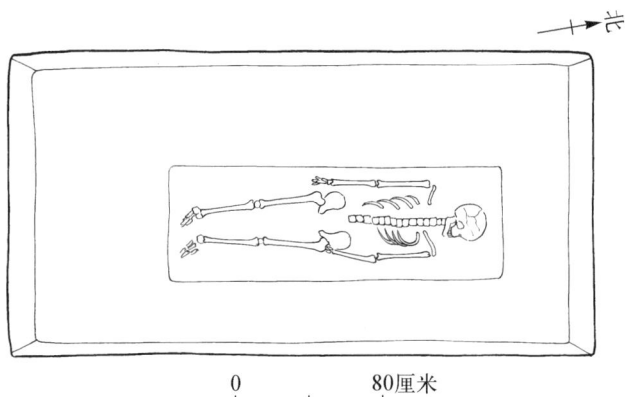

图一四二　SDM124墓葬平面图

填土：红褐色五花土，土质坚硬，经过夯打，但未见明显夯迹。

（3）葬具

单棺，呈矩形。置于墓室略偏东南。棺长1.80、宽0.60米。

（4）墓主人

骨架保存较好。葬式为仰身直肢葬。头向北，面向东。

（5）随葬品及其位置

无随葬品。

83. 2010YFSDM129

（1）位置

东距SDM128约0.5米，西南距SDM77约7.2米。

（2）形制结构（图一四三）

墓向：91°。

墓室：口底等大。口呈长方形，南长2.84、北长2.85、东宽1.10、西宽1.10米。直壁。平底。自深3.50米。

填土：黄褐色五花土，土质较松软。

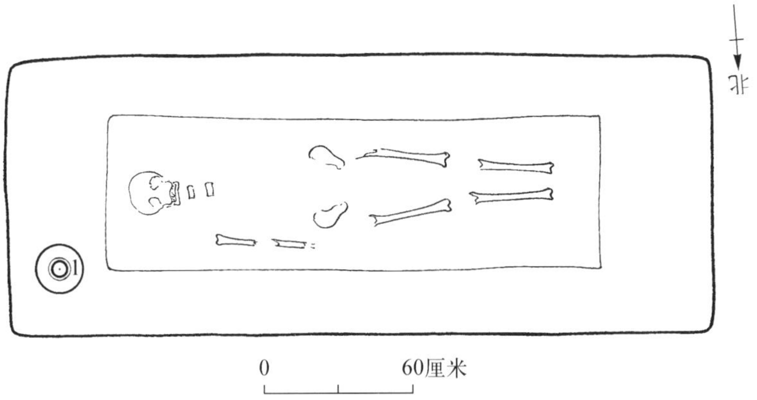

图一四三 SDM129墓葬平面图

1. 陶小口旋纹罐

（3）葬具

单棺，呈矩形。置于墓室中间。棺长2.00、宽0.60米。

（4）墓主人

肋骨、椎骨及左上肢不存，其余尚存。葬式为仰身直肢葬。头向东，面向上。

（5）随葬品及其位置

仅随葬1件小口旋纹罐（:1），位于棺外墓室东北角。

（6）随葬品介绍

小口旋纹罐　1件。标本SDM129:1，夹细砂灰陶。小口束颈，折沿下倾，尖圆唇；微溜肩，腹部斜直，平底。肩部隐约可见竖行细绳纹，腹上部饰数周旋断绳纹。口径7.6、器身最大径20.3、底径9.4、通高23.8厘米（图一四五，11）。

84. 2010YFSDM130

（1）位置

西距SDM134约7.6米。

（2）形制结构

墓向：90°。

墓室：口大底小。口呈长方形，南长3.2、北长3.18、东宽2、西宽2米。斜壁。平底，南长3、北长3、东宽1.6、西宽1.6米。自深3.2米。

填土：土色黄褐色，土质坚硬。有明显的夯土块，夯层不清。

（3）葬具

葬具不明。

（4）墓主人

骨架不存，葬式不明。

（5）随葬品及其位置

无随葬品。

85. 2010YFSDM132

（1）位置

西距SDM133约0.5米，东距SDM82约12.5米。

（2）形制结构（图一四四；图版二，2）

墓向：5°。

墓室：口小底大。口呈长方形，东长4.10、西长4.16、南宽2.10、北宽2.20米。袋状壁。平底，东长4.34、西长4.30、南宽2.54、北宽2.54米。自深4.50米。底部向下有两坑放置棺木和头箱，棺坑东长2.26、西长2.26、南宽0.90、北宽0.94、深0.21米；头箱坑南长1.48、北长1.58、东宽0.86、西宽0.86、深0.30米，两坑相距0.02米。

二层台：四周。台壁面内收，台底面东长3.70、西长3.68、南宽1.82、北宽1.82米。东侧台面宽0.06～0.30、西侧台面宽0.10～0.30、南侧台面宽0.18、北侧台面宽0.12米。高1.20米。

壁龛：呈圆拱形，1个。位于北壁中部略偏下，人骨头部一端。拱形顶，直壁，平底，底部平面略呈梯形。口宽0.82、进深0.96、高0.30～0.94米。

填土：土色黄褐色，土质较硬，经过夯打，有明显夯土块，但无明显夯层及夯窝。

（3）葬具

单棺，呈矩形。置于墓室略偏南。棺长2.10、宽0.60米。头箱为长方形箱体，置于墓主头部一侧的棺前端的长方形浅坑内。箱长1.56、宽0.85米。

（4）墓主人

葬式为仰身直肢葬，上肢伸直置于躯干两侧。头向北，面向西。

（5）随葬品及其位置

共21件（组），包括陶器12件、铜器3件、玉器1件、石器1套2件、骨器1组、漆器2件、动物骨骼1堆。头箱内共有8件随葬品，自东向西依次是石砚（:6）、壶（:2-1）、壶（:1）、壶盖（:2-2）、盛（:3），盛（:4）位于3号东北侧，鼎（:5）紧邻头箱北壁，漆器（:8）位于5号东侧，漆器（:7）、动物骨骼（:20）、牌形骨器（:21）位于1号东北侧，20号和21号位于7号上。墓室北壁中部壁龛内共有7件随葬品，紧邻壁龛东壁、从南向北依次为有颈罐（:15）、熏炉（:16）、灶（:17）、盛（:18）、直口圆肩罐（:19），17号和18号东西向并排放置。近壁龛西壁、东西向放置有颈罐（:13、:14）。墓主头端左侧自北向南为3件铜带钩（:9、:10、:11），墓主右肱骨西侧为玉剑璏（:12）。

（6）随葬品介绍（图版一五，1）

鼎　1件。标本SDM132:5，泥质灰陶。盘形盖，盖面微弧近平，上饰三个棱状乳突；鼎身与盖以子母口扣合，口内敛，内沿明显高于外沿；上腹微弧，近口处微内敛，下腹斜直，上下腹交接处有一周折棱，平底。双附耳，耳微外撇，有长方形穿，耳穿透出鼎身部分与未透出部分大

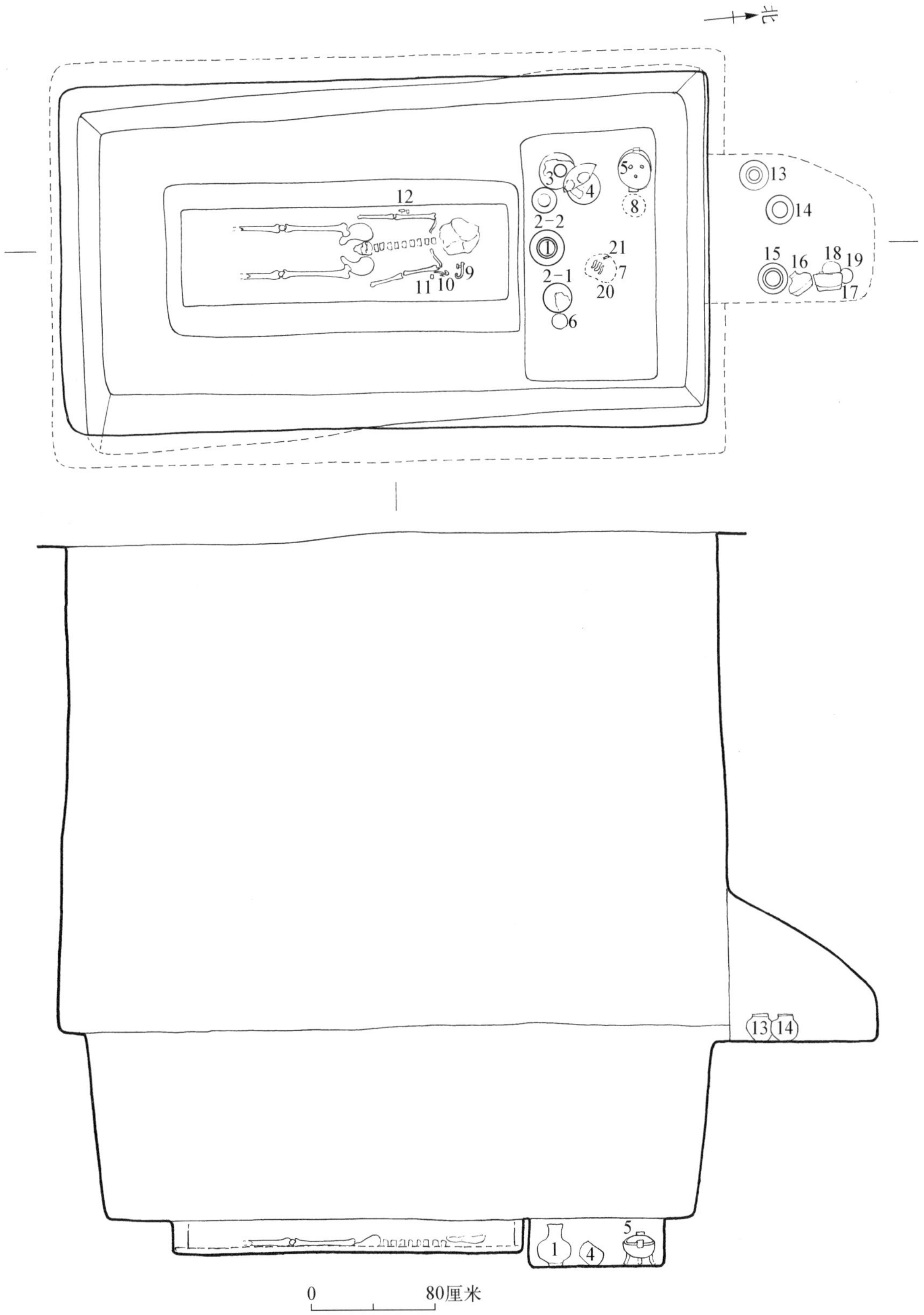

图一四四　SDM132墓葬平、剖图

1.陶壶　2.陶壶（2-1壶身、2-2壶盖）　3、4、18.陶盛　5.陶鼎　6.石砚　7、8.漆器　9、10、11.铜带钩　12.玉剑璏
13、14、15.陶有颈罐　16.陶熏炉　17.陶灶　19.陶直口圆肩罐　20.动物骨骼　21.牌形骨器

小相当；耳、足与鼎身连接处距腹部折棱较远，蹄足瘦高，耳足呈五点式分布。器盖及腹上部饰白色彩绘，乳突描红，蹄足根部饰白彩。器盖口径19.6、器盖高4.6、耳宽4.2、耳高5.6、器身口径18.4、器身最大径20.0、底径5.1、器身高10.0、足高6.6、通高18.4厘米（图一四五，4；彩版一三，5）。

盛　共3件。皆泥质灰陶。盘形盖，折盘微弧，盖面近平，盖较浅，上有矮圈足状捉手，盖面最高处明显低于捉手上缘；盖与器身以子母口扣合，口微内敛，内沿明显高于外沿。标本SDM132：3，弧腹，腹上部近口处微内敛，腹下部微弧近直，平底。捉手内饰条带状红白彩一周，内填红色鸟纹；近捉手处及近口处各饰条带状红白彩一周，间以红色云纹；口部饰白彩，腹上部有两周旋纹，旋纹描红。器盖口径19.0、器盖高5.4、捉手直径7.6、器身口径17.6、器身最大径20.7、底径10.2、器身高10.8、通高15.7厘米（图一四五，2）。标本SDM132：18，垂腹，腹上部竖直，下部弧收，平底微内凹。盖面残存红彩，捉手内部残存白彩；器身近口处饰条带状红白彩一周，腹上部饰白彩。器盖口径17.4、器盖高5.1、捉手直径7.8、器身口径15.0、器身最大径19.0、底径9.2、器身高9.8、通高15.5厘米（图一四五，6）。标本SDM132：4，与SDM132：3形制、纹饰相同。器盖口径18.4、器盖高5、捉手直径7.6、器身口径17.6、器身最大径20.6、底径11.0、器身高11.0、通高15.6厘米（图一四五，9；彩版一三，8）。

壶　共2件。形制相同，皆泥质灰陶。伞形盖，盖面圆弧，盖顶略尖，以子母口与壶身扣合；盘形口，方唇，高束颈，圆肩，鼓腹，肩腹交接处饰一对兽面铺首，立体感较强。腹部饰两道凸棱。壶身、颈内壁及盖内外饰白色陶衣。标本SDM132：1，圈足微外撇。器盖高1.8、盖口阔6.4、口径8.4、器身最大径22.8、底径12.8、耳宽3.2、足高3.0、器身高27.4、通高29.3厘米（图一四六，1）。标本SDM132：2，圈足竖直。器盖高2.4、盖口阔6.4、口径8.8、器身最大径23.8、底径12.8、耳宽1.2、足高1.6、器身高27.1、通高29.6厘米（图一四六，2）。

有颈罐　共3件。皆夹细砂灰陶。口微侈，圆唇，矮直颈；圆折肩，腹部整体圆弧。素面。标本SDM132：15，假圈足。口径11.8、器身最大径19.2、底径7.4、通高16.5厘米（图一四五，3）。标本SDM132：14，平底。口径10.4、器身最大径17.3、底径7.6、通高13.5厘米（图一四五，7；彩版一九，5）。标本SDM132：13，假圈足。口径11.0、器身最大径18.7、底径7.6、通高15.6厘米（图一四五，10）。

直口圆肩罐　1件。标本SDM132：19，夹细砂灰陶。直口方唇，微出沿，溜肩，腹部整体圆弧，平底。肩及腹上部各饰一周旋纹。口径9.2、器身最大径17.0、底径9.4、通高15.6厘米（图一四五，5）。

熏炉　1件，标本SDM132：16，夹细砂灰陶。炉盖折盘，直口方唇，盖面微弧近平，上有半球形钮，盖壁近直；炉身子母口内敛，内沿明显高于外沿；折盘微弧，圜底近平，空心柱柄较粗，下接大喇叭形底座。盖钮顶部饰有细短条状戳刺纹；盖面中部为一方形框，框内四角为镂空小三角形，框内中部为八角形，内饰细短条状戳刺纹；盖面框外其余部分饰小方格纹，每个小方格内被两条对角线分成四个小三角形，两个相对的小三角形呈凹三棱锥形，另两个小角形饰细短条状戳刺纹；盖内壁饰数周弦纹；盖壁及炉壁有刻划的方框，内填对角交错的刻划线纹。盖口径15.4、盖高3.6、捉手高2.4、器身口径13.2、底径10.4、通高16.6厘米（图一四五，8）。

灶　1件。标本SDM132：17，残碎，无法修复。

图一四五 SDM120、SDM129、SDM132随葬陶器

1、3、7、10.有颈罐（SDM120：1，SDM132：15，SDM132：14，SDM132：13） 2、6、9.盛（SDM132：3，SDM132：18，SDM132：4）
4.鼎（SDM132：5） 5.直口圆肩罐（SDM132：19） 8.熏炉（SDM132：16） 11.小口旋纹罐（SDM129：1）

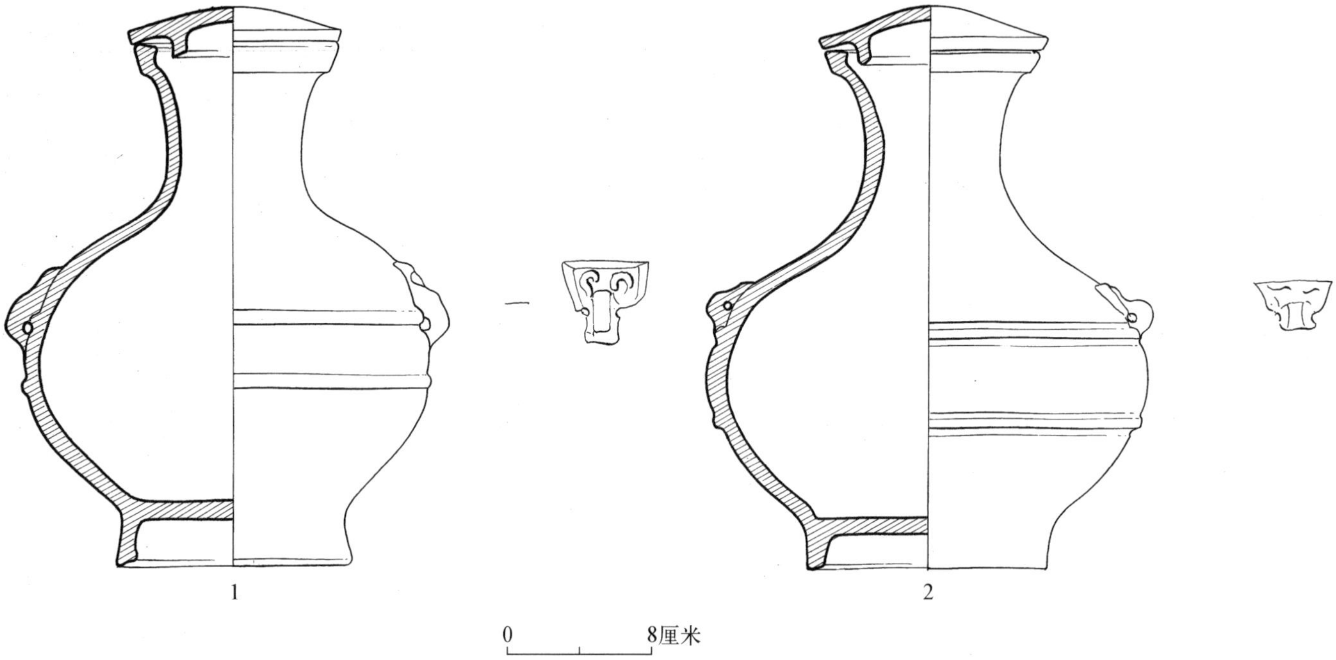

图一四六　SDM132随葬陶器

1、2.陶壶（SDM132：1、SDM132：2）

　　铜带钩　共3件。标本SDM132：11，钮残。水禽形，断面呈扁半圆形，短柱靠近钩尾。长7.15、宽0.60～1.15厘米（图一四七，9）。标本SDM132：9，水禽形，钩体较小，断面呈扁半圆形，钩尾转折处较扁；圆形钩钮位于钩尾下部，以一短柱相连。长4.10、宽0.30～0.85、钮径1.40厘米（图一四七，10；彩版四〇，5）。标本SDM132：10，钩首及钩尾残，蛇形，断面近三角形；椭圆形钩钮位于钩尾下部，以一短柱相连。钩体表面有一道凸棱。长6.20、宽0.45～0.65、钮径0.90厘米（图一四七，13；彩版四〇，7）。

　　石砚　1套2件（彩版四八，6）。研，标本SDM132：6-2，泥质岩，圆柱形，上下两面皆平，上小下大，上面略粗糙，下面光滑，局部残存墨迹。直径5.1、厚2.4厘米（图一四七，14）。砚，标本SDM132：6-1，砂岩，圆饼形，上下两面皆平且等大，上面光滑，下面较粗糙，侧面微弧近直。砚面直径8.65、底面直径8.80、厚1.45厘米（图一四七，16）。

　　玉剑璏　1件。标本SDM132：12，残。青绿色，窄长条形。表面饰三道旋纹。长7.6、宽1.0、高1.6厘米（图一四七，15）。

　　牌形骨器　1组。平面呈长方形。标本SDM132：21-8，长2.75、宽1.85、厚1.50厘米（图一四七，1）。标本SDM132：21-1，长2.50、宽1.60、厚1.05厘米（图一四七，2）。标本SDM132：21-7，长2.50、宽1.60厘米（图一四七，3）。标本SDM132：21-5，长2.40、宽1.50厘米（图一四七，4）。标本SDM132：21-6，长2.20、宽1.30厘米（图一四七，5）。标本SDM132：21-2，长2.10、宽1.35厘米（图一四七，6）。标本SDM132：21-4，长2.50、宽1.35～1.55厘米（图一四七，7）。标本SDM132：21-3，长2.15、宽1.30厘米（图一四七，8）。

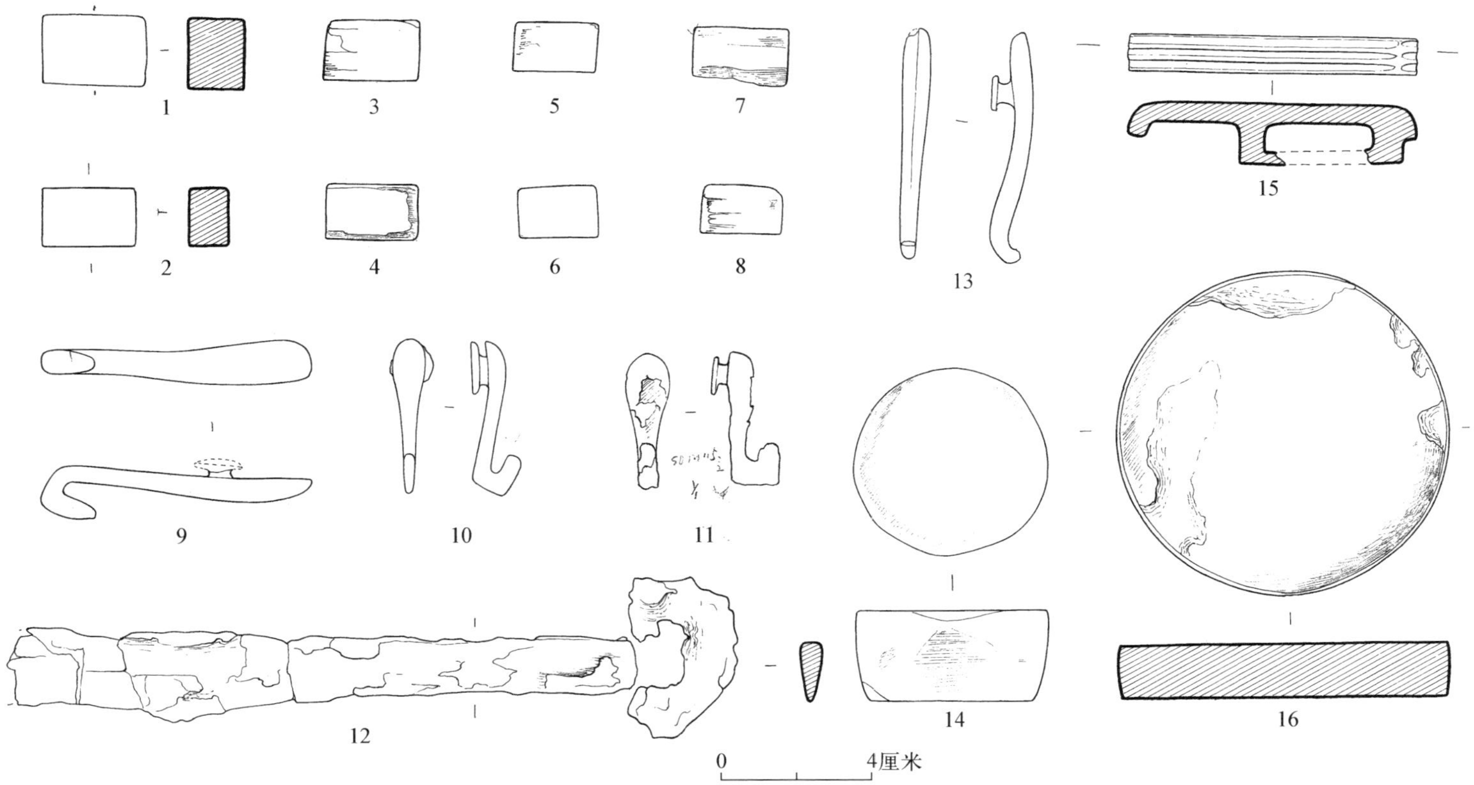

图一四七　SDM115、SDM132随葬小件器物

1、2、3、4、5、6、7、8. 牌形骨器（SDM132：21-8、SDM132：21-1、SDM132：21-7、SDM132：21-5、SDM132：21-6、SDM132：21-2、SDM132：21-4、SDM132：21-3）
9、10、13. 铜带钩（SDM132：11、SDM132：9、SDM132：10）　11. 铁带钩（SDM115：2）　12. 铁削（SDM115：1）
14、16. 石砚（SDM132：6-2、SDM132：6-1）　15. 玉剑璏（SDM132：12）

动物骨骼 1堆。标本SDM132∶20,猪的左侧盆骨,代表的个体数为1,保存部位包括髋臼、大部分的坐骨以及部分的髂骨与耻骨,三部分已愈合,但坐骨结节未愈合。年龄应大于1岁。

漆器 共2件,标本SDM132∶7、SDM132∶8,仅残存部分髹漆痕迹,无法提取。

86. 2010YFSDM134

（1）位置

北距SDM227约10.5米。

（2）形制结构（图一四八）

墓向:7°。

墓室:口底等大。口呈长方形,东长3.48、西长3.50、南宽1.44、北宽1.44米。直壁。平底。自深2.96米。

填土:红褐色五花土,土质较松散。

（3）葬具

单棺,似呈矩形。棺北端保留,南端仅见痕迹。置于墓室偏北。棺长1.81、宽0.70米。

（4）墓主人

骨架不存,葬式不明。

（5）随葬品及其位置

共6件,包括陶器5件、漆器1件,均位于墓室南部棺外。可分为东西两排,西排自北向南依次为盛（∶1）、漆器（∶5）、鼎（∶6）、锜（∶2）,1号和5号东西向并排放置。东排自北向南依次为钫（∶4）、簋形甗（∶3）。

（6）随葬品介绍

钫 1件。标本SDM134∶4,泥质灰陶。覆斗形盖,以子母口与器身扣合;侈口,方唇,口外侧加厚一周泥条;束颈,溜肩,鼓腹,方形圈足微外撇;肩部对称饰一对兽面衔环状铺首,兽面纹饰较模糊,细部纹样不见。器盖残存部分白彩,口内壁饰红彩,颈部饰一周三角蕉叶纹,腹部残存蓝

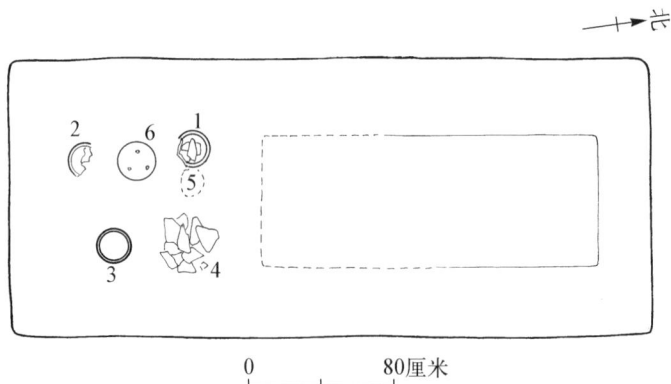

图一四八 SDM134墓葬平面图

1.陶盛 2.陶锜 3.陶簋形甗 4.陶钫 5.漆器 6.陶鼎

白彩云纹,铺首衔环描白,圈足饰一周条带状白彩。盖高3.0、盖顶阔5.0、盖阔6.0、口阔8.4、器身最大径21.0、器身高37.6、足高4.2、足阔14.6、通高46.0厘米(图一四九,1)。

鼎　1件。标本SDM134:6,耳残,泥质灰陶。盖腹较深,盖面圆弧近圜形,上饰点状小乳突;鼎身与盖以子母口扣合,口内敛,内沿略高于外沿;垂腹,腹较浅,上腹近直,下腹弧收成平圜底,上下腹交接处有一周凸棱;耳、足与鼎身连接处距腹部凸棱较近,蹄足较矮且外撇,耳足呈五点式分布。盖面残存云纹白彩,上腹隐约可见条带状红、白彩各一周。器盖口径16.6、器盖高4.0、器身口径7.2、器身最大径18.7、器身高7.4、足高4.8、通高12.7厘米(图一四九,2;彩版一三,7)。

盝　1件。标本SDM134:1,泥质灰陶。盖面圆鼓,盖腹较深,上有矮圈足状捉手,盖面最高处略低于捉手上缘;盖与器身以子母口扣合,口部内沿略高于外沿,沿面内凹成槽;弧腹,平底微内凹。捉手内饰一周条带状白彩,盖面近捉手处及近口处各饰一周条带状白彩,其间残存云纹白彩,腹上部残存部分白彩。器盖口径16.8、器盖高4.7、捉手直径8.6、器身口径15.2、器身最大径18.3、器身高7.9、通高12.6厘米(图一四九,3)。

锜　1件。标本SDM134:2,泥质灰陶。小直口方唇,弧肩,肩部对称饰一对兽面衔环状铺首,铺首小而纹饰简化、印痕较模糊;弧腹,腹深略小于肩高,肩腹转折处有腰檐,腰檐较窄;圜底,蹄足较矮。肩面残存部分红、白、蓝彩。口径8.0、器身最大径20.8、檐宽1.2、足高5.0、通高11.4厘米(图一四九,5)。

簋形甗　1件。标本SDM134:3,泥质灰陶。直口方唇,唇部微加厚;弧腹,圈足微内敛,器底内壁刮出一周浅痕,器底戳制5个短条形甗孔,布局为中心一孔与边缘一周。腹部饰数周条带状红、白彩及一周绚索状白彩,器内壁遍饰红彩。口径18.8、底径10.3、通高8.6厘米(图一四九,4)。

漆器　1件。标本SDM134:5,无法提取。

87. 2010YFSDM135

（1）位置

西距SDM124约8.0米。

（2）形制结构（图一五〇）

墓向:20°。

墓室:口大底小。口呈宽长方形,东长3.20、西长3.20、南宽1.94、北宽2.02米。斜壁。平底,东长2.72、西长2.76、南宽1.34、北宽1.40米。自深3.10米。

二层台:四周。东侧台面宽0.22、西侧台面宽0.24～0.34、南侧台面宽0.14、北侧台面宽0.12米。高0.80米。

填土:红褐色五花土,土质疏松。

（3）葬具

单棺,呈矩形。棺长1.96、宽0.60米。

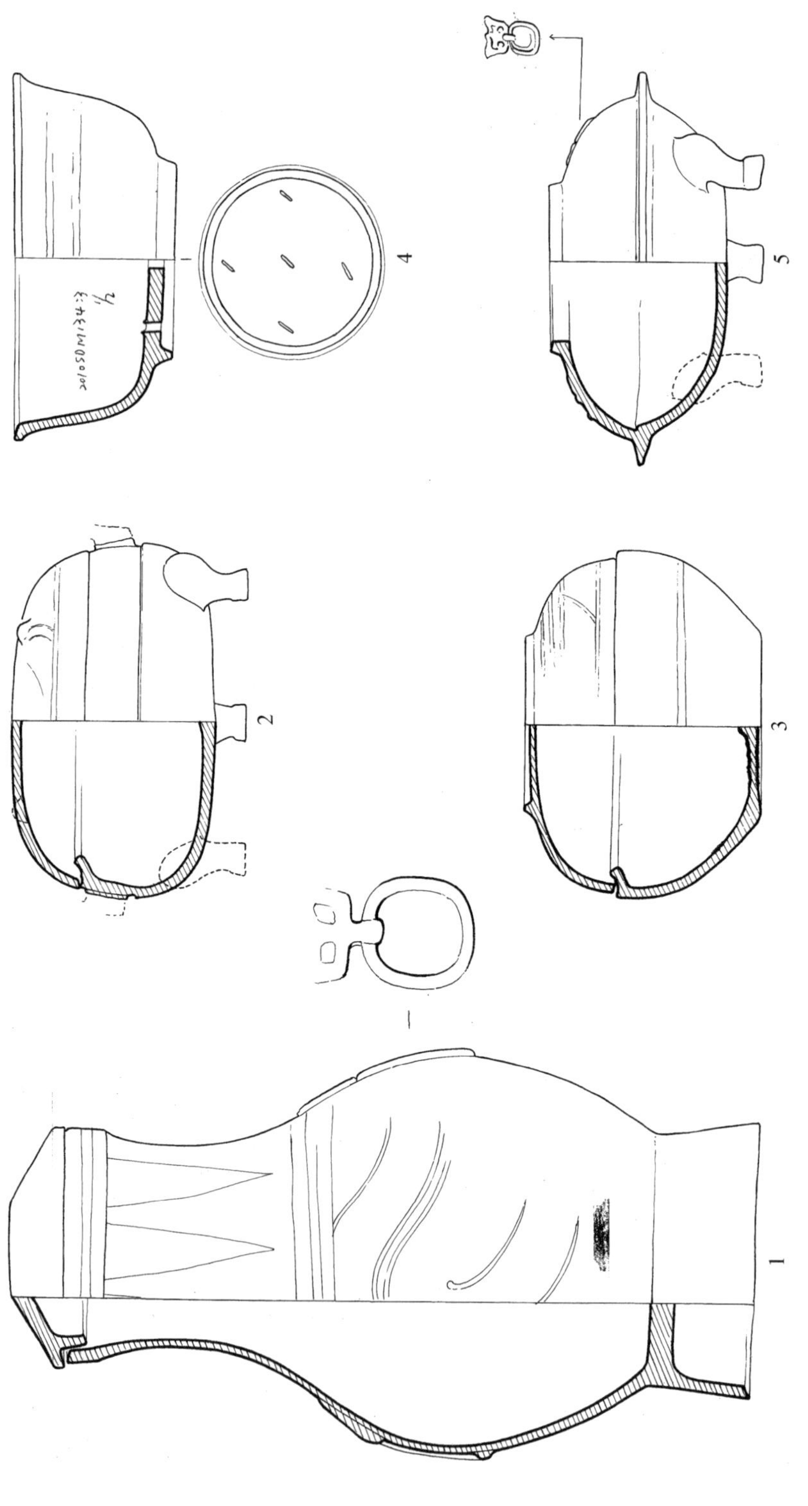

图一四九　SDM134 随葬陶器

1. 钫（SDM134：4）　2. 鼎（SDM134：6）　3. 盦（SDM134：1）　4. 奁形甑（SDM134：3）　5. 锜（SDM134：2）

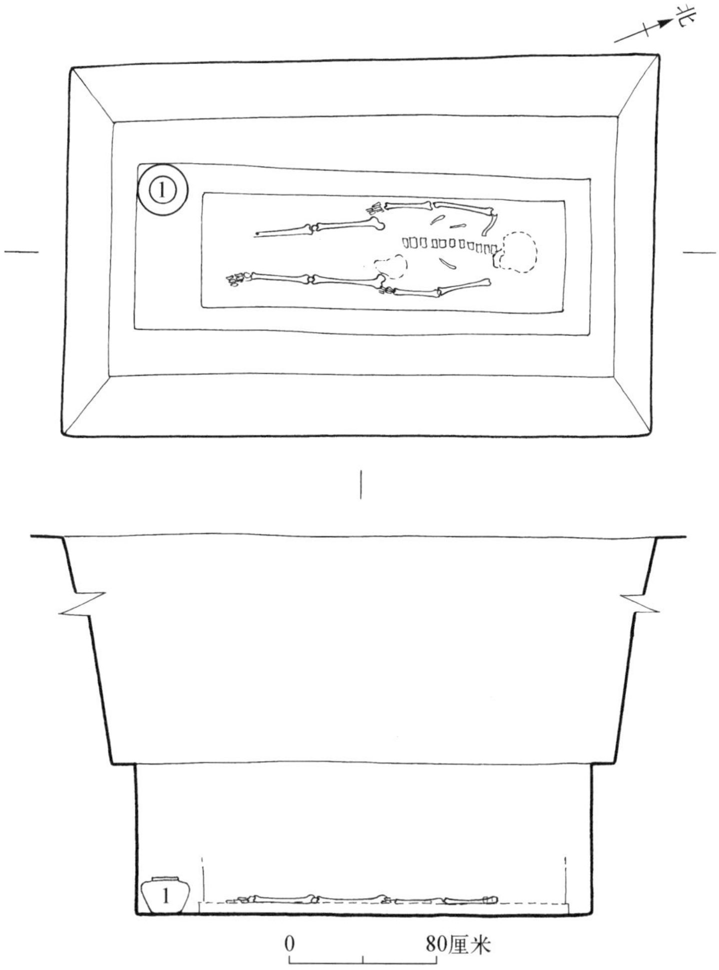

图一五〇　SDM135墓葬平、剖图

1.陶直口折肩罐

（4）墓主人

仅存肢骨与椎骨，头骨仅见痕迹。葬式为仰身直肢葬，上肢置于躯干两侧。头向北，面向东。

（5）随葬品及其位置

仅随葬1件直口折肩罐（：1），位于棺外墓室西南角。

（6）随葬品介绍

直口折肩罐　1件。标本SDM135：1，夹细砂灰陶。大体，直口方唇，折肩，弧腹，上下腹交接处圆弧，仅以一周旋纹分界，形成"符号亚腰"，平底。肩部饰数周暗旋纹。口径16.5、器身最大径28.7、底径13.5、通高20.0厘米（图一五三，2）。

88. 2010YFSDM141

（1）位置

东距SDM139约8.3米，西北距SDM142约3.8米。

（2）形制结构（图一五一）

墓向：96°。

墓室：口底等大。口呈长方形，南长3.30、北长3.30、东宽1.90、西宽1.80米。直壁。平底。自深3.90米。

二层台：四周。东侧台面宽0.40、南侧台面宽0.24～0.30、西侧台面宽0.50、北侧台面宽0.30～0.38米。高0.60米。

填土：土色黄褐色，夹杂较少的红和灰色土颗粒，土质较硬。

（3）葬具

单棺，呈矩形。棺长2.06、宽0.71米。

（4）墓主人

骨架保存相对完整。葬式似为仰身直肢葬，上肢伸直置于躯干两侧。头向东，面向上。

（5）随葬品及其位置

无随葬品。

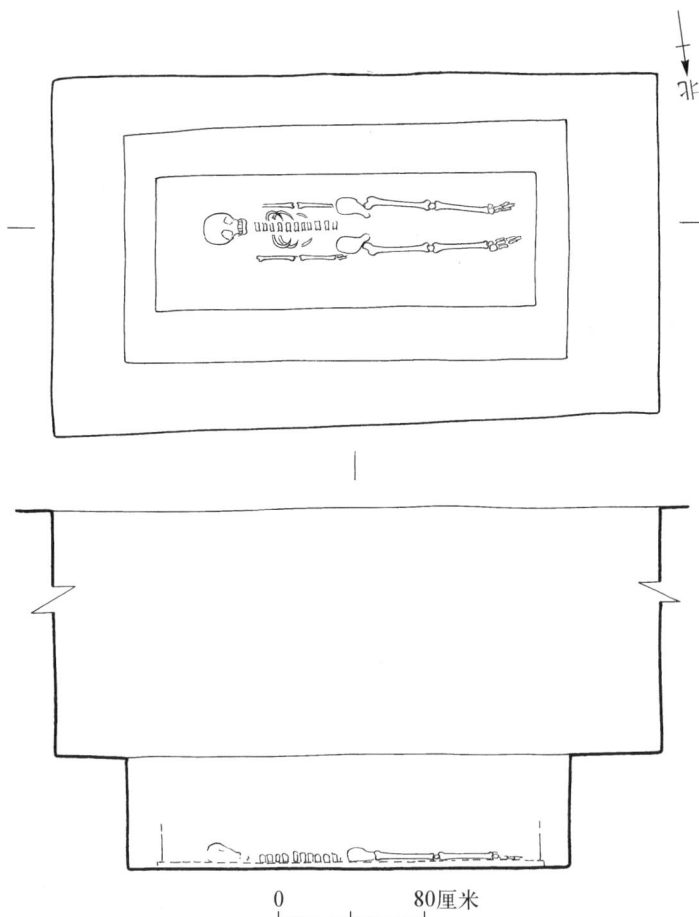

图一五一　SDM141墓葬平、剖图

89. 2010YFSDM143

（1）位置

东距SDM142约2.2米,西距SDM145约9.6米。

（2）形制结构（图一五二）

墓向:10°。

墓室:口底等大。口呈长方形,东长3.30、西长3.28、南宽1.76、北宽1.72米。直壁。平底。自深3.42米。

填土:红褐色五花土,土质疏松。

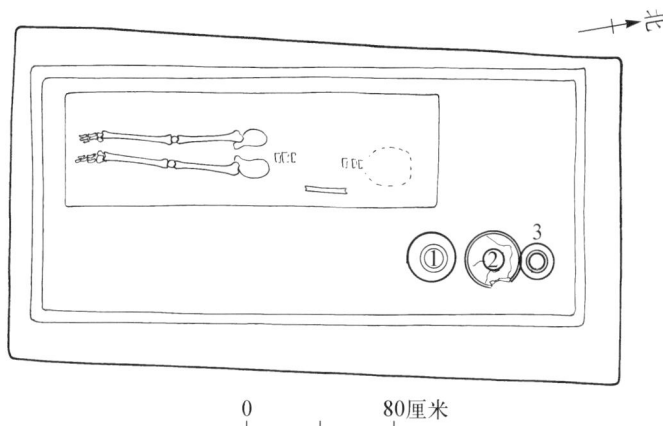

图一五二 SDM143墓葬平面图

1.陶直口折肩罐 2.陶缶 3.陶罐口釜

（3）葬具

一棺一椁,均呈矩形。棺置于椁内偏西南,棺长2.00、宽0.60米。椁长2.98、宽1.36、厚0.06米。

（4）墓主人

仅存下肢骨、部分椎骨,头骨仅见痕迹。葬式为仰身直肢葬,头向北。

（5）随葬品及其位置

共3件,皆陶器,均位于墓室东北部棺椁之间。自南向北依次为直口折肩罐（:1）、缶（:2）、罐口釜（:3）。

（6）随葬品介绍

缶 1件。标本SDM143:2,夹细砂灰陶。小体,小口束颈,折沿微下倾,尖圆唇;隆肩,腹微折,肩腹部呈"微亚腰"状,下腹斜直,平底。肩部饰数周暗旋纹,肩腹及上下腹交接处各饰一周旋纹,上腹饰两至三周麦粒状绳纹。口径7.8、器身最大径31.0、底径14.7、通高26.7厘米（图一五三,3）。

直口折肩罐 1件。标本SDM143:1,夹细砂灰陶。大体,直口方唇,折肩,腹微折,肩腹部呈"微亚腰"状,上腹微弧,下腹斜直,平底。肩腹交接处饰一周旋纹。下腹有轮制痕迹。口径15.4、器身最大径24.9、底径14.3、通高16.4厘米（图一五三,4）。

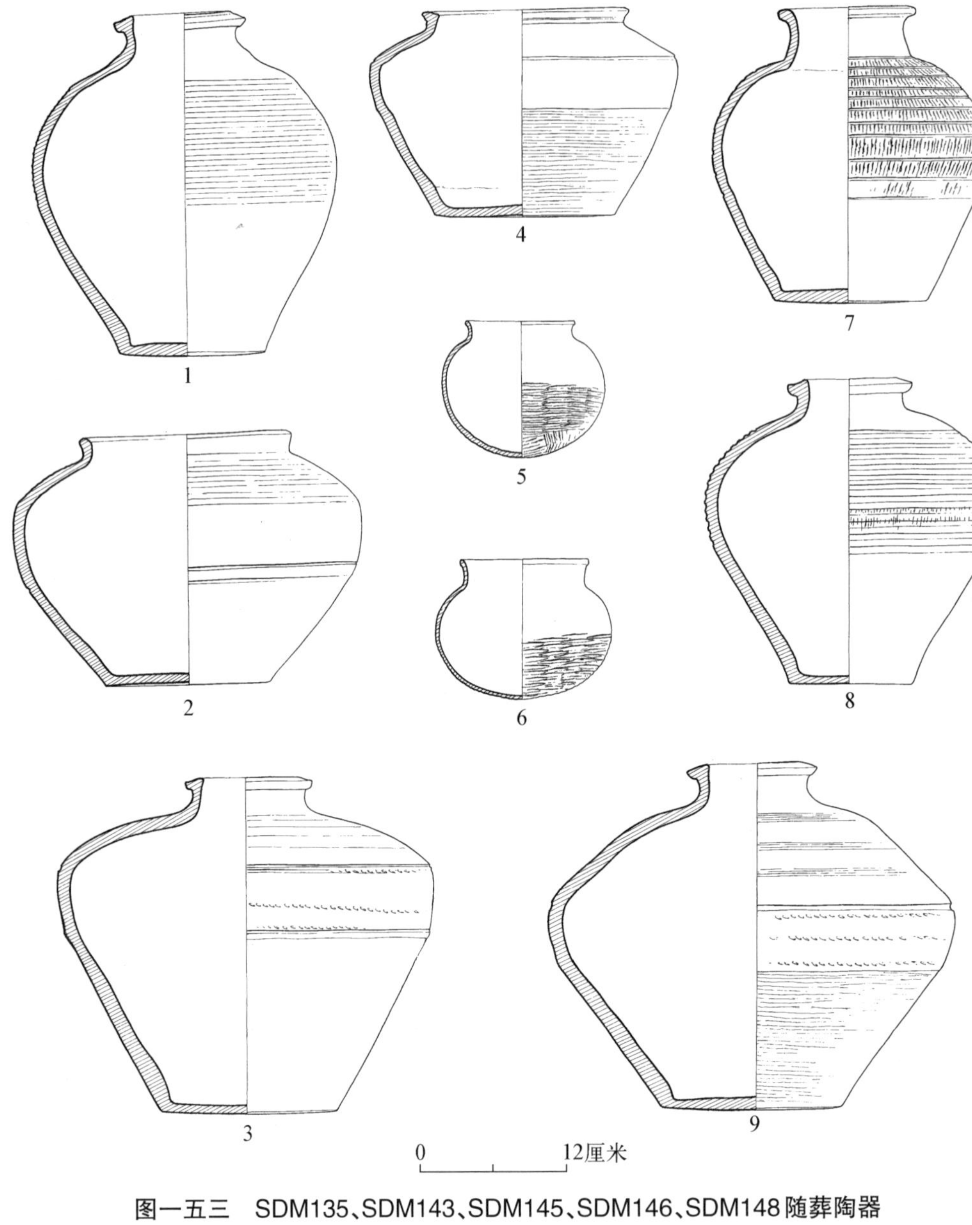

图一五三　SDM135、SDM143、SDM145、SDM146、SDM148随葬陶器

1、7、8. 小口旋纹罐(SDM145：2、SDM146：2、SDM145：1)　2、4. 直口折肩罐(SDM135：1、SDM143：1)

3、9. 缶(SDM143：2、SDM148：1)　5、6. 罐口釜(SDM146：1、SDM143：3)

罐口釜　1件。标本SDM143：3，夹砂红褐陶，底部夹粗砂。小体，侈口，方圆唇，矮直颈，圆肩，鼓腹，圜底。腹下部饰横向篮纹，底部饰纵向篮纹。腹底有烟炱。口径10.0、器身最大径14.3、通高11.2厘米(图一五三,6)。

90. 2010YFSDM145

（1）位置

东距SDM143约9.6米，北距SDM146约7.6米。

（2）形制结构（图一五四）

墓向：11°。

墓室：口底等大。口呈长方形，东长2.80、西长2.80、南宽1.20、北宽1.20米。直壁。平底。自深3.20米。

二层台：东西两侧。东侧台面宽0.20、西侧台面宽0.22米。高0.80米。

填土：黄褐色五花土，土质较疏松。

（3）葬具

单棺，呈矩形。置于墓室略偏南。棺长2.00、宽0.63米。

（4）墓主人

除脚部不存外，其余均保存较好。葬式为仰身直肢葬，上肢伸直置于躯干两侧。头向北，面向西。

（5）随葬品及其位置

共2件，皆陶器，均位于墓主头端棺外。从西向东依次为小口旋纹罐（:1、:2）。

（6）随葬品介绍

小口旋纹罐　共2件。皆夹细砂灰陶。小口束颈，折沿下倾，尖圆唇，圆鼓肩，平底。标本SDM145:2，弧腹，腹下部微内凹。肩部饰数周旋纹。口径8.0、器身最大径24.7、底径12.0、通高28.2厘米（图一五三，1）。标本SDM145:1，腹微弧近直。肩部饰数周旋纹及旋断绳纹。口径7.4、

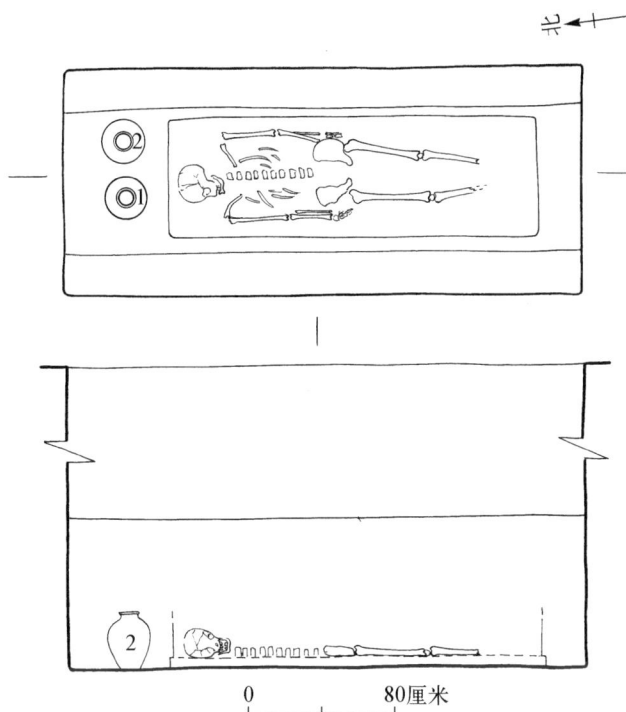

图一五四　SDM145墓葬平、剖图

1、2. 陶小口旋纹罐

器身最大径24.0、底径10.1、通高24.2厘米(图一五三,8)。

91. 2010YFSDM146

(1)位置

南距SDM145约7.6米,东距SDM147约0.5米,北距SDM152约12.5米。

(2)形制结构(图一五五)

墓向:192°。

墓室:口底等大。口呈长方形,东长3.10、西长3.08、南宽1.54、北宽1.46米。直壁。平底。自深2.70米。

填土:红褐色五花土,土质坚硬,经过夯打,但未发现明显夯层及夯窝。

(3)葬具

一棺一椁,均呈矩形。棺置于椁室中间,棺长1.66、宽0.74、厚0.04~0.06米。椁偏于墓室北端,椁长2.76、宽1.10、厚0.06米。椁底板由13块木板横向铺设而成,由北向南各块木板长、宽依次为1.16×0.16、1.16×0.18、1.16×0.22、1.15×0.30、1.16×0.22、1.16×0.24、1.16×0.20、1.16×0.16、1.16×0.18、1.14×0.18、1.14×0.20、1.14×0.18、1.14×0.16 m^2。

(4)墓主人

骨架朽成粉末状。葬式为仰身直肢葬。头向南,面向上。

(5)随葬品及其位置

共6件(组),其中陶器2件、铜器1件、铁器2件、铜钱1组8枚。陶器置于棺椁间西南角,由南向北依次为罐口釜(:1)、小口旋纹罐(:2)。铜镜(:3)、铜钱(:4)、铁带钩(附铜钱)(:6)位于墓主脚端棺椁间,铁削(:5)位于棺内墓主右手。

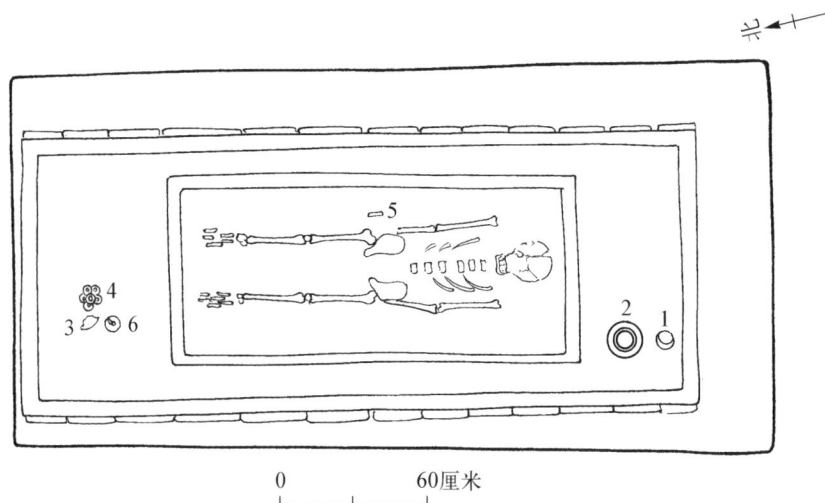

0   60厘米

图一五五 SDM146墓葬平面图

1.陶罐口釜 2.陶小口旋纹罐 3.铜镜 4.铜钱 5.铁削 6.铁带钩(附铜钱)

（6）随葬品介绍

小口旋纹罐　1件。标本SDM146：2，夹细砂灰陶。小口束颈，平折沿，方圆唇；圆鼓肩，弧腹，平底。肩及腹上部饰数周旋断绳纹。口径9.6、器身最大径22.6、底径12.5、通高23.6厘米（图一五三，7）。

罐口釜　1件。标本SDM146：1，夹砂红褐陶，底部夹粗砂。小体，侈口，方圆唇，矮直颈，圆肩，鼓腹，圜底。腹下部饰横向篮纹，底部饰纵向篮纹。腹底有烟炱。口径8.7、器身最大径13.2、通高10.8厘米（图一五三，5）。

铁带钩（附铜钱）　1件。标本SDM146：6，水禽形，钩尾较宽，圆形钩钮与钩尾以短柱相连。带钩与两枚相叠的半两钱粘连，并有细线穿过钱穿缠绕带钩，钱上残留有网格状织物痕迹。钱径3.2、带钩长3.8、钮径0.9厘米（图一三四，2；彩版四六，4）。

铁削　1件。标本SDM146：5，单面刃，直背直刃，削身断面呈三角形；长扁平柄，柄部略窄于刃部，圆形环首。长23.90、刃最宽处1.50、刃厚0.50、柄最宽处1.30、环首宽4.15厘米（图一三四，6）。

铜钱　共8枚。标本SDM146：4，均为"半两"，大小不同，文字各异。SDM146：4-1，文字扁平，字等于穿。"半"字头部锈蚀不清，两横线略等，竖线长出下横线；"两"字上横线比肩略短，折肩，为"双人两"。钱径2.4、穿宽1.0厘米，重量2.4克（图二〇二，1）。SDM146：4-2，文字扁平，字等于穿。"半"字头部呈"八"字状，下横线较短，竖线略出下横线；"两"字锈蚀不清。钱径2.7、穿宽0.8厘米，重量2.7克（图二〇二，3）。SDM146：4-3，字迹依稀可见，但不可辨形。肉上有3个孔。钱径2.6、穿宽0.9厘米，重量2.5克。SDM146：4-4，字迹依稀可见，但不可辨形。钱径2.8、穿宽0.8厘米，重量3.0克。SDM146：4-5，字迹依稀可见，但不可辨形。有一铸口。钱径2.9、穿宽0.8厘米，重量4.7克。SDM146：4-6，文字扁平，字略大于穿。"半"字头部转折且分散，下横线略短，竖线出于上横线；"两"字上横线比肩略短，折肩，为"双人两"，人字首部较长。钱径2.8、穿宽0.8厘米，重量4.9克（图二〇二，4）。SDM146：4-7，文字扁平，字等于穿。"半"字头部转折明显，两横线略等，竖线出于下横线；"两"字上横线较短，折肩，为"双人两"。钱径2.9、穿宽0.9厘米，重量3.2克。SDM146：4-8，字迹依稀可见，但不可辨形。钱径2.5、穿宽0.9厘米，重量2.5克。

铜镜1面。标本SDM146：3，残。内向连弧纹镜。镜背仅见部分连弧纹，连弧纹间有乳钉，镜缘为宽弦纹带。镜面半径6.6厘米（图一五六）。

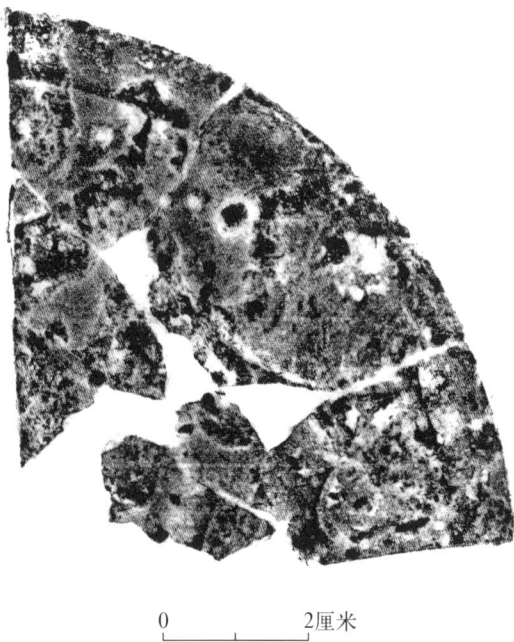

0　　　　　2厘米

图一五六　SDM146随葬铜镜拓片

SDM146：3

92. 2010YFSDM148

（1）位置

东距SDM149约0.5米，西壁打破SDM216。

（2）形制结构（图一五七）

墓向：0°。

墓室：口大底小。口呈长方形，东长3.56、西长3.52、南宽1.60、北宽1.60米。斜壁。平底，东长3.36、西长3.32、南宽1.42、北宽1.44米。自深3.30米。

填土：黄褐色五花土，土质较坚硬，经过夯打，有褐色夯层，厚度约0.10米，夯窝不明显。

（3）葬具

单棺，呈矩形。棺长1.76、宽0.60米。棺盖板由11块木板横向铺设，由北向南各块木板长、宽依次为0.80×0.14、0.86×0.18、0.82×0.20、0.84×0.22、0.82×0.16、0.82×0.18、0.82×0.20、0.81×0.18、0.80×0.16、0.90×0.18、0.90×0.18 m²。

（4）墓主人

骨架保存较好。葬式为仰身直肢葬，上肢伸直置于躯干两侧。头向北，面向上。

（5）随葬品及其位置

共8件，包括陶器7件、铁器1件，均位于墓主头端棺外。缶（:1）位于墓室东北角，其南侧自东向西依次为小口旋纹罐（:2）、铁灯（:3）。盂形甑（:5）、小口旋纹罐（:6）、罐口釜（:7）和盂（:8）位于墓室西北角，其南侧为鬲口釜（:4）。

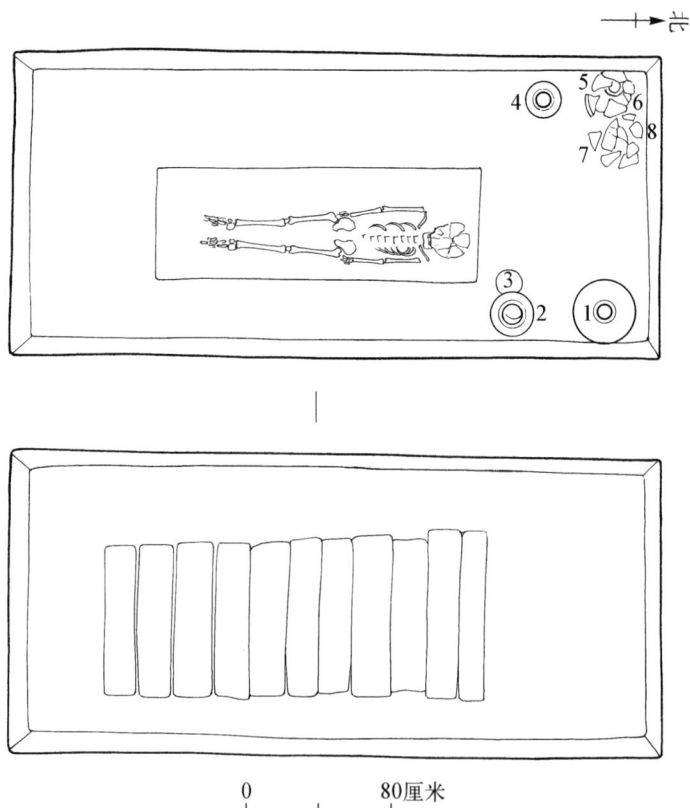

图一五七　SDM148墓葬平面图、棺盖板示意图

1.陶缶　2、6.陶小口旋纹罐　3.铁灯　4.陶鬲口釜　5.陶盂形甑　7.陶罐口釜　8.陶盂

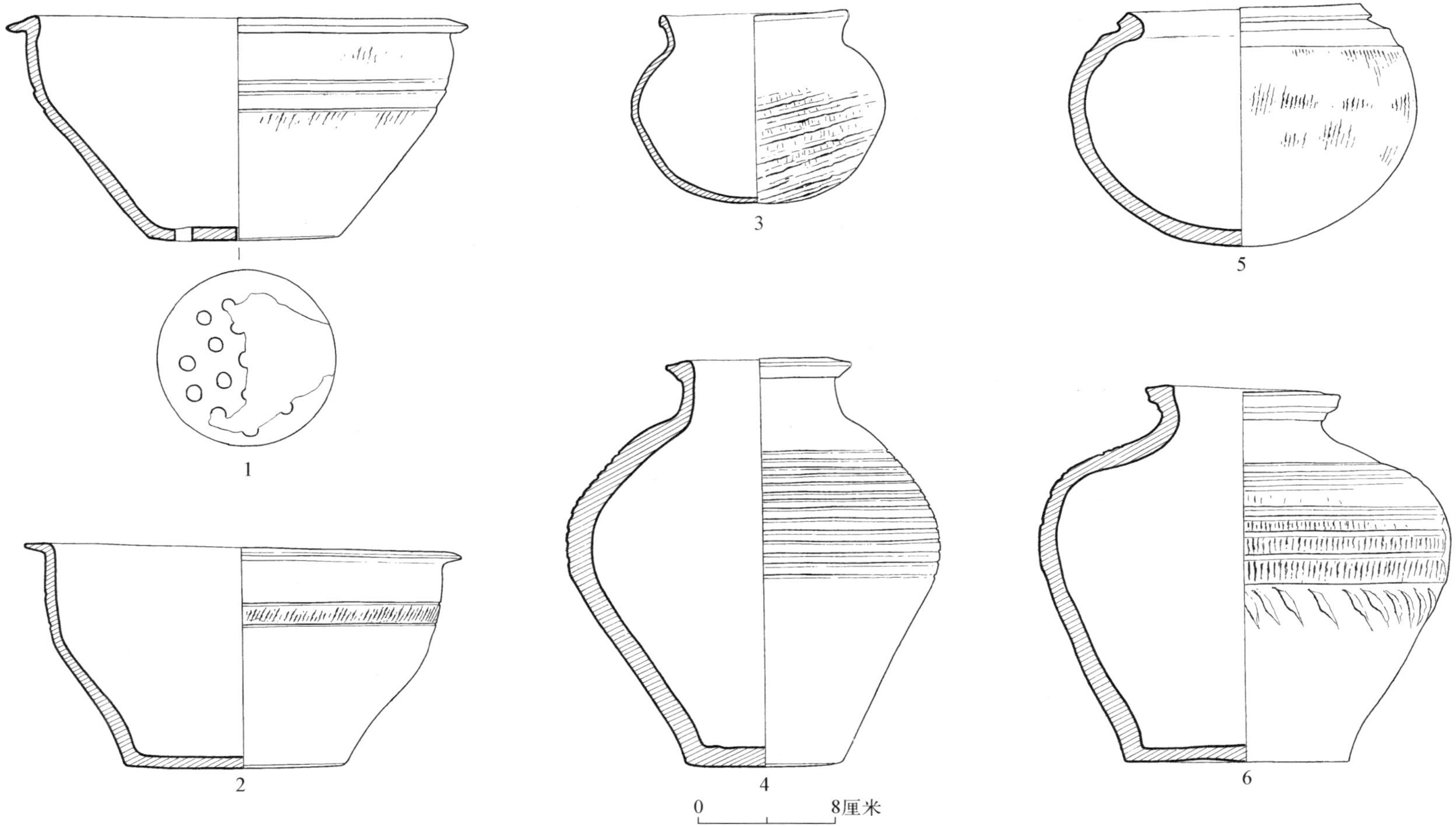

图一五八 SDM148 随葬陶器

1. 盂形甑(SDM148:5) 2. 盂(SDM148:8) 3. 罐口釜(SDM148:7) 4、6. 小口旋纹罐(SDM148:2、SDM148:6) 5. 高口釜(SDM148:4)

（6）随葬品介绍

缶　1件。标本SDM148：1，夹细砂灰陶。小体，小口束颈，折沿下倾，尖唇；圆折肩，溜肩明显，肩部占器身比例近半，下腹斜直，平底。肩部隐约可见数周旋纹，肩腹交接处饰一周旋纹，上腹饰两至三周麦粒状绳纹。下腹有轮制痕迹。口径7.5、器身最大径33.0、底径14.6、通高27.6厘米（图一五三，9）。

小口旋纹罐　共2件。皆夹细砂灰陶。小口束颈，折沿微下倾，平底。标本SDM148：2，尖唇，微溜肩，腹部斜直。肩及腹上部饰数周旋纹。口径8.0、器身最大径21.6、底径9.0、通高24.5厘米（图一五八，4）。标本SDM148：6，整体形态较矮胖，尖圆唇，圆鼓肩，腹部微弧近直。肩部饰数周旋纹，腹上部饰旋断绳纹，其下有一周斜行凹痕。口径8.6、器身最大径24.0、底径13.1、通高22.3厘米（图一五八，6）。

盂　1件。标本SDM148：8，夹细砂灰陶。敞口，平折沿，尖唇；弧腹微折，腹上部占腹部近半，腹下部微内凹，平底。上腹饰两周旋纹间以竖行绳纹。口径22.9、底径12.6、通高13.2厘米（图一五八，2）。

盂形甑　1件。标本SDM148：5，夹细砂灰陶。敞口，折沿下倾，尖唇；弧腹微折，上腹占腹部近半，平底；器底残留12个戳制圆形甑孔，布局为中心数孔与边缘一周。腹上部饰三周旋纹。口径23.6、底径11.0、通高13.5厘米（图一五八，1）。

高口釜　1件。标本SDM148：4，夹砂灰陶，底部夹粗砂。侈口，斜方唇，圆肩，鼓腹，圜底。腹上部饰竖行绳纹。口径13.9、器身最大径20.4、通高14.1厘米（图一五八，5）。

罐口釜　1件。标本SDM148：7，夹砂灰陶，底部夹粗砂。小体，侈口，厚圆唇，矮直颈，微溜肩，鼓腹，圜底。腹部饰横向篮纹，底部饰纵向篮纹。腹底有烟炱。口径10.7、器身最大径14.9、通高11.6厘米（图一五八，3）。

铁灯　1件。标本SDM148：3，豆形灯。浅折盘，方唇，盘壁斜直，盘底近平，竹节状柱柄下接大喇叭形座。口径10.6、底径8.6、通高10.8厘米（图一三四，1；彩版四五，5）。

93. 2010YFSDM154

（1）位置

东距SDM212约4米，西距SDM151约11.4米。

（2）形制结构（图一五九）

墓向：93°。

墓室：口大底小。口呈长方形，南长3.46、北长3.46、东宽2.00、西宽2.00米。斜壁。平底，南长3.16、北长3.18、东宽1.66、西宽1.74米。自深4.00米。

二层台：四周。东侧台面宽0.38、西侧台面宽0.24、南侧台面宽0.42、北侧台面宽0.32米。高0.80米。二层台东北角有一长方形坑，长0.34、宽0.10、深0.40米。

填土：土色黄褐色，土质较硬，经过夯打，可见夯土，但无明显夯窝。

（3）葬具

单棺，呈矩形。棺长2.20、宽0.65米。棺下加垫木，垫木嵌入两侧二层台中。东侧垫木长

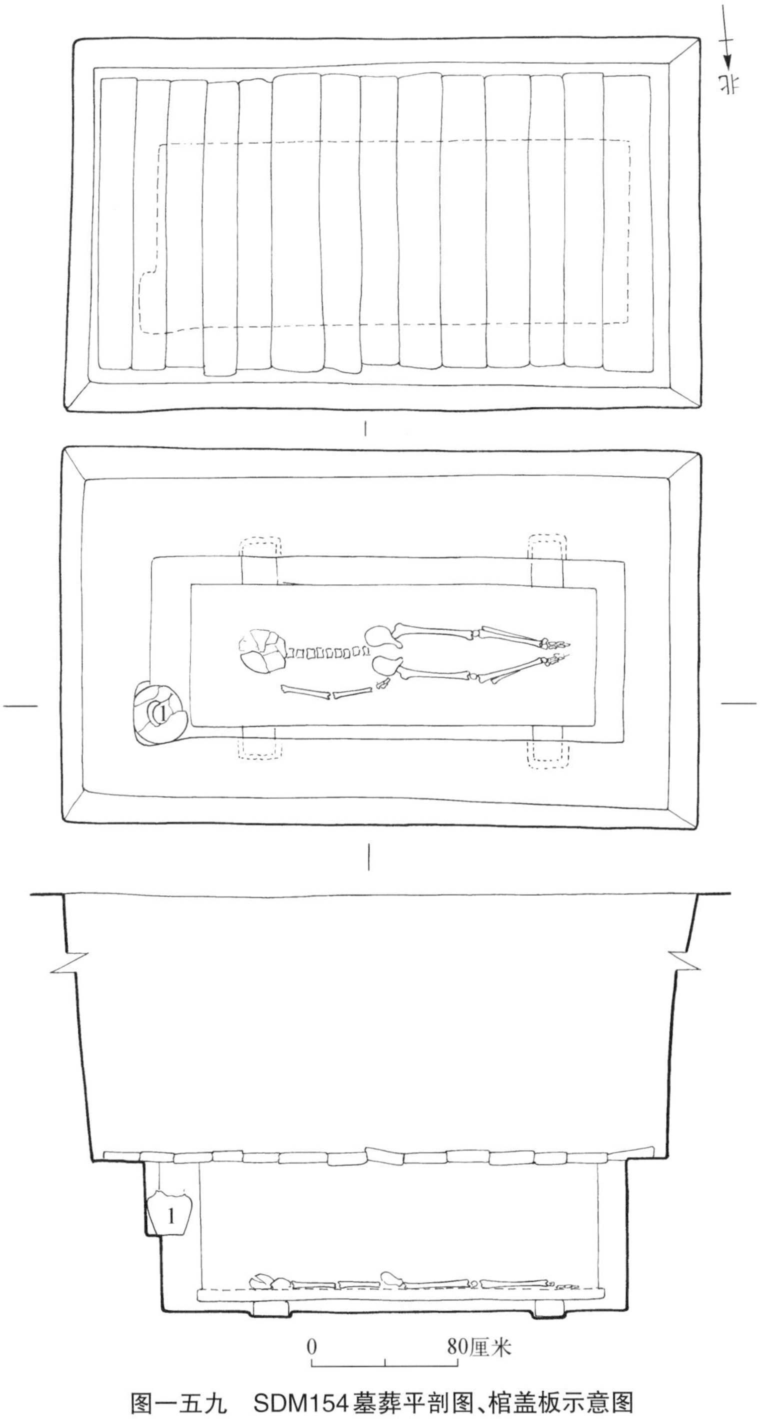

图一五九 SDM154墓葬平剖图、棺盖板示意图

1.陶直口折肩罐

1.12、宽0.20、厚0.08米,西侧垫木长1.16、宽0.18、厚0.09米。棺盖板由14块木板纵向铺设而成,由西向东各块木板长、宽依次为1.58×0.26、1.56×0.22、1.54×0.18、1.56×0.24、1.56×0.24、1.58×0.24、1.54×0.20、1.58×0.22、1.60×0.26、1.56×0.20、1.58×0.18、1.54×0.20、1.55×0.18、1.64×0.18 m²。

（4）墓主人

肋骨和左侧上肢不存，其余保存较好。葬式为仰身直肢葬，右上肢伸直放于盆骨上，双脚并拢。头向东，面向上。

（5）随葬品及其位置

仅随葬1件直口折肩罐（：1），嵌入东北角二层台中部。

（6）随葬品介绍

直口折肩罐　1件。标本SDM154：1，夹细砂灰陶。大体，直口方唇，口外侧有一周凹槽，折肩，腹微折，肩腹部呈"微亚腰"状，下腹斜直微内凹，平底。肩部饰数周暗旋纹，肩腹及上下腹交接处各饰一周旋纹，上腹饰两至三周麦粒状绳纹。口径18.0、器身最大径32.0、底径15.1、通高22.3厘米（图一六三，1）。

94. 2010YFSDM157

（1）位置

东距SDM156约1.0米，西距SDM175约10.6米。

（2）形制结构（图一六○）

墓向：15°。

墓室：口略大于底。口呈长方形，东长2.70、西长2.70、南宽1.60、北宽1.60米。斜壁近直。平底，东长2.60、西长2.60、南宽1.50、北宽1.50米。自深3.15米。

填土：黄褐色五花土，土质较硬，经过夯打，但夯层不明显，未见夯窝。

（3）葬具

单棺，呈矩形。棺长2.07、宽0.67、端板厚0.08、侧板厚0.06米。

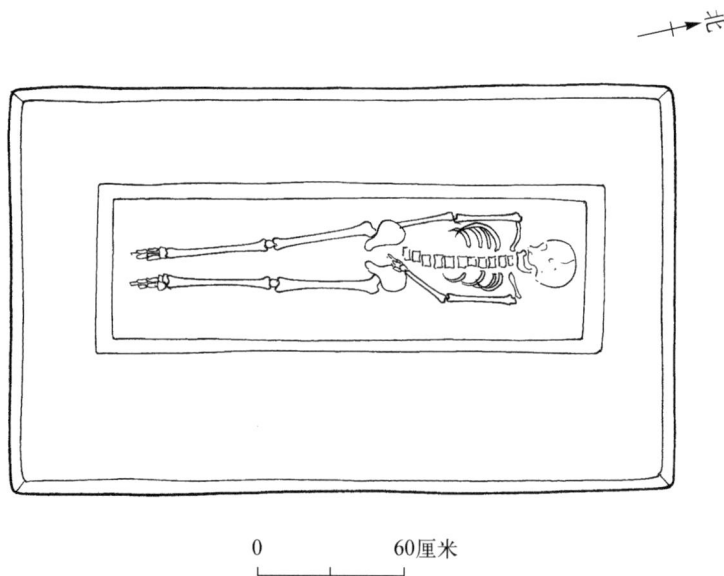

0　　　　　60厘米

图一六○　SDM157墓葬平面图

（4）墓主人

人骨保存较完整。葬式为仰身直肢葬，左上肢内折且该手放于腹部，右上肢伸直于躯干旁。头向北，面向西。

（5）随葬品及其位置

无随葬品。

95. 2010YFSDM159

（1）位置

南距SDM160约1.5米。

（2）形制结构（图一六一）

墓向：87°。

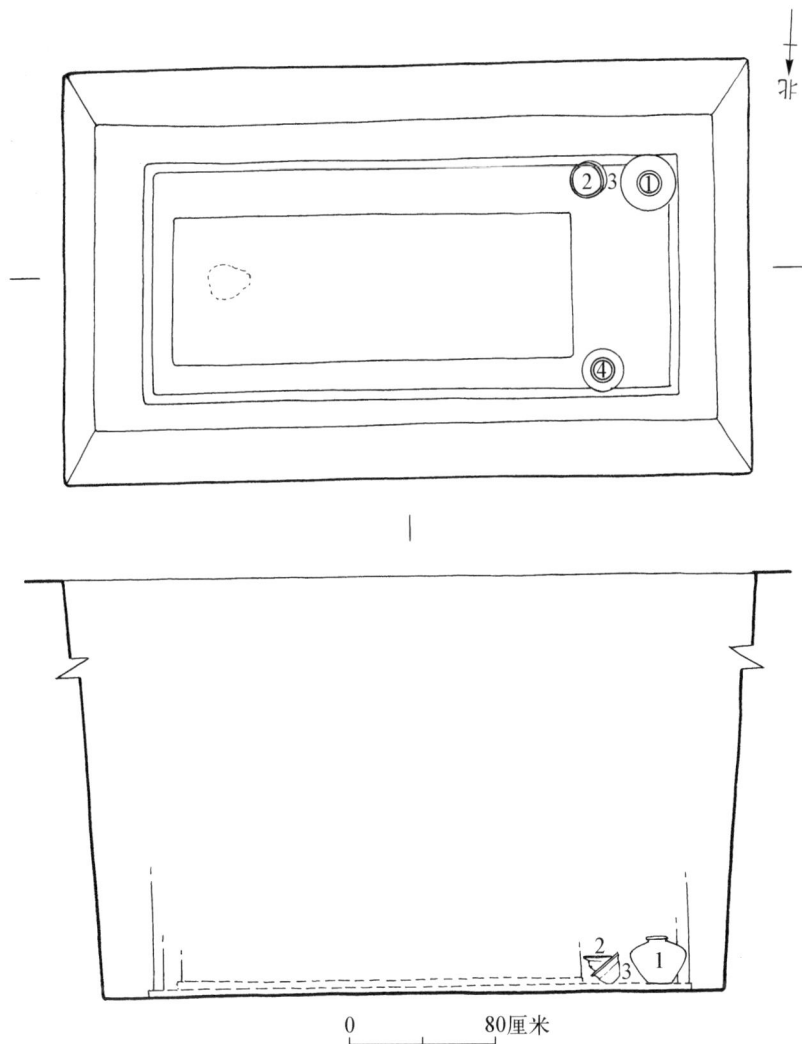

图一六一 SDM159墓葬平、剖图

1.陶缶 2.陶盂 3.陶盂改甑 4.陶鬲口釜

墓室：口大底小。口呈长方形，南长3.74、北长3.74、东宽2.20、西宽2.20米。斜壁。平底，南长3.38、北长3.40、东宽1.62、西宽1.60米。自深3.60米。

填土：红褐色五花土，土质坚硬，经过夯打，但未发现明显的夯迹。

（3）葬具

一棺一椁，均呈矩形。棺置于椁内偏东北，棺长2.17、宽0.78米。椁长2.92、宽1.26、端板及侧板厚0.04～0.06米。

（4）墓主人

骨架保存极差，仅存头骨痕迹。葬式不明，头向东。

（5）随葬品及其位置

共4件，皆陶器，均位于墓主脚端棺椁之间。缶（：1）、盂（：2）和盂改甑（：3）位于椁内西南角，由西向东排列，2号叠置于3号内。鬲口釜（：4）位于棺外西北角。

（6）随葬品介绍

缶　1件。标本SDM159：1，夹细砂灰陶。小体，小口束颈，折沿下倾，尖圆唇；折肩，腹微折，肩腹部呈"微亚腰"状，下腹斜直，平底。沿面及肩部饰数周暗旋纹，上腹饰三至四周麦粒状绳纹。口径8.7、器身最大径33.2、底径16.9、通高28.0厘米（图一六三，10）。

盂　1件。SDM159：2，夹细砂灰陶。侈口，方圆唇，沿下角较大；鼓腹，腹上部近直，下部斜直，鼓腹处近"微亚腰"状，平底。腹上部饰三周旋纹。口径18.8、底径9.5、通高11.6厘米（图一六三，5）。

盂改甑　1件。标本SDM159：3，夹细砂灰陶。敞口，折沿微下倾，尖圆唇；折腹，上腹占腹部比例约四分之一，下腹斜直，平底；底部凿制5个圆形甑孔，布局为中心一孔与边缘一周。上下腹交接处有一周折棱。口径23.0、底径11.5、通高12.0厘米（图一六三，2）。

鬲口釜　1件。标本SDM159：4，夹砂灰陶，底部夹粗砂。侈口，斜方唇，圆肩，腹部整体圆弧，圜底。腹上部饰竖行绳纹，腹下部及底部饰交错绳纹。口径14.0、器身最大径20.1、通高16.8厘米（图一六三，6）。

96. 2010YFSDM160

（1）位置

北距SDM159约1.5米，西南距SDM162约9.4米。

（2）形制结构（图一六二）

墓向：95°。

墓室：口大底小。口呈长方形，南长3.44、北长3.44、东宽1.40、西宽1.40米。斜壁。平底，南长3.16、北长3.18、东宽1.14、西宽1.12米。自深4.98米。

填土：红褐色五花土，土质较疏松。

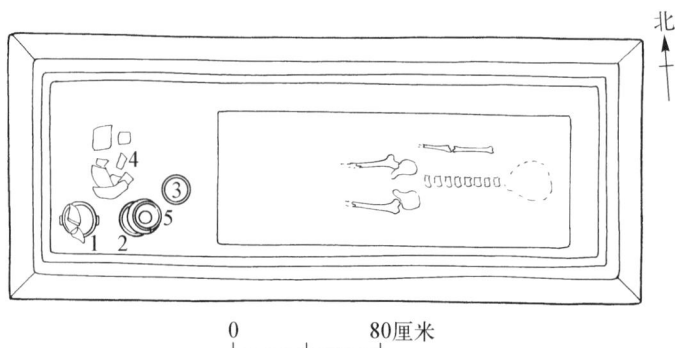

图一六二　SDM160墓葬平面图

1.陶鼎　2.陶簋形甑　3.陶罐口釜　4.陶钫　5.陶锜

（3）葬具

一棺一椁，均呈矩形。棺置于椁内偏东南，棺长 1.90、宽 0.70 米。椁长 3.06、宽 1.02、端板及侧板厚 0.04～0.06 米。

（4）墓主人

仅存部分肢骨、椎骨，头骨仅见痕迹。葬式似为仰身直肢葬。头向东。

（5）随葬品及其位置

共 5 件，皆陶器，均位于墓主脚端棺椁之间。靠近椁室南壁由西向东依次为鼎（ :1）、锜（ :5）和箅形甑（ :2），5 号叠置于 2 号上。2 号东北侧为罐口釜（ :3），西北侧为钫（ :4）。

（6）随葬品介绍

钫 1 件。标本 SDM160:4，泥质灰陶。覆斗形盖，盖与器身以子母口扣合；口微侈，方唇，口外侧加厚一周泥条；束颈，溜肩，鼓腹，方形圈足微外撇；肩部对称饰一对兽面衔环状铺首，兽面纹饰较模糊，细部纹样不见。盖面有两周条带状白彩，口内壁饰红彩，颈部饰一周三角蕉叶纹，肩及腹上部饰条带状红白彩间以云纹；铺首衔环描白，内有红圈。盖高 2.9、盖顶阔 4.6、盖阔 7.2、口阔 11.2、器身最大径 19.9、器身高 36.4、足高 4.0、足阔 12.2、通高 39.0 厘米（图一六三，3）。

鼎 1 件。标本 SDM160:1，泥质灰陶。盖腹较深，盖面圆鼓近圜形，上饰点状小乳突；鼎身与盖以子母口扣合，口部内沿略高于外沿，沿面内凹成槽；弧腹较浅，上下腹交接处有一周凸棱，圜底。双附耳，耳微外撇，有长方形穿，耳穿略透出鼎身；耳、足与鼎身连接处距腹部凸棱较近，蹄足粗矮且外撇，耳足呈五点式分布。盖面残存红白彩云纹。器盖口径 16.8、器盖高 4.0、耳高 4.0、器身口径 12.8、器身最大径 18.0、器身高 7.2、足高 4.8、通高 13.2 厘米（图一六三，4）。

锜 1 件。标本 SDM160:5，泥质灰陶。小直口方唇，弧肩，肩部对称饰一对兽面衔环状铺首，铺首小而纹饰简化、印痕较模糊；弧腹，圜底近平，腹深略小于肩高；肩腹转折处有腰檐，腰檐较窄；腹下接三蹄足，蹄足较矮。近口处及近腰檐处饰条带状红、白彩各一周，间以四组云纹，铺首外描红，内填白。口径 5.6、器身最大径 19.0、檐宽 1.0、足高 5.0、通高 10.7 厘米（图一六三，9）。

箅形甑 1 件。标本 SDM160:2，泥质灰陶。直口方唇，唇部微加厚；弧腹，平底；器底戳制 5 个短条形甑孔，布局为中心一孔与边缘一周，圈足微内敛。腹部及圈足残存条带状白彩，器内壁遍饰红彩。口径 18.2、底径 9.8、通高 8.6 厘米（图一六三，8）。

罐口釜 1 件。标本 SDM160:3，底残，夹砂红陶。小体，卷沿，方圆唇；矮直颈，圆肩，鼓腹，圜底。腹下部饰横向篮纹。腹部有烟炱。口径 9.8、器身最大径 14.4、残高 10.7 厘米（图一六三，7）。

97.2010YFSDM162

（1）位置

东北距 SDM160 约 9.4 米，东南距 SDM161 约 1.0 米，西北距 SDM173 约 9.0 米。

（2）形制结构（图一六四）

墓向：5°。

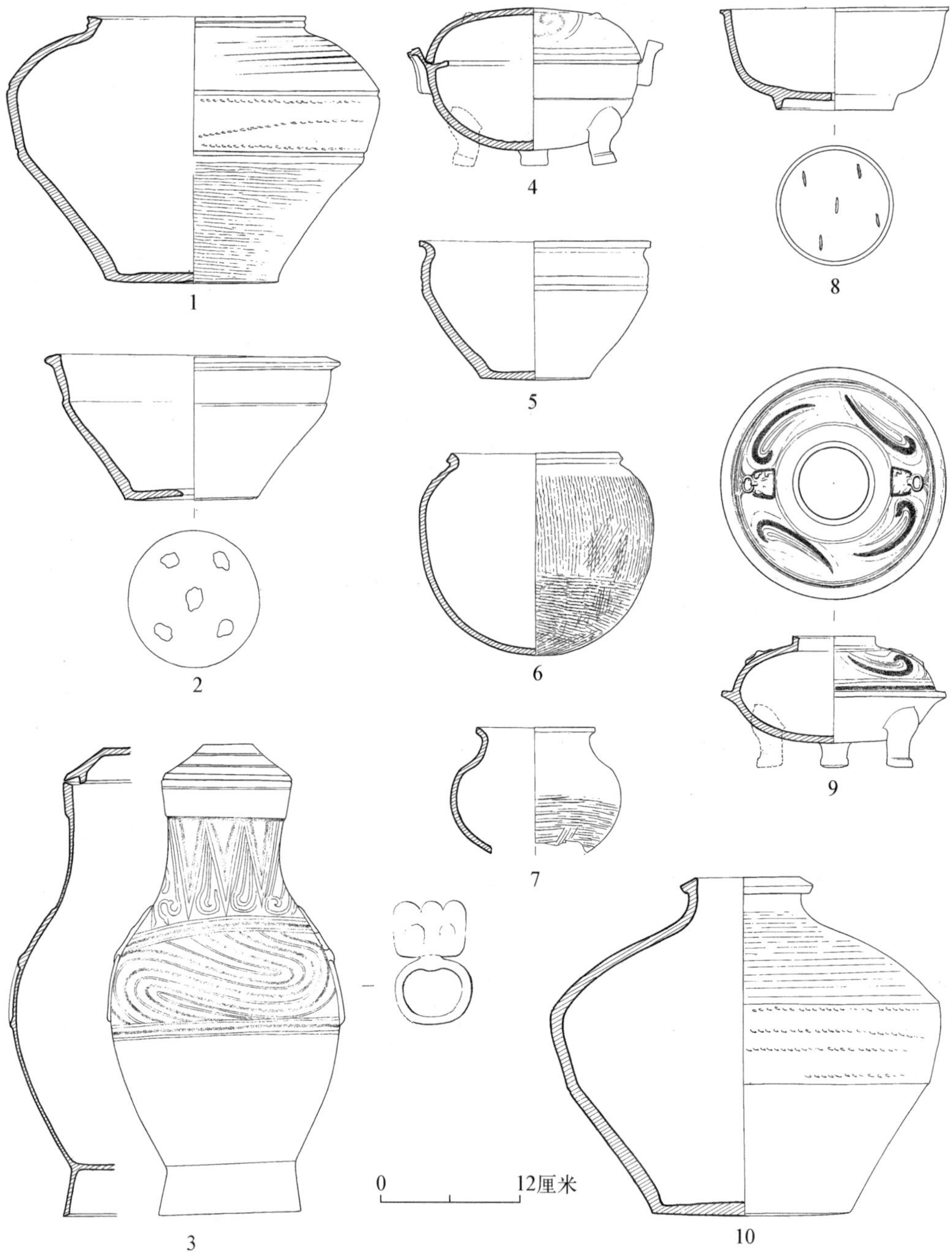

图一六三　SDM154、SDM159、SDM160随葬陶器

1.直口折肩罐(SDM154：1)　2.盂改甑(SDM159：3)　3.钫(SDM160：4)　4.鼎(SDM160：1)　5.盂(SDM159：2)
6.鬲口釜(SDM159：4)　7.罐口釜(SDM160：3)　8.簋形甑(SDM160：2)　9.锜(SDM160：5)　10.缶(SDM159：1)

墓室：口底等大。口呈长方形，东长2.58、西长2.60、南宽1.16、北宽1.20米。直壁。平底。自深2.10米。

二层台：东、西、南三侧。东侧台面宽0.10、西侧台面宽0.16、南侧台面宽0.10米。高0.60米。

填土：黄褐色五花土，土质较硬，无夯打痕迹。

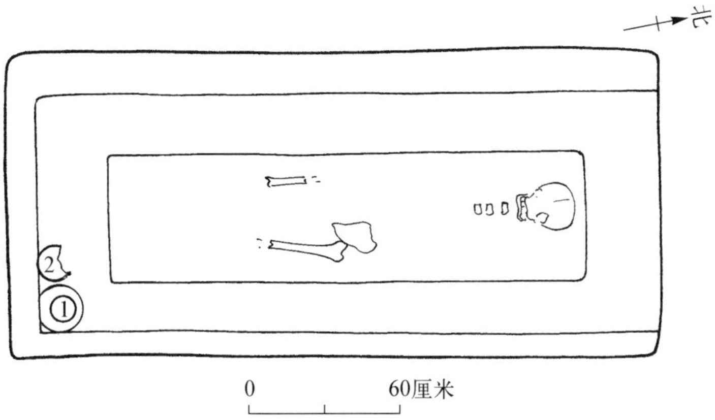

图一六四 SDM162墓葬平面图

1.陶缶 2.陶釜

（3）葬具

单棺，呈矩形。棺长1.90、宽0.50米。

（4）墓主人

骨架保存较差，仅存头骨和部分肢骨。葬式不明。头向北，面向上。

（5）随葬品及其位置

共2件，皆陶器，均位于棺外墓室东南角，由东向西依次为缶（:1）、釜（:2）。

（6）随葬品介绍

缶 1件。标本SDM162:1，夹细砂灰陶。小体，小口束颈，折沿下倾，尖圆唇；圆折肩，上下腹交接处圆弧，仅以一周旋纹分界，形成"符号亚腰"，下腹斜直，平底。肩部饰数周暗旋纹，肩腹交接处饰一周旋纹，上腹饰两至三周麦粒状绳纹。下腹有轮制痕迹。口径8.0、器身最大径29.8、底径14.0、通高25.2厘米（图一六七，7）。

釜 1件。标本SDM162:2，夹砂红褐陶。残成碎片，仅可辨器身饰篮纹，有烟炱。

98. 2010YFSDM163

（1）位置

西距SDM164约2.0米。

（2）形制结构（图一六五）

墓向：184°。

墓室：口大底小。口呈长方形，东长3.70、西长3.70、南宽2.26、北宽2.24米。斜壁。平底，东长3.42、西长3.42、南宽1.64、北宽1.56米。自深3.50米。

填土：黄褐色五花土，土质较硬。

（3）葬具

一棺一椁，均呈矩形。棺置于椁内偏南，棺长2.31、宽0.86米。椁长3.13、宽1.32、端

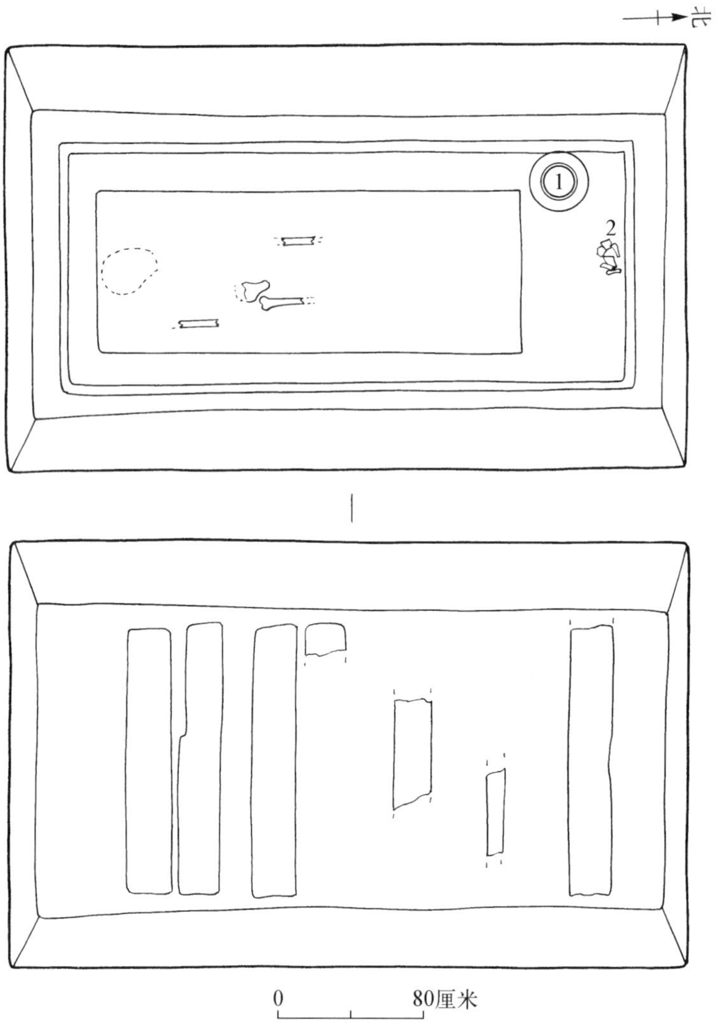

图一六五　SDM163墓葬平面图、椁盖板示意图

1.陶直口折肩罐　2.陶罐口釜

板厚0.03～0.05、侧板厚0.04～0.05米。椁盖板残存7块横向铺设木板，由北向南各块木板长、宽依次为1.40×0.22、0.44×0.10、0.54×0.20、0.16×0.22、1.42×0.24、1.44×0.22、1.40×0.26 m²。

（4）墓主人

骨架朽成粉末状。葬式不明，头向南。

（5）随葬品及其位置

共2件，皆陶器，均位于墓主脚端棺椁之间。直口折肩罐（:1）紧邻椁西侧板，其东北侧为罐口釜（:2），2号紧邻椁北侧端板。

（6）随葬品介绍

直口折肩罐　1件。标本SDM163:1，夹细砂灰陶。大体，直口方唇，唇面有一周凹槽；圆折肩，弧腹，上下腹交接处圆弧，仅以一周旋纹分界，形成"符号亚腰"，平底。肩腹交接处饰一周旋纹,下腹有轮制痕迹。口径16.7、器身最大径29.3、底径14.5、通高20.2厘米(图一六七,3)。

罐口釜 1件。标本SDM163:2,夹砂红褐陶,底部夹粗砂。小体,侈口卷沿,圆唇,矮直颈;圆肩,鼓腹,圜底。腹下部及底部饰横向篮纹。腹底有烟炱。口径9.3、最大径13.6、通高11.0厘米(图一六七,5)。

99. 2010YFSDM164

(1)位置

东距SDM163约2.0米,西距SDM167约8.7米。

(2)形制结构(图一六六)

墓向:5°。

墓室:口大底小。口呈长方形,东长3.60、西长3.58、南宽1.80、北宽1.86米。斜壁。近平底,东长3.38、西长3.40、南宽1.44、北宽1.48米。自深3.80米。

填土:土色黄褐色,土质较硬,经过夯打,夯层较模糊,夯窝不清。

(3)葬具

一棺一椁,均呈矩形。棺置于椁内偏北。棺长1.80、宽0.70米。椁侧板两端嵌于端板内,形成榫卯套接,端板两端长出侧板外侧。椁长3.12、宽1.25、端板长1.26、端板厚0.05～0.08、侧板长3.00、侧板厚0.05～0.07米。

(4)墓主人

残存部分肢骨,头骨仅存痕迹。葬式为仰身直肢葬,头向北。

(5)随葬品及其位置

共7件,包括陶器6件、铁器1件。陶器均位于墓主脚端棺椁之间。钫(:1)位于椁内西南角,其东北侧为鼎(:2),2号东侧为盛(:6),东北侧为盛(:3)。6号东南侧为篮形甑(:7),7号以北为锜(:4)。铁鍫(:5)位于墓主脚端椁外中部。

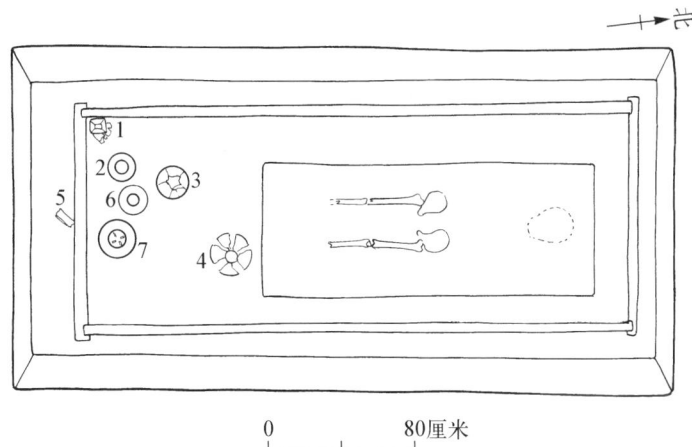

图一六六 SDM164墓葬平面图

1.陶钫 2.陶鼎 3、6.陶盛 4.陶锜 5.铁鍫 7.陶篮形甑

（6）随葬品介绍

钫　1件。标本SDM164：1，泥质灰陶。覆斗形盖，与器身以子母口扣合；口微侈，方唇，口外侧加厚一周泥条；束颈，溜肩，鼓腹，方形圈足微外撇；肩部对称饰一对兽面衔环状铺首，兽面纹饰较模糊，细部纹样不见。盖面饰相间条带状红、白彩，口内壁满饰红彩；口部饰一周条带状红彩，颈肩交接处饰两周条带状红彩，间以三角蕉叶纹及云纹白彩；肩部饰八组云纹蓝红白彩，圈足残存部分白彩。盖高4.2、盖顶阔4.1、盖阔7.6、口阔11.9、器身最大径21.0、器身高38.4、足高4.0、足阔12.3、通高41.6厘米（图一六八）。

鼎　1件。标本SDM164：2，泥质灰陶。盖面微弧，盖腹较浅，上饰三半圆形乳突，乳突较小；鼎身与盖以子母口扣合，口内沿高于外沿，沿面微内凹；腹较深，上腹竖直，下腹斜直，上下腹交接处有一周凸棱，平底。双附耳，耳微外撇，有长方形穿，耳穿透出鼎身部分小于未透出部分；耳、足与鼎身连接处距腹部凸棱较远，蹄足较高微外撇，耳足呈五点式分布。盖面近口处及上腹各饰一周

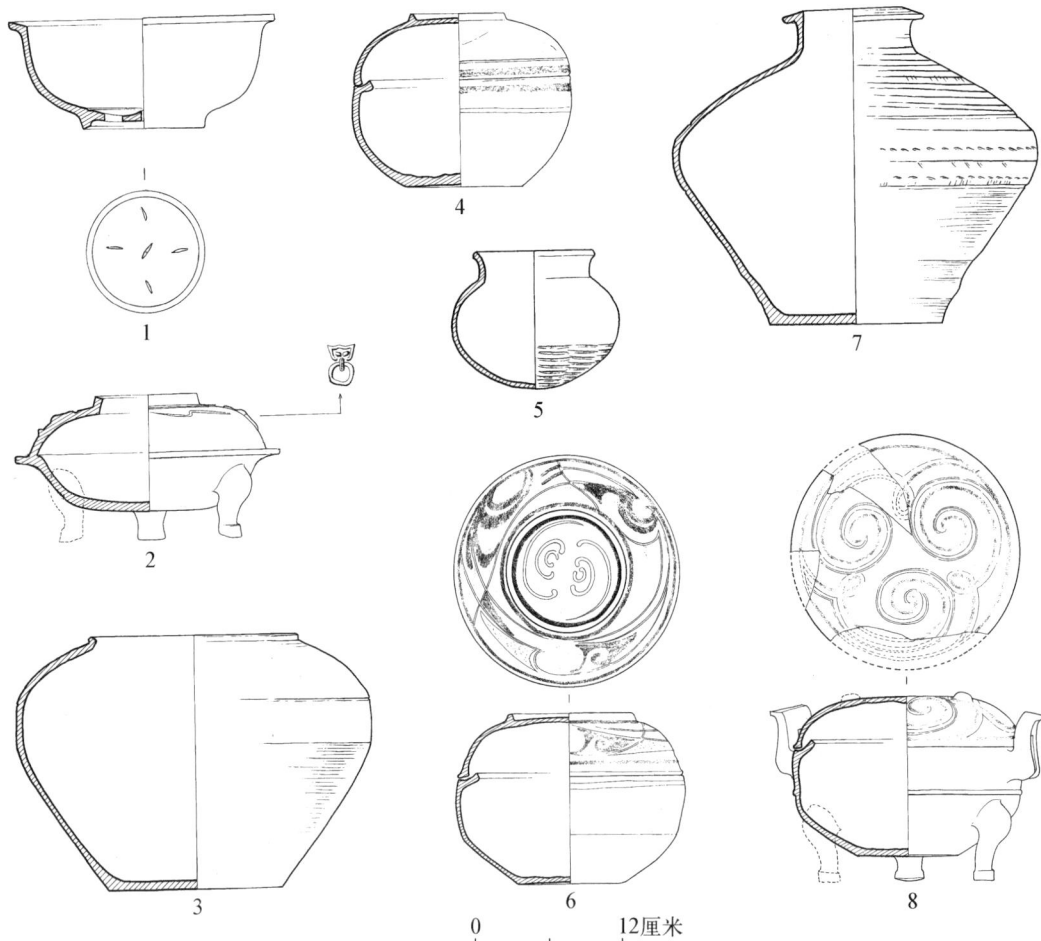

图一六七　SDM162、SDM163、SDM164随葬陶器

1. 篮形瓿（SDM164：7）　2. 锜（SDM164：4）　3. 直口折肩罐（SDM163：1）　4、6. 盛（SDM164：6、DM164：3）
5. 罐口釜（SDM163：2）　7. 缶（SDM162：1）　8. 鼎（SDM164：2）

条带状红彩，肩面残存红彩，双耳两侧及顶端饰红彩。器盖口径17.2、器盖高4.0、耳高5.4、器身口径15.6、器身最大径18.0、底径8.0、器身高9.4、足高6.7、通高13.8厘米（图一六七，8；彩版一三，6）。

盛 共2件。皆泥质灰陶。盖面微弧，盖腹较浅，上有矮圈足状捉手，盖面最高处略低于捉手上缘；器身与盖以子母口扣合，口部内沿略高于外沿，沿面内凹成槽，平底。标本SDM164：6，弧腹，腹上部近直。捉手内残存白彩，盖面近捉手处饰一周条带状白彩，近口处及器身腹上部均饰红、白彩一周。器盖口径15.6、器盖高5.4、捉手直径7.8、器身口径14.8、器身最大径17.8、底径9.5、器身高8.8、通高13.8厘米（图一六七，4）。标本SDM164：3，上腹微弧近直，下腹斜直。捉手内填两组白色云纹，近捉手处及近口处各饰一周条带状红彩，间以三组云纹红彩，云纹以白色描边，间夹蓝彩。器盖口径16.1、器盖高4.1、捉手直径10.0、器身口径14.6、器身最大径19.8、底径8.6、器身高9.0、通高13.6厘米（图一六七，6；彩版一四，3）。

锜 1件。标本SDM164：4，泥质灰陶。小直口方唇，弧肩，肩部对称饰一对兽面衔环状铺首，铺首小而纹饰简化、印痕较模糊；弧腹，平圜底，腹深与肩高大致相等；肩腹转折处有腰檐，腰檐略宽；腹下接三蹄足，蹄足较矮。肩部近口处及近腰檐处各饰一周条带状红彩，其间残存红彩。口径5.3、器身最大径21.6、檐宽1.2、足高5.7、通高11.6厘米（图一六七，2；彩版一四，6）。

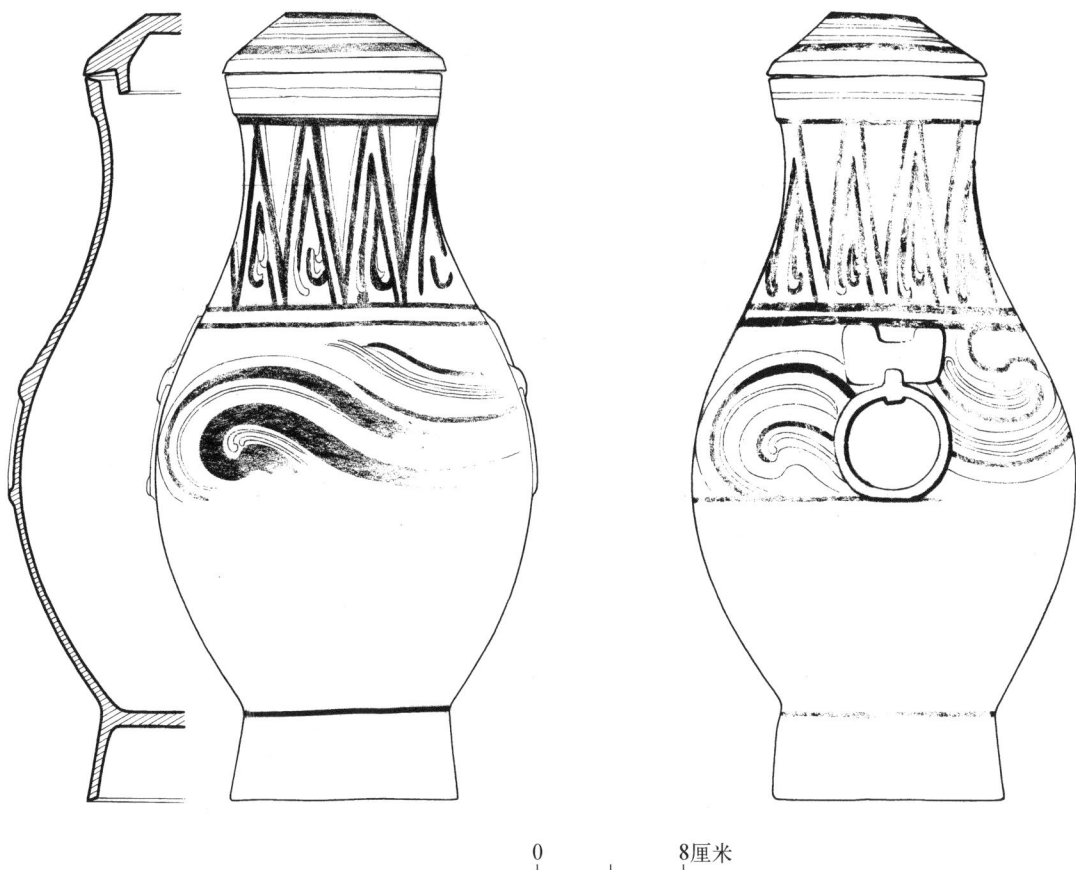

0 ————— 8厘米

图一六八 SDM164随葬陶钫

SDM164：1

簋形甑　1件。标本SDM164：7，泥质灰陶。敞口，平折沿，沿面近平，方唇；弧腹，器底内壁全部被刮，刮痕较浅，底内壁略低于腹底相接处；器底戳制5个短条形甑孔，布局为中心一孔与边缘一周，圈足微内敛。器内壁残留红彩，器表残存部分白彩。口径19.4、底径9.6、通高8.9厘米（图一六七，1）。

铁錾　1件。标本SDM164：5，刃部略残。长方形，扁体，刃部正视对称，背中空成銎，錾身断面呈三角形，首部宽度略大于刃部。长13.2、宽6.2、銎口厚1.5厘米（图一三四，7）。

100. 2010YFSDM165

（1）位置

东距SDM166约1.0米。

（2）形制结构（图一六九）

墓向：8°。

墓室：口底等大。口呈宽长方形，东长3.00、西长3.00、南宽1.60、北宽1.60米。直壁。平底，自深4.88米。

二层台：四周。东侧台面宽0.26、西侧台面宽0.20、南侧台面宽0.10、北侧台面宽0.04米。高0.80米。

填土：黄褐色五花土，土质疏松，包含极少量陶片。

（3）葬具

单棺，呈矩形。棺长2.16、宽0.70米。

（4）墓主人

骨架保存极差，仅存右下肢骨和盆骨。葬式为仰身直肢葬，头向北。

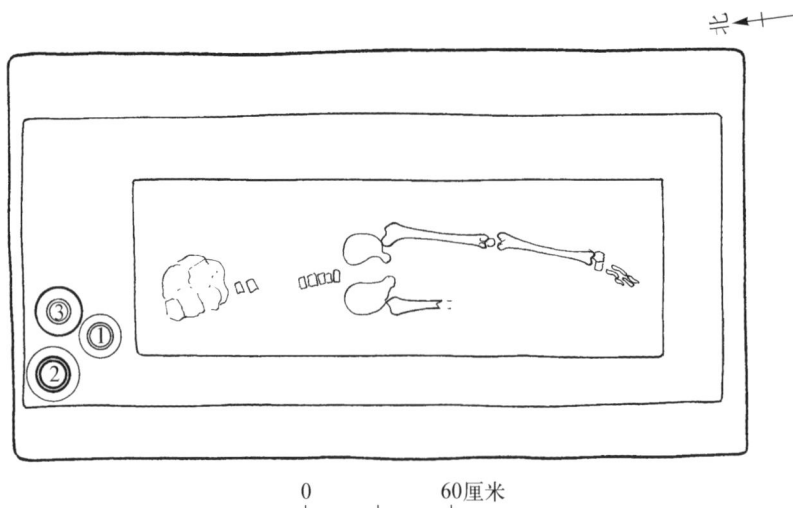

0　　　　　　60厘米

图一六九　SDM165墓葬平面图

1. 陶蒜头壶　2. 陶有颈罐　3. 陶卷沿折肩罐

（5）随葬品及其位置

共3件，皆陶器，均位于棺外墓室西北角。卷沿折肩罐（：3）、有颈罐（：2）东西并列，紧邻北二层台，南侧为蒜头壶（：1）。

（6）随葬品介绍

卷沿折肩罐　1件。标本SDM165：3，夹细砂灰陶。小体，卷沿，方圆唇；圆折肩，弧腹，上下腹交接处圆弧，仅以一周旋纹分界，形成"符号亚腰"；下腹斜直，平底。肩腹交接处饰一周旋纹。口径11.8、器身最大径20.4、底径10.6、通高16.5厘米（图一七〇，3）。

有颈罐　1件。标本SDM165：2，夹细砂灰陶，直口，厚圆唇，矮直颈；圆鼓肩，腹上部微弧近直，腹下部斜直，平底。肩部饰数周暗旋纹，肩腹交接处饰两周旋纹。口径12.5、器身最大径25.2、底径12.8、通高18.9厘米（图一七〇，2）。

蒜头壶　1件。标本SDM165：1，泥质灰陶。直口方唇，蒜头形小口，细长颈，圆肩，鼓腹，平底。颈部磨光，颈上部、肩部及肩腹交接处各饰三周旋纹。口径2.8、器身最大径21.2、底径11.2、

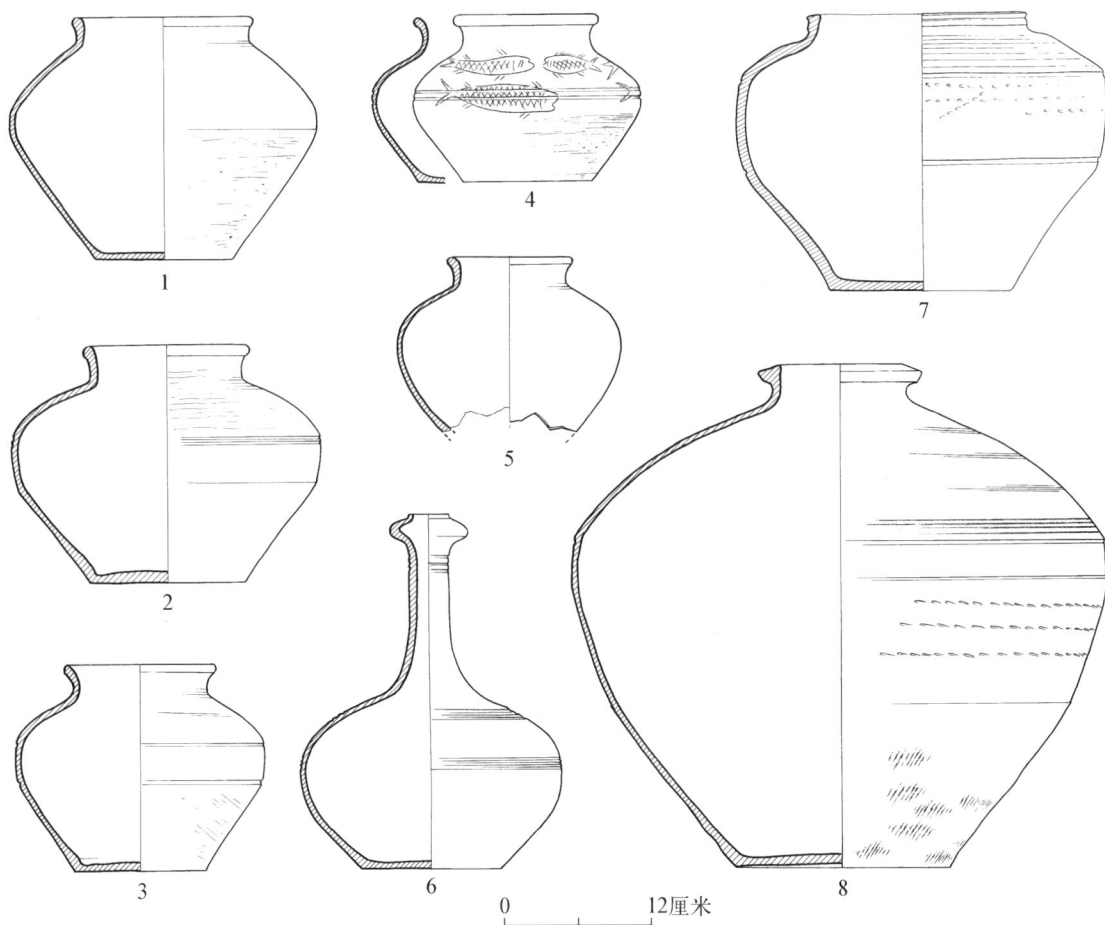

图一七〇　SDM165、SDM167、SDM168、SDM169随葬陶器

1、2、4、5.有颈罐（SDM169：1、SDM165：2、SDM169：2、SDM169：3）　3.卷沿折肩罐（SDM165：3）　6.蒜头壶（SDM165：1）
7.直口折肩罐（SDM167：1）　8.缶（SDM168：1）

通高28.3厘米(图一七〇,6；彩版三六,1)。

101. 2010YFSDM166

（1）位置

西距SDM165约1.0米。

（2）形制结构(图一七一)

墓向：7°。

墓室：口底等大。口呈长方形,东长2.70、西长2.70、南宽1.40、北宽1.40米。直壁。平底。自深2.78米。

填土：红褐色五花土,土质较硬。

（3）葬具

单棺,呈矩形。棺长2.20米,宽0.80米。

（4）墓主人

骨架保存较好。葬式为仰身屈肢葬,下肢略向右弯曲。头向北,面向上。

（5）随葬品及其位置

无随葬品。

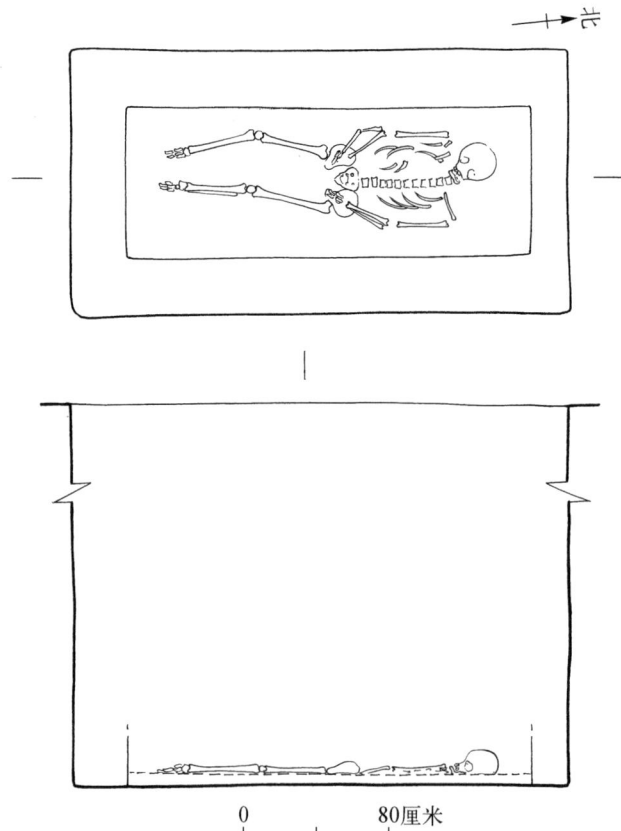

图一七一　SDM166墓葬平、剖图

102. 2010YFSDM167

（1）位置

东距SDM164约8.7米，西北距SDM169约18.6米。

（2）形制结构（图一七二）

墓向：98°。

墓室：口大底小。口呈长方形。南长3.80、北长3.80、东宽1.90、西宽1.90米。斜壁。平底，南长3.40、北长3.40、东宽1.46、西宽1.40米。自深2.70米。

填土：深褐色五花土，夹杂红色和白色土颗粒，土质较硬。

（3）葬具

单棺，呈矩形。棺长2.31、宽0.84米。棺下加棺床，棺床由13块木板纵向铺设，由东向西各块木板的长、宽依次为1.38×0.18、1.38×0.30、1.36×0.30、1.32×0.34、1.32×0.28、1.36×0.22、1.34×0.30、1.38×0.25、1.38×0.22、1.34×0.26、1.32×0.22、1.32×0.22、1.36×0.24 m^2。

（4）墓主人

仅存肢骨与头骨。葬式为仰身直肢葬，上肢自然下垂。头向东，面向北。

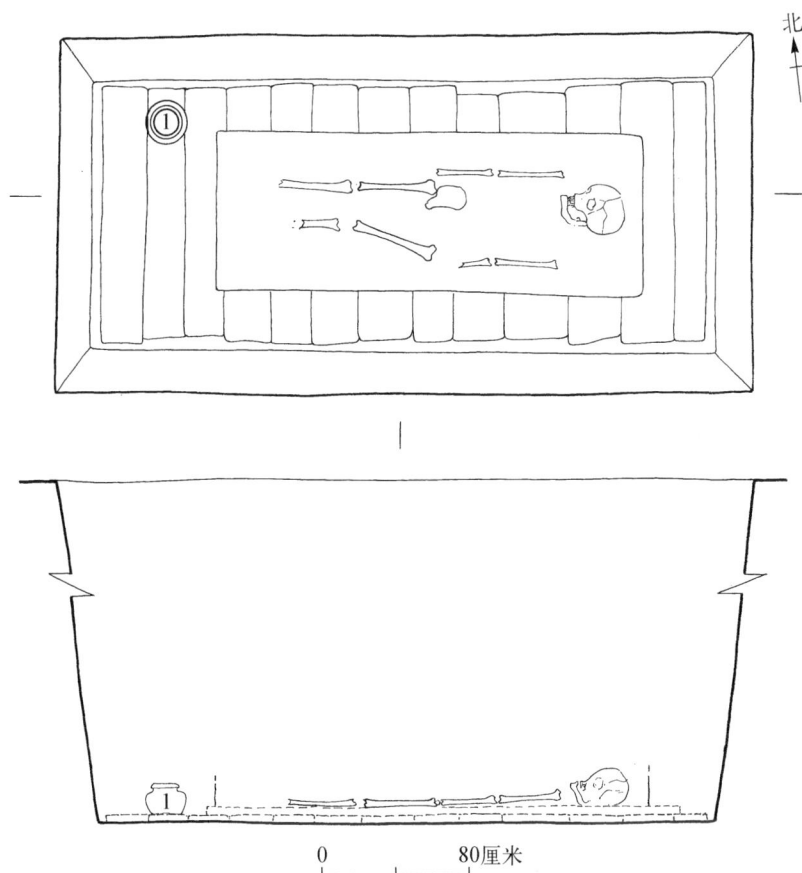

图一七二　SDM167墓葬平、剖图

1. 陶直口折肩罐

（5）随葬品及其位置

仅随葬1件直口折肩罐（∶1），位于墓主脚端棺外西北角，靠近墓室北壁。

（6）随葬品介绍

直口折肩罐　1件。标本SDM167∶1，夹细砂灰褐陶，陶色斑驳不均，局部呈黄褐色。大体，直口方唇，口外侧有一周凹槽；折肩，腹微折，肩腹部呈"微亚腰"状，下腹斜直微内凹，平底。肩部饰数周暗旋纹，上腹饰两至三周麦粒状绳纹，上下腹交接处饰一周旋纹。口径16.5、器身最大径30.4、底径15.0、通高22.0厘米（图一七〇，7）。

103. 2010YFSDM168

（1）位置

西距SDM169约11.7米，北距SDM173约11.8米。

（2）形制结构（图一七三）

墓向：15°。

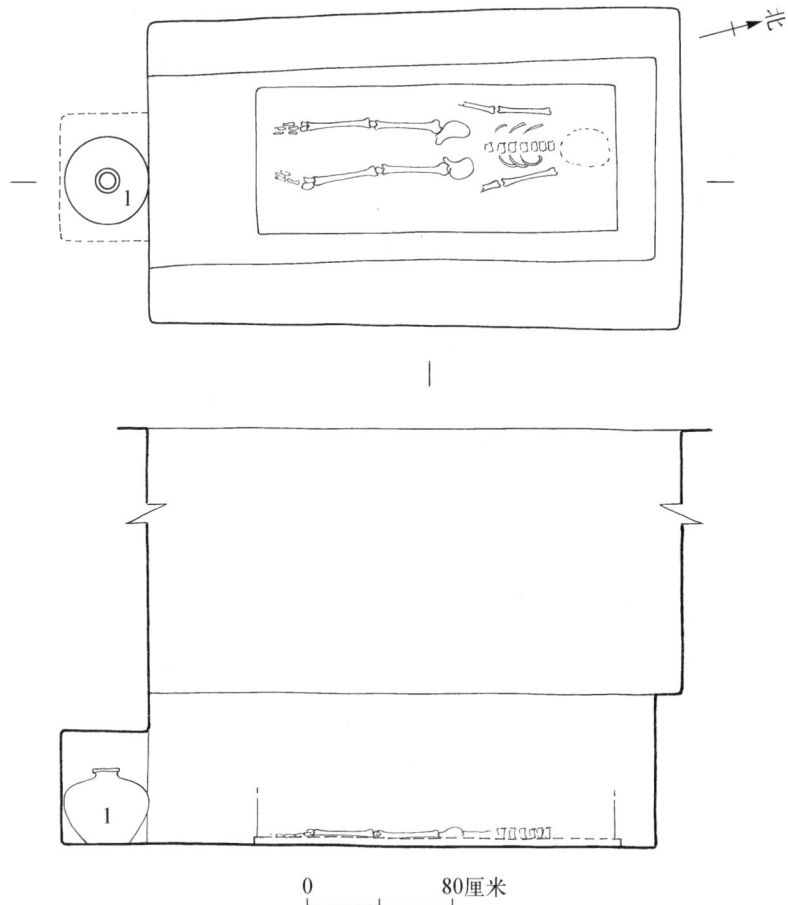

图一七三　SDM168墓葬平、剖图

1. 陶缶

墓室:口底等大。口呈长方形,东长2.88、西长2.88、南宽1.60、北宽1.70米。直壁。平底。自深2.36米。

二层台:东、西、北三侧。东侧台面宽0.28~0.40、西侧台面宽0.28、北侧台面宽0.13米。高0.80米。

壁龛:呈圆拱形,1个。位于南壁底部,人骨脚部一端。拱形顶,直壁,平底。底部平面近长方形。口宽0.68、进深0.48、高0.60米。

填土:土色红褐色,土质较硬,发现有明显的夯层,夯窝不清。

(3)葬具

单棺,呈矩形,仅残留板灰痕迹。置于墓室偏北。棺长1.85、宽0.78米。

(4)墓主人

头骨仅存痕迹,其余保存较好。葬式为仰身直肢葬,上肢骨置于躯干两侧。头向北。

(5)随葬品及其位置

仅随葬1件缶(:1),位于墓室南壁底部的壁龛中。

(6)随葬品介绍

缶 1件。标本SDM168:1,夹细砂灰陶。大体,小口束颈,折沿微下倾,尖圆唇;隆肩,腹上部微鼓,上下腹交接处似有一折痕,但腹部整体圆弧,平底。肩部饰数周暗旋纹,肩腹交接处饰一周旋纹,上腹饰三至四周麦粒状绳纹及一周旋纹,下腹饰竖行绳纹,肩部有划痕。口径10.0、器身最大径43.8、底径17.9、通高40.0厘米(图一七〇,8)。

104. 2010YFSDM169

(1)位置

东距SDM168约11.7米,西北距SDM170约12.0米。

(2)形制结构(图一七四)

墓向:5°。

墓室:口底等大。口呈宽长方形,东长3.36、西长3.36、南宽1.72、北宽1.73米。直壁。平底。自深3.20米。

二层台:四周。东侧台面宽0.18、西侧台面宽0.14、南侧台面宽0.10、北侧台面宽0.20米。高0.90米。

填土:深褐色五花土,夹杂红色和白色土颗粒,土质较硬。

(3)葬具

一棺一椁,均呈矩形。棺置于椁内东南侧,棺长1.96、宽0.70米。椁长2.94、宽1.32米,厚0.04~0.06米。

(4)墓主人

仅存下肢骨、头骨和部分椎骨。葬式为仰身屈肢葬,左下肢伸直,右下肢略向右弯曲。头向北。

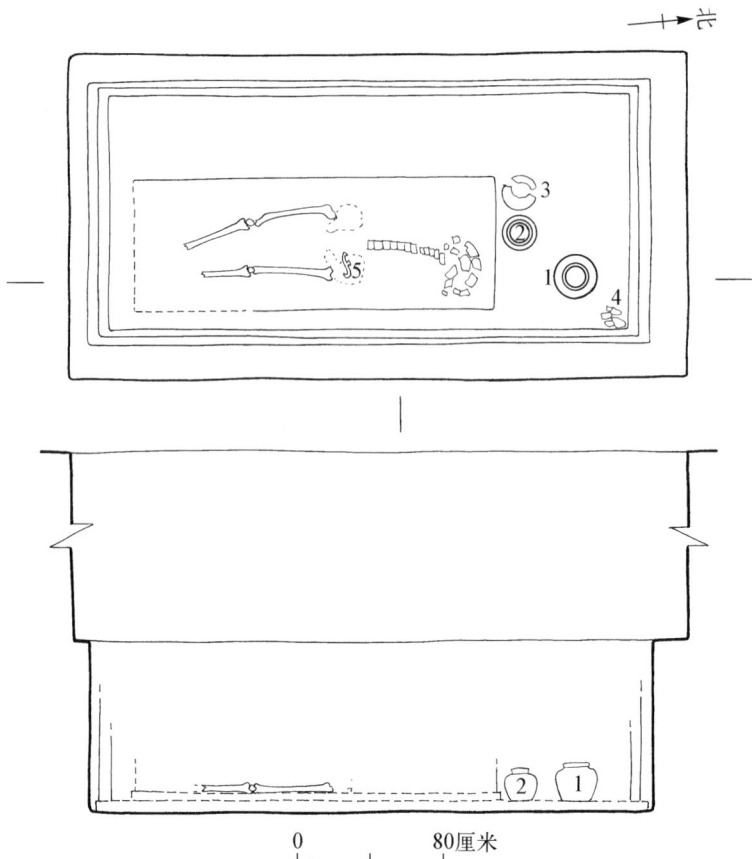

图一七四 SDM169墓葬平、剖图

1、2、3.陶有颈罐 4.陶兽 5.铜带钩

（5）随葬品及其位置

共5件，包括陶器4件、铜器1件。陶器均位于墓主头端棺椁之间，北侧棺板外由东向西依次为有颈罐（:2、:3），有颈罐（:1）位于2号东北部。陶兽（:4）位于椁内东北角。铜带钩（:5）位于棺内墓主腰部。

（6）随葬品介绍

有颈罐 共3件。皆夹细砂灰陶，矮直颈。标本SDM169:1，厚圆唇，微溜肩，弧腹，腹下部斜直，平底。素面。腹下部有修整刮痕。口径13.6、器身最大径25.2、底径11.2、通高19.3厘米（图一七〇,1）。标本SDM169:2，厚圆唇，圆肩，弧腹，腹下部斜直，平底。腹上部饰两周旋纹，肩及腹上部饰8条鱼形暗纹，腹下部饰1条鱼形暗纹。口径11.0、器身最大径18.5、底径10.4、通高13.5厘米（图一七〇,4）。标本SDM169:3，底残。卷沿圆唇，圆肩，弧腹。素面。口径9.2、器身最大径18.2、残高14.0厘米（图一七〇,5）。

陶兽 1件。标本SDM169:4，整体破碎，仅可辨四个残足。残足长2.9、宽2.0厘米（图一三四,4）。

铜带钩 1件。标本SDM169:5，水禽形，钩体厚重，断面呈半圆形；钩尾较宽，圆形钩钮位于钩尾下部,以一短柱相连。长6.25、宽0.65～1.70、钮径1.70厘米(图一三四,3;彩版三九,7)。

105. 2010YFSDM173

(1)位置

西北距SDM171约14.8米,东南距SDM162约9.0米。

(2)形制结构(图一七五)

墓向:13°。

墓室:口大底小。口呈长方形,东长3.96、西长4.00、南宽2.22、北宽2.24米。斜壁。平底,东长3.66、西长3.68、南宽1.64、北宽1.76米。自深3.25米。

二层台:四周。东侧台面宽0.22、西侧台面宽0.18～0.24、南侧面宽0.20、北侧台面宽0.26～0.32米。高0.59米。

填土:深褐色五花土,夹杂红色和白色土颗粒,土质较硬。

(3)葬具

一棺一椁,均呈矩形。棺置于椁内偏西北,棺长2.19、宽0.66米。椁长3.08、宽1.20米。椁盖板由15块木板横向铺设,由北向南各块木板长、宽依次为1.40×0.22、1.38×0.20、1.35×0.24、1.38×0.22、1.40×0.18、1.42×0.14、1.38×0.26、1.40×0.27、1.38×0.18、1.42×0.23、1.42×0.26、1.44×0.22、1.40×0.18、1.39×0.20、1.40×0.24 m²。

(4)墓主人

残存下肢骨,头骨仅存痕迹。葬式为仰身直肢葬,头向北。

(5)随葬品及其位置

共5件,均为陶器。椁内东北角由北向南依次为罐口釜(:1)、盂改甑(:2)、盂(:3),2号倒置,1号置于2号上。南部棺椁间自东向西依次是缶(:4)、直口折肩罐(:5)。

(6)随葬品介绍(图版一七,2)

缶 1件。标本SDM173:4,夹细砂灰陶。大体,小口束颈,折沿下倾,尖圆唇;折肩,腹部斜收,腹下部微内凹,平底微内凹。肩部饰暗旋纹。腹部有轮制痕迹。口径10.2、器身最大径38.9、底径18.0、通高31.8厘米(图一七六,5)。

直口折肩罐 1件。标本SDM173:5,夹细砂灰陶。大体,直口方唇,口外侧有一周凹槽,折肩,弧腹,上下腹交接处圆弧,以一周折痕分界,形成"符号亚腰",下腹斜直,平底。肩部饰数周暗旋纹,肩腹交接处饰一周旋纹,上腹饰一周麦粒状绳纹。下腹有轮制痕迹。口径15.9、器身最大径28.6、底径14.4、通高21.0厘米(图一七六,4)。

盂 1件。标本SDM173:3,夹细砂灰陶。敞口,折沿微下倾,尖唇;折腹,上腹占腹部比例约三分之一,下腹斜直内凹,平底。素面。口径22.0、底径11.2、通高11.2厘米(图一七六,1)。

盂改甑 1件。标本SDM173:2,夹细砂灰陶。敞口,折沿下倾,尖圆唇;折腹,上腹占腹部比

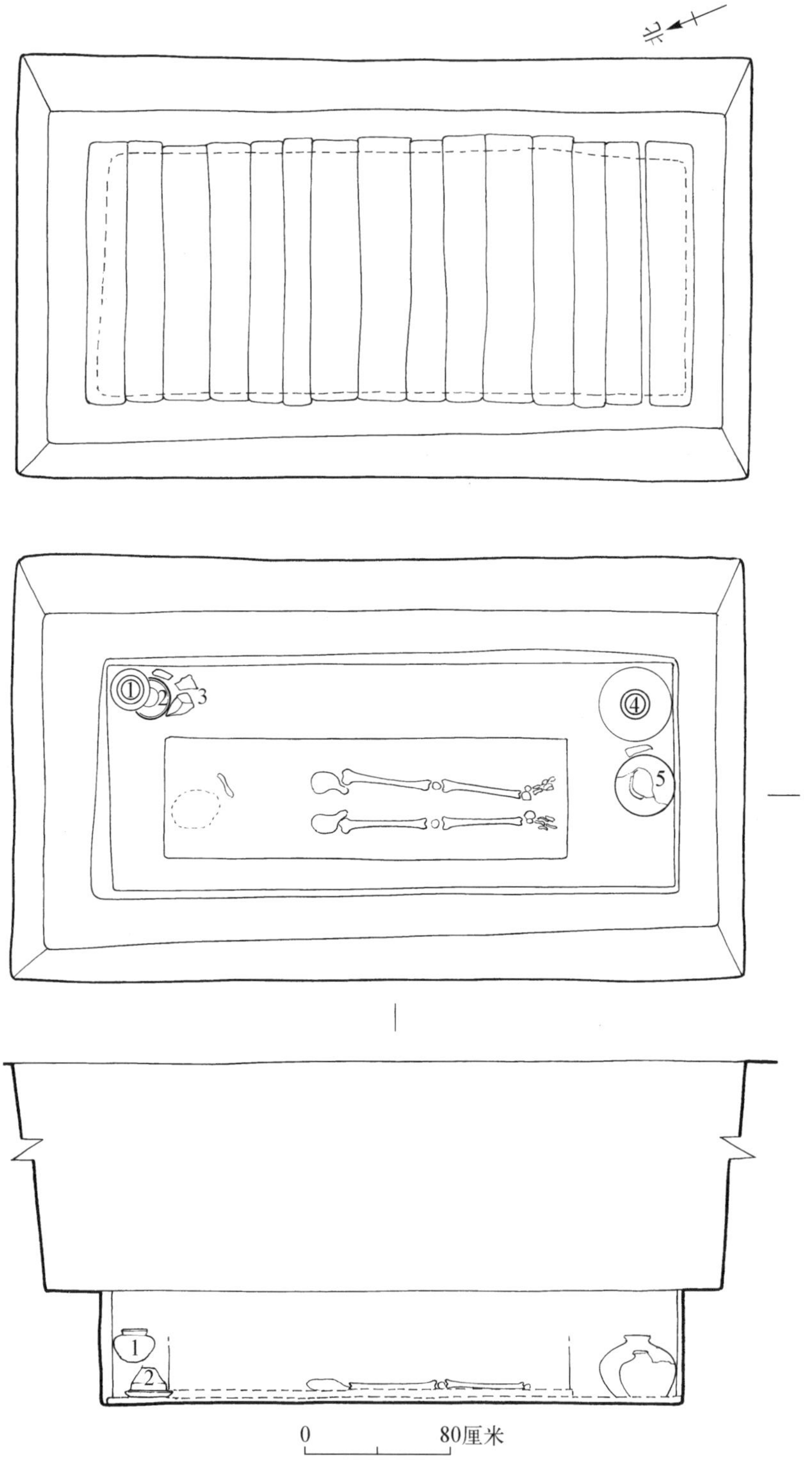

图一七五　SDM173墓葬平剖图、椁盖板示意图

1.陶罐口釜　2.陶盂改瓿　3.陶盂　4.陶缶　5.陶直口折肩罐

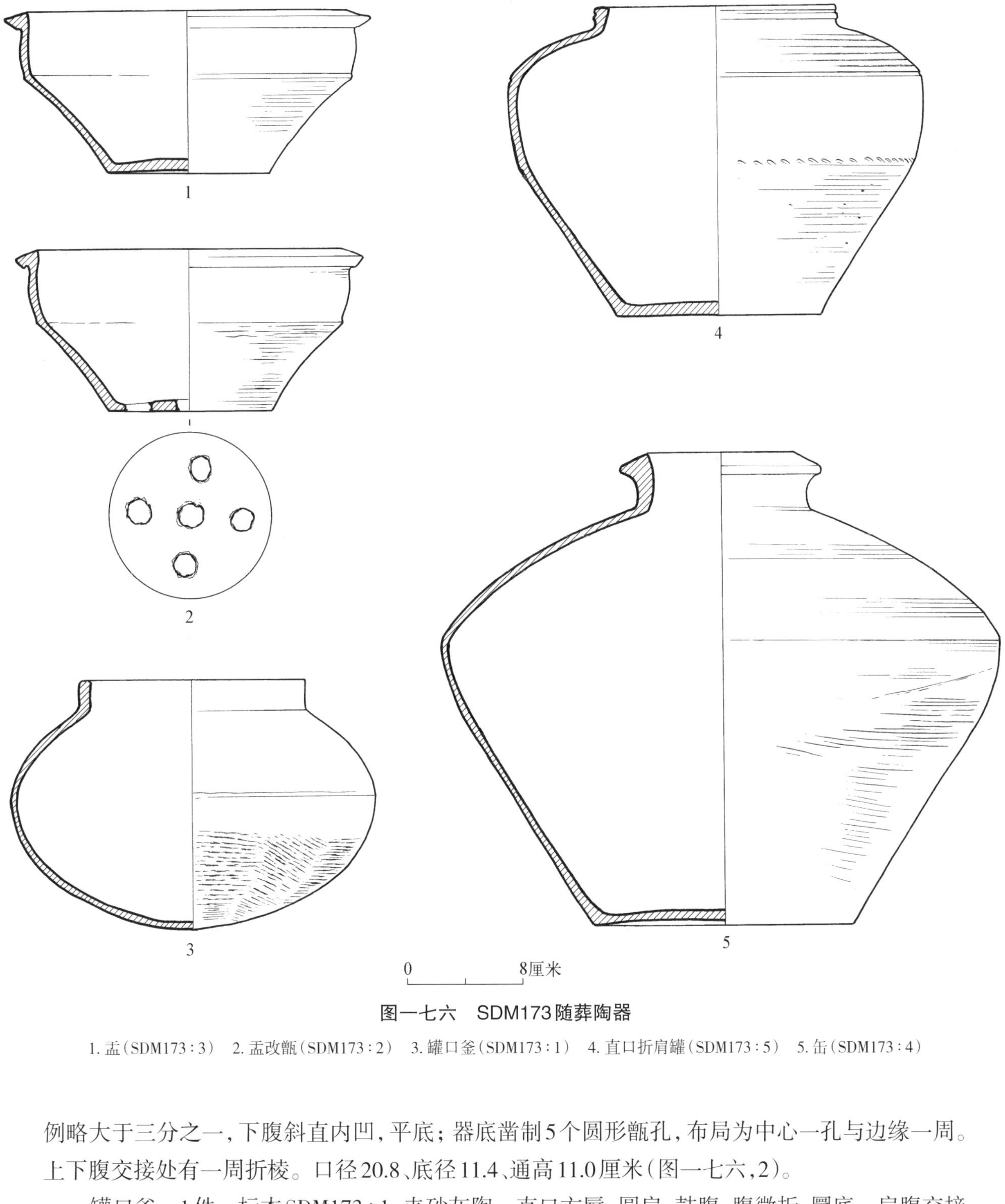

图一七六 SDM173随葬陶器

1.盂（SDM173∶3） 2.盂改甑（SDM173∶2） 3.罐口釜（SDM173∶1） 4.直口折肩罐（SDM173∶5） 5.缶（SDM173∶4）

例略大于三分之一，下腹斜直内凹，平底；器底凿制5个圆形甑孔，布局为中心一孔与边缘一周。上下腹交接处有一周折棱。口径20.8、底径11.4、通高11.0厘米（图一七六，2）。

罐口釜 1件。标本SDM173∶1，夹砂灰陶。直口方唇，圆肩，鼓腹，腹微折，圜底。肩腹交接处饰一周旋纹，腹下部饰横向细绳纹，底部饰交错细绳纹。口径14.8、器身最大径25.2、通高16.8厘米（图一七六，3）。

106. 2010YFSDM176

（1）位置

西距SDM177约5.7米，东南距SDM156约6.5米。

（2）形制结构（图一七七）

墓向：90°。

墓室：口底等大。口呈长方形，南长3.08、北长3.10、东宽1.44、西宽1.40米。直壁。平底。自深2.50米。

填土：土色红褐色，土质较软。

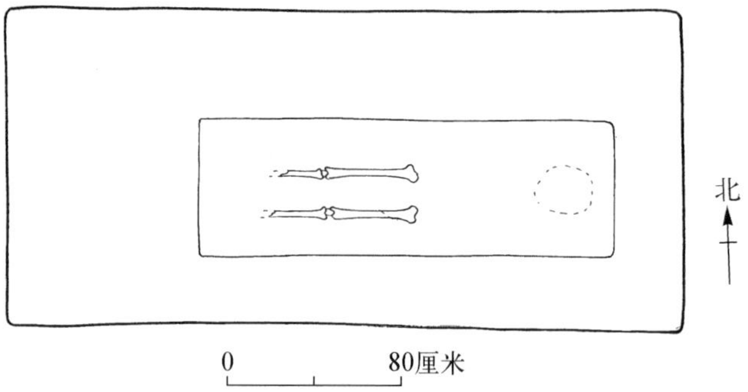

图一七七　SDM176墓葬平面图

（3）葬具

单棺，呈矩形。置于墓室偏东南。棺长1.90、宽0.60米。

（4）墓主人

骨架腐朽严重，仅存下肢骨。葬式似为仰身直肢葬，头向东。

（5）随葬品及其位置

无随葬品。

107. 2010YFSDM177

（1）位置

南距SDM175约1.5米，东距SDM176约5.7米。

（2）形制结构（图一七八）

墓向：14°。

墓室：口大底小。口呈长方形，东长3.64、西长3.64、南宽2.22、北宽2.22米。斜壁。平底，东长3.48、西长3.48、南宽1.68、北宽1.64米。自深4.60米。

填土：土色黄褐色，夹杂红色土颗粒，土质较硬，经过夯打，有明显夯土块，但无明显夯层及夯窝。

（3）葬具

一棺一椁，均呈矩形。棺置于椁内偏北，棺长1.85、宽0.83米。椁长3.09、宽1.20、高0.80、端板及侧板厚0.04米。

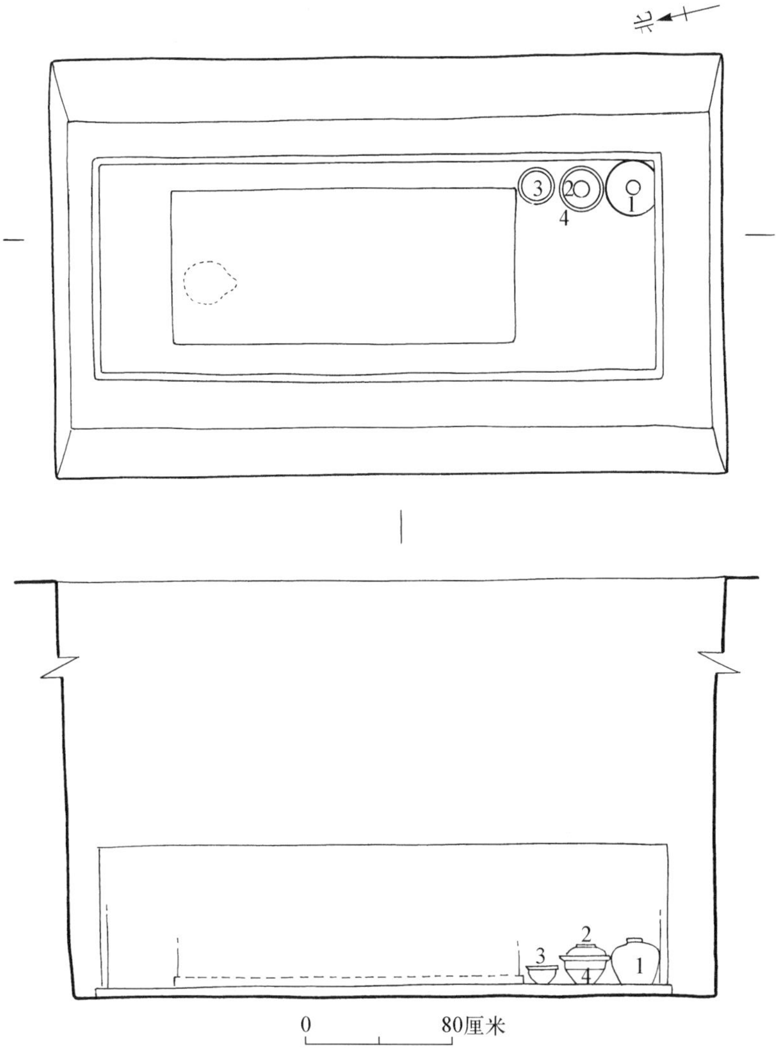

图一七八 SDM177墓葬平、剖图
1. 陶缶 2. 陶高口釜 3. 陶盂 4. 陶盆改甑

（4）墓主人

骨架保存极差,仅存头骨痕迹。葬式不明,头向北。

（5）随葬品及其位置

共4件,皆陶器,均位于棺椁间东南角。自南向北依次是缶（：1）、高口釜（：2）、盆改甑（：4）、盂（：3）。2号叠置于4号内。

（6）随葬品介绍

缶 1件。标本SDM177：1,夹细砂灰陶。大体,小口束颈,折沿下倾,尖圆唇;微溜肩,腹部整体斜直微内凹,平底。肩部饰暗旋纹,局部隐约可见竖行绳纹,上腹饰三周麦粒状绳纹。下腹有轮制痕迹。口径8.2、器身最大径36.2、底径17.0、通高29.2厘米（图一七九,5）。

盂 1件。标本SDM177：3,夹细砂灰陶。敞口,折沿下倾,方圆唇;弧腹微折,上腹占腹部比

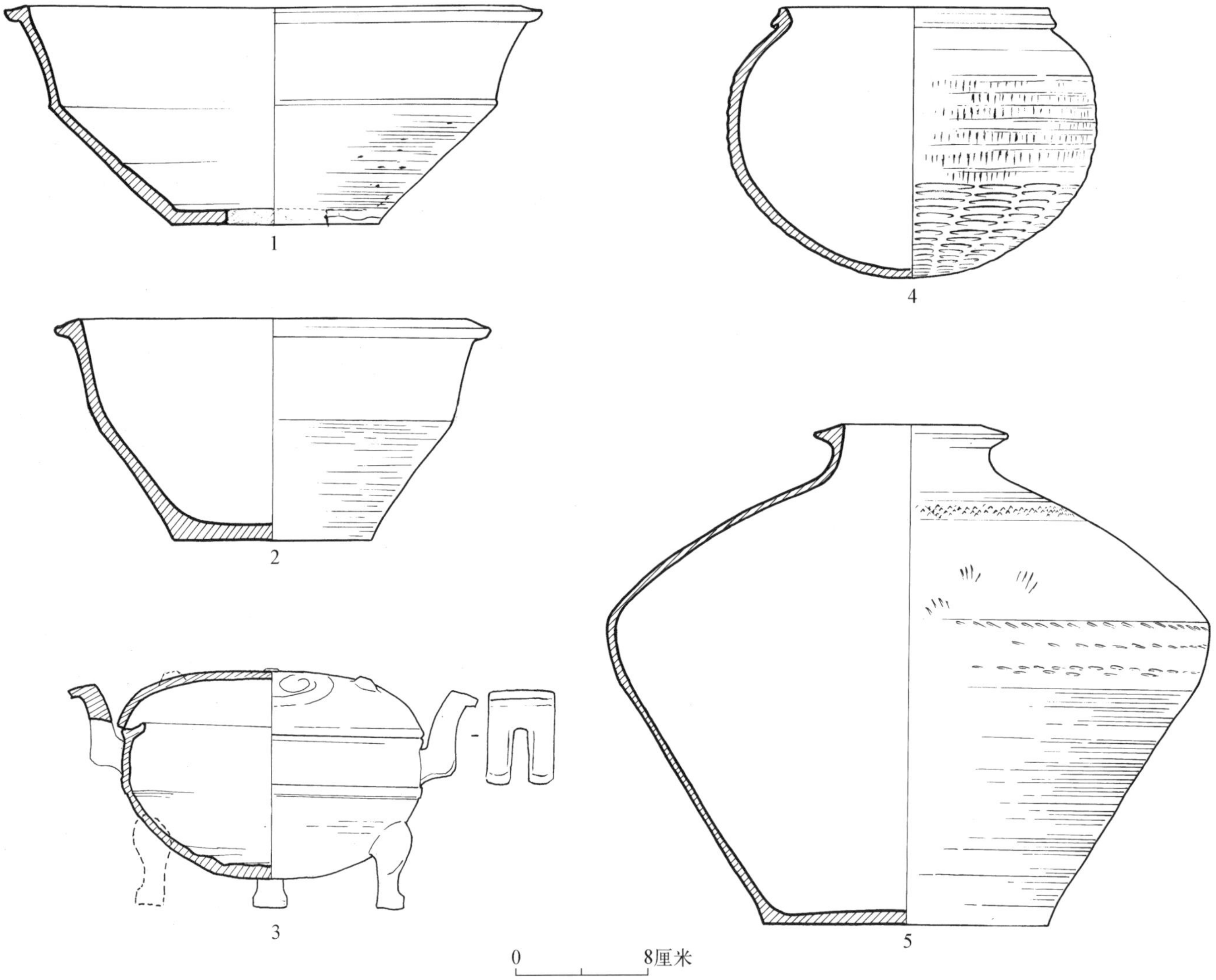

图一七九　　SDM177、SDM178 随葬陶器

1. 盆改甑 (SDM177：4)　　2. 盂 (SDM177：3)　　3. 鼎 (SDM178：6)　　4. 鬲口釜 (SDM177：2)　　5. 缶 (SDM177：1)

例大于三分之一，下腹斜直，平底。素面。下腹有轮制痕迹。口径 23.4、底径 12.0、通高 13.0 厘米（图一七九，2）。

　　盆改甑　1件。标本 SDM177：4，夹细砂灰陶。敞口，折沿微下倾，尖圆唇；折腹，上腹占腹部比例大于三分之一，平底，器底打制近圆形甑孔。上下腹交接处有一周折棱。口径 29.8、底径 12.6、通高 13.0 厘米（图一七九，1）。

　　鬲口釜　1件。标本 SDM177：2，夹砂灰陶，底部夹粗砂。口微侈，斜方唇，唇面有一周凹槽；圆肩，腹上部微弧近直，下部弧收，圜底。腹上部饰旋断绳纹，下部饰横向篮纹，底部饰纵向篮纹。口径 15.6、器身最大径 22.0、通高 15.8 厘米（图一七九，4）。

108. 2010YFSDM178

（1）位置

西距SDM179约0.5米。

（2）形制结构（图一八〇；图版七，2）

墓向：5°。

墓室：口大底小。口呈长方形，东长3.60、西长3.62、南宽1.82、北宽1.84米。斜壁。平底，东长3.40、西长3.40、南宽1.62、北宽1.62米。自深4.00米。

填土：土色黄褐色，土质较硬。

（3）葬具

一棺一椁，均呈矩形。棺端板与侧板四角闭合相接，置于椁内东北。棺长2.12、宽0.80米。椁侧板两端嵌于端板内，形成榫卯套接，端板两端长出侧板外侧。椁长3.14、宽1.35、端板长1.44、端板厚0.04、侧板长3.10、侧板厚0.06米。椁盖板由12块木板横向铺设，由北向南各块木板的长、宽依次为1.52×0.24、1.52×0.20、1.52×0.19、1.52×0.28、1.52×0.26、1.52×0.32、1.52×0.32、1.50×0.26、1.50×0.22、1.53×0.27、1.54×0.22、1.52×0.18 m²。椁底板由5块木板纵向铺设，由东向西各块木板的长、宽依次为3.30×0.34、3.28×0.30、3.24×0.20、3.24×0.30、3.21×0.30 m²。

（4）墓主人

骨架不存，葬式不明。

（5）随葬品及其位置

共14件，包括陶器9件、漆器5件，均位于墓室南部棺椁之间。缶（:1）、卷沿折肩罐（:2）紧邻南侧椁端板，东西排列。其北侧由东向西依次为簋形甑（:8）、锜（:9）、鼎（:6）、盛（:3）、卷沿圆肩罐（:4），其中8号倒置于9号上。钫（:5）位于3号东北侧，5号东侧由东向西依次为漆器（:10、:11）。漆器（:12）位于4号南侧。漆器（:13、:14）、罐口釜（:7）南北向排列，紧邻西侧椁板。

（6）随葬品介绍

钫　1件。标本SDM178:5，泥质灰陶。覆斗形盖，与器身以子母口扣合；侈口方唇，口外侧加厚一周泥条；束颈，溜肩，鼓腹，方形圈足微外撇；肩部对称饰一对兽面衔环状铺首，兽面纹饰较模糊，细部纹样不见。器盖残存白彩，颈部饰白色三角蕉叶纹，颈肩及肩腹交接处各饰一周条带状白彩，间以云纹白彩；衔环描白，圈足饰一周条带状白彩。盖高3.9、盖顶阔4.0、盖阔8.0、口阔10.4、器身最大径10.5、器身高37.2、足高4.0、足阔13.0、通高40.1厘米（图一八一）。

鼎　1件。标本SDM178:6，泥质灰陶。盖腹较浅，盖面微弧，上饰点状小乳突；鼎身与盖以子母口扣合，口部内沿略高于外沿，沿面内凹成槽；弧腹较浅，上下腹交接处有一周凸棱，圜底。双附耳，耳微外撇，有长方形穿，耳穿略微透出鼎身；耳、足与鼎身连接处距腹部凸棱较近，蹄足粗矮微外撇，耳足呈五点式分布。盖及器身残存白色彩绘。器盖口径18.0、器盖高3.9、耳宽4.0、耳高5.4、器身口径15.6、器身最大径18.2、器身高9.0、足高5.2、通高14.1厘米（图一七九，3）。

盛　1件。标本SDM178:3，泥质灰陶。盖面圆鼓，盖腹略深，上有矮圈足状捉手，盖面最高处与捉手上缘齐平；盖与器身以子母口扣合，口部内沿略高于外沿，沿面内凹成槽；弧腹，平底。

图一八〇　SDM178墓葬平剖图、椁盖板示意图

1.陶缶　2.陶卷沿折肩罐　3.陶盛　4.陶卷沿圆肩罐　5.陶钫　6.陶鼎　7.陶罐口釜　8.陶簋形甄
9.陶锜　10、11、12、13、14.漆器

盖面残存红白彩，腹上部饰两周条带状白彩，间以一周波浪状白彩。器盖口径16.8、器盖高5.5、捉手直径8.7、器身口径14.8、器身最大径19.5、器身高8.5、底径8.6、通高13.0厘米（图一八二，4）。

锜 1件。标本SDM178∶9，泥质灰陶。小直口方唇，弧肩，肩部对称饰一对兽面衔环状铺首，铺首小而纹饰简化、印痕较模糊；弧腹，圜底，腹深与肩高大致相等；肩腹转折处有腰檐，腰檐略宽；腹下接三蹄足，蹄足较矮。肩部近口处饰一周弦纹，近口处及近腰檐处各饰一周条带状白彩，其间残存白彩。口径8.0、器身最大径2.1、檐宽0.8、足高4.9、通高11.9厘米（图一八二，3）。

簋形甑 1件。标本SDM178∶8，泥质灰陶。直口方唇，唇部微加厚；弧腹，器底内壁被刮出一周浅痕，圈足微内敛；器底戳制5个短条形甑孔，布局为中心一孔与边缘一周。内壁遍饰红彩，器身残存部分白彩。口径18.2、底径9.9、通高10.1厘米（图一八二，2）。

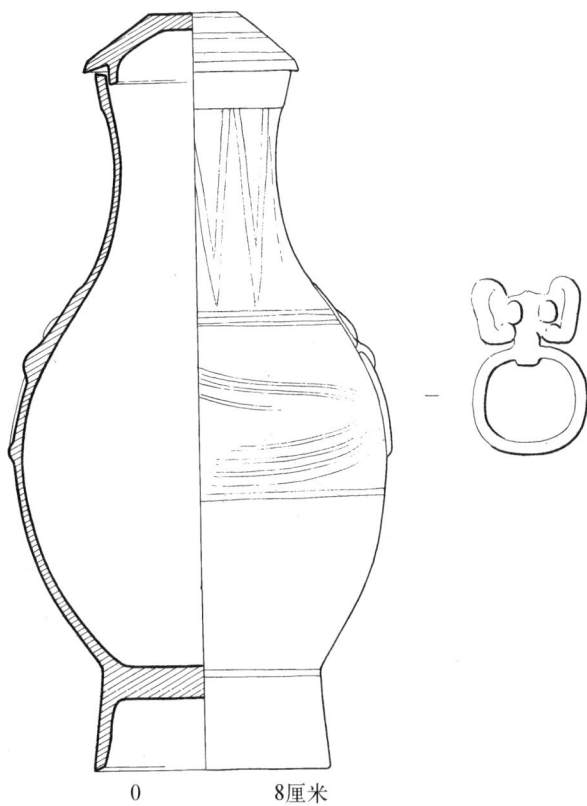

图一八一 SDM178随葬陶钫

SDM178∶5

缶 1件。标本SDM178∶1，夹细砂灰陶。小体，小口束颈，折沿微下倾，沿面有一周凹槽，尖圆唇；微溜肩，上下腹交接处圆弧，仅以一周旋纹分界，形成"符号亚腰"，下腹斜直微内凹，平底。肩部饰数周暗旋纹，肩腹交接处饰一周旋纹，上腹饰三到四周麦粒状绳纹。下腹有轮制痕迹。口径7.8、器身最大径30.9、底径13.5、通高28.3厘米（图一八二，7；彩版二一，6）。

卷沿折肩罐 1件。标本SDM178∶2，夹细砂灰陶。小体，卷沿方唇；圆折肩，上腹略弧，下腹斜直，上下腹交接处似修整出折痕，形成"象征亚腰"。肩部饰数周暗旋纹，上腹局部饰竖行绳纹。口径13.6、器身最大径23.9、底径11.4、通高21.4厘米（图一八二，1；彩版一八，8）。

卷沿圆肩罐 1件。标本SDM178∶4，夹细砂灰褐陶，陶色斑驳不均。小体，卷沿方唇，圆鼓肩，腹上部略弧，下部斜直，平底。腹上部饰一周竖行绳纹。腹下部有轮制痕迹。口径13.6、器身最大径24.9、底径10.5、通高21.6厘米（图一八二，6）。

罐口釜 1件。标本SDM178∶7，底残。夹砂红褐陶，底部夹粗砂。小体，口微侈，厚圆唇，矮直颈，圆肩，鼓腹，圜底。肩部饰数周瓦纹，腹下部饰横向篮纹。腹底有烟炱。口径10.0、器身最大径14.6、残高10.6厘米（图一八二，5）。

漆器 共5件。标本SDM178∶10、SDM178∶11、SDM178∶12、SDM178∶13、SDM178∶14，无法提取。

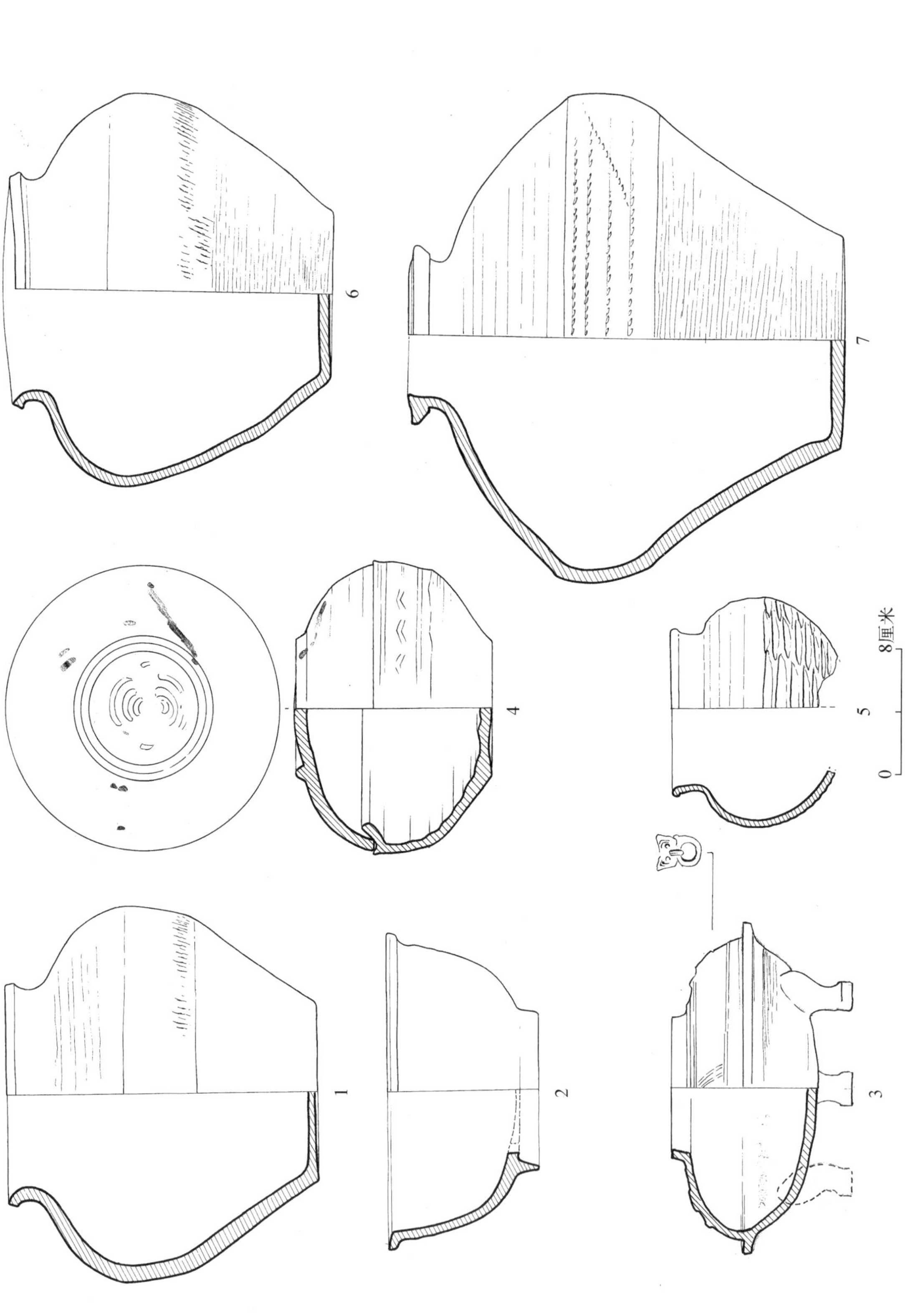

图一八二　SDM178 随葬陶器

1. 卷沿折肩罐（SDM178：2）　2. 簋形甗（SDM178：8）　3. 筒（SDM178：9）　4. 盛（SDM178：3）　5. 罐口釜（SDM178：7）
6. 卷沿圆肩罐（SDM178：4）　7. 缶（SDM178：1）

109. 2010YFSDM179

（1）位置

东距SDM178约0.5米，西北距SDM182约5.6米。

（2）形制结构（图一八三）

墓向：6°。

墓室：口大底小。口呈长方形，东长3.40、西长3.40、南宽2.12、北宽2.12米。斜壁。平底，东长3.18、西长3.16、南宽1.82、北宽1.82米。自深4.16米。

二层台：四周。东侧台面宽0.38、西侧台面宽0.36、南侧台面宽0.30、北侧台面宽0.32米。高0.80米。

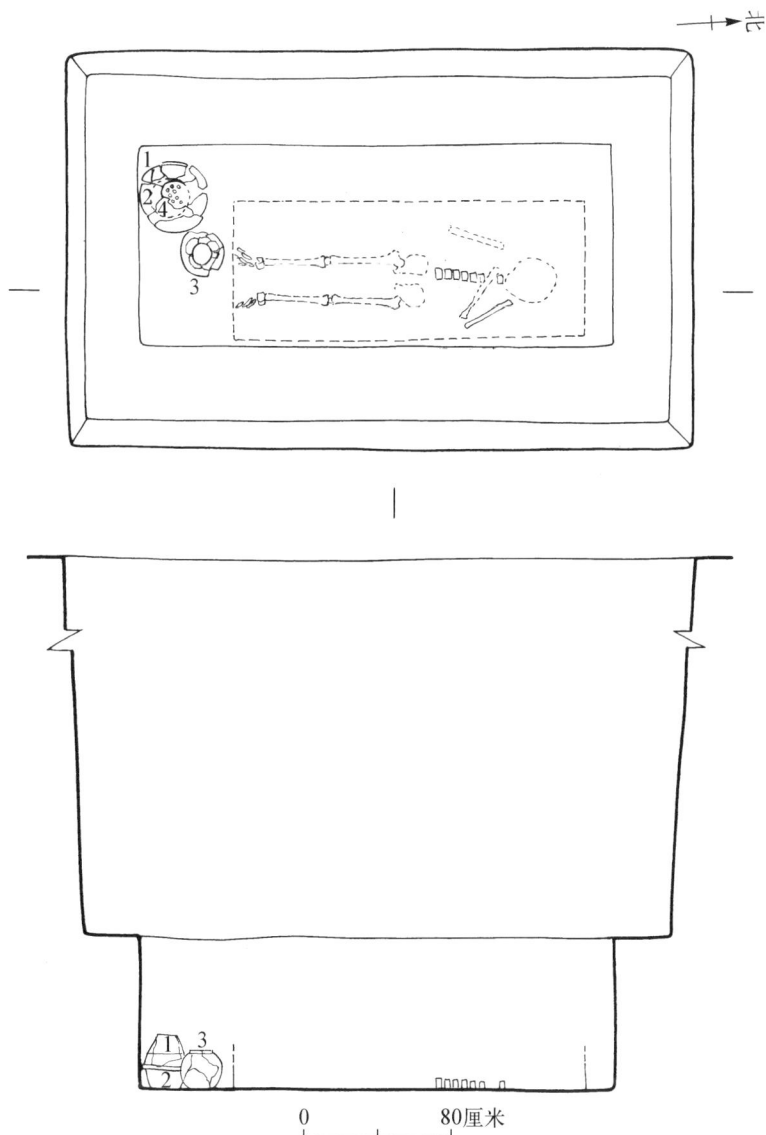

图一八三 SDM179墓葬平、剖图

1.陶盆改甑 2.陶直口折肩罐 3、4.陶罐口釜

填土：土色红褐色，夹杂少量黄色土颗粒，土质较硬，经过夯打，局部地方有明显夯土块，夯层较厚，但夯窝不明显。

（3）葬具

单棺，呈矩形，仅存板灰痕迹。置于墓室略偏东。棺长1.90、宽0.74米。

（4）墓主人

骨架保存较差，仅存痕迹。葬式为仰身直肢葬，左上肢抱于胸前。头向北。

（5）随葬品及其位置

共4件，皆陶器，均位于墓主脚端棺外。墓室西南角放置盆改甑（:1）、直口折肩罐（:2）、罐口釜（:4），4号叠置于2号上，1号倒置于2号、4号上。罐口釜（:3）位于2号东北。

（6）随葬品介绍

直口折肩罐　1件。标本SDM179:2，夹细砂灰陶。大体，直口方唇，口外侧有一周凹槽；折肩，腹微折，肩腹部呈"微亚腰"状，下腹斜直微内凹，平底。肩部饰数周暗旋纹，上腹饰一至两周麦粒状绳纹，肩腹及上下腹交接处各饰一周旋纹。下腹有轮制痕迹。口径15.6、器身最大径28.8、底径13.6、通高20.9厘米（图一八四，8）。

盆改甑　1件。标本SDM179:1，夹细砂灰陶。敞口，平折沿，尖唇；折腹，上腹占腹部比例约三分之一，下腹斜直，平底；器底凿制5个圆形甑孔，布局为中心一孔与边缘一周。上下腹交接处有一周折棱。下腹有轮制痕迹。口径31.2、底径13.4、通高16.5厘米（图一八四，9；彩版二四，1）。

罐口釜　共2件。卷沿，矮直颈，圆肩，鼓腹，圜底。标本SDM179:3，夹砂红褐陶。小体，圆唇。肩部饰数周瓦纹，腹及底部饰横向篮纹。腹底有烟炱。口径12.8、器身最大径19.7、通高14.4厘米（图一八四，2）。标本SDM179:4，夹砂灰陶。斜方唇。肩部饰旋纹，腹部饰横向篮纹，局部饰交错篮纹，底部饰纵向篮纹。口径15.2、器身最大径22.0、通高18.0厘米（图一八四，5）。

110. 2010YFSDM180

（1）位置

西距SDM181约2.7米，北距SDM178约9.8米。

（2）形制结构（图一八五）

墓向：12°。

墓室：口大底小。口呈长方形，东长3.38、西长3.40、南宽2.38、北宽2.32米。斜壁。平底，东长3.26、西长3.26、南宽1.88、北宽1.88米。自深4.00米。

二层台：四周。东侧台面宽0.46、西侧台面宽0.40、南侧台面宽0.48、北侧台面宽0.32米。高0.76米。

壁龛：呈圆拱形，1个。位于西壁中部偏南，近脚端，人骨右侧。拱形顶，直壁。平底，底面呈长方形。口宽0.66、进深0.45、高0.45米。

填土：黄褐色五花土，土质坚硬。

图一八四 SDM179、SDM180、SDM184、SDM187、SDM190 随葬陶器

1. 盂(SDM190:3) 2、5、6. 罐口釜(SDM179:3、SDM179:4、SDM180:2)

3、7、8、11. 直口折肩罐(SDM187:1、SDM180:1、SDM179:2、SDM184:1) 4. 小口旋纹罐(SDM190:1)

9. 盆改甑(SDM179:1) 10. 盂改甑(SDM190:2)

（3）葬具

单棺,呈矩形。置于墓室东北。棺长1.94、宽0.58米。

（4）墓主人

骨架保存较好。葬式为仰身直肢葬,双手置于盆骨上。头向北,面向上。

（5）随葬品及其位置

共2件，皆陶器，均位于墓室西壁中部、近墓主脚端的壁龛内。从北向南依次为直口折肩罐（∶1）、罐口釜（∶2）。

（6）随葬品介绍

直口折肩罐 1件，标本SDM180∶1，夹细砂灰陶。大体，直口方唇，口外侧有一周凹槽；圆折肩，弧腹，上下腹交接处圆弧，仅以一周旋纹分界，形成"符号亚腰"，平底。肩腹交接处饰一周旋纹，下腹局部饰竖行绳纹。口径12.6、器身最大径25.9、底径14.6、通高20.5厘米（图一八四,7）。

罐口釜 1件，标本SDM180∶2，夹砂红褐陶，底部夹粗砂。小体，卷沿，尖圆唇，矮直颈；圆肩，鼓腹，圜底。肩部饰数周瓦纹，腹部饰横向篮纹，底部饰纵向篮纹。器底有烟炱。口径12.3、器身最大径18.1、通高13.7厘米（图一八四,6）。

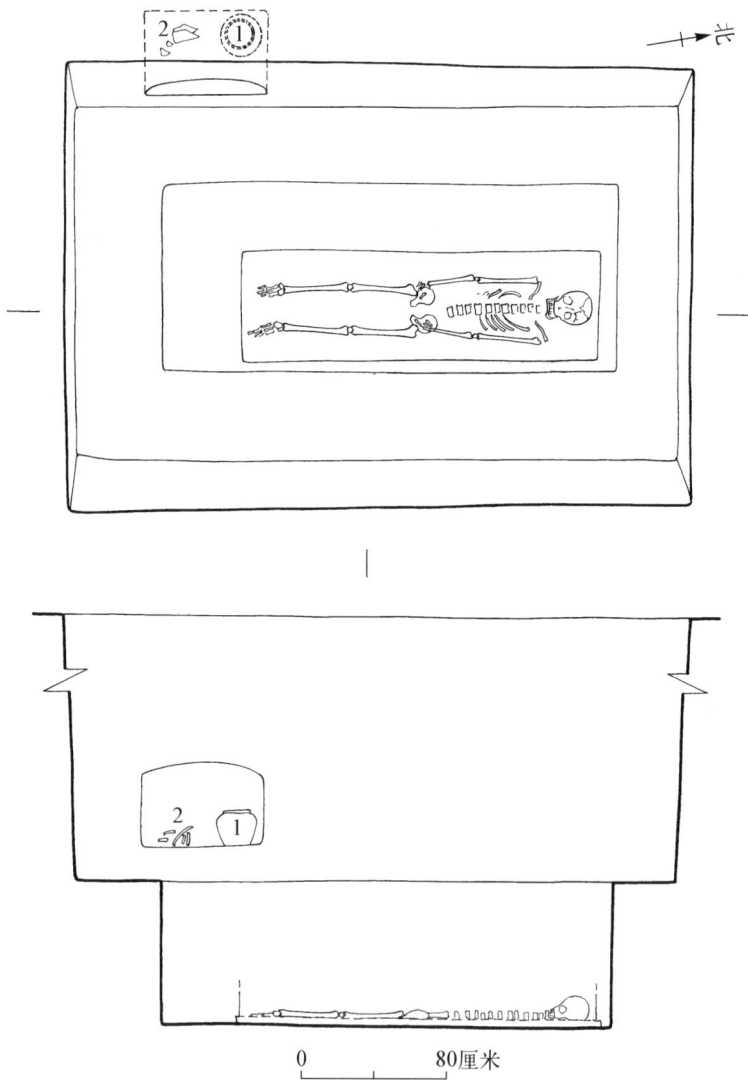

图一八五 SDM180墓葬平、剖图

1.陶直口折肩罐 2.陶罐口釜

111. 2010YFSDM184

（1）位置

东北距SDM183为11.8米。

（2）形制结构（图一八六）

墓向：345°。

墓室：口底等大。口呈长方形，东长3.00、西长3.00、南宽1.66、北宽1.70米。直壁。平底。自深1.70米。

二层台：东西两侧。东侧台面宽0.34、西侧台面宽0.44米。高0.50米。

填土：深褐色五花土，夹杂黑色土颗粒，土质较坚硬。

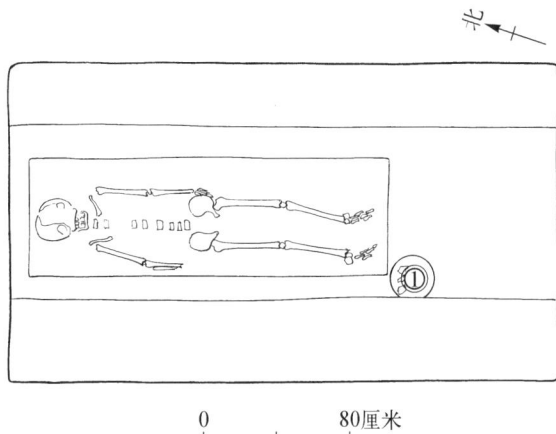

图一八六　SDM184墓葬平面图

1. 陶直口折肩罐

（3）葬具

单棺，呈矩形。置于墓室偏北。棺长1.96、宽1.62米。

（4）墓主人

肋骨不存，其余保存较好。葬式为仰身直肢葬。头向北，面向上。

（5）随葬品及其位置

仅随葬1件直口折肩罐（：1），位于棺外西南角，紧邻西二层台。

（6）随葬品介绍

直口折肩罐　1件。标本SDM184：1，夹细砂灰陶。大体，直口方唇，口外侧有一周凹槽；圆折肩，上下腹交接处圆弧，以一周折痕分界，形成"符号亚腰"，下腹斜直，平底。肩部饰数周暗旋纹。口径14.5、器身最大径29.2、底径12.6、通高21.5厘米（图一八四，11）。

112. 2010YFSDM187

（1）位置

西北距SDM185为11.2米。

（2）形制结构（图一八七）

墓向：8°。

墓室：口大底小。口呈长方形，东长3.11、西长3.10、南宽1.94、北宽1.98米。斜壁。平底，东长2.80、西长2.80、南宽1.40、北宽1.40米。自深4.30米。

二层台：四周。东侧台面宽0.24、西侧台面宽0.24、南侧台面宽0.16、北侧台面宽0.11米。高0.74米。东侧二层台南端有一长方形小坑，直壁，平底，长0.24、宽0.20、深0.22米。

填土：土色黄褐色，土质较松散。

（3）葬具

单棺，呈矩形。置于墓室偏北。棺长2.08、宽0.82米。

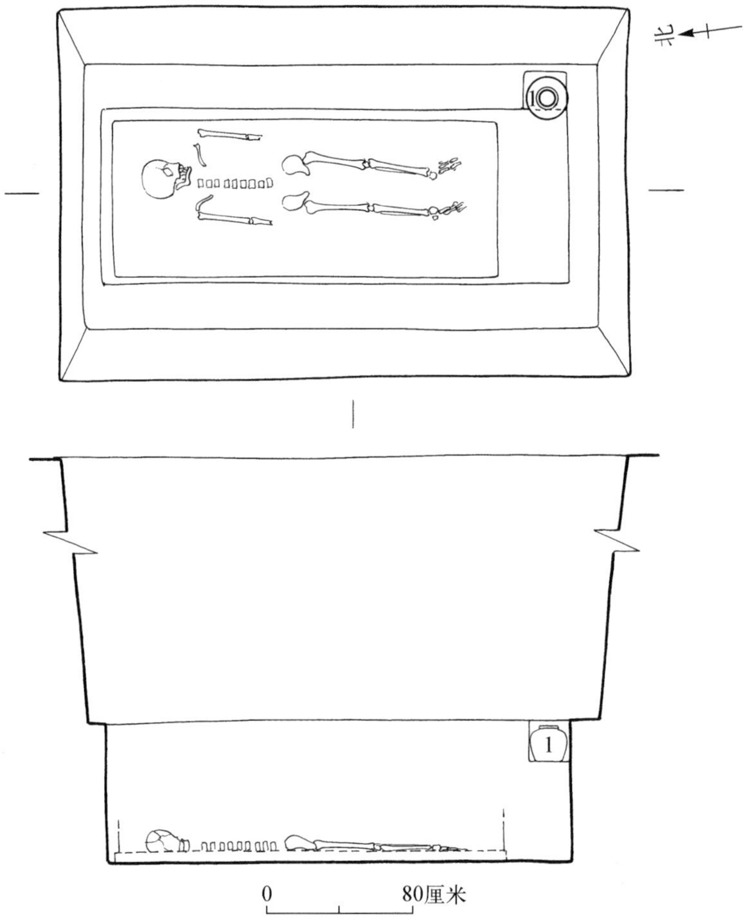

图一八七　SDM187墓葬平、剖图

1.陶直口折肩罐

（4）墓主人

骨架保存较好。葬式为仰身直肢葬。头向北,面向东。

（5）随葬品及其位置

仅随葬1件直口折肩罐(∶1),嵌于东二层台内,罐口与二层台齐平。

（6）随葬品介绍

直口折肩罐　1件。标本SDM187∶1,夹细砂灰褐陶。大体,直口方唇,圆折肩;弧腹,上下腹交接处似修整出折痕,形成"象征亚腰",腹下部斜直,平底。肩腹交接处饰一周旋纹,下腹有修整刮痕。口径14.2、器身最大径26.4、底径10.5、通高19.8厘米(图一八四,3;彩版一七,2)。

113. 2010YFSDM190

（1）位置

东距M191约2.5米。

（2）形制结构（图一八八）

墓向：190°。

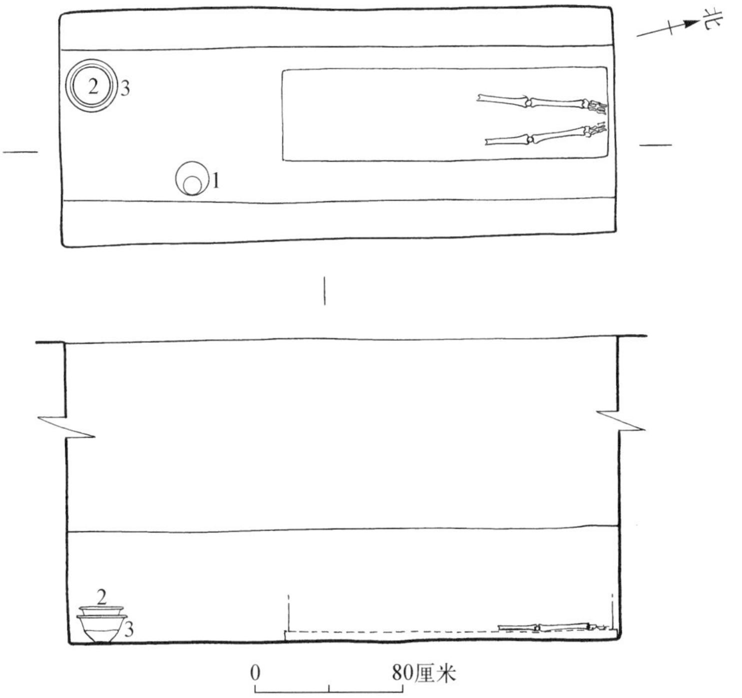

图一八八　SDM190墓葬平、剖图

1.陶小口旋纹罐　2.陶盂改甑　3.陶盂

墓室：口底等大。口呈长方形，南长3.00、北长3.00、东宽1.20、西宽1.24米。直壁。平底。自深1.70米。

二层台：东西两侧。东侧台面宽0.20、西侧台面宽0.20米。高0.60米。

填土：灰褐色五花土，土质较疏松。

（3）葬具

单棺，呈矩形。置于墓室北侧。棺长1.77、宽0.48米。

（4）墓主人

骨架保存较差，仅存下肢骨。葬式为仰身直肢葬，头向南。

（5）随葬品及其位置

共3件，皆陶器，均位于墓主头端棺外。小口旋纹罐（∶1）紧邻东侧二层台，盂改甑（∶2）、盂（∶3）位于墓室西南角，2号叠置于3号上。

（6）随葬品介绍

小口旋纹罐　1件。标本SDM190∶1，夹细砂灰陶。小口束颈，平折沿，尖圆唇；圆鼓肩，腹微弧近直，平底。肩及腹上部饰数周旋断绳纹。口径8.8、器身最大径24.5、底径11.2、通高24.6厘米（图一八四，4）。

盂　1件。标本SDM190∶3，夹细砂灰陶。直口，折沿下倾，尖唇；折腹，上腹近直，下腹斜直，上腹占腹部比例约四分之一，平底。上下腹交接处有一周折棱。口径24.8、底径12.3、通高14.8厘米（图一八四，1；彩版二四，5）。

盂改甑 1件。标本SDM190：2，夹细砂灰陶。直口，折沿下倾，尖唇；折腹，上腹近直，下腹斜直微内凹，上腹占腹部比例约四分之一，平底；底部凿制1个大圆形甑孔。上下腹交接处有一周折棱。口径23.1、底径11.3、通高13.4厘米（图一八四，10；彩版二七，1、2）。

114. 2010YFSDM191

（1）位置

西距SDM190约2.5米。

（2）形制结构（图一八九）

墓向：90°。

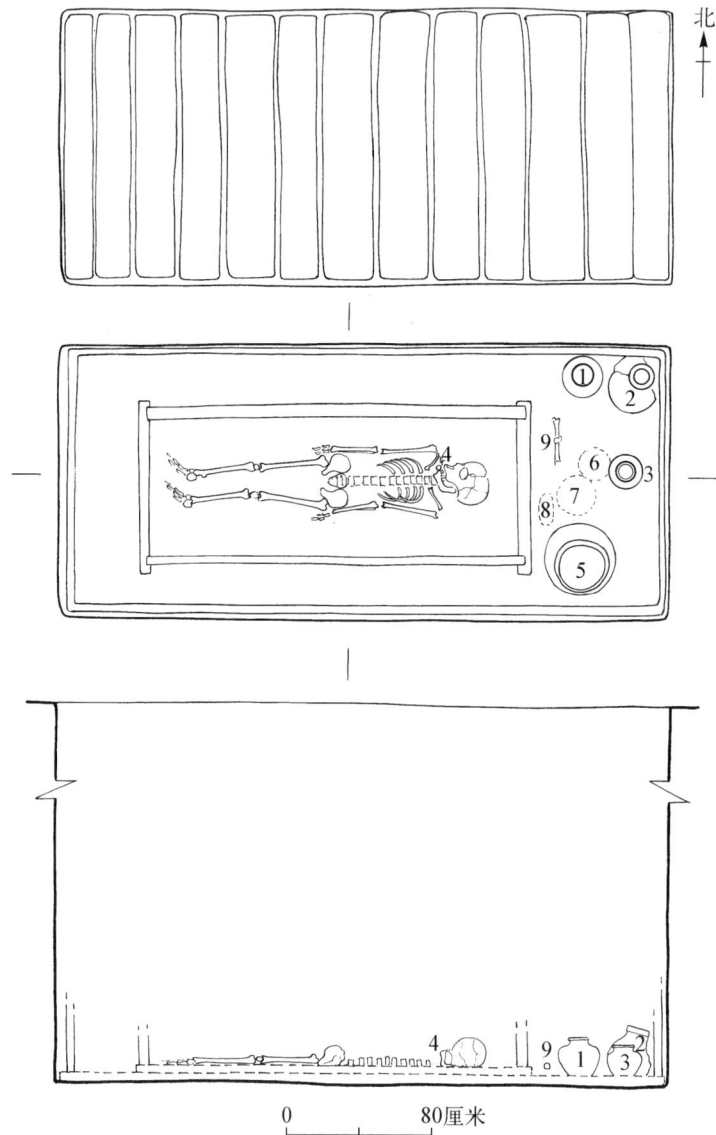

图一八九 SDM191墓葬平剖图、椁盖板示意图

1、3.陶有颈罐 2.陶小口旋纹罐 4.铜带钩 5.铁釜 6、7、8.漆器 9.动物骨骼

墓室：口底等大。口呈长方形，东长3.30、西长3.32、南宽1.44、北宽1.45米。直壁。平底。自深3.50米。

填土：土色红褐色，土质较硬。

（3）葬具

一棺一椁，均呈矩形。棺侧板两端嵌于端板内，形成榫卯套接，端板两端长出侧板外侧。棺长2.12、宽0.84、端板长0.92、端板厚0.07、侧板长2.10、侧板厚0.04～0.06米。椁端板与侧板四角闭合相接。椁长3.26、宽1.42、厚0.04米。椁盖板由13块木板纵向铺设，由北向南各块木板长、宽依次为1.42×0.20、1.41×0.25、1.42×0.28、1.42×0.22、1.41×0.24、1.42×0.26、1.40×0.26、1.39×0.20、1.41×0.27、1.40×0.22、1.40×0.20、1.40×0.20、1.40×0.15 m²。

（4）墓主人

人骨保存相对完整。葬式为仰身直肢葬，上肢伸直置于躯干两侧。头向东，面向北。

（5）随葬品及其位置

共9件，包括陶器3件、铜器1件、铁器1件、漆器3件、动物骨骼1堆。铜带钩（：4）位于棺内墓主右肩部，其他均位于墓主头端棺椁之间。小口旋纹罐（：2）位于椁内东北角，其西侧为有颈罐（：1），其南侧为有颈罐（：3）。3号西侧依次为漆器（：6、：7、：8）呈东北至西南向排列。铁釜（：5）位于棺外东南角。动物骨骼（：9）近棺外东北角。

（6）随葬品介绍

小口旋纹罐 1件。标本SDM191：2，夹细砂灰褐陶。整体形态较矮胖。小口束颈，平折沿，尖圆唇；圆鼓肩，腹部微弧近直，平底。肩及腹上部饰数周旋断绳纹。口径9.0、器身最大径27.0、底径12.3、通高24.3厘米（图一九〇，8）。

有颈罐 共2件。皆夹细砂灰陶。口微侈，圆唇，圆折肩，腹部整体圆弧。素面。标本SDM191：3，假圈足。口径10.0、器身最大径18.0、底径6.8、通高15.9厘米（图一九〇，4）。标本SDM191：1，平底。口径10.0、器身最大径18.4、底径7.6、通高15.0厘米（图一九〇，5）。

铜带钩 1件。标本SDM191：4，残。水禽形，钩体厚重，椭圆形钮位于钩尾下部，以一短柱相连。残长3.7、宽0.5～1.2、钮径1.5厘米（图二一八，15）。

铁釜 1件。标本SDM191：5，直口方唇，微出沿，矮直颈，圆肩，鼓腹，圜底。口径38.0、器身最大径26.3、通高10.1厘米（图二一八，17）。

动物骨骼 1堆。标本SDM191：9，残碎，无法辨识。

漆器 共3件。标本SDM191：6、SDM191：7、SDM191：8，无法提取。

115. 2010YFSDM193

（1）位置

西距SDM192为1.5米。

（2）形制结构（图一九一）

墓向：7°。

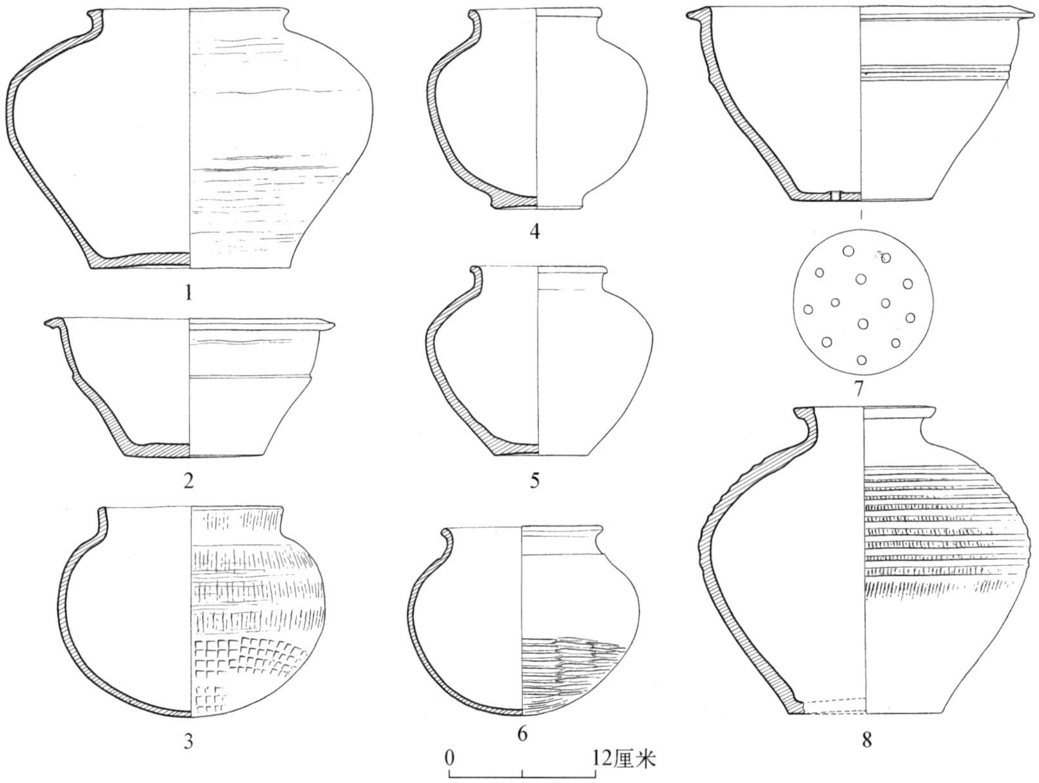

图一九〇　SDM191、SDM193随葬陶器

1. 直口折肩罐（SDM193：2）　2. 盂（SDM193：1）　3、6. 罐口釜（SDM193：4、SDM193：5）　4、5. 有颈罐（SDM191：3、SDM191：1）
7. 盂形甑（SDM193：3）　8. 小口旋纹罐（SDM191：2）

墓室：口大底小。口呈长方形，东长3.32、西长3.30、南宽1.64、北宽1.74米。斜壁。平底，东长3.20、西长3.20、南宽1.48、北宽1.60米。自深3.90米。

填土：土色褐色，夹杂大量的黄色土颗粒，土质较松散。

（3）葬具

单棺，呈矩形。棺长2.02、宽0.65米。

（4）墓主人

骨架仅存痕迹。葬式为仰身直肢葬，头向北。

（5）随葬品及其位置

共5件，皆陶器，均位于墓主脚端棺外。盂（：1）位于棺外西南角，直口折肩罐（：2）、盂形甑（：3）、罐口釜（：4）、罐口釜（：5）东西向放置于棺外东南部，4号和5号置于3号下，2号侧置。

（6）随葬品介绍

直口折肩罐　1件。标本SDM193：2，夹细砂灰陶。大体，直口方唇；圆折肩，上下腹交接处圆弧，仅修整出折痕，形成"象征亚腰"，下腹斜直，平底。腹下部有修整刮痕。口径14.5、器身最大径30.0、底径16.4、通高20.6厘米（图一九〇，1）。

盂　1件。标本SDM193：1，夹细砂灰陶。敞口，折沿下倾，尖圆唇；折腹，上腹占腹部比例近

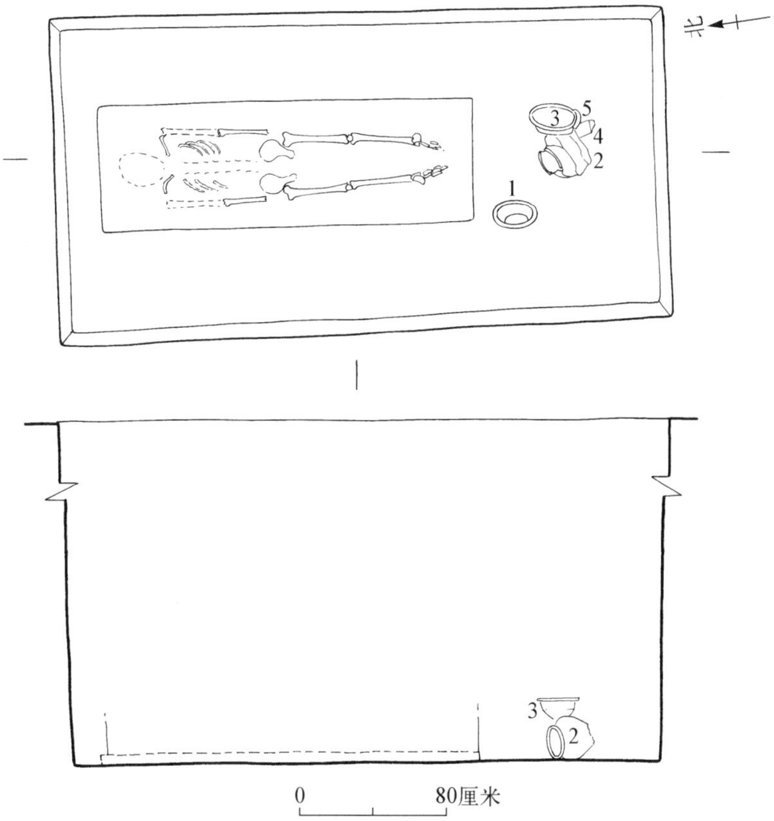

图一九一　SDM193墓葬平、剖图

1.陶盂　2.陶直口折肩罐　3.陶盂形甑　4、5.陶罐口釜

半，下腹斜直微内凹，平底。上腹近口处饰一周旋纹，上下腹交接处有一周折棱。口径21.0、底径11.5、通高11.0厘米（图一九○，2）。

盂形甑　1件。标本SDM193：3，夹细砂灰陶。器体较高，敞口，折沿下倾，尖唇；弧腹，腹下部斜直内凹，平底；器底戳制13个圆形甑孔，布局为中心四孔与边缘一周。腹上部饰两周旋纹。口径24.5、底径11.6、通高15.5厘米（图一九○，7；彩版二六，1、2）。

罐口釜　共2件。圆肩，鼓腹，圜底。标本SDM193：4，夹粗砂灰陶。直口方唇，腹部整体圆弧。沿外侧饰竖行绳纹，腹上部饰数周旋纹间以竖行绳纹，腹下部及底饰方格纹。口径14.0、器身最大径21.8、通高16.9厘米（图一九○，3）。标本SDM193：5，夹粗砂红褐陶。小体，卷沿，方圆唇，矮直颈。腹下部饰横向篮纹，底部饰纵向篮纹。腹底有烟炱。口径12.4、器身最大径19.0、通高15.0厘米（图一九○，6）。

116. 2010YFSDM195

（1）位置

东距SDM197为3.9米。

（2）形制结构（图一九二）

墓向：12°。

墓室：口底等大。口呈长方形，东长3.10、西长3.08、南宽1.50、北宽1.60米。直壁。平底。自深2.60米。

填土：浅黄色小五花土，土质疏松。

（3）葬具

单棺，呈矩形。棺端板与侧板四角闭合相接，长2.68、宽0.94、端板及侧板厚0.04米。

（4）墓主人

骨架不存，葬式不明。

（5）随葬品及其位置

仅随葬1件铜镜（：1），位于棺内西北角。

（6）随葬品介绍

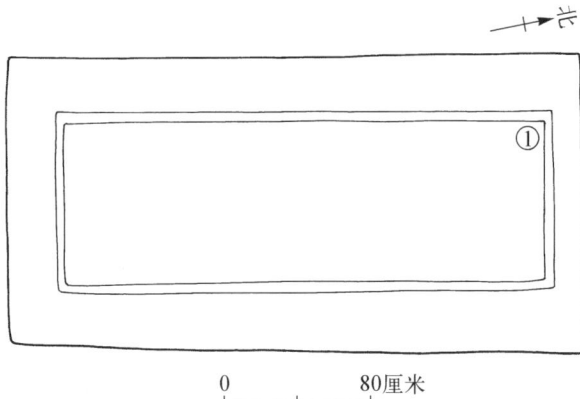

图一九二　SDM195墓葬平面图

1.铜镜

铜镜　1面。标本SDM195：1，蟠螭纹镜。圆形，镜面平直；三弦桥形钮，凹面圆形钮座，镜背主体纹饰为两周弦纹间以云雷纹地蟠螭纹，外侧弦纹与镜缘间有短斜线纹，镜缘饰凹面宽带纹。直径9.7厘米（图一九三；彩版三七，5）。

图一九三　SDM195随葬铜镜拓片

SDM195：1

117. 2010YFSDM202

（1）位置

北距SDM205约0.5米,西南距SDM8约2.3米。

（2）形制结构（图一九四）

墓向：15°。

墓室：口底等大。口呈长方形,东长2.72、西长2.68、南宽1.54、北宽1.60米。直壁。平底。自深3.00米。

二层台：东西两侧。东侧台面宽0.26、西侧台面宽0.20米。高0.50米。

填土：土色红褐色,土质较硬。

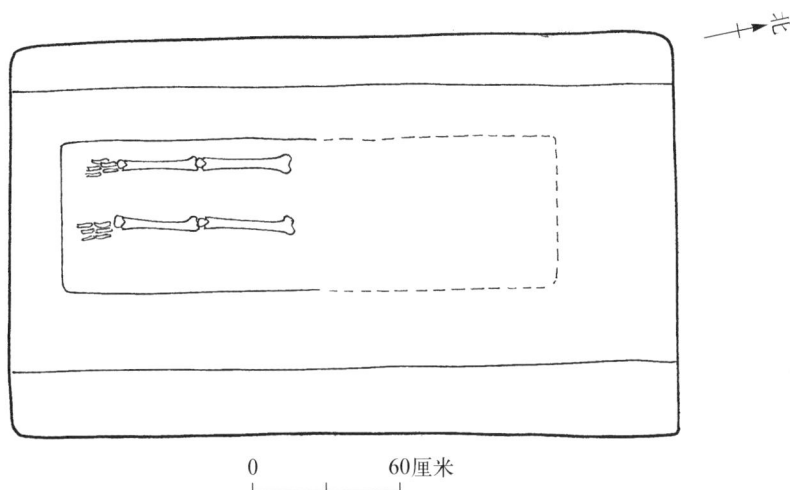

图一九四　SDM202墓葬平面图

（3）葬具

单棺,似呈矩形,仅存南端板灰痕迹。棺长2.00、宽0.60米。

（4）墓主人

残存下肢骨。葬式为仰身直肢葬,头向北。

（5）随葬品及其位置

无随葬品。

118. 2010YFSDM203

（1）位置

东距SDM201约1.5米,西距SDM205约0.4米,南距SDM202约2.6米。

（2）形制结构（图一九五）

墓向：16°。

墓室：口大底小。口呈长方形,东长3.20、西长3.20、南宽1.90、北宽2.00米。斜壁。平底,东长3.08、西长3.08、南宽1.74、北宽1.82米。自深3.78米。

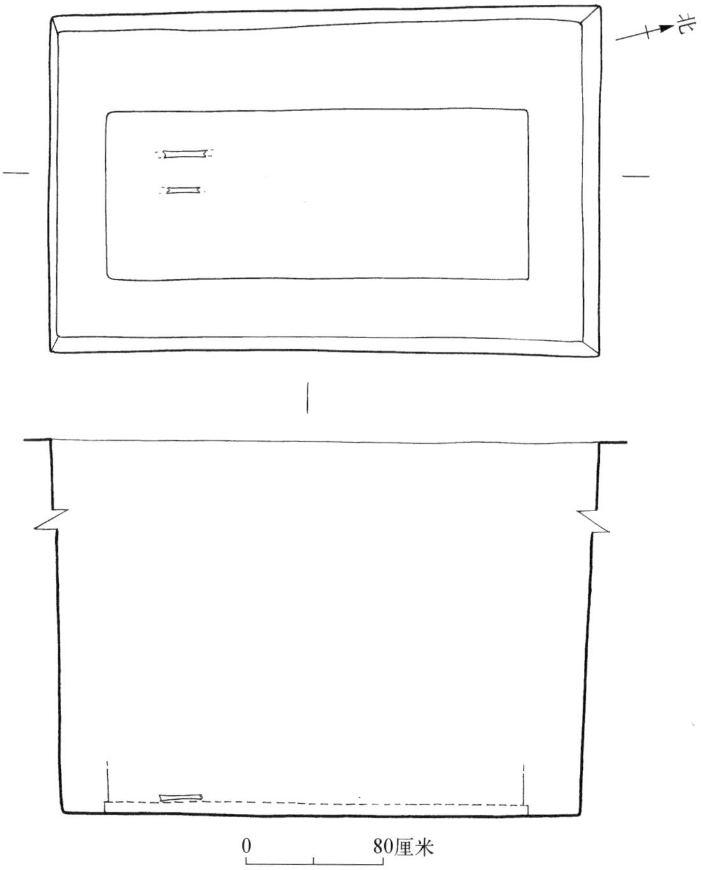

图一九五　SDM203墓葬平、剖图

填土：土色黄褐色，土质较松散。

（3）葬具

单棺，呈矩形。棺长2.45、宽0.97米。

（4）墓主人

残存部分下肢骨。葬式不明。

（5）随葬品及其位置

无随葬品。

119. 2010YFSDM204

（1）位置

东距SDM205约2.5米，南距SDM8约3.0米。

（2）形制结构

墓向：6°。

墓室：口大底小。口呈长方形，东长3.46、西长3.46、南宽2.52、北宽2.52米。斜壁。平底，东长3.20、西长3.20、南宽1.60、北宽1.60米。自深3.90米。

填土：土色红褐色，土质较硬。

（3）葬具

单棺，因盗扰具体形状不明。棺长1.90、宽0.72米。

（4）墓主人

骨架不存，葬式不明。

（5）随葬品及其位置

共4件，皆陶器，缶（：D01）、罐（：D02、：D03）、罐口釜（：D04）均出自盗洞中，初始位置不详。

（6）随葬品介绍

缶　1件。标本SDM204：D01，口及肩局部残，夹细砂灰陶。小体，折肩，弧腹，上下腹交接处圆弧，仅以一周旋纹分界，形成"符号亚腰"，下腹斜直，近底部微内凹，平底。肩部饰数周暗旋纹。下腹有轮制痕迹。器身最大径33.2、底径16.3、残高28.0厘米（图一九六，1）。

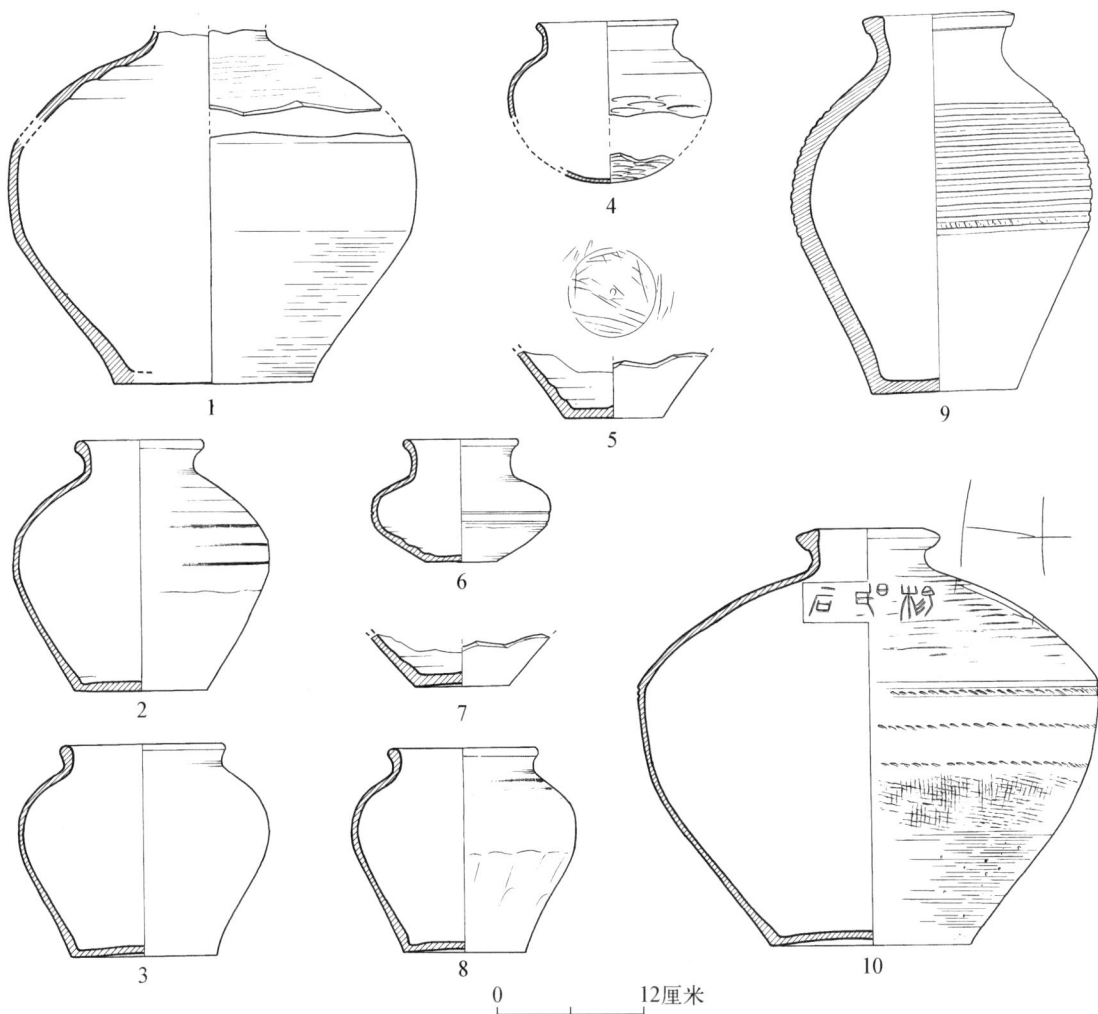

图一九六　SDM204、SDM212、SDM216随葬陶器

1、10.陶缶（SDM204：D01、SDM216：1）　2、6.有颈罐（SDM216：2、SDM216：5）　3、8.直口圆肩罐（SDM216：4、SDM216：3）
4.罐口釜（SDM204：D04）　5、7.罐（SDM204：D03、SDM204：D02）　9.小口旋纹罐（SDM212：1）

罐　共2件。残，仅剩器底。皆夹细砂灰陶，腹下部斜直，平底。标本SDM204：D02，底径7.6、残高4.2厘米（图一九六，7）。标本SDM204：D03，底径8.0、残高5.4厘米（图一九六，5）。

罐口釜　1件。标本SDM204：D04，残，夹砂红褐陶，底部夹粗砂。小体，卷沿，方圆唇，矮直颈；圆肩，鼓腹，圜底。腹及底部饰横向篮纹。腹底有烟炱。口径10.8、器身最大径16.3、通高12.8厘米（图一九六，4）。

120. 2010YFSDM212

（1）位置

东距SDM211约0.5米，西距SDM154约4.0米。

（2）形制结构（图一九七）

墓向：186°。

墓室：口底等大。口呈正方形，东长2.46、西长2.44、南宽2.04、北宽1.98米。直壁。平底。自深2.46米。

填土：土色黄褐色，局部呈黄色，土质较松散。

（3）葬具

无葬具。

（4）墓主人

骨架保存完好。葬式为仰身直肢葬，右上肢放置于左盆骨处，左上肢放置于右肩处，下肢较直。头向南，面向西。

（5）随葬品及其位置

仅随葬1件小口旋纹罐（：1），位于墓主左上肢西侧。

（6）随葬品介绍

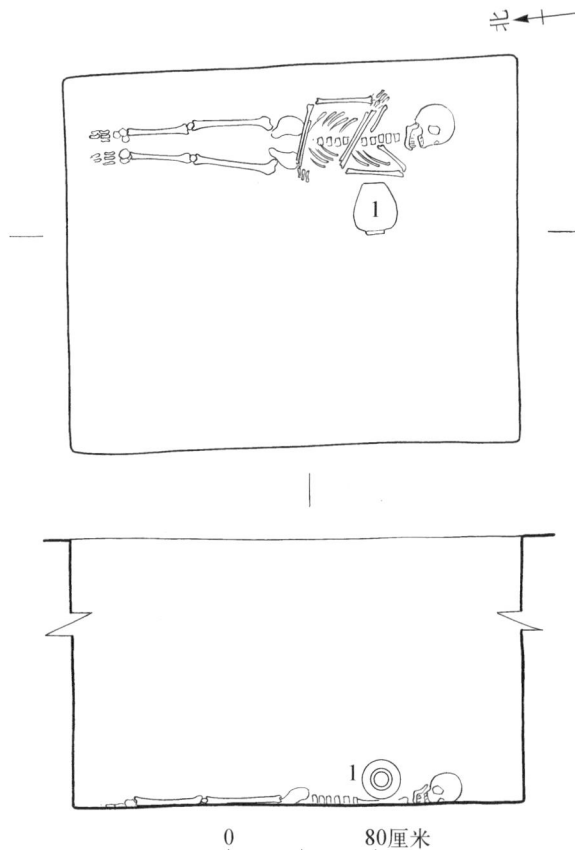

图一九七　SDM212墓葬平、剖图

1. 陶小口旋纹罐

小口旋纹罐　1件。标本SDM212：1，夹细砂灰陶。整体形态瘦高。小口束颈，折沿微下倾，方圆唇；溜肩明显，腹下部斜直，平底。肩及腹上部饰数周旋断绳纹。口径10.0、器身最大径24.8、底径12.2、通高30.0厘米（图一九六，9）。

121. 2010YFSDM216

（1）位置

东邻SDM148，被SDM148打破东北角。

（2）形制结构（图一九八）

墓向：0°。

墓室：口大底小。口呈长方形，东长4.04、西长4.04、南宽2.10、北宽2.10米。斜壁。平底，东

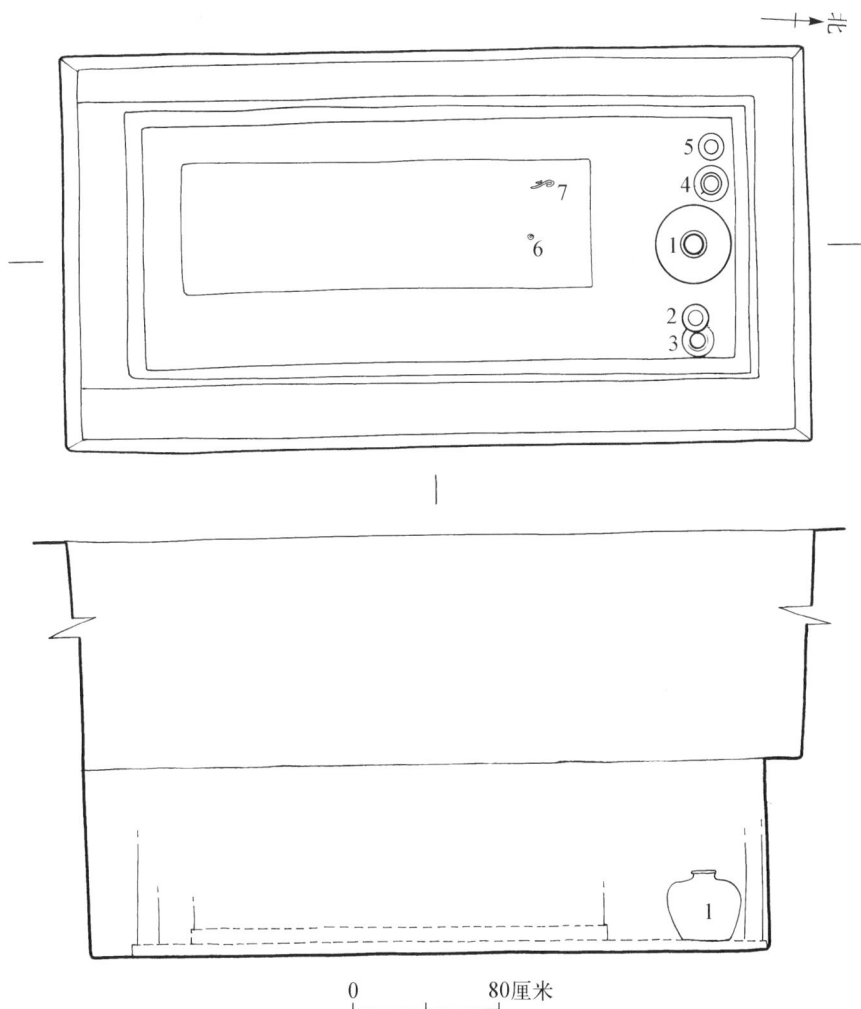

图一九八 SDM216墓葬平、剖图

1. 陶缶 2、5. 陶有颈罐 3、4. 陶直口圆肩罐 6. 铜钱 7. 铜带钩

长3.86、西长3.87、南宽1.96、北宽1.96米。自深4.30米。

二层台：东、西、北三侧。东侧台面宽0.26、西侧台面宽0.18、北侧台面宽0.20米。高1.00米。

填土：黄褐色五花土，夹杂较多褐色土颗粒，土质坚硬，经过夯打，夯层厚度约15厘米，未发现明显的夯迹。

（3）葬具

一棺一椁，均呈矩形，端板与侧板四角闭合相接。棺长2.21、宽0.68米。椁长3.36、宽1.42、端板厚0.08～0.09、侧板厚0.04～0.07米。

（4）墓主人

骨架不存，葬式不明。

（5）随葬品及其位置

共7件（组），包括陶器5件、铜器1件、铜钱1组28枚。5件陶器均位于北部棺椁之间，由东向西依次为直口圆肩罐（ ：3）、有颈罐（ ：2）、缶（ ：1）、直口圆肩罐（ ：4）、有颈罐（ ：5）。铜钱（ ：6）位于棺内北部略偏东，铜带钩（ ：7）位于棺内西北侧。

（6）随葬品介绍

缶　1件。标本SDM216：1，夹细砂灰陶。大体，小口束颈，折沿下倾，尖圆唇；折肩，上腹弧鼓，下腹斜直内凹，平底微内凹。肩部饰数周暗旋纹，阴刻"杨氏一石"四字，肩腹交接处饰一周旋纹，上腹饰两至三周麦粒状绳纹，下腹隐约可见竖行绳纹。下腹有轮制痕迹。口径8.6、器身最大径37.9、底径16.5、通高33.2厘米（图一九六，10）。

直口圆肩罐　共2件。皆夹细砂灰陶。直口，方圆唇，圆鼓肩，弧腹，腹下部斜直微内凹，平底较大。标本SDM216：4，素面。口径12.4、器身最大径20.5、底径12.0、通高16.8厘米（图一九六，3）。标本SDM216：3，肩部饰暗旋纹。腹下部有修整刮痕。口径11.2、器身最大径18.3、底径10.0、通高16.3厘米（图一九六，8）。

有颈罐　共2件。皆夹细砂灰陶。平底。标本SDM216：2，口微侈，厚圆唇，矮直颈；微溜肩，弧腹，腹下部斜直。肩及腹上部饰数周暗旋纹，腹下部有修整刮痕。口径9.6、器身最大径21.0、底径11.0、通高20.0厘米（图一九六，2）。标本SDM216：5，卷沿圆唇，高直颈，圆鼓肩，腹部整体圆弧。腹上部饰两周旋纹。口径8.6、器身最大径14.6、底径5.8、通高9.6厘米（图一九六，6）。

铜带钩　1件。标本SDM216：7，钩首及钮残。钩体较短，兽面形钩尾。残长4.7、钩体宽0.5、钩尾最宽处2.7厘米（图二一八，16；彩版四一，4）。

铜钱　共28枚。标本SDM216：6，均为"半两"。穿少量方正，多不规则。可辨钱文的文字各异，字与穿比例不同。"半"字头部转折程度不同，两横线及竖线出于下横线的长度不等；"两"字上横线与肩长度比例不同，均折肩，"两"字内部结构亦有区别。钱缘多有毛茬，多留有铸口。其中2枚有捆绑痕迹，1枚肉上有孔。铸造较为规整。亦有部分钱文不清。钱径1.8～2.9、穿宽0.5～1.1厘米，重量1.0～4.8克。具体形制详见表一七。

122. 2010YFSDM223

（1）位置

北距SDM222约2.5米，东南距SDM252约3.9米。

（2）形制结构（图一九九；图版四，1）

墓向：7°。

墓室：口大底小。口呈长方形，东长3.22、西长3.24、南宽1.90、北宽1.88米。斜壁。平底，东长2.76、西长2.68、南宽1.42、北宽1.40米。自深5.80米。

二层台：东西两侧。东侧台面宽0.2～0.26、西侧台面宽0.20米。高0.80米。

壁龛：呈圆拱形，1个。位于南壁底部，人骨脚部一端。拱形顶，直壁，平底，底部平面呈长方形。口宽1.00、进深0.56、高0.74米。

填土：土色灰褐色，土质较黏。

表一七　SDM216铜钱统计表

编号	种类	钱径	穿宽	重量	文字	形制	记号	附着物	图号	备注
SDM216:6-1		2.8	0.9	4.8	文字略凸起，结构松散，字略大于穿。"半"字头部转折，下横线略短，竖线略出于下横线；"两"字上横线比肩略短，折肩，为"双人两"，人字首部较长				图二二五，9	有1铸口
SDM216:6-2		2.8	0.7	4.5	文字凸起，笔画残缺					
SDM216:6-3		2.6	0.9	5.3	锈蚀，文字不清楚	钱缘有毛茬		捆绑痕迹		有1对不对称铸口
SDM216:6-4		2.3	0.8	1.7	文字凸起，结构紧促，字略等于穿。"半"字头部转折，下横线较长，竖线出于下横线，"两"字上横线比肩略长，折肩，为"连山两"				图二二五，8	
SDM216:6-5		2.9	0.8	4.3	文字扁平，字大于穿。"半"字锈蚀出于下横线；"两"字上横线比肩略短，折肩，为"双人两"	穿孔较小				
SDM216:6-6	半两	2	1.1	3.4	文字锈蚀不清	钱缘有毛茬		捆绑痕迹		
SDM216:6-7		2.3	0.9	1.3	文字扁平，字等于穿。"半"字头部转折，两横线等长，竖线出于下横线；"两"字上横线比肩略短，折肩，为"双人两"，人字首部较长				图二二五，1	
SDM216:6-8		2.1	0.5	3.3	文字凸起，字略大于穿。"半"字呈"八"字状，两横线等长，"半"字头出于下横线；"两"字上横线比肩略长，折肩，内部锈蚀不清	钱缘有毛茬			图二二五，3	有1铸口
SDM216:6-9		2.4	0.9	2.5	文字扁平，字等于穿。"半"字锈蚀不清；"两"字上横线锈蚀不清，折肩，为"双人两"	钱缘有毛茬				
SDM216:6-10		2.4	0.9	3	文字凸起，字略等于穿。"半"字头部转折不明显，下横线较短，折肩，竖线微出下横线；"两"字上横线较短，折肩，为"双人两"	钱缘有毛茬，穿孔不规则				
SDM216:6-11		2.2	0.8	1.8	文字凸起，笔画锈蚀残缺	穿孔不规则				
SDM216:6-12		2.3	0.9	2.7	文字扁平，结构松散，字等于穿。"半"字头部转折，下横线微弧，略短，竖线出于下横线；"两"字锈蚀不清	钱缘有毛茬				
SDM216:6-13		1.8	0.8	2	文字不清晰	同上				

续表

编号	种类	钱径	穿宽	重量	文字	形制	记号	附着物	图号	备注
SDM216:6-14		2.3	0.6	3.8	同上	同上				有1铸口
SDM216:6-15		2.3	0.7	4	文字扁平，字略小于穿。"半"字头部呈"八"字状，两横线等长，竖线略出下横线；"两"字上横线比肩略短，折肩，连山两	同上			图二二五,2	
SDM216:6-16		1.9	0.5	2	文字不清晰	同上				有1铸口
SDM216:6-17		2.3	0.9	1.3		钱缘有毛茬 穿不规则				有1铸口
SDM216:6-18		2.2	0.7	3.8	同上	钱缘残损				有1铸口
SDM216:6-19		2.1	0.7	2.9	同上					有1对对称铸口
SDM216:6-20		2.3	0.8	3.8	文字扁平，字等于穿。"半"字头部呈"八"字状，两横线略等，竖线出于下横线，折肩等长；"两"字上横线与肩横线等长，折肩，内部锈蚀	钱缘有毛茬 穿不规则				
SDM216:6-21	半两	2.1	1	1	文字浅细，字结构随意，笔画不全，竖线出于下横线短，"两"字上横线比肩略短，折肩，为"双人两"	钱缘残损 穿孔不规则			图二二五,5	有1铸口
SDM216:6-22		2.5	1	1.8	文字不清晰	钱缘有毛茬				有1对不对称铸口
SDM216:6-23		2.3	1	1.7	文字浅细，字小于穿。"半"字头部转折，两横线与肩等长，竖线出上下横线；"两"字上横线，为"倒T两"	穿孔不规则			图二二五,4	
SDM216:6-24		1.9	0.8	2.5	文字不清晰					有3铸口
SDM216:6-25		2.3	0.7	3.6	同上	钱缘有毛茬				有1铸口
SDM216:6-26		2.2	1	0.8	文字扁平，字大于穿。"半"字头部略转折，两横线等长；"两"字上横线比肩略短，折肩，为"倒T两"	钱缘残损				
SDM216:6-27		2.5	0.8	2.4	文字扁平，字等于穿。"半"字头部转折，两横线，"两"字上横线比肩略短，折肩，为"双人两"	穿孔不规则				
SDM216:6-28		2.3	0.9	3.5	文字扁平，残蚀，字体笔画不全	同上	肉上有孔			

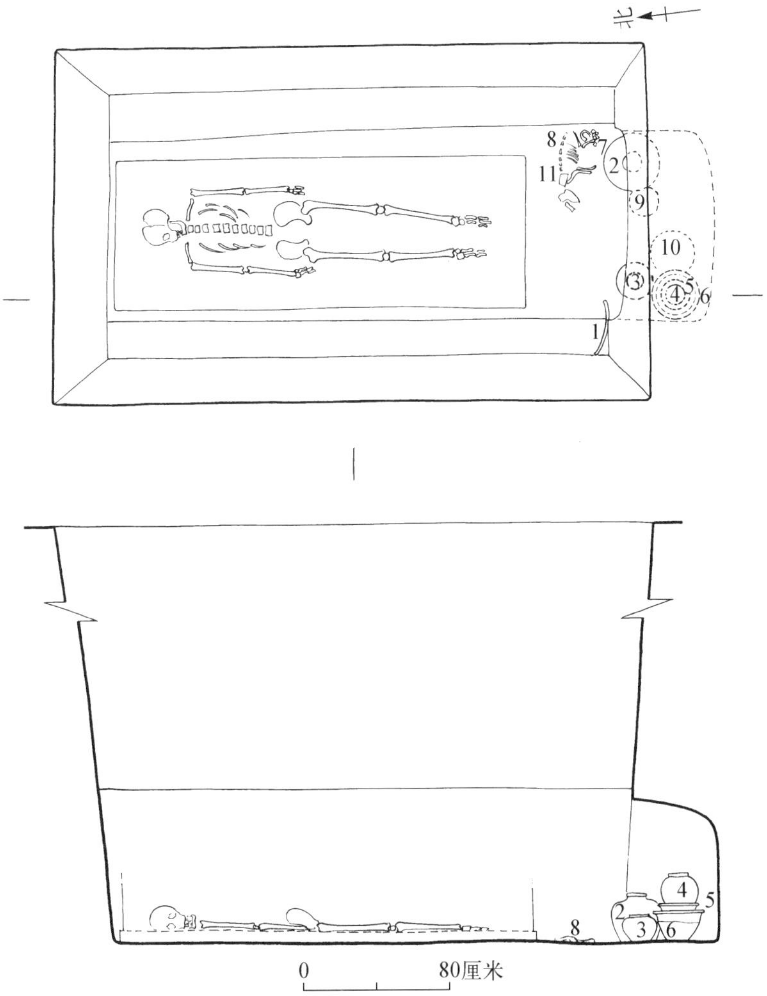

图一九九 SDM223墓葬平、剖图

1. 陶瓦 2. 陶缶 3. 陶卷沿折肩罐 4. 陶鬲口釜 5. 陶盂形甑 6. 陶盂 7. 铜钱 8. 铜手镯 9、10. 漆器 11. 动物骨骼

（3）葬具

单棺，呈矩形。置于墓室偏北。棺长2.22、宽0.80米。

（4）墓主人

骨架保存较完整。葬式为仰身直肢葬，上肢伸直置于躯干两侧。头向北，面向西。

（5）随葬品及其位置

共11件（组），包括陶器6件、铜器1件、铜钱1枚、漆器2件、动物骨骼1堆。陶瓦（:1）位于墓室西南角二层台上。动物骨骼（:11）位于墓室东南角，骨骼上有铜钱（:7）和铜手镯（:8）。其余随葬品均位于墓室南壁底部的壁龛内，缶（:2）紧邻壁龛东壁，其西侧为漆器（:9）。鬲口釜（:4）、盂形甑（:5）、陶盂（:6）依次叠置，紧邻壁龛西壁。其东北侧为卷沿折肩罐（:3）、东侧为漆器（:10）。

（6）随葬品介绍

缶 1件。标本SDM223:2，夹细砂灰陶。小体，小口束颈，折沿微下倾，尖圆唇；折肩，上腹

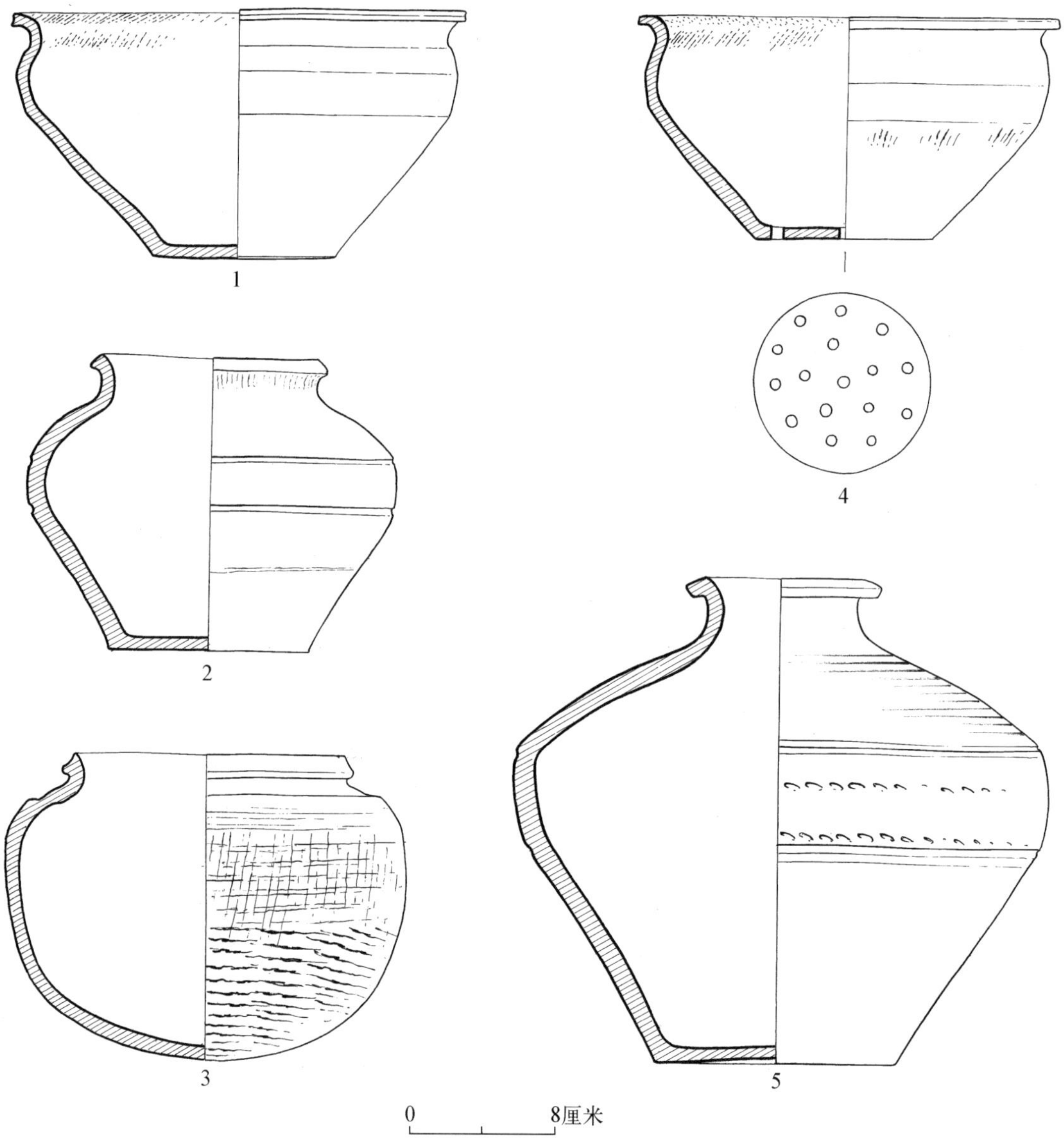

图二〇〇 SDM223随葬陶器

1. 盂(SDM223:6) 2. 卷沿折肩罐(SDM223:3) 3. 鬲口釜(SDM223:4) 4. 盂形甑(SDM223:5) 5. 缶(SDM223:2)

微弧,下腹斜直,上下腹交接处圆弧,仅以一周旋纹分界,形成"符号亚腰",平底。肩部饰数周暗旋纹,肩腹交接处饰一周旋纹,上腹饰两至三周麦粒状绳纹。口径8.5、器身最大径29.3、底径13.0、通高25.9厘米(图二〇〇,5)。

卷沿折肩罐 1件。标本SDM223:3,夹细砂灰陶。小体,卷沿,方唇;圆折肩,腹微折,上腹略弧,肩腹部呈"微亚腰"状,下腹斜直微内凹,平底。肩腹及上下腹交接处各饰一周旋纹,下腹隐约可见一周旋纹。口径11.8、器身最大径20.5、底径11.2、通高15.6厘米(图二〇〇,2;彩版一八,6)。

盂 1件。标本SDM223:6,夹细砂灰陶。直口,卷沿,沿面近平,方唇;鼓腹,上腹近口处内敛,上下腹交接处微折,鼓腹处有"微亚腰"作风,平底。素面。口径23.8、底径10.3、通高13.4厘

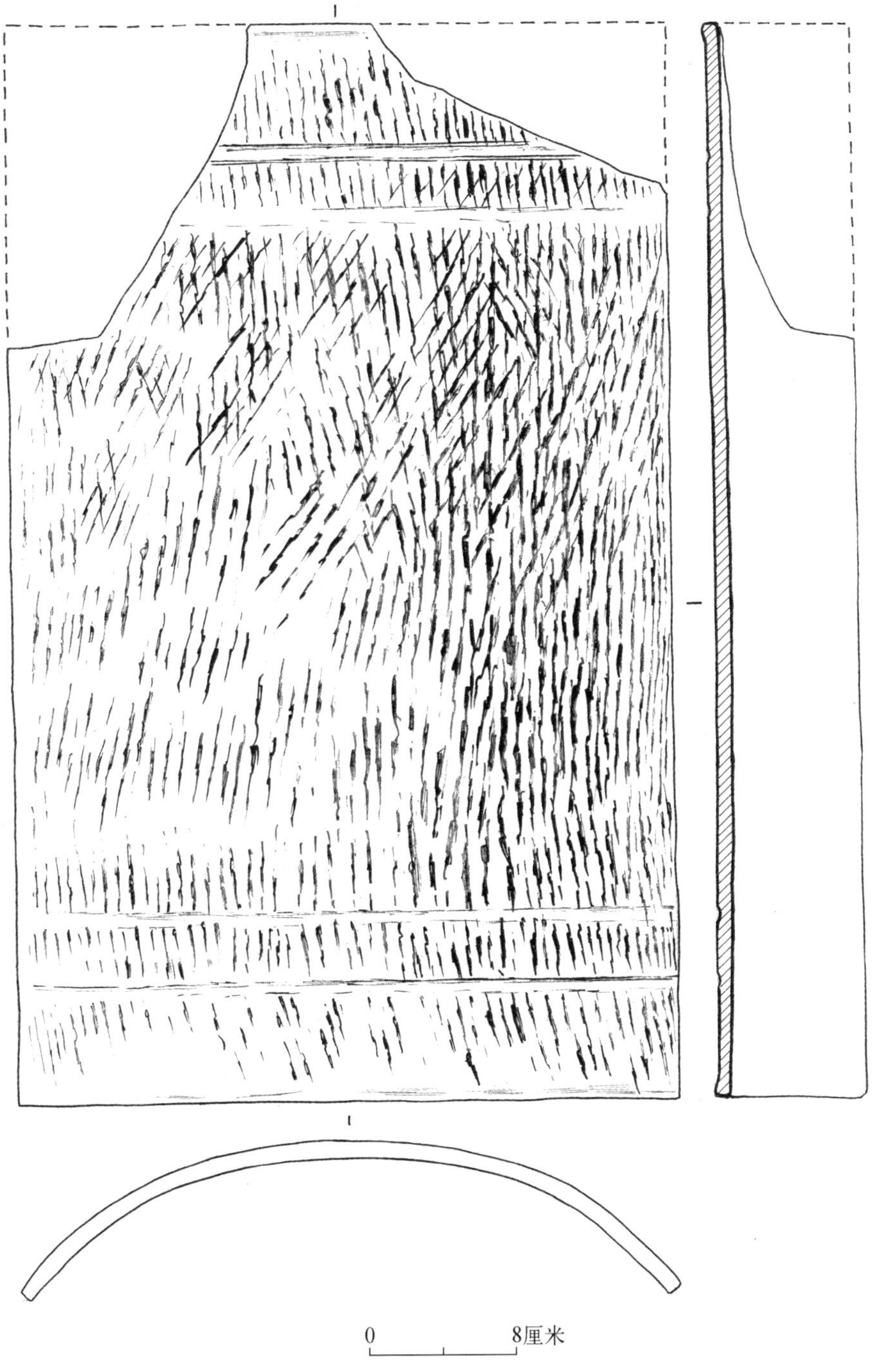

图二〇一 SDM223随葬陶瓦

SDM223∶1

米(图二〇〇,1;彩版二五,3)。

　　盂形甑　1件。标本SDM223∶5,夹细砂灰陶。直口,卷沿,沿面近平,方圆唇;鼓腹,上腹近口处内敛,上下腹交接处微折,腹部有"微亚腰"作风,平底;器底戳制16个圆形甑孔,布局为中心一孔与边缘两周。下腹局部饰竖行绳纹。口径21.0、底径9.6、通高11.9厘米(图二〇〇,4;彩版二六,7、8)。

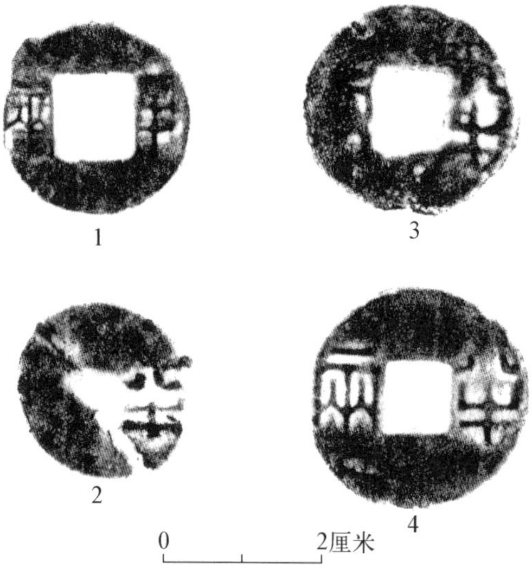

图二〇二　SDM146、SDM223随葬铜钱拓片

1. SDM146∶4-1　2. SDM223∶7-1　3. SDM146∶4-2　4. SDM146∶4-6

鬲口釜　1件。标本SDM223∶4，夹砂灰陶，底部夹粗砂。口微侈，斜方唇，唇面微内凹；隆肩，肩面近口处略平，腹上部近直，下部弧收，圜底。腹上部饰数周旋断绳纹，腹下部饰横向篮纹，底部饰纵向篮纹。口径14.9、器身最大径22.3、通高16.4厘米（图二〇〇，3）。

陶瓦　1件。标本SDM223∶1，夹细砂灰陶。剖面呈拱形，瓦面饰竖行及斜行粗绳纹，两端各饰两道旋纹，瓦背素面。长57.4、宽35.8、厚8.0厘米（图二〇一）。

铜手镯　1件。标本SDM223∶8，残。半圆形，一端断面为圆形，另一端呈薄片状。宽0.25厘米（图二一八，11）。

铜钱　1枚。标本SDM223∶7，残，为"半两"。文字略凸起，字略等于穿。"半"字头部呈"八"字状，两横线等长，竖线略出下横线；"两"字锈蚀不清。钱径2.3、穿宽0.5厘米，重量2.3克（图二〇二，2）。

动物骨骼　1堆。标本SDM223∶11，残碎，无法辨识。

漆器　共2件。标本SDM223∶9、SDM223∶10，无法提取。

123. 2010YFSDM227

（1）位置

北距SDM228约12.5米，东南距SDM234约9.5米，南距SDM134约10.6米。

（2）形制结构（图二〇三）

墓向：96°。

墓室：口大底小。口呈长方形，南长3.20、北长3.20、东宽1.80、西宽1.78米。斜壁。平底，南长3.16、北长3.14、东宽1.58、西宽1.58米。自深3.60米。

二层台：四周。东侧台面宽0.24～0.36、西侧台面宽0.32～0.40、南侧台面宽0.14～0.38、北侧台面宽0.30～0.54米。高0.80米。西侧二层台西北角有一小坑,长0.46、宽0.08、深0.40米。

填土:土色红褐色,土质较硬。

(3)葬具

无葬具。

(4)墓主人

上肢较零散,其余保存较好。葬式为仰身屈肢葬,左下肢略向左弯曲。头向东,面向南。

(5)随葬品及其位置

共2件,包括陶器1件、铜器1件。直口折肩罐(:1)侧置于墓主脚端,原应嵌入西二层台内。铜带钩(:2)位于墓主左手。

(6)随葬品介绍

直口折肩罐　1件。标本SDM227:1,夹细砂灰陶。大体,直口方唇,口外侧有一周凹槽;折肩,上腹微弧近直,下腹斜直微内凹,上下腹交接处圆弧,仅以一周旋纹分界,形成"符号亚腰",平底。肩部饰数周暗旋纹,肩腹交接处饰一周旋纹。口径16.0、器身最大径29.2、底径14.5、通高21.3厘米(图二一〇,11)。

铜带钩　1件。标本SDM227:2,钩首及钮残。钩尾近"十"字形,下有一短柱。残长4.40、钩体宽0.70、钩尾宽3.05、钮径0.60厘米(图二一八,13)。

124. 2010YFSDM228

(1)位置

东距SDM240约7.0米,西距SDM248约3.4米。

(2)形制结构(图二〇四;图版八,2)

墓向:18°。

墓室:口大底小。口呈长方形,东长3.76、西长3.74、南宽2.40、北宽2.40米。斜壁。平底,东长3.30、西长3.28、南宽1.90、北宽1.90米。自深5.50米。

二层台:东西两侧。东侧台面宽0.10～0.24、西侧台面宽0.18～0.28米。高1.00米。

填土:红褐色大五花土,土质较硬。

(3)葬具

一棺一椁,均呈矩形。棺置于椁偏内西南,棺长2.32、宽0.79、厚0.04～0.06米。椁长3.12、宽1.22、厚0.04米。椁盖板由9块木板横向铺设,从北向南长、宽依次为,1.72×0.28、1.72×0.34、

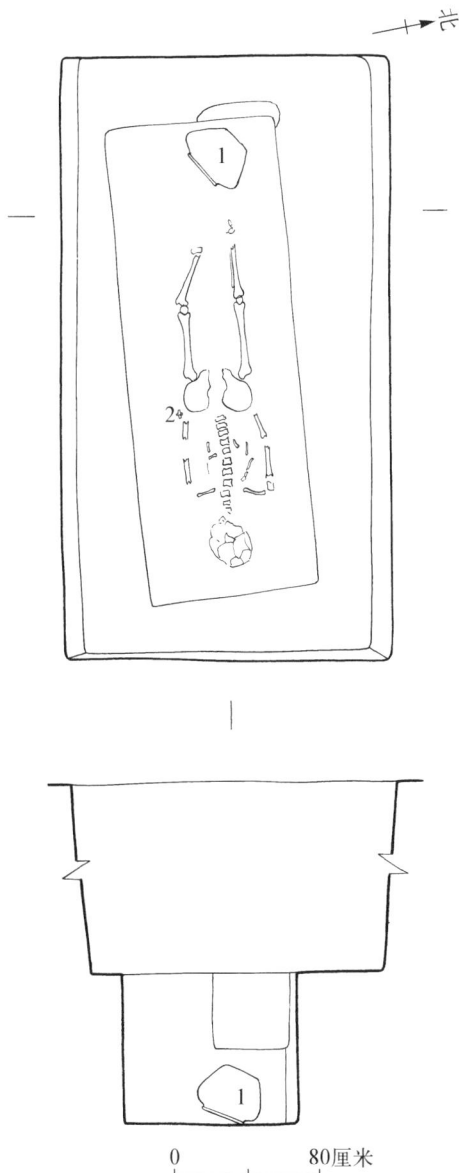

图二〇三　SDM227墓葬平、剖图

1.陶直口折肩罐　2.铜带钩

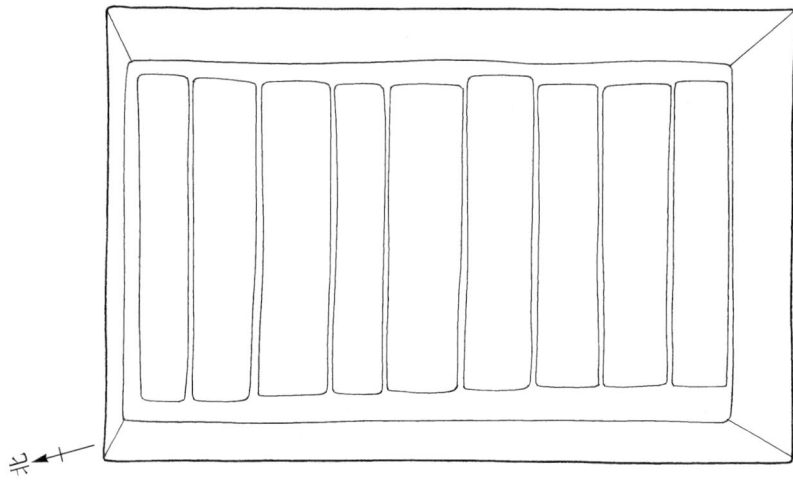

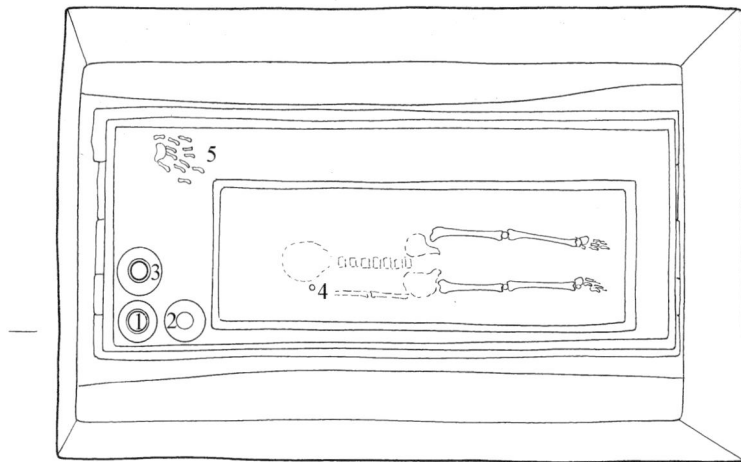

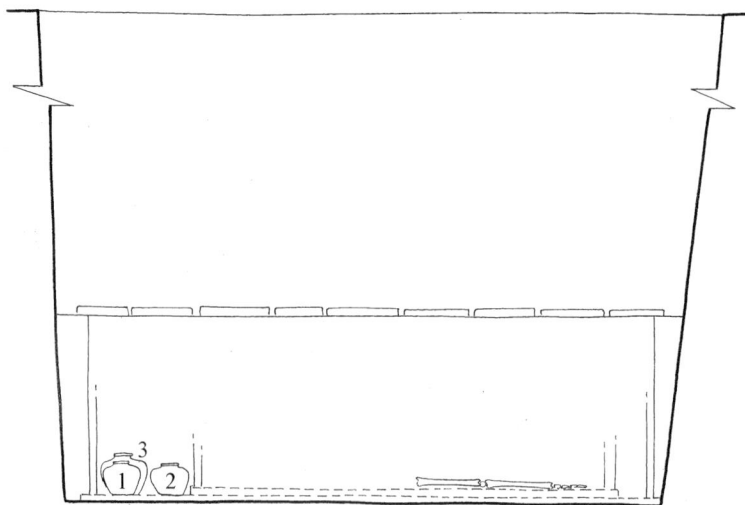

图二〇四　SDM228墓葬平剖图、椁盖板示意图

1、2、3.陶直口圆肩罐　4.铜环　5.动物骨骼

1.66×0.38、1.64×0.26、1.64×0.38、1.68×0.36、1.60×0.33、1.60×0.35、1.62×0.29 m²。椁底板由5块木板纵向铺设,由东向西长、宽依次为3.22×0.28、3.18×0.30、3.20×0.30、3.22×0.20、3.20×0.24 m²。

（4）墓主人

头骨被压碎,其余朽成粉末状。葬式为仰身直肢葬,头向北。

（5）随葬品及其位置

共5件,包括陶器3件、铜器1件、动物骨骼1堆。陶器均位于椁内西北角,直口圆肩罐（:1、:2、:3）集中呈三角形分布。动物骨骼（:5）位于棺外东北角。铜环（:4）位于棺内墓主头部西侧。

（6）随葬品介绍

直口圆肩罐 共3件。皆夹细砂灰陶。直口圆唇,圆鼓肩,弧腹,腹下部微弧近直,平底较大。肩面隐约可见暗旋纹。下腹有修整刮痕。标本SDM228:1,口径11.8、器身最大径20.7、底径10.8、通高17.4厘米（图二一〇,1）。标本SDM228:3,口径10.6、器身最大径20.0、底径11.4、通高16.8厘米（图二一〇,2）。标本SDM228:2,口径11.2、器身最大径19.8、底径10.3、通高16.8厘米（图二一〇,3）。

铜环 1件。标本SDM228:4,残。断面呈圆形。宽0.25厘米（图二一八,10）。

动物骨骼 1堆。标本SDM228:5,残碎。无法辨识。

125. 2010YFSDM229

（1）位置

南距SDM228约10.5米,东北距SDM230约8.0米。

（2）形制结构（图二〇五）

墓向: 13°。

墓室:口底等大。口呈长方形,东长2.98、西长2.98、南宽1.80、北宽1.80米。直壁。平底。自深3.40米。

二层台:东西两侧。东侧台面宽0.20～0.28、西侧台面宽0.20米。高0.80米。

填土:红褐色五花土,夹杂红色和白色土颗粒,土质较硬。

（3）葬具

无葬具。

（4）墓主人

肋骨不存,其余均保存较好。葬式为仰身直肢葬,上肢伸直置于躯干两侧。头向北,面向上。

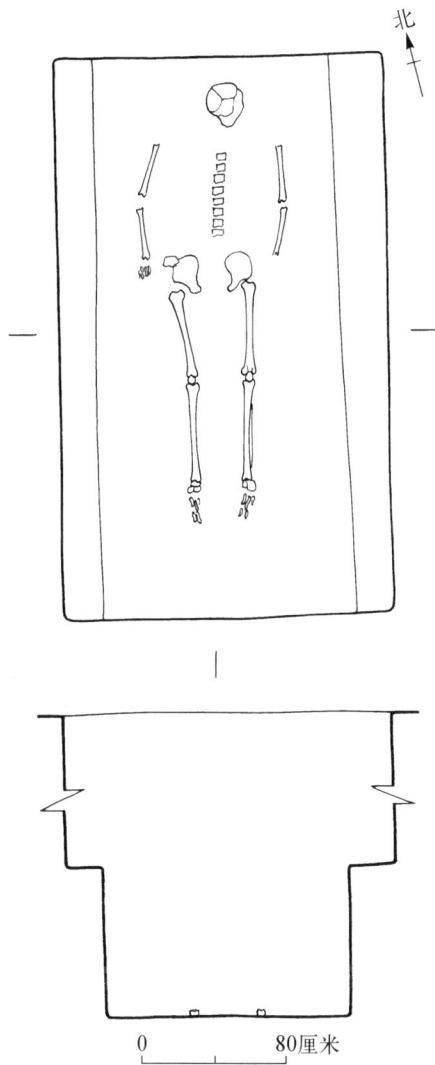

图二〇五 SDM229墓葬平、剖图

（5）随葬品及其位置

无随葬品。

126. 2010YFSDM230

（1）位置

东距SDM231约1.7米，两墓并列而置。

（2）形制结构（图二〇六）

墓向：3°。

墓室：口大底小。口呈长方形，东长3.31、西长3.30、南宽2.00、北宽2.00米。斜壁。平底，东长3.08、西长3.10、南宽1.76、北宽1.80米。自深4.56米。

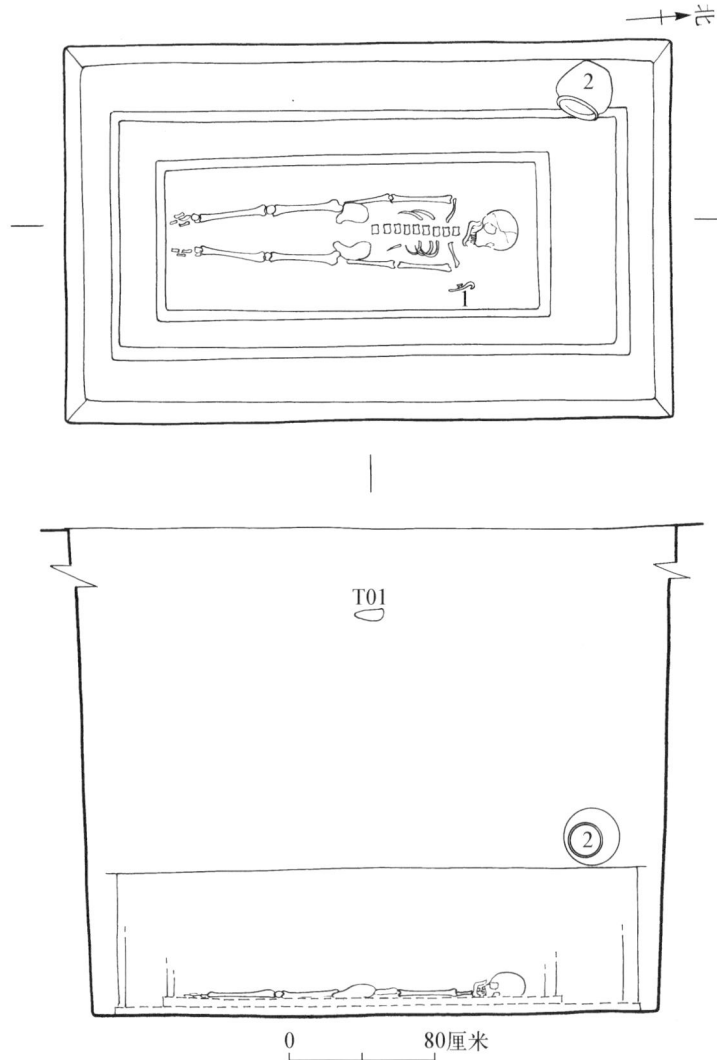

0   80厘米

图二〇六　SDM230墓葬平、剖图

1. 铜带钩　2. 陶直口折肩罐　T01. 铜锛

填土：红褐色五花土，夹杂红色和白色土颗粒，土质较硬。

（3）葬具

一棺一椁，均呈矩形，端板与侧板四角闭合相接。棺长2.14、宽0.86、厚0.04～0.08米。椁长2.82、宽1.30、厚0.06米。

（4）墓主人

人骨保存较完整。葬式为仰身直肢葬，上肢伸直置于躯干两侧。头向北，面向东。

（5）随葬品及其位置

共3件，包括陶器1件、铜器2件。铜锛（：T01）出土于填土中。直口折肩罐（：2）侧置于椁盖板西北角。铜带钩（：1）位于棺内墓主肩部东侧。

（6）随葬品介绍

直口折肩罐 1件。标本SDM230：2，夹细砂灰陶。大体，直口方唇，口外侧有一周凹槽；折肩，腹微折，肩腹部呈"微亚腰"状，下腹斜直，平底。肩部饰数周暗旋纹，肩腹及上下腹交接处各饰一周旋纹，上腹饰一至两周麦粒状绳纹。下腹有轮制痕迹。口径13.7、器身最大径25.0、底径12.4、通高18.9厘米（图二一〇，6）。

铜带钩 1件。标本SDM230：1，蛇形，钩体较长，为曲弓式，断面呈扁半圆形；圆形钩钮位于带钩中部，以一短柱相连。长13.60、宽0.55～0.90、钮径1.25厘米（图二一八，4；彩版四〇，2）。

铜锛 1件。标本SDM230：T01，平面长方形，侧面近三角形；双面弧形刃，长方形銎，近銎口处有一圈突出的铜带，上有凹槽。两侧有范缝。长14.85、宽4.00、銎孔长4.90、宽2.95厘米（图二一八，5；彩版四四，1）。

127. 2010YFSDM231

（1）位置

西距SDM230约1.7米。

（2）形制结构（图二〇七）

墓向：7°。

墓室：口大底小。口呈长方形，东长2.92、西长2.90、南宽1.70、北宽1.74米。斜壁。平底，东长2.72、西长2.74、南宽1.58、北宽1.60米。自深3.00米。

二层台：东西两侧。东侧台面宽0.30、西侧台面宽0.40米。高0.60米。

填土：土色黄褐色，土质较硬。

（3）葬具

单棺，呈矩形。置于墓室中间。棺长2.08、宽0.72米。

（4）墓主人

骨架保存较差，仅存下肢骨。葬式为仰身屈肢葬，左下肢略向右弯曲。头向北。

（5）随葬品及其位置

仅随葬1件卷沿折肩罐（：1），位于棺外墓室西北角。

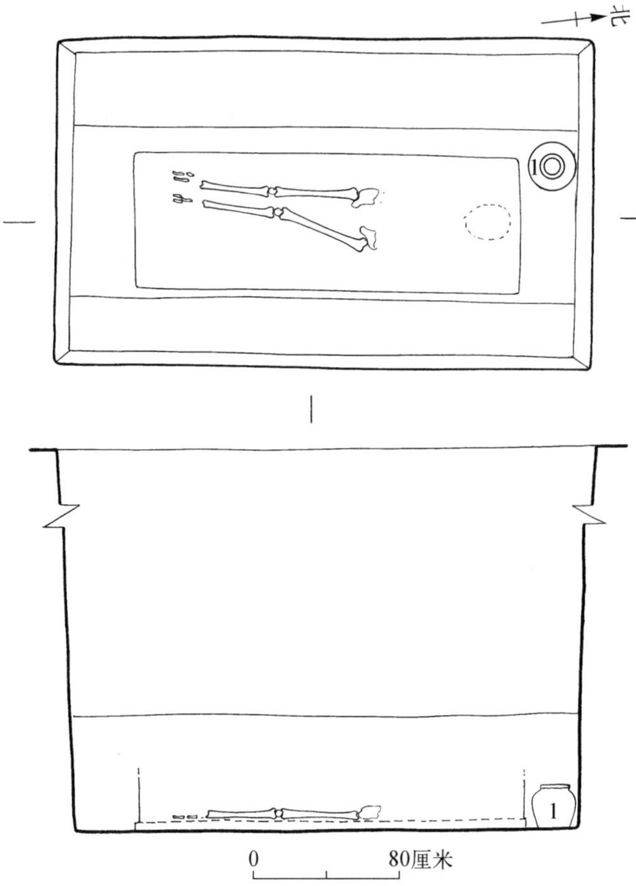

图二〇七　SDM231墓葬平、剖图

1. 陶卷沿折肩罐

（6）随葬品介绍

卷沿折肩罐　1件。标本SDM231：1，夹细砂灰陶。大体，卷沿方唇，唇面有一周凹槽；折肩，腹微折，肩腹部呈"微亚腰"状，下腹斜直，平底。口部饰一周弦纹，肩部饰数周暗旋纹，并隐约可见竖行细绳纹，肩腹及上下腹交接处各饰一周旋纹，上腹饰一周麦粒状绳纹。口径16.8、器身最大径29.2、底径16.5、通高22.9厘米（图二一〇，12；彩版一八，2）。

128. 2010YFSDM234

（1）位置

西北距SDM227约9.5米，北距SDM233约9.7米。

（2）形制结构（图二〇八）

墓向：14°。

墓室：口大底小。口呈长方形，东长3.00、西长3.00、南宽1.80、北宽1.82米。斜壁。平底，东长2.52、西长2.52、南宽1.44、北宽1.42米。自深3.60米。

二层台：东西两侧。东侧台面宽0.22、西侧台面宽0.22米。高0.60米。

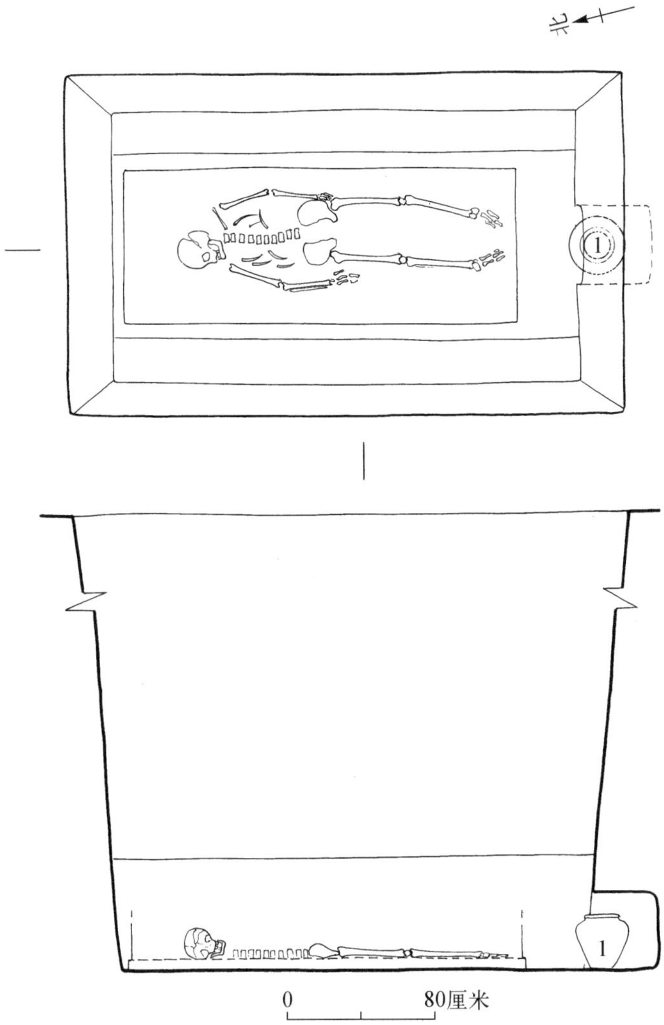

图二〇八　SDM234墓葬平、剖图

1.陶直口折肩罐

　　壁龛：呈圆拱形，1个。位于南壁底部，人骨脚部一端。拱形顶，直壁，平底，底部平面呈方形。口宽0.42、进深0.40、高0.40米。

　　填土：土色黄褐色，土质较松软。

　　（3）葬具

　　单棺，呈矩形。置于墓室偏北。棺长2.12、宽0.82米。

　　（4）墓主人

　　骨架保存较好。葬式为仰身直肢葬，上肢伸直置于躯干两侧。头向北，面向西。

　　（5）随葬品及其位置

　　仅随葬1件直口折肩罐（：1），位于墓室南壁底部壁龛内。

　　（6）随葬品介绍

　　直口折肩罐　1件。标本SDM234：1，夹细砂灰陶。大体，直口方唇，微出沿；折肩，腹微折，肩腹部呈"微亚腰"状,下腹斜直,平底。肩部饰数周暗旋纹。口径15.0、器身最大径26.1、底径16.2、通高17.3厘米(图二一〇,5)。

129. 2010YFSDM236

(1)位置

东南距SDM237约1.5米,西北距SDM233约3.0米。

(2)形制结构(图二〇九)

墓向:10°。

墓室:口底等大。口呈长方形,东长2.80、西长2.80、南宽1.70、北宽1.60米。直壁,平底,自深4.2米。

二层台:两层,东西两侧。第一层东侧台面宽0.10、西侧台面宽0.12米。高0.20米;第二层东侧台面宽0.32、西侧台面宽0.31米。高1.20米。

填土:黄褐色五花土,土质较硬。

(3)葬具

单棺,呈矩形。置于墓室偏北。棺长1.80、宽0.56米。

(4)墓主人

仅存头骨、椎骨、盆骨及部分肢骨。葬式为仰身屈肢葬,下肢分别向左右弯曲。头向北。

(5)随葬品及其位置

共5件,皆陶器,均位于墓主脚端棺外。自北而南依次是小口旋纹罐(:1)、盂(:3)、罐口釜(:5)、盂形甑(:2)、鬲口釜(:4),5号叠置于3号内。

(6)随葬品介绍

小口旋纹罐 1件。标本SDM236:1,夹细砂灰陶。整体形态瘦高。小口束颈,折沿微下倾,尖圆唇;溜肩明显,腹下部斜直,平底。肩及腹上部饰数周旋纹。腹下部有轮制痕迹。口径8.7、器身最大径25.4、底径12.0、通高30.2厘米(图二一〇,8)。

盂 1件。标本SDM236:3,夹细砂灰陶。直口,折沿微下倾,尖唇;折腹,上腹占腹部比例约三分之一,下腹斜直,平底。上下腹交接处有一周折棱。下腹有轮制痕迹。口径23.4、底径12.1、通高13.0厘米(图二一〇,10)。

盂形甑 1件。标本SDM236:2,夹细砂灰陶。直口,折沿微下倾,沿面微鼓,尖唇;弧腹微折,上腹占腹部比例近半,平底;器底戳制14个圆形甑孔,布局为中心一孔与边缘两周。上腹饰三周弦纹。下腹有轮制痕迹。口径23.2、底径11.6、通高13.7厘米(图二一〇,4)。

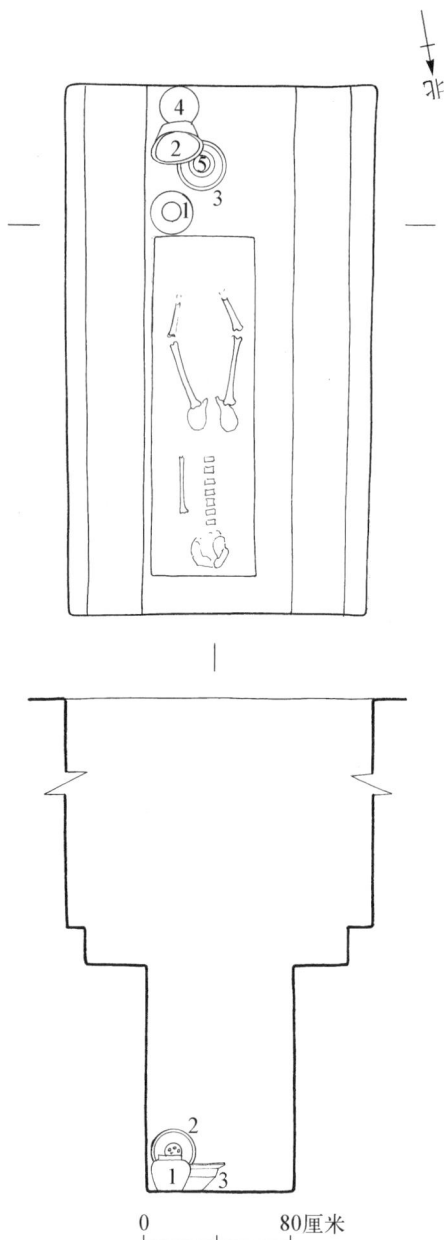

图二〇九 SDM236墓葬平、剖图

1.陶小口旋纹罐 2.陶盂形甑 3.陶盂
4.陶鬲口釜 5.陶罐口釜

图二一〇 SDM227、SDM228、SDM230、SDM231、SDM234、SDM236随葬陶器

1、2、3. 直口圆肩罐（SDM228：1、SDM228：3、SDM228：2） 4. 盂形甑（SDM236：2）
5、6、11. 直口折肩罐（SDM234：1、SDM230：2、SDM227：1） 7. 罐口釜（SDM236：5）
8. 小口旋纹罐（SDM236：1） 9. 鬲口釜（SDM236：4） 10. 盂（SDM236：3） 12. 卷沿折肩罐（SDM231：1）

罐口釜　1件。标本SDM236:5,夹砂红褐陶,底部夹粗砂。小体,口微侈,厚圆唇,矮直颈;圆肩,鼓腹,圜底。肩及腹上部饰数周瓦纹,腹下部饰横向篮纹,底部饰纵向篮纹。器底有烟炱。口径10.2、器身最大径15.0、通高11.9厘米(图二一〇,7)。

鬲口釜　1件。标本SDM236:4,夹砂灰陶,底部夹粗砂。口微侈,斜方唇,唇面微内凹;隆肩,肩面近口处略平,腹上部近直,下部弧收,圜底。肩部有一周弦纹,腹上部隐约可见竖行粗绳纹,腹下部饰横向篮纹,底部饰纵向篮纹。口径19.0、器身最大径28.6、通高22.1厘米(图二一〇,9)。

130. 2010YFSDM237

（1）位置

西北距SDM236约1.5米,东南距SDM104约10.6米。

（2）形制结构（图二一一）

墓向:15°。

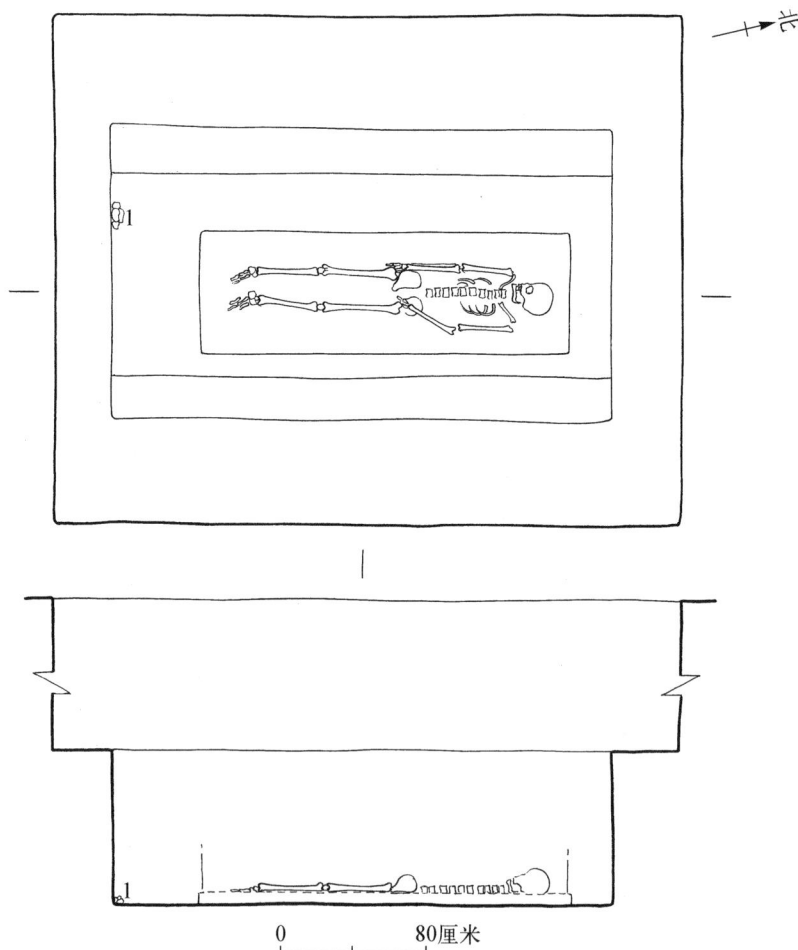

图二一一　SDM237墓葬平、剖图

1.陶直口折肩罐

墓室：口底等大。口呈宽长方形，东长3.40、西长3.40、南宽2.70、北宽2.70米。直壁。平底。自深3.20米。

二层台：两层，第一层四周，东侧台面宽0.56、西侧台面宽0.60、南侧台面宽0.30、北侧台面宽0.38米。高0.20米；第二层东西两侧，东侧台面宽0.22、西侧台面宽0.24米。高0.60米。

填土：黄褐色五花土，土质较硬。

（3）葬具

单棺，呈矩形。置于墓室偏北。棺长2.00、宽0.64米。

（4）墓主人

骨架保存较好。葬式为仰身直肢葬，左上肢内折且该手放于腹部，右上肢伸直于躯干旁。头向北，面向西。

（5）随葬品及其位置

仅随葬1件直口折肩罐（：1），位于棺外西南角，紧邻墓室南壁。

（6）随葬品介绍

直口折肩罐　1件。标本SDM237：1，夹细砂灰陶。大体，直口方唇，口外侧有一周凹槽；折肩，弧腹，上下腹交接处圆弧，以一周修整折痕分界，形成"符号亚腰"，下腹斜直，平底。肩及上腹饰数周暗旋纹，肩腹交接处饰一周旋纹。口径16.5、器身最大径28.4、底径12.9、通高21.3厘米（图二一三，8）。

131. 2010YFSDM244

（1）位置

北距SDM249约10.0米，西距SDM226约0.5米。

（2）形制结构（图二一二）

墓向：195°。

墓室：口底等大。口呈长方形，东长3.04、西长3.04、南宽1.36、北宽1.38米。直壁。平底，自深2.88米。

二层台：东西两侧。东侧台面宽0.18、西侧台面宽0.22米。高0.70米。

填土：黄褐色五花土，土质较硬。

（3）葬具

单棺，呈矩形。置于墓室偏西北。棺长2.10、宽0.65米。

（4）墓主人

右上肢不存，其余保存较好。葬式为仰身屈肢葬，左下肢向左弯曲，右下肢伸直。头向南，面向西。

（5）随葬品及其位置

共4件，均为陶器。小口旋纹罐（：1）位于棺外墓室东南角。卷沿圆肩罐（：2）、盂（：3）和盂改甑（：4）位于棺内南部，2号位于墓主头端东侧，3号侧置于墓主右上肢上，4号倒置于墓主左上肢上，2号、3号、4号原应在棺盖板上相应位置。

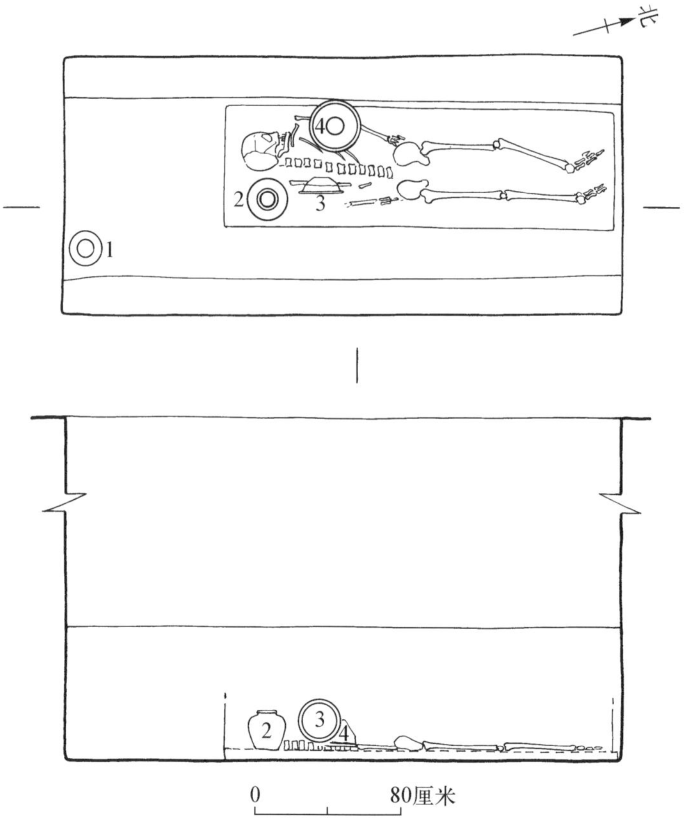

图二一二　SDM244墓葬平、剖图

1.陶小口旋纹罐　2.陶卷沿圆肩罐　3.陶盂　4.陶盂改甑

（6）随葬品介绍

小口旋纹罐　1件。标本SDM244：1，夹细砂灰陶。小口束颈，折沿微下倾，尖唇圆；微溜肩，腹近斜直，平底。肩部饰数周旋纹。口径8.7、器身最大径23.8、底径11.0、通高27.6厘米（图二一三，10）。

卷沿圆肩罐　1件。标本SDM244：2，夹细砂灰陶。小体，卷沿方唇，圆鼓肩，弧腹，平底。素面。腹下部有轮制痕迹。口径10.4、器身最大径22.6、底径10.8、通高20.9厘米（图二一三，9）。

盂　1件。标本SDM244：3，夹细砂灰陶。敞口，折沿微内倾，尖圆唇；折腹，上腹占腹部比例约三分之一，下腹斜直，平底。上下腹交接处有一周折棱。口径22.8、底径11.5、通高12.0厘米（图二一三，3）。

盂改甑　1件。标本SDM244：4，夹细砂灰陶。整体形态较高，直口，折沿下倾，尖圆唇；弧腹微折，上腹占腹部比例近半，下腹斜直，平底；器底凿制1个大圆形甑孔。腹上部饰两周旋纹。腹下部有轮制痕迹。口径22.8、底径10.4、通高19.2厘米（图二一三，7；彩版二八，1）。

132.2010YFSDM250

（1）位置

南距SD251约0.7米，西北距SD223约7.0米，被SDM252打破。

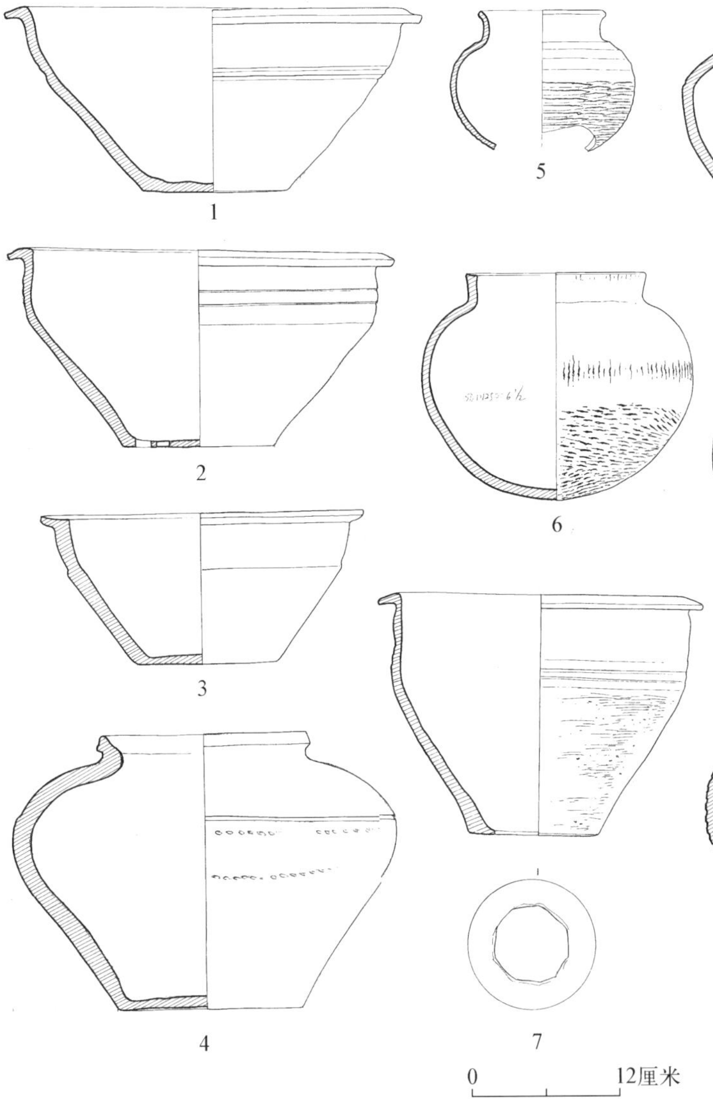

图二一三 SDM237、SDM244、SDM250随葬陶器

1. 盆（SDM250：2） 2. 盆形瓿（SDM250：5） 3. 盂（SDM244：3） 4. 卷沿折肩罐（SDM250：3）

5、6. 罐口釜（SDM250：4、SDM250：6） 7. 盂改瓿（SDM244：4） 8. 直口折肩罐（SDM237：1）

9. 卷沿圆肩罐（SDM244：2） 10. 小口旋纹罐（SDM244：1）

（2）形制结构（图二一四）

墓向：106°。

墓室：口底等大。口呈长方形，南长2.94、北长2.94、东宽1.20、西宽1.20米。直壁。平底。自深3.52米。

二层台：南北两侧。南侧台面宽0.20、北侧台面宽0.20米。高0.90米。

填土：黄褐色五花土，土质较坚硬。

（3）葬具

单棺，呈矩形。置于墓室偏西。棺长2.00、宽0.62米。

图二一四　SDM250墓葬平、剖图

1.陶缶　2.陶盆　3.陶卷沿折肩罐　4、6.陶罐口釜　5.陶盆形甑　7.铁錾

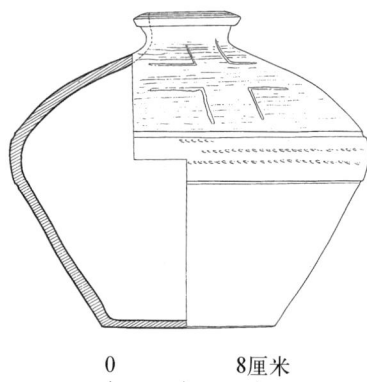

图二一五　SDM250随葬陶缶

SDM250:1

（4）墓主人

骨架保存较差，仅存部分肢骨，头骨被压碎。葬式为仰身直肢葬。头向东。

（5）随葬品及其位置

共7件，包括陶器6件、铁器1件。陶器均位于墓主头端棺外，缶（:1）位于墓室东南角，盆（:2）侧置于其北侧，卷沿折肩罐（:3）位于其西侧。罐口釜（:4）位于3号西北侧。盆形甑（:5）紧邻北二层台、倒置，罐口釜（:6）侧置于5号上，口向南。铁錾（:7）位于墓主头端棺外北侧，紧邻北二层台。

（6）随葬品介绍

缶　1件。标本SDM250:1，夹细砂灰陶。大体，小口束颈，折沿下倾；微溜肩，腹部整体斜直，平底。口及肩部饰数周暗旋纹，肩面阴刻文字"行"，肩腹及上下腹交接处各饰一周旋纹，上腹饰三周麦粒状绳纹。口径8.6、器身最大径38.9、底径18.8、通高33.4厘米（图二一五；彩版二〇,4）。

卷沿折肩罐　1件。标本SDM250:3，夹细砂灰陶。大体，卷沿方唇，圆折肩；腹上部略弧，下部斜直微内凹，上下腹交接处圆弧，仅以一周麦粒状绳纹分界，形成"符号亚腰"，平底。肩腹交接处饰一周旋纹。口径16.2、器身最大径31.5、底径15.0、通高21.9厘米（图二一三,4）。

盆　1件。标本SDM250:2，夹细砂灰陶。敞口，折沿下倾，沿面微鼓，尖圆唇；腹部整体圆弧，平底。腹部饰两周旋纹。口径30.5、底径11.8、通高14.7厘米（图二一三,1）。

盆形甑　1件。标本SDM250∶5,夹细砂灰陶。直口,折沿下倾,沿面微鼓,方圆唇;弧腹微折,上腹占腹部比例约三分之一,下腹斜直,平底;器底戳制13个圆形甑孔,布局为中心一孔与边缘两周。上腹饰两周旋纹。口径28.0、底径12.3、通高15.6厘米(图二一三,2)。

罐口釜　共2件。圆鼓肩,圜底。标本SDM250∶4,夹砂红褐陶。底残,小体,卷沿圆唇,矮直颈,弧腹。肩部饰数周瓦纹,腹下部饰横向篮纹。器底有烟炱。口径9.6、器身最大径15.0、残高11.0厘米(图二一三,5)。标本SDM250∶6,夹砂灰陶。直口方唇,腹部整体圆弧。肩腹交接处饰一周竖行绳纹,腹下部及底部饰麦粒状绳纹。口径13.5、器身最大径21.8、通高18.2厘米(图二一三,6)。

铁鑿　1件。标本SDM250∶7,刃及首部残。长方形,扁体,刃部正视对称,背中空成銎,鑿身断面呈窄三角形,刃与首部宽度相等。长13.00、宽6.05、銎口厚1.20厘米(图二一八,18)。

133. 2010YFSDM300

（1）位置

东距SDM301约1.0米。

（2）形制结构（图二一六）

墓向:5°。

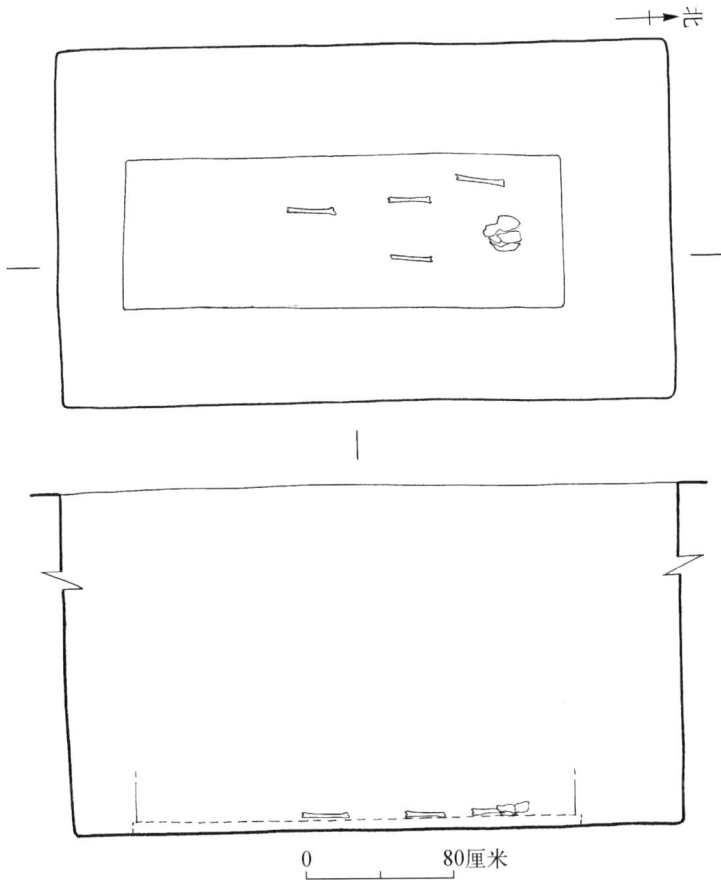

图二一六　SDM300墓葬平、剖图

墓室：口底等大。口呈长方形，东长3.34、西长3.34、南宽1.90、北宽1.92米。直壁。平底。自深3.40米。

填土：土色红褐色，土质较松散。

（3）葬具

单棺，呈矩形。棺长2.40、宽0.80米。

（4）墓主人

仅存头骨和部分肢骨。葬式不明，头向北。

（5）随葬品及其位置

无随葬品。

134. 2010YFSDM301

（1）位置

西距SDM300约1.0米，东距SDM316约5.0米。

（2）形制结构（图二一七）

墓向：3°。

墓室：口底等大。口呈长方形，东长2.96、西长2.96、南宽1.94、北宽1.96米。直壁。平底。自深3.80米。

填土：红褐色五花土，土质坚硬，经过夯打，夯层厚0.50米。

（3）葬具

一棺一椁，均呈矩形，侧板与端板四角闭合相接。棺长2.22、宽0.80、端板厚0.04～0.06、侧板厚0.04～0.05米。椁长2.80、宽1.40、端板厚0.04～0.06、侧板厚0.05～0.06、高0.70米。椁盖板可辨横向铺设的6块木板，由南向北长、宽依次为1.64×0.28、1.64×0.22、1.60×0.32、1.61×0.31、1.64×0.17、1.65×0.28 m²。

（4）墓主人

仅存下肢骨，其余仅见痕迹。葬式为仰身直肢葬，头向北。

（5）随葬品及其位置

共3件(组)，包括陶器1件、铜器2组。罐口釜（:1)位于墓主脚端棺椁之间，倒置。铜铃（:2)1组6件，位于棺内墓主左脚东侧。铜铃（:3)一组2件，位于棺外西南角。

（6）随葬品介绍

罐口釜　1件。标本SDM301:1，夹砂红褐陶，底部夹粗砂。小体，口微侈，厚圆唇，矮直颈；圆肩，鼓腹，圜底。肩部饰数周瓦纹，腹下部饰横向篮纹，底部饰纵向篮纹。腹底有烟炱。口径9.0、器身最大径14.4、通高11.8厘米（图二二一，5）。

铜铃　共8件(彩版四二，6)。器形较小，器壁较薄；下缘两角下垂，弧形凹口，铃内有鼻穿。标本SDM301:2-4，环形扁钮，铃身饰四组乳钉纹。上缘宽2.10、下缘宽3.80、钮高0.70、通高3.70厘米（图二一八，1）。标本SDM301:2-3，环形扁钮，铃身饰四组乳钉纹。上缘宽2.15、下缘

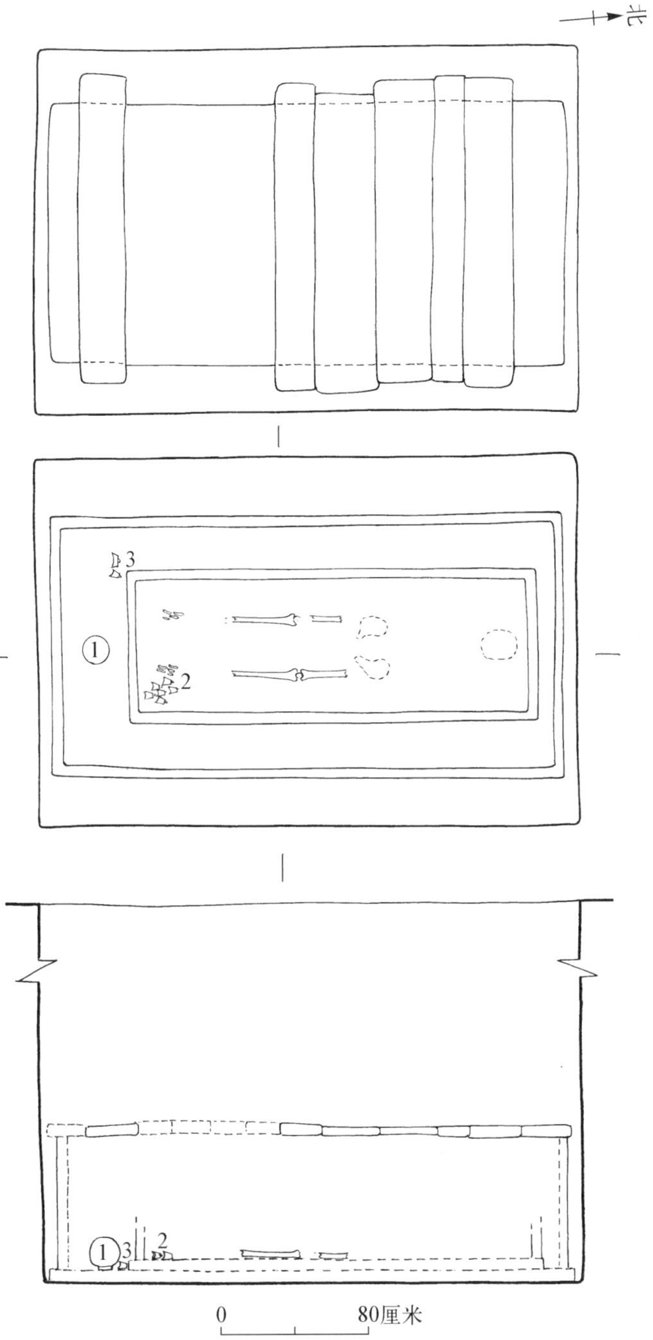

图二一七 SDM301墓葬平剖图、椁盖板示意图

1.陶罐口釜 2、3.铜铃

宽3.30、钮高0.90、通高4.00厘米(图二一八,2)。标本SDM301:2-1,环形扁钮,鼻穿挂一长条形舌。铃身饰四组乳钉纹。上缘宽2.10、下缘宽3.45、钮高0.90、通高4.10厘米(图二一八,3)。标本SDM301:2-2,环形扁钮,铃身饰四组乳钉纹。上缘宽2.20、下缘宽3.30、钮高0.80、通高4.00厘米(图二一八,7)。标本SDM301:2-6,环形扁钮,鼻穿挂一长条形舌。铃身饰菱格纹。上缘宽1.80、

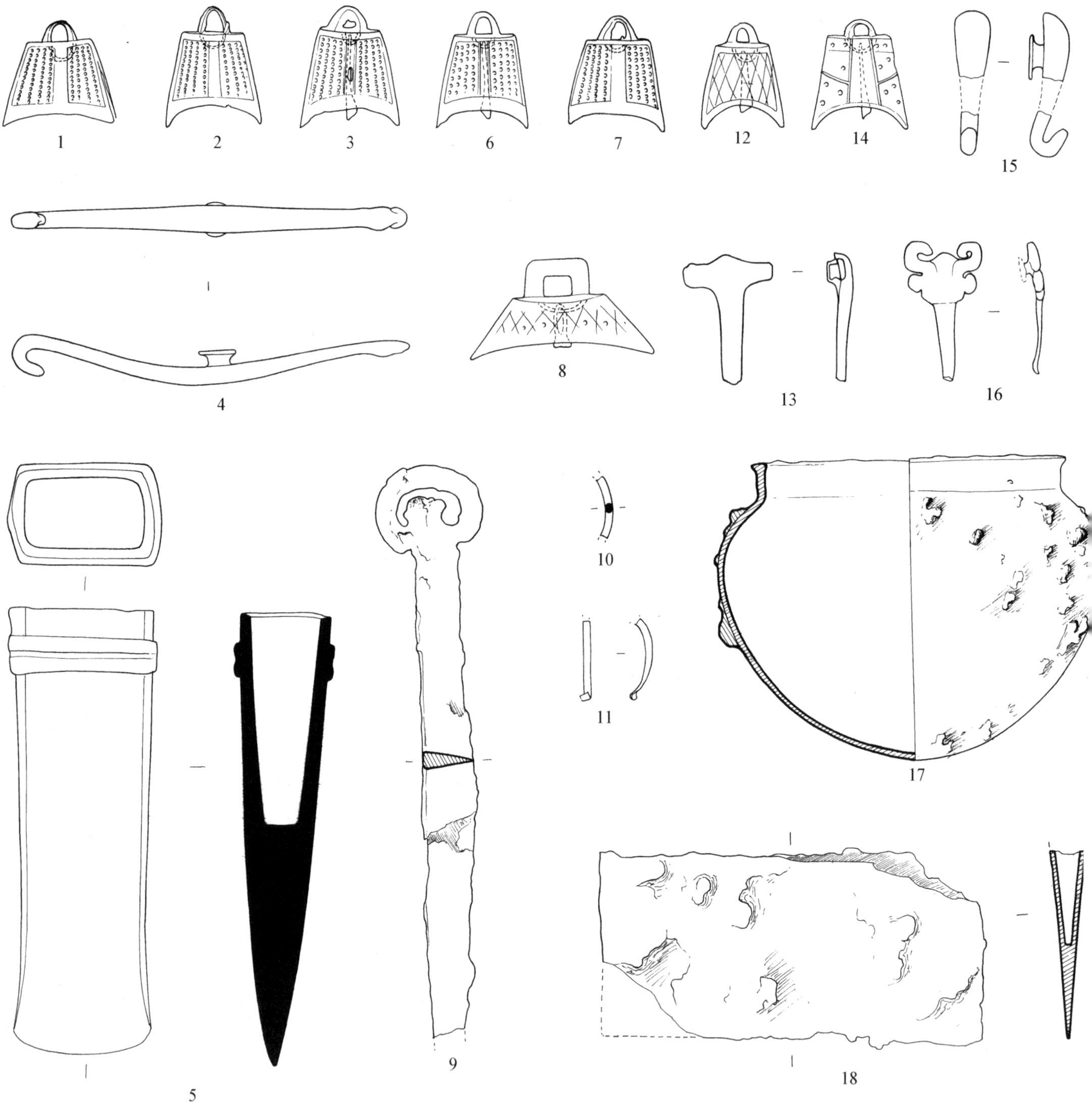

余 0 _____ 4厘米 17 0 _____ 8厘米

图二一八　SDM191、SDM216、SDM223、SDM227、SDM228、SDM230、SDM250、SDM301、SJM28 随葬小件器物

1、2、3、6、7、8、12、14. 铜铃（SDM301：2-4、SDM301：2-3、SDM301：2-1、SDM301：3-2、SDM301：2-2、SDM301：3-1、SDM301：2-6、SDM301：2-5）
4、13、15、16. 铜带钩（SDM230：1、SDM227：2、SDM191：4、SDM216：7）　5. 铜锛（SDM230：T01）　9. 铁削（SJM28：2）　10.铜环（SDM228：4）
11. 铜手镯（SDM223：8）　17. 铁釜（SDM191：5）　18. 铁錾（SDM250：7）

下缘宽2.80、钮高0.70、通高3.50厘米(图二一八,12)。标本SDM301:2-5,环形扁钮,鼻穿挂一长条形舌。铃身饰四组乳钉纹。上缘宽2.20、下缘宽3.30、钮高0.60、通高3.80厘米(图二一八,14)。标本SDM301:3-2,环形扁钮,鼻穿挂一长条形舌。铃身饰四组乳钉纹。上缘宽2.10、下缘宽3.15、钮高0.80、通高4.00厘米(图二一八,6)。标本SDM301:3-1,铃身宽扁似元宝,两侧斜张程度较大,方形扁钮,鼻穿挂一长条形舌。铃身饰菱格乳钉纹。上缘宽3.15、下缘宽6.40、钮高1.20、通高3.20厘米(图二一八,8)。

135. 2010YFSDM302

(1)位置

西北距SDM301约2.7米,南距SDM303约4.0米,东北距SDM316约3.0米。

(2)形制结构(图二一九)

墓向:186°。

墓室:口底等大。口呈长方形,东长3.40、西长3.40、南宽1.56、北宽1.54米。直壁。平底。自深3.54米。

填土:土色黄褐色,土质较松散。

(3)葬具

一棺一椁,均呈矩形。棺置于椁内偏北,棺长2.00、宽0.70米。椁长3.94、宽1.08、高0.80米。椁盖板由11块木板横向铺设,北端3块因腐朽尺寸不明,其余8块由北向南长、宽依次为1.40×0.30、1.43×0.30、1.38×0.20、1.40×0.40、1.35×0.34、1.38×0.35、1.38×0.32、1.36×0.18 m²。椁底板由6块木板纵向铺设而成,由西向东尺寸依次为3.24×0.22、3.20×0.24、3.20×0.22、3.16×0.21、3.18×0.20、3.18×0.18 m²。

(4)墓主人

骨架保存较好。葬式为仰身直肢葬,上肢伸直置于躯干两侧。头向南,面向西。

(5)随葬品及其位置

仅随葬1件盂形甑(:1),位于棺椁间西南角。

(6)随葬品介绍

盂形甑 1件。标本SDM302:1,夹细砂灰陶。整体形态较高,直口,折沿下倾,尖唇;弧腹,腹上部微弧近直,下部斜直,腹上部占腹部比例近半,平底;器底戳制6个圆形甑孔,布局为中心一孔与边缘一周。上腹饰两周弦纹。下腹有轮制痕迹。口径20.8、底径8.9、通高12.9厘米(图二二一,7)。

136. 2010YFSDM303

(1)位置

北邻SDM302约4.0米,东南邻SDM304约10.0米。

(2)形制结构(图二二〇;彩版九,2)

墓向:0°。

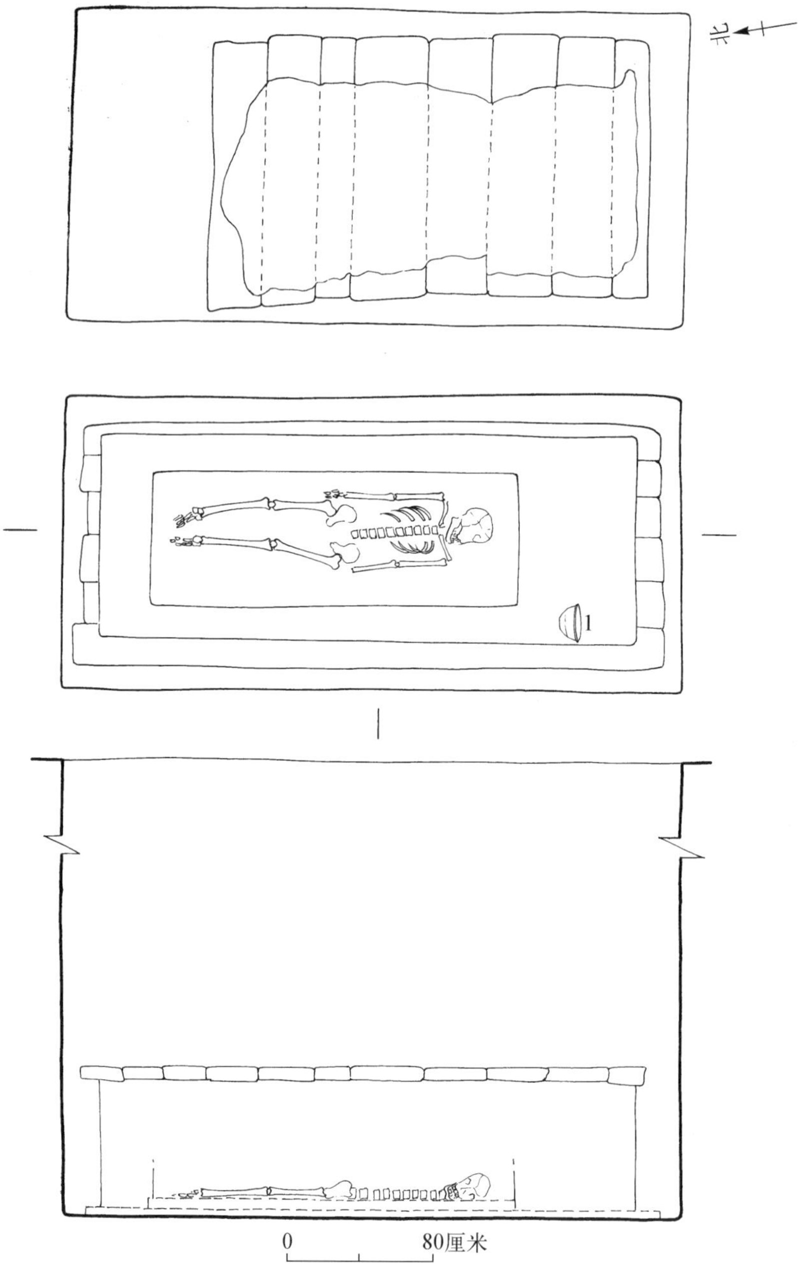

图二一九　SDM302墓葬平剖图、椁盖板示意图

1.陶盂形甑

墓室：口底等大。口呈长方形，东长3.26、西长3.24、南宽1.68、北宽1.64米。直壁。平底。自深4.20米。

填土：土色黄褐色，土质较疏松。

（3）葬具

一棺一椁，均呈矩形。棺置于椁内偏北，棺长2.02、宽0.60米。椁侧板嵌于端板内，形成榫卯套接，端板两端长出侧板外侧。椁长2.84、宽1.20、端板厚0.07、侧板厚0.05、高0.84米。椁盖板

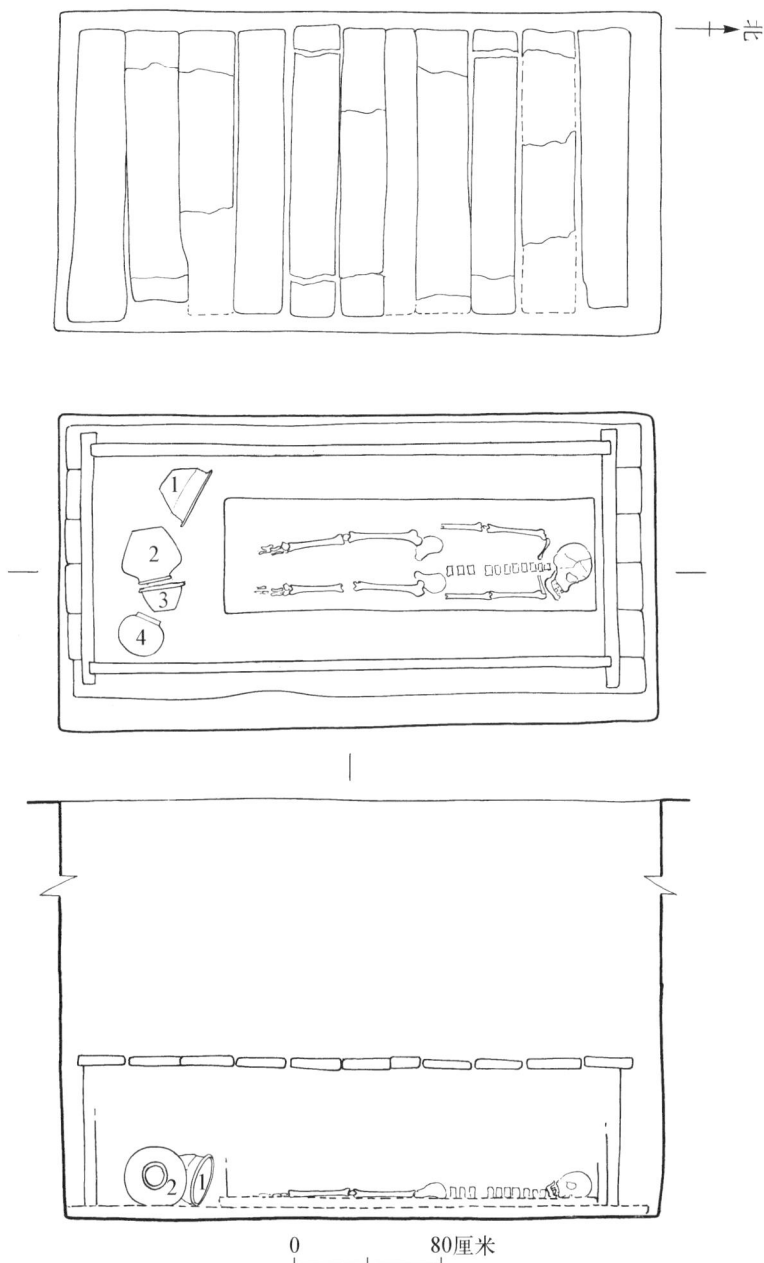

图二二〇 SDM303墓葬平剖图、椁盖板示意图

1.陶盆形甑 2.陶直口折肩罐 3.陶盆 4.陶罐口釜

由11块木板横向铺设而成，由北向南尺寸依次为1.48×0.26、0.50×0.30、1.52×0.24、1.42×0.28、1.52×0.16、1.52×0.24、1.56×0.26、1.52×0.26、0.98×0.30、1.44×0.28、1.56×0.26 m²。椁底板由6块木板纵向铺设而成，由东向西尺寸依次为3.10×0.24、3.12×0.25、3.12×0.24、3.12×0.26、3.12×0.24、3.12×0.24 m²。

（4）墓主人

骨架保存较好，仅肋骨不存。葬式为仰身直肢葬，上肢伸直置于躯干两侧。头向北，面向东。

（5）随葬品及其位置

共4件,皆陶器,均侧置于墓主脚端棺椁之间。自西向东依次是盆形甗（:1）、直口折肩罐（:2）、盆（:3）、罐口釜（:4）。1号口部朝向东北,2号和3号口部相向,4号口部朝向3号。

（6）随葬品介绍

直口折肩罐 1件。标本SDM303:2,夹细砂灰陶。大体,直口方唇,口外侧有一周凹槽;折肩,腹微折,肩腹部呈"微亚腰"状,下腹斜直,平底。上下腹交接处饰一周旋纹。下腹有轮制痕迹。口径15.2、器身最大径25.3、底径13.2、通高19.3厘米（图二二一,2）。

盆 1件。标本SDM303:3,夹细砂灰褐陶。直口,折沿下倾,尖唇;弧腹微折,上腹微弧近直,下腹斜直,上腹占腹部比例约三分之一,平底。上腹饰两周旋纹间以一周楔形绳纹。口径

图二二一 SDM301、SDM302、SDM303、SDM305、SDM306、SDM307随葬陶器

1.小口旋纹罐（SDM305:1） 2、3.直口折肩罐（SDM303:2、SDM306:1） 4、5、6.罐口釜（SDM306:2、SDM301:1、SDM303:4）

7.盂形甗（SDM302:1） 8.盆（SDM303:3） 9.盆形甗（SDM303:1） 10.缶（SDM307:1）

28.1、底径11.0、通高15.2厘米（图二二一,8）。

盆形甑 1件。标本SDM303:1,夹细砂灰陶。敞口,折沿微下倾,尖圆唇;弧腹微折,上腹竖直,下腹斜直,上腹占腹部比例不足三分之一,平底;器底戳制6个圆形甑孔,布局为中心一孔与边缘一周。器身内壁饰数周暗旋纹,上腹饰两周旋纹。口径28.0、底径10.8、通高16.7厘米（图二二一,9）。

罐口釜 1件。标本SDM303:4,夹砂灰褐陶,底部夹粗砂。直口方唇,圆肩,腹部整体圆弧,圜底。腹上部饰竖行绳纹,下部饰横向绳纹,底部饰纵向绳纹。口径17.8、器身最大径23.2、通高15.1厘米（图二二一,6）。

137. 2010YFSDM305

（1）位置

南距SDM312约2.0米,西距SDM304约2.0米。

（2）形制结构（图二二二）

墓向:96°。

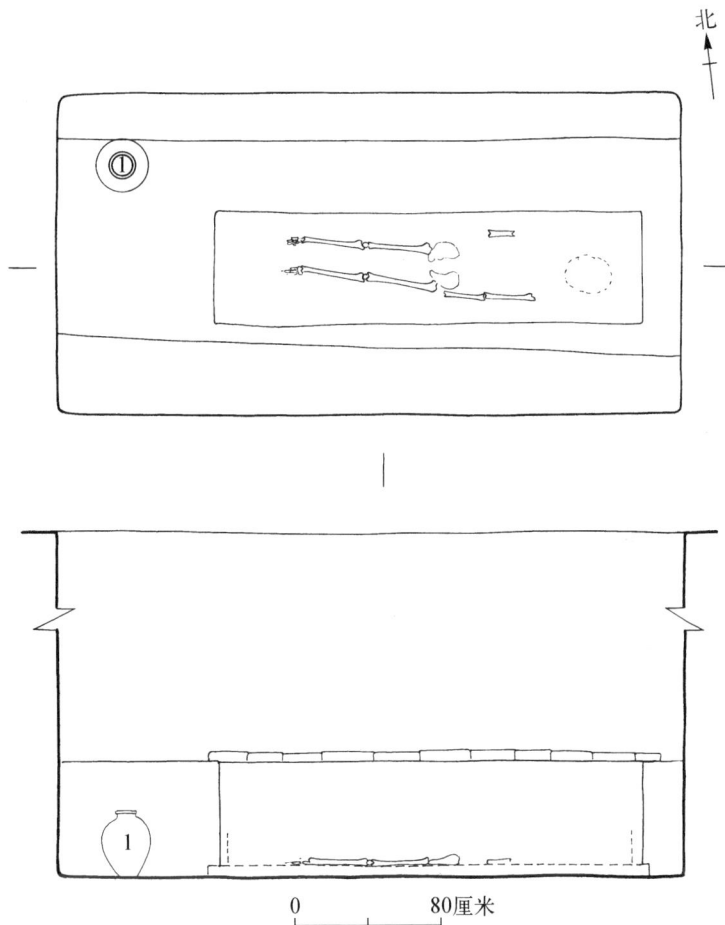

图二二二 SDM305墓葬平、剖图

1.陶小口旋纹罐

墓室：口底等大。口呈长方形，南长3.40、北长3.40、东宽1.70、西宽1.70米。直壁。平底。自深4.20米。

二层台：南北两侧。南侧台面宽0.30～0.40、北侧台面宽0.24米。高0.55米。

填土：红褐色五花土，土质较疏松。

（3）葬具

单棺，呈矩形。置于墓室偏东。棺长2.30、宽0.60米。棺盖板由11块木板纵向铺设，从东向西宽度依次为0.12、0.24、0.24、0.20、0.24、0.28、0.24、0.28、0.22、0.20、0.20米。

（4）墓主人

骨架保存较差，头骨及肢骨仅存痕迹。葬式为仰身直肢葬，头向东。

（5）随葬品及其位置

仅随葬1件小口旋纹罐（：1），位于棺外墓室西北角，紧邻北二层台。

（6）随葬品介绍

小口旋纹罐　1件。标本SDM305：1，夹细砂灰陶。整体形态较矮胖。小口束颈，折沿下倾，方圆唇；隆肩，腹上部微弧近直，下部斜直，平底。肩及腹上部饰数周旋断绳纹。口及肩部有烧流痕迹。口径7.8、器身最大径25.7、底径13.8、通高24.0厘米（图二二一，1）。

138. 2010YFSDM306

（1）位置

南距SDM305约12.5米，西北距SDM316约12.0米。

（2）形制结构（图二二三）

墓向：354°。

墓室：口大底小。口呈梯形，东长3.60、西长3.60、南宽2.04、北宽2.30米。斜壁。平底，东长3.30、西长3.32、南宽1.66、北宽1.94米。自深2.78米。

壁龛：呈圆拱形，1个。位于西壁中部略偏上，人骨右侧。拱形顶，直壁，平底，底部平面呈长方形。口宽0.50、进深0.40、高0.48米。

填土：黄褐色五花土，土质疏松。

（3）葬具

一棺一椁，均呈矩形，端板与侧板四角闭合相接。棺长2.46、宽1.10、端板及侧板厚0.06米。椁长2.65、宽1.23、端板及侧板厚0.06米。

（4）墓主人

葬式为仰身屈肢葬，左下肢略向左弯曲。头向北，面向上。

（5）随葬品及其位置

共2件，皆陶器。均位于墓室西壁中部的壁龛内，从南向北依次为直口折肩罐（：1）、罐口釜（：2）。

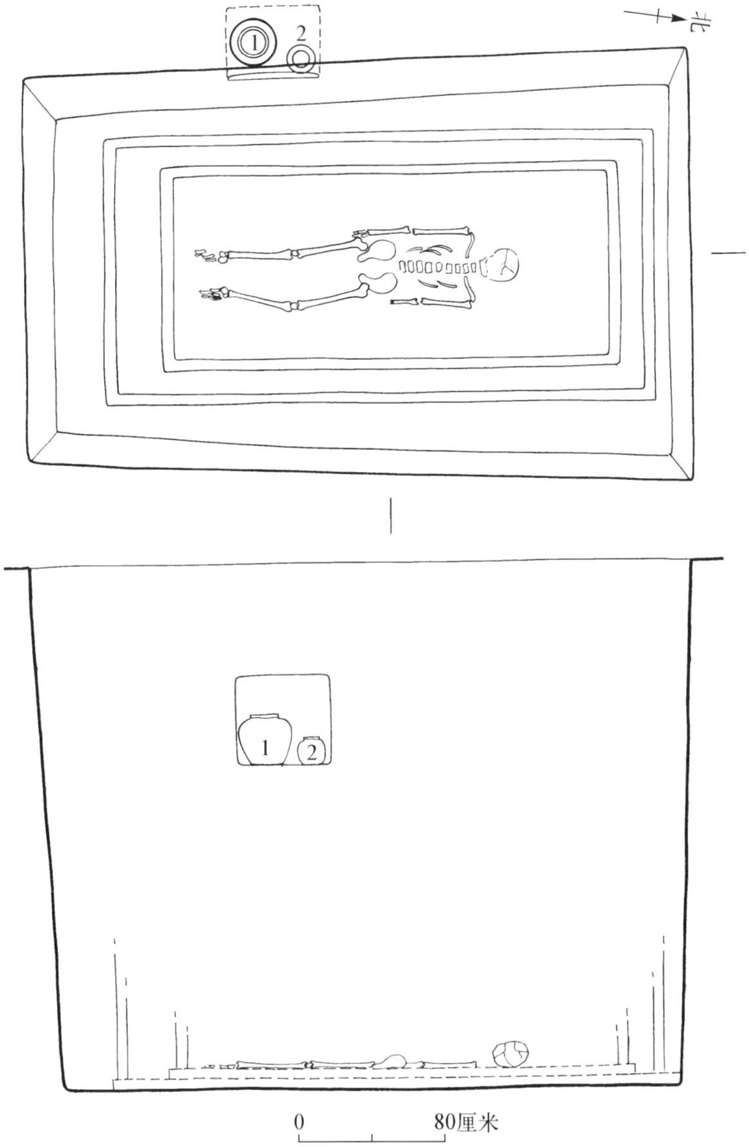

图二二三 SDM306墓葬平、剖图

1.陶直口折肩罐 2.陶罐口釜

（6）随葬品介绍

直口折肩罐 1件。标本SDM306：1，夹细砂灰陶。大体，直口方唇，口外侧有一周凹槽；折肩，腹微折，肩腹部呈"微亚腰"状，上腹微弧近直，下腹斜直微内凹，平底。肩部饰数周暗旋纹，肩腹及上下腹交接处各饰一周旋纹。下腹有轮制痕迹。口径16.2、器身最大径28.2、底径14.5、通高20.9厘米（图二二一，3）。

罐口釜 1件。标本SDM306：2，底残。夹砂红陶，底部夹粗砂。小体，卷沿，方圆唇，矮直颈，圆鼓肩，鼓腹，圜底。腹下部饰横向篮纹。器底有烟炱。口径10.2、器身最大径14.2、通高约11.9厘米（图二二一，4）。

139. 2010YFSDM307

（1）位置

西距SDM312约16.4米,东距SDM308约1.0米,东北距SDM309约15.8米。

（2）形制结构（图二二四）

墓向：3°。

墓室：口底等大。口呈长方形,东长3.14、西长3.10、南宽1.84、北宽1.72米。直壁。平底。自深4.20米。

填土：红褐色五花土,土质较松散。

（3）葬具

单棺,呈矩形。棺长2.31、宽0.70米。

（4）墓主人

仅存头骨及部分下肢骨。葬式为仰身直肢葬,头向北。

（5）随葬品及其位置

共2件（组）,包括陶器1件、铜钱1组4枚。缶（ :1）位于棺外墓室东南角,紧邻墓室东壁,侧

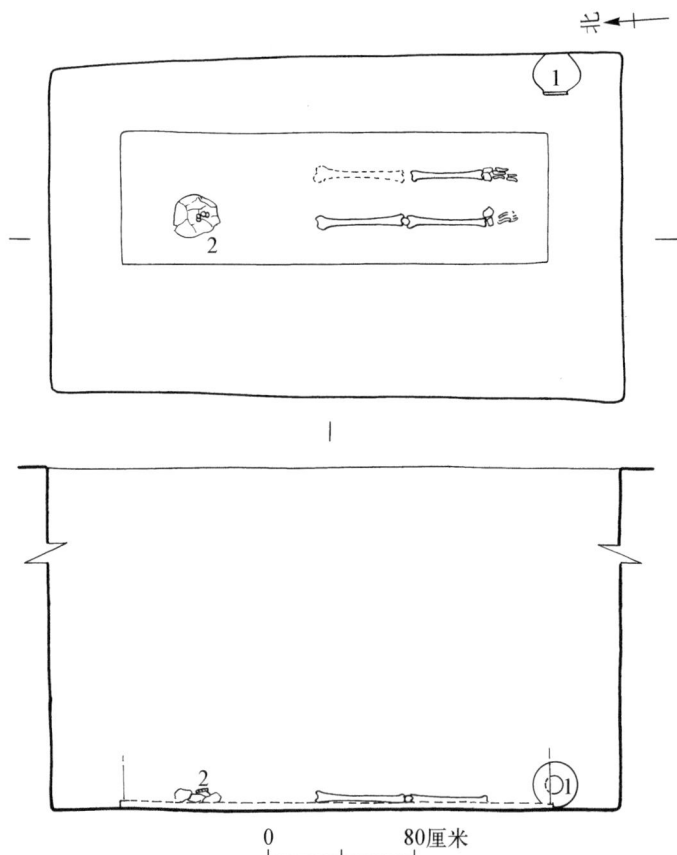

图二二四　SDM307墓葬平、剖图

1. 陶缶　2. 铜钱

置,缶口向西。铜钱(:2)位于棺内墓主头部。

(6)随葬品介绍

缶 1件。标本SDM307:1,夹细砂灰陶。小体,小口束颈,折沿微下倾,尖圆唇;微溜肩,上腹略弧,下腹斜直微内凹,上下腹交接处圆弧,仅以一周旋纹分界,形成"符号亚腰",平底。肩部饰数周暗旋纹,肩腹交接处饰一周旋纹,上腹饰两至三周麦粒状绳纹。口径8.5、器身最大径28.9、底径14.0、通高26.5厘米(图二二一,10)。

铜钱 共4枚。标本SDM307:2,均为"半两"。大小近同,文字各异。SDM307:2-1,文字扁平,字等于穿。"半"字头部转折,两横线等长,竖线出于下横线;"两"字上横线较短,折肩,为"连山两"。钱径2.4、穿宽0.7厘米,重量3.2克。SDM307:2-2,文字凸起,字等于穿。"半"字头部呈"八"字状,两横线等长,竖线出于下横线;"两"字上横线与肩等长,折肩,为"倒T两"。有钱郭。钱径2.4、穿宽0.7厘米,重量2.8克(图二二五,6)。SDM307:2-3,文字扁平,字等于穿。"半"字头部转折,两横线略等,竖线出于下横线;"两"字上横线与肩等长,折肩,为"连山两"。钱径2.4、穿宽0.6厘米,重量3.4克。SDM307:2-4,文字扁平,字略大于穿。"半"字头部呈"八"字状,两横线等长,竖线长出下横线;"两"字上横线与肩等长,折肩,为"十字两"。钱径2.5、穿宽0.7厘米,重量2.9克(图二二五,7)。

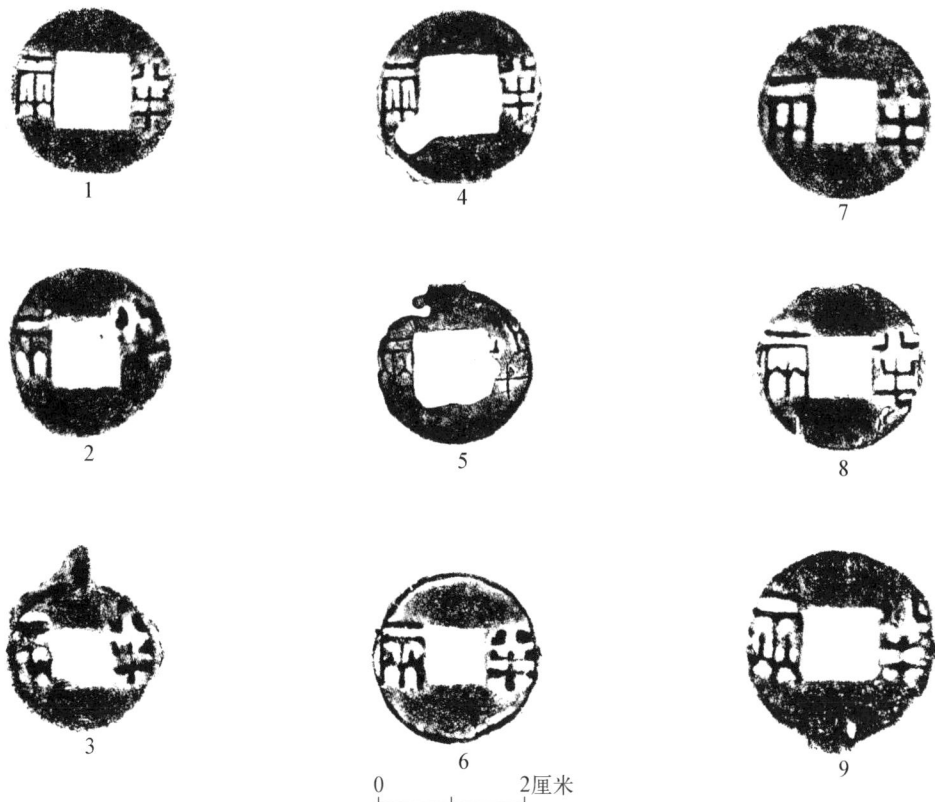

0   2厘米

图二二五 SDM216、SDM307随葬铜钱拓片

1.SDM216:6-7 2.SDM216:6-15 3.SDM216:6-8 4.SDM216:6-23 5.SDM216:6-21 6.SDM307:2-2
7.SDM307:2-4 8.SDM216:6-4 9.SDM216:6-1

140. 2010YFSDM308

（1）位置

西距SDM307约1.0米。

（2）形制结构（图二二六）

墓向：5°。

墓室：口底等大。口呈长方形，东长3.20、西长3.20、南宽1.44、北宽1.44米。直壁。平底。自深4.32米。

填土：红褐色五花土，土质较软。

（3）葬具

一棺一椁，均呈梯形。两端板长度不相等，棺侧板与端板闭合相接。棺长2.60、南宽0.85、北宽0.76米。椁长2.88、南宽1.12、北宽1.00米。

（4）墓主人

部分下肢骨残，头骨被压碎，其余保存较好。葬式为仰身直肢葬，上肢伸直置于躯干两侧。头向北，面向上。

（5）随葬品及其位置

仅随葬1件直口折肩罐（：1），位于棺内西南角。

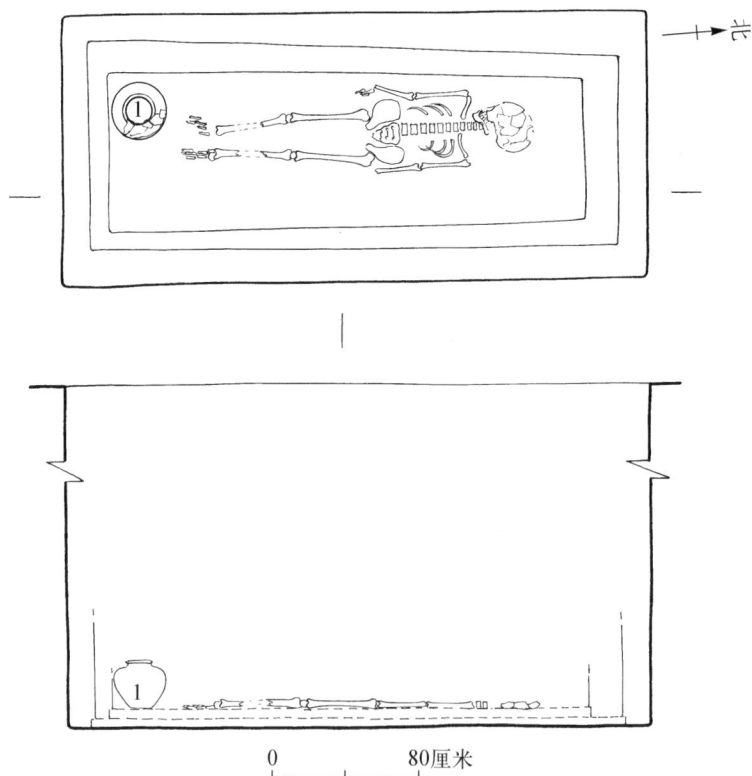

图二二六　SDM308墓葬平、剖图

1. 陶直口折肩罐

（6）随葬品介绍

直口折肩罐　1件。标本SDM308：1，夹细砂灰陶。大体，直口方唇，口外侧有一周凹槽，口部略变形；折肩，上腹微弧近直，下腹斜直微内凹，上下腹交接处圆弧，仅以一周旋纹分界，形成"符号亚腰"，平底。肩腹交接处饰一周旋纹。口径17.5、器身最大径29.2、底径13.7、通高21.4厘米（图二二九，2）。

141. 2010YFSDM309

（1）位置

西南距SDM307约15.8米，东北距SDM310约14.0米。

（2）形制结构（图二二七）

墓向：7°。

墓室：口大底小。口呈长方形，东长4.70、西长4.68、南宽2.30、北宽2.30米。斜壁。平底，东长4.40、西长4.44、南宽1.90、北宽1.90米。自深3.56米。

二层台：四周。东侧台面宽0.22～0.30、西侧台面宽0.28～0.40、南侧台面宽0.82、北侧台面宽0.56米。高0.80米。

填土：浅红色五花土，土质较松软。

（3）葬具

葬具不明。

（4）墓主人

骨架不存，葬式不明。

（5）随葬品及其位置

仅随葬1件壶（：1），位于西侧二层台南端。

（6）随葬品介绍

壶　1件。标本SDM309：1，夹细砂灰陶。侈口，折沿下倾，沿面微内凹，方圆唇；高直颈，圆肩，鼓腹，假圈足微外撇。颈部饰八条竖行线纹，其顶端各饰一组云纹，每两条线纹间以三角蕉叶纹。口径10.5、器身最大径21.6、底径12.8、通高27.4厘米（图二二九，1）。

142. 2010YFSDM310

（1）位置

紧邻SDM311，并打破其西壁。

（2）形制结构

墓向：0°。

墓室：口底等大。口呈长方形，东长2.90、西长2.90、南宽1.50、北宽1.50米。直壁。平底。自深4.00米。

填土：浅红色五花土，土质疏松。

（3）葬具

葬具不明。

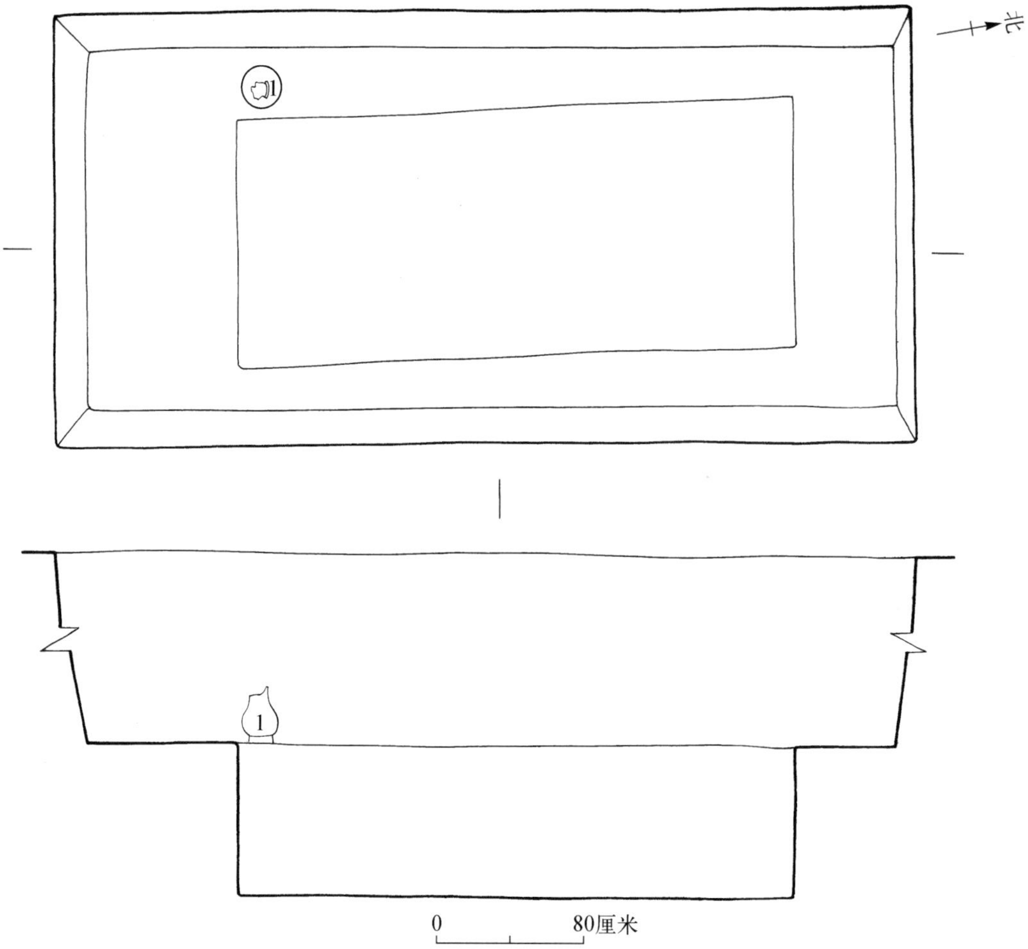

图二二七　SDM309墓葬平、剖图

1. 陶壶

（4）墓主人

骨架不存，葬式不明。

（5）随葬品及其位置

无随葬品。

143. 2010YFSDM311

（1）位置

西部被SDM310打破。

（2）形制结构

墓向：8°。

墓室：口底等大。口呈长方形，东长3.80、西长3.80、南宽1.30、北宽1.30米。直壁。平底。自深3.80米。

填土：浅红色五花土，土质较软。

（3）葬具

葬具不明。

（4）墓主人

骨架不存，葬式不明。

（5）随葬品及其位置

无随葬品。

144. 2010YFSDM312

（1）位置

北距SDM305约2.0米，西北距SDM304约2米。

（2）形制结构（图二二八）

墓向：90°。

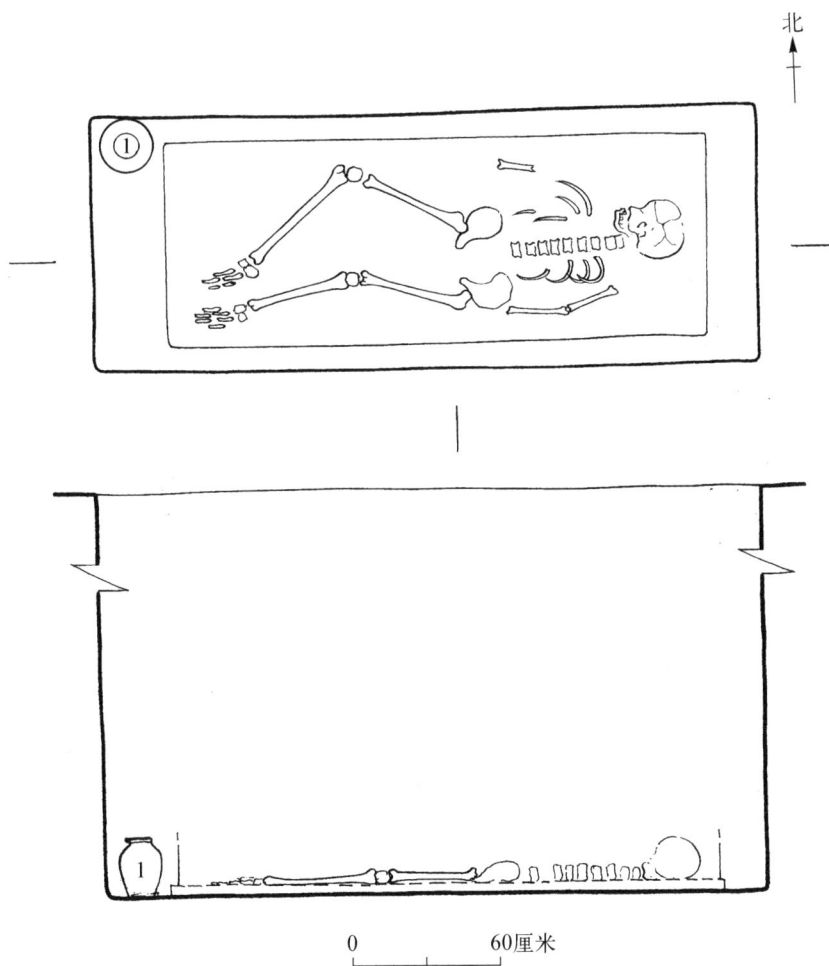

图二二八 SDM312墓葬平、剖图

1.陶小口旋纹罐

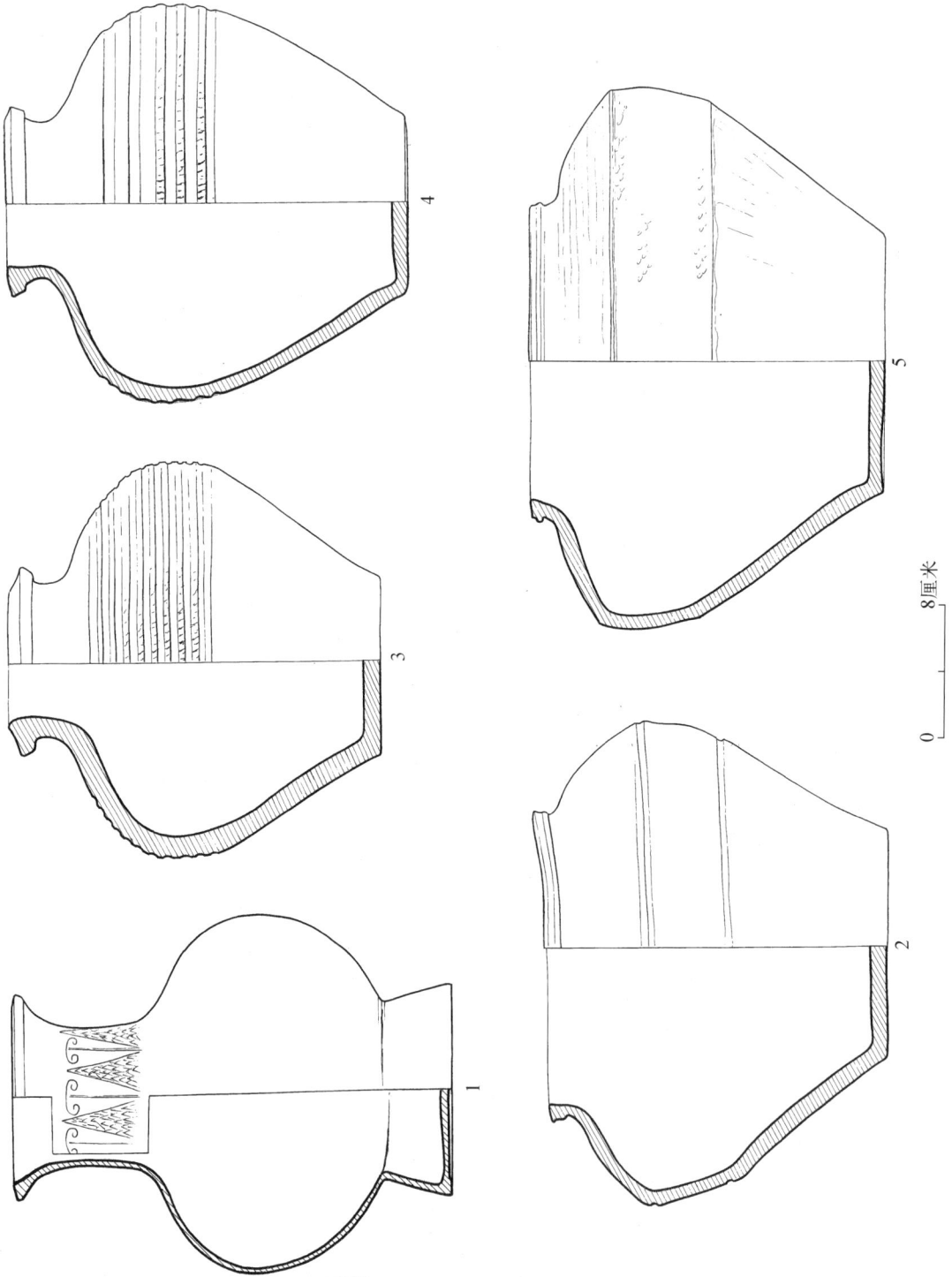

图二二九　SDM308、SDM309、SDM312、SDM313、SDM316 随葬陶器

1. 壶 (SDM309：1)　2、5. 直口折肩罐 (SDM308：1，SDM316：1)　3、4. 小口旋纹罐 (SDM313：1，SDM312：1)

墓室：口底等大。口呈长方形，南长2.70、北长2.70、东宽1.02、西宽1.02米。直壁。平底。自深4.40米。

填土：红褐色五花土，土质疏松。

（3）葬具

单棺，呈矩形。置于墓室中间。棺长2.20、宽0.80米。

（4）墓主人

右上肢不存，其余保存较好。葬式为仰身屈肢葬，下肢向右侧弯曲。头向东，面向北。

（5）随葬品及其位置

仅随葬1件小口旋纹罐（ ：1），位于棺外墓室西北角。

（6）随葬品介绍

小口旋纹罐　1件。标本SDM312：1，夹细砂灰陶。小口束颈，折沿微下倾，尖唇；隆肩，肩面近口处微平，腹部整体圆弧，平底。肩部饰数周旋断绳纹。口径8.7、器身最大径23.7、底径10.6、通高24.9厘米（图二二九，4）。

145. 2010YFSDM313

（1）位置

东距SDM315约15.5米。

（2）形制结构（图二三〇）

墓向：85°。

墓室：口大底小。口呈长方形，南长3.50、北长3.50、东宽1.90、西宽1.82米。斜壁。平底，南长3.24、北长3.24、东宽1.58、西宽1.56米。自深2.80米。

二层台：南北两侧。南侧台面宽0.20、北侧台面宽0.30米。高0.80米。

壁龛：呈长方形，1个。位于西壁底部，人骨脚部一端。平顶，直壁，平底，底部平面呈长方形。口宽1.10、进深0.76、高0.60米。

填土：红褐色五花土，土质疏松。

（3）葬具

单棺，呈矩形。置于墓室略偏东。棺长2.10、宽0.68米。

（4）墓主人

仅存部分下肢骨和头骨痕迹。葬式不明，头向东。

（5）随葬品及其位置

仅随葬1件小口旋纹罐（ ：1），位于墓室西壁底部的壁龛内，靠近壁龛西北角。

（6）随葬品介绍

小口旋纹罐　1件。标本SDM313：1，夹细砂灰陶。小口束颈，折沿下倾，尖唇；圆鼓肩，腹微弧近直，平底。肩部饰数周旋断绳纹。口径7.8、器身最大径23.9、底径10.6、通高23.0厘米（图二二九，3）。

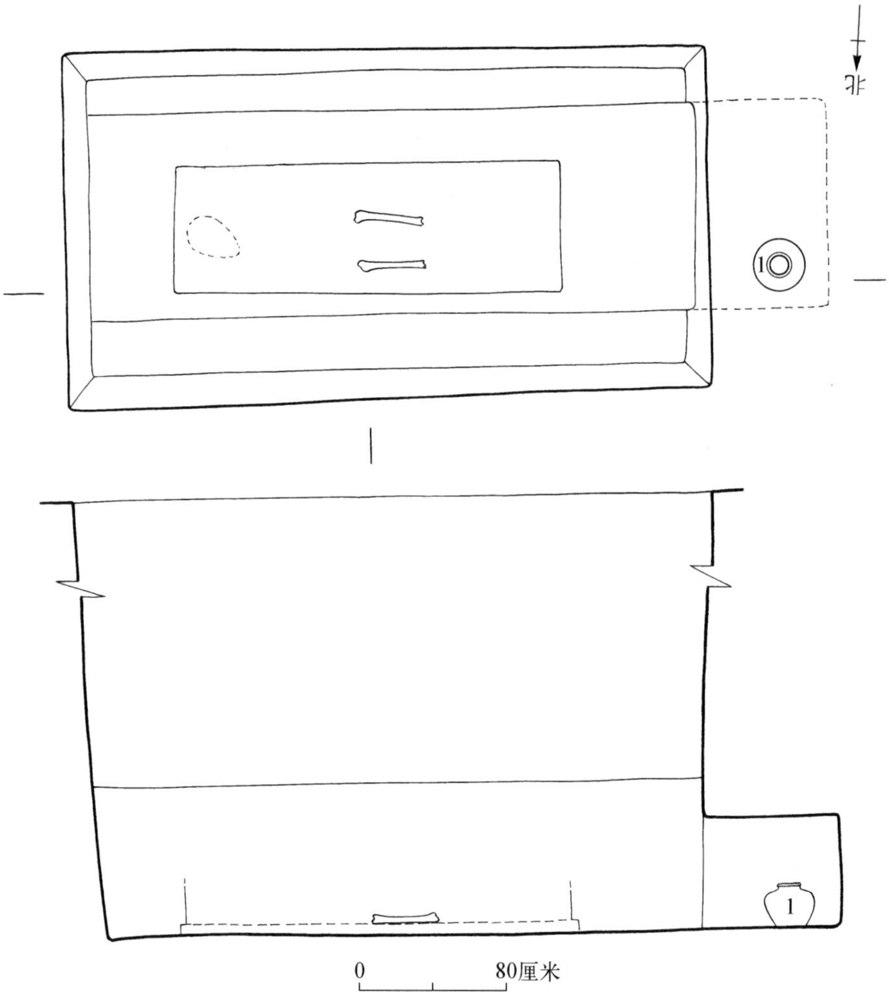

图二三〇　SDM313墓葬平、剖图

1.陶小口旋纹罐

146. 2010YFSDM316

（1）位置

西距SDM301约5.0米、西南距SDM302约3.0米。

（2）形制结构（图二三一）

墓向：4°。

墓室：口底等大。口呈长方形，东长3.30、西长3.30、南宽1.86、北宽1.80米。直壁。平底。自深5.00米。

填土：土色黄褐色，夹杂少量的红土颗粒，土质较疏松。

（3）葬具

一棺一椁，均呈矩形，端板与侧板四角闭合相接。棺长2.00、宽0.70米。椁长2.83、宽1.44、端板厚0.06～0.08、侧板厚0.06米。

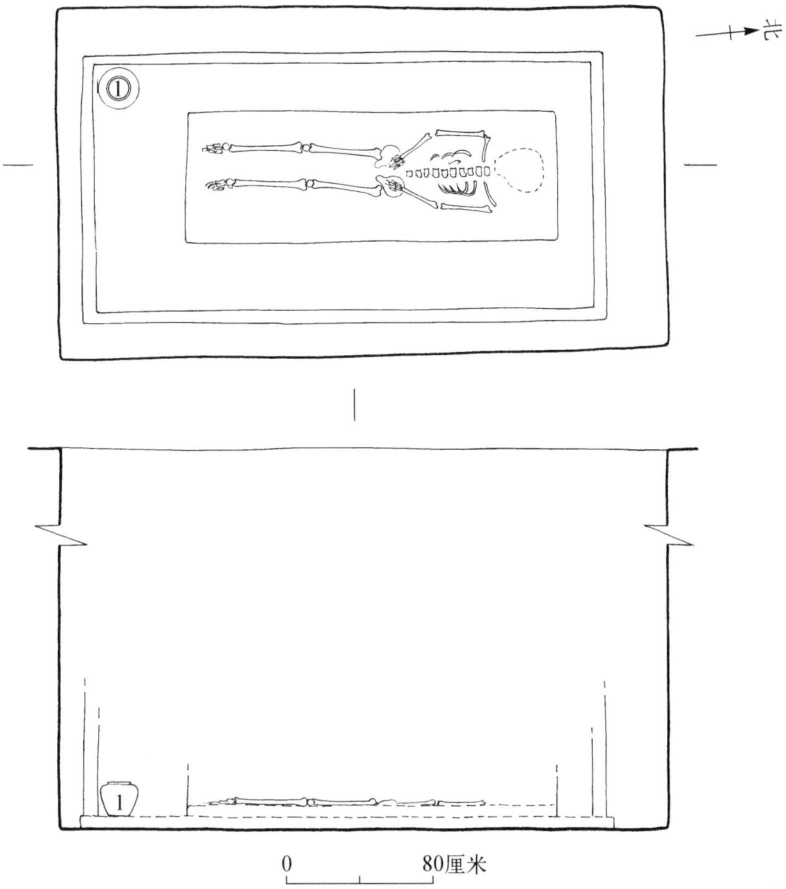

图二三一　SDM316墓葬平、剖图

1.陶直口折肩罐

（4）墓主人

头骨、盆骨不存。葬式为仰身直肢葬，上肢内折，双手放置于腹部。头向北。

（5）随葬品及其位置

仅随葬1件直口折肩罐（∶1），位于椁内西南角。

（6）随葬品介绍

直口折肩罐　1件。标本SDM316∶1，夹细砂灰陶。大体，直口方唇，口外侧有一周凹槽；折肩，腹微折，肩腹部呈"微亚腰"状，上腹微弧近直，下腹斜直，平底。肩腹交接处饰一周旋纹，上腹饰两至三周麦粒状绳纹。口径17.5、器身最大径32.4、底径15.2、通高21.8厘米（图二二九，5）。

147. 2010YFSJM2

（1）位置

东距SJM1约2.5米，东南距SJM4约12.0米。

（2）形制结构（图二三二）

墓向：13°。

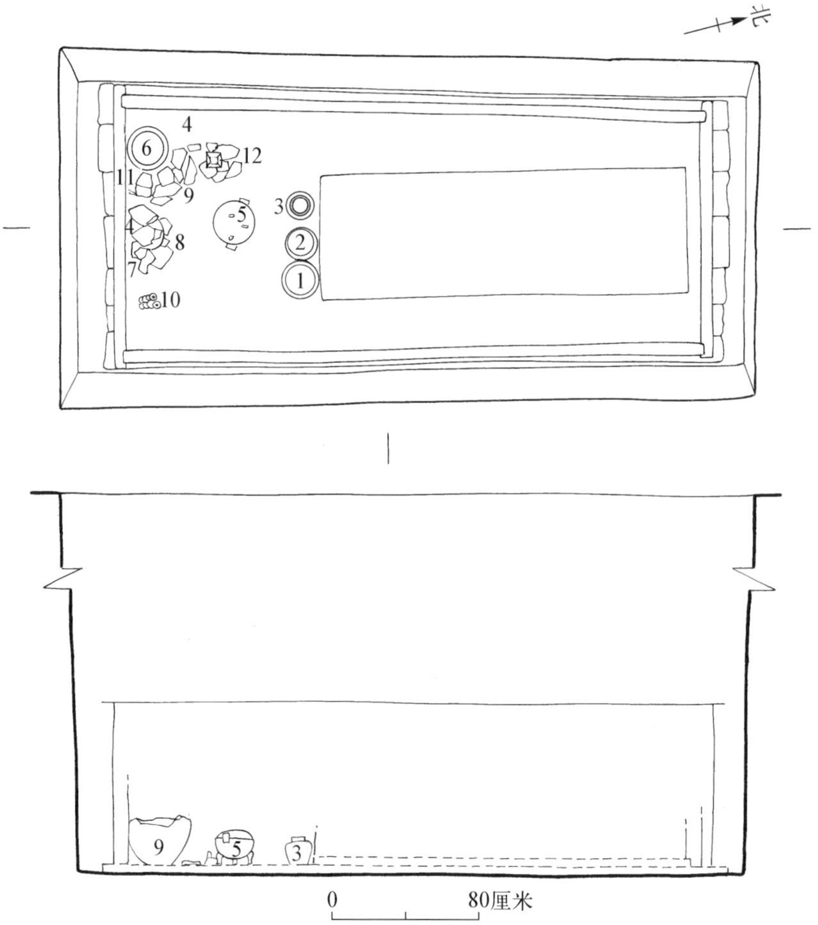

图二三二　SJM2墓葬平、剖图

1、2.陶盛　3.陶卷沿折肩罐　4.陶盉改甄　5、7.陶鼎　6.陶簋形甑　8、12.陶钫　9.陶卷沿圆肩罐　10.铜钱　11.陶锜

墓室：口大底小。口部平面呈梯形，南宽北窄，东长3.80、西长3.80、南宽1.92、北宽1.78米。斜壁。平底，东长3.63、西长3.63、南宽1.50、北宽1.40米。自深4.20米。

填土：黄褐色五花土，土质较硬，经过夯打，但夯层及夯窝不明显。

（3）葬具

一棺一椁，均呈矩形。棺置于椁内偏北，长2.00、宽0.68米。椁侧板两端嵌于端板内，形成榫卯套接，端板两端长出侧板外侧。椁长3.27、宽1.32、端板长1.42、端板厚0.06、侧板长3.18、侧板厚0.06、高0.90米。椁底板由7块木板纵向铺设组成，由东向西各块木板长、宽依次为3.40×0.20、3.40×0.14、3.40×0.28、3.40×0.24、3.41×0.23、3.45×0.24、3.45×0.22 m²。

（4）墓主人

骨架不存，葬式不明。

（5）随葬品及其位置

共12件（组），其中陶器11件、铜钱1组26枚，皆位于南侧棺椁之间。紧邻南侧棺外自东向西依次为盛（：1）、盛（：2）、卷沿折肩罐（：3），其南侧自东向西依次为鼎（：5）、钫（：12）。紧邻椁南侧端板、自西向东依次为簋形甑（ :6）、盂改甑（ :4）、锜（ :11）、卷沿圆肩罐（ :9）、鼎（ :7）、钫（ :8）、铜钱（ :10），多残成碎片，初始置放方式不详。

（6）随葬品介绍

钫　共2件。皆泥质灰陶。覆斗形盖，盖与器身以子母口扣合；侈口方唇，口外侧加厚一周泥条；束颈，溜肩，鼓腹，方形圈足微外撇；肩部对称饰一对兽面衔环状铺首，兽面纹饰较模糊，细部纹样不见。标本SJM2：8，器盖饰数周条带状白彩，间以一周波浪纹白彩；近口处饰一周条带状红彩，颈肩交接处饰两周条带状红彩，间以红白色三角蕉叶纹；腹部饰两周条带状白彩，与颈肩部彩绘间饰以云纹白彩，铺首周围残存绿彩，衔环残存红彩，圈足饰一周条带状红彩。盖高3.6、盖顶阔5.9、盖阔9.4、口阔11.7、器身最大径20.9、器身高38.9、足高4.9、足阔12.1、通高41.4厘米（图二三三，1）。标本SJM2：12，器盖饰数周条带状白彩，颈肩交接处、腹部及圈足各饰一周条带状白彩。盖高3.9、盖顶阔5.4、盖阔8.4、口阔11.2、器身最大径20.4、器身高38.1、足高4.0、足阔12.6、通高52.0厘米（图二三三，2）。

鼎　共2件。皆泥质灰陶。盖面微弧近平，上饰三半圆形乳突，乳突较小；鼎身与盖以子母口扣合，口部内沿高于外沿，沿面微内凹。弧腹较深，上腹竖直，下腹弧收，上下腹交接处有一周

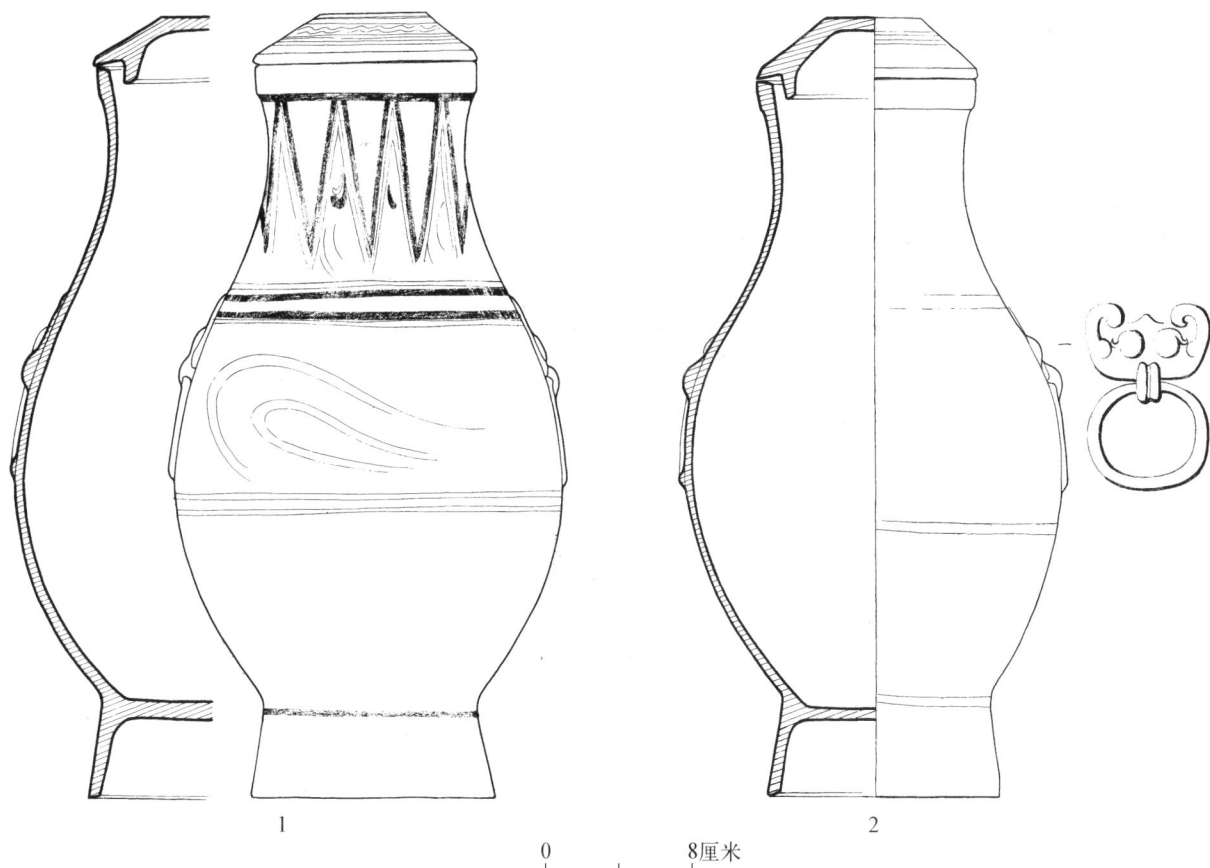

图二三三　SJM2随葬陶器

1、2.陶钫（SJM2：8、SJM2：12）

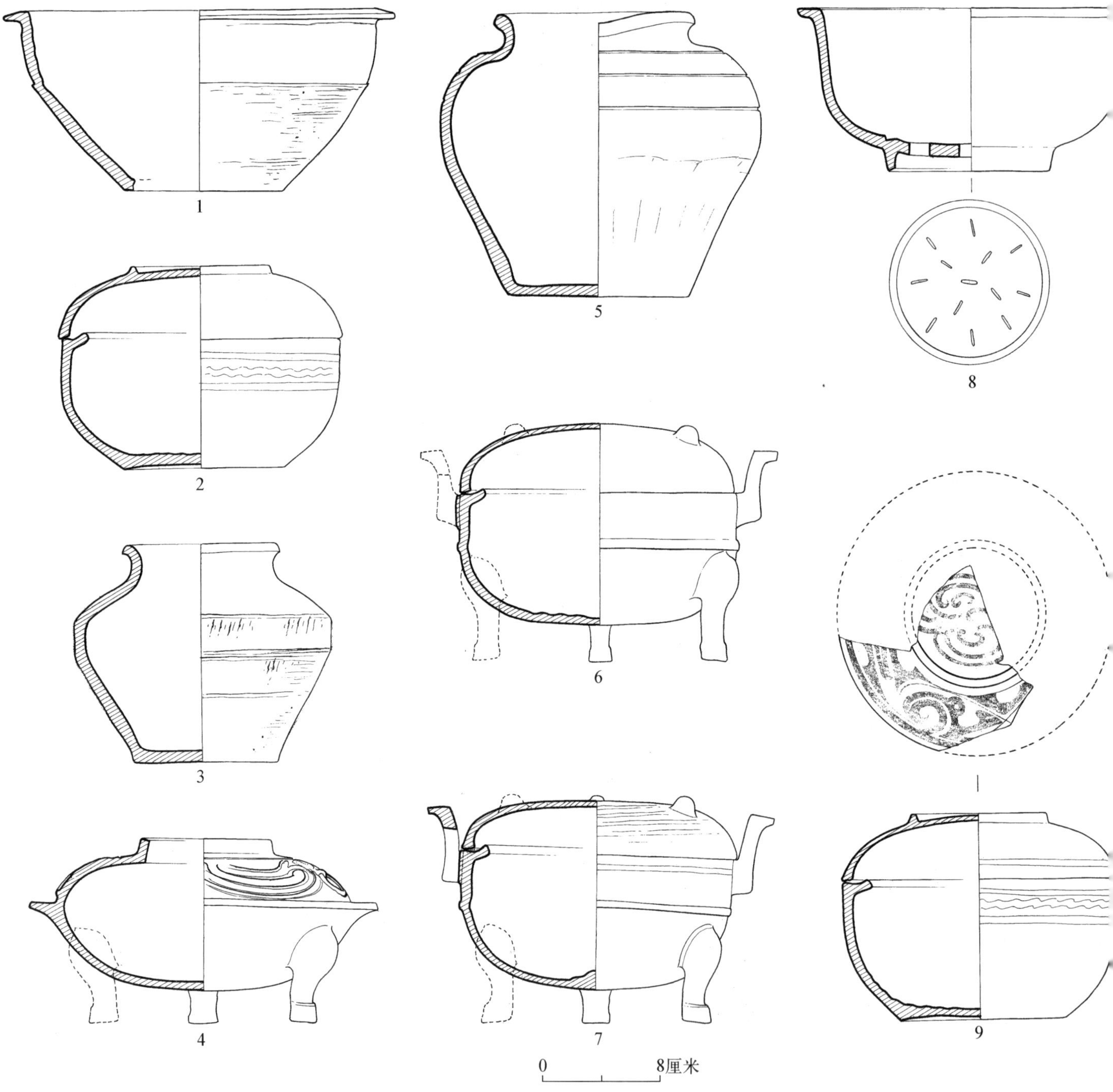

0   8厘米

图二三四 SJM2随葬陶器

1. 盂改甑(SJM2:4) 2、9. 盛(SJM2:1、SJM2:2) 3. 卷沿折肩罐(SJM2:3) 4. 锜(SJM2:11) 5. 卷沿圆肩罐(SJM2:9)

6、7. 鼎(SJM2:7、SJM2:5) 8. 箅形甑(SJM2:6)

凸棱,圜底。双附耳,耳微外撇,有长方形穿,耳穿透出鼎身部分小于未透出部分;耳、足与鼎身连接处距腹部凸棱较远,蹄足较高,耳足呈五点式分布。盖面及上腹残存白彩。标本SJM2:7,器盖口径8.8、器盖高4.4、耳高5.2、器身口径15.4、器身最大径19.2、器身高8.8、足高7.2、通高16.0厘米(图二三四,6)。标本SJM2:5,鼎盖饰数周暗旋纹。器盖口径16.8、器盖高3.7、耳高4.2、器身口径14.8、器身最大径18.4、器身高9.4、足高6.5、通高15.4厘米(图二三四,7;彩版一三,2)。

盛　共2件。皆泥质灰陶。盖面较圆弧,盖腹略深,上有矮圈足状捉手,盖面最高处略低于捉手上缘;盖与器身以子母口扣合,口部内沿略高于外沿,沿面内凹成槽;垂腹,上腹竖直,下腹弧收,平底微内凹。上腹饰条带状及波浪状白彩。标本SJM2:1,盖面残存部分红彩。器盖口径17.6、器盖高3.8、捉手直径9.4、器身口径15.3、器身最大径18.9、器身高8.1、底径10.8、通高13.2厘米(图二三四,2;彩版一四,4)。标本SJM2:2,捉手内饰一周条带状白彩,内填两组红白色云纹;盖面近捉手处及近口处各饰一周条带状白彩,间以红色云纹。器盖口径17.2、器盖高4.4、捉手直径9.1、器身口径14.8、器身最大径18.6、器身高9.4、底径11.4、通高13.6厘米(图二三四,9)。

锜　1件。标本SJM2:11,泥质灰陶。小直口方唇,弧肩,肩部对称饰一对兽面衔环状铺首,铺首大而纹饰精致、印痕清晰;弧腹,圜底,腹深大于肩高;肩腹转折处有腰檐,腰檐较宽;腹下接三蹄足,蹄足细高。肩面近口处有旋纹及条带状白彩各一周,肩面残存红白彩云纹。口径7.6、器身最大径23.8、檐宽1.8、足高6.4、通高12.3厘米(图二三四,4)。

簋形甑　1件。标本SJM2:6,泥质灰陶。敞口,平折沿,方圆唇;弧腹,器底内壁全部被刮,底内壁略低于腹底相接处;器底戳制13个短条形甑孔,布局为中心一孔与边缘两周,圈足微内敛。内壁不施彩,腹上部残存白彩。口径20.4、底径11.0、通高10.8厘米(图二三四,8)。

卷沿折肩罐　1件。标本SJM2:3,夹细砂灰陶。小体,卷沿方唇,折肩,上腹微弧近直,下腹斜直,上下腹交接处圆弧,仅以一周旋纹分界,形成"符号亚腰",平底。肩腹交接处饰一周旋纹。口径10.1、器身最大径16.5、底径9.8、通高14.5厘米(图二三四,3)。

卷沿圆肩罐　1件。标本SJM2:9,夹细砂灰陶。小体,卷沿,方圆唇;圆鼓肩,肩面近口处略平,弧腹,腹下部斜直微内凹,平底。肩部饰三周旋纹。腹下部有修整刮痕。口径12.5、器身最大径22.0、底径12.3、通高18.7厘米(图二三四,5)。

盂改甑　1件。标本SJM2:4,夹细砂灰陶。敞口,折沿下倾,尖圆唇;折腹,上腹近直,下腹微弧近直,上腹占腹部比例约三分之一,平底,底部打制近圆形甑孔。上下腹交接处饰一周弦纹。下腹有轮制痕迹。口径23.6、底径10.7、通高12.2厘米(图二三四,1)。

铜钱　共26枚。标本SJM2:10,均为"半两"。肉上或有凸起。穿多方正,偶有较大穿孔。多数可辨钱文,其文字各异,字与穿比例不同。"半"字头部转折程度不同,两横线及竖线出于下横线的长度不等;"两"字上横线与肩长度比例不同,均折肩,"两"字内部结构亦有区别。其中1枚有钱郭。铸造较为规整。钱径2.4～2.8、穿宽0.6～1.0厘米,重量2.6～4.1克。具体形制详见表一八。

表一八 SJM2铜钱统计表

编号	种类	钱径	穿宽	重量	文字	形制	记号	附着物	图号	备注
SJM2:10-1	半两	2.4	0.7	3.1	文字凸起,字略等于穿。"半"字头部呈"八"字状,下横线较短,竖线出于肩等宽,折肩;"两"字上横线短于肩宽,折肩,为"双人两"					
SJM2:10-2		2.4	0.7	3	文字不清晰					
SJM2:10-3		2.4	0.6	3.4	文字扁平,字略小于穿。"半"字锈蚀不清;"两"字上横线与肩等长,折肩,为"十字两"	穿孔较大				
SJM2:10-4		2.5	0.7	3.9	文字大于穿。"半"字头部转折,下横线较短,竖线与肩略短,折肩,为"双人两"					钱缘残损
SJM2:10-5		2.4	0.7	3.3	文字凸起,字略等于穿。"半"字头部转折,两横线略等,竖线出于下横线;"两"字上横线与肩略等,折肩,为"连山两"		穿上下各有一道凸起			
SJM2:10-6		2.4	0.6	3.4	文字扁平,字略等于穿。"半"字头部转折,两横线略等,竖线出于下横线;"两"字上横线与肩略等,折肩,为"十字两"					
SJM2:10-7		2.5	0.7	4	文字不清晰					
SJM2:10-8		2.4	0.8	3.1	文字凸起,字略等于穿。"半"字头部转折,两横线略等,竖线出于下横线;"两"字上横线与肩略等,折肩,为"双人两"		穿上下各有一道凸起		图二四一,2	
SJM2:10-9		2.5	1	2.8	文字略凸起,字略等于穿。"半"字头部转折,两横竖线无上下折,"两"字上横线与肩略等,无左右外框,折右外框,折肩,为"双人两"				图二四一,4	
SJM2:10-10		2.5	0.7	3.2	文字扁平,字状,两横线略等,竖线出于下横线;"半"字头部呈"八"字状,下横线出于肩等宽,折肩;"两"字上横线与肩等宽,折肩,为"十字两"		穿上下各有一道凸起			

续表

编号	种类	钱径	穿宽	重量	文字	形制	记号	附着物	图号	备注
SJM2:10-11	半两	2.3	0.8	3.3	文字扁平,细长,字等于穿。"半"字锈蚀不清;"两"字上横线与肩等长,折肩,为"十字两"	穿孔较大				
SJM2:10-12		2.5	0.9	3.3	文字凸起,字略于穿。"半"字头部呈"八"字状,下横线较短,竖线出于肩;"两"字上横线比肩略短,折肩,"倒T两"					
SJM2:10-13		2.5	0.7	4.1	文字扁平,字略等于穿。"半"字锈蚀不清;"两"字上横线与肩等长,折肩,为"双人两"					
SJM2:10-14		2.6	1	3.1	文字凸起,字略等于穿。"半"字头部转折,下横线略短,竖线出于下横线;"两"字上横线比肩略短,折肩,为"倒T两"				图二四一,9	
SJM2:10-15		2.4	1	3.1	文字扁平,字等于穿。"半"字头部呈"八"字状,两横线略略,竖线出于下横线;"两"字上横线出于肩,为"十字两"					
SJM2:10-16		2.5	0.9	3.4	文字凸起,笔画较细,字大于穿。"半"字头部转折,两横线略略等,竖线出于下横线;"两"字上横线与肩等长,折肩,为"双人两"					
SJM2:10-17		2.3	0.6	3.2	文字凸起,字大于穿。"半"字头部转折,两横线略等,竖线出于下横线;"两"字上横线与肩等长,折肩,为"1字两"					
SJM2:10-18		2.4	1	2.6	文字凸起,字小于穿。"半"字头部转折,两横线等长,竖线出于下横线;"两"字上横线与肩等长,折肩,为"十字两"	钱郭			图二四一,1	
SJM2:10-19		2.4	0.8	3.4	文字不清晰					
SJM2:10-20		2.3	0.8	1.9	文字扁平,字等于穿。"半"字头部呈"八"字状,两横线等长,竖线出于下横线;"两"字上横线与肩略等,折肩,为"十字两"				图二四一,7	

续表

编号	种类	钱径	穿宽	重量	文字	形制	记号	附着物	图号	备注
SJM2:10-21	半两	2.4	0.9	2.6	文字凸起，字略等于穿。"半"字头部转折，两横线等长，竖线出于下横线与肩等；"两"字上横线与肩等长，折肩，为"连山两"				图二四一,6	
SJM2:10-22		2.8	0.8	4.1	文字凸起，字略等于穿。"半"字头部呈"八"字状，两横线略等，竖线出于下横线；"两"字上横线与肩等长，折肩，为"连山两"					
SJM2:10-23		2.4	0.9	3.5	文字不清晰					
SJM2:10-24		2.8	0.9	4.1	同上		穿上下各有一道凸起			
SJM2:10-25		2.7	1	2.7	文字略凸起，字略等于穿。"半"字头部呈"八"字状，下横线略短，竖线出于下横线；"两"字上横线较短，折肩，为"双人两"	钱缘有毛茬			图二四一,3	
SJM2:10-26		2.4	0.8	3.6	文字凸起，字略等于穿。"半"字头部呈"八"字状，两横线略等，竖线出于下横线；"两"字上横线与肩等长，折肩，为"倒T两"					

148. 2010YFSJM3

（1）位置

西距SJM4约1.0米。

（2）形制结构（图二三五）

墓向：5°。

墓室：口略大于底。口呈长方形，东长3.64、西长3.64、南宽1.96、北宽1.98米。斜壁近直。平底，东长3.52、西长3.52、南宽1.80、北宽1.82米。自深2.50米。

填土：黄褐色五花土，土质坚硬，经过夯打，但夯层及夯窝不明显。

（3）葬具

一棺一椁，均呈矩形。棺置于椁内偏北，长1.88、宽0.58米。椁长2.90、宽1.20米。椁底板由5块木板纵向铺设，由东向西各块木板长、宽依次为3.06×0.22、3.10×0.26、3.14×0.50、3.19×0.27、3.20×0.34 m²。

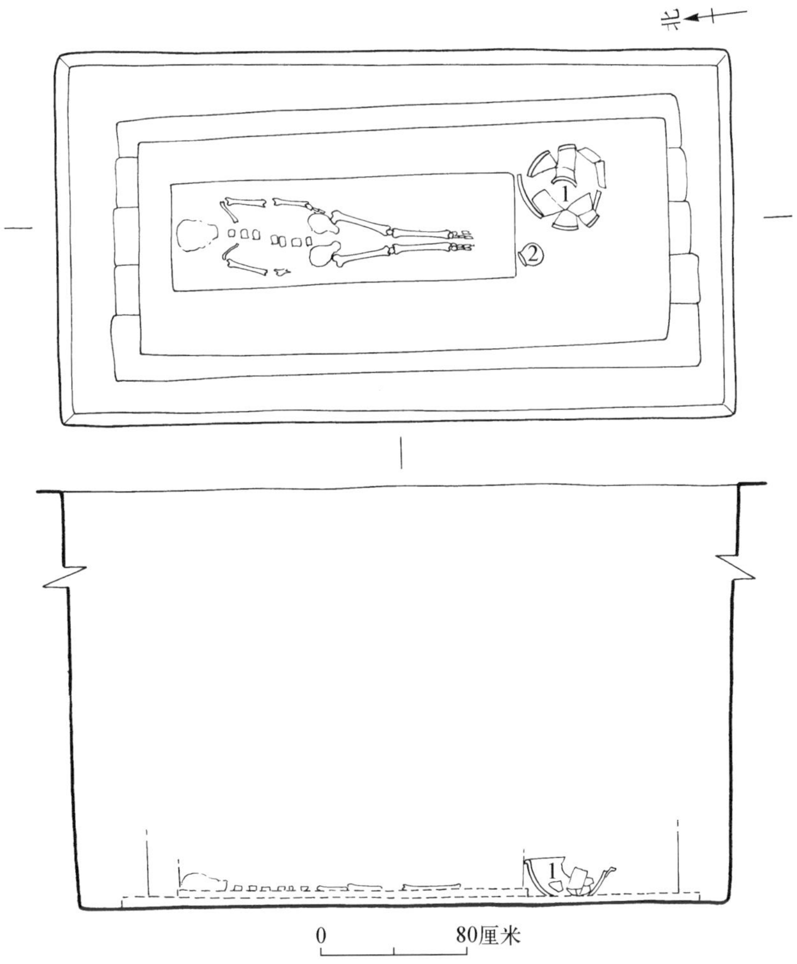

图二三五 SJM3墓葬平、剖图

1.陶缶 2.陶罐口釜

（4）墓主人

头骨被压碎，肋骨不存，其余保存较好。葬式为仰身直肢葬，上肢伸直置于躯干两侧，双脚并拢。头向北。

（5）随葬品及其位置

共2件，皆陶器，均位于墓主脚端棺椁之间。由东向西依次为缶（:1）、罐口釜（:2）。

（6）随葬品介绍

缶 1件。标本SJM3:1，夹细砂灰陶。大体，小口束颈，折沿微下倾，尖圆唇；折肩，上腹微外鼓，下腹微内凹，平底内凹。肩部饰数周暗旋纹，上腹饰两至三周麦粒状绳纹，口及肩部有划痕。口径8.7、器身最大径36.5、底径17.6、通高30.8厘米（图二三八，9）。

罐口釜 1件。标本SJM3:2，夹砂红陶，底部夹粗砂。小体，卷沿，方圆唇，矮直颈；圆肩，鼓腹，圜底。肩部隐约可见数周瓦纹，腹下部饰横向篮纹，底部饰纵向篮纹。腹底有烟炱。口径10.2、器身最大径14.5、通高11.0厘米（图二三八，7）。

149. 2010YFSJM4

（1）位置

东距SJM3约1.0米，北邻SJM1约7.7米。

（2）形制结构（图二三六）

墓向：11°。

墓室：口大底小。口呈长方形，东长3.30、西长3.30、南宽1.60、北宽1.56米。斜壁。平底，东长3.10、西长3.10、南宽1.24、北宽1.24米。自深3.10米。

填土：深褐色五花土，夹杂红色和白色土颗粒，土质较硬。

（3）葬具

一棺一椁，均呈矩形。棺置于椁内偏北。棺长2.20、宽0.82米。棺底板由8块木板横向铺设，由南向北各块木板的长、宽依次为1.18×0.22、1.00×0.25、1.20×0.26、1.16×0.20、1.16×0.16、1.14×0.14、1.15×0.21、1.17×0.22 m²。椁与墓底几乎重合。椁长3.10、宽1.23米。

（4）墓主人

左上肢、肋骨不存，其余保存较好。葬式为仰身直肢葬，右上肢伸直，右手自腕骨处折向盆骨。头向北。

（5）随葬品及其位置

共5件，皆为仿铜陶礼器，均位于墓主脚端的棺椁之间。由东向西依次为钫（:1）、盛（:2）、簋形甑（:5）、锜（:3）、鼎（:4），5号倒置于3号上。

（6）随葬品介绍

钫 1件。标本SJM4:1，盖残，泥质灰陶。侈口方唇，口外侧加厚一周泥条；束颈，溜肩，鼓腹，方形圈足微外撇；肩部对称饰一对兽面衔环状铺首，兽面纹饰较模糊，细部纹样不见。口部及颈部近口处各饰一周条带状白彩，颈肩交接处饰两周条带状红彩，颈部饰八组红白彩三角蕉叶纹

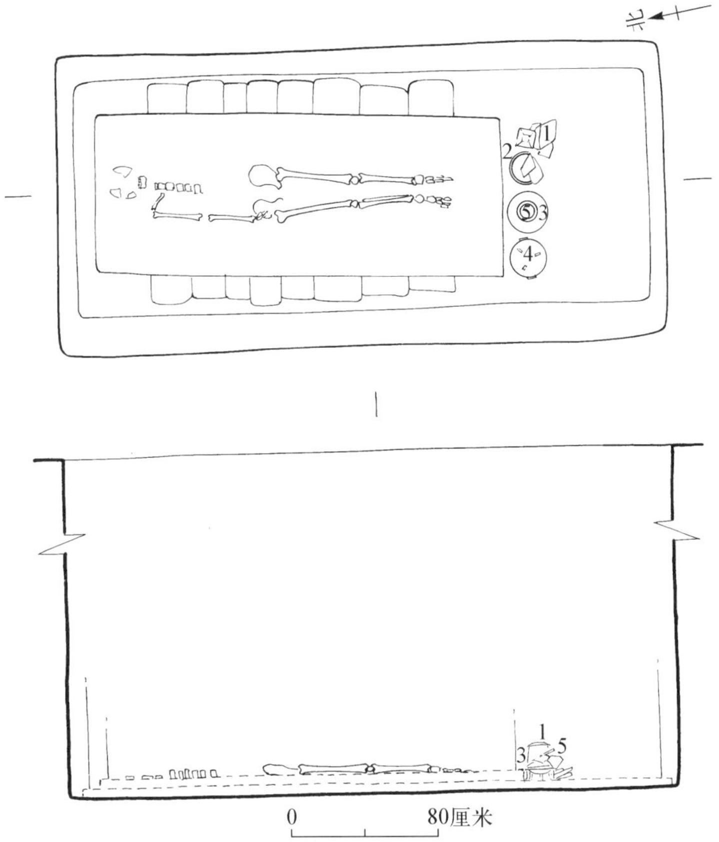

图二三六　SJM4 墓葬平、剖图

1. 陶钫　2. 陶盛　3. 陶锜　4. 陶鼎　5. 陶篓形甑

及云纹；肩部饰红白彩云纹，衔环内描白，圈足残存条带状红彩。口阔10.8、器身最大径20.4、器身高36.0、足高4.1、足阔13.0厘米（图二三七）。

鼎　1件。标本SJM4：4，盖残，泥质灰陶。子母口内沿略高于外沿，沿面内凹成槽；弧腹较浅，上腹近直，下腹弧收，上下腹交接处有一周凸棱，圜底。双附耳，耳微外撇，有长方形穿，耳穿略微透出鼎身；耳、足与鼎身连接处距腹部凸棱较近，蹄足较矮且微外撇，耳足呈五点式分布。上腹饰条带状红、白彩各一周。耳高4.8、器身口径13.2、器身最大径17.7、器身高8.2、足高5.2、通高12.0厘米（图二三八，3）。

盛　1件。标本SJM4：2，泥质灰陶。盖面圆弧，盖腹略深，上有矮圈足状捉手，盖面最高处略低于捉手上缘；盖与器身以子母口扣合，口部内沿略高于外沿，沿面内凹成槽；弧腹，腹上部近直，下部弧收，平底。捉手内残存白彩，盖面近捉手处及近口处各饰一周条带状白彩，间以云纹白彩；腹上部饰条带状红、白彩各一周。器盖口径16.8、器盖高5.6、捉手直径8.4、器身口径16.4、器身最大径18.2、器身高9.0、底径7.6、通高15.1厘米（图二三八，6）。

锜　1件。标本SJM4：3，泥质灰陶。小直口方唇，弧肩，肩部对称饰一对兽面衔环状铺首，铺首小而纹饰简化、印痕较模糊；弧腹，圜底，腹深与肩高大致相等；肩腹转折处有腰檐，腰檐略宽，腹下接三蹄足，蹄足较高。肩部近口处饰一周旋纹，近口处及近腰檐处各饰一周条带状红彩，间

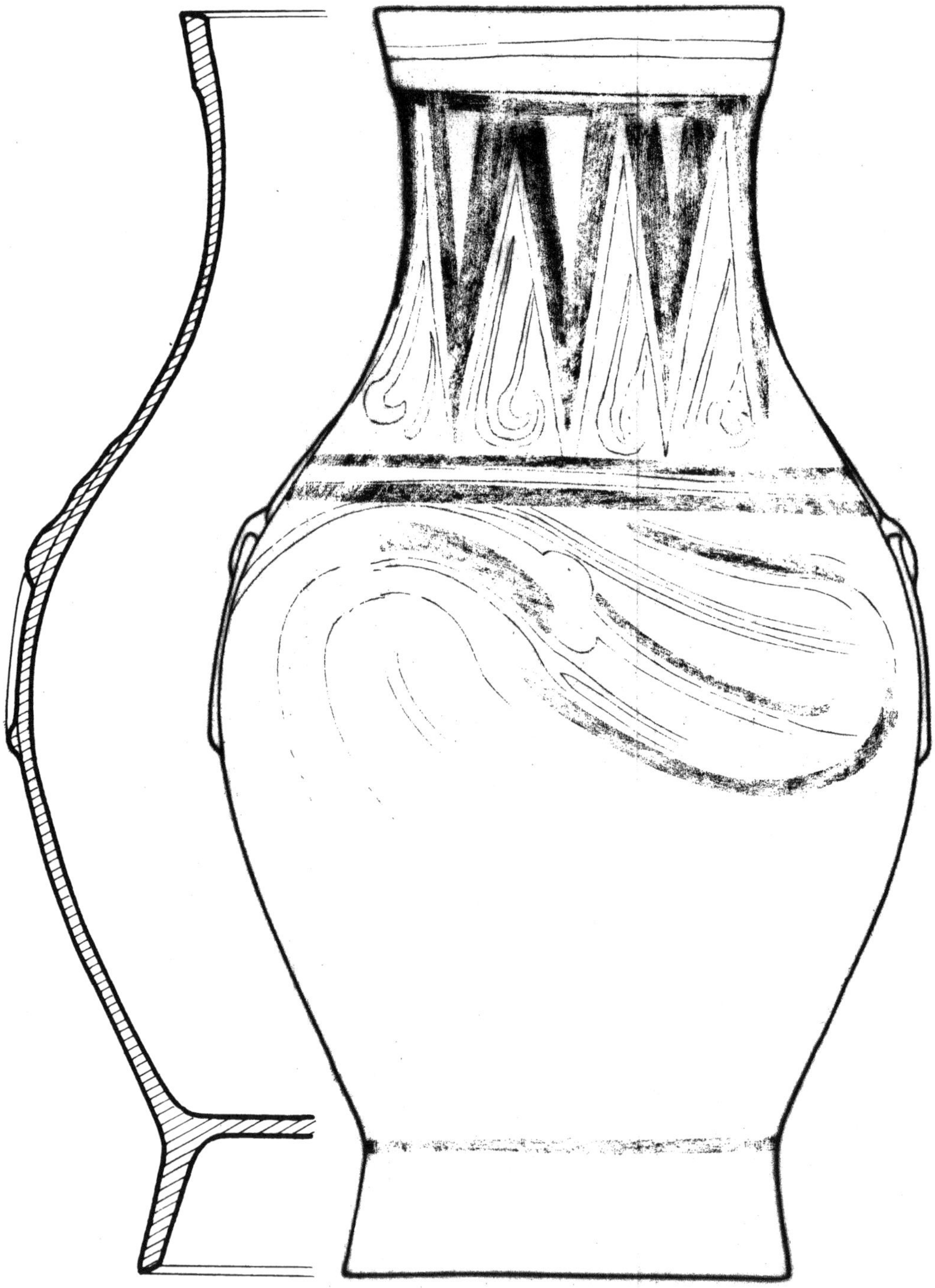

0 _____ 4厘米

图二三七 SJM4随葬陶钫

SJM4∶1

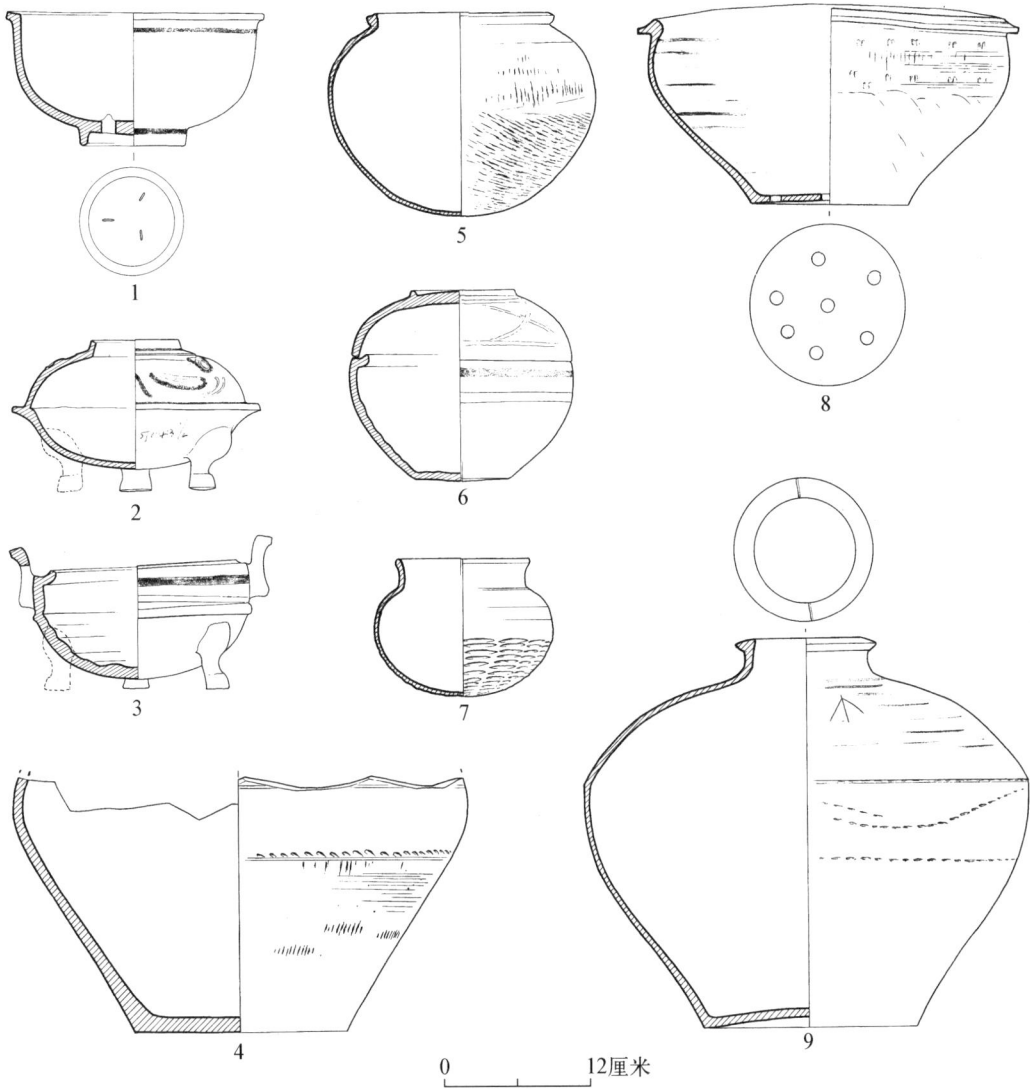

图二三八 SJM3、SJM4、SJM5随葬陶器

1. 簋形甑（SJM4∶5） 2. 铸（SJM4∶3） 3. 鼎（SJM4∶4） 4、9. 缶（SJM5∶3、SJM3∶1） 5、7. 罐口釜（SJM5∶2、SJM3∶2）
6. 盉（SJM4∶2） 8. 盆形甑（SJM5∶1）

以红白彩云纹；铺首外描红，内填白，腰檐饰白彩。口径6.4、器身最大径20.6、檐宽1.2、足高4.9、通高12.1厘米（图二三八，2）。

簋形甑 1件。标本SJM4∶5，泥质灰陶。直口方唇，唇部微加厚；弧腹，器底内壁未被刮，圈足微内敛；器底戳制3个短条形甑孔，呈三角形分布。器内壁遍饰红彩，腹部及圈足饰条带状红白彩。口径18.8、底径8.4、通高10.5厘米（图二三八，1）。

150. 2010YFSJM5

（1）位置

东距SJM4约12.0米，西北距SJM6约17.6米。

（2）形制结构（图二三九）

墓向：5°。

墓室：口大底小。口呈梯形，南宽北窄，东长3.10、西长3.10、南宽1.90、北宽1.74米。斜壁。平底，东长2.90、西长2.90、南宽1.70、北宽1.52米。自深3.60米。

填土：红褐色五花土，土质疏松，出土极少量陶片和红烧土块。

（3）葬具

一棺一椁，均呈矩形。棺置于椁内偏北，长2.23、宽0.80米。椁稍微倾斜。椁长2.80、宽1.19米。椁棺之间有少许朱砂痕迹。

（4）墓主人

人骨仅存痕迹。葬式为仰身直肢葬，头向北。

（5）随葬品及其位置

共3件，皆陶器，均位于墓主脚端棺椁之间。由东向西依次是盆形甑（：1）、罐口釜（：2）、缶（：3），1号倒置。

图二三九　SJM5墓葬平、剖图

1. 陶盆形甑　2. 陶罐口釜　3. 陶缶

（6）随葬品介绍

缶 1件。标本SJM5∶3，口及肩部残。夹细砂灰陶，大体，上腹略弧，下腹斜直微内凹，上下腹交接处圆弧，仅以一周旋纹分界，形成"符号亚腰"，平底。上腹饰一周麦粒状绳纹，下腹局部饰竖行绳纹。底径17.3、器身最大径37.0、残高20.4厘米（图二三八，4）。

盆形甑 1件。标本SJM5∶1，夹细砂灰陶。口微敛，折沿下倾，沿面有一周凹槽；弧腹，腹下部斜直内凹，平底；器底戳制7个圆形甑孔，布局为中心一孔与边缘一周。器内壁饰数周暗旋纹，腹上部局部饰竖行绳纹。口径28.0、底径13.2、通高15.9厘米（图二三八，8）。

罐口釜 1件。标本SJM5∶2，夹砂灰陶，底部夹粗砂。直口方唇，唇面微下倾；圆肩，鼓腹，腹部整体圆弧，圜底。肩及腹上部饰竖行绳纹，腹下部及底部饰斜行绳纹。口径14.0、器身最大径22.0、通高16.2厘米（图二三八，5）。

151. 2010YFSJM9

（1）位置

西距SJM12约7.5米，东距SJM7约3.2米。

（2）形制结构（图二四〇）

墓向：28°。

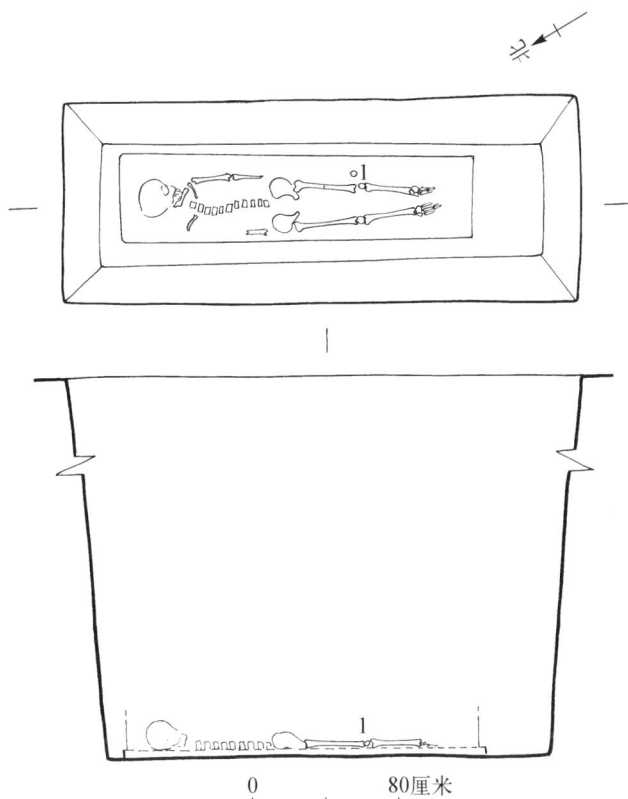

图二四〇 SJM9墓葬平、剖图

1.铜钱

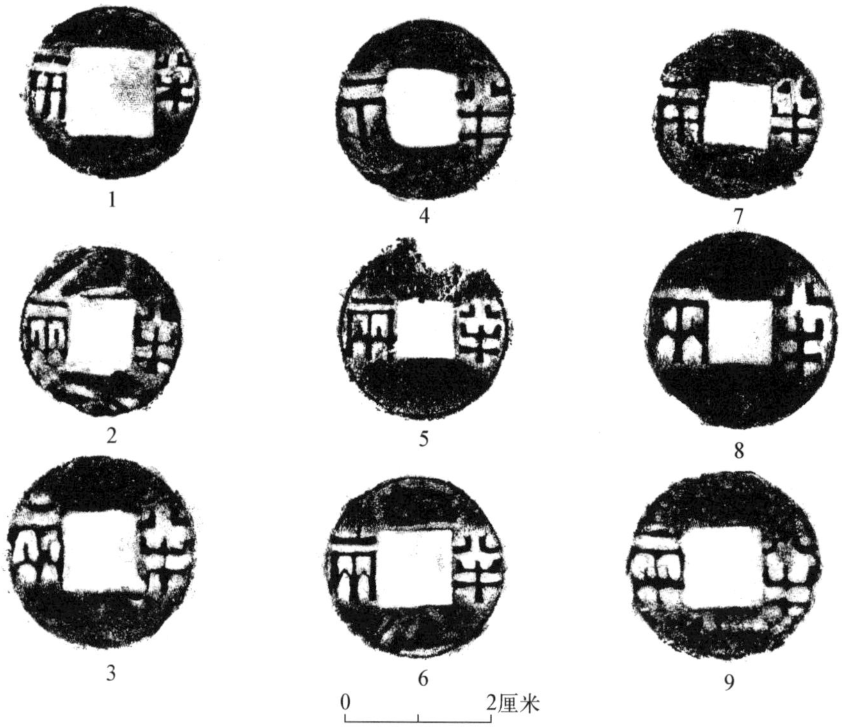

图二四一　SDM116、SJM2、SJM9 随葬铜钱拓片

1. SJM2：10-18　2. SJM2：10-8　3. SJM2：10-25　4. SJM2：10-9　5. SJM9：1　6. SJM2：10-21
7. SJM2：10-20　8. SDM116：4-1　9. SJM2：10-14

墓室：口大底小。口呈长方形，东长 2.78、西长 2.78、南宽 1.10、北宽 1.06 米。斜壁。平底，东长 2.40、西长 2.40、南宽 0.60、北宽 0.66 米。自深 3.34 米。

填土：红褐色五花土，上部土质较硬，下部土质较疏松。

（3）葬具

单棺，呈矩形。置于墓室偏北。棺长 1.90、宽 0.42 米。

（4）墓主人

左侧上肢、右侧手骨不存，其余保存较好。葬式为仰身直肢葬。头向北，面向东。

（5）随葬品及其位置

仅随葬 1 枚铜钱（：1），位于棺内墓主髋骨东侧。

（6）随葬品介绍

铜钱　1 枚。标本 SJM9：1，为"半两"。文字扁平，字等于穿。"半"字头部转折，两横线等长，竖线出于下横线；"两"字上横线与肩略等，折肩，为"双人两"。有钱郭。钱径 2.4、穿宽 0.8 厘米，重量 2.5 克（图二四一，5）。

152. 2010YFSJM21

（1）位置

东距 SJM22 约 11.7 米，南距 SJM70 约 7.0 米。

（2）形制结构（图二四二；图版四，2）

墓向：8°。

墓室：口大底小。口呈长方形，东长4.00、西长4.00、南宽2.20、北宽2.04米。斜壁。平底，东长3.42、西长3.42、南宽1.53、北宽1.48米。自深3.34米。

二层台：四周。东侧台面宽0.22、西侧台面宽0.10、北侧台面宽0.09、南侧台面宽0.10米。高0.80米。

填土：红褐色五花土，土质较硬，二层台以下土色较上部浅，土质较疏松。

（3）葬具

一棺一椁，均呈矩形。棺置于椁内偏北。棺长2.22、宽0.64米。棺底板由4块木板纵向铺设

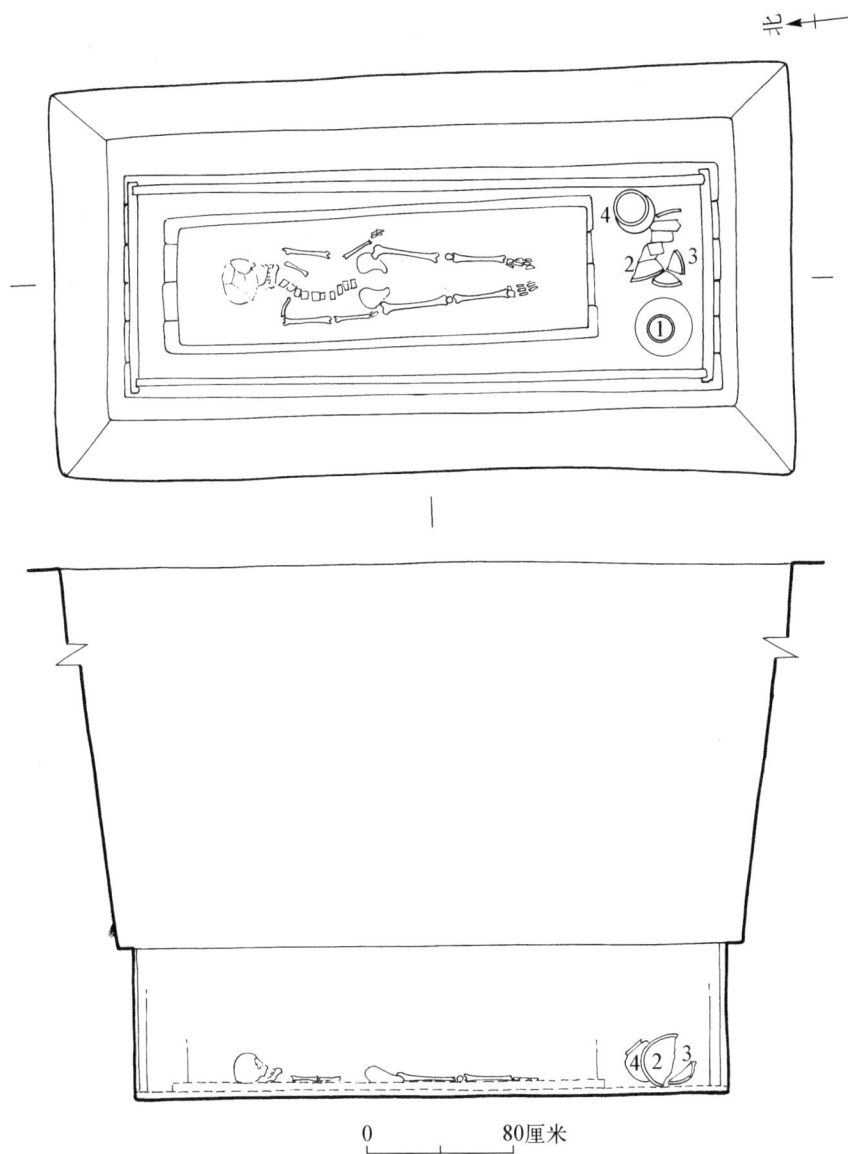

图二四二 SJM21墓葬平、剖图

1.陶缶 2.陶盆形甑 3.陶盆 4.陶鬲口釜

而成,由西向东各块木板的宽为 0.17、0.23、0.16、0.18 米,长均为 2.34 米。椁侧板嵌于端板内,形成榫卯套接,端板两端长出侧板外侧。椁长 3.15、宽 1.05、端板长 1.13、端板厚 0.05、侧板长 3.00、侧板厚 0.03 米。椁底板由 6 块木板纵向铺设,由西向东各块木板的宽度除最东一块为 0.22 米外,其余均为 0.20 米,长度均为 3.34 米。

(4)墓主人

肋骨不存,其余保存较好。葬式为仰身直肢葬,上肢下垂放于盆骨两侧,双脚并拢。头向北,面向东。

(5)随葬品及其位置

共 4 件,皆陶器,均位于墓主脚端棺椁之间。由西向东依次为缶(:1)、盆形甑(:2)、盆(:3)、鬲口釜(:4),2 号叠置于 3 号上。

(6)随葬品介绍

缶 1 件。标本 SJM21:1,夹细砂灰陶,小体。小口束颈,折沿微下倾,尖圆唇;折肩,腹微折,肩腹部呈"微亚腰"状,上腹略弧,下腹斜直,平底。肩部饰数周暗旋纹,肩腹交接处饰一周旋纹,上腹饰两至三周麦粒状绳纹。下腹有轮制痕迹。口径 7.2、器身最大径 30.0、底径 15.2、通高 25.9 厘米(图二四三,3)。

盆 1 件。标本 SJM21:3,夹细砂灰陶。敞口,折沿微下倾,尖圆唇;折腹,上腹占腹部比例略大于三分之一,平底。上下腹交接处有一周折棱。口径 28.6、底径 13.1、通高 13.6 厘米(图二四三,1)。

盆形甑 1 件。标本 SJM21:2,夹细砂灰陶。整体形态较高,直口,折沿微下倾,尖圆唇;弧腹微折,上腹微弧近直,下腹斜直,上腹占腹部比例小于三分之一,平底;器底戳制 13 个圆形甑孔,布局为中心四孔与边缘一周。上腹饰两周旋纹间以一周楔形绳纹,下腹局部可见竖行绳纹。口径 28.2、底径 11.3、通高 18.9 厘米(图二四三,5)。

鬲口釜 1 件。标本 SJM21:4,夹砂灰陶,底部夹粗砂。直口,斜方唇,唇面微内凹;隆肩,肩面近口处略平,腹上部微弧近直,下部弧收,圜底。肩及腹上部饰数周旋纹,下部饰斜向篮纹,上下腹交接处局部可见竖行绳纹,底部饰纵向篮纹。口径 13.4、最大径 20.3、通高 17.9 厘米(图二四三,2)。

153. 2010YFSJM28

(1)位置

西距 SJM29 约 1.2 米,东距 SJM27 约 5.6 米。

(2)形制结构(图二四四)

墓向:180°。

墓室:口底等大。东长 3.24、西长 3.25、北宽 1.62、南宽 1.56 米。直壁。平底。自深 3.10 米。

二层台:东西两侧。东侧台面宽 0.24～0.32、西侧台面宽 0.28～0.34 米。高 0.60 米。

填土:深褐色五花土,夹杂红色和白色土颗粒,土质较硬。

(3)葬具

单棺,呈矩形。置于墓室偏南。棺长 2.20、宽 0.68 米。

图二四三 SJM21、SJM28随葬陶器

1.盆(SJM21:3) 2.高口釜(SJM21:4) 3.缶(SJM21:1) 4.直口折肩罐(SJM28:1) 5.盆形甑(SJM21:2)

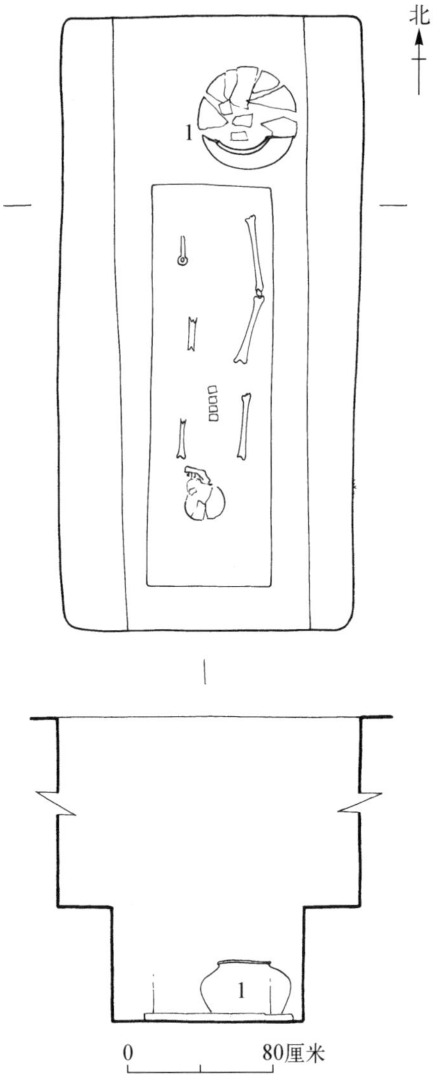

图二四四　SJM28墓葬平、剖图

1. 陶直口折肩罐　2. 铁削

3.14、南宽1.76、北宽1.60米。斜壁近直。平底，东长3.00、西长3.00、南宽1.50、北宽1.46米。自深2.86米。

填土：红褐色五花土，土质较硬。

（3）葬具

单棺，呈矩形。棺长1.90、宽0.78米。

（4）墓主人

肋骨、椎骨不存，头骨仅见痕迹，其余保存较好。葬式为仰身直肢葬，上肢内折，双手交叉放置于腹部。头向北。

（5）随葬品及其位置

无随葬品。

（4）墓主人

骨架保存较差，残存头骨和部分肢骨。葬式为仰身屈肢葬，右下肢向右弯曲。头向南，面向西。

（5）随葬品及其位置

共2件，包括陶器1件、铁器1件。直口折肩罐（：1）位于墓主脚端棺外，靠近东侧二层台。铁削（：2）位于墓主左腿下方。

（6）随葬品介绍

直口折肩罐　1件。标本SJM28：1，夹细砂灰陶。大体，直口方唇，口外侧有一周凹槽，折肩，腹微折，肩腹部呈"微亚腰"状，上腹微弧近直，下腹斜直微内凹，平底。肩腹及上下腹交接处各饰一周旋纹，上腹饰两至三周麦粒状绳纹。口径20.8、器身最大径38.7、底径20.1、通高27.0厘米（图二四三，4）。

铁削　1件。标本SJM28：2，锋端残。单面刃，直背直刃，削身断面呈三角形；长扁平柄，柄刃分界不明显，圆形环首。残长19.05、刃最宽处1.90、刃厚0.50、柄最宽处1.55、环首宽3.70厘米（图二一八，9）。

154. 2010YFSJM29

（1）位置

东距SJM28约1.2米。

（2）形制结构（图二四五）

墓向：7°。

墓室：口略大于底。口呈长方形，东长3.14、西长3.14、南宽1.76、北宽1.60米。

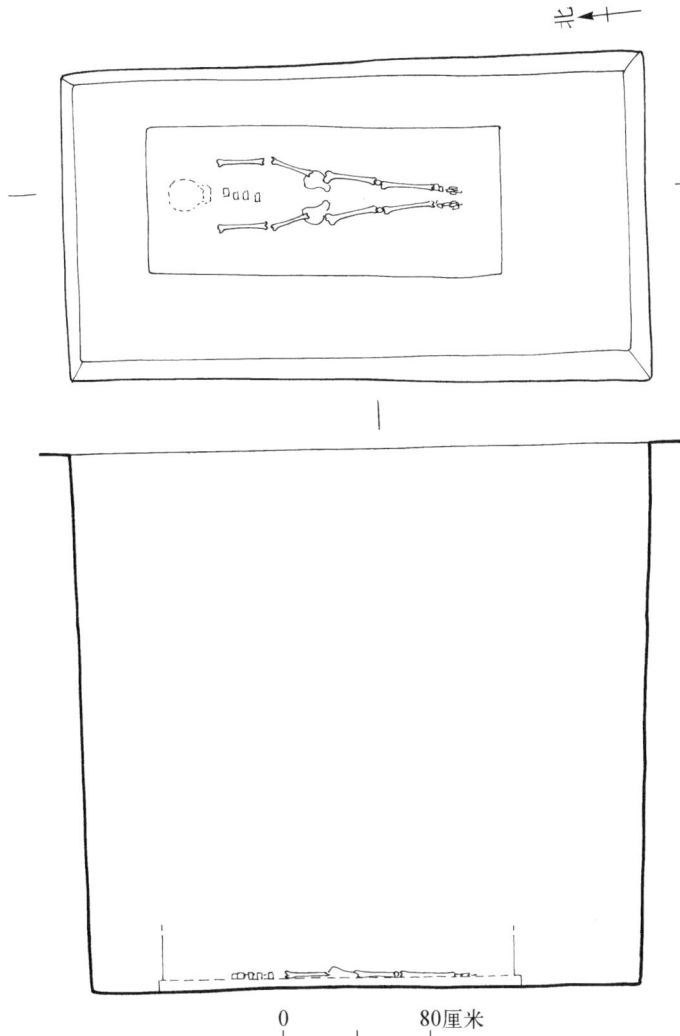

图二四五 SJM29墓葬平、剖图

155. 2010YFSJM40

（1）位置

东距SJM39约为9.3米。

（2）形制结构（图二四六）

墓向：92°。

墓室：口大底小，口呈长方形，北长3.72、南长3.74、东宽2.50、西宽2.50米，斜壁。平底，北长3.12、南长3.12、东宽2.00、西宽2.00米。自深3.40米。

二层台：南北两侧。北侧台面宽0.12～0.18、南侧台面宽0.24～0.40米。高0.80米。

填土：红褐色大五花土，土质疏松，包含少量料姜石，未见有夯打痕迹。

（3）葬具

单棺，呈矩形。置于墓室中间。棺长2.18、宽0.68米。

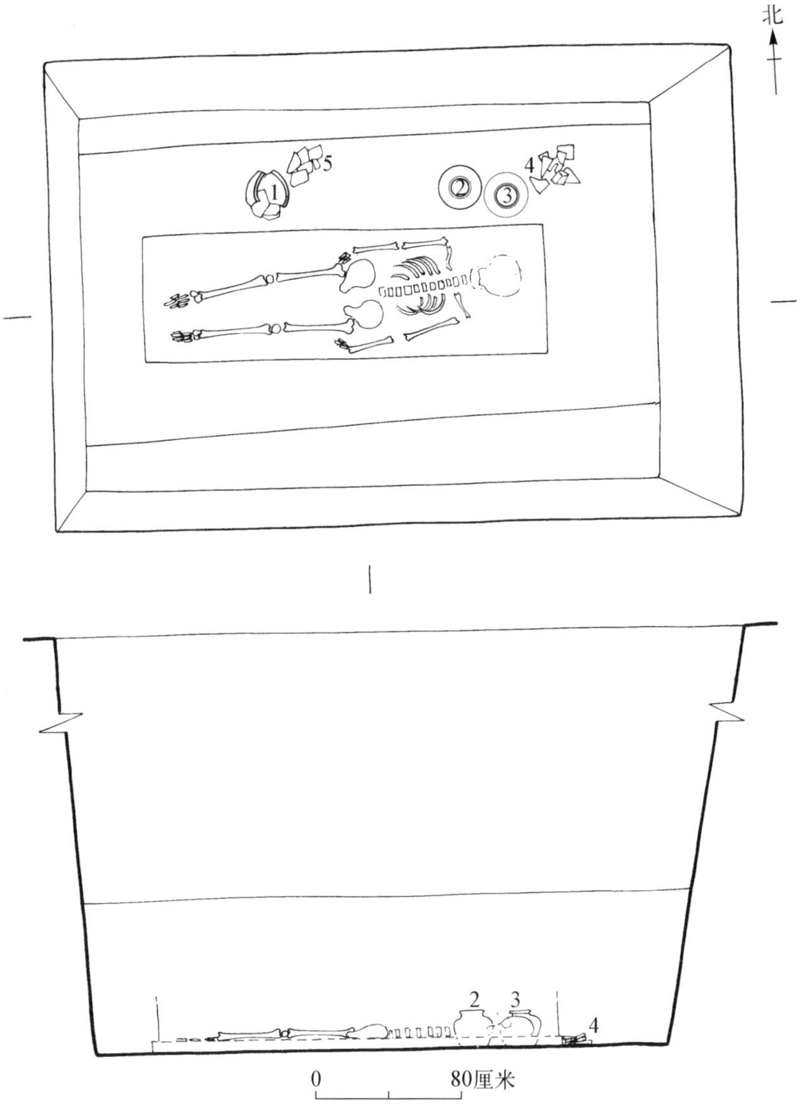

图二四六　SJM40墓葬平、剖图

1.陶鬲口釜　2、3.陶直口折肩罐　4.陶盆　5.陶盆形甑

（4）墓主人

骨架保存较好。葬式为仰身直肢葬，上肢伸直放于躯干两侧。头向东，面向上。

（5）随葬品及其位置

共5件，皆陶器，均位于棺外墓室北部。由东向西依次为盆（∶4）、直口折肩罐（∶3）、直口折肩罐（∶2）、盆形甑（∶5）、鬲口釜（∶1），其中2号、3号和4号偏东，1号和5号偏西。

（6）随葬品介绍

直口折肩罐　共2件。皆夹细砂灰陶。小体，直口方唇，唇部微加厚；折肩，弧腹，腹上部不见任何"亚腰"特征，平底微内凹。标本SJM40∶2，肩部及口外侧局部饰竖行绳纹。口径11.6、器身最大径22.0、底径10.2、通高15.6厘米（图二四七，2）。标本SJM40∶3，肩部局部饰竖行绳纹。

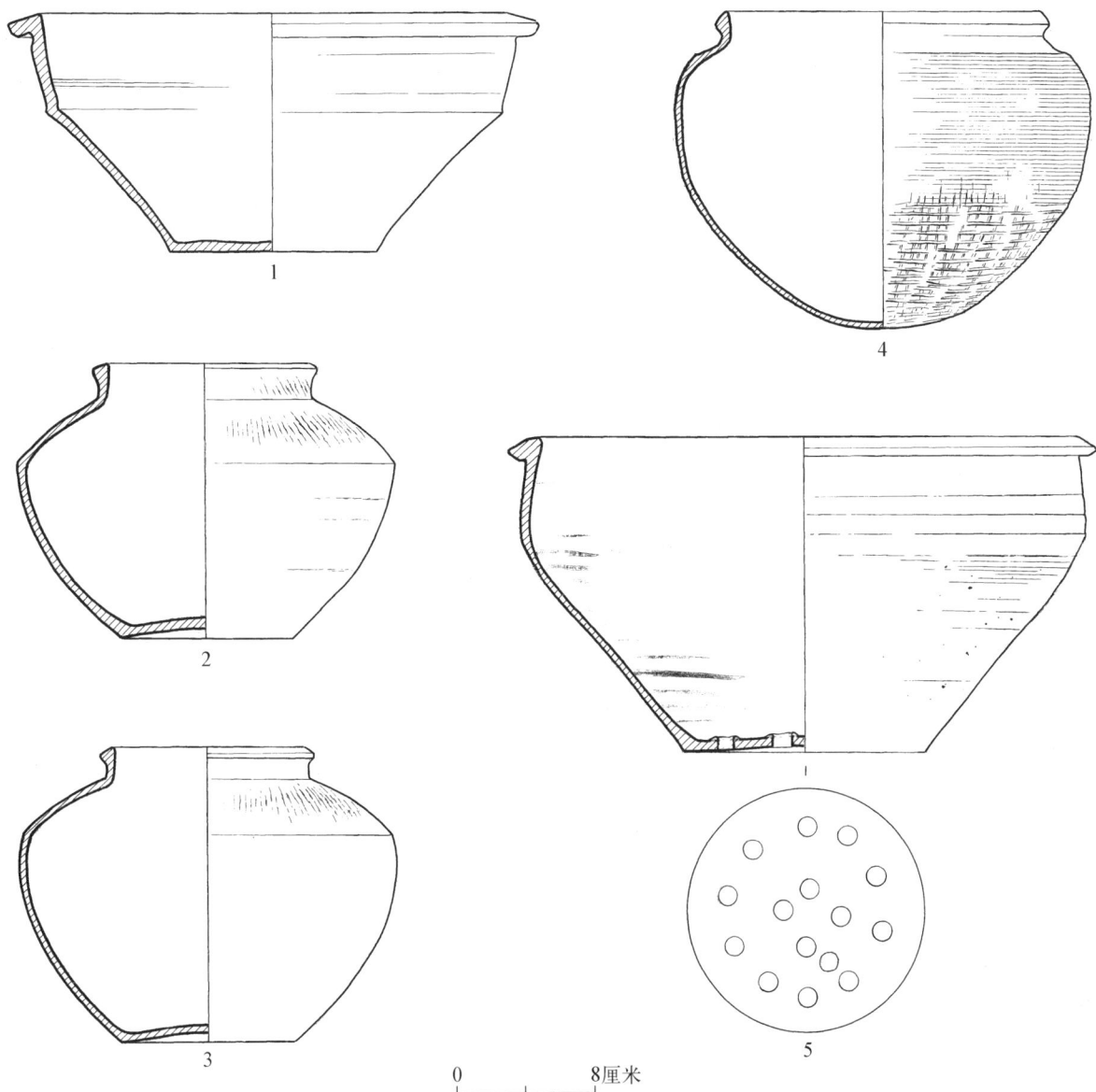

图二四七 SJM40 随葬陶器

1.盆(SJM40∶4) 2、3.直口折肩罐(SJM40∶2、SJM40∶3) 4.敞口釜(SJM40∶1) 5.盆形甑(SJM40∶5)

口径11.0、器身最大径21.9、底径10.2、通高16.8厘米(图二四七,3)。

盆 1件。标本SJM40∶4,夹细砂灰陶。敞口,折沿下倾,方圆唇;折腹,上腹近直,下腹斜直,上腹占腹部比例大于三分之一,平底。上下腹交接处有一周折棱。口径27.2、底径12.2、通高13.6厘米(图二四七,1)。

盆形甑 1件。标本SJM40∶5,夹细砂灰陶。口微内敛,折沿下倾,尖方唇;折腹,上腹近直,下腹斜直,上腹占腹部比例约四分之一,平底;器底戳制15个圆形甑孔,布局为中心五孔与边缘一周。内壁及沿面饰数周暗旋纹,上下腹交接处饰三周弦纹。下腹有轮制痕迹。口径31.2、底径14.2、通高18.0厘米(图二四七,5)。

鬲口釜 1件。标本SJM40：1，夹细砂红褐陶。口微侈，斜方唇；圆肩，肩面近口处略平，腹上部近直，腹下部弧收，圜底。肩及腹上部饰数周旋纹，腹下部及底部饰方格纹与篮纹。口径18.0、器身最大径24.3、通高18.0厘米（图二四七，4）。

3.2 竖穴墓道洞室墓

共118座墓葬，包括尚德发掘区71座，石家发掘区47座。按序号加墓葬号的形式分别叙述如下：

156-164：SDM14、SDM15、SDM20、SDM23、SDM62、SDM63、SDM64、SDM80、SDM89

165-172：SDM97、SDM103、SDM114、SDM121、SDM122、SDM123、SDM137、SDM138

173-180：SDM139、SDM140、SDM142、SDM147、SDM149、SDM150、SDM151、SDM152

181-188：SDM153、SDM155、SDM156、SDM161、SDM170、SDM171、SDM172、SDM174

189-196：SDM175、SDM182、SDM183、SDM185、SDM186、SDM192、SDM194、SDM196

197-204：SDM197、SDM198、SDM199、SDM200、SDM201、SDM205、SDM207、SDM208

205-212：SDM209、SDM210、SDM211、SDM213、SDM214、SDM217、SDM218、SDM222

213-220：SDM224、SDM225、SDM226、SDM232、SDM233、SDM238、SDM241、SDM245

221-228：SDM247、SDM249、SDM251、SDM254、SDM304、SDM315、SJM1、SJM6

229-237：SJM7、SJM8、SJM10、SJM12、SJM13、SJM15、SJM20、SJM22、SJM23

238-246：SJM26、SJM27、SJM30、SJM31、SJM32、SJM33、SJM35、SJM38、SJM39

247-255：SJM45、SJM46、SJM47、SJM48、SJM50、SJM51、SJM52、SJM53、SJM54

256-264：SJM55、SJM57、SJM58、SJM59、SJM60、SJM61、SJM62、SJM66、SJM67

265-273：SJM68、SJM69、SJM70、SJM71、SJM72、SJM73、SJM75、SJM77、SJM78

156. 2010YFSDM14

（1）位置

西距SDM15约1.4米，东距SDM12约3.0米，北距SDM22约4.3米。

（2）形制结构（图二四八；图版六，1）

墓向：276°。

墓道：位于洞室西侧。口大底小。口呈宽长方形，南长3.26、北长3.30、东宽2.14、西宽2.12米。斜壁，西壁收分更甚。平底，南长2.46、北长2.44、东宽1.50、西宽1.52米。自深2.32米。

洞室：拱形顶，直壁，平底。洞室口位于墓道东壁中部，洞室宽小于墓道底宽。洞室口南壁距墓道南壁约0.20、北壁距墓道北壁约0.26米。底部平面略呈窄长方形，南长3.30、北长3.30、东宽1.06、西宽1.06米。高1.30米。

壁龛：均呈圆拱形，2个。洞室北、南壁近口处，人骨左、右两侧各有1个，龛底与洞室底齐平。

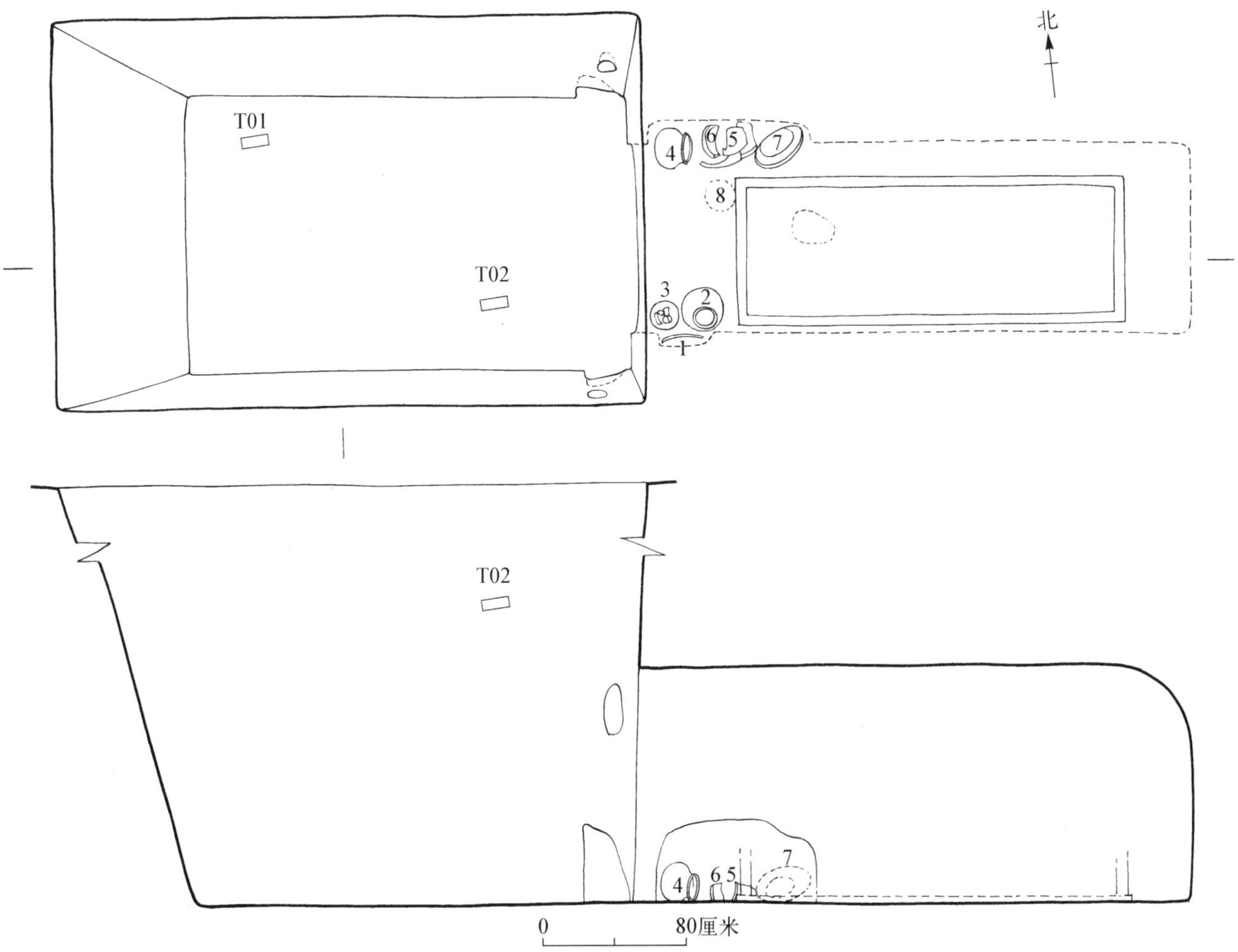

图二四八　SDM14墓葬平、剖图

1. 陶盆　2. 陶小口旋纹罐　3、4. 陶鍪　5. 陶盆形甑　6. 陶直口折肩罐　7. 铜盘　8. 漆器　T01、T02. 铁鏊

平顶，直壁，平底，底部平面呈长方形。北侧壁龛口宽0.90、进深0.12米。南侧壁龛口宽0.32、进深0.08米。

封门：木板封门，位于墓道与洞室连接处。由两棍一板构成。北侧上方封门槽宽0.10、上方高0.28、下方宽0.28、下方高0.43米；南侧上方封门槽宽0.10、下方宽0.28米。

填土：墓道土色红褐色，土质较硬。洞室土色浅黄色，土质较松散。

（3）葬具

单棺，呈矩形。置于墓室偏南。棺侧板与端板四角闭合相接。棺长2.18、宽0.82、厚0.06米。棺内有少量朱砂。

（4）墓主人

骨架保存极差，仅存头骨痕迹。葬式不明，头向与墓道方向相同。

（5）随葬品及其位置

共10件，包括陶器6件、铜器1件、铁器2件、漆器1件。铁鏊（：T01、：T02）出自填土中。

其余随葬品皆位于墓主头端棺外。陶盆（：1）位于近洞室口、南壁中部偏下的壁龛内。龛下墓底由东向西依次为小口旋纹罐（：2）、鏊（：3）。鏊（：4）、盆形甑（：5）、直口折肩罐（：6）、铜盘（：7）自西向东排列于洞室口、北壁底部壁龛内，6号置于5号内。漆器（：8）位于棺外西北角。

（6）随葬品介绍

小口旋纹罐　1件。标本SDM14：2，夹细砂灰陶。小口束颈，折沿下倾，尖唇；圆鼓肩，腹部微弧近直，平底。肩部饰竖行细绳纹，肩及腹上部饰旋断绳纹。口径8.4、器身最大径23.1、底径12.5、通高22.4厘米（图二四九，5；彩版三三，4）。

直口折肩罐　1件。标本SDM14：6，夹细砂灰陶。大体，直口方唇，口外侧有一周凹槽；圆折肩，弧腹，上下腹交接处圆弧，以一周旋纹分界，形成"符号亚腰"，平底。肩腹交接处饰一周旋

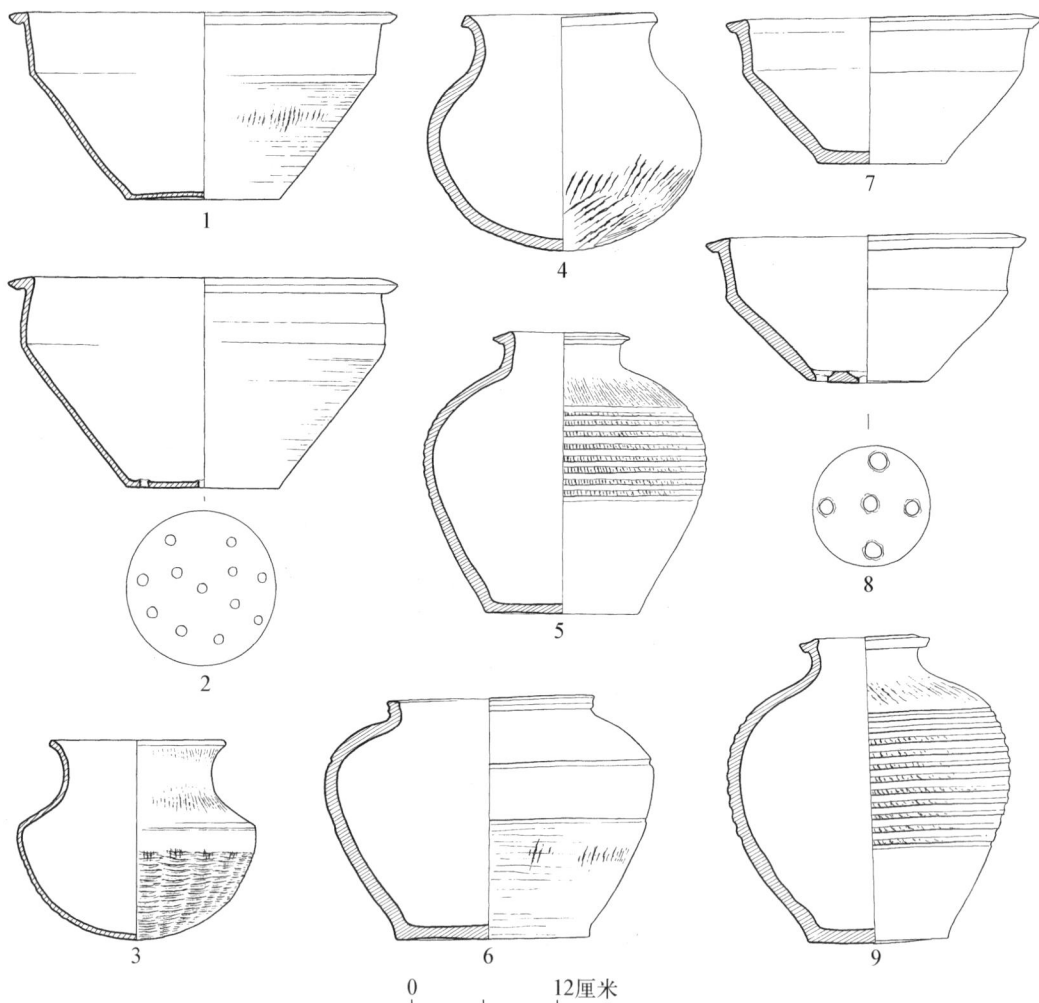

0　　　　　12厘米

图二四九　SDM14、SDM15随葬陶器

1. 盆（SDM14：1）　2. 盆形甑（SDM14：5）　3、4. 陶鏊（SDM14：3、SDM14：4）　5、9. 小口旋纹罐（SDM14：2、SDM15：2）　6. 直口折肩罐（SDM14：6）　7. 盂（SDM15：5）　8. 盂改甑（SDM15：6）

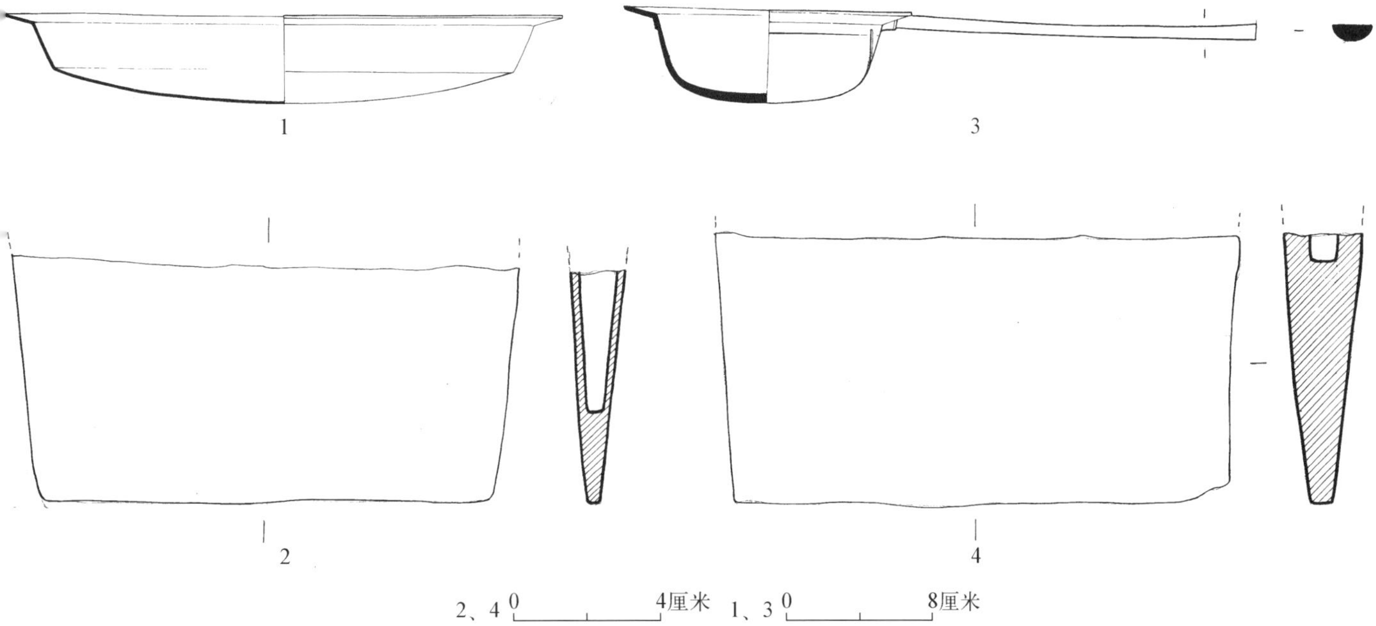

图二五〇 SDM14、SDM15随葬小件器物

1.铜盘(SDM14：7) 2、4.铁錾(SDM14：T02、SDM14：T01) 3.铜熨斗(SDM15：D01)

纹。口径15.8、器身最大径27.0、底径15.9、通高19.2厘米(图二四九,6;彩版一六,3)。

盆 1件。标本SDM14：1,夹细砂灰陶。敞口,折沿微下倾,尖圆唇;折腹,上腹近直,下腹斜直,上腹占腹部比例小于三分之一,平底。上下腹交接处有一周折棱。下腹有轮制痕迹。口径29.2、底径12.6、通高14.9厘米(图二四九,1)。

盆形甑 1件。标本SDM14：5,夹细砂灰陶。口微敛,折沿下倾,尖圆唇;折腹,上腹近直微内敛,下腹斜直,上腹占腹部比例约四分之一,平底;器底戳制12个圆形甑孔,布局为中心四孔与边缘一周。上腹饰一周弦纹,上下腹交接处有一周折棱。口径28.5、底径12.7、通高16.7厘米(图二四九,2;彩版二二,6)。

鍪 共2件。皆夹砂灰陶,底部夹粗砂。侈口,斜方唇,高束颈,圜底。标本SDM14：3,折肩,肩面微内凹,弧腹。肩腹交接处饰两周旋纹,腹部饰横向绳纹,底部饰纵向绳纹。口径13.6、器身最大径19.6、通高16.0厘米(图二四九,3;彩版二一,8)。标本SDM14：4,圆肩,鼓腹。腹部饰斜绳纹,底部饰交错绳纹。口径14.8、器身最大径22.4、通高18.8厘米(图二四九,4)。

铜盘 1件。标本SDM14：7,敞口,折沿内倾,尖唇,浅腹,腹斜直内收,圜底近平。素面。口径27.0、通高4.5厘米(图二五〇,1;彩版四二,1)。

铁錾 共2件。长方形,扁体,刃部正视对称,背中空成銎,整身断面呈窄三角形,首部宽度略大于刃部。标本SDM14：T02,长13.3、宽6.2、銎口厚1.5厘米(图二五〇,2)。标本SDM14：T01,长13.8、宽7.0、銎口厚2.1厘米(图二五〇,4;彩版四六,2)。

漆器 1件。标本SDM14：8,仅残存部分红色髹漆痕迹,无法提取。

157. 2010YFSDM15

（1）位置

东距SDM14约1.4米，西距SDM19约2.0米。

（2）形制结构（图二五一）

墓向：277°。

墓道：位于洞室西侧。口大底小。口呈长方形，南长3.42、北长3.43、东宽1.88、西宽1.86米。斜壁。平底，南长3.10、北长3.10、东宽1.54、西宽1.54米。自深4.60米。

洞室：拱形顶，直壁，平底。洞室口位于墓道东壁中部，洞室宽小于墓道底宽。洞室口南壁距墓道南壁0.18、北壁距墓道北壁0.12米。底部平面呈长方形，南长3.24、北长3.26、东宽1.24、西宽1.24米。高1.50米。

填土：墓道土色黄褐色，土质较硬，有夯土痕迹。洞室土色黄色，夹杂少量的褐色土颗粒，土质较疏松，有大量生土块。

（3）葬具

单棺，呈矩形。倾斜置于洞室内偏东，方向偏西北。棺长1.56、宽0.52米。

（4）墓主人

骨架保存较差。葬式为仰身直肢葬。头向与墓道方向相同，面向上。

（5）随葬品及其位置

共8件，包括陶器6件、铜器1件、动物骨骼1堆。铜熨斗（:D01）出土于盗洞中，初始位置不详。陶器位于墓主头端棺外，分南北两排。北排紧邻洞室北壁，由东向西依次是动物骨骼（:7）、鬲口釜（:1）、小口旋纹罐（:2）、直口折肩罐（:3），1号、2号侧置，器口向南。南排紧邻洞室南壁，自西向东依次为缶（:4）、盂（:5）、盂改甑（:6），6号倒置。

（6）随葬品介绍

缶　1件。标本SDM15:4，夹细砂灰陶。大体，小口束颈，折沿下倾，尖圆唇；隆肩，弧腹，

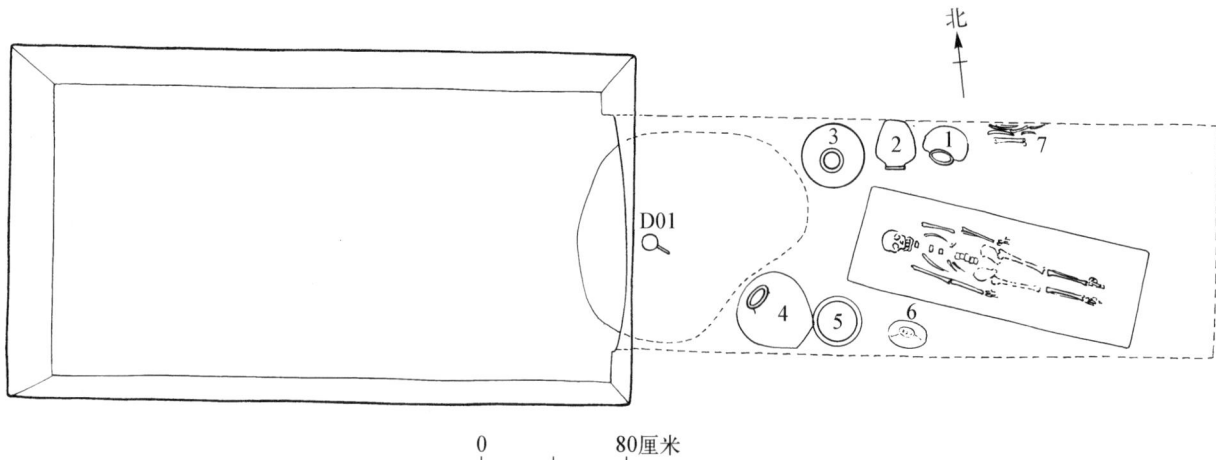

图二五一　SDM15墓葬平面图

1.陶鬲口釜　2.陶小口旋纹罐　3.陶直口折肩罐　4.陶缶　5.陶盂　6.陶盂改甑　7.动物骨骼　D01.铜熨斗

腹上部微鼓,下部斜直微内凹,平底微内凹。肩部饰数周暗纹,肩腹交接处有一周旋纹,上腹饰两至三周麦粒状绳纹,肩部有划痕。口径8.9、器身最大径38.0、底径17.6、通高31.3厘米(图二五二,7;彩版二〇,7)。

小口旋纹罐　1件。标本SDM15:2,夹细砂灰陶。小口束颈,折沿下倾,沿面微内凹,尖圆唇;圆鼓肩,腹微弧近直,平底。肩上部饰斜行细绳纹,肩及腹上部饰数周旋断绳纹。口径8.0、器身最大径23.2、底径11.5、通高24.3厘米(图二四九,9)。

直口折肩罐　1件。标本SDM15:3,夹细砂灰陶。大体,直口方唇;折肩,腹微折,肩腹部呈"微亚腰"状,上腹略弧,下腹斜直,平底。口径17.4、器身最大径30.2、底径12.6、通高21.9厘米(图二五二,5)。

盂　1件。标本SDM15:5,夹细砂灰陶。敞口,折沿微下倾,尖圆唇;折腹,上腹近直,下腹斜直,上腹占腹部比例约三分之一,平底。上下腹交接处有一周折棱。口径22.5、底径10.7、通高

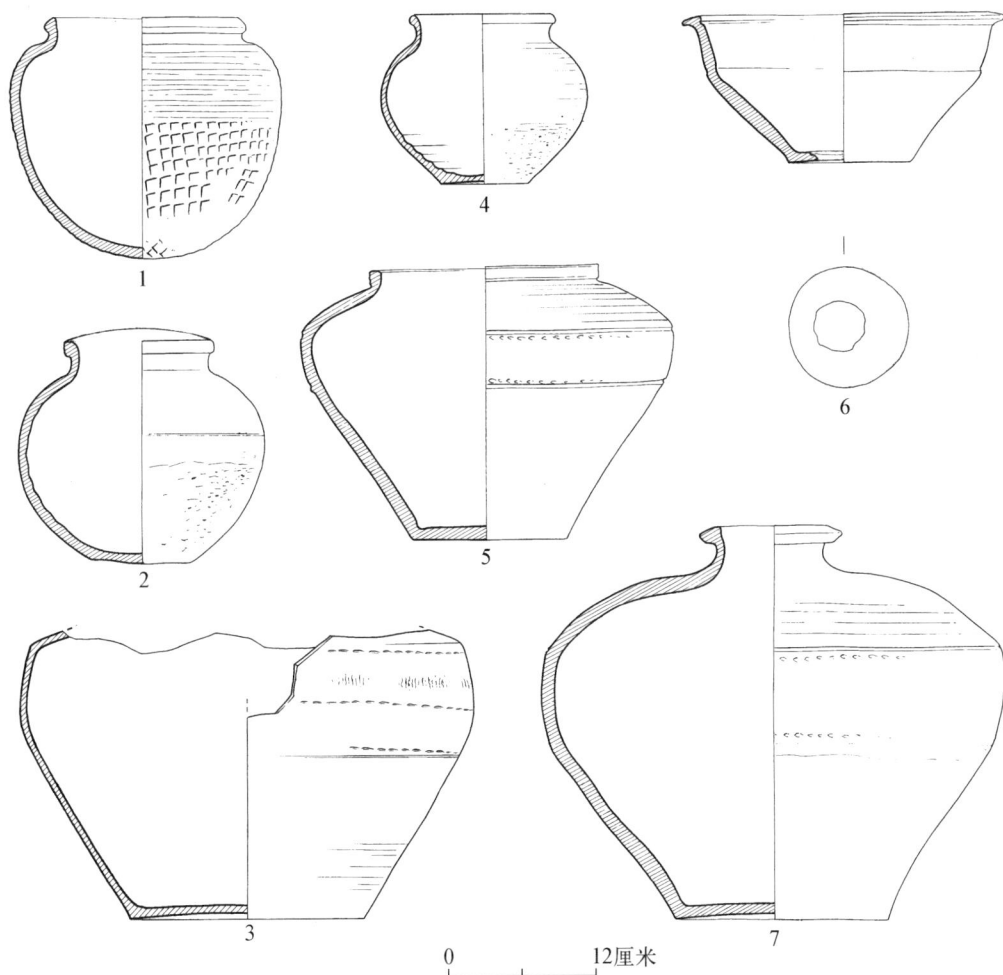

图二五二　SDM15、SDM23随葬陶器

1.鬲口釜(SDM15:1)　2、4.有颈罐(SDM23:1、SDM23:3)　3、7.缶(SDM23:2、SDM15:4)
5.直口折肩罐(SDM15:3)　6.盂改甑(SDM23:4)

11.6厘米(图二四九,7)。

盂改甗　1件。标本SDM15:6,夹细砂灰陶。敞口,折沿下倾,尖圆唇;折腹,上腹近直,下腹斜直,上腹占腹部比例小于三分之一,平底;器底凿制5个圆形甑孔,布局为中心一孔与边缘一周。器内壁饰数周暗旋纹,上下腹交接处有一周折棱。口径22.7、底径9.6、通高11.8厘米(图二四九,8)。

鬲口釜　1件。标本SDM15:1,夹砂灰陶,底部夹粗砂。口微侈,斜方唇,隆肩,肩面近口处略平,腹上部微弧近直,下部弧收,圜底。肩及腹上部饰数周旋纹,腹下部及底部饰方格纹。口径14.9、器身最大径22.0、通高19.3厘米(图二五二,1)。

铜熨斗　1件。标本SDM15:D01,折沿内倾,尖唇,浅弧腹,圜底近平;斗柄细长,断面呈半圆形。腹部近口处饰一周宽带纹。长34.4、柄斗首口径12.0、通高4.8、柄长19.6、厚0.7厘米(图二五〇,3;彩版四二,3)。

动物骨骼　1堆。标本SDM15:7,残碎,无法辨识。

158. 2010YFSDM20

(1)位置

北距SDM21近0.5米,西南距SDM19约7.5米。

(2)形制结构

墓向:280°。

墓道:位于洞室西侧。口大底小。口呈长方形,南长3.10、北长3.08、东宽1.92、西宽1.96米。斜壁。平底,南长2.48、北长2.48、东宽1.20、西宽1.16米。自深5.40米。

洞室:形制不明。部分被近代墓打破,顶部有一电线杆,无法清理。

填土:墓道为红褐色五花土,土质较硬。

(3)葬具

葬具不明。

(4)墓主人

骨架不存,葬式不明。

(5)随葬品及其位置

无随葬品。

159. 2010YFSDM23

(1)位置

南距SDM24约6.8米,西距SDM75约3.3米。

(2)形制结构(图二五三)

墓向:273°。

墓道:位于洞室西侧。口略大于底。口呈长方形,南长2.76、北长2.78、东宽1.30、西宽1.30

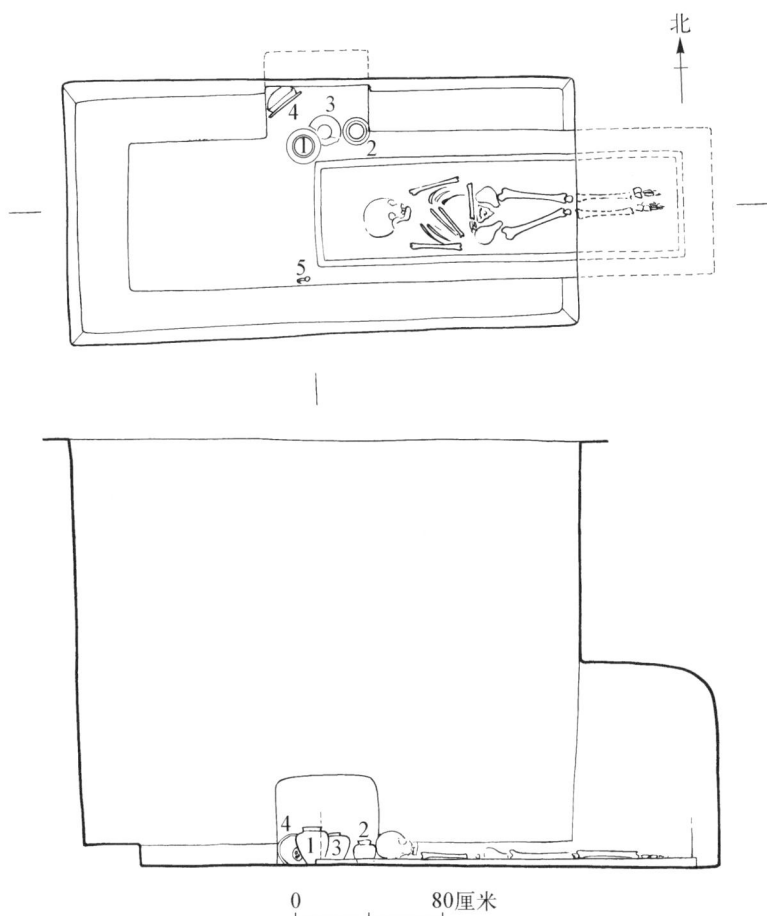

图二五三　SDM23墓葬平、剖图

1、3. 陶有颈罐　2. 陶缶　4. 陶盂改甑　5. 铜带钩

米。斜壁近直。平底,南长2.62、北长2.64、东宽1.22、西宽1.20米。自深2.24米。

二层台:西、南、北三侧。西侧台面宽0.28、南侧台面宽0.22、北侧台面宽0.20米。高0.22米。

洞室:拱形顶,直壁,平底。洞室口位于墓道东壁中部,洞室宽小于墓道底宽。洞室口南壁距墓道南壁约0.18、北壁距墓道北壁约0.22米。底部平面略呈方形,南长0.80、北长0.80、东宽0.78、西宽0.78米。高1.10米。

壁龛:呈圆拱形,1个。位于墓道北壁中间,人骨左侧,龛底与洞室底齐平。平顶,直壁,平底,底部平面近方形。口宽0.58、进深0.22(加上墓道北台阶的一部分则为0.46)、东高0.46、西高0.50米。

填土:墓道为黄褐色五花土,土质较硬,经过夯打,但夯层不明显。洞室土色黄褐色,夹杂大量的褐色土点颗粒,土质较疏松。

(3)葬具

单棺,呈矩形。大部分位于墓道底部,小部分位于洞室中。棺侧板与端板四角闭合相接。棺长2.00、宽0.57、厚0.04米。

（4）墓主人

上肢骨腐朽严重，头骨被压碎。葬式为仰身直肢葬，右手抱于胸前，左手放置于胸部略下。头向与墓道方向相同，面向上。

（5）随葬品及其位置

共5件，包括陶器4件、铜器1件。有颈罐（：1）、有颈罐（：3）、缶（：2）位于墓道北壁底部的壁龛口，由西向东排列。盂改甑（：4）位于壁龛内西北角，侧置，口向南。铜带钩（：5）位于棺外西南角。

（6）随葬品介绍

缶　1件。标本SDM23：2，口及肩部残，夹细砂灰陶。大体，弧腹，腹上部微鼓，腹下部微内凹，平底。上腹饰两至三周麦粒状绳纹，局部饰竖行粗绳纹。器身最大径37.0、底径19.2、残高23.0厘米（图二五二，3）。

有颈罐　共2件。皆夹细砂灰陶。侈口，矮直颈，圆肩，腹部整体圆弧，平底。标本SDM23：1，厚圆唇。素面，腹下部有修整刮痕。口径11.6、器身最大径20.0、底径8.0、通高16.7厘米（图二五二，2）。标本SDM23：3，圆唇。肩部饰数周旋纹。腹下部有轮制痕迹。口径11.0、器身最大径17.0、底径7.2、通高13.5厘米（图二五二，4）。

盂改甑　1件。标本SDM23：4，夹细砂灰陶。敞口，折沿微下倾，尖圆唇；折腹，上腹近直，下腹斜直，上腹占腹部比例小于三分之一，平底；器底凿制1个圆形甑孔。上下腹交接处有一周折棱。口径24.0、底径10.2、通高11.9厘米（图二五二，6）。

铜带钩　1件。标本SDM23：5，钩钮残。钩体较短，断面呈长方形，兽面形钩尾，眼目清晰，短柱位于钩尾下部。长6.6、钩体宽0.3、钩尾最宽处2.5厘米（图二六五，3；彩版四一，3）。

160. 2010YFSDM62

（1）位置

西距SDM198约33.0米，北距SDM134约20.0米。

（2）形制结构（图二五四）

墓向：282°。

墓道：位于洞室西侧。口大底小。口呈长方形，南长3.10、北长3.10、东宽1.90、西宽1.90米。斜壁。平底，南长2.78、北长2.80、东宽1.60、西宽1.60米。自深6.20米。

洞室：拱形顶，直壁，平底。洞室口位于墓道东壁中部，洞室宽小于墓道底宽。洞室口南壁距墓道南壁0.25、北壁距墓道北壁0.27米。底部平面呈长方形，南长3.68、北长3.66、东宽1.06、西宽1.08米。高1.48米。

填土：墓道为黄褐色五花土，土质较硬。洞室为褐色淤土，夹杂红紫色土颗粒，土质较致密。

（3）葬具

单棺，呈矩形。置于洞室偏东。棺长2.00、宽0.69米。

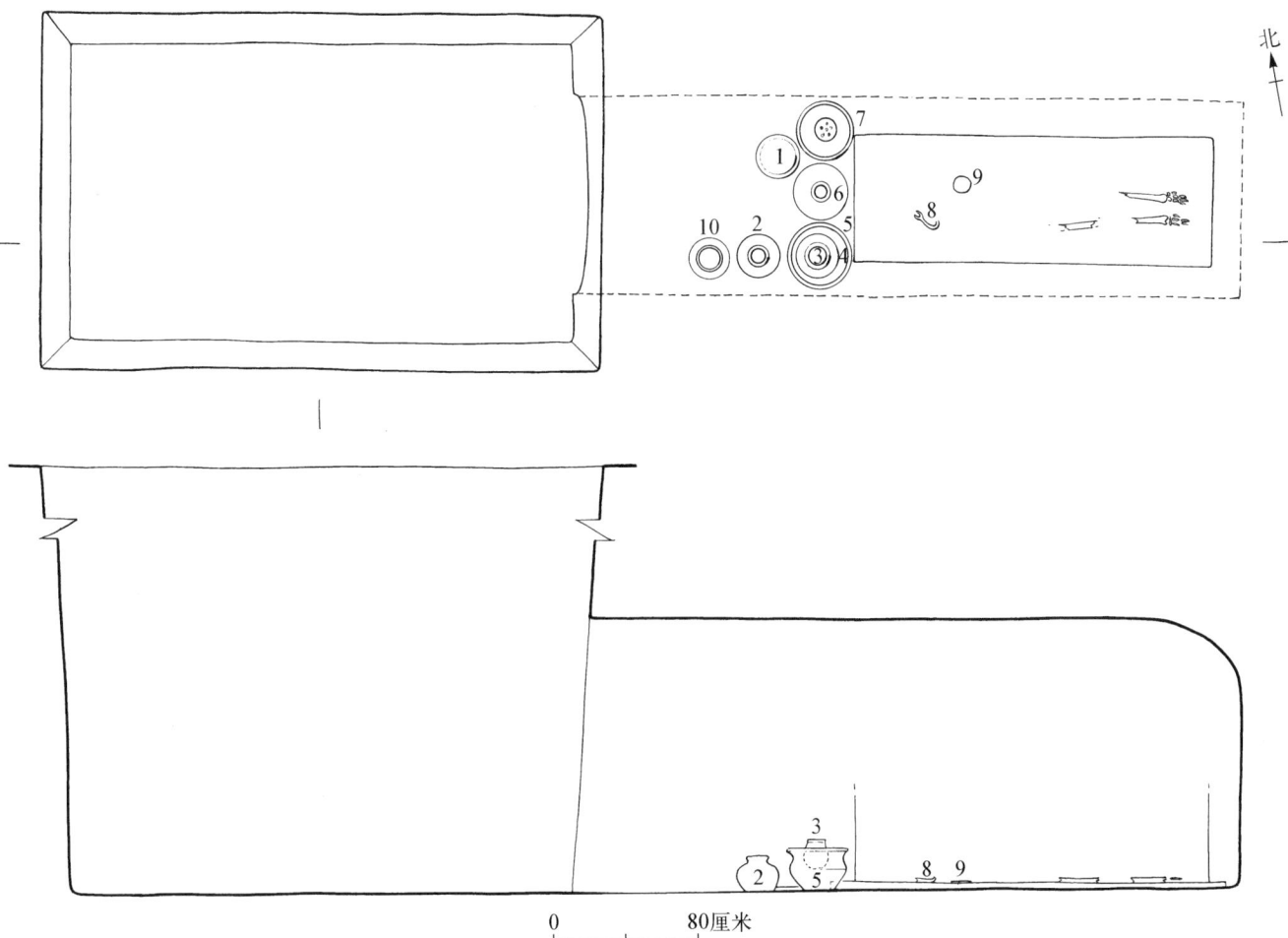

图二五四 SDM62墓葬平、剖图

1.铜盆 2.陶小口旋纹罐 3、10.陶罐口釜 4.陶直口折肩罐 5.陶盆 6.陶缶 7.陶盆形甑 8.铜带钩 9.铜镜

（4）墓主人

骨架保存极差，仅存部分下肢骨。葬式似为仰身直肢葬，头向似与墓道方向相同。

（5）随葬品及其位置

共10件，包括陶器7件、铜器3件。罐口釜（ :3）、直口折肩罐（ :4）、盆（ :5）、缶（ :6）、盆形甑（ :7）自南向北排列于墓主头端棺外，3号、4号、5号依次叠置。其西侧自东向西依次为小口旋纹罐（ :2）、罐口釜（ :10）。铜盆（ :1）位于6号和7号之间西侧。铜带钩（ :8）、铜镜（ :9）位于棺内中部偏西，8号在南，9号在北。

（6）随葬品介绍

缶 1件。标本SDM62:6，夹细砂灰陶。小体，小口束颈，折沿下倾，尖圆唇；折肩，腹微折，肩腹部呈"微亚腰"状，下腹微弧近直，平底。肩部饰数周暗旋纹，肩腹交接处饰一周旋纹，上腹饰三至四周麦粒状绳纹，下腹局部饰竖行绳纹。口部有划痕。口径7.9、器身最大径28.4、底径13.0、通高26.3厘米（图二五五,3）。

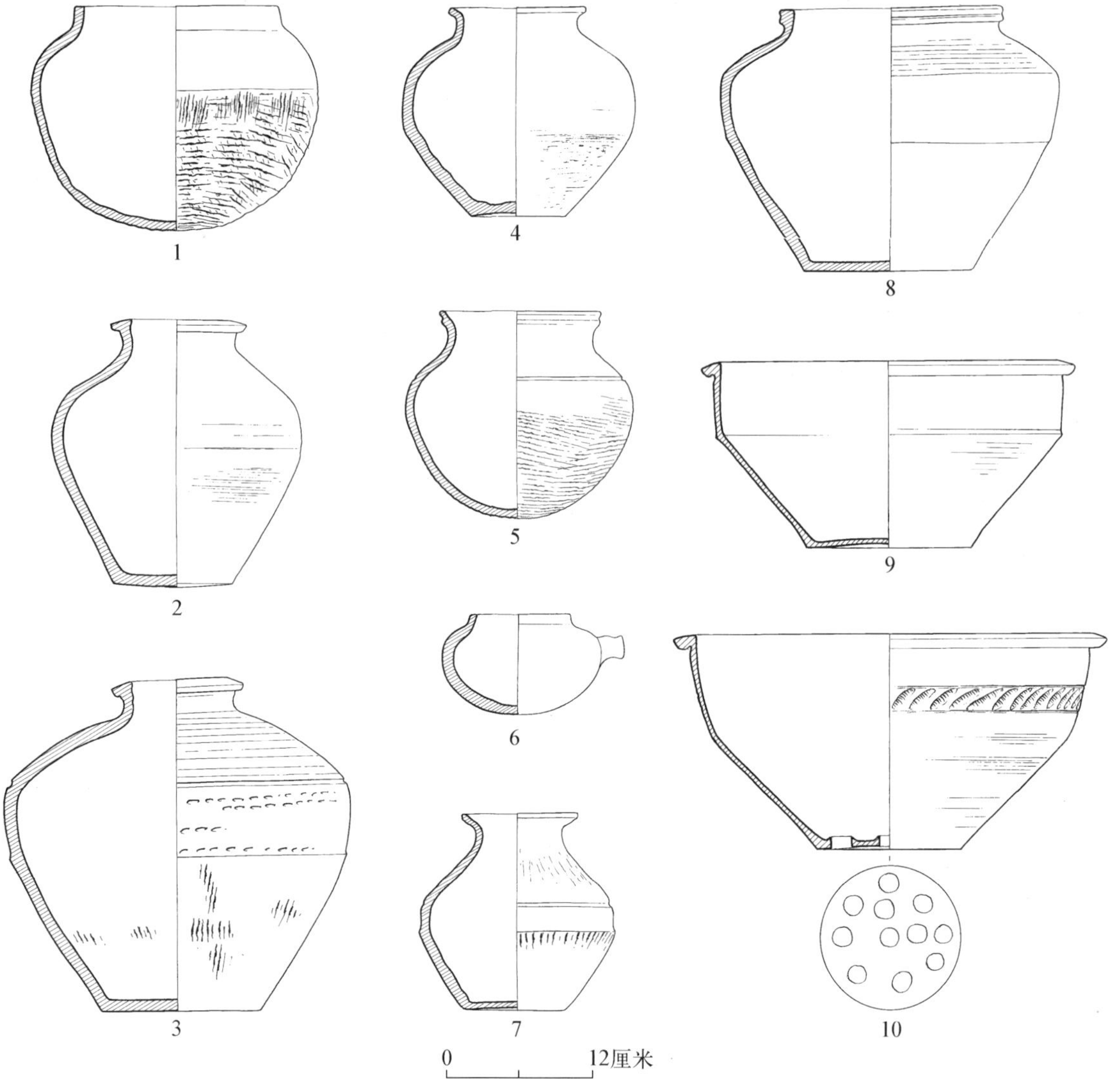

图二五五　　SDM62、SDM63随葬陶器

1、5. 罐口釜（SDM62：3、SDM62：10）　2. 小口旋纹罐（SDM62：2）　3. 缶（SDM62：6）　4. 有颈罐（SDM63：3）
6. 带把釜（？）（SDM63：2）　7. 壶形罐（SDM63：1）　8. 直口折肩罐（SDM62：4）　9. 盆（SDM62：5）　10. 盆形甑（SDM62：7）

　　小口旋纹罐　1件。标本SDM62：2，夹细砂灰陶。小口束颈，折沿下倾，尖圆唇；圆鼓肩，腹微弧近直，平底。肩部隐约可见数周旋纹。口径8.0、器身最大径20.6、底径9.8、通高21.3厘米（图二五五，2）。

　　直口折肩罐　1件。标本SDM62：4，夹细砂灰陶。大体，直口方唇，口外侧有一周凹槽；折肩，腹微折，肩腹部呈"微亚腰"状，上腹略弧，下腹斜直，平底。肩部饰数周暗旋纹。口径16.7、器身最大径27.6、底径13.6、通高21.0厘米（图二五五，8）。

　　盆　1件。标本SDM62：5，夹细砂灰陶。直口，折沿下倾，沿面微鼓，尖圆唇；折腹，上腹竖直，下腹斜直，上腹占腹部比例小于三分之一，平底。上下腹交接处有一周折棱。口径27.4、底径

13.5、通高14.9厘米（图二五五,9）。

盆形甑 1件。标本SDM62:7,夹细砂灰陶。敞口,折沿微下倾,尖圆唇;弧腹微折,上腹微弧,下腹微弧近直,上腹占腹部比例约三分之一,平底;器底戳制11个圆形甑孔,布局为中心三孔与边缘一周。上腹饰两周旋纹间以一周楔形绳纹,下腹有轮制痕迹。内壁及器身有铁锈痕迹。口径32.0、底径11.8、通高17.2厘米（图二五五,10）。

罐口釜 共2件。皆底部夹粗砂。圆肩,圜底。标本SDM62:3,夹砂灰陶。直口方唇,腹上部微弧近直,下部弧收。腹上部及底部饰纵向粗绳纹,腹下部饰横向粗绳纹。口径15.6、器身最大径23.6、通高18.0厘米（图二五五,1）。标本SDM62:10,夹砂灰褐陶。卷沿,圆唇,沿外侧有一周凸棱,鼓腹。肩部

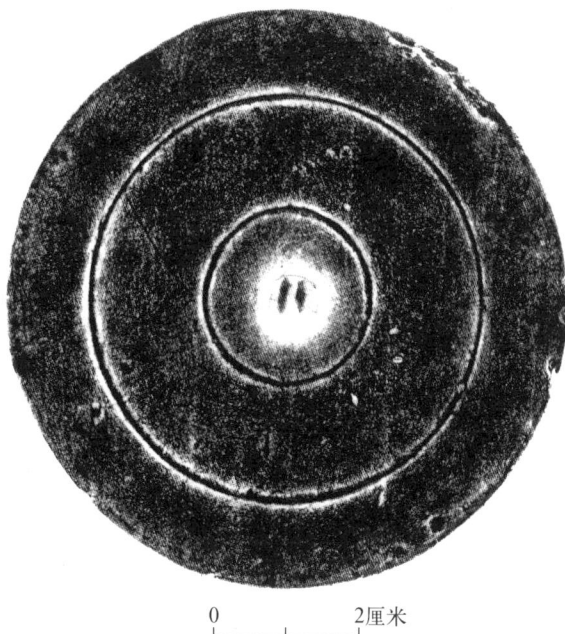

图二五六 SDM62随葬铜镜拓片

SDM62:9

饰一周旋纹,腹上部饰斜向细绳纹,腹下部饰横向篮纹,底部饰纵向篮纹。底部有烟炱。口径12.3、器身最大径18.7、通高16.6厘米（图二五五,5）。

铜带钩 1件。标本SDM62:8,钩体较短,钩尾呈半球形,椭圆形钩钮位于钩尾下部,以一短柱相连。长6.20、钩体宽0.45、钩尾宽1.50、钮径0.90厘米（图二六五,1;彩版四〇,4）。

铜盆 1件。标本SDM62:1,敞口,折沿内倾,浅弧腹,圜底近平。口径22.4、通高6.3厘米（图二六五,7;彩版四一,8）。

铜镜 1面。标本SDM62:9,素地弦纹镜。圆形,镜体较小,镜面平直;双弦桥形钮,无钮座,镜背饰两周弦纹,平镜缘。直径7.9厘米（图二五六;彩版三七,2）。

161. 2010YFSDM63

（1）位置

南距SDM64约2.2米,西距SDM84约6.4米。

（2）形制结构（图二五七）

墓向:96°。

墓道:位于洞室东侧。口大底小。口呈长方形,南长3.32、北长3.34、东宽2.38、西宽2.40米。斜壁。平底,南长2.88、北长2.92、东宽1.84、西宽2.00米。自深3.05米。

洞室:拱形顶,直壁,平底。洞室口位于墓道西壁中部,洞室宽小于墓道底宽。洞室口南壁距墓道南壁0.34、北壁距墓道北壁0.54米。底部平面呈长方形,南长2.96、北长3.00、东宽1.10、西宽1.10米。高1.40米。

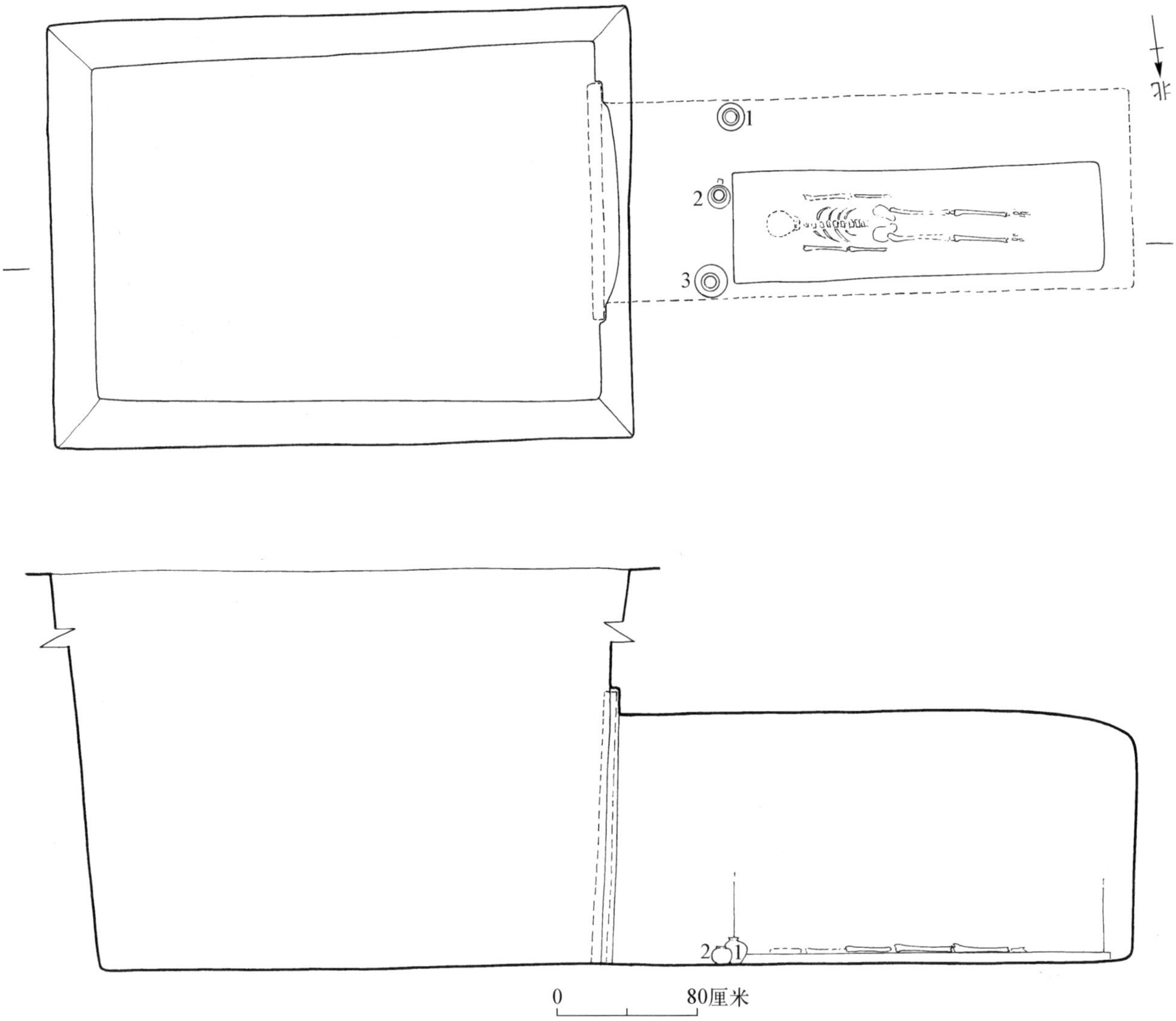

图二五七　SDM63墓葬平、剖图

1.陶壶形罐　2.陶带把釜(？)　3.陶有颈罐

封门：木板封门，位于墓道与洞室连接处，仅存板灰痕迹。上、南、北壁有封门槽。上部封门槽宽0.12、长1.34、高0.14米，南封门槽宽0.12、深0.12、高1.54米，北封门槽宽0.08、深0.11、高1.54米。

填土：墓道土色黄褐色，土质较硬，有明显的夯土块，夯层不清。洞室土色黄色，夹杂较少的褐色土颗粒，土质较疏松，有较多生土块和淤土。

（3）葬具

单棺，呈矩形。置于洞室偏西北。棺长2.10、宽0.62米。

（4）墓主人

骨架腐朽严重，仅存痕迹。葬式为仰身直肢葬，头向与墓道方向相同。

（5）随葬品及其位置

共3件，皆陶器，均位于墓主头端棺外。由南向北依次为壶形罐（：1）、带把釜（？）（：2）、有颈罐（：3）。

（6）随葬品介绍

有颈罐　1件。标本SDM63：3，夹细砂灰陶。侈口，厚圆唇，矮直颈；圆肩，弧腹，腹上部微弧近直，腹下部斜直，平底。腹下部有修整刮痕。口径10.6、器身最大径19.0、底径7.6、通高16.8厘米（图二五五，4）。

壶形罐　1件。标本SDM63：1，夹细砂灰陶。卷沿，方唇，束颈；圆折肩，肩面斜直，腹微折，肩腹部呈"微亚腰"状，下腹斜直，平底。肩部饰竖行细绳纹，肩腹及上下腹交接处各饰一周弦纹，下腹饰一周竖行粗绳纹。口径8.6、器身最大径16.0、底径8.2、通高15.6厘米（图二五五，7）。

带把釜（？）　1件。标本SDM63：2，夹细砂灰陶。直口方唇，圆肩，鼓腹，肩腹交接处有一圆筒形把，把较短小，圜底。素面。口径7.6、器身最大径13.2、把长1.8、通高7.9厘米（图二五五，6）。

162. 2010YFSDM64

（1）位置

北距SDM63约2.2米，西距SDM65约7.5米。

（2）形制结构（图二五八）

墓向：196°。

墓道：位于洞室南侧。口大底小。口呈长方形，东长2.72、西长2.70、南宽1.90、北宽1.90米。斜壁。平底，东长2.50、西长2.48、南宽1.68、北宽1.68米。自深4.30米。

洞室：拱形顶，直壁，平底。洞室口位于墓道北壁中部，洞室宽小于墓道底宽。洞室口东壁距墓道东壁0.18、西壁距墓道西壁0.20米。底部平面呈长方形，东长2.66、西长2.68、南宽1.30、北宽1.30米。高1.32米。

壁龛：东侧呈方形，西侧呈圆形，共2个。洞室东、西壁近口处，人骨左、右侧各有1个，东侧壁龛近底，距墓底0.30米，西侧壁龛平底。平顶，直壁，平底。底部平面近似长方形，东侧壁龛口宽0.40、进深0.28、高0.40米，西侧壁龛口宽0.47、进深0.34、高0.40米。

填土：墓道土色黄褐色，土质较硬，夹杂少量红褐色土颗粒，部分经过夯打，但无明显夯层及夯窝。洞室土色黄色，土质较松软。

（3）葬具

单棺，呈矩形。置于洞室东北。棺侧板嵌于端板内，形成榫卯套接，端板两端长出侧板外侧。棺长1.96、宽0.80、端板长0.87、端板厚0.06～0.07、侧板长1.89、侧板厚0.07米。

（4）墓主人

上身朽成粉末状，头骨、下肢骨保存较好。葬式为仰身屈肢葬，下肢向右微弯曲，头向与墓道

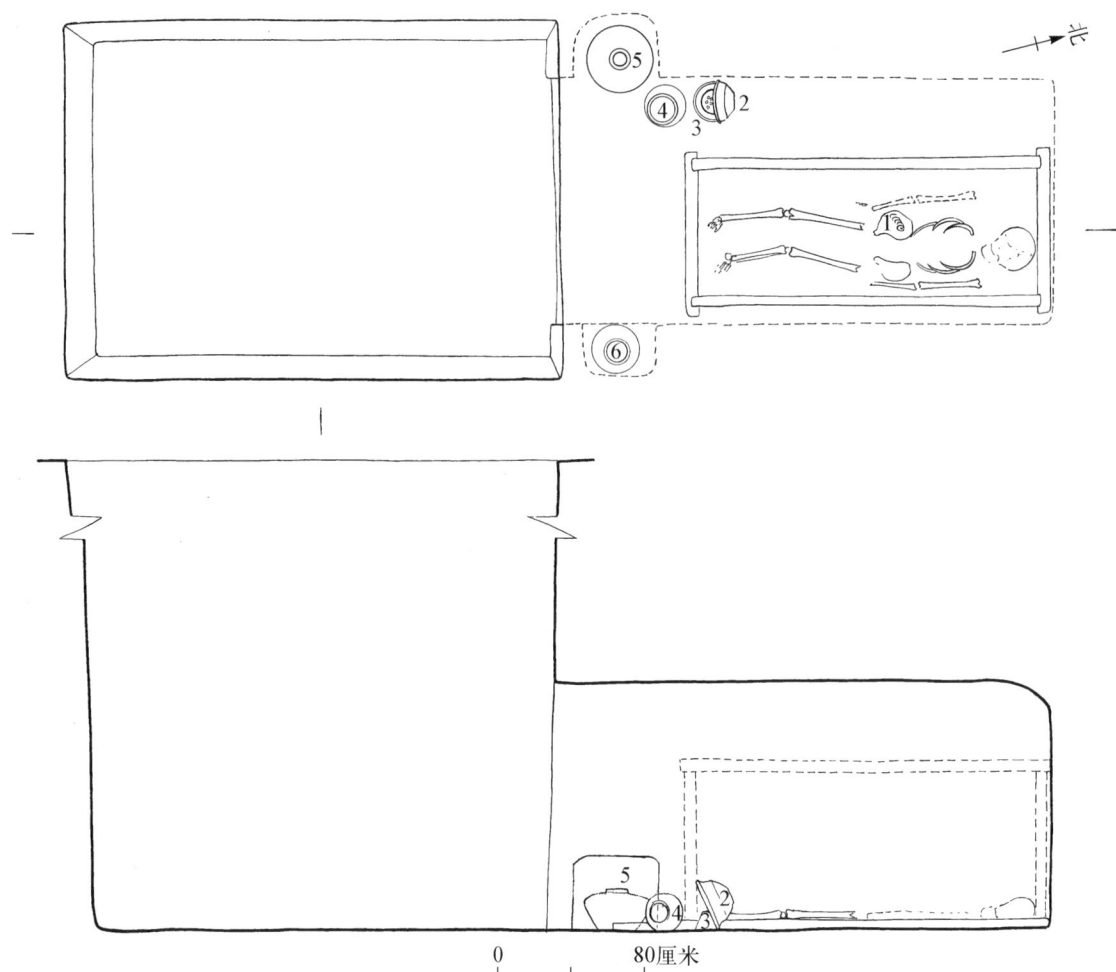

图二五八　SDM64墓葬平、剖图

1. 铜钱　2. 陶盂　3. 陶盂形甑　4. 陶罐口釜　5. 陶缶　6. 陶直口折肩罐

方向相反。

（5）随葬品及其位置

共6件（组），包括陶器5件、铜钱1组19枚。铜钱（ :1）位于墓主右侧盆骨上。缶（ :5）位于洞室西壁底部的壁龛内。龛外由北向南依次为盂（ :2）、盂形甑（ :3）、罐口釜（ :4），2号侧置，口部朝向3号，3号倒置。直口折肩罐（ :6）位于洞室东壁近底部的壁龛内。

（6）随葬品介绍

缶　1件。标本SDM64 :5，夹细砂灰陶。小体，小口束颈，折沿下倾，尖圆唇；圆鼓肩，弧腹，上下腹交接处圆弧，仅以一周旋纹分界，形成"符号亚腰"，平底。肩部饰数周暗旋纹，肩腹交接处饰一周旋纹，上腹部饰三至四周麦粒状绳纹。口径8.2、器身最大径30.5、底径15.5、通高26.4厘米（图二六一，10；彩版二一，5）。

直口折肩罐　1件。标本SDM64 :6，夹细砂灰陶。大体，直口方唇，唇面有一周凹槽；折肩，肩面圆鼓，腹微折，肩腹部呈"微亚腰"状，上腹略弧，下腹斜直，平底。肩腹及上下腹交接处各饰一周旋纹。下腹有轮制痕迹。口径14.2、器身最大径26.1、底径13.0、通高19.9厘米（图二六一，8；彩版一七，3）。

盉 1件。标本SDM64:2，夹细砂灰陶。直口，折沿微下倾，尖圆唇；折腹，上腹近直，下腹斜直，上腹占腹部比例约三分之一，平底。上下腹交接处有一周折棱。口径20.8、底径9.5、通高11.5厘米（图二六一，4）。

盂形甑 1件。标本SDM64:3，夹细砂灰褐陶。敞口，折沿下倾，尖圆唇；腹微折，上腹微弧，下腹斜直，上腹占腹部比例小于三分之一，平底；器底戳制16个圆形甑孔，布局为中心一孔与边缘两周。上下腹交接处有一周折棱。口径21.6、底径9.4、通高12.7厘米（图二六一，1）。

罐口釜 1件。标本SDM64:4，夹砂红褐陶，底部夹粗砂。小体，卷沿，方圆唇；矮直颈，圆肩，鼓腹，圜底。腹上部饰数周旋纹，腹下部饰横向篮纹，底部饰纵向篮纹。口径12.0、器身最大径17.5、通高15.0厘米（图二六一，6）。

铜钱 共19枚。标本SDM64:1，均为"半两"。肉上或有圆孔或凸起。穿多方正，仅1枚不规则。可辨钱文的文字各异，字与穿比例不同。"半"字头部转折程度不同，两横线及竖线出于下横线的长度不等；"两"字上横线与肩长度比例不同，肩部多折少弧，"两"字内部结构亦有区别（图二五九）。钱径2.2～3.7、穿宽0.5～1.4厘米，重量0.9～14.3克（彩版三八，5）。具体形制详见表一九。

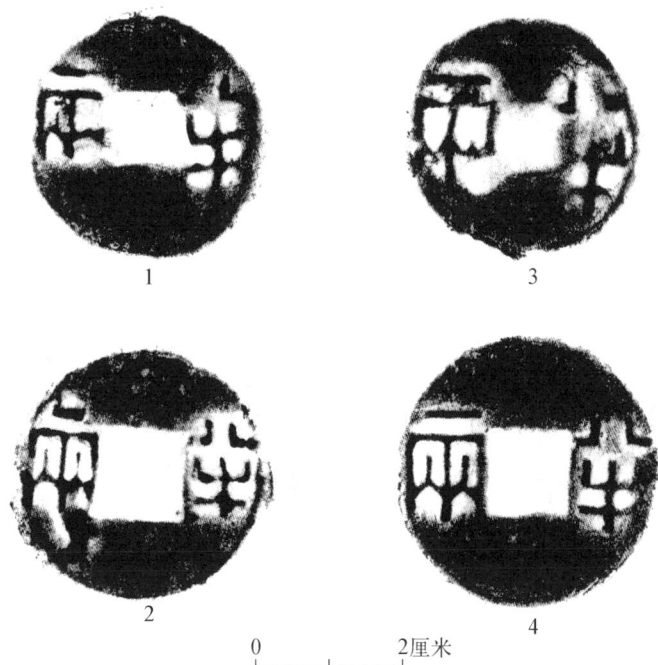

图二五九 SDM64随葬铜钱拓片

1. SDM64:1-8 2. SDM64:1-7 3. SDM64:1-16 4. SDM64:1-13

表一九 SDM64铜钱统计表

编号	种类	钱径	穿宽	重量	文字	形制	记号	附着物	图号	备注
SDM64:1-1	半两	3.2	0.8	14.3	文字凸起，字大于穿。"半"字头转折明显，下横线较短，竖线略出下横线；"两"字上横线较短，折肩，为"双人两"					
SDM64:1-2		3.7	1.1	7.8	文字凸起，字等于穿。"半"字头转折明显，下横线较短，竖线略出下横线；"两"字无上横线，折肩，为"双人两"，人字首部较长					
SDM64:1-3		3.2	0.9	7.6	文字锈蚀不清					
SDM64:1-4		2.6	0.5	7.8	文字凸起，字略小于穿。"半"字无头部，两横线略等，竖线略出下横线，弧肩，为"双人两"，人字首部较长					
SDM64:1-5		3.5	1.1	9.2	文字凸起，字略大于穿。"半"字头转折明显，两横线略等，竖线略出下横线。"两"字上横线较短，折肩，为"双人两"					
SDM64:1-6		3.3	0.7	10.3	文字凸起，字略大于穿。"半"字头转折明显，两横线略等，竖线略长出下横线，为"双人两"，"两"字上横线与肩等长，折肩					
SDM64:1-7		3.5	1.1	10.1	文字凸起，笔画略细，字略等于穿。"半"头部转折明显，两横线略出下横线，为"双人两"，"两"字上横线较短，折肩，人字首部较长		"两"字下部有凸起		图二五九,2	
SDM64:1-8		3.3	0.8	12.3	文字凸起明显，折明显，两横线略等，竖线略出下横线。"半"字头部仅存一半目转，"两"字上横线较短，折肩，为"连山两"				图二五九,1	
SDM64:1-9		3.6	0.9	7.8	文字凸起明显，字略大于穿。"半"字头转折明显，与下部距离较大，两横线略等，竖线略出下横线；"两"字上横线比肩略短，折肩，为"双人两"，人字首部较长					

续表

编号	种类	钱径	穿宽	重量	文字	形制	记号	附着物	图号	备注
SDM64:1-10	半两	3.4	0.8	11.2	文字偏平，锈蚀严重					
SDM64:1-11		3.6	1.1	7.4	文字偏平，字略大于穿。"半"字下部呈"八"字状，与下部距离离较大，两横线略出下等，竖线长出下横线；"两"字上横线较短，折肩，为"双人两"，人字首部较长					
SDM64:1-12		3.5	1.1	6.3	文字凸起，字略大于穿。"半"字头转折明显，两横线略长出下等，竖线长出下横线；"两"字上横线短，肩部微弧，为"连山两"					
SDM64:1-13		3.6	1.1	6.6	文字略凸起，字大于穿。"半"字头转折明显，两横线略长出下等，竖线长出下横线；"两"字上横线比肩线短，折肩，为"双人两"，人字首部较长				图二五九，4；彩版三八，5	
SDM64:1-14		3.6	1	7.9	文字略凸起，字大于穿。"半"字头转折短，下横线略出下肩；"两"字上横线比肩线短，折肩，为"双人两"，人字首部较长					
SDM64:1-15		3.5	0.7	13	文字凸起，字大于穿。"半"字锈蚀不清；"两"字上横线较短，为"连山两"					
SDM64:1-16		3.2	0.7	12	文字略凸起，字大于穿。"半"字头转折明显，与下横线；"两"字部距离离较大，下横线比肩短，竖线略出下肩，为"倒丁两"	穿不规则			图二五九，3	
SDM64:1-17		3.5	1.1	6.5	文字凸起，字大于穿。"半"字头转折明显，与下横线；"两"字部距离离较大，两横线略长出下等，竖线略出下肩，为"双人两"		肉上有一圆孔			
SDM64:1-18		2.2	1.4	0.9	字迹稀稀可见，但不可辨形					残
SDM64:1-19		3.5	1.1	7.7	文字凸起，字略等于穿。"半"字头锈蚀不清，下横线较短，折肩，为"双人两"，人字首部较长		"两"字下部有两小圆孔			

163. 2010YFSDM80

（1）位置

北距SDM81约12.5米,西距SDM56约5.7米。

（2）形制结构（图二六〇）

墓向：20°。

墓道：位于洞室北侧。口大底小。口呈长方形,东长3.60、西长3.58、南宽1.88、北宽1.90米。斜壁。平底,东长3.40、西长3.40、南宽1.70、北宽1.70米。自深4.20米。

洞室：拱形顶,直壁,平底。洞室口位于墓道南壁中部,洞室宽小于墓道底宽。洞室口东壁距墓道东壁0.26、西壁距墓道西壁0.24米。底部平面呈长方形,东长2.98、西长2.98、南宽1.20、北宽1.20米。高1.60米。

填土：墓道为黄褐色五花土,夹杂褐色土颗粒,土质较松软。洞室为黄色淤土,土质细腻。

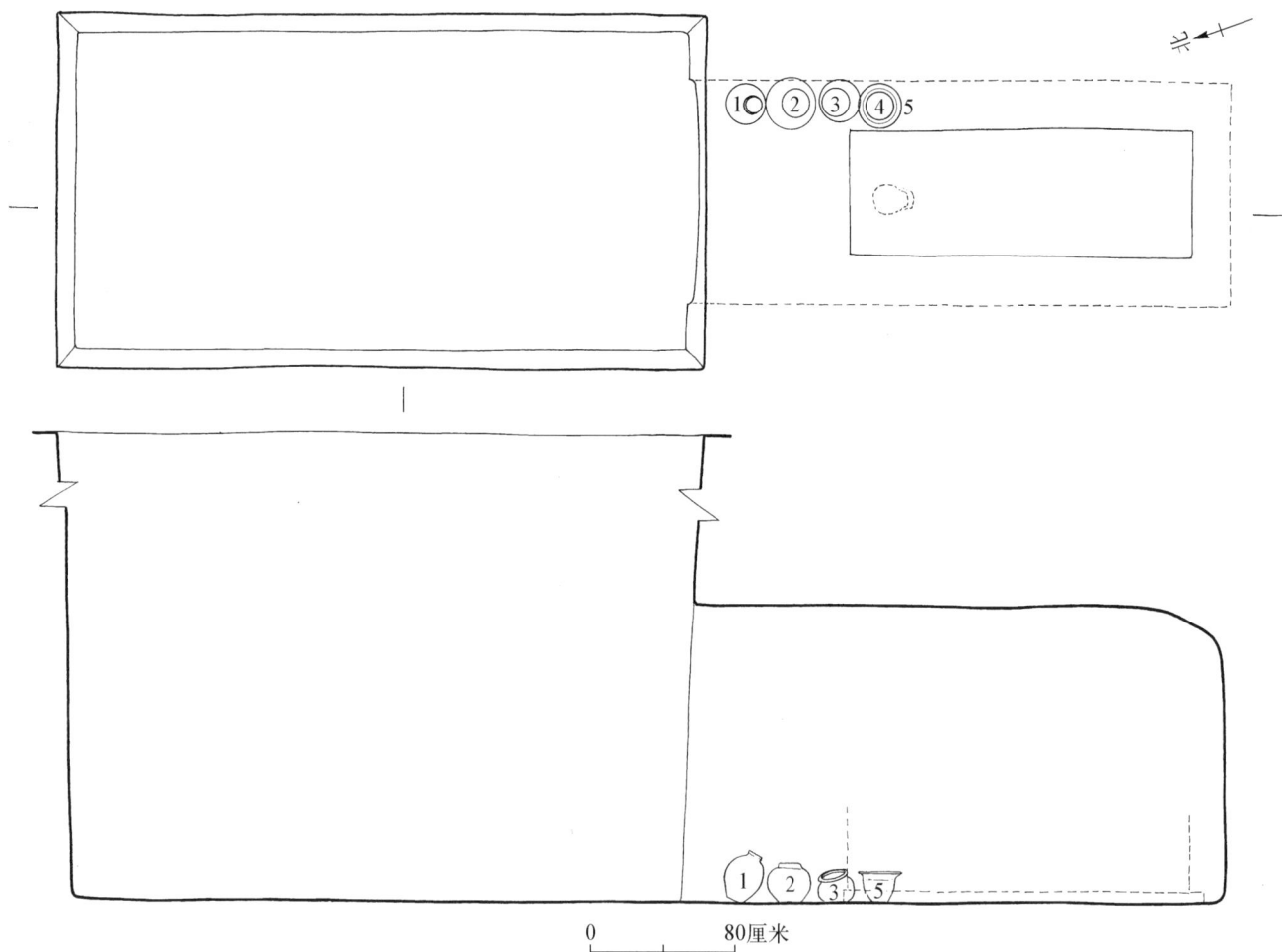

图二六〇　SDM80墓葬平、剖图

1.陶小口旋纹罐　2.陶卷沿折肩罐　3.陶弱口釜　4.陶盂　5.陶盂改甑

（3）葬具

单棺，呈矩形。置于洞室偏南。棺长1.90、宽0.68米。

（4）墓主人

骨架保存极差，仅见头骨痕迹。葬式不明，头向与墓道方向相同。

（5）随葬品及其位置

共5件，皆陶器，均位于墓主头端棺外，紧邻洞室东壁。由北向南依次为小口旋纹罐（：1）、卷沿折肩罐（：2）、鬲口釜（：3）、盂（：4）和盂改甑（：5），4号叠置于5号内。

（6）随葬品介绍

小口旋纹罐 1件。标本SDM80：1，夹细砂灰陶。小口束颈，平折沿，沿面微内凹，尖圆唇；圆鼓肩，腹部微弧近直，平底。肩及腹上部饰数周旋断绳纹。口径8.0、器身最大径22.9、底径11.8、通高25.3厘米（图二六一，7）。

卷沿折肩罐 1件。标本SDM80：2，夹细砂灰陶。大体，侈口卷沿，斜方唇；圆折肩，弧腹，上下腹交接处圆弧，似修整出折痕，形成"象征亚腰"，下腹斜直微内凹，平底。肩面饰数周暗旋纹。腹下部有修整刮痕。口径15.6、器身最大径25.7、底径14.3、通高20.0厘米（图二六一，9）。

盂 1件。标本SDM80：4，夹细砂灰陶。侈口，沿下角较大，方圆唇；鼓腹，上腹近口部内敛，下腹斜直，平底。素面。腹部有轮制痕迹。口径18.4、底径9.8、通高12.2厘米（图二六一，5）。

盂改甑 1件。标本SDM80：5，夹细砂灰陶。卷沿，沿面近平，方圆唇；鼓腹，腹部修整出"微亚腰"作风，上腹近口部内敛，下腹微内凹，平底；器底凿制4个圆形甑孔。口径21.3、底径9.5、通高11.6厘米（图二六一，3）。

鬲口釜 1件。标本SDM80：3，夹砂灰褐陶，底部夹粗砂。口微侈，斜方唇，隆肩，肩面近口处略平，腹上部微弧近直，下部弧收，圜底。腹上部饰数周旋纹，腹下部及底饰方格纹。口径14.7、器身最大径22.5、通高18.2厘米（图二六一，2）。

164. 2010YFSDM89

（1）位置

西距SDM90约0.7米，南距SDM92约9.0米。

（2）形制结构（图二六二）

墓向：20°。

墓道：位于洞室北侧。口大底小。口呈长方形，东长3.14、西长3.14、南宽1.90、北宽1.90米。斜壁。平底，东长2.80、西长2.80、南宽1.52、北宽1.52米。自深5.50米。

洞室：拱形顶，直壁，平底。洞室口位于墓道南壁中部，洞室口宽与墓道底宽等长。底部平面呈长方形，东长2.94、西长2.96、南宽1.46、北宽1.46米。高1.50米。

填土：墓道为黄褐色五花土，夹杂较多的褐色土颗粒，土质坚硬，经过夯打，夯层厚度为0.10米左右。洞室为黄色淤土，土质较疏松。

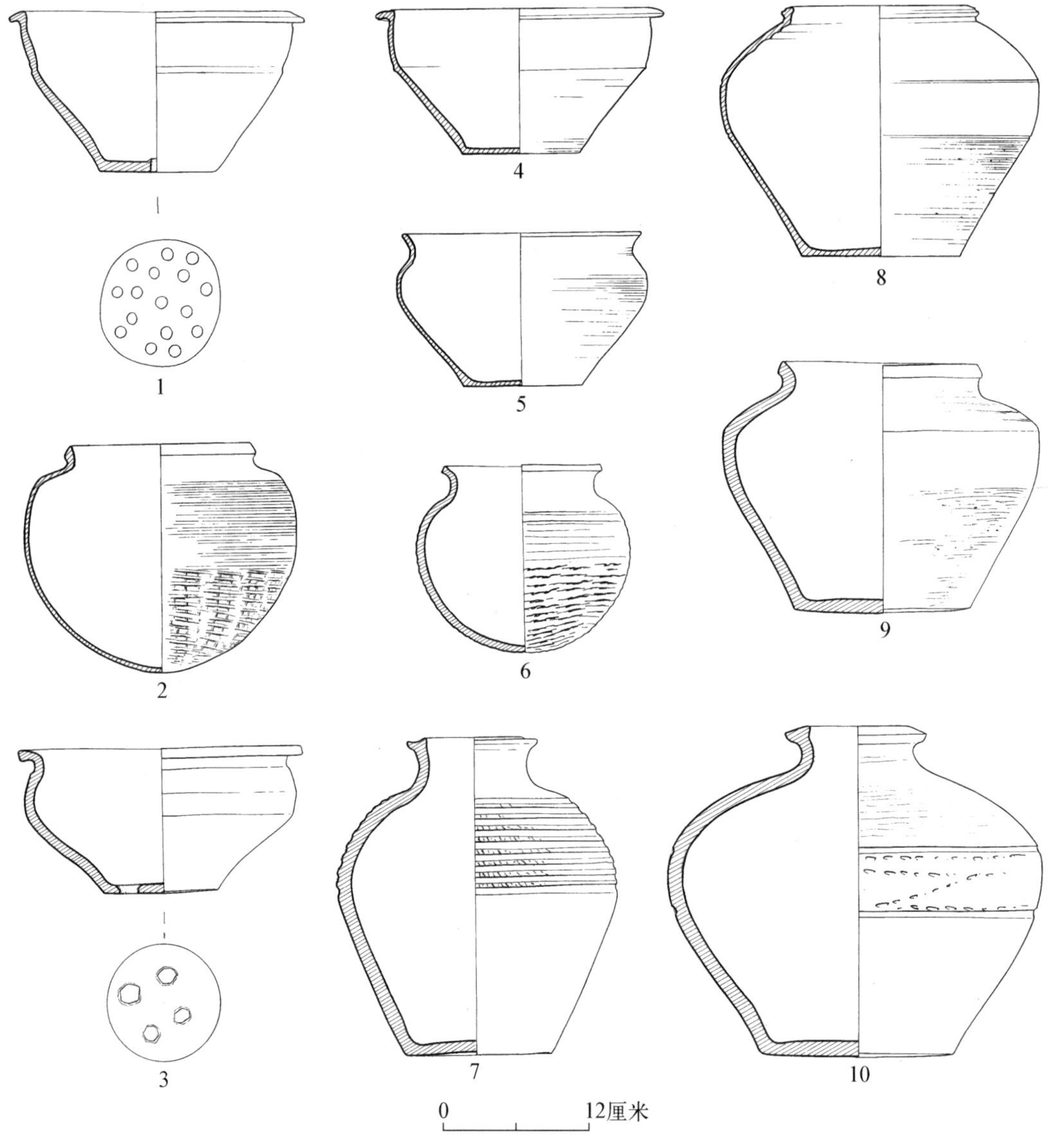

图二六一　SDM64、SDM80随葬陶器

1. 盂形甑（SDM64：3）　2. 鬲口釜（SDM80：3）　3. 盂改甑（SDM80：5）　4、5. 盂（SDM64：2、SDM80：4）　6. 罐口釜（SDM64：4）
7. 小口旋纹罐（SDM80：1）　8. 直口折肩罐（SDM64：6）　9. 卷沿折肩罐（SDM80：2）　10. 缶（SDM64：5）

（3）葬具

单棺，呈矩形，棺侧板与端板四角闭合相接。棺长1.86、宽0.64、端板厚0.06、侧板厚0.05～0.06米。棺下加棺床。棺床由5块木板纵向铺设而成，由东向西各块木板长、宽依次为2.60×0.24、2.62×0.26、2.60×0.26、2.60×0.23、2.60×0.22 m²。

（4）墓主人

骨架朽成粉末状。葬式不明，头向与墓道方向相同。

（5）随葬品及其位置

共13件，包括陶器9件、铁器1件、漆器1件、铜饰1组20枚、铜钱1组131枚。盛（：1）位于

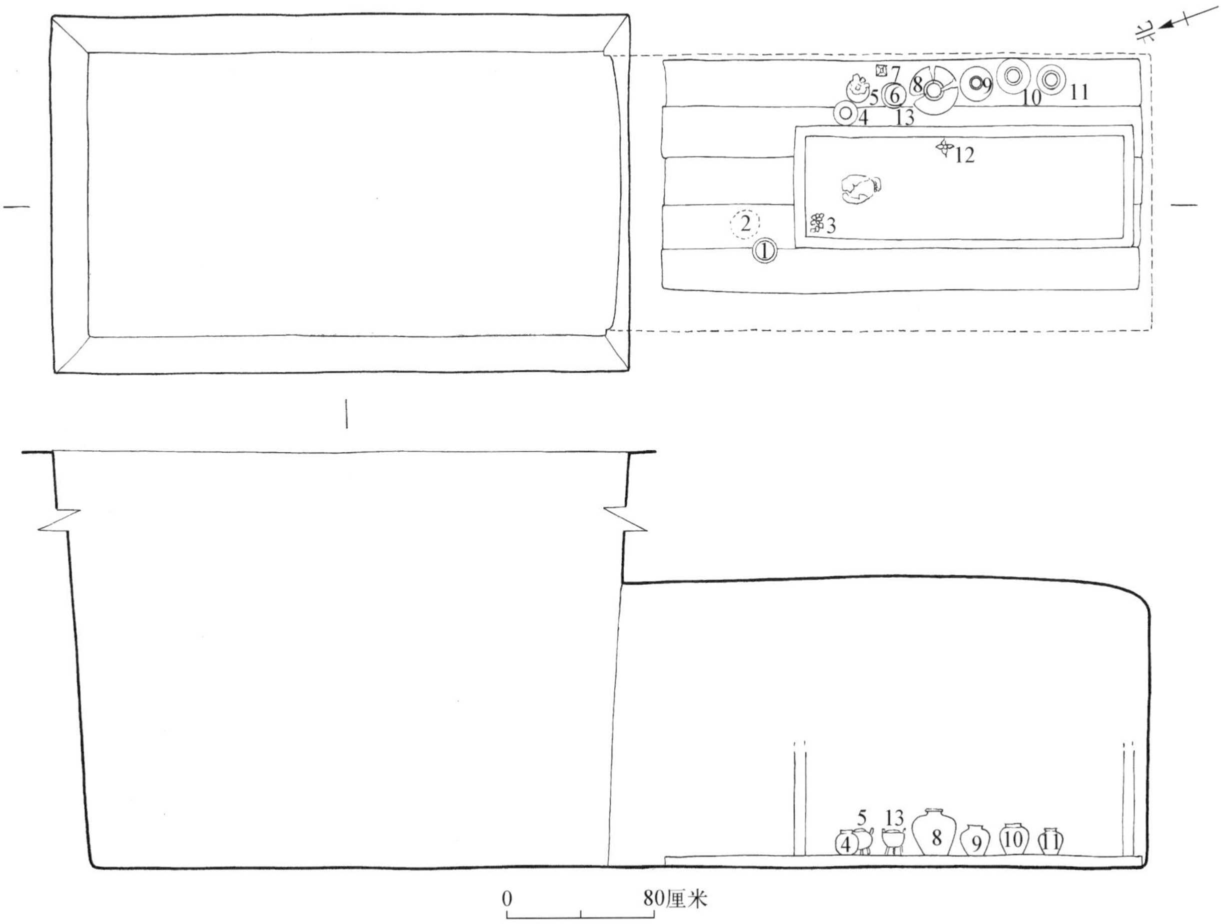

图二六二　SDM89 墓葬平、剖图

1. 陶盛　2. 漆器　3. 铜钱　4. 铁鍪　5. 陶鼎　6. 陶簋形甑　7. 陶钫　8. 陶缶　9、10. 陶卷沿圆肩罐
11. 陶小口旋纹罐　12. 铜柿蒂形棺饰　13. 陶锜

棺外西北角,其东北侧为漆器(:2)。棺外东侧自北向南依次为铁鍪(:4)、鼎(:5)、钫(:7)、簋形甑(:6)、锜(:13)、缶(:8)、卷沿圆肩罐(:9、:10)、小口旋纹罐(:11),其中6号倒置于13号上。铜钱(:3)位于棺内西北角。铜柿蒂形棺饰(:12)位于棺内,紧邻棺东侧板中部。

(6)随葬品介绍(图版二○,1)

钫　1件。标本 SDM89:7,泥质灰陶。覆斗形盖,与器身以子母口扣合;侈口方唇,口外侧加厚一周泥条,束颈,溜肩,鼓腹,方形圈足微外撇,肩部对称饰一对衔环。盖顶残存红白彩;口部及颈部近口处分别饰条带状红、白彩一周,颈肩交接处饰条带状红、白彩各一周,颈部饰红、白三角蕉叶纹,间以白色云纹;肩部饰八组云纹,衔环描白,内有红圈;圈足饰红、白彩各一周。盖高3.6、盖顶阔5.4、盖阔9.6、口阔10.4、器身最大径20.8、器身高35.1、足高3.2、足阔12.2、通高38.0厘米(图二六三)。

鼎　1件。标本 SDM89:5,泥质灰陶。盖面圆弧,盖腹较深,盖上残留有2个点状乳突;鼎身与盖以子母口扣合,口部内、外沿大致齐平,沿面有一周凹槽;浅腹,上腹竖直,下腹弧收,上下

0　————　4厘米

图二六三　SDM89 随葬陶钫

SDM89∶7

腹交接处有一周凸棱,圜底近平;双附耳,耳微外撇,有长方形穿,耳穿不透;耳、足与器身连接于腹部凸棱,蹄足粗矮而外撇,耳足呈五点式分布。鼎盖近口处饰一周条带状红彩,盖面饰三组云纹红彩;双耳两侧饰红彩,顶端饰白彩;上腹饰条带状红、白彩各一周。器盖口径16.6、器盖高4.7、耳宽3.4、耳高4.8、器身口径16.0、器身最大径18.0、器身高8.2、足高5.8、通高14.6厘米(图二六四,9)。

盛　1件。标本SDM89:1,泥质灰陶。盖面微弧,盖腹略深,上有矮圈足状捉手,盖面最高处略低于捉手上缘;盖与器身以子母口扣合,口部内沿略高于外沿,沿面内凹成槽;弧腹,平底。捉手内饰一周条带状红彩,内填两组白色云纹;盖面近捉手处及近口处各饰一周条带状红彩,间以四组红色云纹,云纹间夹白、绿彩;器身腹上部饰条带状红、白彩各一周。器盖口径16.0、器盖高5.2、捉手直径8.4、器身口径15.2、器身最大径17.8、器身高8.6、底径8.7、通高13.6厘米(图二六四,1)。

錡　1件。标本SDM89:13,泥质灰陶。小直口方唇,弧肩,肩面无铺首;弧腹,圜底,腹深小于肩高;肩腹转折处有腰檐,腰檐窄;腹下接三蹄足,蹄足粗矮。肩部近口处饰条带状红、白彩各一周,近腰檐处饰条带状红彩一周,间以四组云纹,两组为绿红白彩,另两组为蓝红白彩。口径7.2、器身最大径18.0、檐宽0.6、足高5.1、通高9.9厘米(图二六四,3)。

簋形甑　1件。标本SDM89:6,泥质灰陶。敞口,方唇,唇部微加厚;弧腹,平底,底内壁无刮痕;器底戳制5个短条形甑孔,布局为中心一孔与边缘一周,圈足微外撇。器身由上至下饰四周条带状红、白彩,按红、白、白、红分布,圈足饰一周条带状红彩;器内壁遍施红彩,色泽浓艳。口径16.4、底径8.3、通高7.9厘米(图二六四,2)。

缶　1件。标本SDM89:8,夹细砂灰陶。大体,小口束颈,平折沿,尖圆唇;溜肩,腹部整体斜直微内凹,平底。肩部饰数周暗旋纹,腹上部饰两周麦粒状绳纹。口径9.4、器身最大径37.7、底径15.9、通高30.0厘米(图二六四,8;彩版二〇,5)。

小口旋纹罐　1件。标本SDM89:11,夹细砂灰陶。小口束颈,平折沿,尖圆唇;微溜肩,腹近斜直,平底。肩及腹上部饰数周旋断绳纹。口径8.2、器身最大径19.8、底径10.2、通高20.8厘米(图二六四,5)。

卷沿圆肩罐　共2件。皆夹细砂灰陶。侈口卷沿,斜方唇,上腹略弧,下腹斜直微内凹,平底。标本SDM89:9,小体,微溜肩。素面。下腹有轮制痕迹。口径10.0、器身最大径23.8、底径11.2、通高21.2厘米(图二六四,10)。标本SDM89:10,大体,圆鼓肩。肩部饰数周暗旋纹,肩腹交接处饰两周旋纹及一周麦粒状绳纹。口径15.4、器身最大径28.2、底径13.4、通高21.7厘米(图二六四,11)。

铜柿蒂形棺饰　共20件。四瓣花朵式,整体形状呈柿蒂形。标本SDM89:12-1,铜泡内有一横梁。蒂叶对角长3.2、帽径1.10厘米(图二六五,5)。标本SDM89:12-2,蒂叶残,铜泡内有一钉,形似"图钉"。帽径1.0厘米(图二六五,6)。

铁鍪　1件。标本SDM89:4,侈口方唇,束颈,溜肩,肩面斜直,鼓腹,圜底。口径10.8、器身最大径16.8、通高15.4厘米(图二六五,4)。

漆器　1件。标本SDM89:2,无法提取。

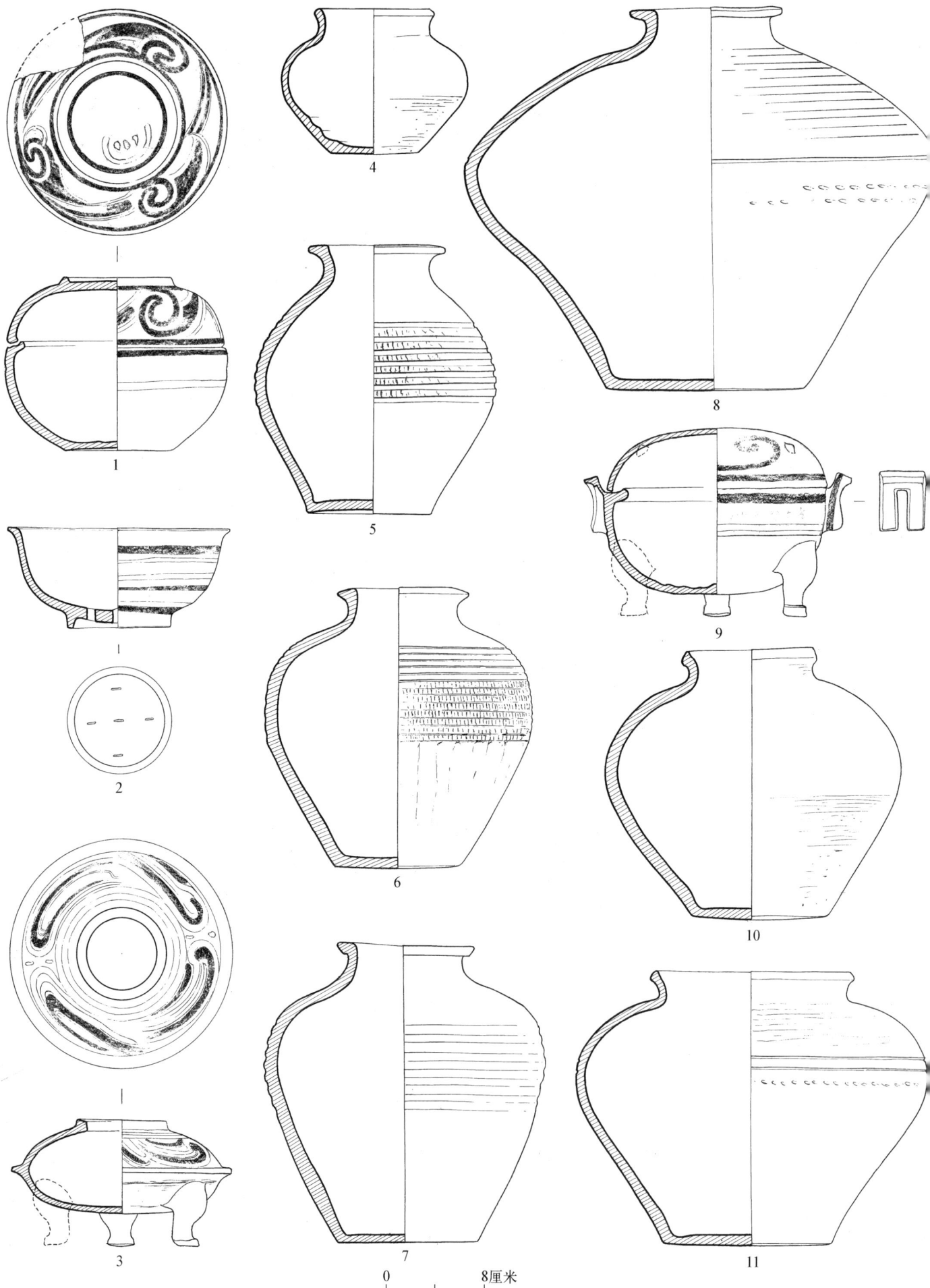

图二六四　SDM89、SDM97随葬陶器

1. 盛（SDM89：1）　2. 箅形甑（SDM89：6）　3. 锜（SDM89：13）　4. 有颈罐（SDM97：1）　5、6、7. 小口旋纹罐（SDM89：11、SDM97：2、SDM97：3）

8. 缶（SDM89：8）　9. 鼎（SDM89：5）　10、11. 卷沿圆肩罐（SDM89：9、SDM89：10）

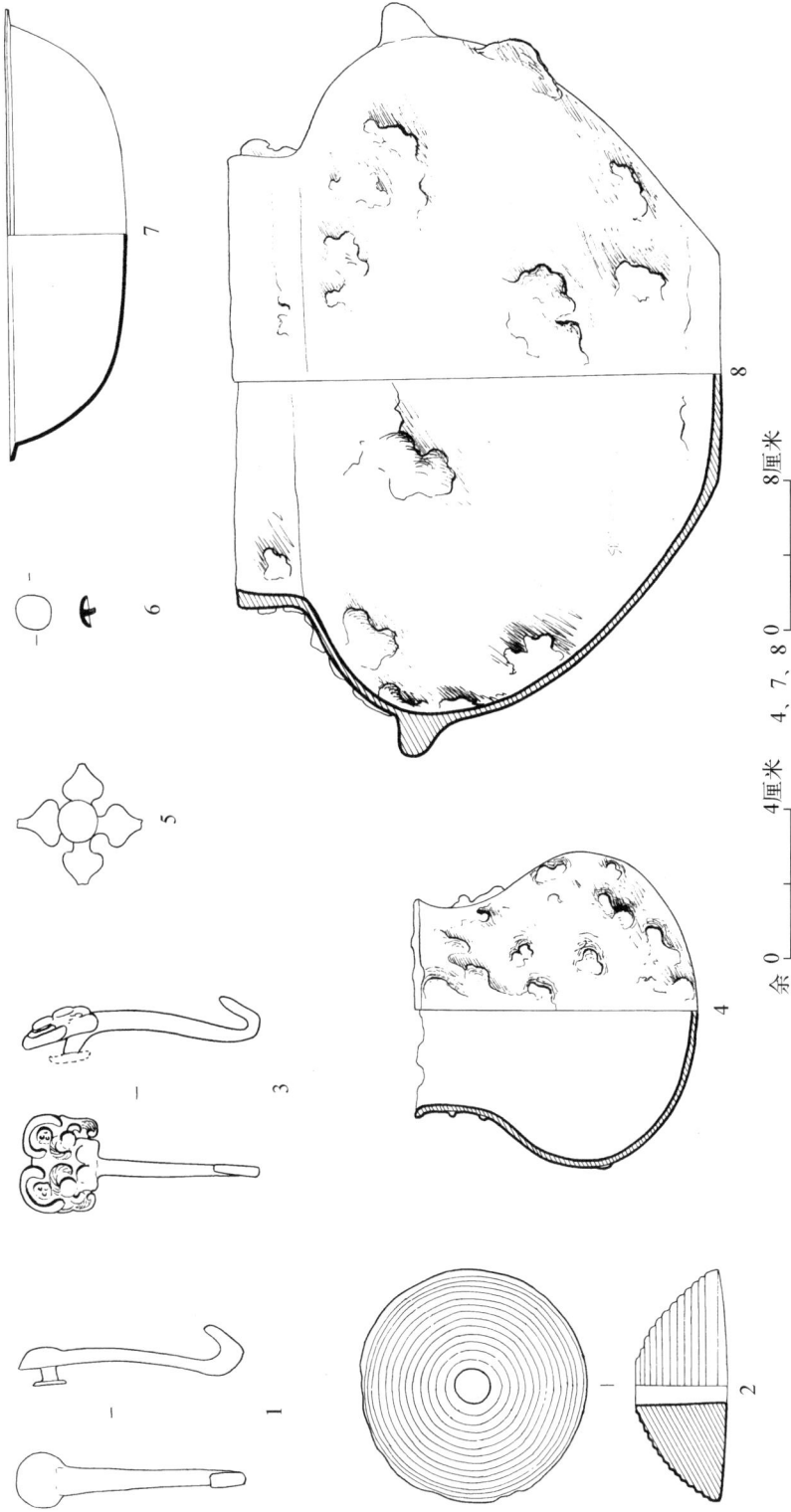

图二六五 SDM23、SDM62、SDM89、SDM103、SDM138 随葬小件器物

1、3. 铜带钩（SDM62：8，SDM23：5） 2. 陶纺轮（SDM138：3） 4. 铁鍪（SDM89：4） 5、6. 铜柿蒂形棺饰（SDM89：12-1，SDM89：12-2） 7. 铜盆（SDM62：1） 8. 铁釜（SDM103：5）

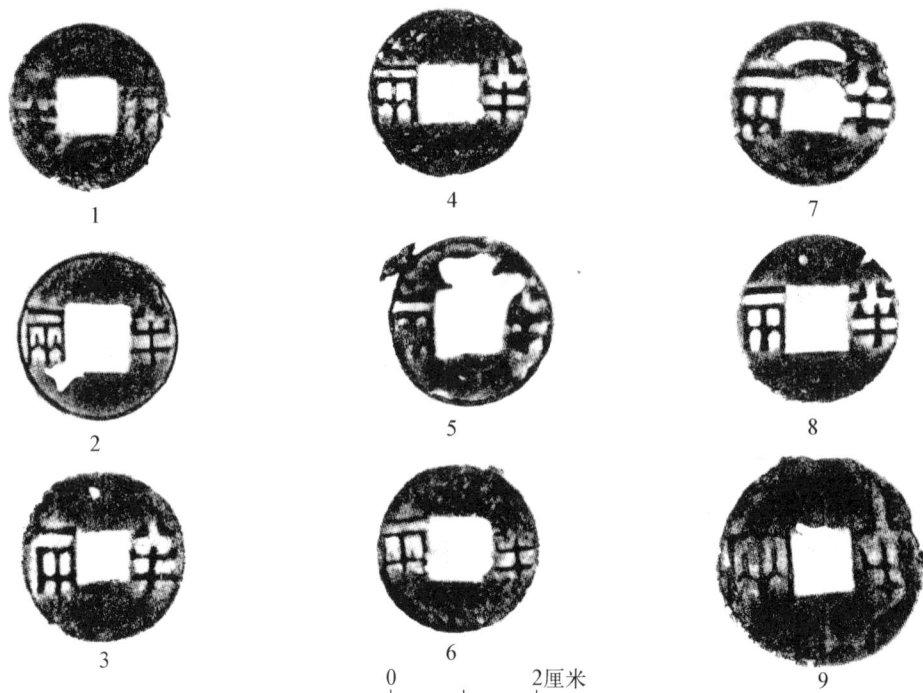

图二六六　SDM89随葬铜钱拓片

1. SDM89∶3-111　2. SDM89∶3-2　3. SDM89∶3-71　4. SDM89∶3-31　5. SDM89∶3-18　6. SDM89∶3-109
7. SDM89∶3-21　8. SDM89∶3-74　9. SDM89∶3-6

铜钱　共131枚。标本SDM89∶3，均为"半两"。肉上或有孔。穿多方正，亦有不规则者。少数有钱郭。可辨钱文的文字各异，字与穿比例不同。"半"字头部转折程度不同，两横线及竖线出于下横线的长度不等；"两"字上横线与肩长度比例不同，多折肩，少数微弧，"两"字内部结构亦有区别。钱缘或有毛茬或有铸口，整体制作较规范。钱径2.1～2.5、穿宽0.6～1.0厘米，重量1.1～3.5克（图二六六）。具体形制详见表二○。

165. 2010YFSDM97

（1）位置

西距SDM98约7.7米，东距SDM88约13.7米。

（2）形制结构（图二六七）

墓向：13°。

墓道：位于洞室北侧。口大底小。口呈长方形，东长3.04、西长3.04、南宽2.02、北宽2.04米。斜壁。平底，东长2.50、西长2.50、南宽1.54、北宽1.54米。自深3.80米。

洞室：拱形顶，直壁，平底。洞室口位于墓道南壁中部，洞室宽小于墓道底宽。洞室口东壁距墓道东壁0.24、西壁距墓道西壁0.20米。底部平面呈长方形，东长2.94、西长2.92、南宽1.08、北宽1.10米。高1.20米。

填土：墓道土色红褐色，土质较硬，局部经过夯打，无明显夯层及夯窝。洞室土色黄色，土质较硬。

表二〇　SDM89铜钱统计表

编　号	种类	钱径	穿宽	重量	文　字	形　制	记　号	附着物	图　号	备　注
SDM89:3-1	半两	2.3	0.7	1.7	字迹依稀可见，但不可辨形					
SDM89:3-2		2.3	0.8	1.3	文字扁平，笔画较细，字略小于穿。"半"字头部呈"八"字状，两横线等长，竖线长出下横线；"两"字上横线与肩等长，折肩，为"双人两"	穿不规则 钱郭			图二六六，2	
SDM89:3-3		2.3	0.6	2.3	文字扁平，字大于穿。"半"字头部转折，两横线略出下横线，竖线长，折肩，为"十字两"					
SDM89:3-4		2.3	0.8	2.2	文字扁平，字大于穿。"半"字头部转折，两横线略出下横线，竖线长，折肩，为"十字两"					
SDM89:3-5		2.2	0.7	1.1	字迹依稀可见，但不可辨形	穿不规则 钱缘有毛茬				
SDM89:3-6		2.9	0.7	3.5	文字扁平，笔画较细，字大于穿。"半"字部转折，下横线略出下横线，竖线较短，为"双人两"，人字首部较长				图二六六，9	
SDM89:3-7		2.2	0.6	1.3	文字扁平，字等于穿。"半"字头部转折，下部锈蚀不清；"两"字上横线比肩略长，为"双人两"					
SDM89:3-8		2.3	0.7	1.7	文字扁平，"半"字头部呈"八"字状，两横线等长，竖线长出下横线；"两"字上横线比肩略短，折肩，为"双人两"	穿不规则				有1对不对称铸口
SDM89:3-9		2.3	0.7	1.7	字迹依稀可见，但不可辨形	穿不规则				
SDM89:3-10		2.2	0.6	1.4	同上	穿不规则				
SDM89:3-11		2.2	0.6	2.2	文字扁平，"半"字锈蚀不清；"两"字上横线较短，折肩，为"十字两"					
SDM89:3-12		2.3	0.8	2.3	字迹依稀可见，但不可辨形	穿不规则				

续表

编号	种类	钱径	穿宽	重量	文字	形制	记号	附着物	图号	备注
SDM89:3-13	半两	2.2	0.8	1.6	文字凸起，字等于铢。"半"字头部转折，两横线略出下横线，竖线与肩等长，折肩，为"十字两"					
SDM89:3-14		2.3	0.8	1.4	文字扁平，字小于铢。"半"字头部转折，两横线与上横线相接，长出下横线，竖线与肩等长，折肩，为"连山两"	穿不规则				
SDM89:3-15		2.3	0.8	1.3	字迹依稀可见，但不可辨形					
SDM89:3-16		2.3	0.8	1.1	文字扁平，字等于铢。"半"字头部转折，两横线略出下横线，竖线与肩等长，折肩，为"十字两"					
SDM89:3-17		2.3	0.7	1.5	文字扁平，字等于铢。"半"字头部转折，竖线与肩等长，折肩，为"十字两"					
SDM89:3-18		2.3	0.8	2.5	文字扁平，字等于铢。"半"字头部呈两点，两横线略出下横线；"两"字上横线与肩等长，折肩，内部锈蚀				图二六六,5	有1铸口
SDM89:3-19		2.2	0.7	1.4	字迹稀稀可见，但不可辨形	穿不规则				
SDM89:3-20		2.2	0.7	1.5	文字扁平，字等于铢。"半"字头部转折，下横线较短，竖线微出下横线；"两"字上横线比肩略长，折肩，为"十字两"	穿不规则				
SDM89:3-21		2.2	0.7	2.5	文字扁平，字大于铢。"半"字头部呈"八"字状，两横线等长，竖线微出下横线；"两"字上横线与肩等长，折肩，为"十字两"	穿不规则	肉上有月牙状孔		图二六六,7	
SDM89:3-22		2.4	0.8	2.5	字迹依稀可见，但不可辨形	穿不规则				
SDM89:3-23		2.2	0.8	1.9	同上	穿不规则				
SDM89:3-24		2.4	0.8	2.1	文字扁平，字小于铢。"半"字头部转折，两横线略出下横线，竖线与肩等长，折肩，为"十字两"	穿不规则				

续表

编　号	种类	钱径	穿宽	重量	文　字	形　制	记　号	附着物	图　号	备　注
SDM89:3-25		2.2	0.8	1.7	字迹依稀可见,但不可辨形				图二九三,4	有1铸口
SDM89:3-26		2.3	0.8	2.5	文字扁平,字等于穿。"半"字头部转折,下横线较短,折与肩;"两"字上横线略出下横线,为"十字两"					
SDM89:3-27		2.2	0.8	1.2	文字扁平,字等于穿。"半"字锈蚀不清;"两"字上横线较短,折与肩,为"1字两"					
SDM89:3-28		2.4	0.7	2.5	文字扁平,字小于穿。"半"字头部转折,两横线等长,竖线长出下横线较短,折与肩,为"连山两"					
SDM89:3-29		2.3	0.7	2.3	字迹依稀可见,但不可辨形		"两"字下部有孔			
SDM89:3-30	半两	2.3	0.8	2	同上					
SDM89:3-31		2.3	0.7	2.4	文字扁平,字等于穿。"半"字头部转折,两横线长出上横线,竖线长出下横线,折与肩;"两"字上横线等肩等长,为"连山两"				图二六六,4	
SDM89:3-32		2.4	0.8	1.7	文字扁平,字等于穿。"半"字头部转折,下横线略出下横线,竖线长出下横线等长,折与肩,为"十字两"		肉上有孔			
SDM89:3-33		2.1	0.7	1.6	文字扁平,字等于穿。"半"字头部呈"八"字状,两横线等长,竖线长上横线相接,长出下横线;"两"字上横线等肩,折与肩,为"十字两"	穿不规则				
SDM89:3-34		2.3	0.7	2.1	文字扁平,字大于穿。"半"字头部转折,两横线等长,竖线长出下横线;"两"字上横线与肩略平,折与肩,为"双人两"					有1铸口
SDM89:3-35		2.3	0.7	2.6	文字扁平,字等于穿。"半"字头部呈"八"字状,两横线等长,竖线略出下横线,折与肩;"两"字上横线比肩略长,为"连山两"	钱缘有毛茬				

续表

编号	种类	钱径	穿宽	重量	文字	形制	记号	附着物	图号	备注
SDM89:3-36		2.3	0.7	1.7	文字扁平，字等于笭。"半"字头部呈"八字"状，两横线等长，竖线长出下横线，折肩，为"十字两"					
SDM89:3-37		2.3	0.7	2.3	文字扁平，字大于笭。"半"字头部呈"八字"状，两横线略出下横线，竖线略出下横线，折肩，为"十字两"					
SDM89:3-38		2.2	0.7	1.7	文字扁平，字等于笭。"半"字头部转折，与下部距离较大，下横线略长，竖线出于下横线，折肩，"两"字上横线与肩等长，折肩，为"双人两"					
SDM89:3-39		2.3	0.7	2.2	字迹依稀可见，但不可辨形					
SDM89:3-40		2.3	0.8	1.5	文字扁平，字等于笭。"半"字头部呈"八字"状，下部锈蚀不清；"两"字上横线比肩略短，折肩，为"双人两"					
SDM89:3-41	半两	2.3	0.7	2	字迹依稀可见，但不可辨形					
SDM89:3-42		2.4	0.8	1.8	文字扁平，字等于笭。"半"字头部转折，两横线比肩略短，折肩；"两"字上横线出肩，竖线长出下横线，为"十字两"	钱郭				
SDM89:3-43		2.3	0.7	1.9	文字凸起，字大于笭。"半"字头部呈"八字"状，上横线内勾，两横线等长，竖线长出下横线；"两"字上横线与肩等长，折肩，为"十字两"					
SDM89:3-44		2.3	0.8	2.4	文字扁平，字等于笭。"半"字锈蚀不清，"两"字上横线较短，折肩，为"十字两"					
SDM89:3-45		2.3	0.7	1.9	文字扁平，字等于笭。"半"字头部呈"倒八字"状，上横线上折内收与头部相连，两横线等长，竖线长出下横线，折肩，为"十字两"		肉上有孔			
SDM89:3-46		2.3	0.8	2	字迹依稀可见，但不可辨形					

续表

编 号	种类	钱径	穿宽	重量	文 字	形 制	记 号	附着物	图 号	备 注
SDM89:3-47		2.2	0.6	1.5	文字扁平，字大于筭。"半"字锈蚀不清；"两"字上横线与肩等长，折肩，为"双人两"	钱郭	肉上有孔			
SDM89:3-48		2.2	0.7	1.4	文字扁平，字等于筭。"半"字头部呈"八"字状，上横无转折，两横线等长，竖线长出下横线；"两"字上横线比肩略长，折肩，为"十字两"					
SDM89:3-49		2.3	0.7	2.1	文字扁平，字等于筭。"半"字头转折，下横线略出下横线；"两"字上横线与肩等长，折肩，为"十字两"					
SDM89:3-50		2.4	0.8	2	文字扁平，字大于筭。"半"字头转折，下横线略出于肩，折肩，为"十字两"					
SDM89:3-51	半两	2.3	0.7	2.5	文字扁平，字大于筭。"半"字锈蚀不清；"两"字上横线与肩等长，折肩，为"十字两"					
SDM89:3-52		2.3	0.8	2.5	文字扁平，字大于筭。"半"字头部呈两点，两横线略等，竖线略出下横线；"两"字上横线与肩等长，折肩，为"连山两"					
SDM89:3-53		2.4	0.8	2.6	字迹依稀可见，但不可辨形					
SDM89:3-54		2.3	0.8	1.3	文字扁平，字等于筭。"半"字头部转折，两横线等长，竖线长出下横线；"两"字上横线与肩等长，折肩，为"连山两"					
SDM89:3-55		2.3	0.8	2.2	文字扁平，字等于筭。"半"字头部锈蚀不清，两横线等长，竖线微出下横线；"两"字上横线与肩，折肩，为"双人两"					
SDM89:3-56		2.4	0.9	1.9	文字扁平，字等于筭。"半"字头部不存，上横线上折较长，竖线上接上横线，长出下横线；"两"字上横较短，折肩微弧，为"十字两"					

续表

编号	种类	钱径	穿宽	重量	文字	形制	记号	附着物	图号	备注
SDM89:3-57	半两	2.4	0.6	2.4	字迹依稀可见，但不可辨形					
SDM89:3-58		2.3	0.7	2.2	同上					
SDM89:3-59		2.2	0.7	1.6	文字扁平，字等于笁。"半"字头部呈两点，两横线等长，竖线微出下横线；"两"字上横线与肩等长，折肩，为"十字两"					
SDM89:3-60		2.2	0.7	1.4	字迹依稀可见，但不可辨形					
SDM89:3-61		2.4	0.7	2.6	文字扁平，字等于笁。"半"字头部呈"八"字状，下横线较短，竖线略出下横线；"两"字上横线与肩等长，折肩，为"十字两"					
SDM89:3-62		2.3	0.8	1.8	字迹依稀可见，但不可辨形					
SDM89:3-63		2.3	0.7	1.7	文字扁平，笔画较细，字等于笁。"半"字部转折，两横线等长，竖线上接上横线，长出下横线；"两"字上横略短，折肩，为"双人两"					有1铸口
SDM89:3-64		2.3	0.7	1.8	字迹依稀可见，但不可辨形					
SDM89:3-65		2.2	0.8	2.2	同上					
SDM89:3-66		2.3	0.7	2.5	文字扁平，字等于笁。"半"字头部呈"八"字状，两横线等长，竖线略出下横线；"两"字上横线与肩等长，折肩，为"十字两"					有1铸口
SDM89:3-67		2.3	0.6	1.7	字迹依稀可见，但不可辨形					
SDM89:3-68		2.2	0.7	2.3	文字扁平，字等于笁。"半"字部转折，两横线略出下横线；"两"字上横线与肩等长，折肩，为"双人两"					
SDM89:3-69		2.3	0.7	1.6	文字扁平，字等于笁。"半"字头部呈两点，两横线略出下横线；"两"字上横线比肩略短，折肩，为"十字两"					
SDM89:3-70		2.2	0.7	1.8	字迹依稀可见，但不可辨形	穿不规则				

续表

编　号	种类	钱径	穿宽	重量	文　字	形　制	记　号	附着物	图　号	备注
SDM89:3-71	半两	2.3	0.7	2	文字略平，字略大于穿。"半"字头部呈"八"字状，两横线出下横线，竖线略出于肩；"两"字上横线与肩等长，折肩，为"十字两"		肉上有孔		图二六六，3	
SDM89:3-72		2.2	0.7	2.1	字迹依稀可见，但不可辨形					
SDM89:3-73		2.3	0.7	2.2	同上					
SDM89:3-74		2.3	0.8	1.8	文字略凸，笔画较细，字等于穿。"半"字头部转折，与下部相接，两横线与上横线相接，竖线出于下横线；"两"字上横线与肩等长，折肩，为"连山两"		肉上有孔		图二六六，8	
SDM89:3-75		2.3	0.8	2	文字扁平，笔画较细，字大于穿。"半"字头部转折，两横线与上横线相接，竖线比上肩略短；"两"字上横线与肩等长，折肩，为"连山两"	线郭				
SDM89:3-76		2.3	0.7	2.3	文字扁平，笔画较粗，字等于穿。"半"字头部转折，竖线微出上横线，内部锈蚀；"两"字上横线与肩等长，折肩，为"连山两"					
SDM89:3-77		2.3	0.7	2	文字略凸，字大于穿。竖线略出下横线，折肩，为"十字两";"两"字上横线与肩等长	线郭				
SDM89:3-78		2.4	0.7	2	文字扁平，笔画较粗，字大于穿。"半"字头部呈两点，下部锈蚀不清；"两"字上横线略出下横线，折肩，为"十字两"					
SDM89:3-79		2.4	0.8	1.7	文字依稀可见，但不可辨形					
SDM89:3-80		2.3	0.7	1.9	同上					
SDM89:3-81		2.4	0.9	2.5	文字扁平，字大于穿。"半"字头部转折，两横线略出下横线，折肩，为"十字两";"两"字上横线与肩等长	穿不规则				
SDM89:3-82		2.4	0.7	2.2	文字扁平，字小于穿。"半"字头部转折，两横线略出下横线，折肩，为"双人两";"两"字上横线与肩					

续表

编号	种类	钱径	穿宽	重量	文字	形制	记号	附着物	图号	备注
SDM89:3-83	半两	2.2	0.7	1.3	字迹依稀可见，但不可辨形					
SDM89:3-84		2.3	0.7	2.1	同上					
SDM89:3-85		2.2	0.7	2	文字扁平，字小于穿。"半"字头部呈两点且两点距离较近，两横线等长，竖线出于肩等长，折于肩微弧；"两"字上横线与肩等长，为"双人两"					
SDM89:3-86		2.2	0.6	2.1	文字扁平，字小于穿。"半"字头部转折，下横线较短于下横线；"两"字上横线与肩等长，折于肩，为"连山两"	钱和穿部				
SDM89:3-87		2.3	0.8	1.3	字迹依稀可见，但不可辨形					
SDM89:3-88		2.2	0.7	1.9	文字扁平，字等于穿。"半"字头部转折，下横线较短，竖线出于下横线；"两"字上横线比肩略短，折肩，为"十字两"					有1铸口
SDM89:3-89		2.2	0.7	1.9	文字扁平，字大于穿。"半"字头部转折，两横线等长，竖线出于下横线；"两"字上横线与肩等长，折于肩，为"十字两"					
SDM89:3-90		2.2	0.8	2	字迹依稀可见，但不可辨形					
SDM89:3-91		2.3	0.9	1.9	同上					
SDM89:3-92		2.3	0.6	1.8	文字凸起，字等于穿。"半"字头部转折，两横线等长，竖线出于下横线，折肩；"两"字上横线与肩等长，折肩，为"十字两"					
SDM89:3-93		2.4	0.8	2.7	字迹依稀可见，但不可辨形					
SDM89:3-94		2.3	0.7	1.7	文字扁平，字等于穿。"半"字头部转折且两点距离较大，与下部距离较大，下部锈蚀不清；"两"字无上横线，折肩，为"十字两"					
SDM89:3-95		2.3	0.7	1.6	字迹依稀可见，但不可辨形					
SDM89:3-96		2.3	0.8	1.9	文字扁平，字等于穿，有钱郭，半字头部呈"八"字状，两横线略等，竖线略出下横线，折于肩，为"十字两"；"两"字上横线短于下横线，折肩，为"十字两"					

编 号	种类	钱径	穿宽	重量	文 字	形 制	记 号	附着物	图 号	备 注
SDM89:3-97		2.5	0.8	3	字迹依稀可见，但不可辨形	钱郭				
SDM89:3-98		2.3	0.7	2.1	文字扁平，字等于芐。"半"字头部呈"八"字状，两横线等长，竖线略出下横线；"两"字上横线与肩等长，折肩，为"十字两"					
SDM89:3-99		2.5	0.8	2.1	字迹依稀可见，但不可辨形					
SDM89:3-100		2.3	0.8	1.7	文字扁平，字小于芐。"半"字头部呈两点且相距较大，下横线较短，竖线出于下横线；"两"字上横线较短，折肩，为"1字两"					
SDM89:3-101	半两	2.2	0.6	1.6	文字扁平，字小于芐。"半"字头部呈两点且相距较大，下横线较短，竖线出于下横线；"两"字上横线较短，折肩，为"1字两"	钱郭				
SDM89:3-102		2.3	0.8	1.6	字迹依稀可见，但不可辨形					残
SDM89:3-103		2.3	0.8	2	文字扁平，字等于芐。"半"字头部呈不规则"八"字状，下横线较短，竖线出于肩等长，折肩微弧，内部锈蚀；"两"字上横线与肩等长					
SDM89:3-104		2.3	0.8	2.1	文字略凸，字等于芐。"半"字头部转折，两横线等长，竖线略出下横线；"两"字上横线与肩等长，折肩，为"双人两"					
SDM89:3-105		2.5	0.8	1.9	文字略凸，字等于芐。"半"字头部呈两点，两横线等长，竖线出于下横线；"两"字上横线与肩等长，折肩，为"连山两"					
SDM89:3-106		2.3	0.7	2	字迹依稀可见，但不可辨形					
SDM89:3-107		2.3	0.7	1.7	文字扁平，字等于芐。"半"字头部呈"八"字状，两横线略出下横线；"两"字上横线与肩等长，折肩，为"双人两"	钱郭				
SDM89:3-108		2.4	0.8	1.9	字迹依稀可见，但不可辨形					有1铸口

续表

编号	种类	钱径	穿宽	重量	文字	形制	记号	附着物	图号	备注
SDM89:3-109		2.3	0.8	2.3	文字扁平，字等于铢。"半"字头部锈蚀，两横线等长，竖线略出下横线与肩等，折肩，为"倒丁两"				图二六六,6	
SDM89:3-110		2.2	0.8	1.6	字迹依稀可见，但不可辨形					有1铸口
SDM89:3-111		2.2	0.8	2.2	文字扁平，字略等于铢。"半"字头部呈"八"字状，两横线等长，竖线出于半上横线比肩略短，折肩，为"连山两"。"半两"二字相倒				图二六六,1	
SDM89:3-112	半两	2.4	0.7	2.2	文字扁平，字小于铢。半字头部呈"八"字状，两横线略出下横线，竖线与肩等长，折肩，为"十字两"					
SDM89:3-113		2.4	0.8	2.4	字迹依稀可见，但不可辨形					
SDM89:3-114		2.3	0.7	1.7	文字扁平，字等于铢。"半"字头部呈两点，两横略等长，竖线略出下横线与肩等长，折肩，为"十字两"					
SDM89:3-115		2.3	0.7	1.7	文字扁平，字等于铢。"半"字头部转折，两横线略出下横线，"两"字上横线与肩等长，折肩					
SDM89:3-116		2.3	0.7	2.2	字迹依稀可见，但不可辨形					
SDM89:3-117		2.3	0.7	2.4	文字扁平，字等于铢。"半"字头部呈两小竖线，上横无转折，两横线与肩等长，竖线略出下横线，折肩，为"连山两"；"两"字上横线与肩等长					
SDM89:3-118		2.4	0.7	1.9	文字扁平，字小于铢。"半"字头部锈蚀，下横线略短，等长等，折肩，为"双人两"；"两"字上横线与肩等长					
SDM89:3-119		2.2	0.8	1.4	文字扁平，字小于铢。"半"字头部转折，两横线等长，竖线出于下横线与肩等长，折肩，为"连山两"；"两"字上横线与肩					

续表

编号	种类	钱径	穿宽	重量	文字	形制	记号	附着物	图号	备注
SDM89:3-120	半两	2.3	0.7	1.9	文字扁平，字略大于笵。"半"字头部转折，两横线略出于下横线；"两"字上横线与肩等长，折肩，为"十字两"					
SDM89:3-121		2.3	0.7	1.5	文字不清					
SDM89:3-122		2.3	0.8	2.2	文字扁平，字略大于笵。"半"字头部呈两点，两横线略出下横线；"两"字横线比肩略短，折肩微弧，为"十字两"					
SDM89:3-123		2.4	1	1.8	文字扁平，字等于笵。"半"字头部转折，两横线略出下横线；"两"字上横线比肩略短，折肩，为"十字两"					
SDM89:3-124		2.3	0.7	2.1	文字扁平，字等于笵。"半"字头部呈"八"字状，八字两撇间距较大，下横线略短，竖线略出下横线；"两"字上横等长，折肩，为"十字两"					
SDM89:3-125		2.3	0.8	1.9	文字扁平，字等于笵。"半"字头部转折，下横线略出下横线；"两"字上横线与肩等长，折肩，为"十字两"					
SDM89:3-126		2.3	0.7	2.5	字迹依稀可见，但不可辨形					
SDM89:3-127		2.2	0.7	1.7	同上					
SDM89:3-128		2.3	0.7	2	文字扁平，字等于笵。"半"字头部转折，两横线略出于下横线；"两"字上横线与肩等长，折肩，为"十字两"					
SDM89:3-129		2.2	0.7	1.9	文字略平凸起，字大于笵。"半"字头部转折，两横线略出于下横线；"两"字上横线与肩等长，折肩，为"十字两"					
SDM89:3-130		2.4	1	2.3	文字扁平，字等于笵。"半"字仅剩一竖线；"两"字上横线与肩等长，折肩，为"1字两"					
SDM89:3-131		2.3	0.9	2.3	文字不清		肉上有孔			

图二六七　SDM97墓葬平、剖图
1.陶有颈罐　2、3.陶小口旋纹罐

（3）葬具

单棺，呈倒梯形。置于洞室偏西南。两端板长度不相等，棺侧板与端板闭合相接。棺长1.87、南宽0.63、北宽0.68米。

（4）墓主人

骨架保存较差，仅存头骨和盆骨痕迹。葬式不明，头向与墓道方向相同。

（5）随葬品及其位置

共3件，皆陶器，均位于墓主头端棺外。紧邻洞室西壁，由北向南依次为有颈罐（：1）、小口旋纹罐（：2）、小口旋纹罐（：3）。

（6）随葬品介绍

小口旋纹罐　共2件。皆夹细砂灰陶。小口束颈，尖圆唇，隆肩，肩面近口处略平，弧腹，平底。标本SDM97：2，折沿微下倾，肩部饰数周旋纹，腹上部饰数周旋断绳纹。口径7.0、器身最大径21.9、底径10.3、通高22.3厘米（图二六四，6）。标本SDM97：3，平折沿。肩及腹上部饰数周旋纹。口径8.8、器身最大径23.0、底径11.4、通高23.4厘米（图二六四，7）。

有颈罐 1件。标本SDM97：1，夹细砂灰陶。卷沿，方圆唇，矮直颈；圆鼓肩，弧腹，腹下部斜直，平底。口径8.6、器身最大径15.2、底径7.1、通高11.3厘米（图二六四，4）。

166. 2010YFSDM103

（1）位置

南距SDM104约6.6米，东北距SDM100约9.3米。

（2）形制结构（图二六八）

墓向：102°。

墓道：位于洞室东侧。口大底小。口呈长方形，南长3.48、北长3.50、东宽1.72、西宽1.70米。斜壁。平底，南长3.10、北长3.10、东宽1.38、西宽1.38米。自深2.20米。

洞室：拱形顶，近直壁，平底。洞室口位于墓道西壁中部，洞室宽小于墓道底宽。洞室口南壁距墓道南壁0.16、北壁距墓道北壁0.12米。底部平面呈长方形，南长3.56、北长3.58、东宽1.10、西宽1.10米。高1.50米。

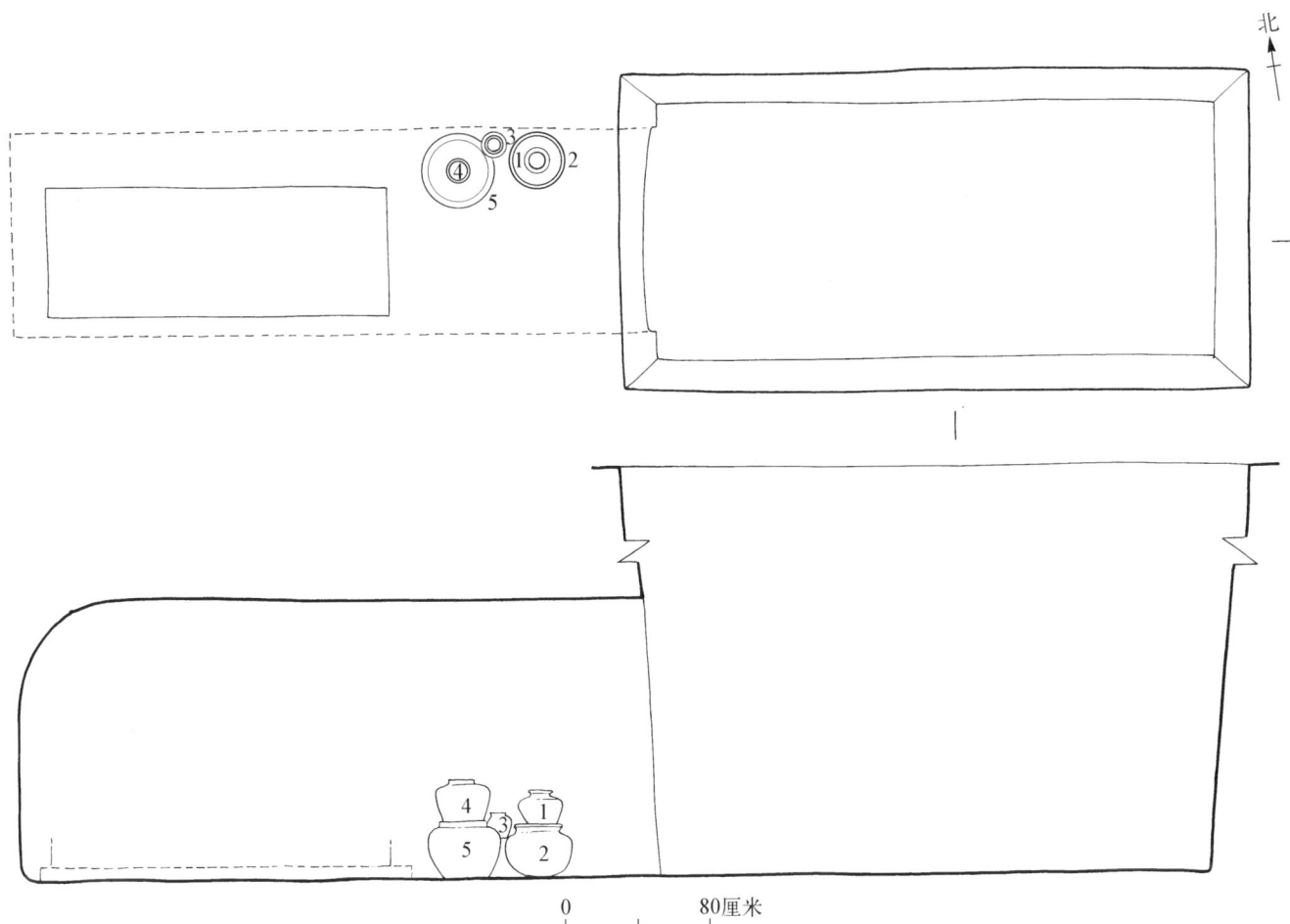

图二六八 SDM103墓葬平、剖图

1.陶缶 2.陶卷沿圆肩罐 3.陶罐口釜 4.陶小口旋纹罐 5.铁釜

填土：墓道为灰褐色五花土，土质较硬。洞室土色黄褐色，夹杂少量的红色土颗粒，土质较松散。

（3）葬具

单棺，呈矩形。置于洞室偏西南。棺长1.90、宽0.70米。

（4）墓主人

骨架不存，葬式不明。

（5）随葬品及其位置

共5件，包括陶器4件、铁器1件。均位于棺外洞室东北部，由东向西依次为缶（：1）、卷沿圆肩罐（：2）、罐口釜（：3）、小口旋纹罐（：4）、铁釜（：5）。1号叠置于2号上，4号叠置于5号上，3号夹在2号、5号之间。

（6）随葬品介绍

缶　1件。标本SDM103：1，夹细砂灰陶。小体，小口束颈，折沿下倾，尖圆唇；折肩，腹微折，肩腹部呈"微亚腰"状，平底，下腹斜直微内凹。肩部局部饰斜行细绳纹，肩腹及上下腹交接处各饰一周旋纹，上腹饰两至三周麦粒状绳纹，局部饰竖行粗绳纹。下腹有轮制痕迹。口径8.6、器身最大径27.2、底径12.4、通高26.2厘米（图二六九，1）。

小口旋纹罐　1件。标本SDM103：4，夹细砂灰陶。小口束颈，折沿下倾，尖圆唇；圆鼓肩，腹微弧近直，平底。肩及腹上部饰数周旋断绳纹。腹部有铁锈痕迹。口径7.6、器身最大径24.4、底径10.2、通高26.2厘米（图二六九，3）。

卷沿圆肩罐　1件。标本SDM103：2，夹细砂灰陶。大体，侈口卷沿，方圆唇，圆鼓肩，弧腹，平底。肩部近口处有一周弦纹，肩腹及上下腹交接处各饰一周旋纹，形成"符号亚腰"。器身有铁锈痕迹。口径16.4、器身最大径29.5、底径13.1、通高21.2厘米（图二六九，10）。

罐口釜　1件。标本SDM103：3，夹砂红褐陶，底部夹粗砂。小体，卷沿，方圆唇，矮直颈，圆肩，颈肩交接处有一小突，鼓腹，圜底。腹部饰横向篮纹，底部饰纵向篮纹。腹底有烟炱。口径8.7、器身最大径13.8、通高11.3厘米（图二六九，6）。

铁釜　1件。标本SDM103：5，直口方唇，矮直颈，圆鼓肩，弧腹，小平底，肩腹交接处对称饰双耳。口径22.1、器身最大径36.0、底径12.0、通高26.4厘米（图二六五，8）。

167. 2010YFSDM114

（1）位置

西距SDM209约1.5米。

（2）形制结构（图二七〇）

墓向：282°。

墓道：位于洞室西侧。口大底小。口呈长方形，南长3.06、北长3.06、东宽2.00、西宽2.00米。斜壁。平底，南长2.70、北长2.72、东宽1.52、西宽1.50米。自深4.60米。

洞室：拱形顶，直壁，平底。洞室口位于墓道东壁中部，洞室宽小于墓道底宽。洞室口南壁距墓道南壁0.20、北壁距墓道北壁0.26米。底部平面呈长方形，南长3.34、北长3.30、东宽1.06、西

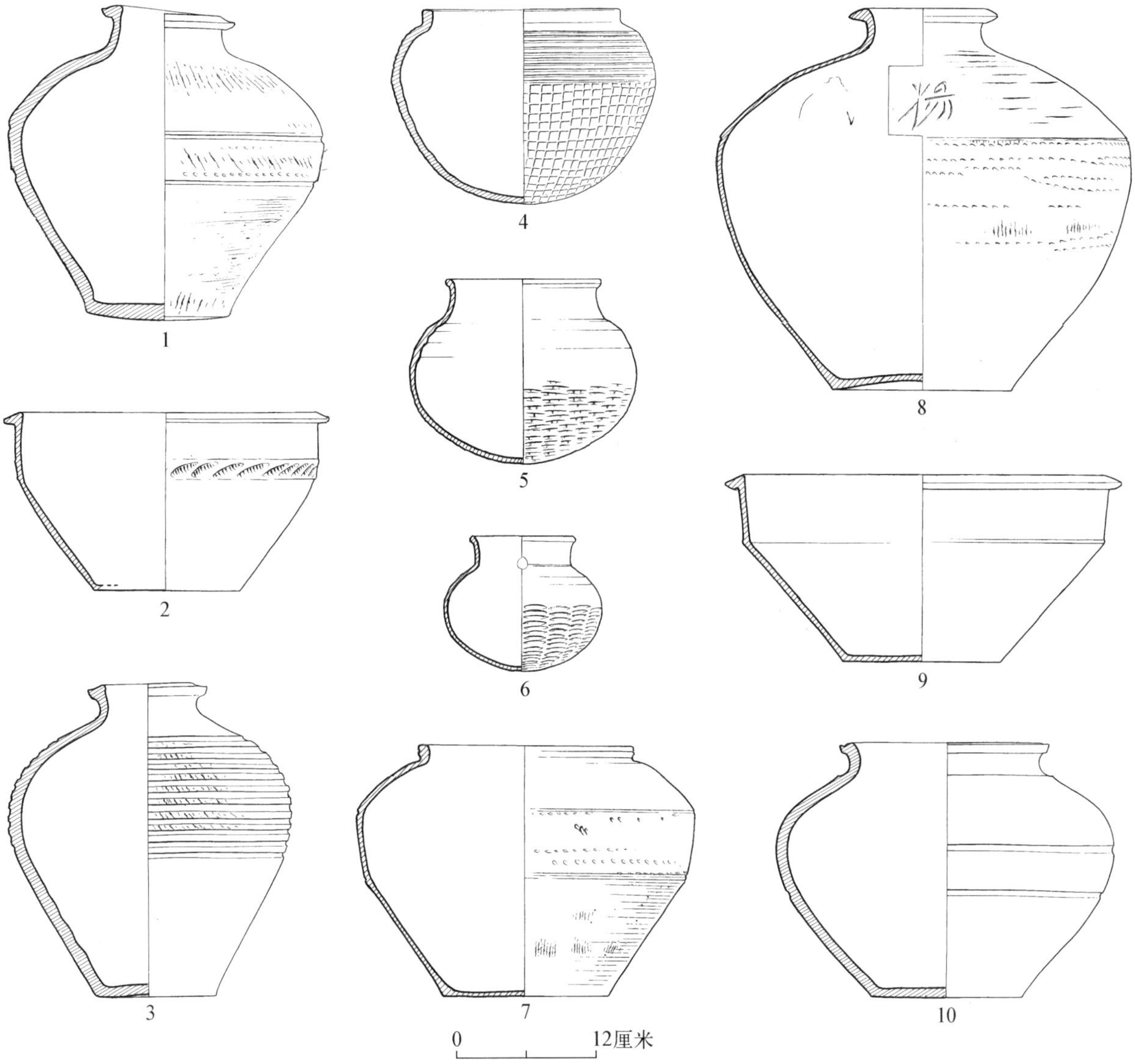

图二六九 SDM103、SDM114随葬陶器

1、8. 缶（SDM103：1、SDM114：1） 2. 盆改甑（SDM114：3） 3. 小口旋纹罐（SDM103：4）

4、5、6. 罐口釜（SDM114：4、SDM114：6、SDM103：3） 7. 直口折肩罐（SDM114：5） 9. 盆（SDM114：2） 10. 卷沿圆肩罐（SDM103：2）

宽1.06米。高1.40米。

壁龛：呈方形，1个。位于洞室北壁近口处，人骨左侧，龛底与洞室底齐平。平顶，直壁，平底，底部平面呈长方形。口宽0.40、进深0.16、高0.36米。

填土：墓道土色红褐色，夹杂少量的红褐色土颗粒，土质较硬，局部有夯土块，但无明显夯层及夯窝。洞室土色黄色，土质较柔软。

（3）葬具

单棺，呈矩形。置于洞室偏东南。棺长2.07、宽0.66米。棺底板由5块木板横向铺设而成，由北向南各块木板长、宽依次为2.36×0.16、2.36×0.20、2.30×0.21、2.34×0.16、2.34×0.18 m²。

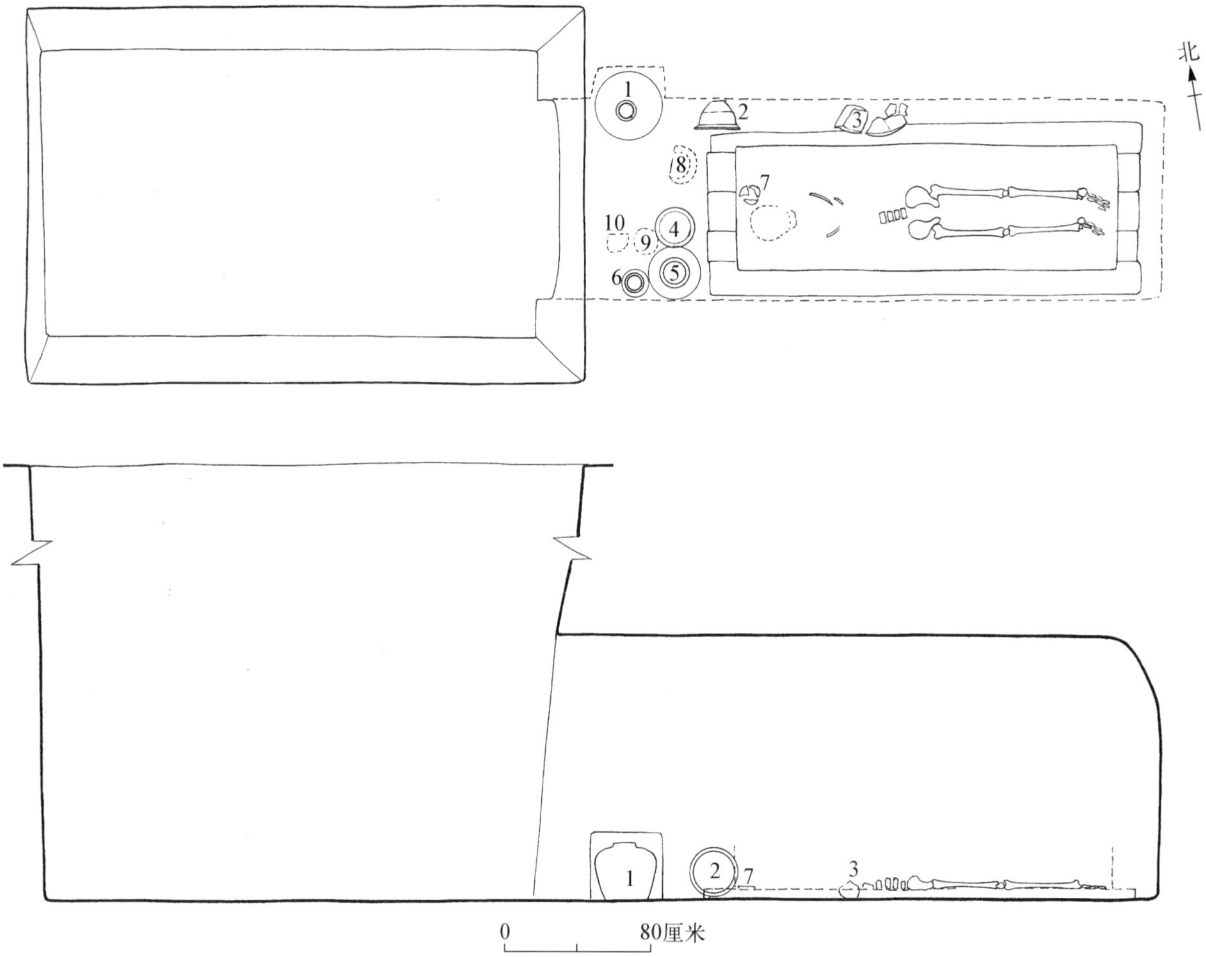

图二七〇　SDM114墓葬平、剖图

1.陶缶　2.陶盆　3.陶盆改瓿　4、6.陶罐口釜　5.陶直口折肩罐　7.铜镜　8、9、10.漆器

（4）墓主人

仅存盆骨及下肢骨。葬式为仰身直肢葬,头向与墓道方向相同。

（5）随葬品及其位置

共10件,包括陶器6件、铜镜1面、漆器3件。缶（:1）位于洞室西北角的壁龛内。盆（:2）侧置于棺外西北角,口向南。2号以东为盆改瓿（:3）。棺外东南角由东向西依次为直口折肩罐（:5）、罐口釜（:6）,5号北侧由东向西依次为为罐口釜（:4）、漆器（:9）、漆器（:10）,4号以北为漆器（:8）。铜镜（:7）位于棺内墓主头端。

（6）随葬品介绍

缶　1件。标本SDM114:1,夹细砂灰陶。大体,小口束颈,折沿下倾,尖圆唇;隆肩,腹上部圆鼓,下腹近底处微内凹,平底。肩腹交接处饰一周旋纹,上腹饰五至六周麦粒状绳纹,局部饰竖行绳纹,肩部阴刻"杨"字。口径10.2、器身最大径36.1、底径15.6、通高31.8厘米(图二六九,8;彩版二〇,6)。

直口折肩罐　1件。标本SDM114:5,夹细砂灰陶。大体,直口方唇,口外侧有一周凹槽;折肩,折腹,肩腹部呈"亚腰"状,上腹近直,下腹斜直,平底。肩腹及上下腹交接处各饰一周旋纹,上腹饰两至三周麦粒状绳纹。下腹有轮制痕迹。口径16.8、器身最大径28.9、底径14.2、通高20.8厘米(图二六九,7;彩版一六,1)。

盆 1件。标本SDM114:2,夹细砂灰陶。敞口,折沿下倾,尖圆唇;折腹,上腹近直,下腹斜直,上腹占腹部比例小于三分之一,平底。上下腹交接处有一周折棱。口径31.5、底径13.8、通高15.7厘米(图二六九,9)。

盆改甑 1件。标本SDM114:3,夹细砂灰陶。直口,折沿下倾,尖圆唇;弧腹微折,上腹竖直,下腹微弧近直,上腹占腹部比例小于三分之一,平底,器底被凿掉。器内壁饰数周暗旋纹,上腹饰两周旋纹间以一周楔形绳纹。口径25.3、底径12.6、通高14.9厘米(图二六九,2;彩版二四,2)。

罐口釜 共2件。圜底。标本SDM114:4,夹砂灰陶。直口方唇,隆肩,微折腹。腹上部饰数周旋纹,腹下部及底部饰方格纹。口径16.2、器身最大径22.6、通高16.4厘米(图二六九,4;彩版二九,3)。标本SDM114:6,夹砂红褐陶。小体,卷沿,圆唇,矮直颈,鼓腹。腹上部饰三周瓦纹,腹下部饰横向篮纹,底部饰纵向篮纹。器底布满烟炱。口径12.8、器身最大径19.3、通高15.4厘米(图二六九,5)。

铜镜 1面。标本SDM114:7,残成数块。素地弦纹镜,镜面平直;桥形钮,无钮座,镜背饰两周弦纹,平镜缘。直径10.4厘米(图二七一)。

0 2厘米

图二七一 SDM114随葬铜镜拓片

SDM114:7

漆器　共3件。标本SDM114:8,SDM114:9,SDM114:10,无法提取。

168. 2010YFSDM121

（1）位置

北距SDM122约0.5米,西距SDM29约4.0米。

（2）形制结构（图二七二）

墓向:6°

墓道:位于洞室北侧。口略大于底。口呈长方形,东长2.80、西长2.80、南宽1.80、北宽1.80米。斜壁近直。平底,东长2.50、西长2.50、南宽1.44、北宽1.44米。自深4.30米。

洞室:拱形顶,直壁,平底。洞室口位于墓道南壁中部,洞室宽小于墓道底宽。洞室口东壁距墓道东壁约0.16、西壁距墓道西壁0.18米。底部平面呈长方形,东长2.90、西长2.86、南宽1.16、

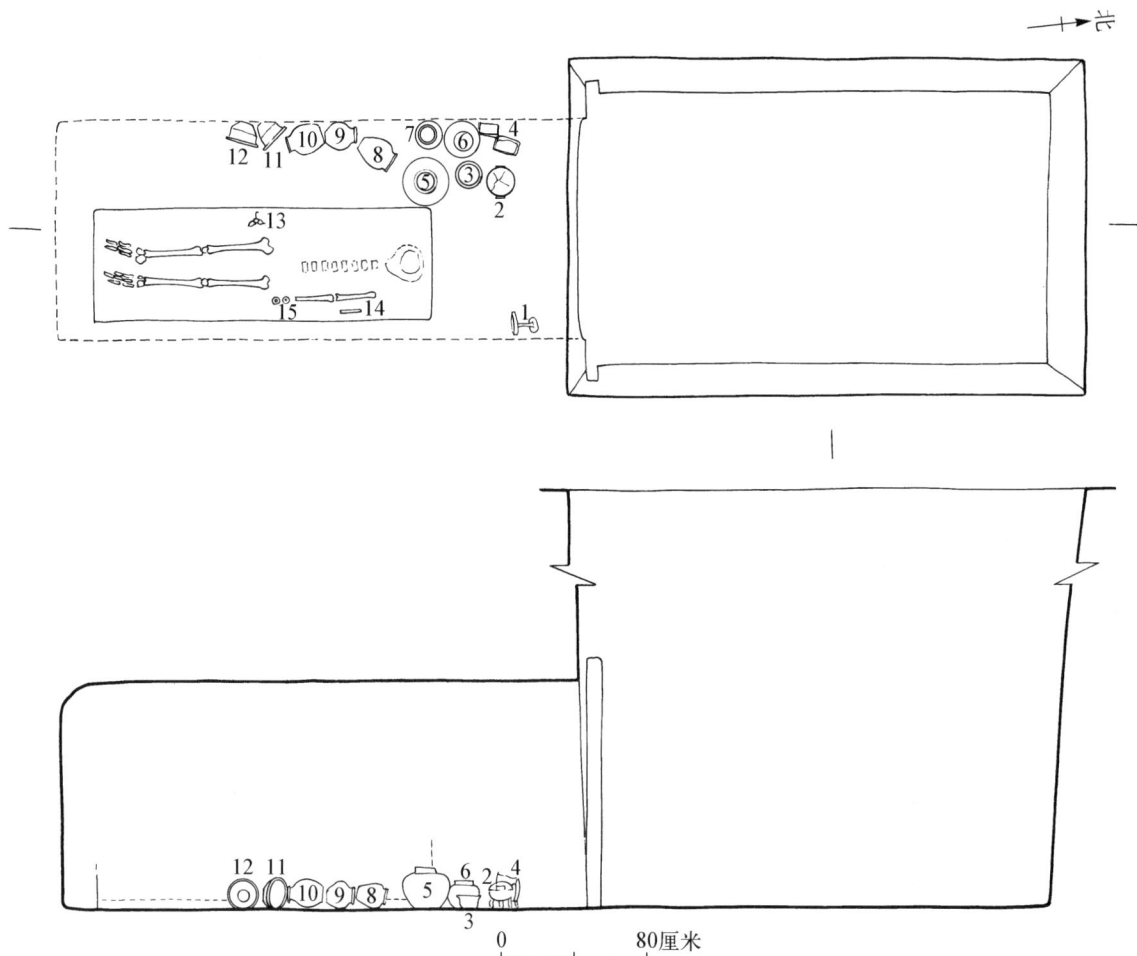

图二七二　SDM121墓葬平、剖图

1. 铁灯　2. 陶鼎　3. 陶盛　4. 陶钫　5. 陶罐口釜　6、7、8、10. 陶卷沿圆肩罐　9. 陶有颈罐　11. 陶盂
12. 陶盂形甗　13. 铜带钩　14. 铁器　15. 铜钱

北宽1.16米。高1.20米。

封门：木板封门，位于墓道与洞室连接处。东、西壁有封门槽。东侧封门槽宽0.06、深0.08、高1.34米，西侧封门槽宽0.07、深0.07、高1.34米。

填土：墓道土色黄褐色，土质较坚硬。洞室土色褐色，夹杂少量的红褐色土颗粒，土质较疏松。

（3）葬具

单棺，呈矩形。置于洞室偏东南。棺长1.86、宽0.60米。

（4）墓主人

仅存下肢骨及左侧上肢骨。葬式为仰身直肢葬，头向与墓道方向相同。

（5）随葬品及其位置

共15件（组），包括陶器11件、铜器1件、铁器2件、铜钱1组2枚。铁灯（：1）位于棺外洞室东北角，临近洞室口。陶器均位于棺外西侧，分东西两排。东排由北向南依次为鼎（：2）、盛（：3）和罐口釜（：5）。西排由北向南依次为钫（：4）、卷沿圆肩罐（：6）、卷沿圆肩罐（：7、：8）、有颈罐（：9）、卷沿圆肩罐（：10）、盂（：11）和盂形甗（：12）。8号、9号、10号、11号、12号均侧置。铜带钩（：13）位于棺内墓主股骨西侧，铁器（：14）位于棺内墓主左侧肱骨东侧，铜钱（：15）位于棺内墓主左手。

（6）随葬品介绍

钫 1件。标本SDM121：4，泥质灰陶。覆斗形盖，盖与器身以子母口扣合；器身侈口方唇，口外侧加厚一周泥条；束颈，溜肩，鼓腹，方形圈足微外撇，肩部对称饰一对衔环。盖面饰带状红、白彩各一周，间以绹索纹白彩一周；口部饰一周条带状白彩，口内壁满饰红彩；颈部近口处饰一周条带状红彩，下接红白色三角蕉叶纹、白色云纹；颈肩及肩腹交接处饰红、白彩各一周，间以八组红白色云纹；衔环描白，内填一周环状红彩，圈足饰红、白彩各一周。盖高3.5、盖顶阔4.2、盖阔6.4、口阔9.6、器身最大径20.7、器身高34.0、足高4.0、足阔11.2、通高36.4厘米（图二七三）。

鼎 1件。标本SDM121：2，泥质灰陶。盖面圆鼓，盖腹较深，上饰三个点状小乳突；鼎身与盖子母口扣合，口部内、外沿齐平，沿面有一周凹槽；浅弧腹，上下腹交接处有一周凸棱，圜底；双附耳，耳微外撇，有长方形穿，耳穿不透，耳、足与器身连接于腹部凸棱；蹄足粗矮而外撇，耳足呈五点式分布。盖面近口处饰条带状红、白彩各一周，盖面饰三组红色云纹；上腹饰条带状红、白彩各一周。器盖口径16.8、器盖高4.4、耳高5.1、器身口径15.2、器身最大径18.0、器身高8.0、足高5.2、通高13.8厘米（图二七四，3）。

盛 1件。标本SDM121：3，泥质灰陶。盖面圆鼓，盖腹较深，上有矮圈足状捉手，盖面最高处略高于捉手上缘；盖与器身以子母口扣合，口部内、外沿齐平；弧腹，平底。捉手内饰一周条带状红彩，内填两组白色云纹；近捉手处及近口处各饰一周条带状红彩，间以红色云纹。器盖口径16.0、器盖高4.0、捉手直径8.0、器身口径14.4、器身最大径17.4、器身高8.1、底径8.9、通高13.0厘米（图二七四，7）。

卷沿圆肩罐 共4件。皆夹细砂灰陶。卷沿，斜方唇，微溜肩，平底。标本SDM121：10，腹下部斜直。肩及腹上部各饰两周旋纹，腹下部有修整刮痕。口径14.5、器身最大径23.2、底径11.9、通高21.4厘米（图二七四，1）。标本SDM121：8，器形、纹饰与SDM121：10相同。口径13.1、器身

0   4厘米

图二七三　SDM121 随葬陶钫

SDM121∶4

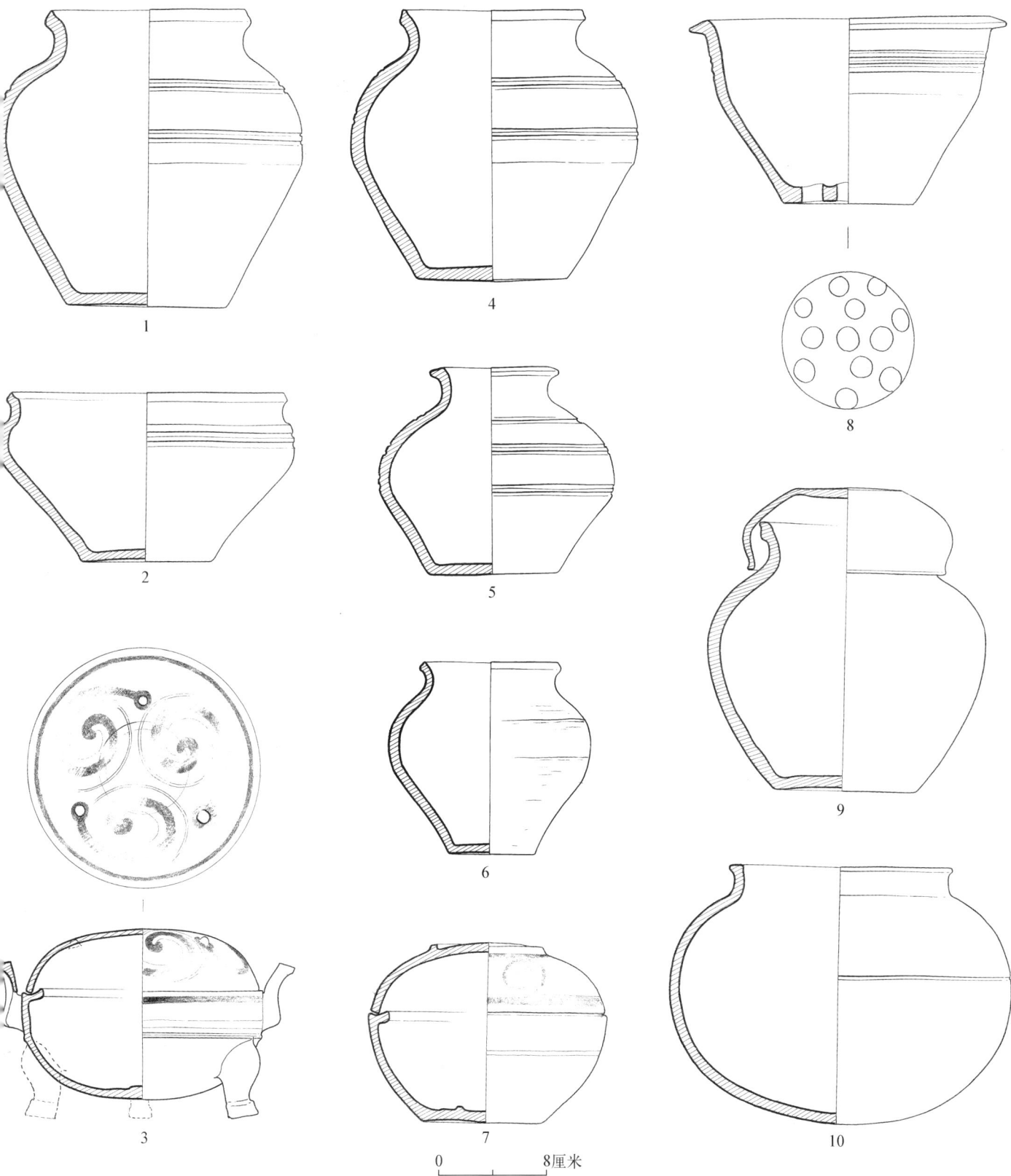

图二七四　SDM121随葬陶器

1、4、6、9.卷沿圆肩罐（SDM121：10、SDM121：8、SDM121：7、SDM121：6）　2.盂（SDM121：11）　3.鼎（SDM121：2）
5.有颈罐（DM121：9）　7.盛（SDM121：3）　8.盂形甑（SDM121：12）　10.罐口釜（SDM121：5）

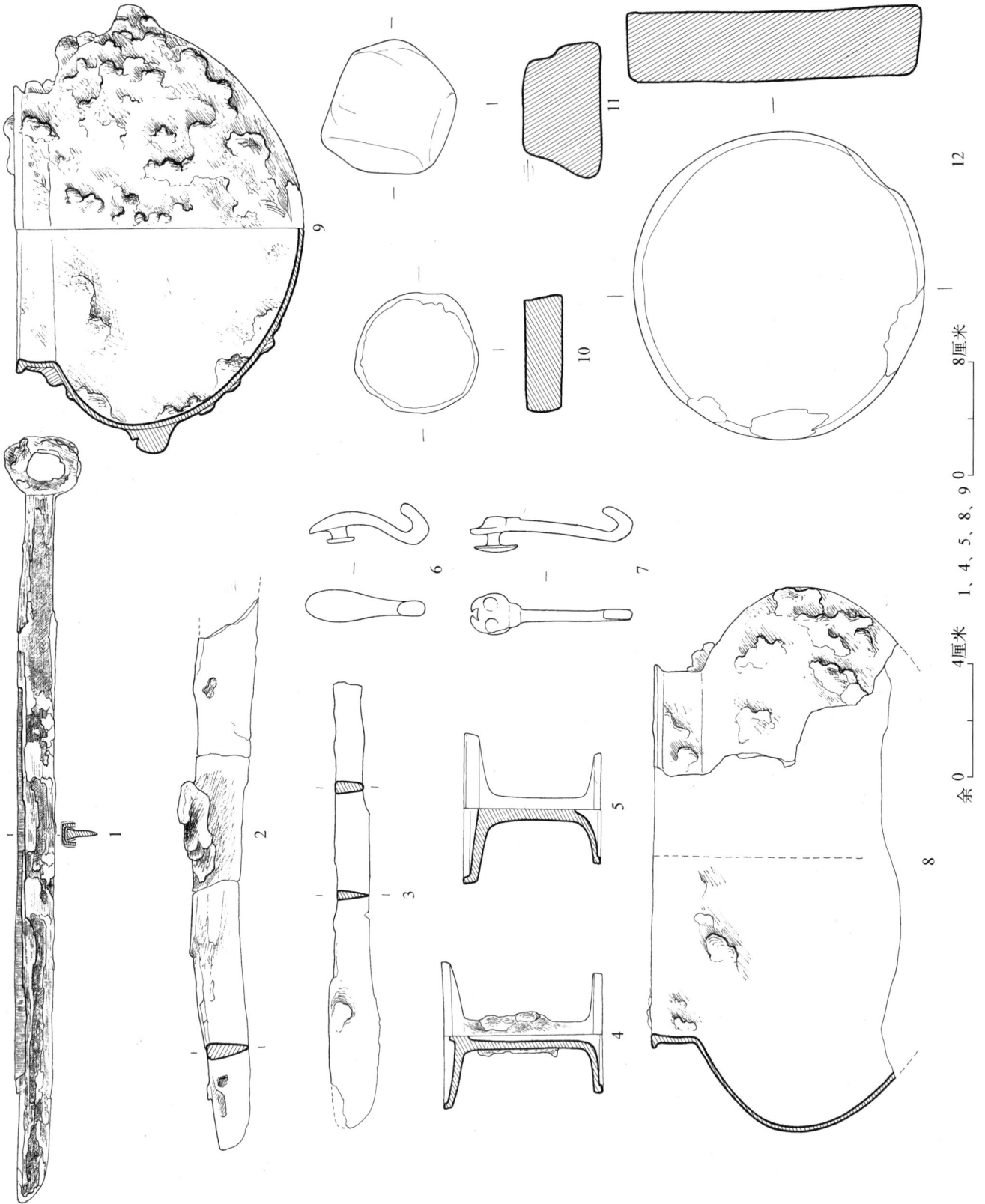

图二七五 SDM121、SDM142、SDM149、SDM152、SDM161、SDM170、SDM183、SDM185、SDM192、SDM197 随葬小件器物

1.2. 铁刀(SDM170:7,SDM183:1) 3. 铁削(SDM197:8) 4.5. 铁灯(SDM149:2,SDM121:1) 6,7. 铜带钩(SDM185:3,SDM197:9)

最大径21.4、底径11.0、通高19.6厘米（图二七四，4）。标本SDM121：7，腹上部略弧，下部斜直微内凹。肩面饰数周暗旋纹。腹下部有修整刮痕。口径11.5、器身最大径15.0、底径6.5、通高14.0厘米（图二七四，6；彩版一九，3）。标本SDM121：6，唇面有一周凹槽。带盖，盖折盘微弧，盖面近平；腹部整体圆弧。盖阔12.8、盖顶阔8.0、盖高6.0、口径11.9、器身最大径20.7、器身高18.2、底径10.8、通高22.0厘米（图二七四，9）。

有颈罐 1件。标本SDM121：9，夹细砂灰陶。口微侈，微出沿，尖圆唇，矮直颈；微溜肩，腹下部斜直，平底。肩部、肩腹及上下腹交接处各饰两周旋纹。腹下部有修整刮痕。口径7.6、器身最大径17.5、底径9.6、通高15.1厘米（图二七四，5；彩版一九，8）。

盂 1件。标本SDM121：11，夹细砂灰陶。侈口，方唇，窄沿，沿下角大；鼓腹，上腹近口部内敛，下腹斜直微内凹，平底。内壁饰数周暗旋纹，腹上部饰两周旋纹。口径20.2、底径9.7、通高12.4厘米（图二七四，2；彩版二五，5）。

盂形甑 1件。标本SDM121：12，夹细砂灰陶。整体形态较高。敞口，折沿下倾，尖唇；弧腹微折，上腹近直，下腹斜直微内凹，上腹占腹部比例近半，平底；底部戳制12个圆形甑孔，布局为中心一孔与边缘两周。内壁饰数周暗旋纹，上腹饰四周旋纹。口径20.9、底径9.8、通高13.5厘米（图二七四，8；彩版二六，5、6）。

罐口釜 1件。标本SDM121：5，夹砂灰陶，底部夹粗砂。直口方唇，微出沿，圆肩，鼓腹，腹整体圆弧，圜底。素面。口径14.8、器身最大径25.5、通高18.5厘米（图二七四，10）。

铜带钩 1件。标本SDM121：13，残碎，形制不可辨。

铁灯 1件。标本SDM121：1，豆形灯。浅折盘，方唇，盘壁斜直，盘底近平，柱柄下接大喇叭形座。口径9.6、底径7.8、通高9.9厘米（图二七五，5）。

铁器 1件。标本SDM121：14，残碎锈蚀严重，形制不可辨。

铜钱 共2枚。标本SDM121：15，残碎，无法辨识。

169. 2010YFSDM122

（1）位置

南距SDM121约0.5米，北距SDM26约4.0米，打破SDM123。

（2）形制结构（图二七六）

墓向：270°。

墓道：位于洞室西侧。口大底小。口呈长方形，南长2.78、北长2.80、东宽1.64、西宽1.62米。斜壁，平底，南长2.54、北长2.56、东宽1.42、西宽1.42米。自深4.12米。

洞室：拱形顶，直壁，平底。洞室口位于墓道东壁中部，洞室宽小于墓道底宽。洞室口南壁距墓道南壁约0.10、北壁距墓道北壁约0.22米。底部平面呈长方形，南长2.94、北长2.94、东宽1.08、西宽1.08米。高1.20米。

填土：墓道土色黄褐色，土质较坚硬。洞室土色黄褐色，夹杂大量的褐色土颗粒，土质较疏松，有大量的生土块。

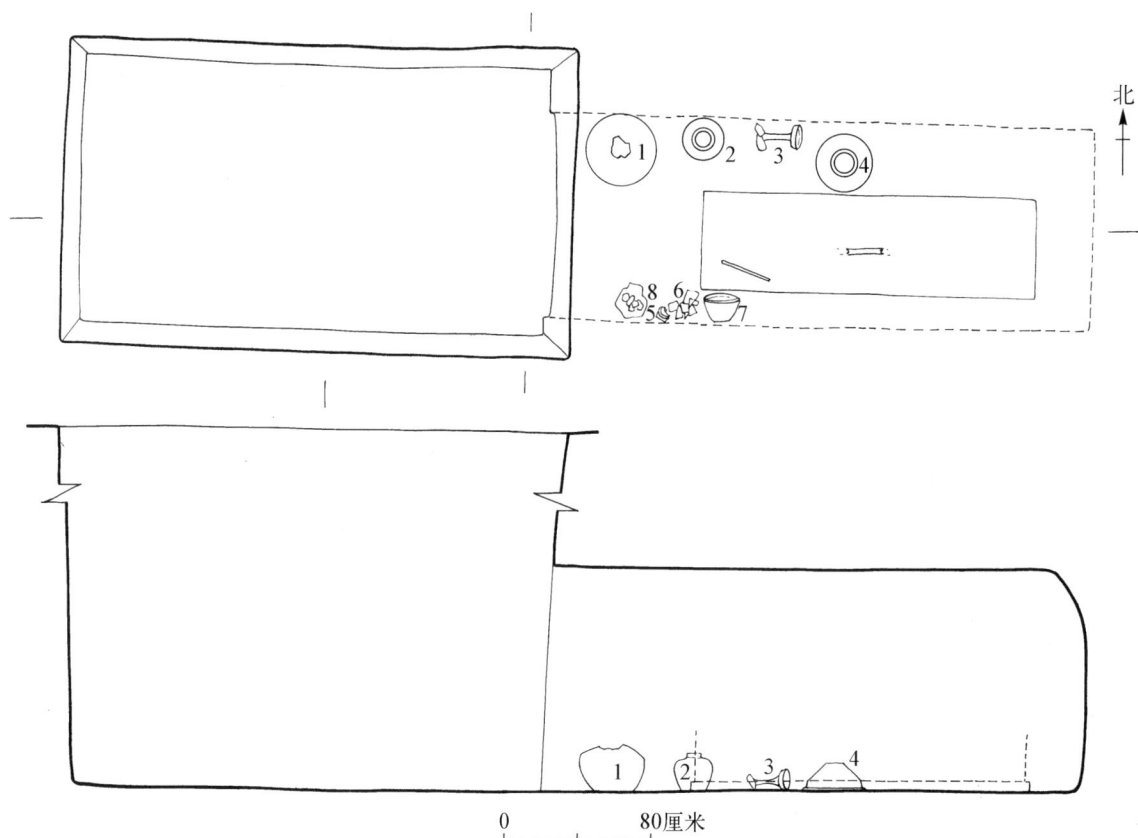

图二七六　SDM122墓葬平、剖图

1、8. 陶缶　2、6. 陶罐口釜　3. 陶灯　4. 陶盆　5. 陶直口折肩罐　7. 陶盂形甑

（3）葬具

单棺，呈矩形。置于洞室偏东南。棺长1.99、宽0.52米。

（4）墓主人

骨架朽成粉末状。葬式不明。

（5）随葬品及其位置

共8件，皆陶器，均位于棺外洞室内。棺外北侧由西向东依次为缶（ :1）罐口釜（ :2）、灯（ :3）、盆（ :4），4号倒置，3号侧置。棺外南侧由西向东依次为缶（ :8）、直口折肩罐（ :5）、罐口釜（ :6）、盂形甑（ :7），6号叠置于5号上，7号侧置，口向北。

（6）随葬品介绍

缶　共2件。皆夹细砂灰陶。小口束颈，尖圆唇，折肩，弧腹，平底。标本SDM122:8，陶色斑驳不均，局部为褐色。小体，平折沿，沿面微鼓；上腹微弧，下腹斜直，上下腹交接处圆弧，仅以一周旋纹分界，形成"符号亚腰"，平底。肩面饰数周暗旋纹，上腹饰两至三周麦粒状绳纹。口径8.9、器身最大径33.5、底径15.4、通高26.2厘米（图二七七，7）。标本SDM122:1，大体，折沿下倾，上腹微鼓，下腹斜直内凹。肩腹交接处饰一周旋纹，上腹饰五周麦粒状绳纹，肩及腹上部局部饰竖行绳纹。口径10.0、器身最大径37.0、底径13.7、通高30.8厘米（图二七七，8）。

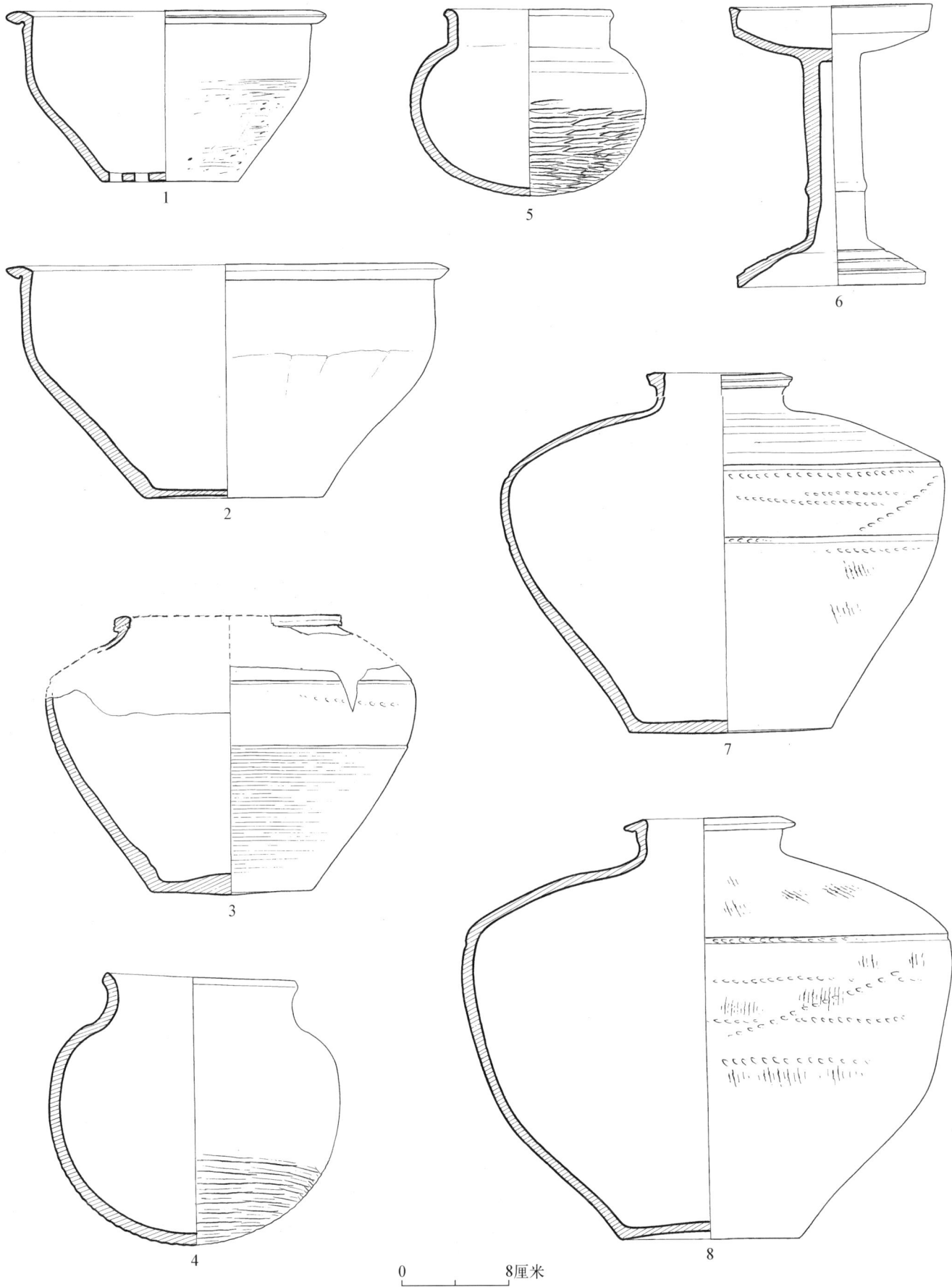

图二七七　SDM122 随葬陶器

1. 盂形甑（SDM122：7）　2. 盆（SDM122：4）　3. 直口折肩罐（SDM122：5）　4、5. 罐口釜（SDM122：6、SDM122：2）

6. 灯（SDM122：3）　7、8. 缶（SDM122：8、SDM122：1）

直口折肩罐　1件。标本SDM122：5，夹细砂灰陶。大体，直口方唇，口外侧有一周凹槽；圆折肩，弧腹，上下腹交接处圆弧，仅以一周旋纹分界，形成"符号亚腰"，平底。肩腹交接处饰一周旋纹，上腹饰一周麦粒状绳纹。下腹有轮制痕迹。口径15.6、器身最大径27.9、底径12.2、通高20.4厘米（图二七七，3）。

罐口釜　共2件。矮直颈，圆肩，鼓腹，圜底。腹下部饰横向篮纹，底部饰纵向篮纹。标本SDM122：6，夹砂灰陶，底部夹粗砂。卷沿，方圆唇。口径13.6、器身最大径21.8、通高19.6厘米（图二七七，4）。标本SDM122：2，夹砂红陶，底部夹粗砂。厚圆唇。腹上部饰瓦纹。腹底有烟炱。口径11.6、器身最大径17.9、通高13.5厘米（图二七七，5）。

盆　1件。标本SDM122：4，夹细砂灰陶。直口，折沿微下倾，尖圆唇；弧腹微折，上腹近直，下腹斜直内凹，上腹占腹部比例大于三分之一，平底。内壁饰数周暗旋纹。腹下部有修整刮痕。口径30.0、底径13.4、通高17.1厘米（图二七七，2）。

盂形甑　1件。标本SDM122：7，夹细砂灰陶。直口，折沿下倾，沿面微鼓，尖圆唇；弧腹微折，上腹略弧，下腹斜直，上腹占腹部比例近半，平底；器底戳制13个圆形甑孔，布局为中心四孔与边缘一周。素面。腹下部有轮制痕迹。口径20.8、底径10.3、通高12.5厘米（图二七七，1）。

灯　1件。标本SDM122：3，夹细砂灰陶。直口方唇，浅折盘，盘壁斜直，浅圜底；空心竹节状长柱柄，喇叭形圈足。圈足上饰三周旋纹。口径14.3、底径14.2厘米，通高20.6厘米（图二七七，6；彩版三四，4）。

170. 2010YFSDM123

（1）位置

西南距SDM28约1.8米，东北距SDM26约3.3米，墓室东南角被SDM122打破。

（2）形制结构（图五四〇）

墓向：98°。

墓道：位于洞室东侧。口大底小。口呈长方形，南长3.24、北长3.20、东宽1.66、西宽1.64米。斜壁，平底，南长2.90、北长2.92、东宽1.34、西宽1.36米。自深4.30米。

洞室：拱形顶，直壁，平底。洞室口位于墓道西壁中部，洞室宽小于墓道底宽。洞室口南壁距墓道南壁约0.20、北壁距墓道北壁约0.24米。底部平面呈长方形，南长2.46、北长2.44、东宽0.90、西宽0.88米。高1.40米。

填土：墓道土色黄褐色，土质较坚硬。洞室土色黄色，夹杂少量的褐色土颗粒，土质较疏松，有较多生土块和淤土。

（3）葬具

单棺，似呈矩形，仅存轮廓残痕。棺长1.80、宽0.60米。

（4）墓主人

骨架不存，葬式不明。

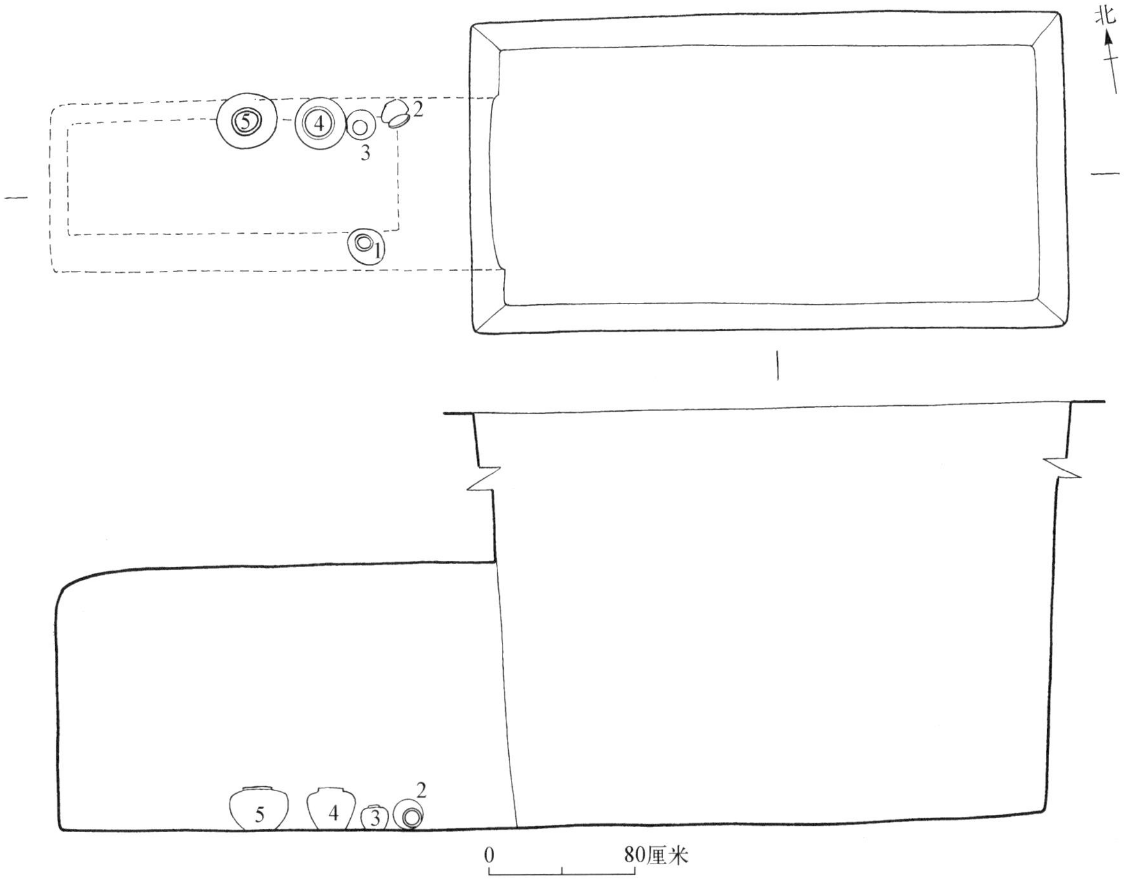

图二七八　SDM123墓葬平、剖图

1、3.陶小口旋纹罐　2、5.陶罐口釜　4.陶直口折肩罐

（5）随葬品及其位置

共5件，均为陶器。小口旋纹罐（：1）位于棺外东南角。棺外北侧由东向西依次为罐口釜（：2）、小口旋纹罐（：3）、直口折肩罐（：4）、罐口釜（：5）。

（6）随葬品介绍

小口旋纹罐　共2件。皆夹细砂灰陶。小口束颈，折沿下倾，尖圆唇，圆鼓肩，平底。肩及腹上部饰数周旋断绳纹。标本SDM123：1，腹微弧近直。口径7.4、器身最大径19.0、底径8.4、通高20.5厘米（图二七九，5）。标本SDM123：3，腹微弧。腹下部有轮制痕迹。口径8.0、器身最大径22.7、底径9.5、通高25.4厘米（图二七九，10）。

直口折肩罐　1件。标本SDM123：4，夹细砂灰陶，陶色斑驳不均。大体，直口方唇，唇面有一周凹槽；折肩，腹微折，肩腹部呈"微亚腰"状，上腹略弧，下腹斜直微内凹，平底。肩部饰数周暗旋纹，肩腹及上下腹交接处各饰一周旋纹，上腹饰两周麦粒状绳纹。口径15.6、器身最大径27.5、底径15.1、通高18.3厘米（图二七九，2）。

罐口釜　共2件。皆卷沿，圆唇，矮直颈，圆肩，鼓腹，圜底。器底有烟炱。标本SDM123：5，夹砂灰陶。大体。颈及肩部各有一不规整穿孔，腹下部饰横向篮纹，底部饰纵向篮纹。口径

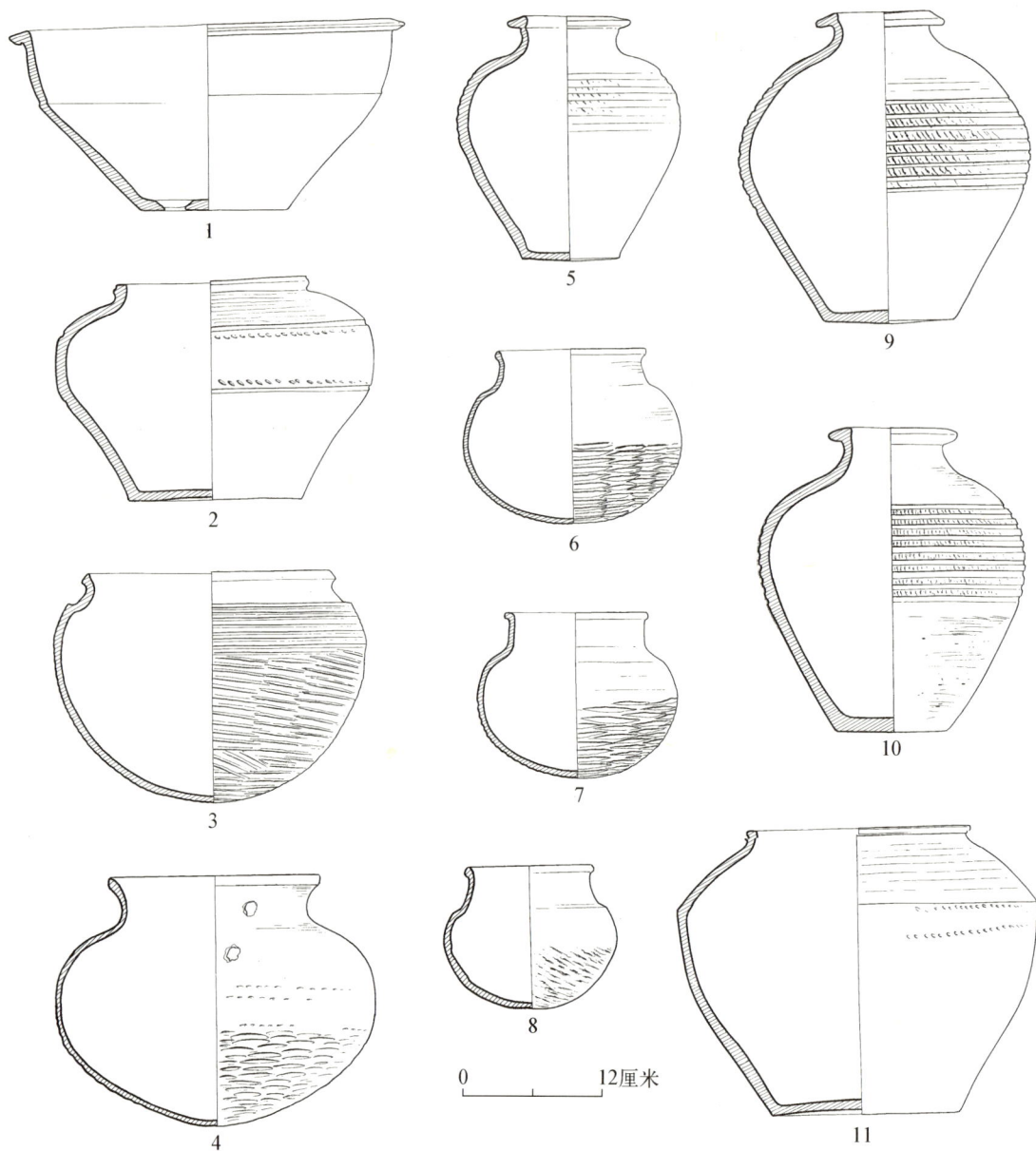

图二七九　SDM123、SDM138随葬陶器

1. 盆改瓿（SDM138：5）　2、11. 直口折肩罐（SDM123：4、SDM138：4）　3. 鬲口釜（SDM138：6）
4、6、7、8. 罐口釜（SDM123：5、SDM138：1、SDM138：2、SDM123：2）　5、9、10. 小口旋纹罐（SDM123：1、SDM138：7、SDM123：3）

17.6、器身最大径27.9、通高21.0厘米（图二七九，4）。标本SDM123：2，夹砂红褐陶，底部夹粗砂。小体。腹下部及底部饰斜行粗绳纹，口径10.3、器身最大径15.0、通高12.0厘米（图二七九，8）。

171. 2010YFSDM137

（1）位置

东距SDM139约1.0米，打破SDM138洞室东部。

（2）形制结构

墓向：180°。

墓道：位于洞室南侧。口大底小。口呈长方形，南长3.70、北长3.70、东宽2.10、西宽2.15米。斜壁。底部向东倾斜，倾斜度为25°，南长3.40、北长3.40、东宽1.50、西宽1.90米。自深3.90米。

洞室：拱形顶，直壁，平底。洞室口位于墓道北壁，洞室宽与墓道底宽等长。底部平面近椭圆形，长3.40、宽2.44米。高1.20米。

填土：墓道为红褐色五花土，土质较坚硬，经过夯打，夯层不清，未发现明显的夯迹。洞室为褐色五花土，夹杂有少量的红色土颗粒，土质松软。

（3）葬具

单棺，呈矩形。棺长2.00、宽0.68米。

（4）墓主人

骨架朽成粉末状。葬式不明。

（5）随葬品及其位置

无随葬品。

172. 2010YFSDM138

（1）位置

西北距SDM150约6.0米，墓室东南部被SDM137打破。

（2）形制结构（图二八〇）

墓向：0°。

墓道：位于洞室北侧。口大底小。口呈宽长方形，东长3.70、西长3.71米、北宽2.12、南宽2.14米。斜壁。平底，东长3.27、西长3.28、南宽1.86、北宽1.58米。自深3.70米。

洞室：拱形顶，直壁，平底。洞室口位于墓道南壁中部，洞室宽小于墓道底宽。洞室口东壁距墓道东壁约0.30、西壁距墓道西壁约0.30米。底部平面略呈窄长方形，东长3.60、西长3.60、南宽1.20、北宽1.20米。高1.10米。

填土：墓道为红褐色小五花土，土质较硬。洞室为浅黄色塌土，土质较硬。

（3）葬具

单棺，呈矩形。置于洞室偏南。棺长2.20、宽0.67米。

（4）墓主人

骨架仅存痕迹。葬式为仰身直肢葬，头向与墓道方向相同。

（5）随葬品及其位置

共9件（组），包括陶器7件、铜镜1面、铜钱1组3枚。罐口釜（:1、:2）位于棺外西北角。棺外西侧由北向南依次为纺轮（:3）、直口折肩罐（:4）、盆改甑（:5），棺外东侧由北向南依次为小口旋纹罐（:7）、鬲口釜（:6），6号倒置。铜钱（:8）、铜镜（:9）位于棺内墓主脚端，8号略偏南。

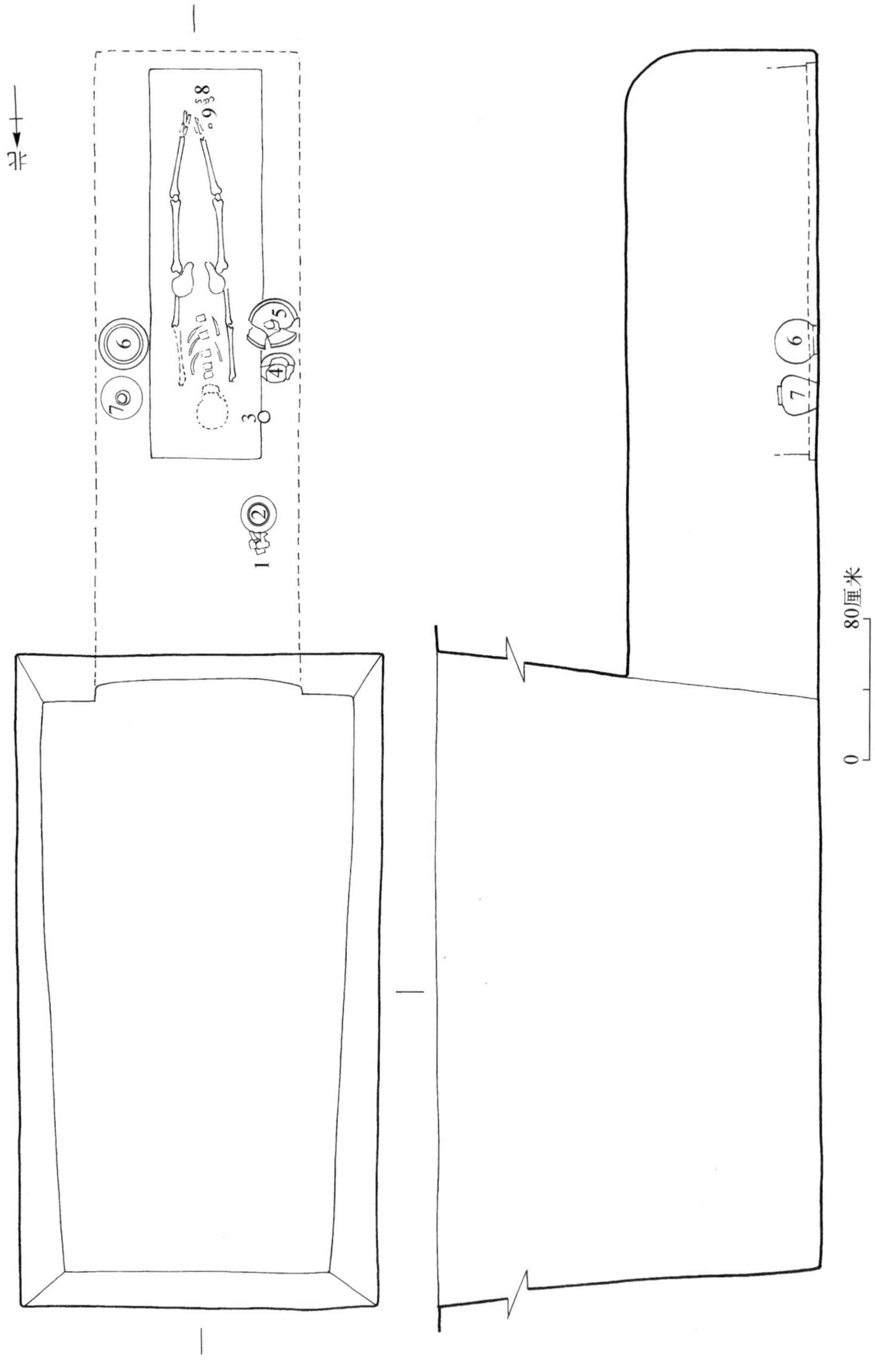

图二八〇　SDM138墓葬平、剖图

0　　　　　80厘米

1、2. 陶罐口釜　3. 陶纺轮　4. 陶直口折肩罐　5. 陶盆改甑　6. 陶高口釜　7. 陶小口旋纹罐　8. 铜钱　9. 铜镜

（6）随葬品介绍

小口旋纹罐 1件。标本SDM138：7，夹细砂灰陶。小口束颈，折沿下倾，尖圆唇；微溜肩，腹上部略弧，下部近斜直，平底。肩及腹上部饰数周旋断绳纹。口径8.0、器身最大径25.0、底径11.3、通高26.2厘米（图二七九，9）。

直口折肩罐 1件。标本SDM138：4，夹细砂灰陶。大体，直口方唇，口外侧有一周凹槽；折肩，弧腹，无亚腰特征，下腹斜直，平底微内凹。肩部饰数周暗旋纹，上腹饰两周麦粒状绳纹。口径17.8、器身最大径30.8、底径16.0、通高24.3厘米（图二七九，11）。

盆改甑 1件。标本SDM138：5，夹细砂灰陶。敞口，折沿微下倾，尖圆唇；折腹，上腹近直，下腹斜直微内凹，上腹占腹部比例略大于三分之一，平底；器底凿制5个圆形甑孔，布局为中心一孔与边缘一周。上下腹交接处有一周折棱。口径31.0、底径12.6、通高15.6厘米（图二七九，1）。

鬲口釜 1件。标本SDM138：6，夹砂灰陶，底部夹粗砂。侈口，斜方唇，圆肩，肩面近口处略平，腹部整体圆弧，圜底。肩及腹上部饰数周旋纹，腹下部饰横向篮纹，底部饰纵向篮纹。口径20.8、器身最大径27.0、通高19.3厘米（图二七九，3）。

罐口釜 共2件。皆夹砂红褐陶，底部夹粗砂。小体，矮直颈，鼓肩，鼓腹，圜底。腹下部饰横向篮纹，底部饰纵向篮纹。腹底有烟炱。标本SDM138：1，卷沿，方圆唇。口径11.8、器身最大径18.6、通高14.5厘米（图二七九，6）。标本SDM138：2，厚圆唇。颈肩交接处饰一周旋纹。口径11.2、器身最大径17.2、通高13.9厘米（图二七九，7）。

陶纺轮 1件。标本SDM138：3，夹细砂灰陶，圆锥形，中部有一圆形穿孔。器表饰数周弦纹。底径6.2、高2.5厘米（图二六五，2；彩版四七，7）。

铜钱 共3枚。标本SDM138：8，均为“半两”。大小近同，文字各异。SDM138：8-1，文字略凸起，字大于穿。“半”字头部转折，两横线等长，竖线略出下横线；“两”字上横线比肩略短，折肩，为“双人两”，人字首部较长，内部竖线较长。有一铸口。钱径3.1、穿宽0.9厘米，重量8.1克（图二八一，1）。SDM138：8-2，文字扁平，字等于穿。“半”字头部呈“八”字状，下横线较短，竖线出于下横线；“两”字无上横线，折肩，为“倒T两”。钱径3.1、穿宽0.9厘米，重量6.6克。SDM138：8-3，文字凸起，字大于穿。“半”字头部转折，下横线较短，竖线出于下横线；“两”字上横线较短，折肩，为“双人两”。钱径3.4、穿宽0.8厘米，重量8.6克（图二八一，2）。

铜镜 1面。标本SDM138：9，素地弦纹镜。圆形，镜面平直；桥形钮，无钮座，镜背饰两周弦纹，平镜缘。镜面残留织物痕迹。直径8.6厘米（图二八一，3）。

173. 2010YFSDM139

（1）位置

西距SDM141约8.3米，南距SDM140约8.0米。

（2）形制结构（图二八二）

墓向：181°。

墓道：位于洞室南侧。口大底小。口呈长方形，东长2.90、西长2.92、南宽1.86、北宽1.88米。

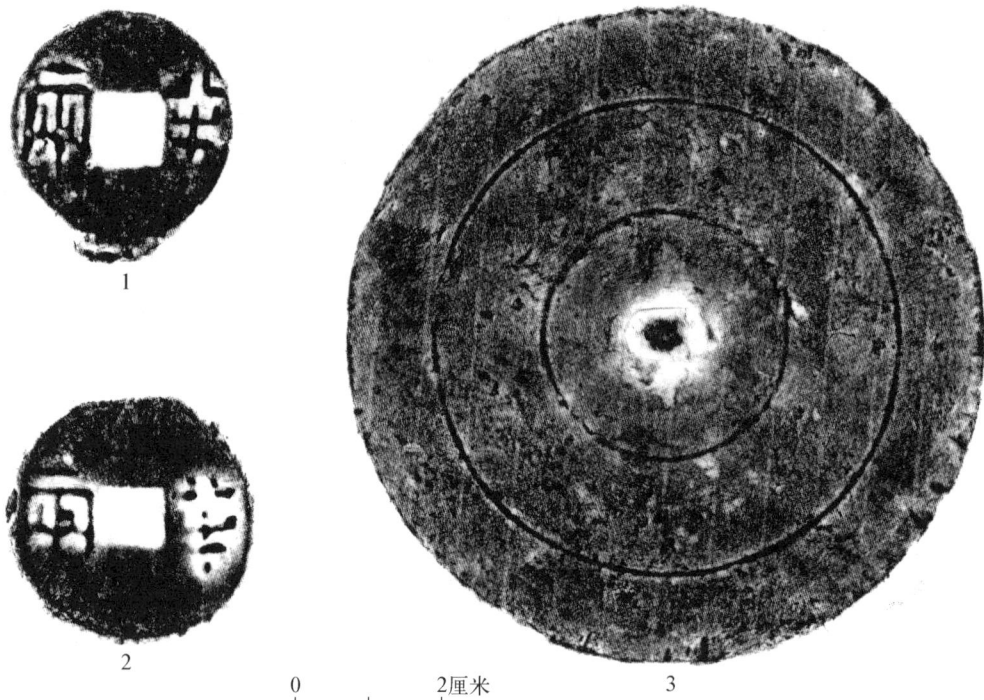

图二八一　SDM138 随葬铜钱、镜拓片

1、2. 铜钱（SDM138：8-1、SDM138：8-3）　3. 铜镜（SDM138：9）

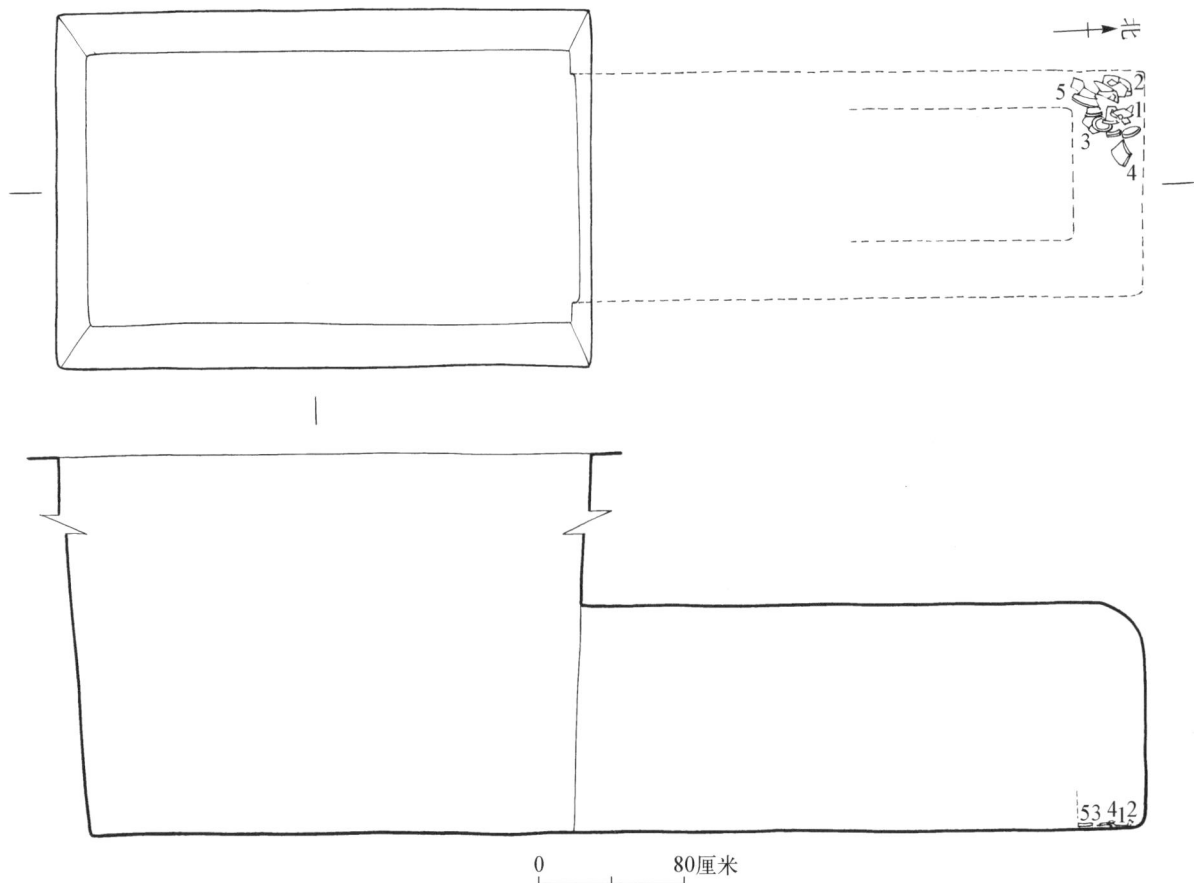

图二八二　SDM139 墓葬平、剖图

1. 陶带把釜　2. 陶敛口釜　3. 陶缶　4. 陶盂形甑　5. 陶盂

斜壁。平底，东长2.62、西长2.64、南宽1.42、北宽1.44米。自深4.20米。

洞室：拱形顶，直壁，平底。洞室口位于墓道北壁中部，洞室宽小于墓道底宽。洞室口东壁距墓道东壁约0.10、西壁距墓道西壁约0.12米。底部平面呈长方形，东长3.10、西长3.12、南宽1.20、北宽1.20米。高1.20米。

填土：墓道为黄褐色五花土，土质较硬。洞室为褐色塌土和淤土，土质致密。

（3）葬具

单棺，棺木腐朽甚重，具体形制不明。

（4）墓主人

骨架不存，葬式不明。

（5）随葬品及其位置

共5件。在洞室西北角有一堆陶器残片，经拼对，为带把釜（:1）、鬲口釜（:2）、缶（:3）、盂形甑（:4）、盂（:5），具体放置位置不明。

（6）随葬品介绍

缶　1件。标本SDM139:3，夹细砂灰陶。小体，小口束颈，折沿下倾，尖圆唇；圆折肩，肩面微溜，上腹微弧，下腹斜直，上下腹交接处圆弧，仅以一周旋纹分界，形成"符号亚腰"，平底。上腹饰四周麦粒状绳纹。口径8.4、器身最大径32.2、底径15.2、通高29.0厘米（图二八三，11）。

盂　1件。标本SDM139:5，夹细砂灰陶。直口，折沿下倾，尖圆唇；折腹，上腹近直，下腹斜直，上腹占腹部比例约三分之一，平底。器内壁饰数周暗旋纹，上下腹交接处有一周折棱。口径19.8、底径8.2、通高10.7厘米（图二八三，2）。

盂形甑　1件。标本SDM139:4，夹细砂灰陶。敞口，折沿下倾，尖圆唇；折腹，上腹近直，下腹斜直，上腹占腹部比例大于三分之一，平底；器底戳制7个圆形甑孔，布局为中心一孔与边缘一周。上下腹交接处有一周折棱。口径21.2、底径11.2、通高10.9厘米（图二八三，6）。

鬲口釜　1件。标本SDM139:2，夹砂灰陶，底部夹粗砂。口微侈，斜方唇，唇面微内凹；隆肩，肩面近口处略平，腹上部微弧近直，下部弧收，圜底。腹上部饰数周旋纹，腹下部饰横向及斜向篮纹。口径14.9、器身最大径22.2、通高15.9厘米（图二八三，5）。

带把釜　1件。标本SDM139:1，把残，夹砂红褐陶。卷沿，方圆唇，唇面有一周凹槽，圆肩，鼓腹，圜底。肩部隐约可见瓦纹，腹下部饰横向篮纹，底部饰纵向篮纹。腹底有烟炱。口径7.8、器身最大径13.2、残高11.6厘米（图二八三，7）。

174. 2010YFSDM140

（1）位置

北距SDM139约8.0米。

（2）形制结构（图二八四；图版七，1）

墓向：0°。

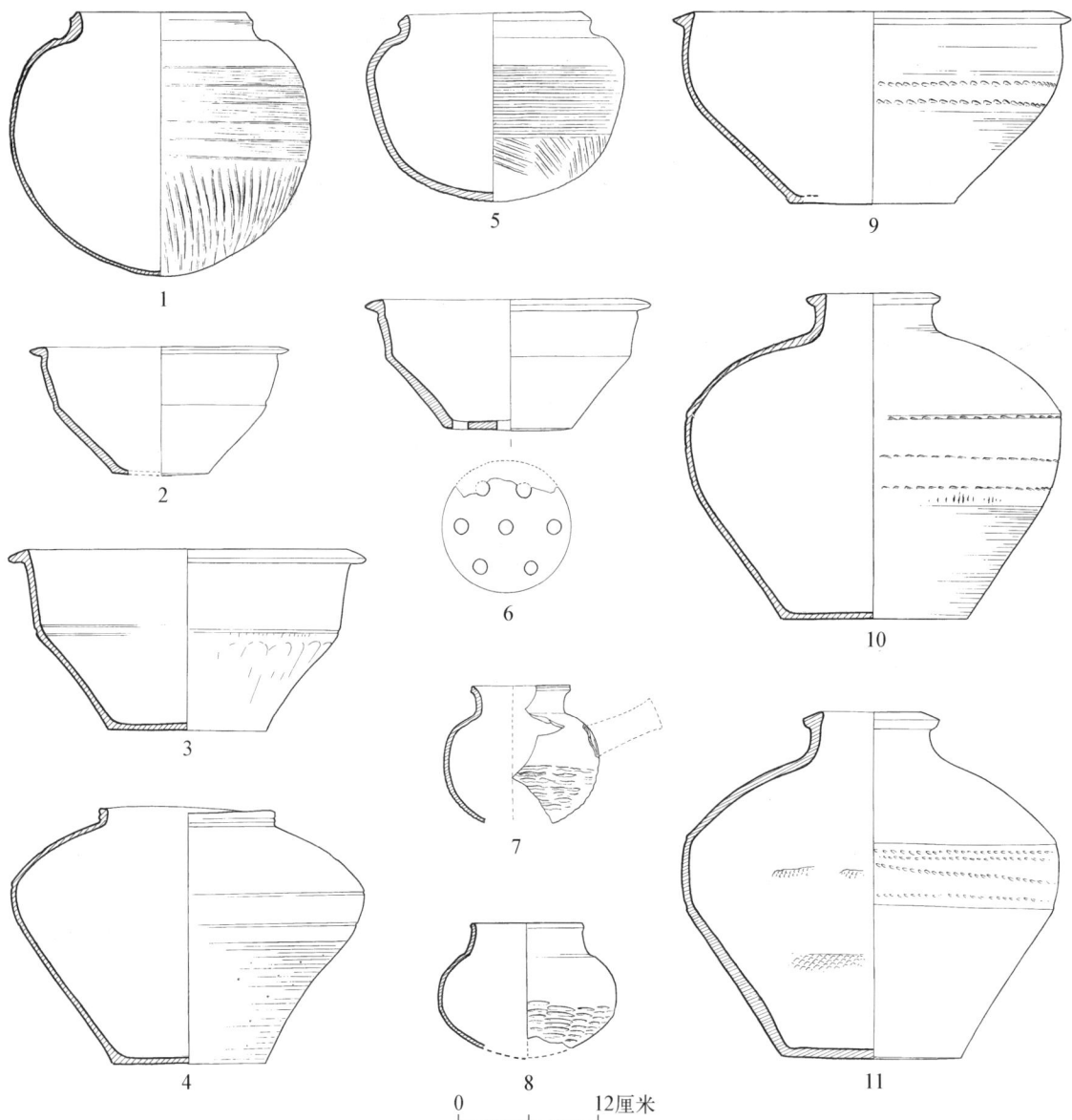

图二八三 SDM139、SDM140随葬陶器

1、5.高口釜（SDM140：2、SDM139：2） 2.盂（SDM139：5） 3.盆（SDM140：3） 4.直口折肩罐（SDM140：6）
6.盂形甑（SDM139：4） 7.带把釜（SDM139：1） 8.罐口釜（SDM140：5） 9.盆改甑（SDM140：7）
10、11.缶（SDM140：1、SDM139：3）

墓道：位于洞室北侧。口大底小。口呈长方形，东长3.50、西长3.48、南宽2.04、北宽2.10米。斜壁。平底，东长3.00、西长3.00、南宽1.34、北宽1.40米。自深5.00米。

洞室：拱形顶，直壁，平底。洞室口位于墓道南壁中部，洞室宽小于墓道底宽。洞室口东壁距墓道东壁约0.10、西壁距墓道西壁约0.10米。底部平面呈长方形，东长3.36、西长3.34、南宽1.14、北宽1.16米。高1.30米。

填土：墓道为浅红色五花土，土质坚硬。洞室土色浅黄色，土质较硬。

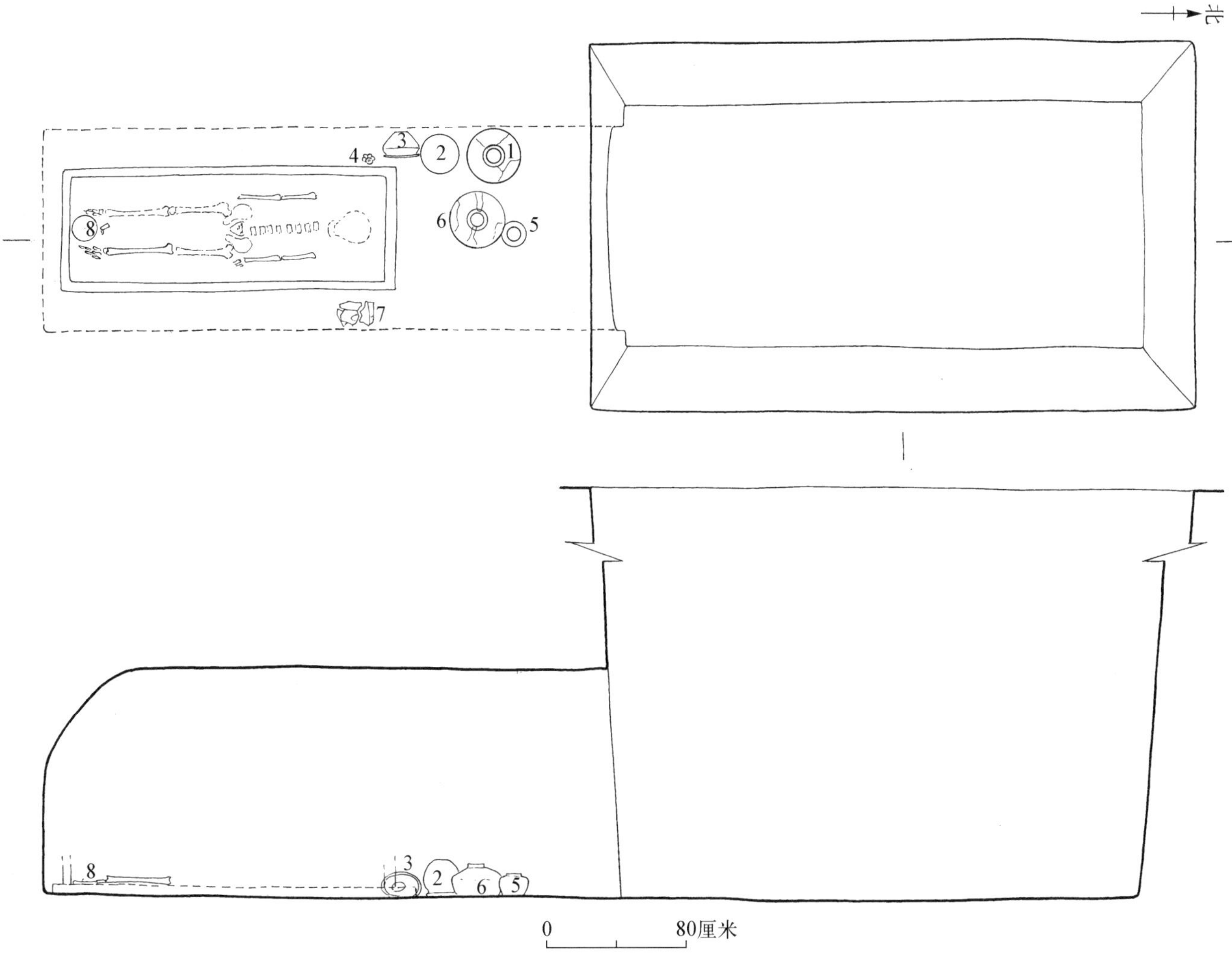

图二八四 SDM140墓葬平、剖图

1.陶缶 2.陶鬲口釜 3.陶盆 4.铜钱 5.陶罐口釜 6.陶直口折肩罐 7.陶盆改甑 8.铜镜

（3）葬具

单棺，呈矩形。置于洞室内偏南。端板与侧板四角闭合相接。棺长1.93、宽0.70、端板厚0.06、侧板厚0.05米。

（4）墓主人

仅存左下肢及上肢，其余仅见痕迹。葬式为仰身直肢葬。头向与墓道方向相同，面向上。

（5）随葬品及其位置

共8件（组），包括陶器6件、铜镜1面、铜钱1组21枚。棺外西北侧有东西两排器物，西排由北向南依次为缶（∶1）、鬲口釜（∶2）、盆（∶3），东排由北向南依次为罐口釜（∶5）、直口折肩罐（∶6）。棺外东北角为盆改甑（∶7）。铜钱（∶4）位于棺外西北角。铜镜（∶8）位于棺内墓主两脚间。

（6）随葬品介绍

缶 1件。标本SDM140∶1，夹细砂灰陶。小体，小口束颈，折沿微下倾，尖圆唇；折肩，弧腹，上下腹交接处圆弧,以一周麦粒状绳纹分界,形成"符号亚腰",平底。上腹饰三周麦粒状绳纹。口径9.0、器身最大径32.0、底径15.8、通高27.1厘米(图二八三,10)。

直口折肩罐 1件。标本SDM140：6,夹细砂灰陶,陶色斑驳不均,局部为红褐色。大体,直口方唇,口外侧有一周凹槽;圆折肩,上腹略弧,下腹斜直微内凹,上下腹交接处圆弧,仅以一周旋纹分界,形成"符号亚腰",平底。肩腹交接处饰一周旋纹。下腹有轮制痕迹。口径14.3、器身最大径30.5、底径13.4、通高20.9厘米(图二八三,4)。

盆 1件。标本SDM140：3,夹细砂灰陶。敞口,折沿下倾,圆唇;上腹近直,下腹斜直,上腹占腹部比例大于三分之一,平底。上下腹交接处饰一周旋纹。下腹有修整刮痕。口径27.2、底径13.8、通高14.9厘米(图二八三,3)。

盆改甑 1件。标本SDM140：7,夹细砂灰陶。口微敛,折沿下倾,尖圆唇;上腹微弧,下腹斜直,平底,器底凿制1个大圆形甑孔。器内壁饰数周暗旋纹,腹部饰两周麦粒状绳纹。口径30.5、底径14.0、通高15.9厘米(图二八三,9)。

鬲口釜 1件。标本SDM140：2,夹砂灰褐陶,底部夹粗砂。口微侈,斜方唇,唇面微内凹;圆肩,肩面近口处略平,腹部整体圆弧,圜底。腹上部饰数周旋纹,腹下部及底部饰纵向篮纹。腹底有烟炱。口径14.2、器身最大径25.9、通高22.0厘米(图二八三,1)。

罐口釜 1件。标本SDM140：5,底残,夹砂灰陶,底部夹粗砂。小体,卷沿,圆唇,矮直颈,圆肩,鼓腹,圜底。腹下部饰横向篮纹。腹部有烟炱。口径9.1、器身最大径15.4、通高约11.2厘米(图二八三,8)。

铜钱 共21枚。标本SDM140：4,均为"半两"。穿多方正,仅1枚穿上有凸起。少数有钱郭,1枚有穿郭。钱缘或有铸口。少数钱为粘合体。可辨钱文的文字各异,字与穿比例不同。"半"字头部转折程度不同,两横线及竖线出于下横线的长度不等;"两"字上横线与肩长度比例不同,均折肩,"两"字内部结构亦有区别。铸造较粗糙。钱径2.3～2.7、穿宽0.6～1.0厘米,重量2.2～13.9克(图二八五)。具体形制详见表二一。

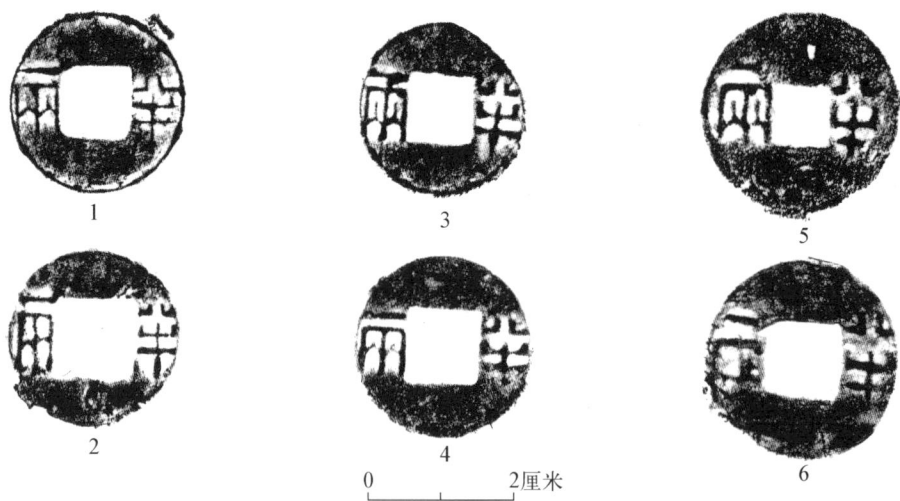

图二八五 SDM140随葬铜钱拓片

1. SDM140：4-6 2. SDM140：4-4 3. SDM140：4-19 4. SDM140：4-1 5. SDM140：4-15 6. SDM140：4-2

表二一　SDM140铜钱统计表

编　号	种类	钱径	穿宽	重量	文　字	形　制	记　号	附着物	图　号	备　注
SDM140:4-1		2.5	0.9	2.5	文字略凸起，字等于荠。"半"字头部转折，两横线略出下横线，竖线出于肩，折肩，为"双人两"		穿正上方有一凸起短横线		图二八五,4	
SDM140:4-2		2.7	1	2.5	文字扁平，字大于荠。"半"字头部呈"八"字状，两横线等长，竖线出下横线；"两"字上横线比肩略短，折肩，内部锈蚀				图二八五,6	
SDM140:4-3		2.3	0.6	2.5	文字凸起，字大于荠。"半"字头部转折，两横线等长，竖线长出于横线；"两"字上横线与肩等长，折肩，为"十字两"	钱郭				有1铸口
SDM140:4-4		2.4	1	2.3	文字凸起，字等于荠。"半"字头部转折，两横线等长，竖线出下横线；"两"字上横线与肩等长，折肩，为"十字两"				图二八五,2	
SDM140:4-5	半两	2.4	0.9	2.5	文字扁平，字小于荠。"半"字头部呈"八"字状，两横线等长，竖线出下横线；"两"字上横线与肩等长，折肩，为"十字两"					
SDM140:4-6		2.4	0.9	2.1	文字凸起，笔画较细，字等于荠。"半"字头部转折，两横线出下下横线；"两"字上横线与肩等长，折肩，为"双人两"	钱郭			图二八五,1	有1铸口
SDM140:4-7				13.9	文字略凸起，字等于荠。"半"字头部转折，两横线略出下横线，竖线出于肩，折肩，为"十字两"					3枚粘合
SDM140:4-8				11.6	字迹依稀可见,但不可辨形					3枚粘合
SDM140:4-9				9.4	文字扁平，字等于荠。"半"字头部转折，下横线略短，竖线出于下横线；"两"字上横线较短，折肩，内部锈蚀					3枚粘合
SDM140:4-10		2.3	0.9	2.8	文字略凸起，字小于荠。"半"字锈蚀不清；"两"字上横线与肩等长，折肩，为"十字两"					有1铸口

续表

编号	种类	钱径	穿宽	重量	文字	形制	记号	附着物	图号	备注
SDM140:4-11	半两	2.4	0.8	2.4	文字扁平,字等于筹。"半"字头部转折,两横线略出下横线明显,折肩,为"连山两"					
SDM140:4-12		2.4	0.9	2.7	文字扁平,字小于筹。"两"字上横线与肩等长,折肩,为"连山两"					
SDM140:4-13		2.4	0.8	2.6	文字扁平,字小于筹。"半"字锈蚀不清;"两"字上横线与肩等长,折肩,为"连山两"					有1铸口
SDM140:4-14		2.4	0.8	2.7	文字凸起,字小于筹。"半"字头部转折,两横线略出下横线长,比肩略长,折肩,为"十字两"	钱郭				
SDM140:4-15		2.7	0.8	2.3	文字扁平,字略大于筹。"半"字头部转折,下横线略出下横线;"两"字上横线比肩略长,折肩,为"双人两",人字首部较长				图二八五,5	
SDM140:4-16		2.3	0.8	2.5	文字扁平,字等于筹。"半"字头部转折,两横线略出下横线长,与肩等长,折肩,为"双人两"					
SDM140:4-17		2.7	0.7	2.4	文字扁平,字大于筹。"半"字头部转折,下横线略出下横线;"两"字上横线较短,折肩,为"双人两"					
SDM140:4-18		2.4	0.7	2.2	字迹依稀可见,但不可辨形					
SDM140:4-19		2.4	0.7	2.4	文字扁平,笔画较细,字等于筹。"半"字头部转折,下横线出于正上横;"两"字上横线与肩等长,折肩,为"双人两",人字首部较长	钱郭			图二八五,3	
SDM140:4-20		2.4	0.9	2.6	文字扁平,字等于筹。"半"字头部转折,两横线略出下横线;"两"字上横线较短,折肩,为"双人两"	钱郭				
SDM140:4-21		2.4	0.7	2.3	文字略凸,字等于筹。"半"字头部转折,两横线出于下横线较长;"两"字锈蚀不清	钱和穿郭				

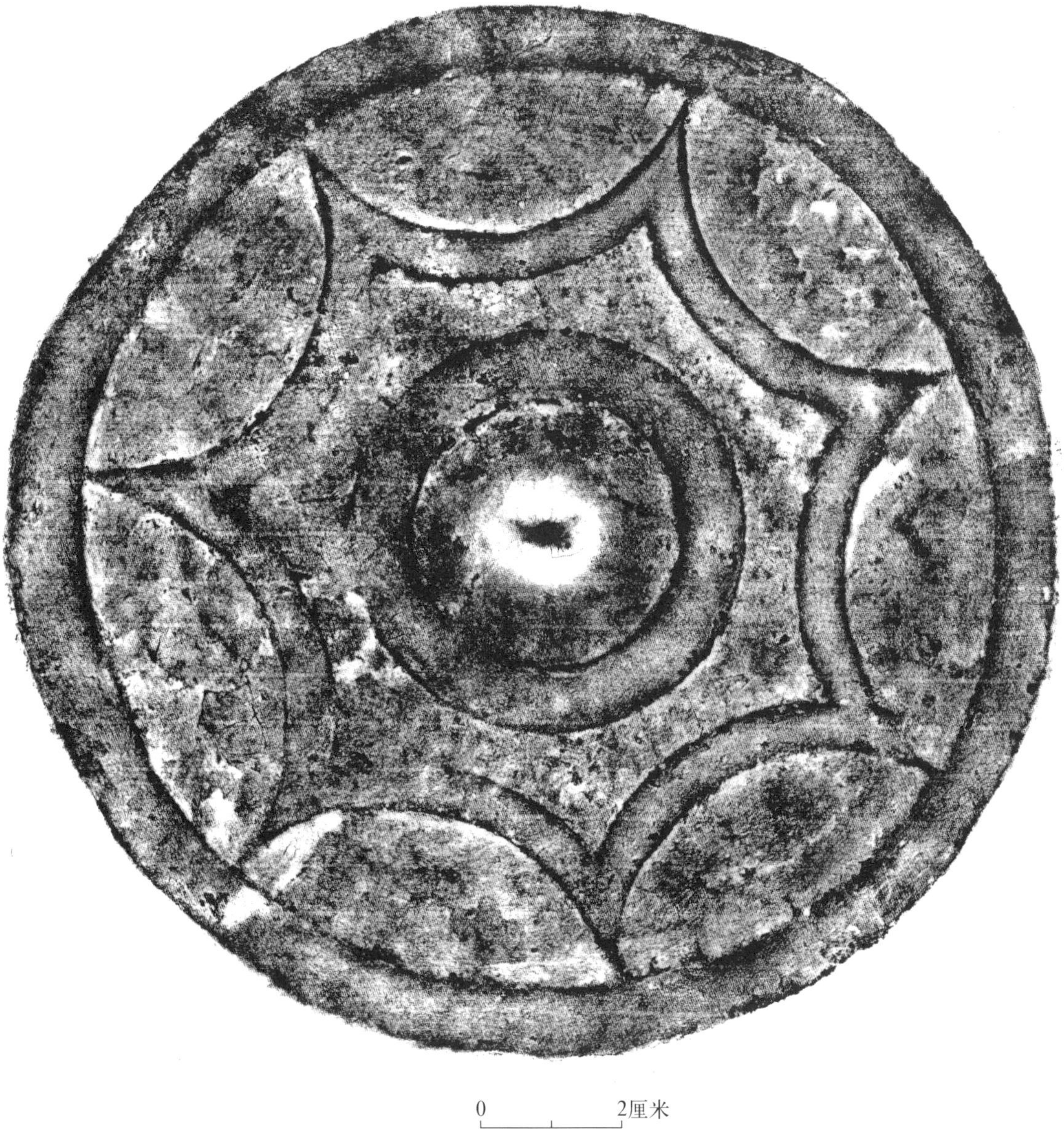

0 ├────┼────┤ 2厘米

图二八六　SDM140随葬铜镜拓片

SDM140∶8

　　铜镜　1面。标本SDM140∶8,内向连弧纹镜。圆形,镜体较大,镜面平直;桥型钮,凹面圆形钮座,镜背饰内向七连弧纹带,镜缘饰凹面宽带纹。直径14.7厘米(图二八六;彩版三七,3)。

175. 2010YFSDM142

(1)位置

西距SDM143约2.0米,北距SDM149约5.0米,东南距2010M141约3.8米。

(2)形制结构(图二八七;图版三,1)

墓向:10°。

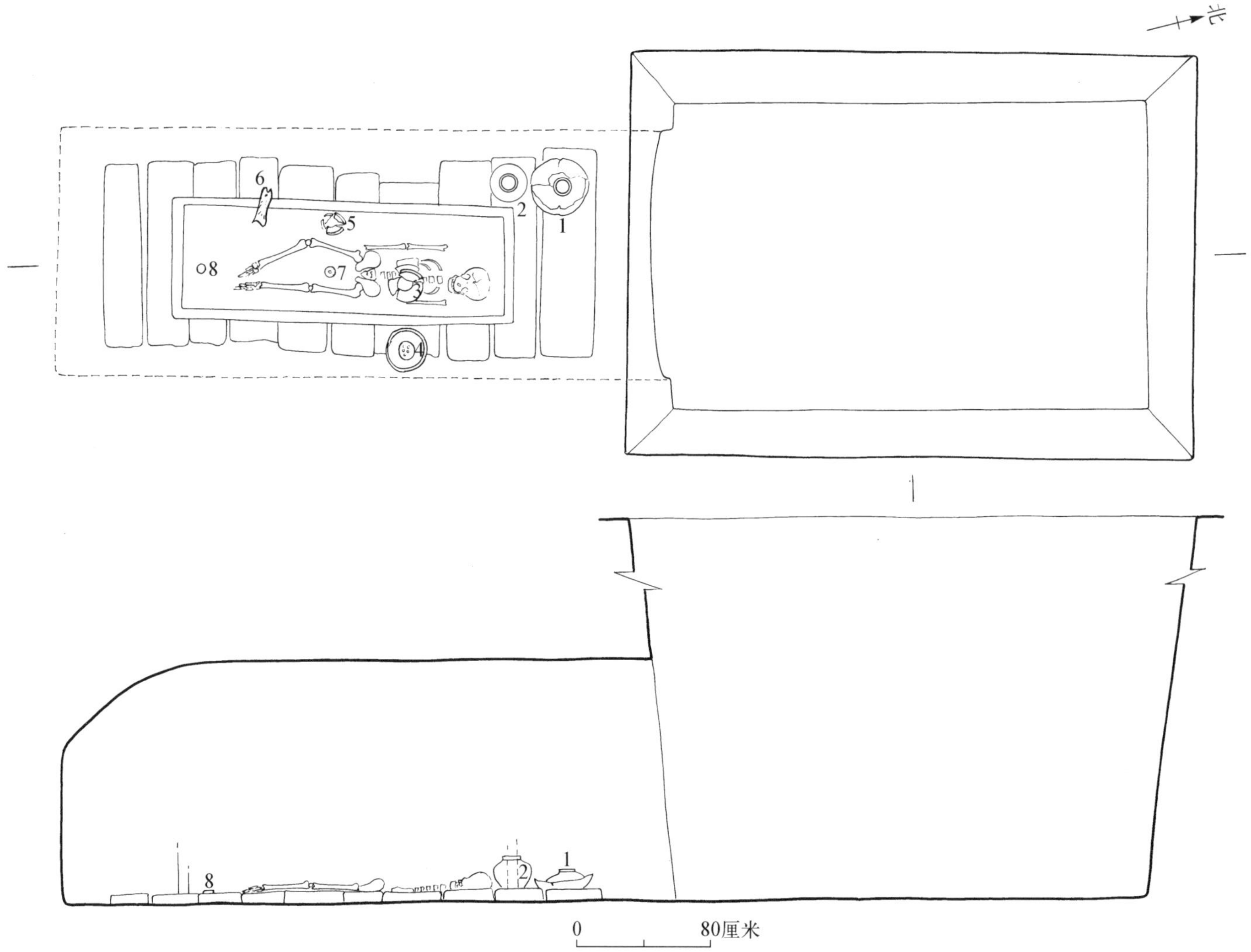

图二八七　SDM142墓葬平、剖图

1.陶缶　2.陶直口折肩罐　3.陶盆　4.陶盆形甑　5.陶鍪　6.陶鱼　7.铜镜　8.圆陶片

墓道：位于洞室北侧。口大底小。口呈长方形，东长3.36、西长3.34、南宽2.32、北宽2.35米。斜壁。平底，东长2.82、西长2.80、南宽1.76、北宽1.80米。自深4.00米。

洞室：拱形顶，直壁，平底。洞室口位于墓道南壁中部，洞室宽小于墓道底宽。洞室口东壁距墓道东壁约0.16、西壁距墓道西壁约0.16米。底部平面呈长方形，东长3.66、西长3.56、南宽1.44、北宽1.44米。高1.40米。

填土：墓道为黄褐色五花土，夹杂较多黑色土颗粒，土质坚硬，经过夯打，夯层厚度0.15米左右，夯迹不清。洞室为褐色五花土及部分淤土，土质较疏松。

（3）葬具

单棺，呈矩形，端板与侧板四角闭合相接。棺长2.05、宽0.70、端板厚0.06～0.07、侧板厚0.05～0.06米。棺下加棺床，棺床由10块木板横向铺设而成，由北向南各块木板长、宽依次为

1.22×0.32、1.16×0.25、1.16×0.26、1.00×0.40、1.06×0.26、1.08×0.30、1.08×0.28、1.04×0.26、1.06×0.27、1.06×0.23 m^2。

（4）墓主人

上肢不存，其余保存较好。葬式为仰身屈肢葬，右下肢向右弯曲。头向与墓道方向相同，面向上。

（5）随葬品及其位置

共8件，包括陶器6件、铜镜1面、圆陶片1枚。直口折肩罐（:2）、缶（:1）位于棺外西北角，南北向排列。盆形甑（:4）倒置于棺外东侧。盆（:3）倒置于墓主脊椎上，鍪（:5）位于棺内墓主腿部右侧，陶鱼（:6）位于棺西侧板残痕上。3号、5号、6号原应位于棺盖板上相应位置。铜镜（:7）位于棺内墓主盆骨下方、两腿骨之间。圆陶片（:8）位于棺内墓主脚端南侧。

（6）随葬品介绍

盆　1件。标本SDM142:3，夹细砂灰陶。直口，折沿微下倾，方圆唇；折腹，上腹竖直，下腹斜直微内凹，上腹占腹部比例约小于三分之一，平底。沿面对称饰一组划痕，上下腹交接处有一周折棱。下腹有轮制痕迹。口径29.2、底径13.7、通高13.0厘米（图二八八）。

缶　1件。标本SDM142:1，夹细砂灰陶。小体，小口束颈，折沿下倾，尖唇；折肩，腹微折，肩腹部呈"微亚腰"状，上腹略弧，下腹斜直，平底微内凹。肩部饰数周暗旋纹，肩腹及上下腹各饰一周旋纹。下腹有轮制痕迹。口径7.3、器身最大径31.2、底径16.6、通高26.5厘米（图二九二,3）。

直口折肩罐　1件。标本SDM142:2，夹细砂灰陶。大体，直口方唇，口外侧有一周凹槽；折肩，腹微折，肩腹部呈"微亚腰"状，上腹微弧近直，下腹斜直内凹，平底。肩部饰数周暗旋纹，肩腹及上下腹交接处各饰一周旋纹。下腹有轮制痕迹。口径16.0、器身最大径28.4、底径14.0、通高20.1厘米（图二九二,9）。

盆形甑　1件。标本SDM142:4，夹细砂灰陶。直口，折沿下倾，方圆唇；弧腹微折，上腹略弧，下腹斜直，上腹占腹部比例略大于三分之一，平底；器底戳制15个圆形甑孔，布局为中心一孔与边缘两周。器内壁饰数周暗旋纹，上腹饰两周旋纹间以一周楔形绳纹。口径29.4、底径12.4、通高15.2厘米（图二九二,1）。

鍪　1件。标本SDM142:5，夹砂红褐陶，底部夹粗砂。侈口，斜方唇，束颈较高，溜肩，肩面微内凹，鼓腹，圜底。腹上部饰数周旋纹，下部饰横向篮纹，底部饰纵向篮纹。腹底有烟炱。口径14.3、器身最大径21.2、通高16.2厘米（图二九二,4）。

圆陶片　1件。标本SDM142:8，夹细砂褐陶。圆饼形，两面等大，平整较光滑，侧面凹凸不平。沿面最大径3.7、底面最大径4.2、厚1.3厘米（图二七五,10）。

陶鱼　1件。标本SDM142:6，夹细砂灰陶。器身中空，模印弦纹、方格纹、菱格纹、圆圈纹、三角纹，其中一面饰一条鱼及一不知名动物纹样。长23.50、腹宽6.10、腹厚3.35厘米（图二八九；彩版四七,5）。

铜镜　1面。标本SDM142:7，素地弦纹镜。圆形，镜体较小，镜面平直；双弦桥形钮，无钮座；镜背饰两周弦纹，平镜缘。直径7.1厘米（图二九〇）。

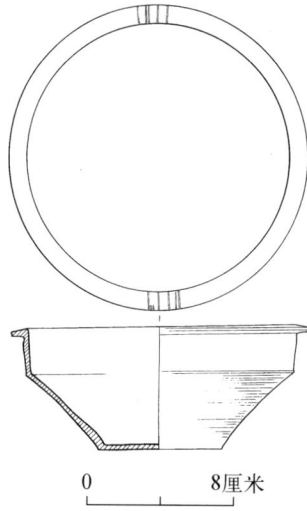

0　　　　　　8厘米

图二八八　SDM142随葬陶盆

SDM142：3

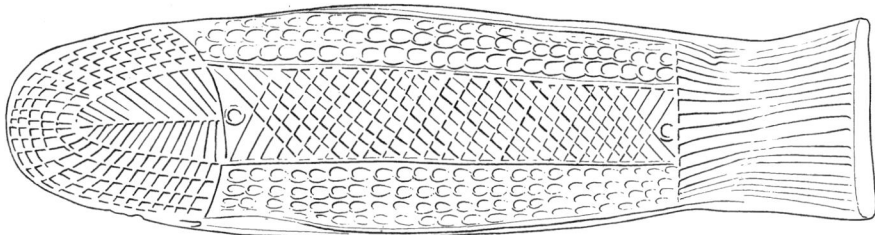

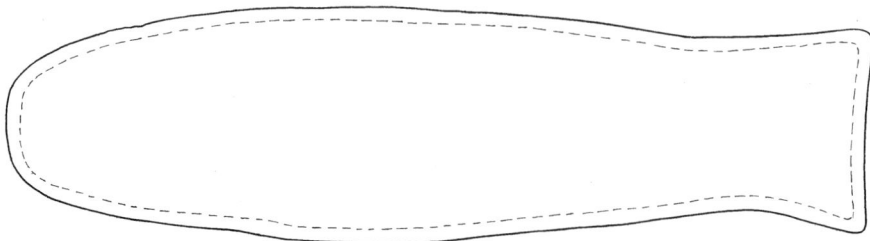

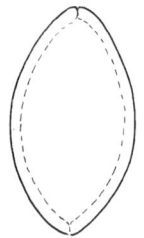

0　　　　　　4厘米

图二八九　SDM142随葬陶鱼

SDM142：6

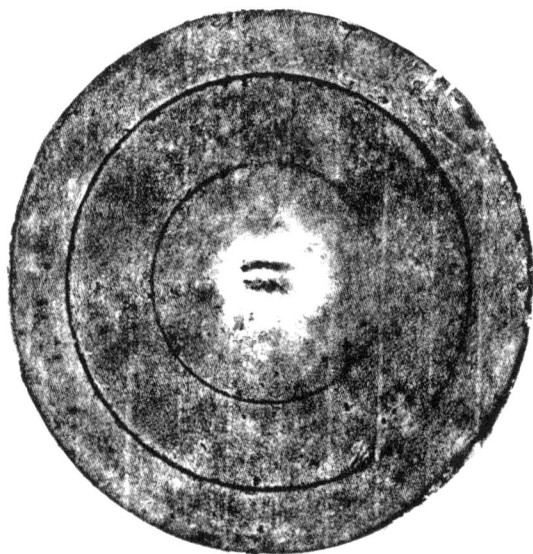

图二九〇　SDM142随葬铜镜拓片

SDM142：7

176. 2010YFSDM147

（1）位置

西距SDM146约0.5米，西南距SDM145约6.2米。

（2）形制结构（图二九一）

墓向：5°。

墓道：位于洞室北侧。口大底小。口呈长方形，东长2.48、西长2.50、南宽1.28、北宽1.30米。斜壁。平底，东长2.28、西长2.30、南宽1.16、北宽1.15米。自深2.60米。

洞室：拱形顶，直壁，平底。洞室口位于墓道南壁中部偏东，洞室宽小于墓道底宽。洞室口东壁与墓道东壁齐平、西壁距墓道西壁0.10米。底部平面呈长方形，东长3.30、西长3.26、南宽1.08、北宽1.08米。高1.20米。

填土：墓道为红褐色五花土，土质坚硬，经过夯打，未见明显夯迹。洞室为红褐色五花土，土质松散，另有少量淤土。

（3）葬具

单棺，呈矩形。置于洞室偏南。棺长1.80、宽0.60米。

（4）墓主人

人骨保存较差。葬式为仰身直肢葬，头向与墓道方向相反。

（5）随葬品及其位置

共7件（组），包括陶器6件、铜钱1组6枚。陶器均位于墓主脚端棺外。罐口釜（：1）位于棺外西北侧，近洞室口。棺外东北部由北向南依次为缶（：3）、双系罐（：4）、罐口釜（：5）、盂形甑（：6），直口圆肩罐（：2）位于3号西侧。铜钱（：7）位于棺内墓主右脚东侧。

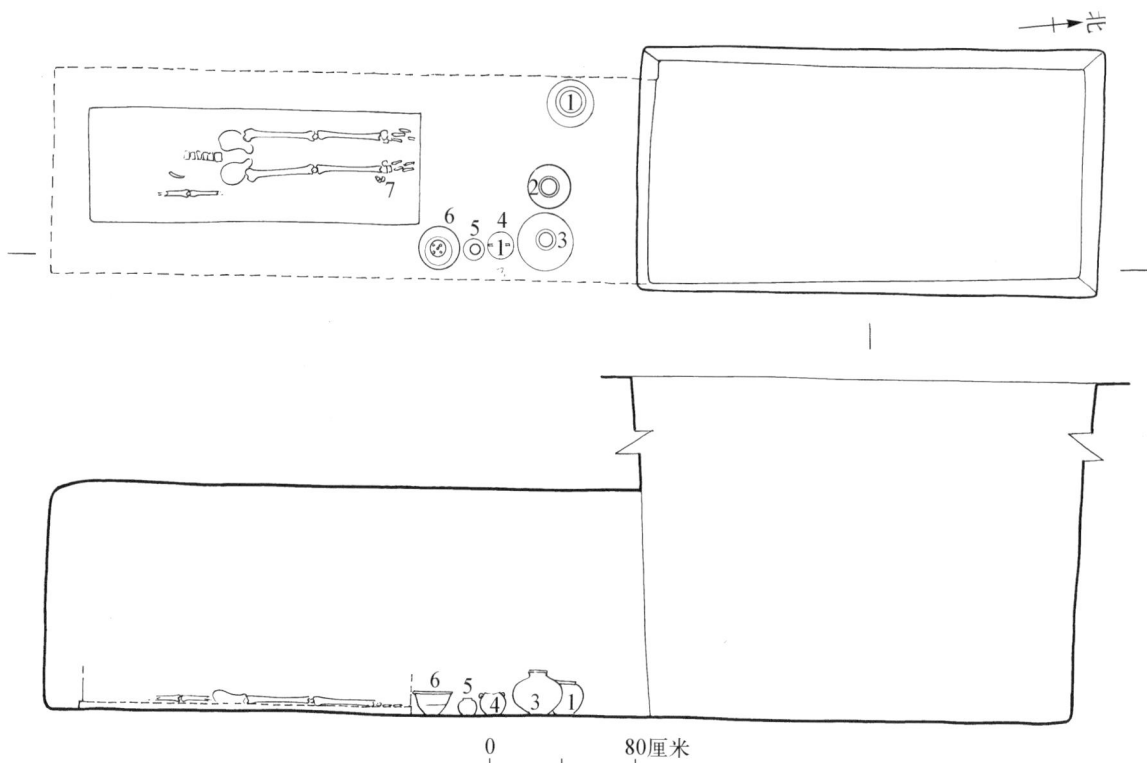

图二九一　SDM147墓葬平、剖图

1、5.陶罐口釜　2.陶直口圆肩罐　3.陶缶　4.陶双系罐　6.陶盂形甑　7.铜钱

（6）随葬品介绍

缶　1件。标本SDM147：3，夹细砂灰陶。小体，小口束颈，折沿下倾，尖圆唇；溜肩明显，肩部占器身比例近半，上腹微弧，下腹斜直微内凹，平底。肩腹及上下腹交接处各饰一周旋纹，上腹饰两周麦粒状绳纹，肩部有划痕。口径9.5、器身最大径32.0、底径14.9、通高28.0厘米（图二九二，10）。

直口圆肩罐　1件。标本SDM147：2，夹细砂灰陶。直口，斜方唇，唇面有一周凹槽；溜肩，腹上部略弧，腹下部斜直，大平底。口径13.2、器身最大径22.8、底径11.5、通高18.0厘米（图二九二，2）。

双系罐　1件。标本SDM147：4，口残，夹细砂灰陶。微溜肩，弧腹，圈足微外撇，肩部有对称双系，且各有一套环。腹部饰两周旋纹，腹下部局部饰竖行绳纹。器身最大径18.7、底径11.3、残高17.2厘米（图二九二，6）。

盂形甑　1件。标本SDM147：6，夹细砂灰陶。直口，折沿微下倾，尖圆唇；弧腹微折，上腹略弧，下腹斜直，上腹占腹部比例近半，平底；器底戳制10个圆形甑孔，布局为中心三孔与边缘一周。口径22.1、底径11.0、通高13.0厘米（图二九二，8）。

罐口釜　共2件，皆夹砂红褐陶，底部夹粗砂。矮直颈，弧腹，圜底。标本SDM147：1，大体，侈口，厚圆唇，唇面有一周凹槽，溜肩。颈肩交接处饰一周弦纹，腹下部饰横向篮纹，底部饰纵向篮

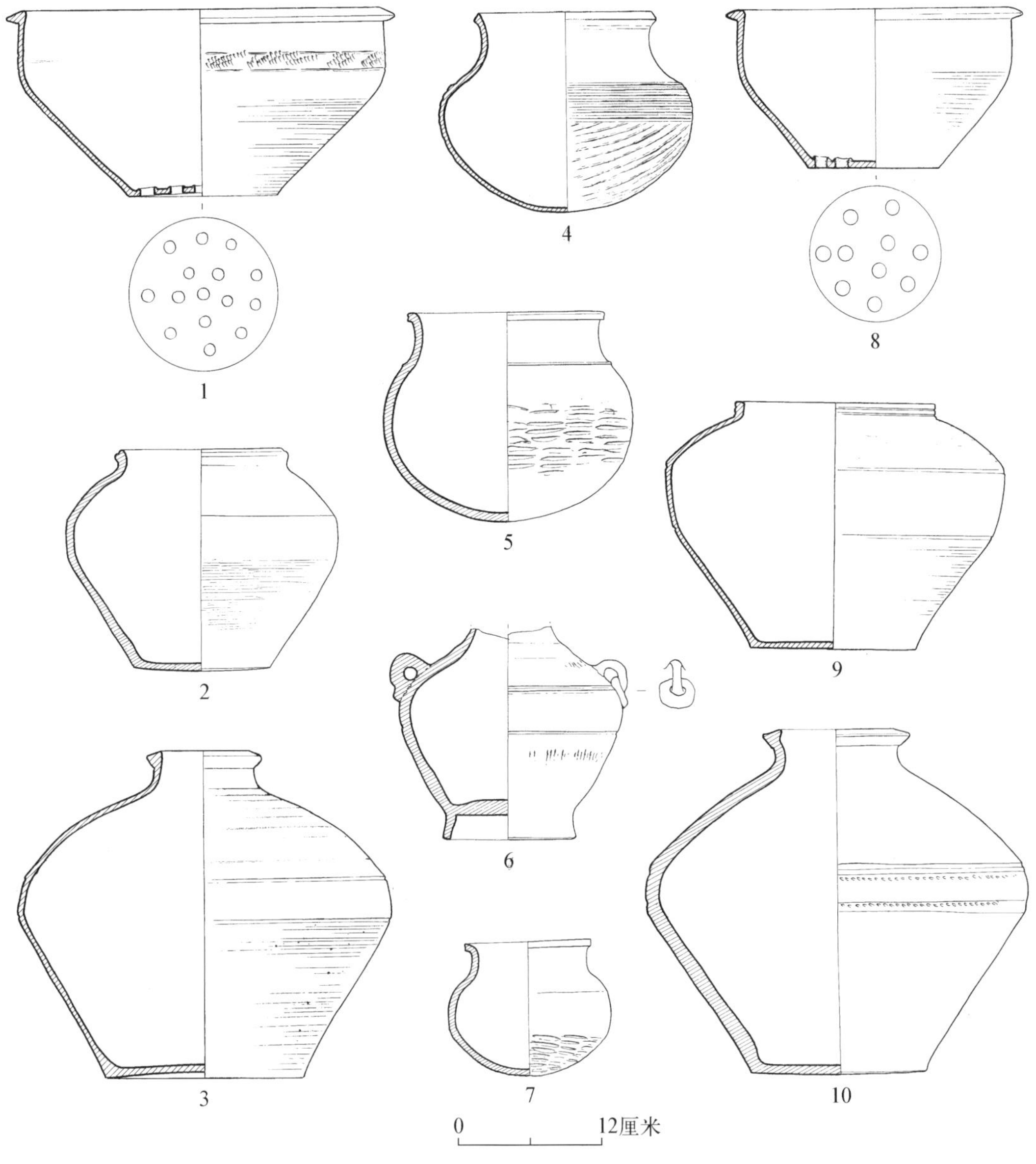

图二九二 SDM142、SDM147随葬陶器

1. 盆形甑（SDM142：4） 2. 直口圆肩罐（SDM147：2） 3、10. 缶（SDM142：1、SDM147：3） 4. 鍪（SDM142：5）
5、7. 罐口釜（SDM147：1、SDM147：5） 6. 双系罐（SDM147：4） 8. 盂形甑（SDM147：6） 9. 直口折肩罐（SDM142：2）

纹。口径15.0、器身最大径20.7、通高17.0厘米（图二九二，5）。标本SDM147：5，小体，卷沿，方圆唇，圆肩。腹下部及底部饰横向篮纹。腹底有烟炱。口径9.8、器身最大径13.7、通高10.8厘米（图二九二，7）。

铜钱 共6枚。标本SDM147：7，均为"半两"。大小近同、文字略异。SDM147：7-1，文字扁平，字等于穿。"半"字头部略呈"八"字状，两横线等长，竖线出于下横线；"两"字上横线与肩等长，折肩，内部锈蚀不清，"半两"二字倒置。有钱郭。钱径2.4、穿宽0.8厘米，重量2.8克（图二九三，2）。SDM147：7-2，文字凸起，字等于穿。"半"字头部呈"八"字状，上横

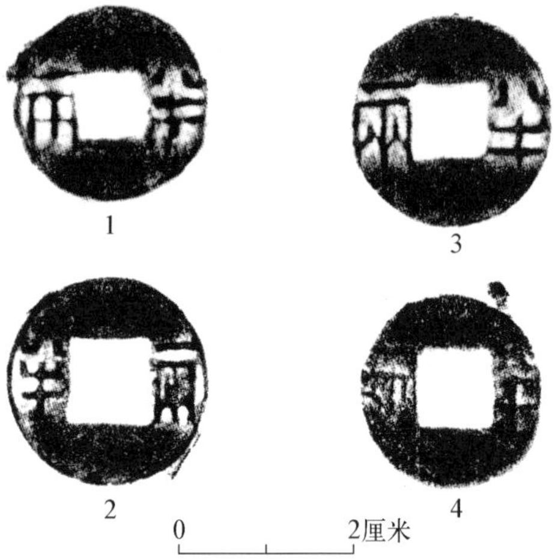

图二九三　SDM89、SDM147随葬铜钱拓片

1.SDM147：7-2　2.SDM147：7-1
3.SDM147：7-3　4.SDM89：3-25

线转折不明显，两横线等长，竖线出于下横线；"两"字上横线与肩等长，折肩，为"十字两"。钱径2.2、穿宽0.7厘米，重量2.2克（图二九三，1）。SDM147：7-3，文字扁平，字等于穿。"半"字头部略呈"八"字状，两横线等长，竖线出于下横线；"两"字上横线与肩等长，折肩，为"双人两"。钱径2.4、穿宽0.8厘米，重量2.6克（图二九三，3）。SDM147：7-4，文字扁平，字等于穿。"半"字头部呈"八"字状，两横线等长，竖线出于下横线；"两"字锈蚀不清。钱径2.3、穿宽0.7厘米，重量2.5克。SDM147：7-5，文字扁平，字等于穿。"半"字头部呈两点，两横线等长，竖线出于下横线；"两"字上横线与肩等长，折肩，为"十字两"。钱径2.3、穿宽0.6厘米，重量2.7克。SDM147：7-6，文字扁平，字小于穿。"半"字头部锈蚀，两横线等长，竖线出于下横线；"两"字锈蚀不清。钱径2.4、穿宽0.8厘米，重量2.9克。

177. 2010YFSDM149

（1）位置

东距SDM150约0.7米，西距SDM148约0.5米。

（2）形制结构（图二九四）

墓向：14°。

墓道：位于洞室北侧。口大底小。口呈长方形，东长2.80、西长2.80、南宽1.60、北宽1.52米。斜壁。平底，东长2.44、西长2.42、南宽1.16、北宽1.10米。自深3.40米。

洞室：拱形顶，直壁，平底。洞室口位于墓道南壁中部，洞室宽小于墓道底宽。洞室口东壁距墓道东壁0.10、西壁距墓道西壁0.16米。底部平面呈梯形，东长2.86、西长2.86、南宽1.00、北宽0.90米。高1.40米。

填土：墓道为红褐色五花土，土质较软。洞室为淡黄色塌土，土质略硬。

（3）葬具

单棺，呈矩形。略倾斜置于洞室内。棺长1.80、宽0.48米。

（4）墓主人

下肢骨朽成粉末状，其余不存。葬式为仰身直肢葬，头向与墓道方向相同。

（5）随葬品及其位置

共9件，包括陶器8件、铁器1件，均位于棺外洞室内。棺外东北部由北向南依次为缶（：1）、卷沿圆肩罐（：3）、小口旋纹罐（：4）、盂形甑（：5）。铁灯（：2）位于洞室口部中间，紧邻1号。盂（：6）倒置于棺外西侧。棺外西南角由北向南依次为鬲口釜（：7）、罐口釜（：9），两者器底相对。

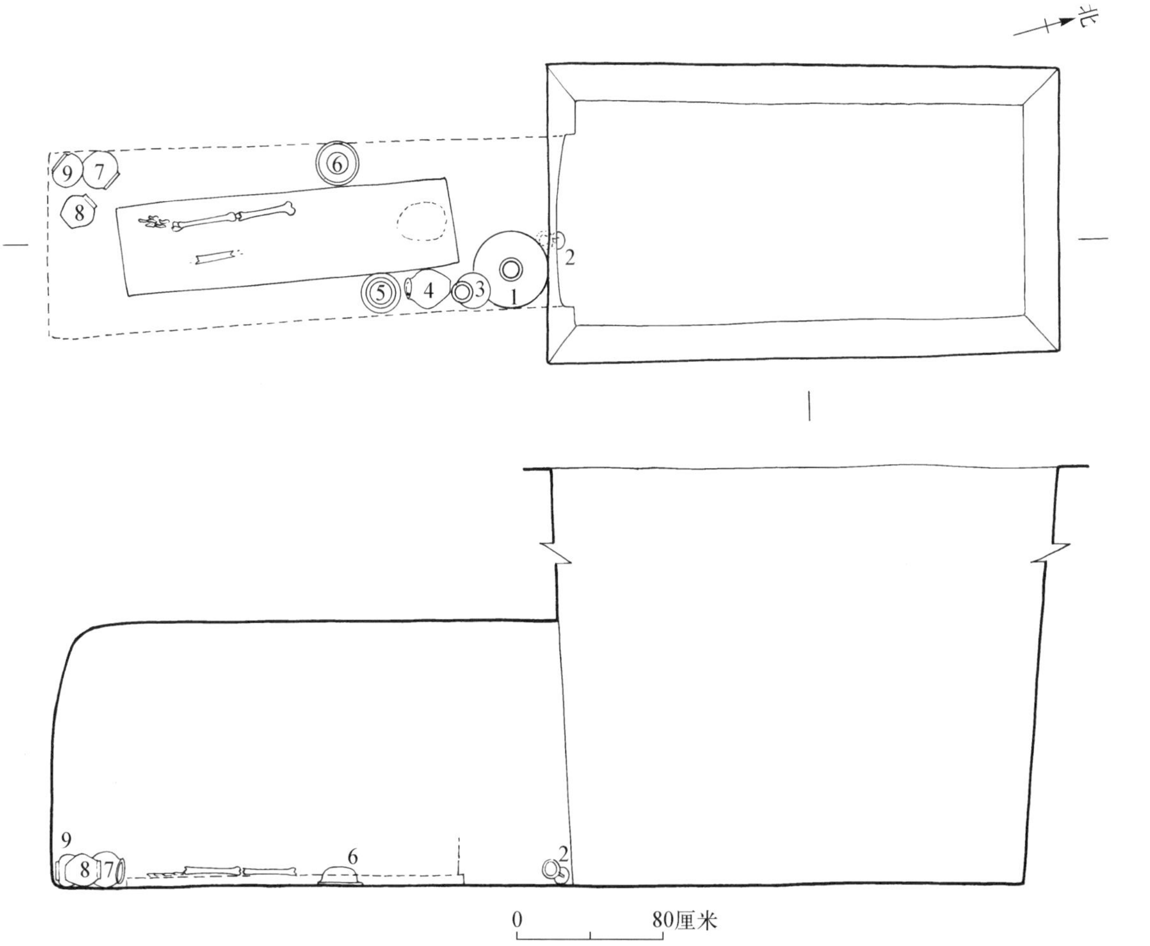

图二九四 SDM149墓葬平、剖图

1.陶缶 2.铁灯 3.陶卷沿圆肩罐 4.陶小口旋纹罐 5.陶盉形甗 6.陶盉 7.陶高口釜 8.陶有颈罐 9.陶罐口釜

有颈罐（ :8）侧置于7号、9号东侧。

（6）随葬品介绍（图版二〇,2）

缶 1件。标本SDM149:1,夹细砂灰陶。大体,小口束颈,折沿下倾,尖圆唇;圆折肩,上下腹交接处圆弧,仅以一周旋纹分界,形成"符号亚腰",上腹微弧,下腹斜直,平底。肩部饰数周暗旋纹,阴刻"王"字,肩腹及上下腹交接处各饰一周旋纹,上腹饰两至三周麦粒状绳纹。口径9.0、器身最大径37.9、底径17.9、通高31.8厘米（图二九五,8;彩版二一,2）。

小口旋纹罐 1件。标本SDM149:4,夹细砂灰陶。小口束颈,折沿微下倾,尖圆唇;微溜肩,弧腹,腹下部微内凹,平底。肩及腹上部饰数周旋纹。口径7.6、器身最大径22.5、底径11.6、通高23.5厘米（图二九五,5）。

有颈罐 1件。标本SDM149:8,夹细砂灰陶。卷沿,方圆唇,矮直颈,圆鼓肩,弧腹,腹上部略弧,腹下部斜直,平底。肩部饰数周暗纹。下腹有轮制痕迹。口径12.7、器身最大径22.4、底径11.7、通高19.2厘米（图二九五,1）。

卷沿圆肩罐　1件。标本SDM149:3，夹细砂灰陶。卷沿方唇，唇面有一周凹槽，圆鼓肩，腹部整体圆弧，平底。素面，腹下部有修整刮痕。口径10.6、器身最大径17.2、底径9.8、通高14.3厘米（图二九五,6）。

盂　1件。标本SDM149:6，夹细砂灰陶。敞口，折沿微下倾，尖圆唇；折腹，上腹近直，下腹斜直微内凹，上腹占腹部比例大于三分之一，平底。上下腹交接处有一周折棱。口径24.7、底径11.4、通高12.2厘米（图二九五,4）。

盂形甑　1件。标本SDM149:5，夹细砂灰陶。敞口，折沿下倾，尖圆唇；折腹，上腹微弧近直，下腹斜直微内凹，上腹占腹部比例大于三分之一，平底；器底戳制12个圆形甑孔，布局为中心一孔与边缘两周。上下腹交接处有一周折棱。口径20.6、底径10.9、通高12.7厘米（图二九五,7）。

罐口釜　1件。标本SDM149:9，夹砂灰陶，底部夹粗砂。卷沿，斜方唇，圆肩，肩面近口处略平，鼓腹，圜底。腹上部饰竖行细绳纹，腹下部及底部饰斜行粗绳纹。口径15.2、器身最大径22.0、通高18.3厘米（图二九五,2）。

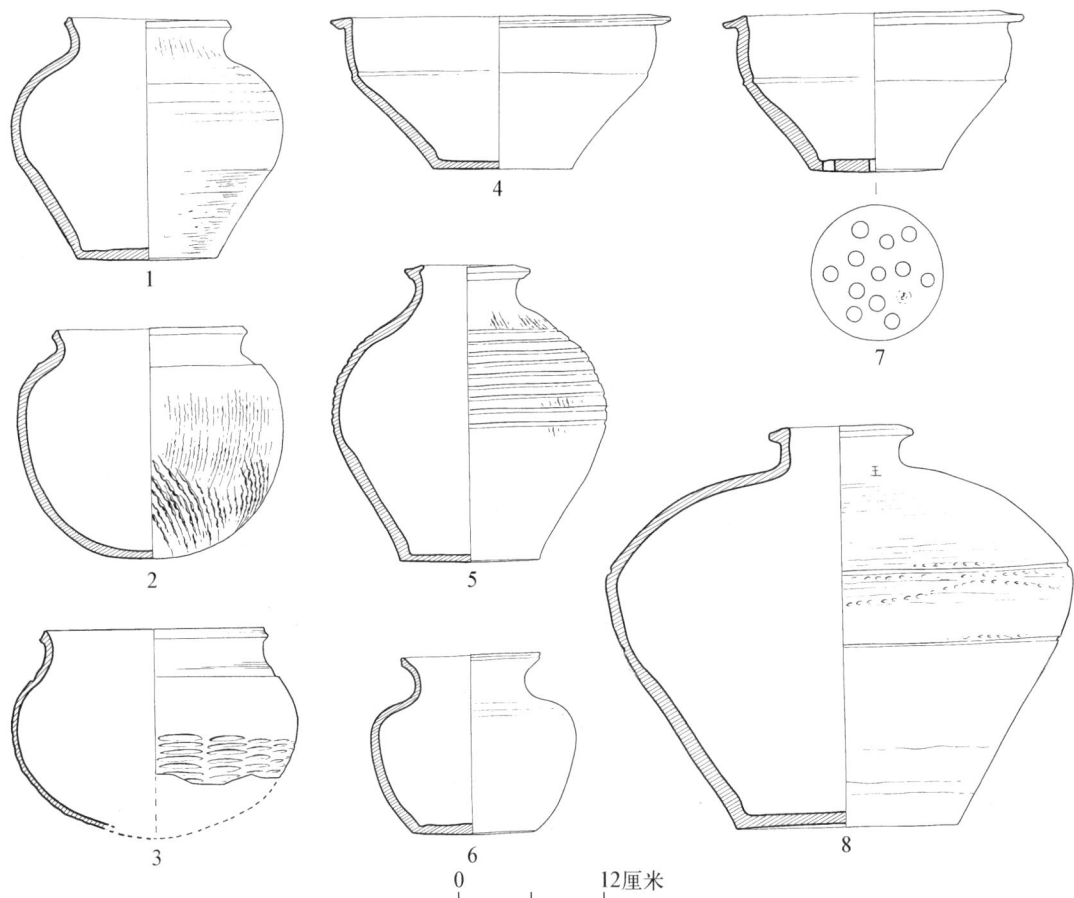

图二九五　SDM149随葬陶器

1. 有颈罐（SDM149:8）　2. 罐口釜（SDM149:9）　3. 鬲口釜（SDM149:7）　4. 盂（SDM149:6）　5. 小口旋纹罐（SDM149:4）
6. 卷沿圆肩罐（SDM149:3）　7. 盂形甑（SDM149:5）　8. 缶（SDM149:1）

　　鬲口釜　1件。标本SDM149：7，底残，夹砂灰陶。口微侈，斜方唇，唇面微内凹；圆肩，肩面近口处略平，鼓腹，圜底。腹部饰横向篮纹。口径18.0、器身最大径23.9、通高约16.8厘米（图二九五，3）。

　　铁灯　1件。标本SDM149：2，豆形灯。浅折盘，盘壁竖直，圜底，盘中心有一圆锥形烛钎，空心状柱柄下接大喇叭形座。口径9.6、底径8.4、通高11.4厘米（图二七五，4）。

178. 2010YFSDM150

（1）位置

西距SDM149约0.7米，东南距SDM138约5.8米。

（2）形制结构（图二九六；图版八，1）

墓向：358°。

墓道：位于洞室北侧。口略大于底。口呈长方形，东长3.16、西长3.18、南宽1.48、北宽1.54米。东、西、北侧斜壁，南侧直壁。平底，东长3.08、西长3.08、南宽1.48、北宽1.34米。自深3.00米。

洞室：拱形顶，直壁，平底。洞室口位于墓道南壁，洞室宽小于墓道底宽。洞室口东壁距墓道东壁0.05、西壁距墓道西壁0.04米。底部平面呈长方形，东长3.62、西长3.60、南宽1.40、北宽

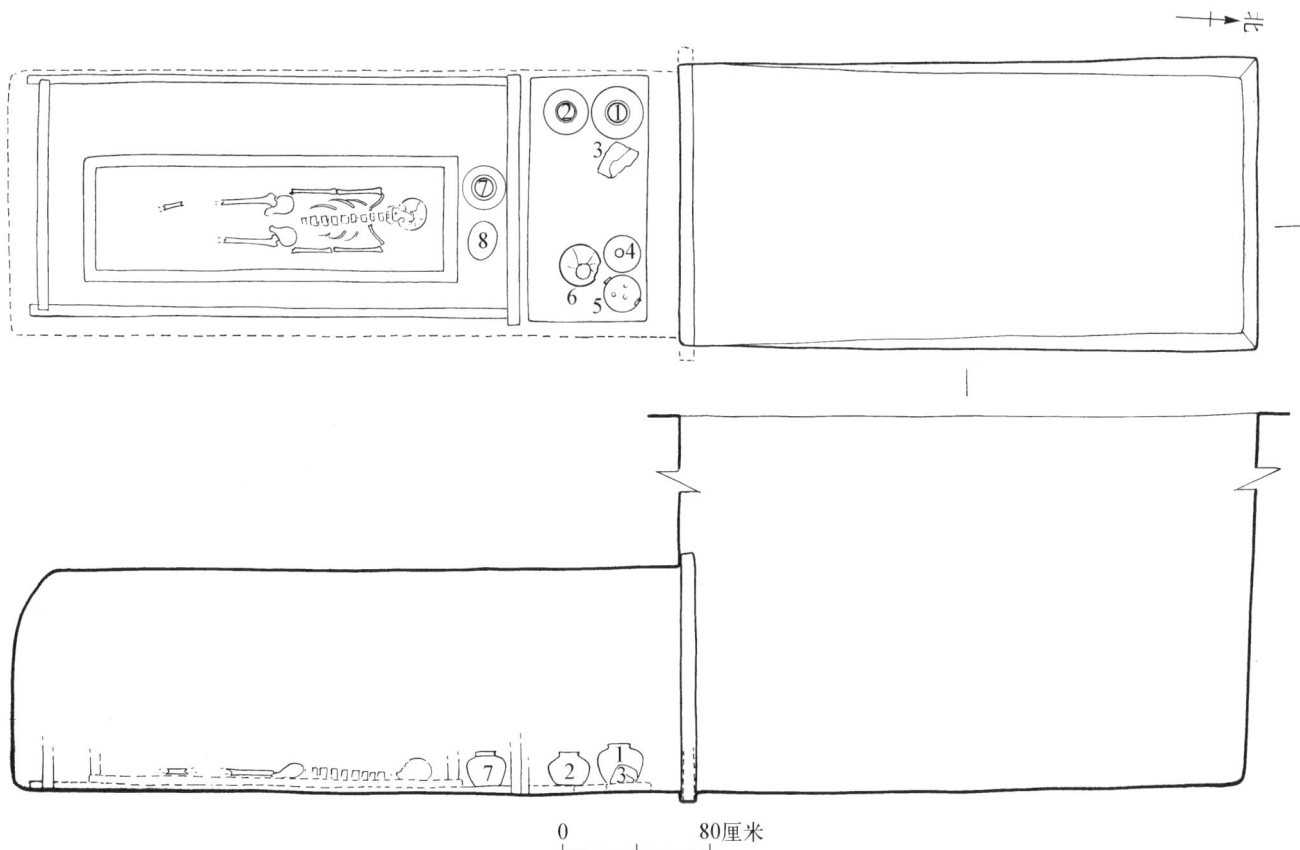

图二九六　SDM150墓葬平、剖图

1.陶直口折肩罐　2.陶小口旋纹罐　3.陶钫　4.陶盉　5.陶鼎　6.陶带把釜　7.陶锜　8.陶簋形甑

1.40 米。高 1.20 米。

封门：木板封门，位于墓道与洞室连接处。底、东、西壁有封门槽。东侧封门槽宽 0.08、深 0.08、高 1.34 米，西侧封门槽宽 0.08、深 0.09、高 1.34 米，底部封门槽宽 0.08、深 0.06、长 1.66 米。

填土：墓道为红褐色五花土，土质坚硬，经过夯打，夯层较清楚，厚度约 0.10 米。洞室土色黄色，夹杂少量的褐色土颗粒，土质较疏松，有较多生土块和淤土。

（3）葬具

一棺一椁，均呈矩形，置于洞室偏东。棺侧板与端板四角闭合相接。棺长 2.02、宽 0.67、端板厚 0.08、侧板厚 0.08 米。椁一端板嵌于侧板内，两侧板嵌于另一端板内，此端板伸出两侧板外侧。椁长 2.61、宽 1.28、端板南长 1.22、端板北长 1.32、端板厚 0.05～0.07、侧板长 2.59、侧板厚 0.04～0.06 米。椁外北侧与洞室口之间有一头箱，与棺椁齐平置于墓底。头箱长 1.29、宽 0.64 米。

（4）墓主人

骨架保存较差，下肢脚端不存，头骨被压碎。葬式似为仰身直肢葬。头向与墓道方向相同，面向上。

（5）随葬品及其位置

共 8 件，皆陶器，均位于洞室内。簋形甗（ :8）、陶锜（ :7）位于墓主头端棺椁之间，东西向排列，8 号倒置。其余陶器均位于椁室北端头厢内，小口旋纹罐（ :2）、直口折肩罐（ :1）南北并置于头箱西部，陶钫（ :3）位于 1 号东侧。鼎（ :5）、盛（ :4）东西并置于头箱东北角，带把釜（ :6）位于 4 号、5 号南侧。

（6）随葬品介绍

钫　1 件。标本 SDM150:3，泥质灰陶。覆斗形盖，盖与器身以子母口扣合；器身侈口方唇，口外侧加厚一周泥条，束颈，溜肩，鼓腹，方形圈足微外撇，肩部对称饰一对衔环。盖饰条带状红、白彩；口内壁满饰红彩，口部饰一周条带状红彩，颈肩交接处饰两周条带状红彩，颈部饰红白彩三角蕉叶纹，间以白色云纹；肩部饰八组红白相间的云纹，圈足残存条带状红彩。盖高 3.4、盖顶阔 4.2、盖阔 8.8、口阔 9.8、器身最大径 20.0、器身高 36.8、足高 2.8、足阔 12.1、通高 39.4 厘米（图二九七）。

鼎　1 件。标本 SDM150:5，泥质灰陶。盖面圆鼓，盖腹较深，残留两点状小乳突；鼎身与盖以子母口扣合，口部内沿略高于外沿，沿面内凹成槽；腹较浅，上腹竖直，下腹弧收，上下腹交接处有一周凸棱，圜底近平；双附耳，耳微外撇，有长方形穿，耳穿略透出鼎身；耳、足与器身连接处距腹部凸棱较近，蹄足粗矮而外撇，耳足呈五点式分布。鼎盖近口处饰条带状红、白彩各一周，盖面残存红色云纹；器身上腹饰条带状红、白彩各一周，双耳顶端饰白彩。器盖口径 16.8、器盖高 5.2、耳高 3.9、器身口径 14.8、器身最大径 18.4、器身高 8.7、足高 4.7、通高 14.2 厘米（图二九八，5）。

盛　1 件。标本 SDM150:4，泥质灰陶。盖面圆鼓，盖腹略深，上有矮圈足状捉手，盖面最高处与捉手上缘齐平；盖与器身以子母口扣合，口部内沿略高于外沿，沿面内凹成槽；弧腹，平底。捉手内外各饰一周条带状红彩，盖面近口处饰条带状红、白彩各一周，间以红色云纹。器盖口径 17.2、器盖高 4.2、捉手直径 8.0、器身口径 15.6、器身最大径 18.2、器身高 8.0、底径 7.8、通高 13.8 厘米（图二九八，2）。

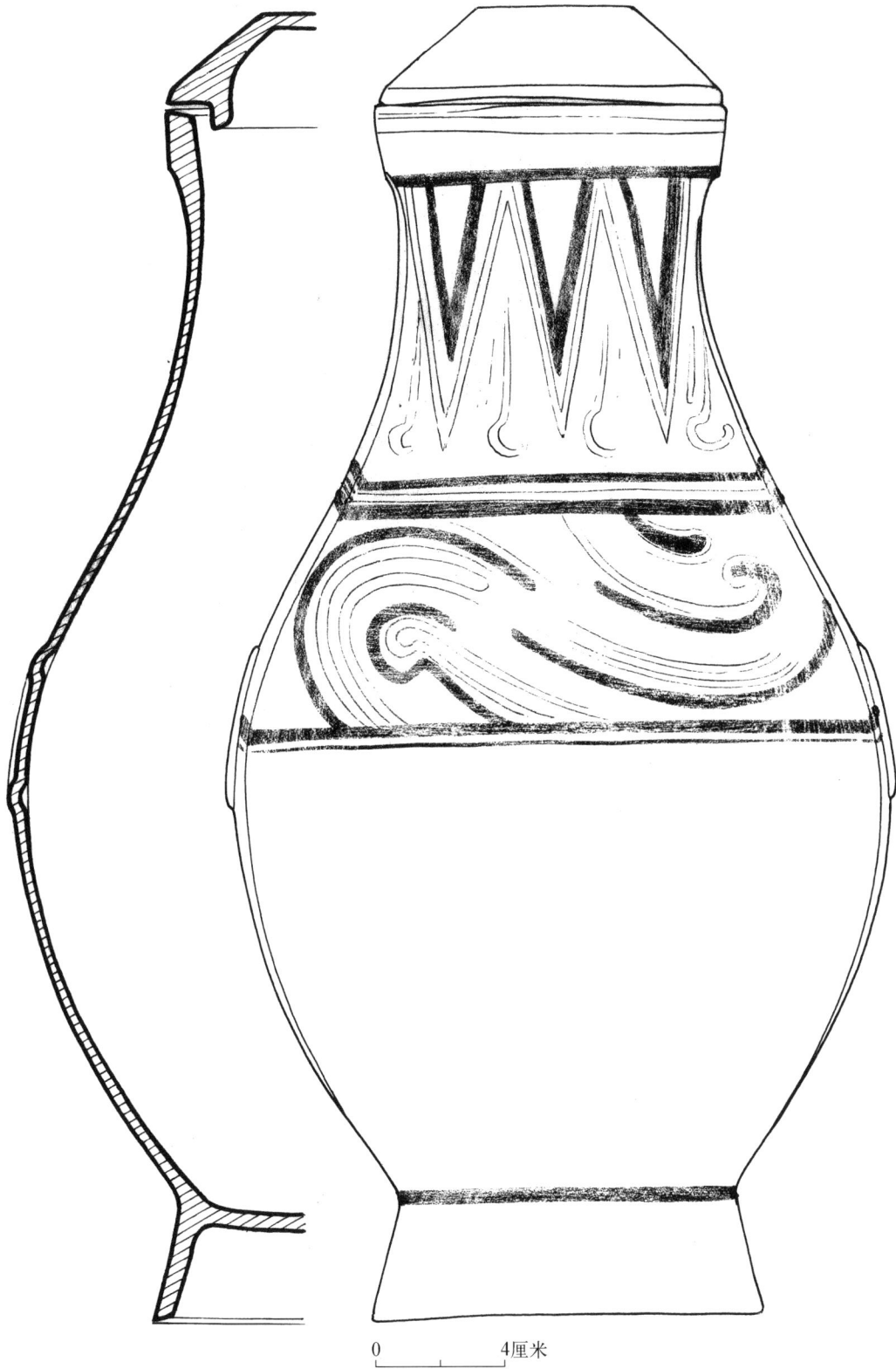

图二九七　SDM150随葬陶钫

SDM150：3

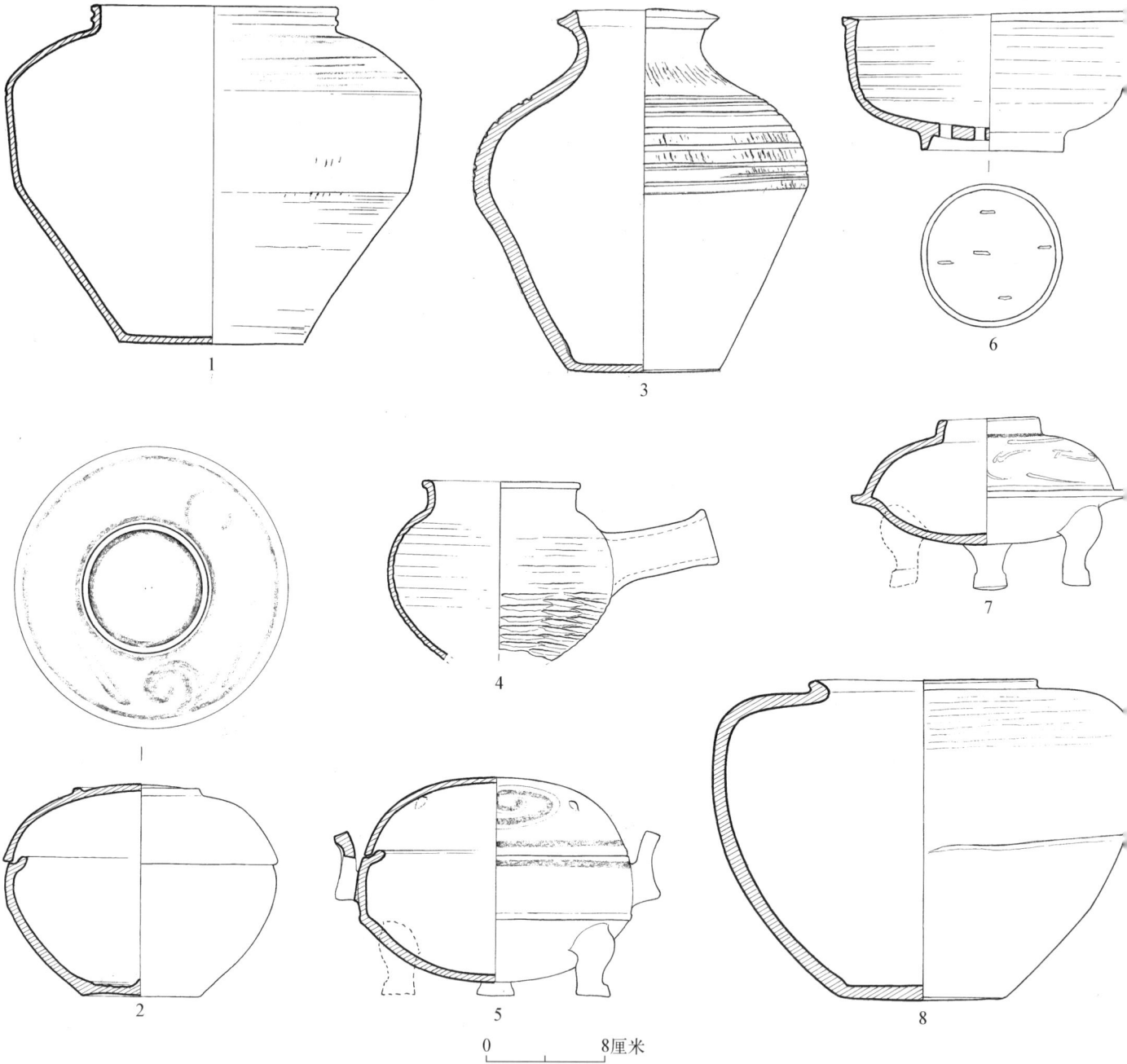

图二九八　SDM150、SDM151随葬陶器

1、8.直口折肩罐(SDM151:5、SDM150:1)　2.盛(SDM150:4)　3.小口旋纹罐(SDM150:2)　4.带把釜(SDM150:6)

5.鼎(SDM150:5)　6.簋形甑(SDM150:8)　7.锜(SDM150:7)

锜 1件。标本SDM150：7，泥质灰陶。小直口方唇，弧肩，弧腹，腹深小于肩高；肩腹转折处有腰檐，腰檐窄；圜底，腹下接三蹄足，蹄足粗矮。肩部近口处及近腰檐处各饰条带状白彩一周，间以蓝、白、红彩云纹。口径6.0、器身最大径18.2、檐宽0.8、足高5.1、通高11.0厘米（图二九八，7）。

簋形甑 1件。标本SDM150：8，泥质灰陶。直口方唇，唇部微加厚；弧腹，平底，器底戳制5个短条形甑孔，布局为中心一孔与边缘一周，圈足微内敛。器内壁满施红彩，器身残存五周条带状红、白彩，由上到下依次为红、白、白、红、白，圈足饰一周条带状红彩。口径17.8、底径9.4、通高8.9厘米（图二九八，6）。

小口旋纹罐 1件。标本SDM150：2，夹细砂灰陶。小口束颈，折沿下倾，尖圆唇；微溜肩，腹近斜直，平底。肩及腹上部饰数周旋断绳纹。口径8.3、器身最大径22.3、底径10.0、通高23.8厘米（图二九八，3）。

直口折肩罐 1件。标本SDM150：1，夹细砂灰陶。大体，直口方唇，圆折肩，弧腹，无亚腰特征，腹下部斜直，平底。肩及腹上部饰数周暗旋纹，上下腹交接处饰一周旋纹。口径13.8、器身最大径27.9、底径10.6、通高20.8厘米（图二九八，8）。

带把釜 1件。标本SDM150：6，底残。夹砂红褐陶，底部夹粗砂。卷沿，厚圆唇，矮直颈，圆肩，鼓腹，圜底。腹下部饰横向篮纹。腹底有烟炱。口径9.8、器身最大径15.2、把长7.0、残高11.8厘米（图二九八，4）。

179. 2010YFSDM151

（1）位置

北距SDM153约5.6米，南距SDM152近3.0米。

（2）形制结构（图二九九；图版一，2）

墓向：270°。

墓道：位于洞室西侧。口大底小。口呈长方形，南长3.14、北长3.14、东宽2.12、西宽2.12米。斜壁。平底，南长2.88、北长2.89、东宽1.84、西宽1.84米。自深3.60米。

洞室：拱形顶，直壁，平底。洞室口位于墓道东壁中部，洞室宽小于墓道底宽。洞室口南壁距墓道南壁0.40、北壁距墓道北壁0.36米。底部平面呈长方形，南长3.14、北长3.14、东宽1.10、北宽1.10米。高1.60米。

填土：墓道土色黄褐色，土质较坚硬。洞室土色褐色，土质较松散，有较多的淤土，淤层较厚。

（3）葬具

单棺，呈矩形，仅存棺木轮廓痕迹。置于洞室偏东。棺长1.46、宽0.52米。

（4）墓主人

骨架保存较差，仅见下肢及头骨痕迹。葬式为仰身直肢葬，头向与墓道方向相同。

（5）随葬品及其位置

共6件，皆陶器，均位于棺外洞室内。墓主南侧由西向东依次为盆形甑（：4）、直口折肩罐

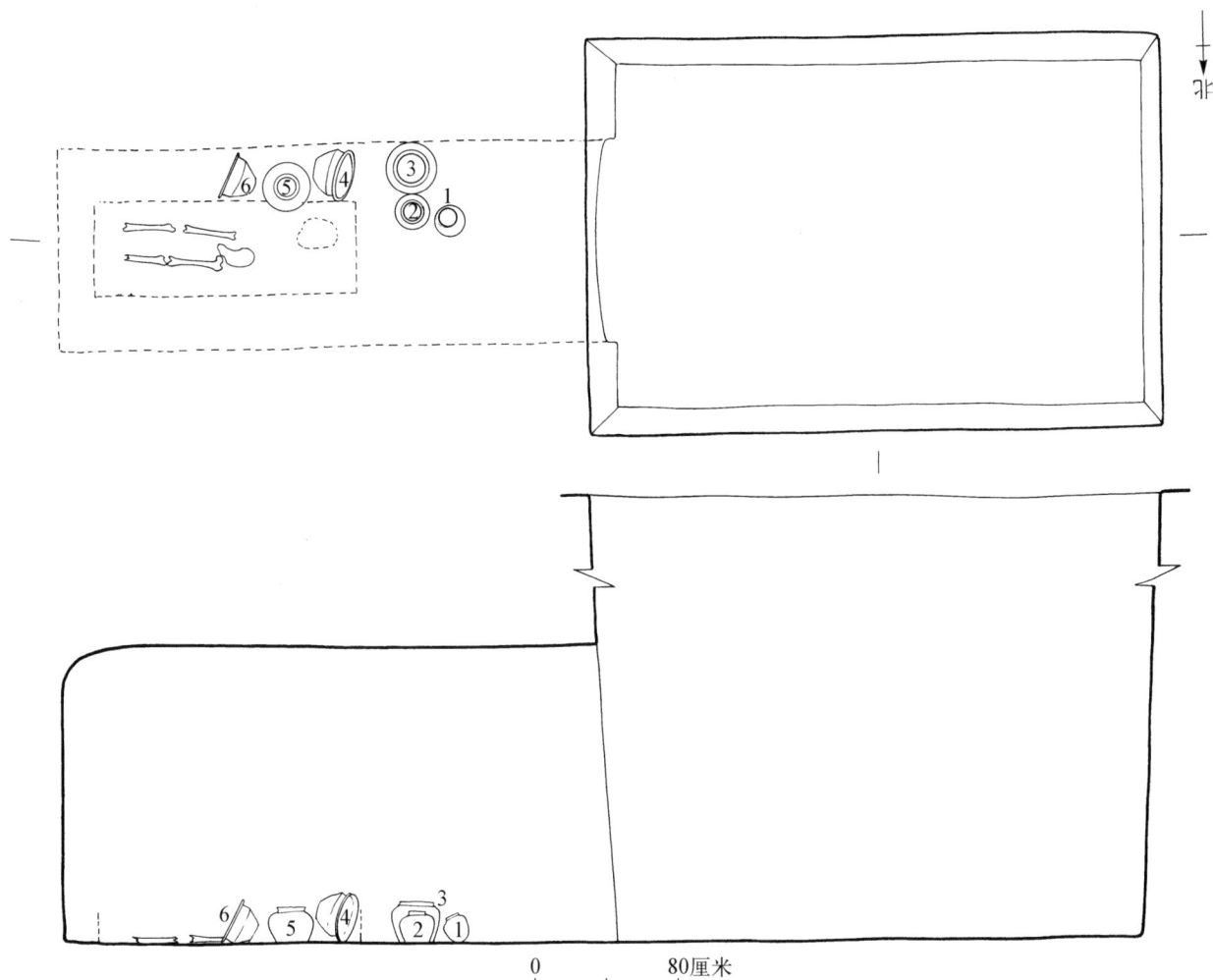

图二九九　SDM151墓葬平、剖图

1.陶带把釜　2、5.陶直口折肩罐　3.陶罐口釜　4.陶盆形甑　6.陶盂

（：5）、盂（：6），原应位于棺盖板上相应位置，4、6号侧置。棺外西南角由南向北为罐口釜（：3）、直口折肩罐（：2），带把釜（：1）位于2号西北侧。

（6）随葬品介绍（图版一四，1）

直口折肩罐　共2件。皆夹细砂灰陶。大体，直口方唇，折肩，下腹斜直，平底。肩部饰数周暗旋纹。标本SDM151：5，口外侧有一周凹槽，折腹，肩腹部呈"亚腰"状，上腹近直。口径15.6、器身最大径27.8、底径12.6、通高22.0厘米（图二九八，1）。标本SDM151：2，唇面有一周凹槽，腹微折，肩腹部呈"微亚腰"状，上腹略弧，下腹微内凹。肩及上下腹交接处各饰一周旋纹。口径14.5、器身最大径27.0、底径13.6、通高19.8厘米（图三〇〇，2）。

盂　1件。标本SDM151：6，夹细砂灰陶。卷沿，沿面下倾，沿下角较小，方圆唇；鼓腹，上腹近口部内敛，下腹斜直微内凹，平底。上腹饰一周弦纹。口径26.6、底径11.5、通高13.6厘米（图三〇〇，5；彩版二五，2）。

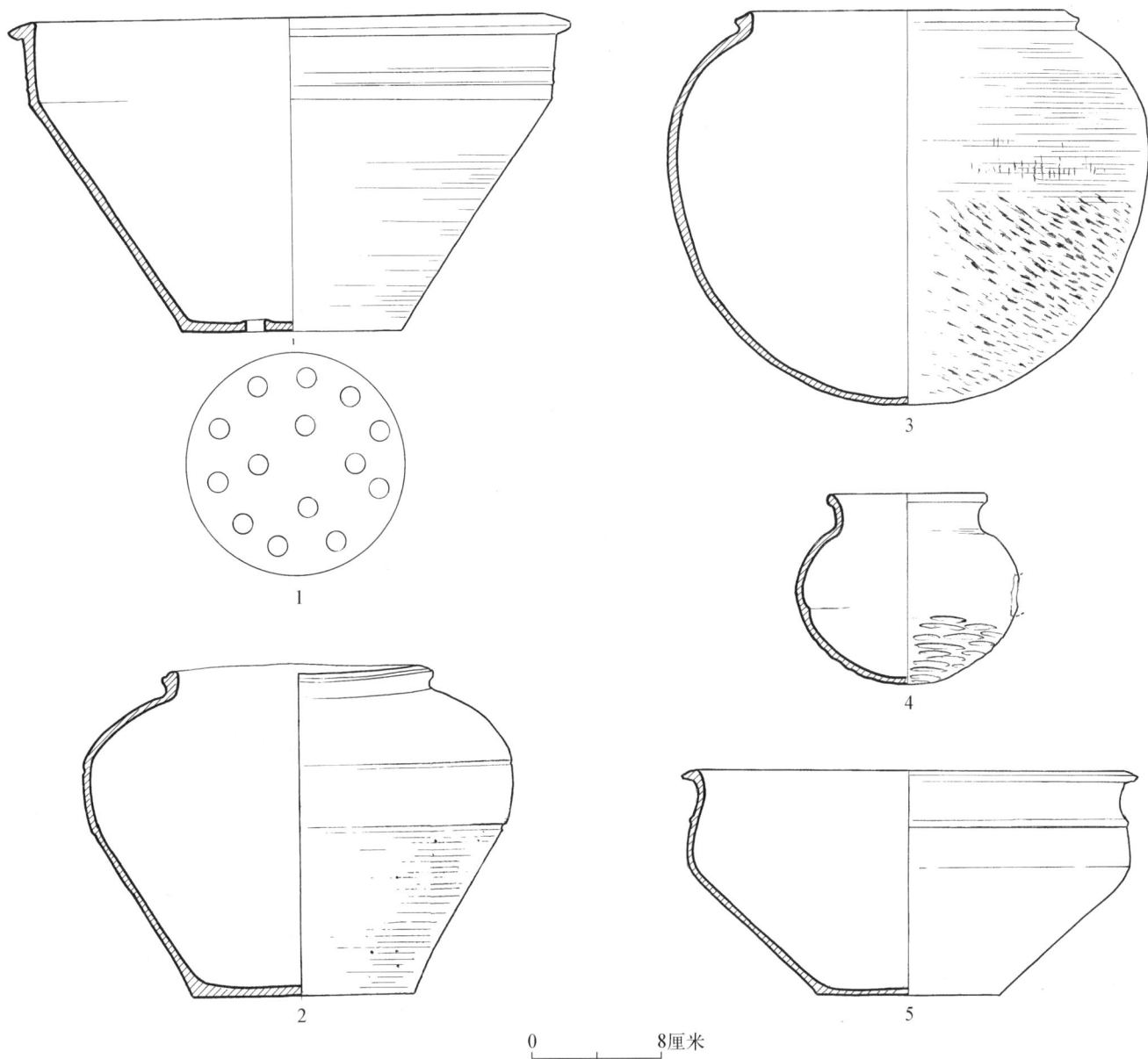

图三〇〇　SDM151随葬陶器

1. 盆形甑（SDM151∶4）　2. 直口折肩罐（SDM151∶2）　3. 罐口釜（SDM151∶3）　4. 带把釜（SDM151∶1）　5. 盂（SDM151∶6）

盆形甑　1件。标本SDM151∶4，夹细砂灰陶。直口，折沿下倾，尖圆唇；折腹，上腹竖直，下腹斜直，上腹占腹部比例约五分之一，平底；器底戳制14个圆形甑孔，布局为中心四孔与边缘一周。上下腹交接处有一周折棱，上腹饰两周弦纹。口径31.4、底径13.6、通高19.0厘米（图三〇〇，1）。

罐口釜　1件。标本SDM151∶3，夹砂灰陶。直口方唇，圆肩，鼓腹，腹部整体圆弧，圜底。肩及腹上部饰数周旋纹，腹及底部饰绳纹。口径19.5、器身最大径30.0、通高24.0厘米（图三〇〇，3；彩版二九，2）。

带把釜 1件。标本SDM151：1，把残，夹砂红褐陶，底部夹粗砂。卷沿，厚圆唇，矮直颈，圆肩，鼓腹，圜底。腹下部饰横向篮纹，底部饰纵向篮纹。腹底有烟炱。口径9.5、器身最大径13.7、通高11.6厘米（图三〇〇,4）。

180. 2010YFSDM152

（1）位置

北距SDM151约3.0米，南距SDM146约12.5米。

（2）形制结构（图三〇一）

墓向：285°。

墓道：位于洞室西侧。口略大于底。口呈长方形，南长3.00、北长2.90、东宽1.80、西宽1.78米。斜壁近直。平底，南长2.84、北长2.82、东宽1.50、西宽1.26米。自深2.80米。

洞室：拱形顶，直壁，平底。洞室口位于墓道东壁中部，洞室宽小于墓道底宽。洞室口南壁距墓道南壁0.20、北壁距墓道北壁0.20米。底部平面呈长方形，南长3.36、北长3.37、东宽0.92、西

0   80厘米

图三〇一　SDM152墓葬平、剖图

1.陶小口旋纹罐　2.铁釜　3.陶直口折肩罐　4.陶盆形甑　5.陶盆　6.陶罐口釜

宽1.10米。高1.30米。

填土：墓道为红褐色五花土，土质坚硬，夯层不清晰，未发现明显夯迹。洞室黄褐色五花土，土质较疏松。

（3）葬具

单棺，呈倒梯形。置于洞室偏东。两端板长度不相等，棺侧板与端板闭合相接。棺长2.01、东宽0.51、西宽0.64米。

（4）墓主人

骨架不存，葬式不明。

（5）随葬品及其位置

共6件，包括陶器5件、铁器1件，均位于棺外西侧，分为南北两排。南排由西向东依次为小口旋纹罐（∶1）、铁釜（∶2）、罐口釜（∶6）。北排紧邻墓室北壁，由西向东依次为直口折肩罐（∶3）、盆形甑（∶4）、盆（∶5），5号倒置于4号上。

（6）随葬品介绍

小口旋纹罐 1件。标本SDM152∶1，夹细砂灰陶。小口束颈，折沿下倾，尖圆唇；微溜肩，腹近斜直，平底。肩及腹上部饰数周旋纹及旋断绳纹。口径9.2、器身最大径24.6、底径12.4、通高25.9厘米（图三〇二，6）。

直口折肩罐 1件。标本SDM152∶3，夹细砂灰陶。大体，直口方唇，唇面有一周凹槽；圆折肩，腹微弧近直，无亚腰特征，平底。腹上部饰三周麦粒状绳纹，局部饰竖行绳纹。腹下部有轮制痕迹。口径18.4、器身最大径32.6、底径14.3、通高24.0厘米（图三〇二，3；彩版一七，6）。

盆 1件。标本SDM152∶5，夹细砂灰陶。直口，折沿下倾，尖唇；弧腹微折，上腹微弧近直，下腹斜直，上腹占腹部比例大于三分之一，平底。腹上部饰两周旋纹间以一周楔形绳纹。腹下部有轮制痕迹。口径31.4、底径13.2、通高17.9厘米（图三〇二，5）。

盆形甑 1件。标本SDM152∶4，夹细砂灰陶。直口微敛，折沿下倾，尖圆唇；折腹，上腹近直，下腹斜直，上腹占腹部比例约五分之一，平底；器底残留7个戳制圆形甑孔，布局为中心一孔与边缘两周。上腹近口处饰竖行粗绳纹及一周弦纹，上下腹交接处有一周折棱，腹下部隐约可见竖行粗绳纹。下腹有轮制痕迹。口径31.2、底径12.6、通高18.3厘米（图三〇二，1）。

罐口釜 1件。标本SDM152∶6，残，夹砂红褐陶，底部夹粗砂。小体，卷沿，方圆唇，矮直颈，圆肩，鼓腹，圜底。腹部饰横向篮纹，底部饰纵向篮纹。腹底有烟炱。口径9.3、器身最大径15.7、通高12.0厘米（图三〇二，2）。

铁釜 1件。标本SDM152∶2，残。直口方唇，微出沿，矮直颈，微溜肩，鼓腹。口径12.7、残高17.8厘米（图二七五，8）。

181. 2010YFSDM153

（1）位置

南距SDM151约5.6米。

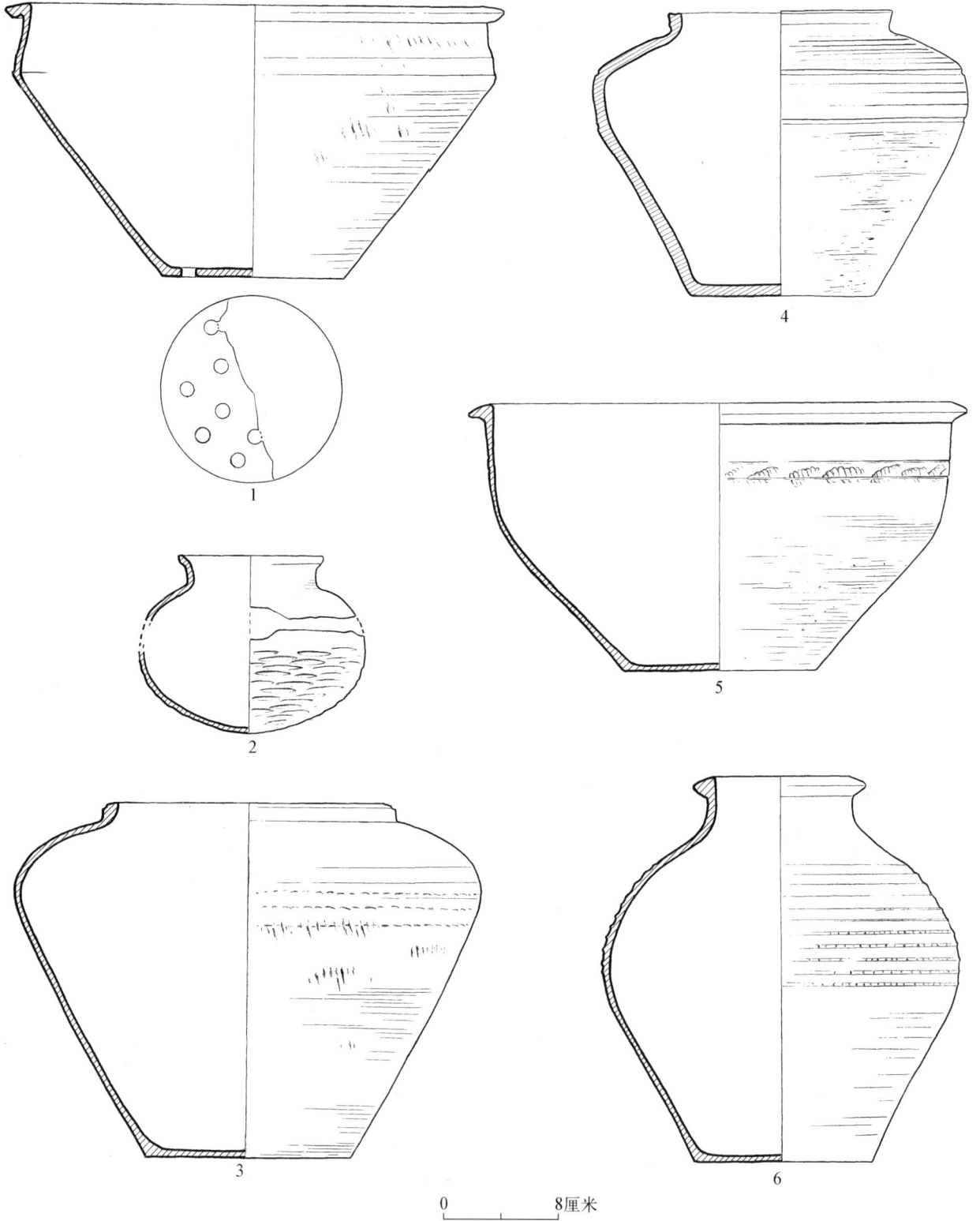

图三〇二　SDM152、SDM153随葬陶器

1. 盆形甑（SDM152：4）　2. 罐口釜（SDM152：6）　3、4. 直口折肩罐（SDM152：3、SDM153：1）
5. 盆（SDM152：5）　6. 小口旋纹罐（SDM152：1）

（2）形制结构（图三〇三）

墓向：198°。

墓道：位于洞室南侧。口大底小。口呈长方形，东长3.34、西长3.34、南宽2.00、北宽2.00米。斜壁。平底，东长2.98、西长2.98、南宽1.70、北宽1.70米。自深2.50米。

洞室：拱形顶，直壁，平底。洞室口位于墓道北壁中部，洞室宽小于墓道底宽。洞室口东壁距墓道东壁约0.30、西壁距墓道西壁约0.24米。底部平面呈长方形，东长3.14、西长3.16、南宽1.16、北宽1.14米。高1.20米。

填土：墓道土色黄褐色，土质较坚硬。洞室土色黄色，土质较疏松，有较多生土块和淤土。

（3）葬具

似为单棺，呈矩形。棺长1.91、宽0.60米。

（4）墓主人

骨架不存，葬式不明。

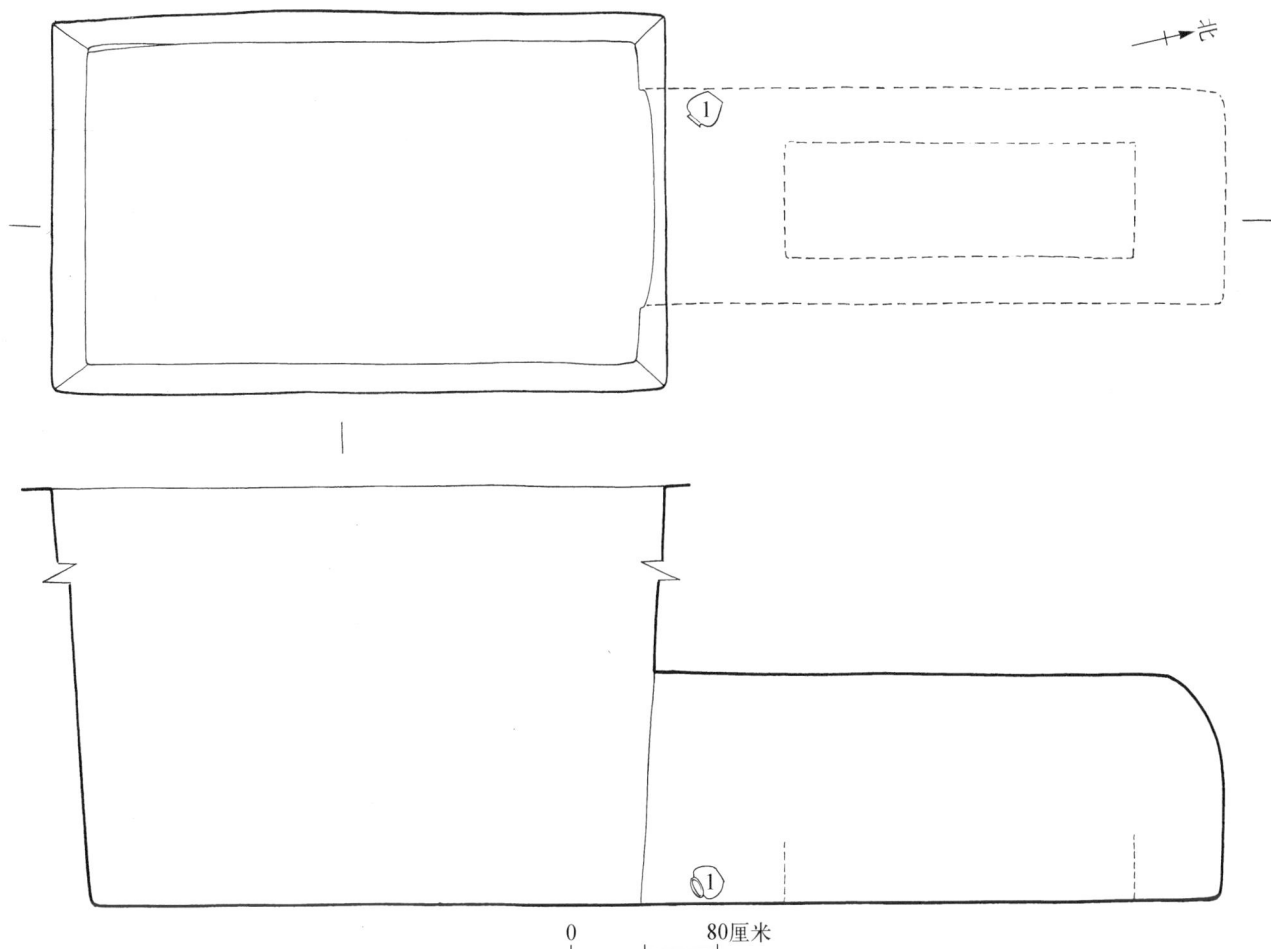

图三〇三 SDM153墓葬平、剖图

1.陶直口折肩罐

（5）随葬品及其位置

仅随葬1件直口折肩罐（：1），侧置于棺外洞室西南角，口向东南。

（6）随葬品介绍

直口折肩罐　1件，标本SDM153：1，夹细砂灰陶。大体，直口方唇，折肩，腹微折，肩腹部呈"微亚腰"状，上腹略弧，下腹斜直，平底。肩面及上腹饰数周暗旋纹，肩腹及上下腹交接处各饰一周旋纹。下腹有轮制痕迹。口径14.3、器身最大径26.0、底径12.7、通高19.2厘米（图三〇二，4）。

182. 2010YFSDM155

（1）位置

西距SDM156约1.0米，南距SDM159约11.0米。

（2）形制结构（图三〇四）

墓向：274°。

墓道：位于洞室西侧。口大底小。口呈长方形，南长3.56、北长3.56、东宽2.00、西宽2.08米。斜壁。平底，南长3.14、北长3.13、东宽1.46、西宽1.54米。自深3.54米。

洞室：拱形顶，直壁，平底。洞室口位于墓道东壁中部，洞室宽与墓道底宽等长。底部平面呈长方形，南长3.36、北长3.36、东宽1.42、西宽1.46米。高1.50米。

封门：木板封门，位于墓道与洞室连接处，仅存板灰痕迹。底，南、北壁有封门槽，南封门槽宽0.12、深0.06、高1.64米，北封门槽宽0.12、深0.08、高1.64米，底部封门槽长1.58、宽0.10、深0.04米。

填土：墓道土色黄褐色，土质较硬，有明显的夯土块，夯层较模糊，夯窝不清。洞室土色黄色，夹杂少量的褐色土颗粒，土质较疏松，有大量生土块。

（3）葬具

单棺，呈矩形。置于洞室偏东。棺长1.80、宽0.60米。

（4）墓主人

葬式为仰身直肢葬，上肢内折，双手交叉于腹部。头向与墓道方向相同，面向南。

（5）随葬品及其位置

共8件，包括陶器7件、漆器1件，均位于墓主头端棺外。棺外西南角由西向东依次为缶（：1）、盆（：2）、鬲口釜（：7），盂改甑（：3）位于7号南侧，漆器（：8）位于1号北侧。棺外西北角由西向东依次为鬲口釜（：4）、小口旋纹罐（：5）、直口折肩罐（：6），6号侧置，口向东。

（6）随葬品介绍

缶　1件。标本SDM155：1，夹细砂灰陶。小体，小口束颈，折沿下倾，沿面微鼓，尖圆唇；折肩，腹微折，肩腹部呈"微亚腰"状，上腹竖直，下腹斜直，平底。肩部饰数周暗旋纹，肩腹及上下腹交接处各饰一周旋纹，上腹饰两至三周麦粒状绳纹。下腹有轮制痕迹。口径8.1、器身最大径32.0、底径14.2、通高26.5厘米（图三〇五，1）。

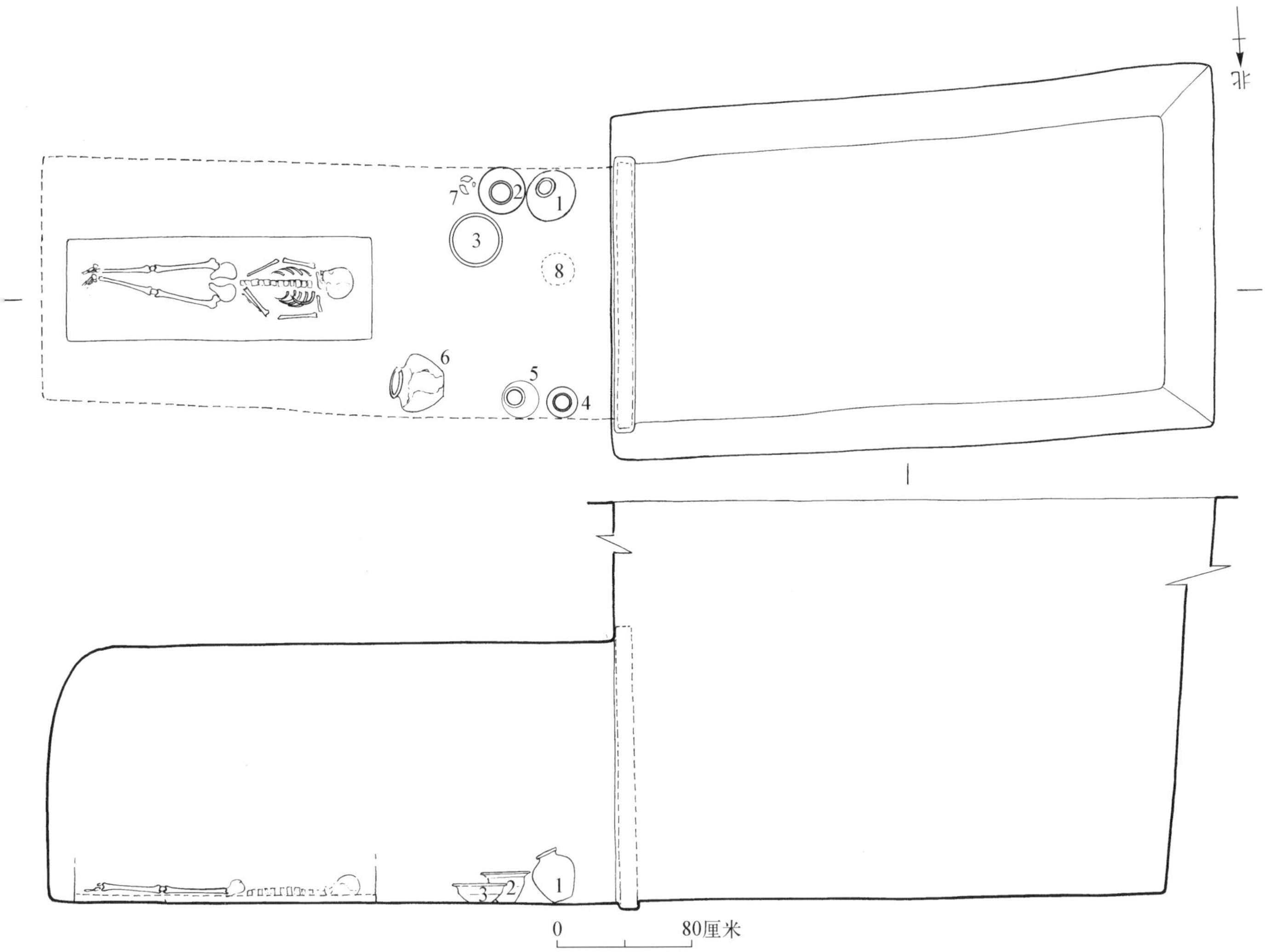

图三〇四　SDM155墓葬平、剖图

1. 陶缶　2. 陶盆　3. 陶盉改甑　4、7. 陶鬲口釜　5. 陶小口旋纹罐　6. 陶直口折肩罐　8. 漆器

　　小口旋纹罐　1件。标本SDM155:5，夹细砂灰陶。小口束颈，折沿微下倾，尖圆唇；微溜肩，腹近斜直，平底。肩及腹上部饰数周旋断绳纹。口径9.0、器身最大径24.1、底径10.5、通高26.0厘米（图三〇五,6）。

　　直口折肩罐　1件。标本SDM155:6，夹细砂灰陶。大体，直口方唇，口外侧有一周凹槽；折肩，腹微折，肩腹部呈"微亚腰"状，上腹近直，下腹斜直，平底。肩腹及上下腹交接处各饰一周旋纹。下腹有轮制痕迹。口径19.8、器身最大径31.5、底径15.7、通高23.2厘米（图三〇五,2）。

　　盆　1件。标本SDM155:2，夹细砂灰陶。敞口，折沿微下倾，尖圆唇；折腹，上腹近直，下腹斜直，上腹占腹部比例小于三分之一，平底。上下腹交接处有一周折棱。口径31.4、底径13.5、通

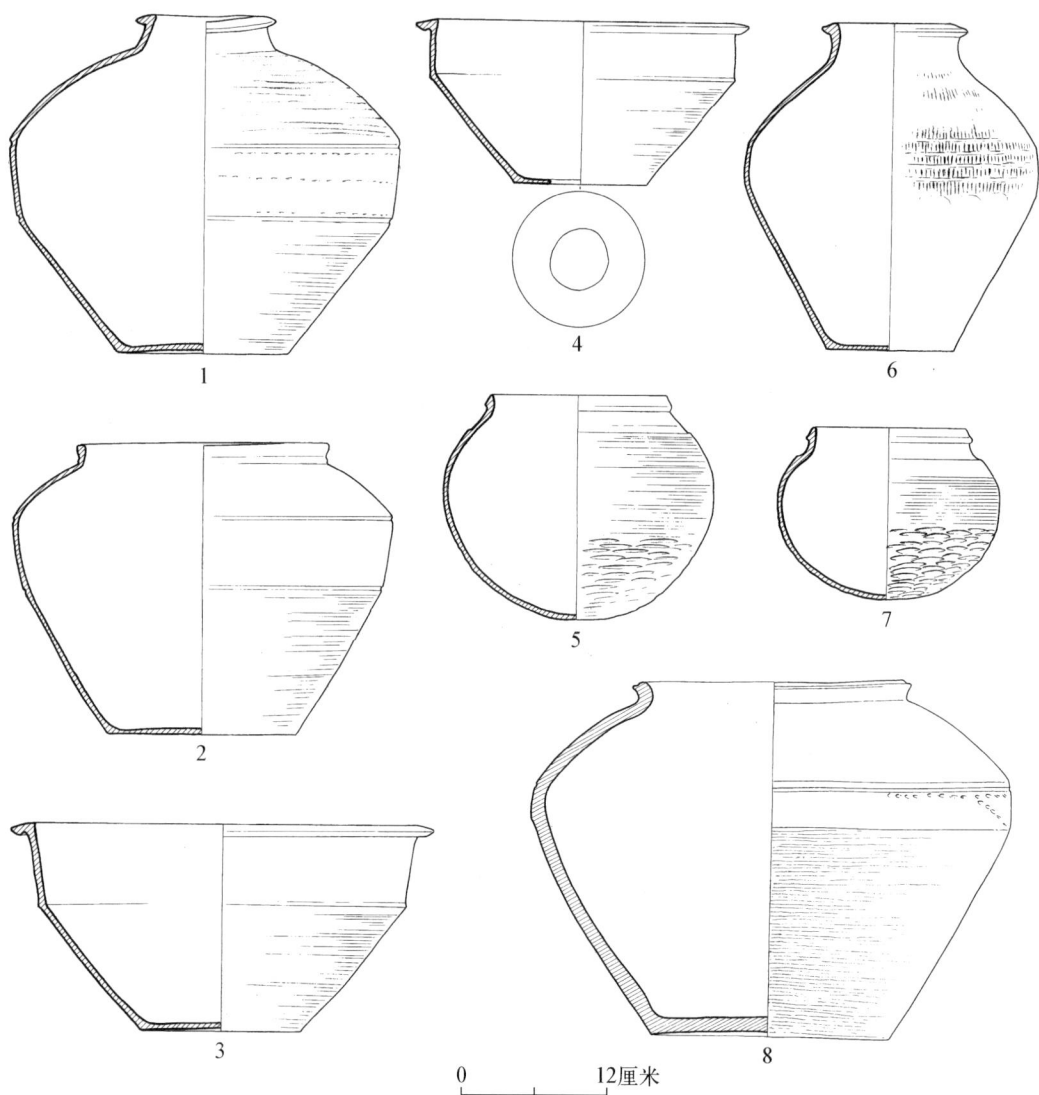

图三〇五　SDM155、SDM156随葬陶器

{xz}1.缶（SDM155：1）　2、8.直口折肩罐（SDM155：6、SDM156：6）　3.盆（SDM155：2）　4.盂改甑（SDM155：3）
5、7.鬲口釜（SDM155：7、SDM155：4）　6.小口旋纹罐（SDM155：5）

高16.5厘米（图三〇五，3）。

　　盂改甑　1件。标本SDM155：3，夹细砂灰陶。直口，折沿微下倾，尖圆唇；折腹，上腹竖直，下腹斜直，上腹占腹部比例约四分之一，平底，器底凿制一个大圆形甑孔。上下腹交接处有一周折棱。口径24.2、底径10.9、通高13.0厘米（图三〇五，4）。

　　鬲口釜　共2件。皆夹细砂灰陶，底部夹粗砂。口微侈，斜方唇，唇面微内凹，圆肩，肩面近口处略平，腹部整体圆弧，圜底。腹上部饰数周细旋纹，腹下部饰横向篮纹，底部饰纵向篮纹。标本SDM155：7，口径14.2、器身最大径22.0、通高18.0厘米（图三〇五，5）。标本SDM155：4，唇面有一周凹槽。口径12.0、器身最大径18.0、通高13.7厘米（图三〇五，7）。

漆器 1件。标本SDM155：8，无法提取。

183. 2010YFSDM156

（1）位置

东距SDM155约1.0米，西距SDM157约1.0米。

（2）形制结构（图三〇六；图版一〇，1）

墓向：11°。

墓道：位于洞室北侧。口底等大。口呈长方形，东长2.52、西长2.52、南宽1.06、北宽1.06米。直壁。平底。自深2.40米。

洞室：拱形顶，直壁，平底。洞室口位于墓道南壁中部，洞室宽小于墓道底宽。洞室口东壁距墓道东壁约0.06、西壁距墓道西壁约0.10米。底部平面呈梯形，东长3.00、西长3.00、南宽1.06、北宽0.90米。高1.46米。

填土：墓道土色黄褐色，土质较坚硬。洞室土色黄色，土质较疏松，有较多生土块和淤土。

（3）葬具

单棺，呈矩形。置于洞室略偏南。棺长2.12、宽0.70米。

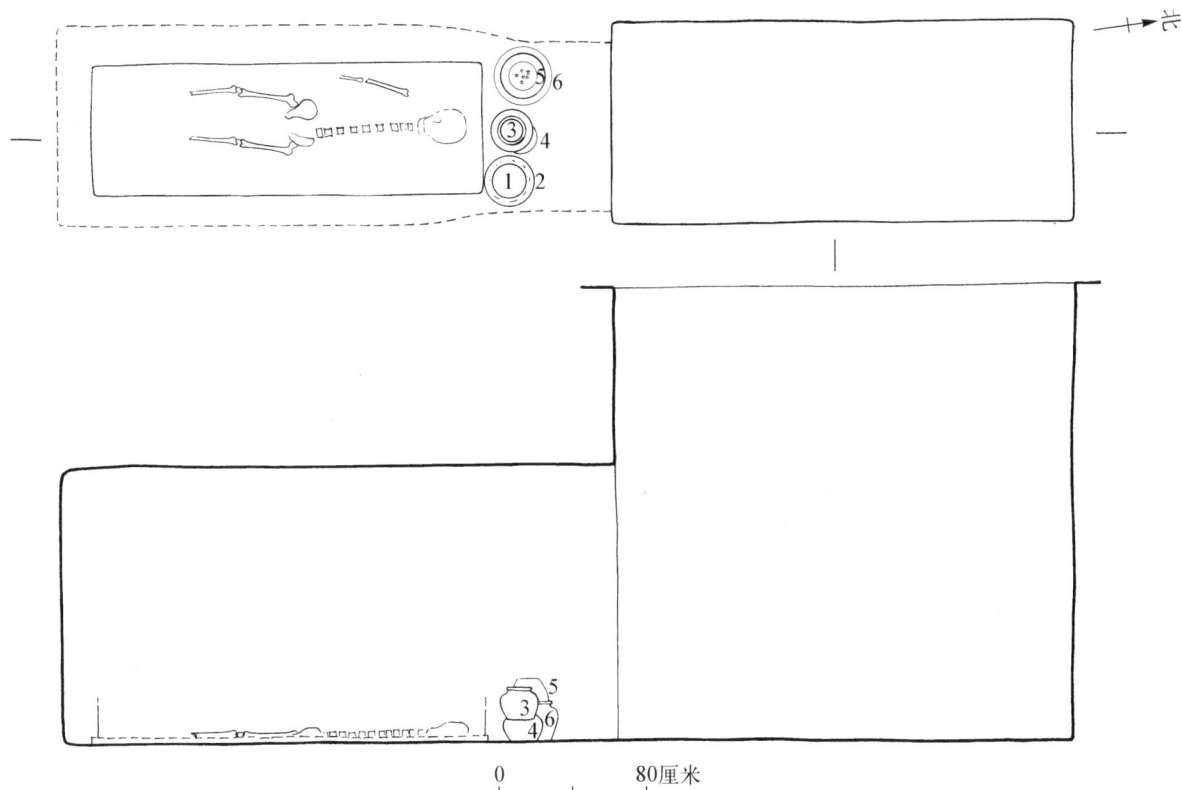

图三〇六 SDM156墓葬平、剖图

1. 陶罐口釜 2、3. 陶卷沿圆肩罐 4. 陶有颈罐 5. 陶盆形甑 6. 陶直口折肩罐 7. 陶盉

（4）墓主人

上肢不存。葬式为仰身直肢葬。头向与墓道方向相同。

（5）随葬品及其位置

共7件，皆陶器，均位于墓主头端棺外，由东向西依次为罐口釜（：1）、卷沿圆肩罐（：2）、卷沿圆肩罐（：3）、有颈罐（：4）、盆形甑（：5）、盂（：7）、直口折肩罐（：6）。1号叠置于2号上，3号叠置于4号上，5号倒置于7号上，7号叠置于6号上。

（6）随葬品介绍

直口折肩罐　1件。标本SDM156：6，夹细砂灰陶。大体，直口方唇，唇面有一周凹槽；圆折肩，弧腹，上下腹交接处圆弧，但修整出折痕，形成"象征亚腰"，平底微内凹。肩腹交接处隐约可见一周旋纹，上腹饰两至三周麦粒状绳纹。下腹有轮制痕迹。口径20.7、器身最大径39.0、底径19.3、通高28.1厘米（图三〇五，8；彩版一七，5）。

有颈罐　1件。标本SDM156：4，夹细砂灰陶。侈口，微出沿，唇面有一周凹槽；矮直颈，溜肩，弧腹，平底。沿面及肩部饰数周暗旋纹，颈及腹上部饰竖行细绳纹。口径13.2、器身最大径24.3、底径13.6、通高20.1厘米（图三〇七，2）。

卷沿圆肩罐　共2件。皆夹细砂灰陶。小体，卷沿方唇，上腹略弧，下腹斜直，平底。肩部饰数周暗旋纹。标本SDM156：2，溜肩。下腹有修整刮痕。口径11.0、器身最大径20.7、底径12.3、通高17.8厘米（图三〇七，4）。标本SDM156：3，圆鼓肩，腹较浅，大平底。腹上部饰一周麦粒状绳纹。腹下部有轮制痕迹。口径11.6、器身最大径21.0、底径12.6、通高15.5厘米（图三〇七，7）。

盂　1件。标本SDM156：7，夹细砂灰陶。敞口，折沿微下倾，尖圆唇；弧腹微折，上腹微弧近直，下腹斜直，上腹占腹部比例近半，平底。器内壁饰数周暗旋纹，上腹饰两周旋纹。口径24.2、底径11.2、通高13.7厘米（图三〇七，1；彩版二五，1）。

盆形甑　1件。标本SDM156：5，夹细砂灰陶。直口，折沿微下倾，方圆唇；弧腹微折，上腹略弧，下腹斜直，上腹占腹部比例近半，平底；器底戳制7个圆形甑孔，布局为中心一孔与边缘一周。上腹饰两周旋纹。口径31.0、底径16.7、通高17.2厘米（图三〇七，8）。

罐口釜　1件。标本SDM156：1，底残。夹砂灰褐陶。直口方唇，溜肩，鼓腹，圜底。腹下部饰横向篮纹，底部饰纵向篮纹。腹底有烟炱。口径17.0、器身最大径22.9、残高16.2厘米（图三〇七，6）。

184. 2010YFSDM161

（1）位置

东北距SDM162约1.0米，南距SDM163约13.8米。

（2）形制结构（图三〇八）

墓向：196°。

墓道：位于洞室南侧。口底等大。口呈长方形，东长2.30、西长2.30、南宽1.20、北宽1.20米。

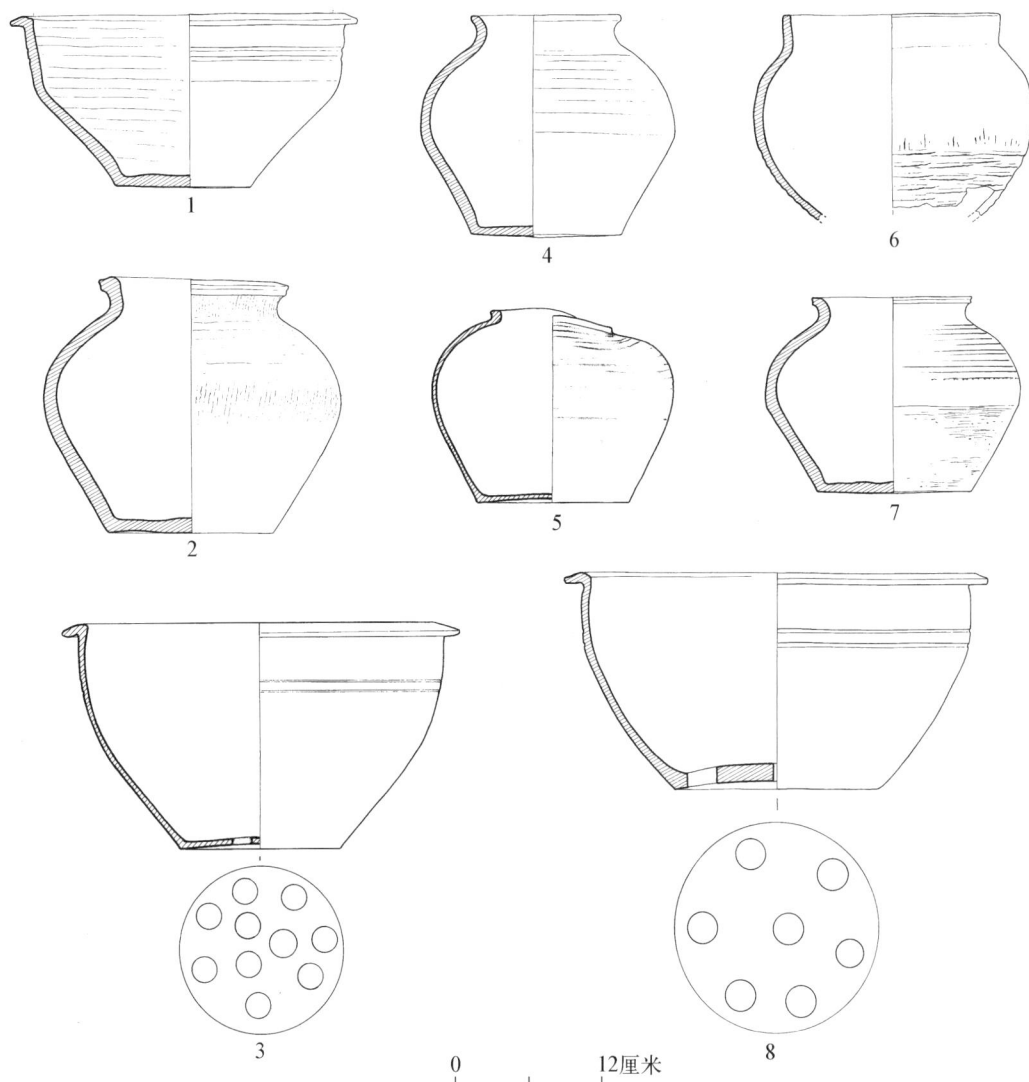

图三〇七 SDM156、SDM161随葬陶器

1. 盂（SDM156：7） 2. 有颈罐（SDM156：4） 3. 盆形甑（SDM161：2） 4、7. 卷沿圆肩罐（SDM156：2、SDM156：3）
5. 直口圆肩罐（SDM161：1） 6. 罐口釜（SDM156：1） 8. 盆形甑（SDM156：5）

直壁。平底。自深3.60米。

洞室：拱形顶，直壁，平底。洞室口位于墓道北壁中部，洞室宽小于墓道底宽。洞室口东壁距墓道东壁约0.09、西壁距墓道西壁约0.10米。底部平面呈长方形，东长3.08、西长3.07、南宽1.00、北宽1.00米。高1.20米。

填土：墓道为红褐色五花土，土质疏松。洞室为黄褐色塌土与淤土，土质疏松。

（3）葬具

单棺，呈矩形。置于洞室偏东北。棺长1.87、宽0.60米。

（4）墓主人

脊椎、盆骨和下肢骨朽成粉末状，其余不存。葬式为仰身直肢葬，头向与墓道方向相同。

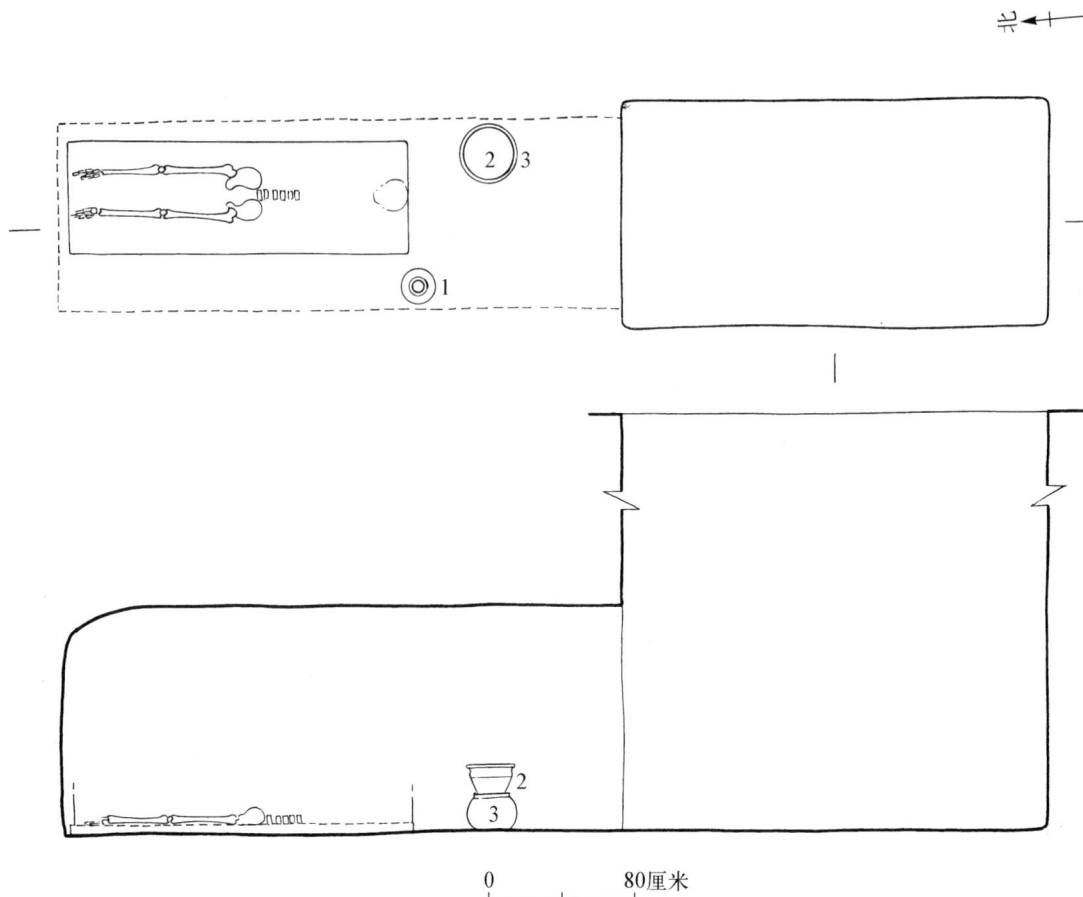

图三〇八　SDM161墓葬平、剖图

1. 陶直口圆肩罐　2. 陶盆形甑　3. 铁釜

（5）随葬品及其位置

共3件，皆陶器，均位于墓主头端棺外。直口圆肩罐（：1）位于棺外西南角。盆形甑（：2）、铁釜（：3）位于棺外东南角，2号叠置于3号上。

（6）随葬品介绍

直口圆肩罐　1件。标本SDM161：1，夹细砂灰陶。直口方唇，圆鼓肩，浅腹，腹上部微弧，腹下部斜直，大平底。肩及腹上部饰数周暗旋纹。口径约8.9、器身最大径19.5、底径12.4、通高约15.3厘米（图三〇七，5）。

盆形甑　1件。标本SDM161：2，夹细砂灰陶。直口，折沿微下倾，尖圆唇；弧腹微折，上腹占腹部比例近半，平底；器底戳制10个圆形甑孔，布局为中心三孔与边缘一周。上腹饰两周旋纹。下腹有一周铁锈痕迹。口径28.1、底径13.2、通高17.9厘米（图三〇七，3）。

铁釜　1件。标本SDM161：3，直口方唇，微出沿，矮直颈，圆鼓肩，鼓腹，圜底，肩腹交接处对称饰双耳。口径18.4、耳残高1.8、器身最大径27.4、通高20.6厘米（图二七五，9）。

185. 2010YFSDM170

（1）位置

北距SDM171约1.5米，东南距SDM169约12.0米。

（2）形制结构（图三〇九）

墓向：271°。

墓道：位于洞室西侧。口底等大。口呈梯形，南长2.60、北长2.60、东宽1.00、西宽0.84米。直壁。平底。自深3.60米。

洞室：拱形顶，直壁，平底。洞室口位于墓道东壁中部，洞室宽小于墓道底宽。洞室口北壁距墓道北壁0.08、南壁距墓道南壁0.06米。底部平面略呈梯形，南长2.94、北长2.98、东宽0.76、西宽0.88米。高1.30米。

填土：墓道为浅红色五花土，土质较软。洞室为浅灰色塌土及淤土，土质较黏。

（3）葬具

单棺，呈倒梯形，仅有木板残痕。两端板长度不相等，棺侧板与端板闭合相接。棺长2.04、东宽0.60、西宽0.64米。

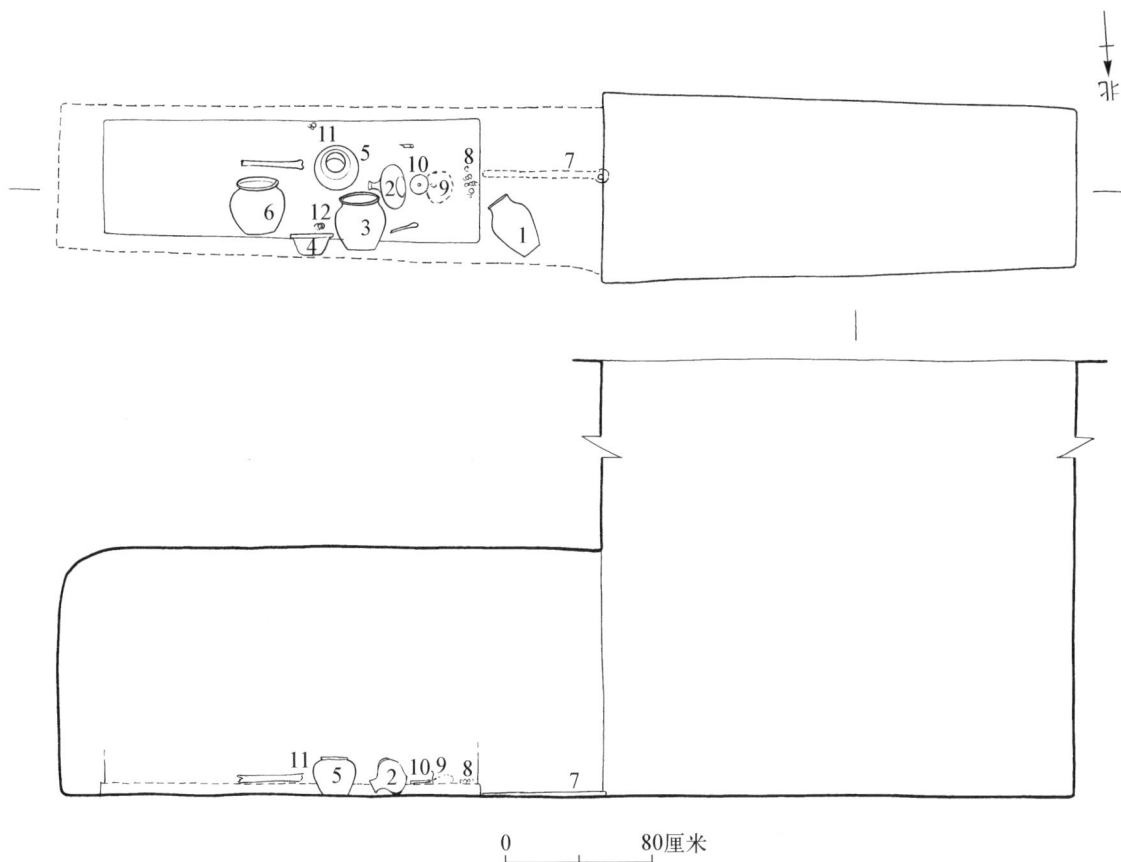

图三〇九 SDM170墓葬平、剖图

1.陶小口旋纹罐 2.陶壶 3、6.陶卷沿圆肩罐 4.陶盂形甑 5.陶罐口釜 7.铁刀 8、9、11、12.铜钱 10.铜镜

（4）墓主人

部分肢骨朽成粉末状，其余不存。葬式不明。

（5）随葬品及其位置

共12件（组），包括陶器6件、铜钱4组（30、3、6、6枚）、铜镜1面、铁器1件。小口旋纹罐（：1）侧置于棺外西北角。壶（：2）、卷沿圆肩罐（：3、：6）、罐口釜（：5）皆侧置于墓主身上，原应位于棺盖板上相应位置。盂形甑（：4）侧置于棺外北侧，口向南。铁刀（：7）位于头端棺外中部，东西向放置。铜钱（：8）位于棺内西部，铜钱（：9）位于墓主口部，铜钱（：11、：12）分置于墓主右手和左手。铜镜（：10）位于墓主头部。

（6）随葬品介绍（图版二二，1）

小口旋纹罐　1件。标本SDM170：1，夹细砂灰陶。整体形态瘦高。小口束颈，折沿下倾，尖圆唇；溜肩明显，腹部斜直，平底。肩及腹上部饰数周旋纹。口径9.2、器身最大径23.4、底径11.2、通高30.2厘米（图三一〇，1）。

卷沿圆肩罐　共2件，皆夹细砂灰陶。大体，卷沿，方圆唇，微溜肩，弧腹，腹下部斜直，平底。沿面、肩及腹上部饰数周暗旋纹。腹下部有修整刮痕。标本SDM170：6，口径17.6、器身最大径29.7、底径17.2、通高24.2厘米（图三一〇，5）。标本SDM170：3，腹上部局部饰竖行绳纹。口径16.6、器身最大径28.3、底径15.9、通高23.0厘米（图三一〇，6）。

盂形甑　1件。标本SDM170：4，夹细砂灰陶。敞口，折沿微下倾，尖圆唇；弧腹微折，上腹占腹部比例近半，平底；器底戳制12个圆形甑孔，布局为中心三孔与边缘一周。沿面及内壁饰数周暗旋纹，上腹饰两周旋纹。口径24.3、底径11.0、通高14.5厘米（图三一〇，3）。

罐口釜　1件。标本SDM170：5，夹砂灰陶。直口方唇，溜肩，微折腹，圜底。腹上部饰一周麦粒状绳纹，下部饰横向篮纹，底部饰纵向篮纹。口径17.5、器身最大径27.8、通高19.6厘米（图三一〇，4）。

壶　1件。标本SDM170：2，泥质灰陶。侈口方唇，唇面有一周凹槽；束颈，折肩，肩面微溜，弧腹，平底内凹。颈部饰三周暗旋纹，间以三角形暗纹，肩部饰数周暗旋纹。口径8.2、器身最大径20.0、底径11.0、通高17.8厘米（图三一〇，2；彩版三五，3）。

铁刀　1件。标本SDM170：7，单面刃，直背直刃，锋端弧收成尖，刃部断面近三角形；柄较刃部窄，环首。刀身残存丝织物痕迹，织物外有木质刀鞘残痕。长54.0、刃最宽处2.8、厚0.6、柄最宽处2.0、环首宽5.2厘米（图二七五，1；彩版四七，1）。

铜镜　1面。标本SDM170：10，内向连弧花草纹镜。圆形，镜面平直；半球形钮，柿蒂花形钮座外有一方框，方框四边各对应两个水滴状乳突及两个花苞，方框四角各伸出一双层草叶纹；镜缘为内向十六连弧纹，厚于镜体。直径10厘米（图三一一；彩版三七，4）。

铜钱　共45枚。标本SDM170：8，SDM170：9，SDM170：11，SDM170：12，均为"五铢"。穿均方正，穿多有钱郭和穿背郭，少数有穿上或下郭。少数钱为粘合体。1枚有被织物包裹痕迹。"五"字交笔程度不同，对接三角形多饱满，"铢"字"钅"旁头部多呈三角形，下部或短线或点，"朱"字上下横方或圆折。铸造较精良（图三一二，1～5；彩版三九，1）。具体形制见表二二。

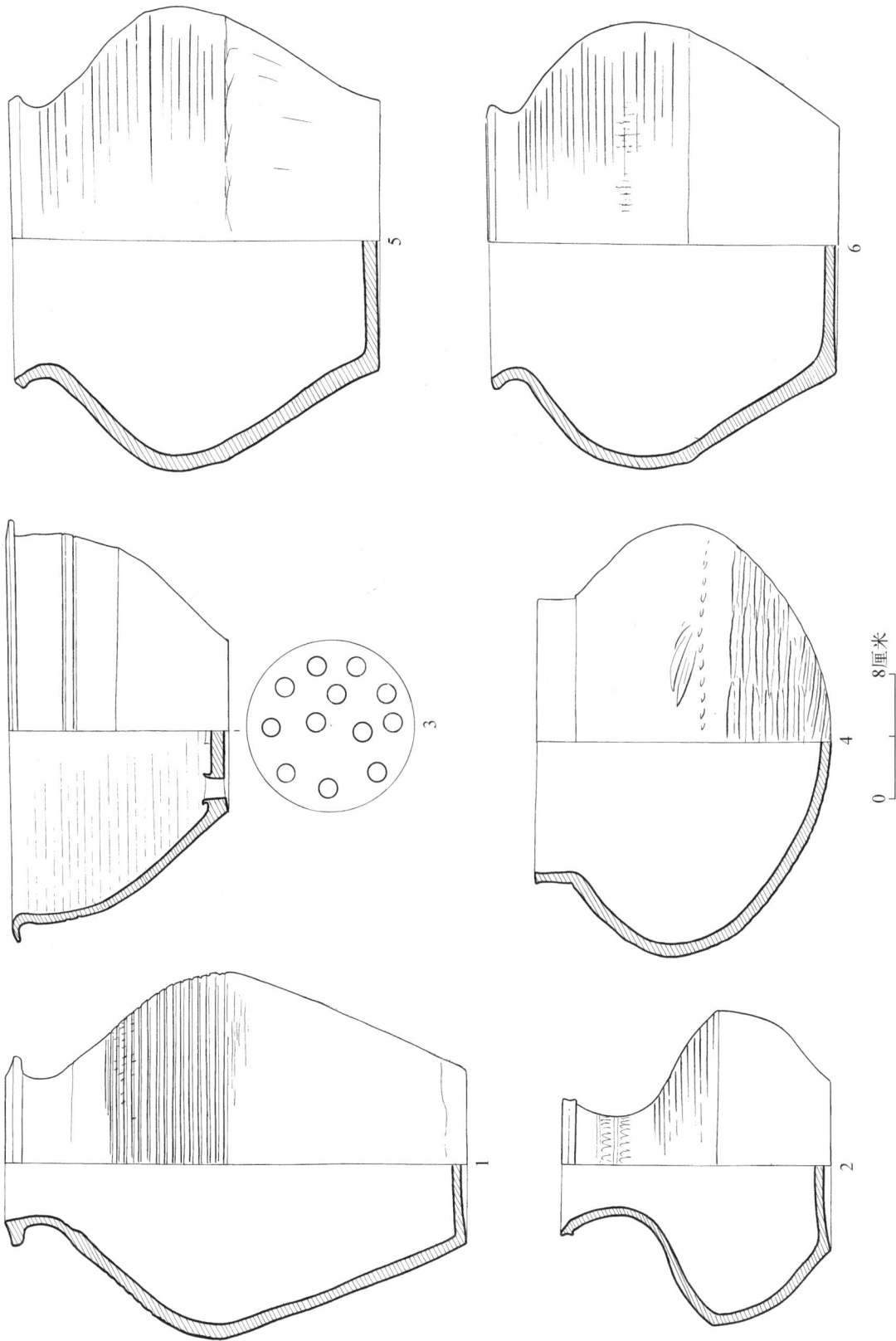

图三一〇　SDM170随葬陶器

1. 小口旋纹罐（SDM170：1）　2. 壶（SDM170：2）　3. 盂形甑（SDM170：4）　4. 罐口金（SDM170：5）　5、6. 卷沿圆肩罐（SDM170：6，SDM170：3）

0 　　　　2厘米

图三一一　SDM170随葬铜镜拓片

SDM170：10

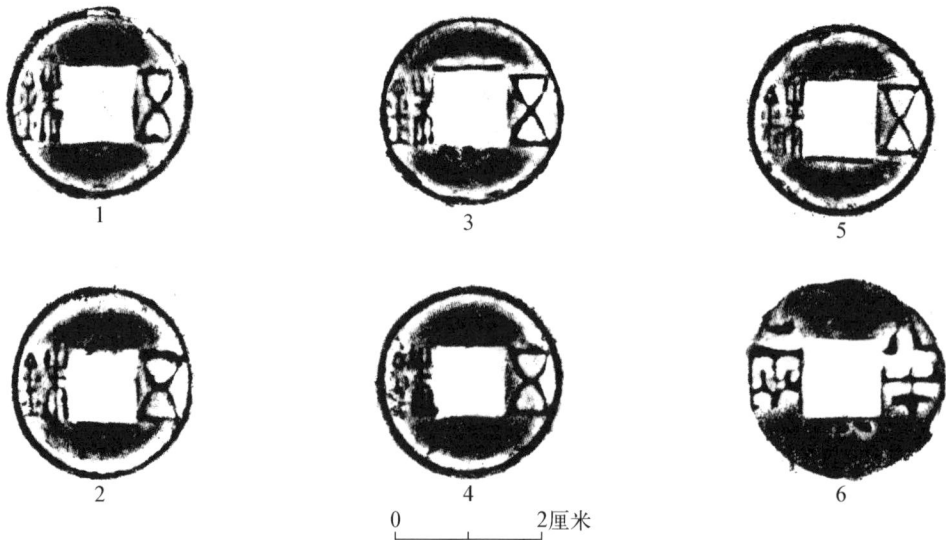

1　　　　　　　　3　　　　　　　　5

2　　　　　　　　4　　　　　　　　6

0 　　　　2厘米

图三一二　SDM170、SDM208随葬铜钱拓片

1. SDM170：12-5　2. SDM170：8-1　3. SDM170：12-3　4. SDM170：8-16　5. SDM170：9-1　6. SDM208：5-4

表二二　SDM170铜钱统计表

编号	种类	郭径	钱径	穿宽	重量	文字	形制	记号	附着物	图号	备注
SDM170:8-1	五铢	2.6	2.3	0.9	3.9	"五"字交笔缓曲，对接三角形饱满；"铢""钅"旁头呈三角形，下部四点，"朱"字上横方折，下横微圆折				图三一一，2	
SDM170:8-2		2.6	2.3	0.9	4	"五"字交笔近斜直，对接三角形呈等腰三角形；"铢""钅"旁头部呈三角形，"朱"字上横方折，下横圆折	钱郭和穿背郭				
SDM170:8-3		2.6	2.2	0.9	4.6	"五"字交笔近斜直，对接三角形呈等腰三角形；"铢"字锈蚀不清	钱郭，穿上部和穿背郭				
SDM170:8-4		2.6	2.2	0.9	4.2	字迹依稀可见，但不可辨形	钱郭和穿背郭				
SDM170:8-5		2.5	2.2	0.9	3.8	"五"字交笔缓曲，对接三角形饱满；"铢"字锈蚀不清	同上				
SDM170:8-6		2.5	2.2	0.9	4.3	字迹依稀可见，但不可辨形	同上				
SDM170:8-7		2.5	2.3	0.9	3.5	"五"字交笔缓曲；"铢"字"钅"旁锈蚀不清，"朱"字头部及上横锈蚀不清，下横方折	钱郭				
SDM170:8-8		2.6	2.3	1	3.9	"五"字交笔缓曲，对接三角形饱满，下部四点，"朱"字上下横均方折	钱郭，穿下郭和穿背郭		被织物包裹		
SDM170:8-9		2.6	2.2	0.9	4.2	"五"字交笔缓曲；"铢"字锈蚀不清	钱郭，穿上部和穿背郭				
SDM170:8-10		2.6	2.3	0.9	3.5	"五"字交笔缓曲，对接三角形饱满；"铢"字"钅"旁锈蚀不清，"朱"字上下横均方折	钱郭和穿背郭				
SDM170:8-11		2.6	2.3	0.9	4.4	"五"字交笔缓曲；"铢"字"钅"旁锈蚀不清，"朱"字上下横均方折	同上				
SDM170:8-12		2.6	2.4	1	2.1	字迹依稀可见，但不可辨形	同上				
SDM170:8-13					7.4	"五"字交笔缓曲；"铢"字"钅"旁锈蚀不清，"朱"字上下横均方折	钱郭，穿下郭和穿背郭				2枚粘合
SDM170:8-14		2.6	2.2	0.9	4.6	"五"字交笔缓曲；"铢"字锈蚀不清	钱郭和穿背郭				

续表

编　号	种类	郭径	钱径	穿宽	重量	文　字	形　制	记号	附着物	图　号	备　注
SDM170:8-15		2.5	2.1	0.9	4.2	"五"字交笔缓曲；"铢"字"钅"旁锈蚀，"朱"字上下横均方折	同上				
SDM170:8-16		2.6	2.3	0.9	3.9	"五"字交笔缓曲，对接三角形饱满；"铢"字"钅"旁呈三角形，下部四点，"朱"字上横方折，下横圆折	同上			图三二,4	
SDM170:8-17		2.5	2.2	0.9	4.2	"五"字交笔缓曲；"铢"字锈蚀不清	同上				
SDM170:8-18					7.8	"五"字交笔缓曲，对接三角形饱满；"铢"字锈蚀不清	同上				2枚粘合
SDM170:8-19		2.5	2.2	0.9	4	"五"字交笔缓曲，对接三角形饱满；"铢"字"钅"旁锈蚀不清，"朱"字上下横均方折	同上				
SDM170:8-20		2.6	2.2	0.9	3.6	字迹依稀可见，但不可辨形	同上				
SDM170:8-21		2.6	2.3	0.9	4.5	"五"字交笔斜直；"铢"字锈蚀不清	钱郭、穿下部和穿背郭				
SDM170:8-22	五铢				9.4	文字不清晰	钱郭和穿背郭				2枚粘合
SDM170:8-23		2.5	2.2	0.9	4.1	"五"字交笔斜直；"铢"字"钅"旁锈蚀不清	同上				
SDM170:8-24		2.6	2.2	0.9	4.9	文字不清晰	同上				
SDM170:8-25		2.6	2.3	0.9	3.9	同上	同上				
SDM170:8-26		2.5	2.2	0.9	4.2	同上	同上				
SDM170:8-27					8.8	"五"字交笔缓曲，呈"子弹"状；"铢"字锈蚀不清	同上				2枚粘合
SDM170:8-28		2.6	2.2	0.9	3.6	"五"字交笔近斜直；"铢"字"钅"旁锈蚀不清，"朱"字上横方折，下横圆折	同上				
SDM170:8-29		2.6	2.3	1	4.1	字迹依稀可见，但不可辨形	同上				
SDM170:8-30		2.6	2.2	0.9	4.2	"五"字交笔缓曲，呈"子弹"状；"铢"字锈蚀不清	同上				
SDM170:9-1		2.6	2.2	1	3.7	"五"字交笔斜直，对接三角形饱满；"铢"字"钅"旁两侧线向延伸，下部四短竖线，"朱"字上两横下部呈三角形，下横圆折	钱郭、穿下部和穿背郭			图三二,5	

续表

编　号	种类	郭径	钱径	穿宽	重量	文　字	形　制	记号	附着物	图　号	备　注
SDM170:9-2					11.7	"五"字交笔斜直；"铢"字锈蚀不清	同上				3枚粘合
SDM170:9-3		2.5	2.1	0.9	3.9	同上	钱郭，穿上部和穿背郭				
SDM170:11-1		2.5	2.2	0.9	4.1	字迹依稀可见，但不可辨形	钱郭，穿下部和穿背郭				
SDM170:11-2		2.6	2.2	0.9	4.3	"五"字交笔处斜直；"铢"字"牟"旁锈蚀不清，"朱"字上横方折，下横方折	钱郭和穿背郭				
SDM170:11-3					12.6	"五"字交笔处斜直，呈"子弹"状；"铢"字锈蚀不清	同上				3枚粘合
SDM170:11-4	五铢				8.4	字迹依稀可见，但不可辨形	同上				2枚粘合
SDM170:11-5		2.6	2.2	0.9	4.5	"五"字交笔缓曲，"铢"字锈蚀不清	同上				
SDM170:11-6		2.5	2.1	0.9	4.4	"五"字交笔缓曲，对接三角形饱满；"铢"字锈蚀不清	同上				
SDM170:12-1		2.6	2.2	1	4.2	"五"字交笔斜直；"铢"字锈蚀不清	同上				
SDM170:12-2		2.5	2.3	0.9	4.3	同上	同上				
SDM170:12-3		2.5	2.3	0.9	4.3	"五"字交笔近斜直，对接三角形呈等腰三角形；"铢"字"牟"旁头部呈三角形，下部字上横圆折，下横圆折	钱郭，穿上部和穿背郭			图三二二,3	
SDM170:12-4		2.5	2.2	0.9	3.6	"五"字交笔斜直；"铢"字锈蚀不清	钱郭和穿背郭				
SDM170:12-5		2.5	2.2	0.9	3.1	"五"字交笔斜直，呈"子弹"状；"铢"字"牟"旁头部呈三角形，下部四短竖线，"朱"字上下横方折，下横圆折	同上			图三二二,1	
SDM170:12-6		2.5	2.2	0.9	4.2	"五"字交笔斜直，呈"子弹"状；"铢"字"牟"旁头部呈三角形，下部四短竖线，"朱"字上横方折，下横圆折	同上				

186. 2010YFSDM171

（1）位置

南距SDM170约1.5米，东北邻SDM172约6.5米。

（2）形制结构（图三一三）

墓向：102°。

墓道：位于洞室东侧。口大底小。口呈长方形，南长2.56、北长2.56、东宽1.74、西宽1.76米。斜壁。平底，南长2.26、北长2.28、东宽1.38、西宽1.40米。自深3.80米。

洞室：拱形顶，直壁，平底。洞室口位于墓道西壁中部，洞室宽小于墓道底宽。洞室口北壁距墓道北壁0.12、南壁距墓道南壁0.08米。底部平面呈长方形，南长3.20、北长3.20、东宽1.20、西宽1.20米。高1.20米。

填土：墓道为红褐色五花土，土质疏松。洞室为浅灰色塌土及淤土，土质较黏。

（3）葬具

单棺，呈矩形。置于洞室略偏西。棺长1.90、宽0.60米。

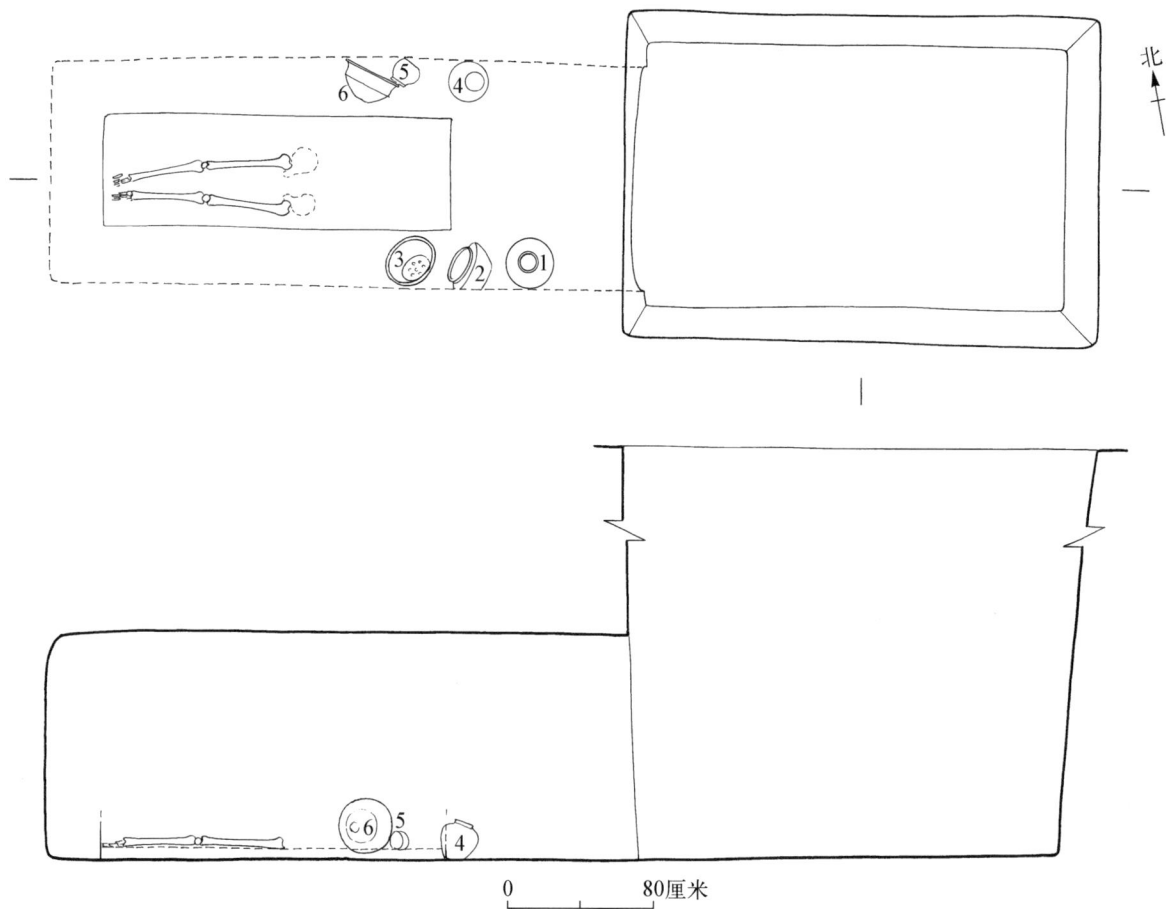

图三一三　SDM171墓葬平、剖图

1.陶缶　2.陶直口折肩罐　3.陶盆形甑　4.陶小口旋纹罐　5.陶敛口釜　6.陶盆

（4）墓主人

仅存下肢骨。葬式为仰身直肢葬,头向似与墓道方向相同。

（5）随葬品及其位置

共6件,皆陶器,均位于棺外洞室内。棺外南侧由东向西依次为缶（ :1)、直口折肩罐（ :2)、盆形甑（ :3)。棺外北侧由东向西依次为小口旋纹罐（ :4)、鬲口釜（ :5)、盆（ :6),5号、6号侧置,口部相对。

（6）随葬品介绍

缶 1件。标本SDM171:1,夹细砂灰陶。小体,小口束颈,折沿微下倾,尖圆唇;折肩,弧腹,上下腹交接处圆弧,仅以一周折痕分界,形成"符号亚腰",下腹斜直,平底。肩腹交接处饰一周旋纹,上腹饰两至三周麦粒状绳纹。口径8.4、器身最大径31.8、底径12.9、通高26.7厘米（图三一四,11)。

小口旋纹罐 1件。标本SDM171:4,夹细砂灰陶。小口束颈,折沿微下倾,沿面有一周凹槽,尖圆唇;圆鼓肩,腹微弧近直,平底。肩及腹上部饰数周旋断绳纹。口径8.6、器身最大径20.6、底径9.7、通高22.8厘米（图三一四,4)。

直口折肩罐 1件。标本SDM171:2,夹细砂灰陶。大体,直口方唇,口外侧有一周凹槽;折肩,腹微折,肩腹部呈"微亚腰"状,上腹微弧近直,下腹斜直,平底。沿面及肩部饰数周暗旋纹,肩腹及上下腹交接处各饰一周旋纹,上腹饰一周麦粒状绳纹。口径15.6、器身最大径26.5、底径11.9、通高20.3厘米（图三一四,10)。

盆 1件。标本SDM171:6,夹细砂灰陶。敞口,折沿微下倾,尖圆唇;折腹,上腹近直,下腹斜直,上腹占腹部比例约三分之一,平底。上下腹交接处有一周折棱。口径27.6、底径10.9、通高14.2厘米（图三一四,8)。

盆形甑 1件。标本SDM171:3,夹细砂灰陶。敞口,折沿下倾,沿面微鼓,尖唇;折腹,上腹近直,下腹斜直,上腹占腹部比例约三分之一,平底;器底戳制11个圆形甑孔,布局为中心四孔与边缘一周。上下腹交接处有一周折棱。口径27.6、底径10.9、通高15.0厘米（图三一四,1)。

鬲口釜 1件。标本SDM171:5,夹砂灰陶,底部夹粗砂。直口方唇,隆肩,肩面近口处略平,腹上部近直,下部弧收,圜底。肩及腹上部饰数周旋纹,腹下部饰横向篮纹,底部饰纵向篮纹。口径14.9、器身最大径22.0、通高15.8厘米（图三一四,5)。

187. 2010YFSDM172

（1）位置

西南邻SDM171约6.5米,东北距SDM174约5.6米。

（2）形制结构（图三一五）

墓向:196°。

墓道:位于墓室南侧。口大底小。口呈宽长方形,东长2.68、西长2.64、南宽1.78、北宽1.76米。斜壁。平底,东长2.38、西长2.36、南宽1.49、北宽1.46米。自深4.20米。

洞室:拱形顶,直壁,平底。洞室口位于墓道北壁中部,洞室宽小于墓道底宽。洞室口东壁距墓道东壁0.14、西壁距墓道西壁0.22米。底部平面略呈梯形,东长3.38、西长3.42、南宽1.10、北

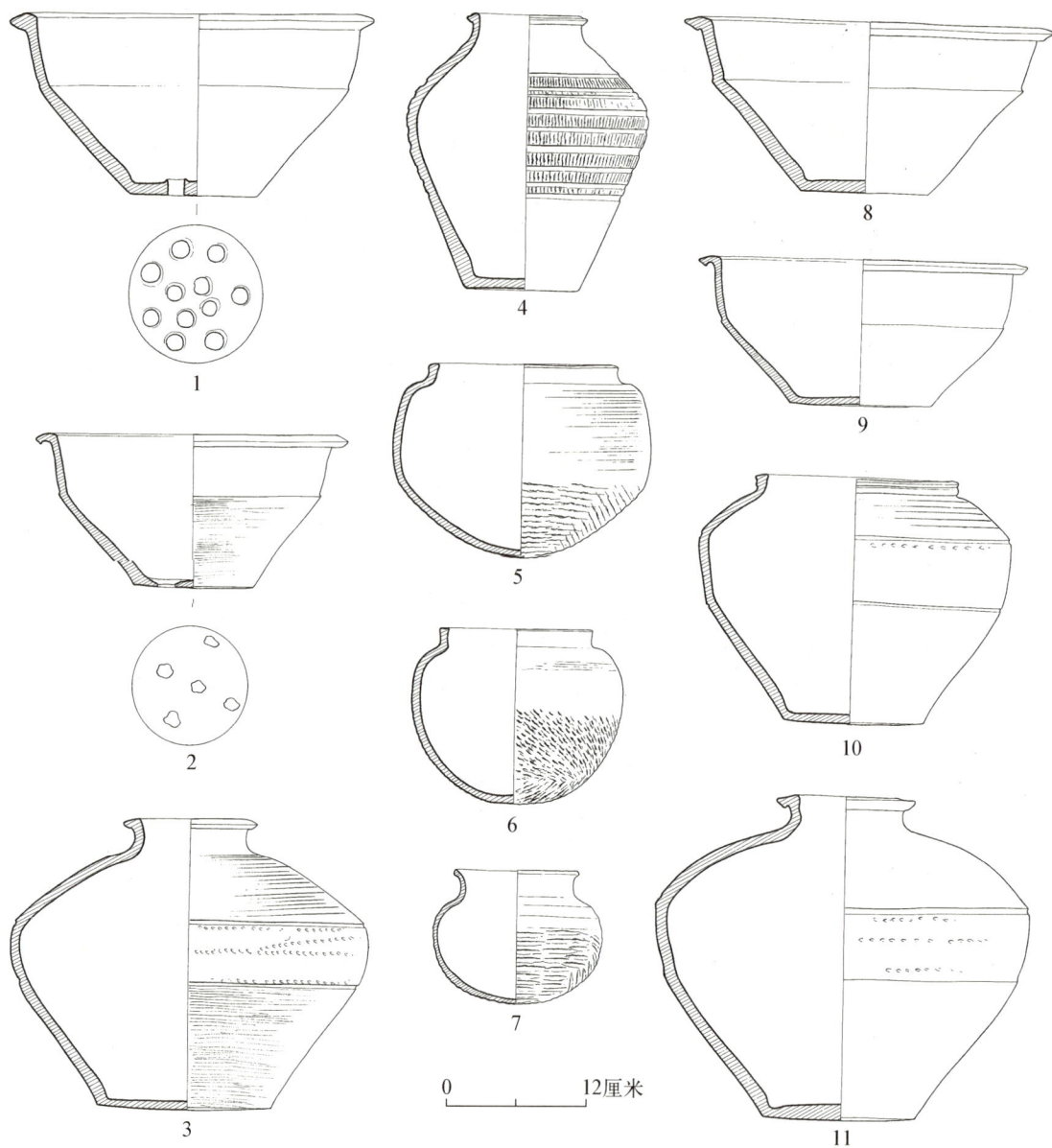

图三一四　SDM171、SDM172随葬陶器

1. 盆形甑（SDM171∶3）　2. 盂改甑（SDM172∶4）　3、11. 缶（SDM172∶1、SDM171∶1）　4. 小口旋纹罐（SDM171∶4）
5. 鬲口釜（SDM171∶5）　6、7. 罐口釜（SDM172∶3、SDM172∶5）　8. 盆（SDM171∶6）
9. 盂（SDM172∶2）　10. 直口折肩罐（SDM171∶2）

宽1.22米。高1.30米。

填土：墓道土色红褐色，土质较硬。洞室土色浅黄色，土质较松散。

（3）葬具

单棺，呈矩形。置于洞室偏东北。棺长1.86米，宽0.60米。

（4）墓主人

骨架保存较好。葬式为仰身直肢葬，头向与墓道方向相反。

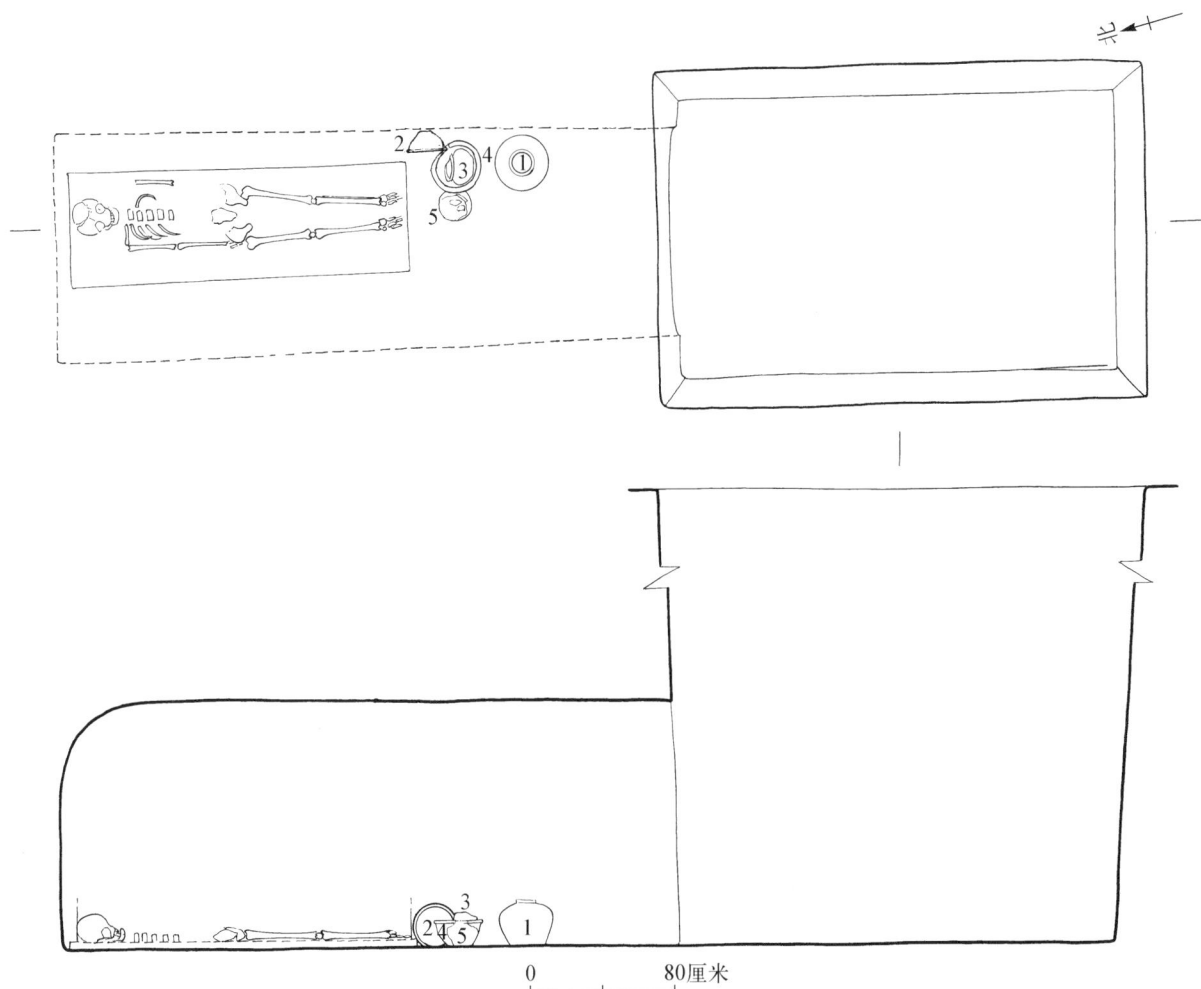

图三一五　SDM172墓葬平、剖图

1.陶缶　2.陶盂　3、5.陶罐口釜　4.陶盂改甑

（5）随葬品及其位置

共5件，皆陶器，均位于墓主脚端棺外东南侧。缶（ :1）、罐口釜（ :3）、盂改甑（ :4）、盂（ :2）由南向北排列，紧邻洞室东壁，其中2号侧置，口向西，3号叠置于4号内。罐口釜（ :5）位于4号西侧。

（6）随葬品介绍

缶　1件。标本SDM172:1，夹细砂灰陶。小体，小口束颈，折沿微下倾，尖圆唇；折肩，上腹略弧，下腹斜直，上下腹交接处圆弧，仅以一周旋纹分界，形成"符号亚腰"，平底。沿面及肩部饰数周暗旋纹，肩腹交接处饰一周旋纹，上腹饰三至四周麦粒状绳纹。下腹有轮制痕迹。口径9.0、器身最大径30.7、底径15.0、通高24.1厘米（图三一四，3）。

盂　1件。标本SDM172:2，夹细砂灰陶。敞口，折沿下倾，尖圆唇；折腹，上腹微弧近直，下腹斜直，上腹占腹部比例大于三分之一，平底。上下腹交接处有一周折棱。口径24.7、底径12.2、通高12.0厘米(图三一四,9)。

盂改甑 1件。标本SDM172:4,夹细砂灰陶。敞口,折沿下倾,沿面微鼓,圆唇;折腹,上腹近直,下腹斜直微内凹,上腹占腹部比例约三分之一,平底;器底凿制5个圆形甑孔,布局为中心一孔与边缘一周。上下腹交接处有一周折棱。口径23.8、底径10.3、通高12.9厘米(图三一四,2)。

罐口釜 共2件。皆底部夹粗砂。圆肩,鼓腹,圜底。标本SDM172:3,夹砂灰陶。直口方唇,腹部整体圆弧。腹下部及底部饰交错绳纹。口径12.3、器身最大径18.2、通高14.6厘米(图三一四,6)。标本SDM172:5,夹砂红褐陶。小体。卷沿,圆唇,矮直颈。肩及腹上部饰瓦纹,腹下部饰横向篮纹,底部饰纵向篮纹。腹底有烟炱。口径9.8、器身最大径14.5、通高11.0厘米(图三一四,7)。

188. 2010YFSDM174

(1)位置

北距SDM175约3.4米,西南距SDM172约5.6米。

(2)形制结构(图三一六)

墓向:278°。

墓道:位于洞室西侧。口大底小。口呈长方形,南长3.48、北长3.48、东宽1.98、西宽1.98米。斜壁。平底,南长3.22、北长3.22、东宽1.70、西宽1.70米。自深4.90米。

洞室:拱形顶,直壁,平底。洞室口位于墓道东壁中部,洞室宽小于墓道底宽。洞室口南壁距墓道南壁0.24、北壁距墓道北壁0.22米。底部平面呈长方形,南长2.82、北长2.84、东宽1.26、西宽1.26米。高1.30米。

填土:墓道土色黄褐色,夹杂少量红色土颗粒,土质较硬,有明显夯土块,夯层与夯窝不清。洞室土色黄色,土质较疏松。

(3)葬具

单棺,呈矩形,仅存棺轮廓痕迹。置于洞室偏东北。棺长1.91、宽0.61米。

(4)墓主人

骨架不存,葬式不明。

(5)随葬品及其位置

共8件,包括陶器6件、漆器2件。棺外西南由西向东依次为缶(:1)、直口折肩罐(:2)、罐口釜(:3)、盆形甑(:4)。罐口釜(:5)位于2号北侧,漆器(:7、:8)位于1号北侧。盆(:6)位于棺内西南部,原应位于棺盖板上相应位置。

(6)随葬品介绍

缶 1件。标本SDM174:1,夹细砂灰陶。小体,小口束颈,折沿微下倾,尖圆唇;折肩,腹微折,肩腹部呈"微亚腰"状,上腹略弧,下腹斜直,平底。肩部饰数周暗旋纹,肩腹及上下腹交接处各饰一周旋纹。下腹有轮制痕迹。口径8.3、器身最大径28.5、底径14.0、通高24.3厘米(图三一七,8;彩版二一,4)。

直口折肩罐 1件。标本SDM174:2,夹细砂灰陶。大体,直口方唇,口外侧有一周凹槽;折

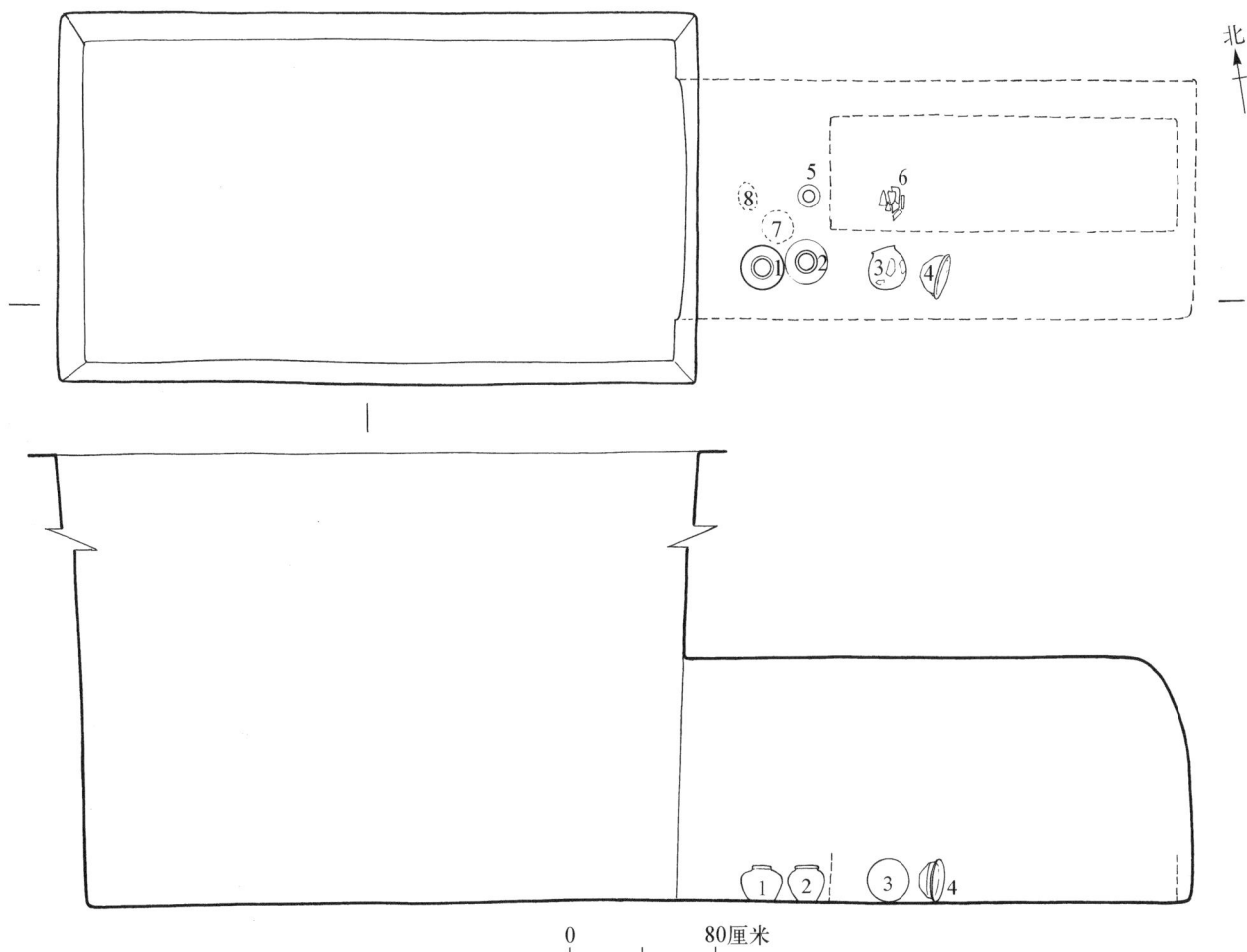

图三一六　SDM174墓葬平、剖图

1.陶缶　2.陶直口折肩罐　3、5.陶罐口釜　4.陶盆形甑　6.陶盆　7、8.漆器

肩,腹微折,肩腹部呈"微亚腰"状,上腹略弧,下腹斜直,平底。肩腹及上下腹交接处隐约可见两周竖行绳纹,上腹饰一至两周麦粒状绳纹。下腹有轮制痕迹。口径14.5、器身最大径28.5、底径14.3、通高21.2厘米(图三一七,10)。

　　盆　1件。标本SDM174:6,夹细砂灰陶。敞口,折沿微下倾,尖圆唇;折腹,上腹近直,下腹斜直,上腹占腹部比例小于三分之一,平底。上下腹交接处有一周折棱,下腹局部可见竖行绳纹。口径26.7、底径10.9、通高13.5厘米(图三一七,2)。

　　盆形甑　1件。标本SDM174:4,夹细砂灰陶。直口,折沿下倾,尖圆唇;弧腹微折,上腹微弧近直,下腹斜直,上腹占腹部比例小于三分之一,平底;器底戳制14个圆形甑孔,布局为中心四孔与边缘一周。腹上部隐约可见两周旋纹间以一周楔形绳纹。口径31.2、底径13.5、通高20.0厘米(图三一七,3)。

　　罐口釜　共2件。皆夹砂红褐陶,底部夹粗砂。矮直颈,圆肩,鼓腹,圜底。肩及腹上部饰瓦纹,腹下部饰横向篮纹,底部饰纵向篮纹。标本SDM174:5,小体。卷沿,方唇。腹底有烟炱。口径9.3、器身最大径13.0、通高11.0厘米(图三一七,6)。标本SDM174:3,大体,侈口,厚圆唇。口

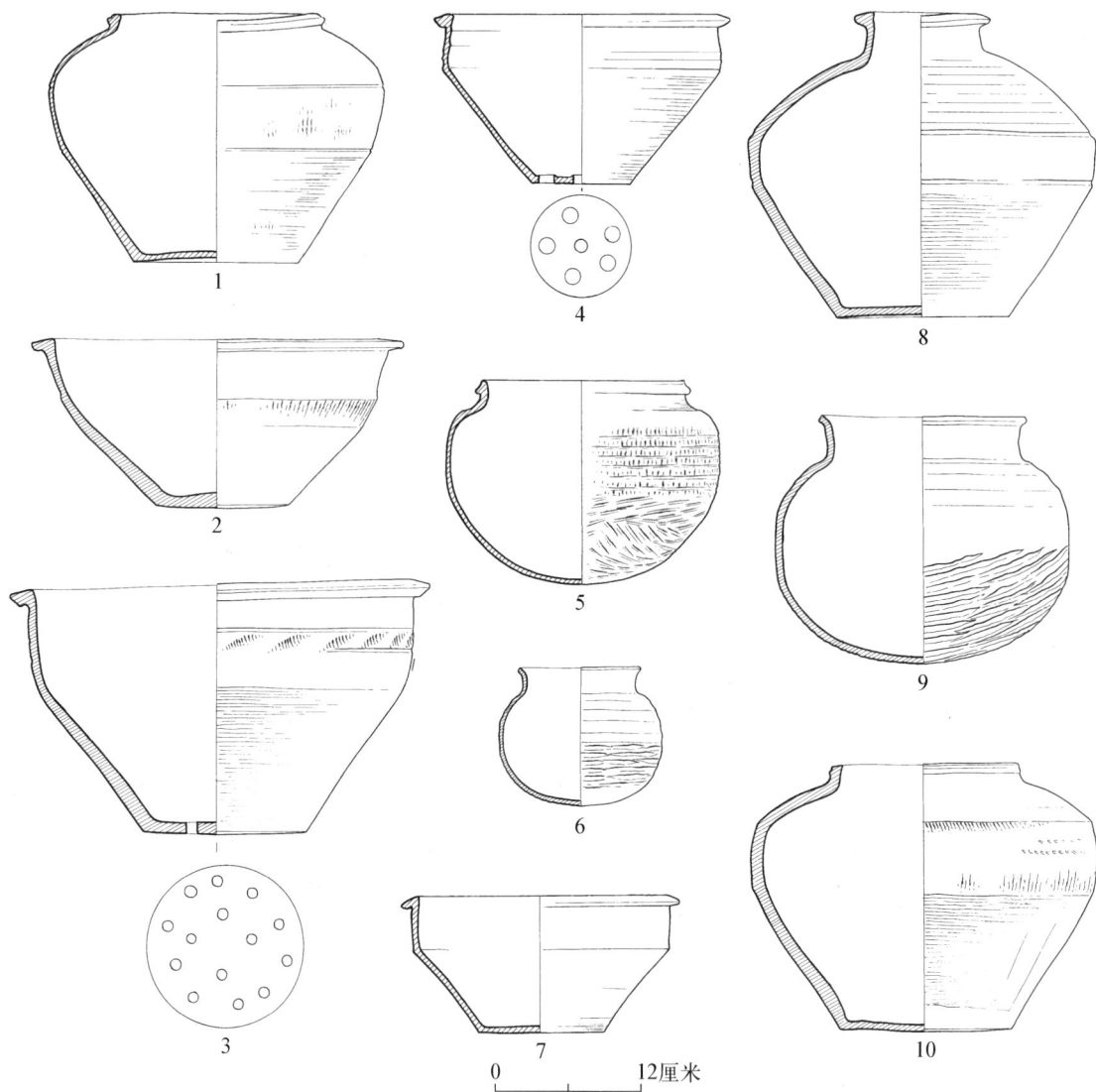

图三一七　SDM174、SDM175随葬陶器

1、10. 直口折肩罐（SDM175∶2、SDM174∶2）　2. 盆（SDM174∶6）　3. 盆形甑（SDM174∶4）　4. 盂形甑（SDM175∶3）
5. 鬲口釜（SDM175∶5）　6、9. 罐口釜（SDM174∶5、SDM174∶3）　7. 盂（SDM175∶4）　8. 缶（SDM174∶1）

径16.0、器身最大径24.2、通高19.7厘米（图三一七,9）。

漆器共2件。标本SDM174∶7、SDM174∶8，无法提取。

189. 2010YFSDM175

（1）位置

南距SDM174约3.4米，东距SDM157约10.6米，北距SDM177约1.5米。

（2）形制结构（图三一八）

墓向：188°。

墓道：位于洞室南侧。口略大于底。口呈长方形，东长2.40、西长2.42、南宽1.50、北宽1.52米。斜壁近直。平底，东长2.26、西长2.26、南宽1.36、北宽1.36米。自深3.50米。

洞室：拱形顶，直壁，平底。洞室口位于墓道北壁中部，洞室宽小于墓道底宽。洞室口东壁距墓道东壁0.06、西壁距墓道西壁0.08米。底部平面略呈梯形，东长3.46、西长3.46、南宽1.21、北宽1.30米。高1.60米。

填土：墓道土色黄褐色，土质较坚硬。洞室土色黄色，土质较硬。

（3）葬具

葬具不明。

（4）墓主人

骨架不存，葬式不明。

（5）随葬品及其位置

共5件，包括陶器4件、铜镜1面。陶器均位于洞室东南部，由南向北依次为直口折肩罐（∶2）、盂形甑（∶3）、盂（∶4）、鬲口釜（∶5），3、4、5号均侧置，口向西。铜镜（∶1）位于洞室北部。

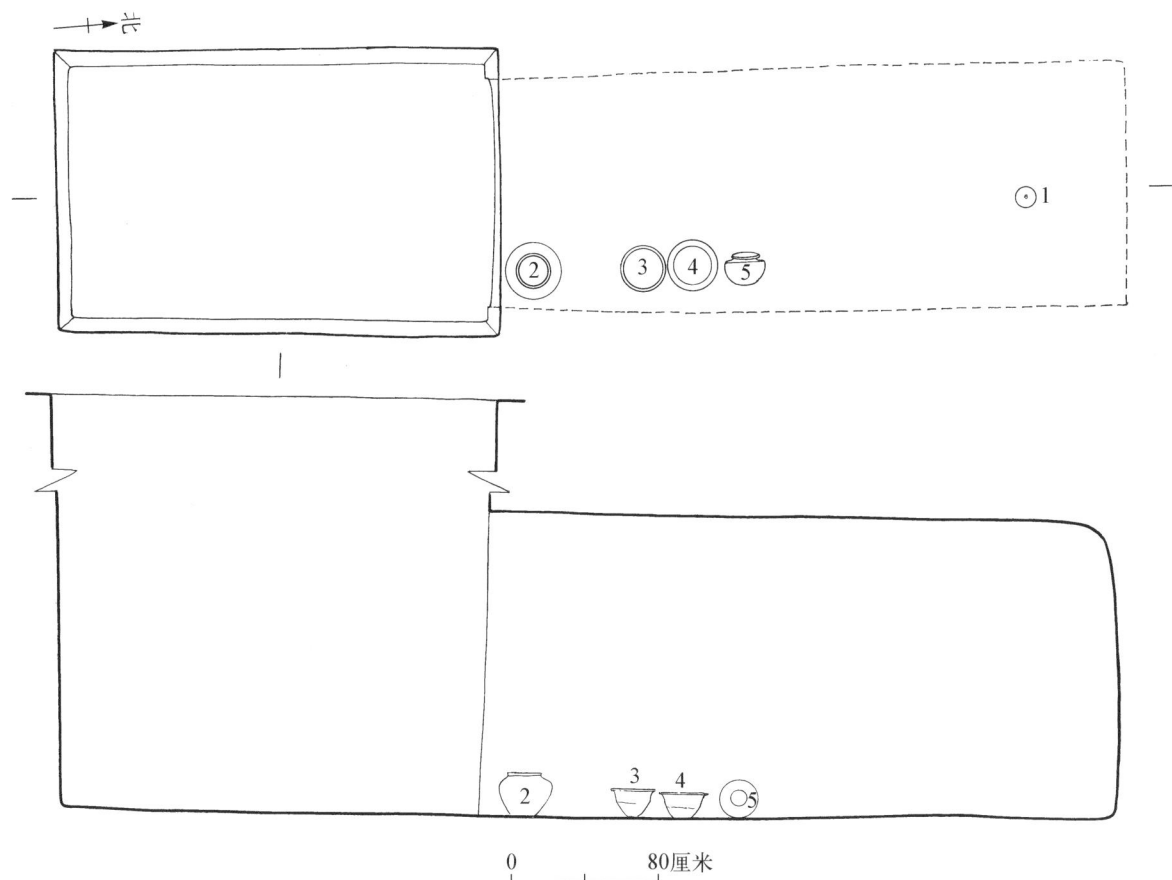

图三一八 SDM175墓葬平、剖图

1. 铜镜 2. 陶直口折肩罐 3. 陶盂形甑 4. 陶盂 5. 陶鬲口釜

（6）随葬品介绍

直口折肩罐 1件。标本SDM175：2，夹细砂灰陶。大体，直口方唇，唇面有一周凹槽；圆折肩，上腹略弧，下腹斜直，上下腹交接处圆弧，仅以一周旋纹分界，形成"符号亚腰"，平底微内凹。肩腹交接处饰一周旋纹，上腹隐约可见竖行粗绳纹。下腹有轮制痕迹。口径16.0、器身最大径27.6、底径13.6、通高19.7厘米（图三一七，1）。

盂 1件。标本SDM175：4，夹细砂灰陶。直口，折沿下倾，尖圆唇；折腹，上腹近直，下腹斜直微内凹，上腹占腹部比例约三分之一，平底。上下腹交接处有一周折棱。口径20.3、底径10.2、通高11.0厘米（图三一七，7）。

盂形甑 1件。标本SDM175：3，夹细砂灰陶。直口微敛，折沿下倾，沿面微鼓，尖圆唇；折腹，上腹近直，下腹斜直，上腹占腹部比例约四分之一，平底；器底戳制6个圆形甑孔，布局为中心一孔与边缘一周。上腹饰三周弦纹。口径21.9、底径8.0、通高13.5厘米（图三一七，4）。

鬲口釜 1件。标本SDM175：5，夹砂灰陶，底部夹粗砂。口微侈，斜方唇，唇面微内凹；隆肩，肩面近口处略平，上腹近直，下腹弧收，圜底。腹上部饰旋断绳纹，腹下部饰横向篮纹，底部饰纵向篮纹。口径16.1、器身最大径22.4、通高16.3厘米（图三一七，5）。

铜镜 1面。标本SDM175：1，素地弦纹镜。残成数块，可拼合。圆形，镜面平直；桥形钮，无钮座；镜背饰两周弦纹，平镜缘。直径9.9厘米（图三一九）。

0 ————— 2厘米

图三一九 SDM175随葬铜镜拓片

SDM175：1

190. 2010YFSDM182

（1）位置

东南距SDM179约5.6米,西北距SDM183约1.5米。

（2）形制结构（图三二○）

墓向:5°。

墓道:位于洞室北侧。口大底小。口呈长方形,东长3.20、西长3.20、南宽1.90、北宽1.90米。斜壁近直。平底,东长3.02、西长3.02、南宽1.76、北宽1.76米。自深4.00米。

洞室:拱形顶,直壁,平底。洞室口位于墓道南壁中部,洞室宽小于墓道底宽。洞室口东壁距墓道东壁0.26、西壁距墓道西壁0.24米。底部平面呈长方形,东长3.10、西长3.08、南宽1.20、北宽1.20米。高1.50米。

封门:木板封门,位于墓道与洞室连接处。底、东、西壁有封门槽,东封门槽宽0.16、深0.30、

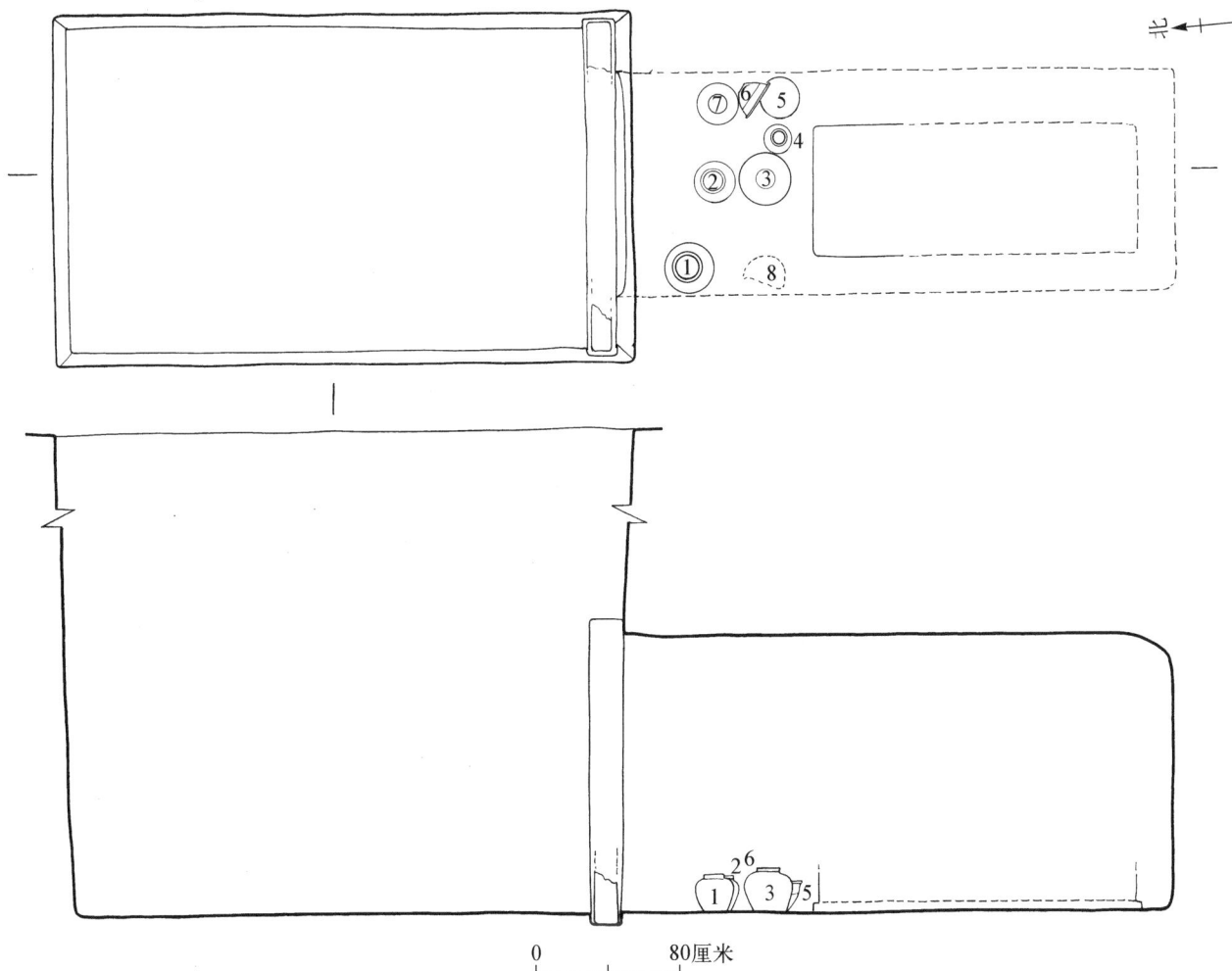

图三二○ SDM182墓葬平、剖图

1.陶卷沿折肩罐 2.陶直口折肩罐 3.陶小口旋纹罐 4.陶罐口釜 5.陶鬲口釜 6.陶盂改甑 7.陶盂 8.漆器

高1.64米,西封门槽宽0.16、深0.32、高1.64米,底部封门槽长1.82、宽0.16、深0.06米。

填土:墓道土色黄褐色,土质较坚硬。洞室土色黄色,夹杂少量的褐色土颗粒,土质较疏松,有较多生土块和淤土。

(3)葬具

单棺,呈矩形。置于洞室略偏南。棺长1.80、宽0.70米。

(4)墓主人

骨架不存,葬式不明。

(5)随葬品及其位置

共8件,包括陶器7件、漆器1件,均位于棺外北侧。卷沿折肩罐(:1)、漆器(:8)紧邻洞室西壁。鬲口釜(:5)、盂改甑(:6)、盂(:7)由南向北排列,紧邻洞室东壁,6号侧置,口向南,7号倒置。罐口釜(:4)位于5号西侧。小口旋纹罐(:3)、直口折肩罐(:2)南北向排列于棺外北侧正中。

(6)随葬品介绍(图版一八,1)

小口旋纹罐　1件。标本SDM182:3,夹细砂灰陶。小口束颈,平折沿,尖圆唇;圆鼓肩,腹微弧近直,平底。肩及腹上部饰数周旋纹。腹下部有轮制痕迹。口径8.6、器身最大径26.4、底径11.3、通高29.9厘米(图三二一,10)。

直口折肩罐　1件。标本SDM182:2,夹细砂灰陶。大体,直口方唇,唇面有一周凹槽;折肩,上下腹交接处圆弧,仅以一周旋纹分界,形成"符号亚腰",上腹略弧,下腹斜直,平底。肩及上腹部饰数周暗旋纹,肩腹交接处饰一周旋纹。口径14.2、器身最大径27.2、底径14.0、通高19.9厘米(图三二一,1)。

卷沿折肩罐　1件。标本SDM182:1,夹细砂灰陶。大体,卷沿,斜方唇,折肩,腹微折,肩腹部呈"微亚腰"状,上腹微弧近直,下腹斜直,平底。肩及上腹饰数周暗旋纹,肩腹及上下腹交接处各饰一周旋纹。下腹有轮制痕迹。口径15.9、器身最大径26.0、底径13.2、通高20.5厘米(图三二一,3)。

盂　1件。标本SDM182:7,夹细砂灰陶。敞口,折沿微下倾,尖圆唇;折腹,上腹近直,下腹斜直微内凹,上腹占腹部比例约三分之一,平底。上下腹交接处有一周折棱。下腹有轮制痕迹。口径23.0、底径11.3、通高11.9厘米(图三二一,4)。

盂改甑　1件。标本SDM182:6,夹细砂灰陶。敞口,折沿下倾,沿面微鼓,尖圆唇;折腹,上腹略弧,下腹斜直微内凹,上腹占腹部比例约三分之一,平底;器底凿制4个圆形甑孔,分布无规律。上下腹交接处有一周折棱。口径22.0、底径11.2、通高10.0厘米(图三二一,2)。

鬲口釜　1件。标本SDM182:5,夹砂灰陶,底部夹粗砂。口微侈,斜方唇,唇面微内凹;圆肩,鼓腹,上腹近直,下腹弧收,圜底。腹上部饰数周旋纹及竖行绳纹,腹下部饰横向篮纹,底部饰纵向篮纹。口径14.7、器身最大径23.9、通高18.5厘米(图三二一,5)。

罐口釜　1件。标本SDM182:4,夹砂红褐陶,底部夹粗砂。小体,卷沿,圆唇,矮直颈,圆肩,鼓腹,圜底。腹上部饰数周瓦纹,腹下部饰横向篮纹,底部饰纵向篮纹。腹底有烟炱。口径9.0、器身最大径15.2、通高11.3厘米(图三二一,6;彩版二九,8)。

漆器　1件。标本SDM182:8,无法提取。

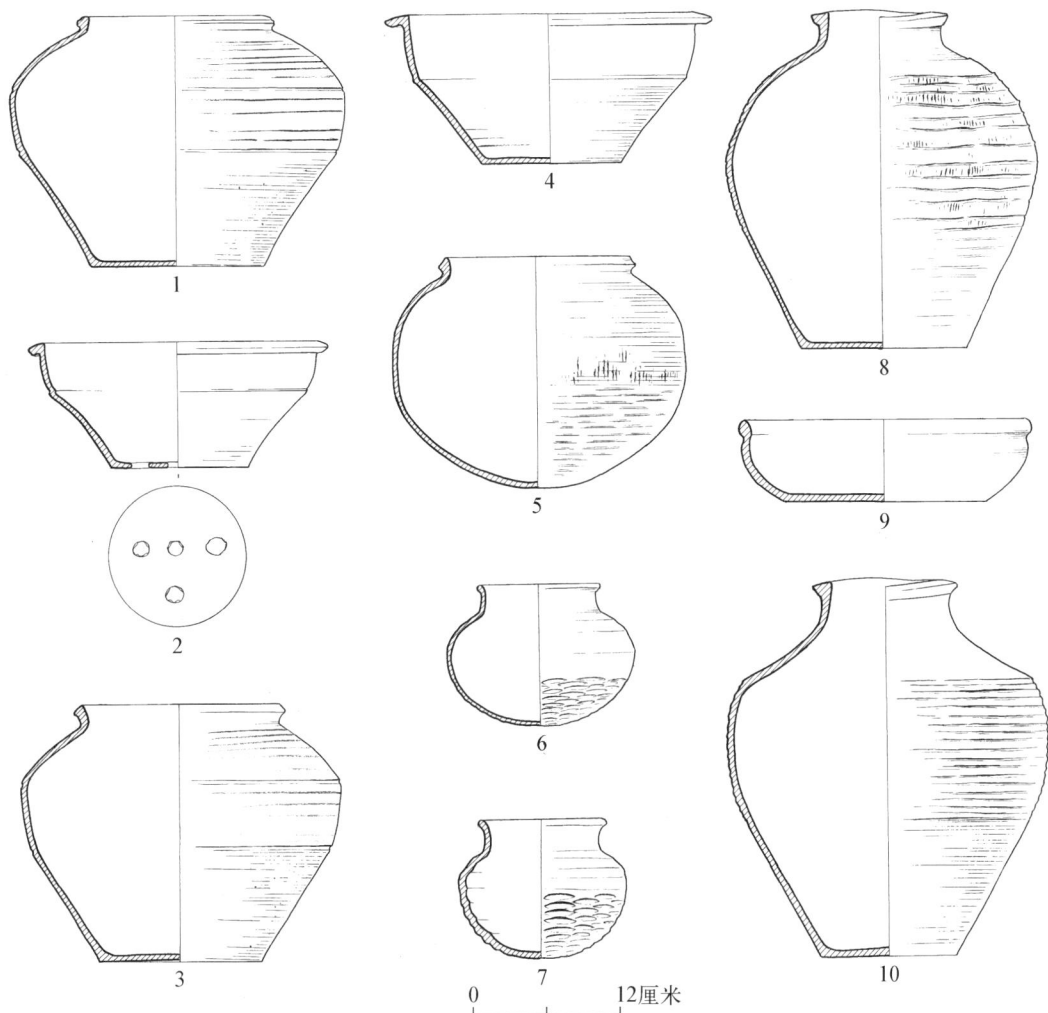

图三二一　SDM182、SDM183随葬陶器

1. 直口折肩罐（SDM182：2）　2. 盂改甑（SDM182：6）　3. 卷沿折肩罐（SDM182：1）　4. 盂（SDM182：7）　5. 鬲口釜（SDM182：5）
6、7. 罐口釜（SDM182：4、SDM183：4）　8、10. 小口旋纹罐（SDM183：2、SDM182：3）　9. 钵（SDM183：3）

191. 2010YFSDM183

（1）位置

东距SDM182约1.5米，西南距SDM184约12.0米。

（2）形制结构（图三二二）

墓向：5°。

墓道：位于洞室北侧。口底等大。口呈长方形，东长2.88、西长2.88、南宽1.28、北宽1.28米。直壁。平底。自深3.60米。

洞室：拱形顶，直壁，平底。洞室口位于墓道南壁中部，洞室宽小于墓道底宽。洞室口东壁距墓道东壁0.12、西壁距墓道西壁0.14米。底部平面呈长方形，东长2.90、西长2.90、南宽1.00、北宽1.00米。高1.40米。

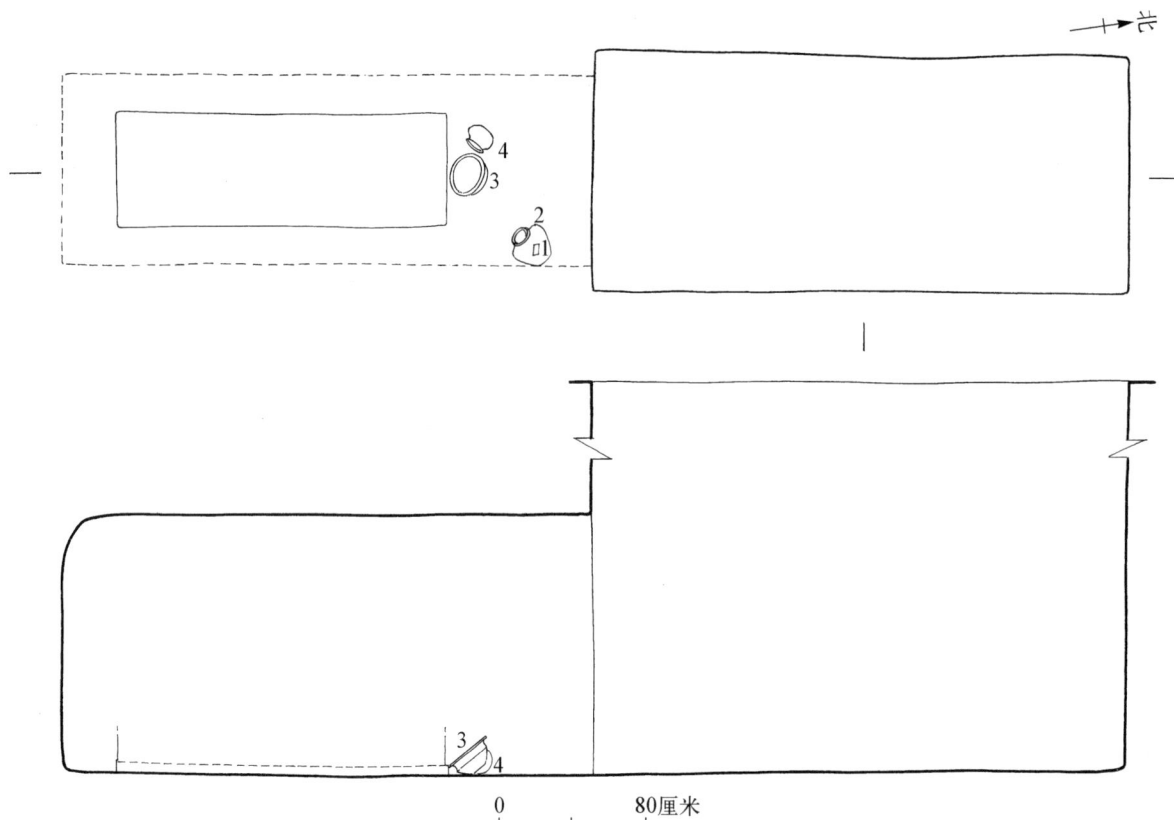

图三二二　SDM183墓葬平、剖图

1.铁刀　2.陶小口旋纹罐　3.陶钵　4.陶罐口釜

填土：墓道为褐色五花土，土质较坚硬。洞室土色黄色，土质较硬。

（3）葬具

单棺，呈矩形。置于洞室略偏南。棺长1.80、宽0.70米。

（4）墓主人

骨架不存，葬式不明。

（5）随葬品及其位置

共4件，包括陶器3件、铁器1件，均位于棺外北侧。铁刀（：1）、小口旋纹罐（：2）位于棺外东北角，1号位于2号上，2号侧置。钵（：3）、罐口釜（：4）东西并置于棺外北侧中部。

（6）随葬品介绍

小口旋纹罐　1件。标本SDM183：2，夹细砂灰陶。小口束颈，平折沿，尖圆唇；微溜肩，腹微弧近直，平底。肩及腹上部饰数周旋纹及旋断绳纹。口径8.5、器身最大径25.8、底径13.7、通高26.9厘米（图三二一，8）。

钵　1件。标本SDM183：3，夹细砂灰陶。敞口，圆唇，弧腹，腹近口部微内敛，平底。素面。口径22.9、底径16.8、通高6.5厘米（图三二一，9）。

罐口釜　1件。标本SDM183：4，夹砂红褐陶，底部夹粗砂。小体，卷沿，圆唇，矮直颈，圆肩，鼓腹，圜底。肩及腹上部饰数周瓦纹，腹下部饰横向篮纹，底部饰纵向篮纹。腹底有烟炱。口径9.4、器身最大径13.8、通高11.0厘米（图三二一，7）。

铁刀 1件。标本SDM183：1，柄残。直背直刃，刀身断面近三角形，刃部近锋端弧收成尖，刀背残存木质朽痕。残长19.3、刃最宽处2.0、刃厚0.6厘米（图二七五，2）。

192. 2010YFSDM185

（1）位置

东南距SDM187约11.0米。

（2）形制结构（图三二三）

墓向：89°。

墓道：位于洞室东侧。口大底小。口呈长方形，南长2.30、北长2.30、东宽1.21、西宽1.21米。斜壁。平底，南长2.08、北长2.08、东宽1.00、西宽1.00米。自深4.00米。

洞室：拱形顶，直壁，平底。洞室口位于墓道西壁中部，洞室宽小于墓道底宽。洞室口南壁距墓道南壁0.08、北壁距墓道北壁0.10米。底部平面呈长方形，南长2.70、北长2.70、东宽0.80、西宽0.80米。高1.00米。

填土：墓道为深褐色五花土，夹杂褐色土颗粒，土质较硬。洞室土色褐色，夹杂少量的红色

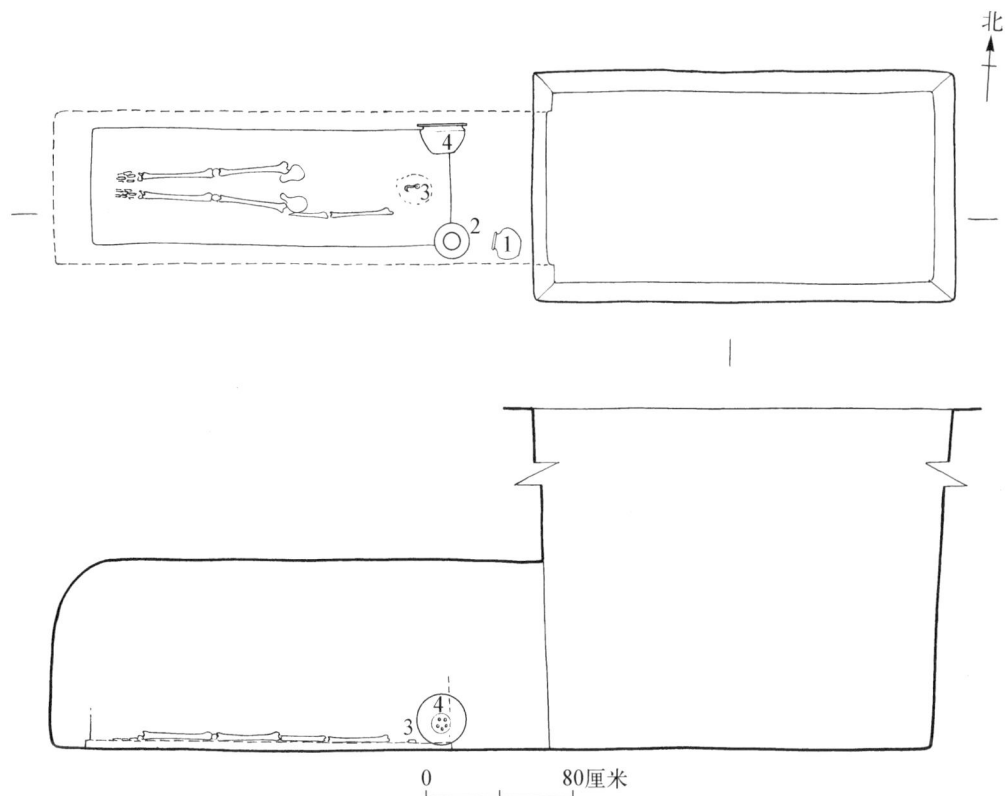

图三二三 SDM185墓葬平、剖图

1. 陶小口旋纹罐 2. 陶罐口金 3. 铜带钩 4. 陶盂形甑

土颗粒,土质较疏松,局部生土块较多。

（3）葬具

单棺,呈矩形。置于洞室略偏西。长1.94、宽0.62米。

（4）墓主人

下肢骨和左侧上肢骨朽成粉末状,其余不存。葬式为仰身直肢葬,头向与墓道方向相同。

（5）随葬品及其位置

共4件,包括陶器3件、铜器1件。陶器均位于墓主头端棺外。小口旋纹罐（:1）侧置于洞室东南角。罐口釜（:2）、盂形甑（:4）分别位于棺东南角、东北角残痕上,原应位于棺盖板上相应位置,4号侧置,口向北。铜带钩（:3）位于墓主头部。

（6）随葬品介绍

小口旋纹罐　1件。标本SDM185:1,夹细砂灰陶。小口束颈,折沿微下倾,尖圆唇;溜肩明显,腹下部斜直,平底。肩及腹上部饰数周旋纹及旋断绳纹。口径9.0、器身最大径20.6、底径10.6、通高26.3厘米（图三二四,4）。

盂形甑　1件。标本SDM185:4,夹细砂灰陶。整体形态相对较高。直口,平折沿,沿面微鼓,圆唇;弧腹微折,上腹占腹部比例一半,平底;器底残留12个圆形甑孔,布局为中心一孔与边缘两周。腹部饰三周旋纹。口径19.7、底径9.3、通高12.9厘米（图三二四,1）。

罐口釜　1件。标本SDM185:2,夹砂灰陶,底部夹粗砂。卷沿,方圆唇,唇面有一周凹槽;溜肩,鼓腹,圜底。腹上部隐约可见数周旋纹,腹下部及底部饰方格纹。口径19.3、器身最大径24.6、通高19.4厘米（图三二四,11）。

铜带钩　1件。标本SDM185:3,水禽形。钩体较小,断面呈半圆形,圆形钩钮位于钩尾下部,以一短柱相连。长4.4、宽0.5～1.1、钮径1.1厘米（图二七五,6;彩版三九,8）。

193. 2010YFSDM186

（1）位置

东北距SDM185约18.6米。

（2）形制结构（图三二五;图版一〇,2）

墓向:7°。

墓道:位于洞室北侧。口底等大。口呈长方形,东长2.44、西长2.44、南宽1.48、北宽1.48米。直壁。平底。自深3.50米。

洞室:拱形顶,直壁,平底。洞室口位于墓道南壁中部略偏东,洞室宽小于墓道底宽。洞室口东壁距墓道东壁0.06、西壁距墓道西壁0.10米。底部平面呈长方形,东长3.84、西长3.84、南宽1.32、北宽1.30米。高1.50米。

填土:墓道土色黄褐色,土质较硬。洞室为深褐色五花土,土质较疏松。

（3）葬具

一棺一椁,均呈矩形。棺置于椁内偏南,棺长1.68、宽0.61米。椁端板两端嵌于两侧板内,

图三二四 SDM185、SDM186、SDM192随葬陶器

1. 盅形甑（SDM185∶4）　2. 鼎（SDM186∶4）　3、4. 小口旋纹罐（SDM186∶6、SDM185∶1）　5. 盛盖（SDM186∶9）　6. 盛（SDM186∶5）
7. 簋形甑（SDM186∶8）　8. 锜（SDM186∶7）　9、11. 罐口釜（SDM192∶2、SDM185∶2）　10. 卷沿圆肩罐（SDM186∶2）
12、13. 直口折肩罐（SDM186∶3、SDM192∶1）

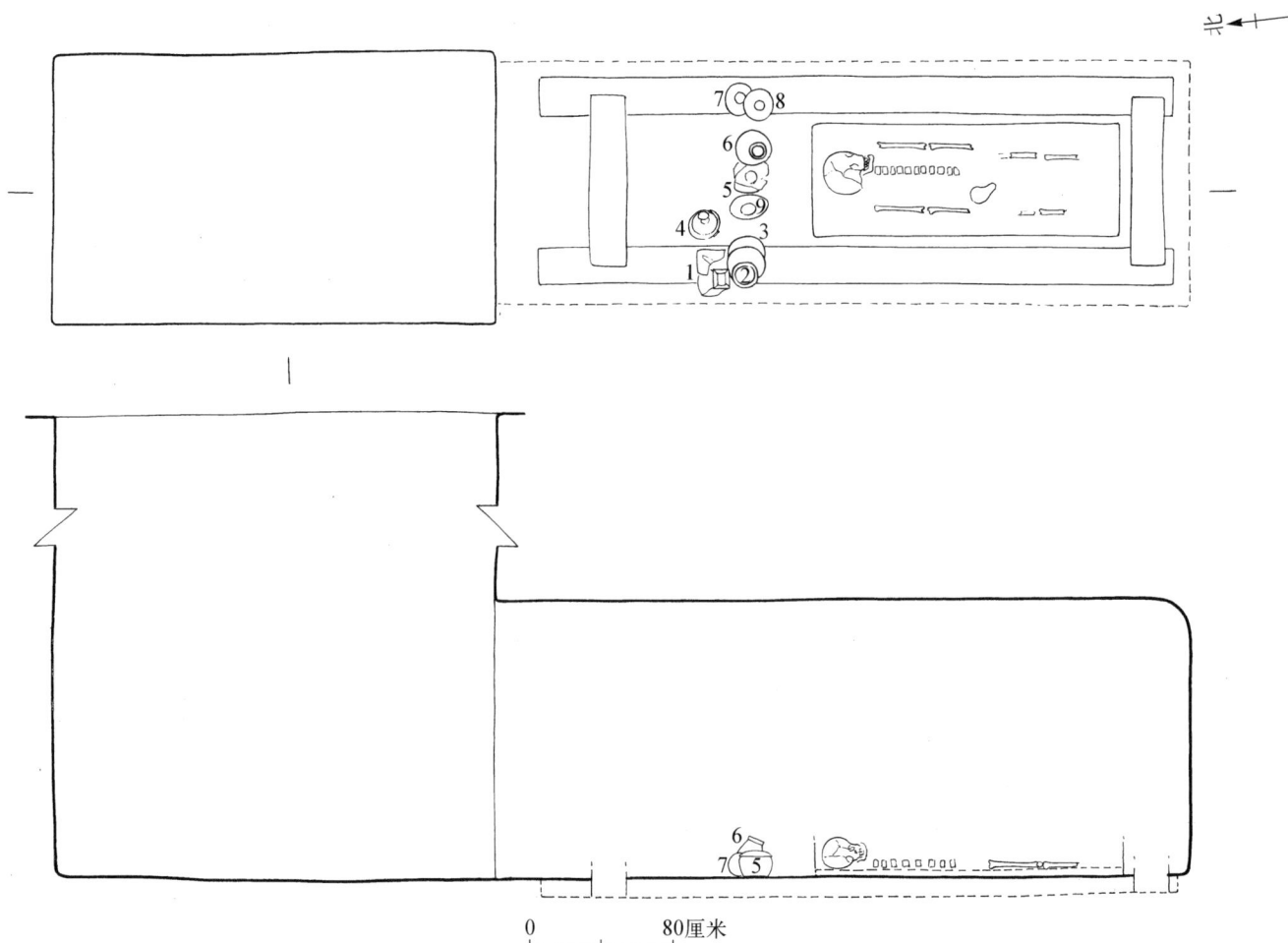

图三二五 SDM186墓葬平、剖图

1.陶钫 2.陶卷沿圆肩罐 3.陶直口折肩罐 4.陶鼎 5.陶盛 6.陶小口旋纹罐 7.陶锜 8.陶簋形甑 9.陶盛盖

侧板两端伸出端板外侧。椁长3.16、宽1.10、深0.10、端板长1.00、端板厚0.20、侧板长3.50、侧板厚0.20米。

（4）墓主人

骨架朽成粉末状。葬式为仰身直肢葬。头向与墓道方向相同,面向东。

（5）随葬品及其位置

共9件,皆陶器,均位于墓主头端棺椁之间,分南北两排放置。南排由西向东依次为卷沿圆肩罐（:2）、直口折肩罐（:3）、盛盖（:9）、盛（:5）、小口旋纹罐（:6）、锜（:7）、簋形甑（:8）。2号叠置于3号上,8号倒置于7号上。北排由西向东依次为钫（:1）、鼎（:4）。

（6）随葬品介绍（图版二二,2）

钫 1件。标本SDM186:1,泥质灰陶。覆斗形盖,盖与器身以子母口扣合;器身侈口方唇,口外侧加厚一周泥条,束颈,溜肩,鼓腹,方形圈足微外撇;肩部仅一边饰衔环,另一边衔环用彩绘表示。盖顶饰两组白色云纹,盖面四周饰条带状红彩,间以白色绚索纹;口部饰一周条带状白

0   4厘米

图三二六 SDM186 随葬陶钫

SDM186∶1

彩，口内壁满饰红彩；颈部近口处饰一周条带状红彩，下接红、白色三角蕉叶纹，间夹白色云纹；颈肩及肩腹交接处饰红、白彩各一周，间以红白彩云纹；衔环描白，内填一周红圈；圈足饰条带状红白彩各一周。盖高2.6、盖顶阔4.5、盖阔7.6、口阔10.4、器身最大径20.1、器身高33、足高3.9、足阔11.7、通高35.4厘米（图三二六；彩版三二，1）。

鼎　1件。标本SDM186：4，盖残，泥质灰陶。口部内、外沿大致齐平，沿面有一周凹槽；浅弧腹，上下腹交接处有一周凸棱，圜底近平；双附耳，耳微外撇，有长方形穿，耳穿不透；耳、足与器身连接于腹部凸棱，蹄足粗矮而外撇，耳足呈五点式分布。上腹饰条带状红、白彩各一周。耳高4.2、器身口径15.6、器身最大径18.0、器身高7.5、足高5.4、通高9.2厘米（图三二四，2；彩版一三，4）。

盛盖　1件。标本SDM186：9，泥质灰陶。钵形盖，盖面斜弧，盖腹较深，上有矮圈足状捉手，盖面最高处高于捉手上缘。捉手内饰一周条带状红彩，内填两组白色云纹；盖面近捉手处及近口处各饰一周条带状红彩，间以红、白色云纹。器盖口径16.6、器盖高5.9、捉手直径4.9厘米（图三二四，5）。

盛　1件。标本SDM186：5，泥质灰陶。口部内、外沿大致齐平；弧腹，平底。腹上部饰条带状红、白彩各一周。器身口径15.2、器身最大径17.4、器身高7.8、底径8.0厘米（图三二四，6；彩版一四，2）。

锜　1件。标本SDM186：7，泥质灰陶。小直口方唇，弧肩，弧腹，腹深小于肩高；肩腹转折处有腰檐，腰檐窄；圜底，腹下接三蹄足，蹄足粗矮。肩部近口处及近腰檐处各饰一周条带状红彩，间以红色云纹。口径4.5、器身最大径17.8、檐宽0.7、足高4.4、通高11.0厘米（图三二四，8；彩版一四，8）。

簋形甑　1件。标本SDM186：8，泥质灰陶。直口方唇，唇部微加厚；弧腹，平底，器底内壁刮出一周浅痕；器底戳制5个短条形甑孔，布局为中心一孔与边缘一周，圈足微外撇。器内壁满饰厚重红彩，器身饰条带状红、白彩五周，间以一周波浪状白彩，圈足饰一周条带状红彩。口径16.2、底径8.7、通高9.0厘米（图三二四，7；彩版一五，4）。

小口旋纹罐　1件。标本SDM186：6，夹细砂灰陶。小口束颈，折沿微下倾，尖唇；溜肩明显，腹下部斜直微内凹，平底。肩及腹上部饰数周旋断绳纹。腹下部有修整刮痕。口径8.6、器身最大径19.4、底径8.8、通高23.9厘米（图三二四，3；彩版三三，1）。

直口折肩罐　1件。标本SDM186：3，夹细砂灰陶。大体，直口方唇，圆折肩，上腹略弧，下腹斜直，上下腹交接处圆弧，仅以一周旋纹分界，形成"符号亚腰"，平底。肩部饰数周暗旋纹，肩腹交接处饰一周旋纹，上腹饰两周麦粒状绳纹，局部饰竖行绳纹。口径15.6、器身最大径27.2、底径13.4、通高22.0厘米（图三二四，12）。

卷沿圆肩罐　1件。标本SDM186：2，夹细砂灰陶。大体，卷沿，斜方唇，圆鼓肩，弧腹，腹下部斜直，平底。肩及腹上部饰数周暗旋纹。口径14.7、器身最大径26.8、底径14.2、通高21.9厘米（图三二四，10）。

194. 2010YFSDM192

（1）位置

东距SDM193约1.5米。

（2）形制结构（图三二七）

墓向：11°。

墓道：位于洞室北侧，未清理完。口底等大。口呈长方形，东长1.60、西长1.60、南宽1.08米。直壁。平底。自深4.80米。

洞室：拱形顶，直壁，平底。洞室口位于墓道南壁，洞室宽与墓道底宽等长。底部平面呈长方形，东长3.00、西长3.00、南宽1.08、北宽1.08米。高1.20米。

填土：墓道土色黄褐色，土质较硬。洞室土色黄色，土质较疏松。

（3）葬具

单棺，呈矩形。置于洞室略偏南。棺侧板与端板四角闭合相接，棺长2.10、宽0.66、厚约0.04米。

（4）墓主人

头骨、肋骨不存，其余仅见痕迹。葬式为仰身直肢葬，上肢基本垂直伸于躯干两侧，双手自腕骨处折向盆骨。头向与墓道方向相同。

（5）随葬品及其位置

共4件，包括陶器2件、铁器1件、石器1套2件。直口折肩罐（∶1）位于棺外西北，紧邻洞室口。

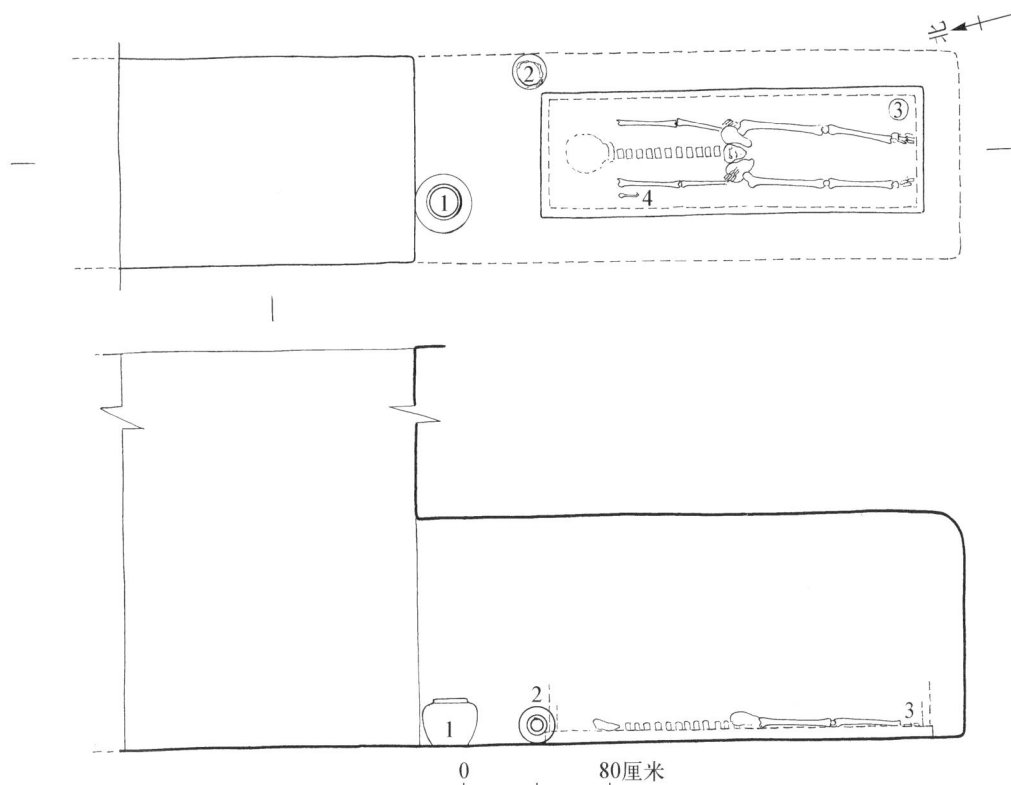

图三二七　SDM192墓葬平、剖图

1. 陶直口折肩罐　2. 陶罐口釜　3. 石砚　4. 铁削

罐口釜(：2)位于棺外东北角。石砚(：3)位于棺内东南角,铁削(：4)位于墓主右侧肱骨西侧。

（6）随葬品介绍

直口折肩罐 1件。标本SDM192：1,夹细砂灰陶。大体,直口方唇,口外侧有一周凹槽;折肩,弧腹,上下腹交接处圆弧,仅以一周旋纹分界,形成"符号亚腰",平底。肩部饰数周暗旋纹,肩腹交接处饰一周旋纹。下腹有轮制痕迹。口径16.7、器身最大径28.6、底径13.5、通高23.0厘米（图三二四,13）。

罐口釜 1件。标本SDM192：2,夹砂红褐陶,底部夹粗砂。小体,卷沿,圆唇,矮直颈,圆肩,鼓腹,圜底。腹下部饰横向篮纹,底部饰纵向篮纹。口径12.9、器身最大径19.4、通高15.5厘米（图三二四,9）。

铁削 1件。标本SDM192：4,残。单面刃,直背直刃,断面近三角形;长扁平柄,柄部窄于刃部,圆形环首。残长19.3、刃最宽处1.25、刃厚0.3、柄最宽处1.0、环首宽3.8厘米（图三四六,15）。

石砚 1套2件。研,标本SDM192：3-2,泥质岩,不规则扁平块状,上下两面皆平,上小下大,上面粗糙,下面光滑。研面最大径3.20、底最大径4.70、厚2.85厘米（图二七五,11）。砚,标本SDM192：3-1,泥质岩,圆饼形,上下两面皆平且等大,上面光滑,下面粗糙,侧面竖直。砚面直径10.2、底直径10.8、厚2.45厘米（图二七五,12）。

195. 2010YFSDM194

（1）位置

东北距SDM195约5.0米。

（2）形制结构（图三二八）

墓向：198°。

墓道：位于洞室南侧。口底等大。口呈梯形,直壁,平底。东长2.54、西长2.50、南宽1.04、北宽1.22、自深3.70米。

洞室：平顶,直壁,平底。洞室口位于墓道北壁,洞室宽与墓道底宽等长。洞室底平面略呈梯形,东长3.00、西长3.00、南宽1.22、北宽1.32米。高1.10米。

填土：墓道土色红褐色,土质坚硬,局部地方有夯土,无明显夯层及夯窝。洞室土色黄色,土质较硬。

（3）葬具

单棺,呈矩形。置于洞室偏东南。棺长1.80、宽0.80米。

（4）墓主人

椎骨不存,其余保存较好。葬式为侧身屈肢葬,双腿向左弯曲较甚。头向与墓道方向相反,面向上。

（5）随葬品及其位置

无随葬品。

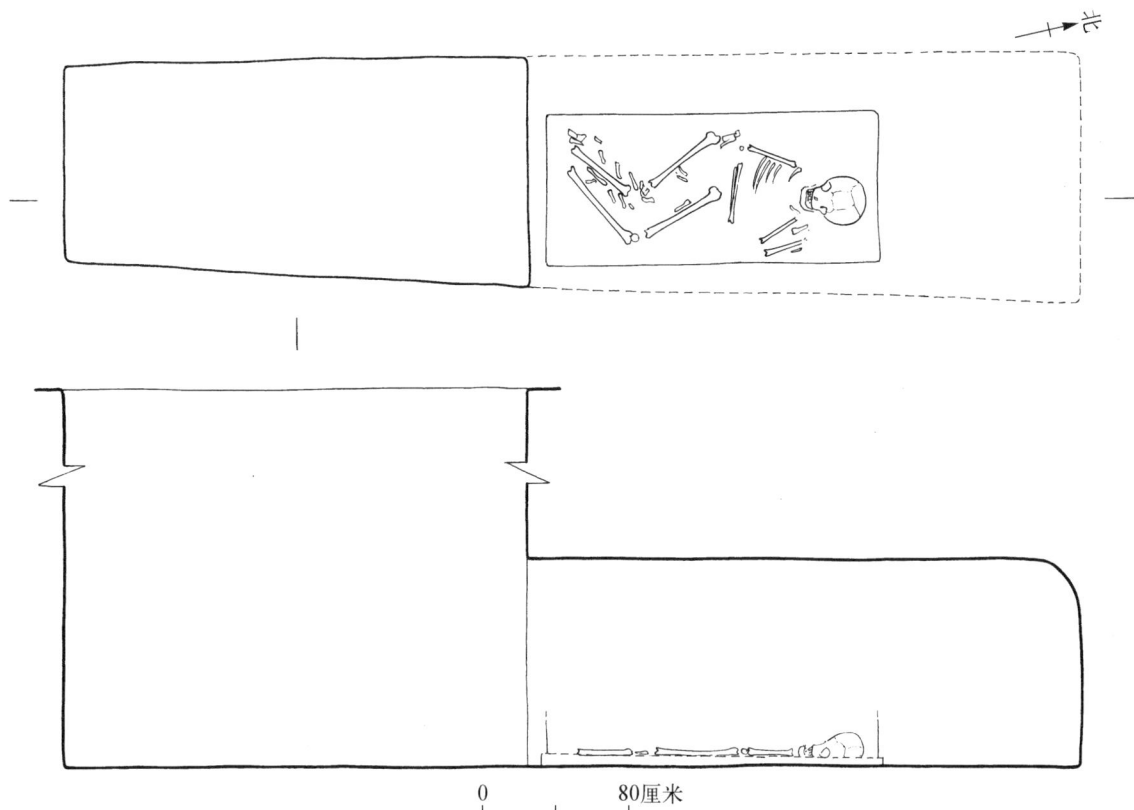

0   80厘米

图三二八　SDM194墓葬平、剖图

196. 2010YFSDM196

（1）位置

北距SDM197约1.4米。

（2）形制结构（图三二九）

墓向：274°。

墓道：位于洞室西侧。口大底小。口呈长方形，北长3.20、南长3.20、东宽1.60、西宽1.60米。斜壁。平底，北长2.88、南长2.88、东宽1.40、西宽1.40米。自深3.60米。

洞室：拱形顶，直壁，平底。洞室口位于墓道东壁中部，洞室宽小于墓道底宽。洞室口北壁距墓道北壁0.10、南壁距墓道南壁0.11米。底部平面呈长方形，北长2.90、南长2.86、东宽1.00、西宽1.00米。高1.26米。

填土：墓道为深褐色五花土，土质松散。洞室土色黄色，土质较硬。

（3）葬具

单棺，呈矩形。棺长1.90米、宽0.76米。

（4）墓主人

仅存部分肢骨。葬式似为仰身直肢葬，头向似与墓道方向相同。

图三二九　SDM196墓葬平、剖图

1.陶缶　2.陶直口折肩罐　3、5.陶罐口釜　4.陶盆　6.陶盆（甑）

（5）随葬品及其位置

共6件，皆陶器。缶（：1）、直口折肩罐（：2）南北向排列于棺外西侧。盆（：4）、罐口釜（：3）位于棺南侧板的残痕上，罐口釜（：5）位于棺内西部，盆（甑）（：6）位于棺北侧板的残痕上，3、4、5、6号原应位于棺盖板上相应位置。

（6）随葬品介绍

缶　1件。标本SDM196：1，夹细砂灰陶。大体，小口束颈，平折沿，圆唇；隆肩，弧腹，腹上部圆鼓，下部斜直内凹，平底。沿面及肩部饰数周暗旋纹，肩腹交接处饰一周弦纹，上腹饰两至三周麦粒状绳纹。下腹有轮制痕迹。口径8.4、器身最大径36.0、底径16.4、通高31.3厘米（图三三〇，6）。

直口折肩罐　1件。标本SDM196：2，底残，夹细砂灰陶。大体，直口方唇，口外侧有一周凹槽；折肩，弧腹，无亚腰特征。肩部饰数周暗旋纹，肩腹交接处饰一周旋纹。下腹有轮制痕迹。口径15.4、器身最大径27.3、残高15.0厘米（图三三〇，1）。

盆　1件。标本SDM196：4，夹细砂灰陶。直口，折沿微下倾，尖圆唇；弧腹微折，上腹微弧近直，下腹斜直，平底。器内壁及沿面饰数周暗旋纹，上腹饰两周旋纹间以一周楔形绳纹。口径

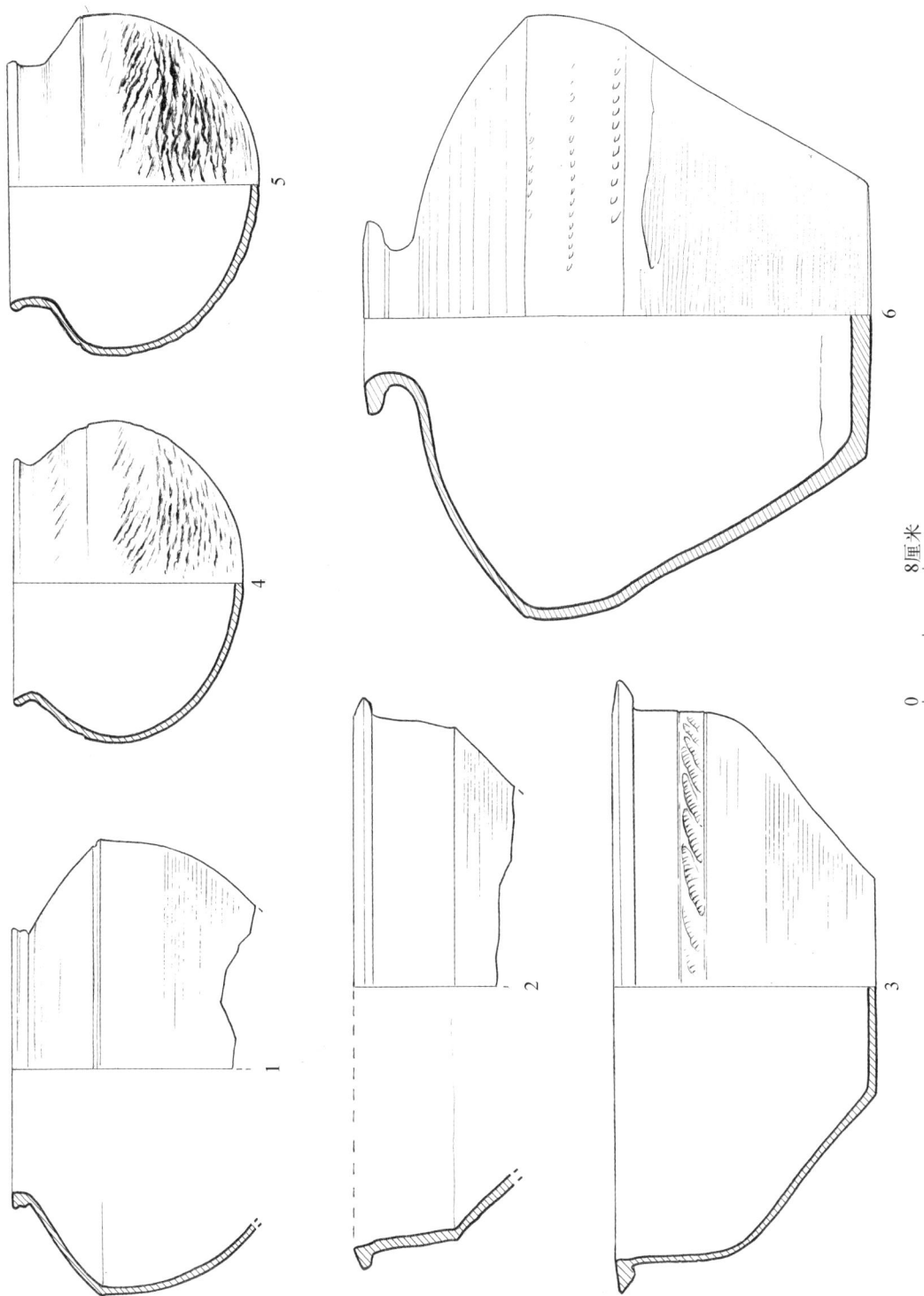

图三三〇　SDM196 随葬陶器

1. 直口折肩罐 (SDM196 : 2)　2. 盆 (甑) (SDM196 : 6)　3. 盆 (SDM196 : 4)　4、5. 罐口釜 (SDM196 : 3、SDM196 : 5)　6. 缶 (SDM196 : 1)

32.5、底径13.0、通高16.3厘米(图三三〇,3)。

盆(甑) 1件。标本SDM196:6,底残。夹细砂灰陶。敞口,折沿微下倾,尖圆唇;上腹近直,下腹斜直。下腹有轮制痕迹。口径31.7、残高10.0厘米(图三三〇,2)。

罐口釜 共2件。皆夹砂灰陶,底部夹粗砂。鼓腹,圜底。肩腹交接处饰一周旋纹,腹上部饰斜向绳纹,下部饰横向绳纹,底部饰纵向绳纹。标本SDM196:3,卷沿,圆唇,微溜肩。口径14.0、器身最大径19.3、通高14.0厘米(图三三〇,4)。标本SDM196:5,口微侈,厚圆唇,矮直颈,隆肩。口径13.9、器身最大径20.4、通高15.5厘米(图三三〇,5)。

197. 2010YFSDM197

(1)位置

南距SDM196约1.4米,西距SDM195约4.0米。

(2)形制结构(图三三一)

墓向:270°。

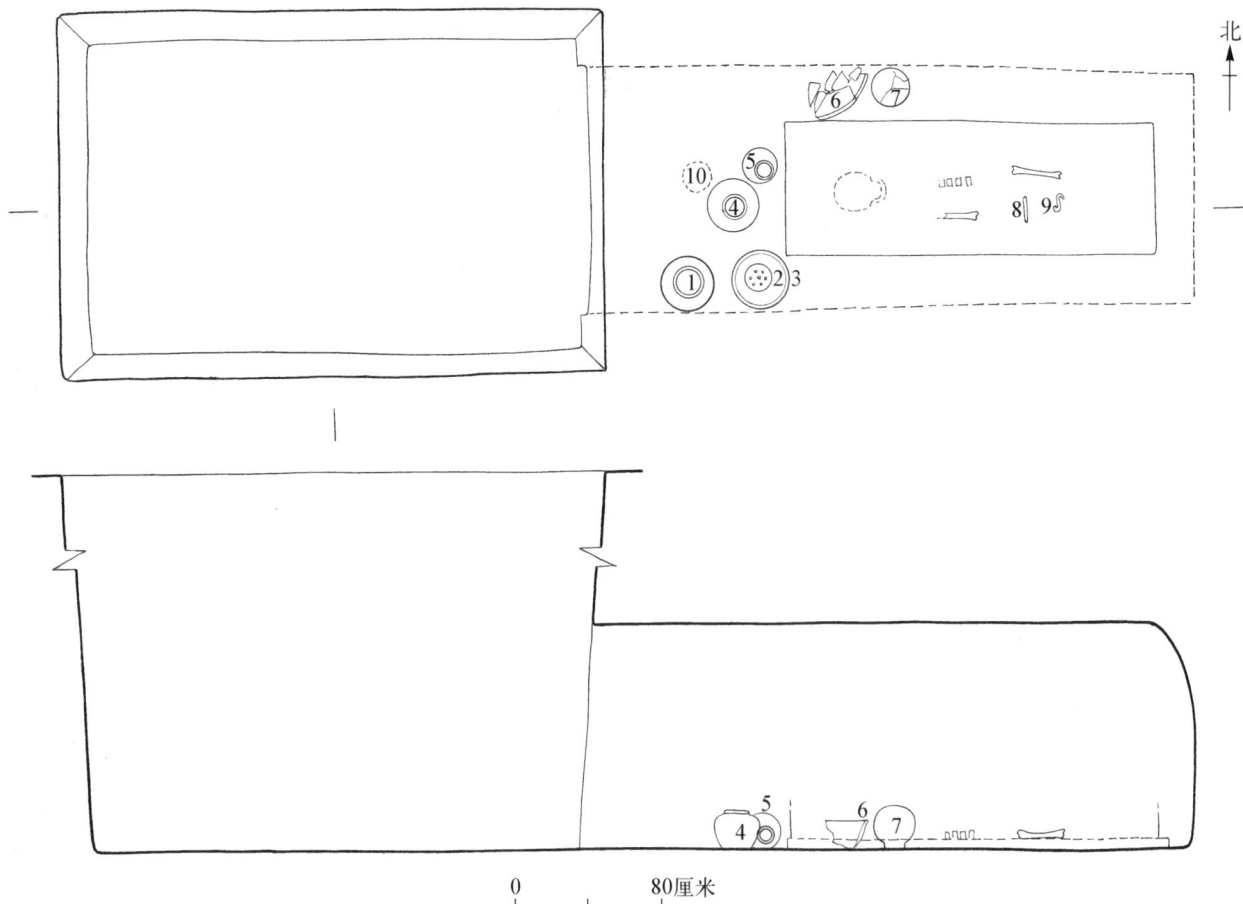

图三三一 SDM197墓葬平、剖图

1.陶直口折肩罐 2.陶盆改甑 3.陶缶 4.陶小口旋纹罐 5、7.陶罐口釜 6.陶盆 8.铁削 9.铜带钩 10.漆器墓道：位于洞室西侧。口大底小。口呈宽长方形，南长3.00、北长3.00、东宽1.98、西宽1.98米。斜壁。平底，南长2.68、北长2.68、东宽1.66、西宽1.66米。自深3.50米。

洞室：拱形顶，直壁，平底。洞室口位于墓道东壁中部，洞室宽小于墓道底宽。洞室口南壁距墓道南壁0.18、北壁距墓道北壁0.14米。底部平面呈长方形，南长3.30、北长3.30、东宽1.24、西宽1.32米。高1.20米。

填土：墓道为深褐色五花土，土质较疏松。洞室土色褐色，土质较疏松。

（3）葬具

单棺，呈矩形。置于洞室偏东。棺长2.00、宽0.70米。

（4）墓主人

仅存部分骨骼痕迹。葬式不明，头向与墓道方向相同。

（5）随葬品及其位置

共10件，包括陶器7件、铜器1件、铁器1件、漆器1件。盆改甑（：2）、缶（：3）位于棺外西南角，2号倒置于3号上。直口折肩罐（：1）位于3号西侧，小口旋纹罐（：4）位于3号北侧。4号东北为罐口釜（：5），西北为漆器（：10）。罐口釜（：7）、盆（：6）东西向排列于棺外北侧，皆倒置。铜带钩（：9）、铁削（：8）位于棺内墓主腿部，东西向排列。

（6）随葬品介绍

缶　1件。标本SDM197：3，夹细砂灰陶。大体，小口束颈，折沿微下倾，尖圆唇；隆肩，腹部整体斜收，上腹微弧，下腹微内凹，平底内凹。肩部饰数周暗旋纹，且有刻划符号"H"、"十"，肩腹交接处饰一周旋纹，上腹饰两至三周麦粒状绳纹，下腹局部可见竖行绳纹。下腹有轮制痕迹。口径8.9、器身最大径37.9、底径15.6、通高29.2厘米（图三三二，8）。

小口旋纹罐　1件。标本SDM197：4，夹细砂灰陶。小口束颈，平折沿，沿面有一周凹槽，尖圆唇；微溜肩，腹近斜直，平底。肩面隐约可见竖行细绳纹，肩及腹上部饰数周旋断绳纹。口径7.3、器身最大径24.8、底径11.3、通高26.9厘米（图三三二，7）。

直口折肩罐　1件。标本SDM197：1，夹细砂灰陶。直口方唇，口外侧有一周凹槽；圆折肩，上腹略弧，下腹斜直，上下腹交接处圆弧，无亚腰特征，平底。肩部饰数周旋纹，上腹饰一周竖行细绳纹。下腹有明显刮痕。口径15.2、器身最大径28.7、底径13.4、通高21.3厘米（图三三二，3）。

盆　1件。标本SDM197：6，夹细砂灰陶。敞口，折沿微下倾，尖圆唇，弧腹，上腹微弧近直，下腹斜直，上腹占腹部比例大于三分之一，平底。器内壁饰数周暗旋纹，上腹饰两周旋纹间以一周楔形绳纹，下腹局部可见竖行绳纹。口径31.8、底径14.9、通高17.5厘米（图三三二，6；彩版二二，4）。

盆改甑　1件。标本SDM197：2，夹细砂灰陶。敞口，折沿微下倾，尖圆唇；弧腹，上腹微弧近直，下腹斜直微内凹，上腹占腹部比例大于三分之一，平底；底部凿制7个圆形甑孔，布局为中心一孔与边缘一周。沿面及内壁饰数周暗旋纹，上腹饰两周旋纹间以一周楔形绳纹。口径31.8、底径12.7、通高17.9厘米（图三三二，1；彩版二四，3、4）。

罐口釜　共2件。皆夹砂红褐陶，底部夹粗砂。矮直颈，圆肩，鼓腹，圜底。肩及腹上部饰数周瓦纹。标本SDM197：5，小体，卷沿，圆唇。腹及底部饰横向绳纹。口径11.5、器身最大径16.5、

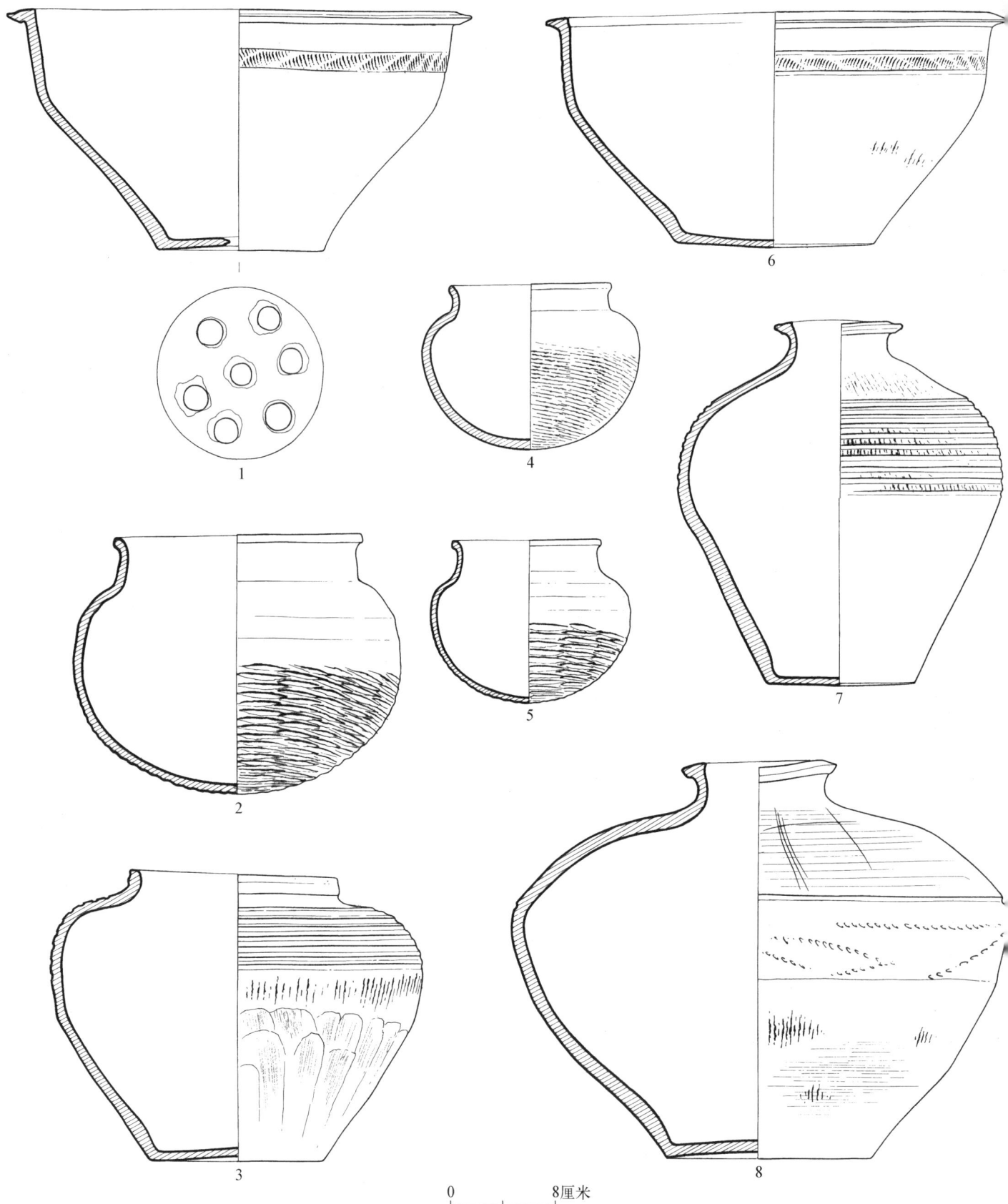

图三三二　SDM197、SDM198随葬陶器

1.盆改甑(SDM197：2)　2、4、5.罐口釜(SDM197：7、SDM197：5、SDM198：1)　3.直口折肩罐(SDM197：1)

6.盆(SDM197：6)　7.小口旋纹罐(SDM197：4)　8.缶(SDM197：3)

通高12.2厘米(图三三二,4)。标本SDM197:7,大体,口微侈,厚圆唇。腹部饰横向篮纹,底部饰纵向篮纹。腹底有烟炱。口径17.8、器身最大径25.0、通高19.2厘米(图三三二,2)。

铜带钩　1件。标本SDM197:9,兽形钩尾。钩体较细,断面呈长方形。圆柄形钩钮位于钩尾下部,通过一短立柱与钩尾相连,钮较大。长5.90、钩体宽0.35、钩尾最宽处1.40、钮径1.60厘米(图二七五,7;彩版四〇,6)。

铁削　1件。标本SDM197:8,锋端残。单面刃,直背直刃,锋端弧收成尖,削身断面近三角形;长扁平柄,柄部窄于刃部。残长15.5、刃最宽处1.8、刃厚0.3、柄最宽处1.0、柄厚0.4厘米(图二七五,3)。

漆器　1件。标本SDM197:10,无法提取。

198. 2010YFSDM198

(1)位置

北距SDM199约8.0米。

(2)形制结构(图三三三)

墓向:187°。

墓道:位于洞室南侧。口底等大。口呈长方形,东长2.98、西长2.98、南宽1.20、北宽1.20米。

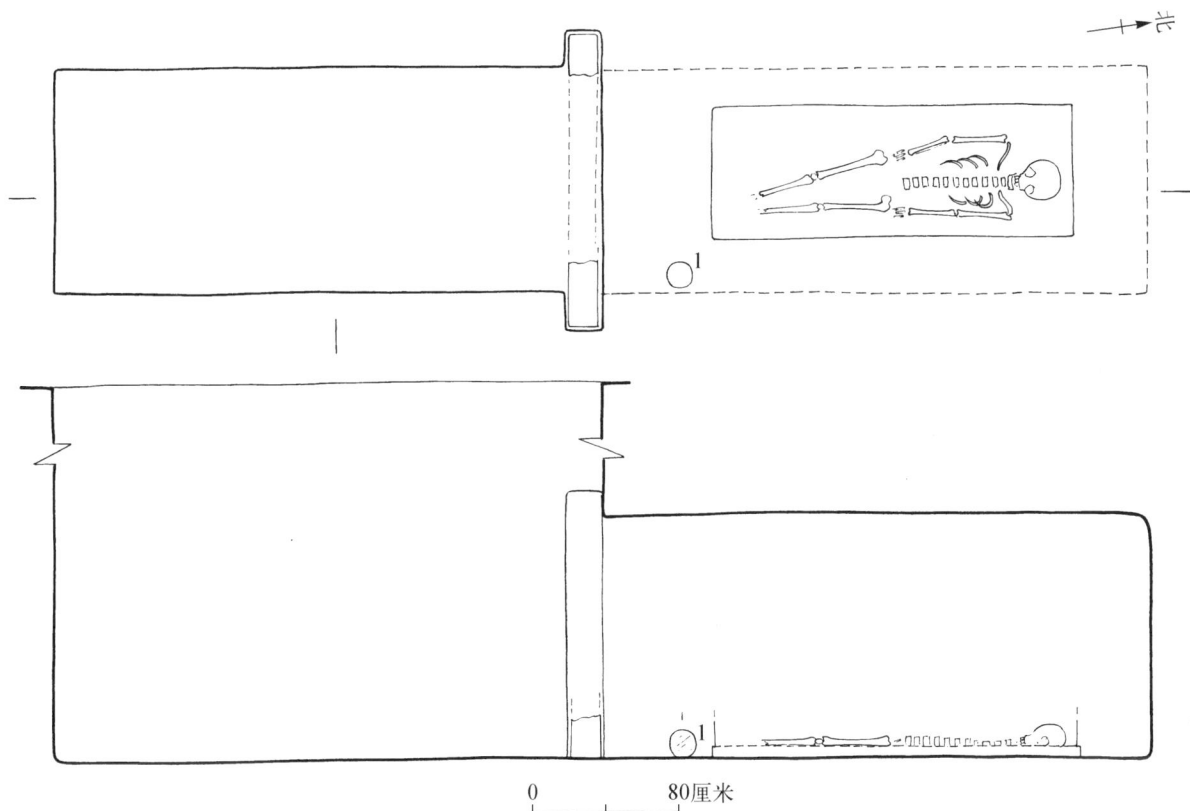

0　　　　　　80厘米

图三三三　SDM198墓葬平、剖图

1.陶罐口釜

直壁。平底。自深3.20米。

洞室：拱形顶，直壁，平底。洞室口位于墓道北壁，洞室宽与墓道底宽等长。底部平面呈长方形，东长3.00、西长3.00、南宽1.18、北宽1.20米。高1.30米。

封门：木板封门，位于墓道与洞室连接处，残存部分木板。东、西壁有封门槽。东封门槽宽0.20、深0.21、高1.42米，西封门槽宽0.20、深0.21、高1.42米。

填土：墓道为红褐色五花土，土质疏松。洞室土色青灰色，土质疏松。

（3）葬具

单棺，呈矩形。棺长2.00、宽0.70米。

（4）墓主人

头部被压碎，肢骨、椎骨和部分肋骨朽成粉末状，其余不存。葬式为仰身直肢葬，双臂伸直于躯干两侧，双脚并拢。头向与墓道方向相反，面向上。

（5）随葬品及其位置

仅随葬1件罐口釜（：1），位于棺外东南角。

（6）随葬品介绍

罐口釜　1件。标本SDM198：1，夹砂红褐陶，底部夹粗砂。小体，口微侈，厚圆唇，矮直颈，圆肩，鼓腹，圜底。肩及腹上部饰数周瓦纹，腹下部饰横向篮纹，底部饰纵向篮纹。腹底有烟炱。口径10.5、器身最大径15.2、通高12.0厘米（图三三二，5）。

199. 2010YFSDM199

（1）位置

西邻SDM197和SDM196，间距约为21.6米。

（2）形制结构（图三三四）

墓向：349°。

墓道：位于洞室北侧。口底等大。口呈长方形，东长2.52、西长2.52、南宽1.32、北宽1.32米。直壁。平底。自深3.20米。

洞室：拱形顶，直壁，平底。洞室口位于墓道南壁中部，洞室宽小于墓道底宽。洞室口东壁距墓道东壁0.14、西壁距墓道西壁0.14米。底部平面呈长方形，东长3.22、西长3.22、南宽1.02、北宽1.02米。高1.20米。

封门：木板封门，位于洞室口部，仅存板灰痕迹。底部有封门槽，长0.99、宽0.08、深0.05米。

填土：墓道为深褐色五花土，土质坚硬，经过夯打，夯层不明显。洞室土色黄色，夹杂少量的褐色土颗粒，土质较疏松，有较多生土块和淤土。

（3）葬具

单棺，呈矩形。置于洞室偏南。棺长1.86米，宽0.63米。

（4）墓主人

少量骨骼朽成粉末状，其余不存。葬式不明，头向与墓道方向相同。

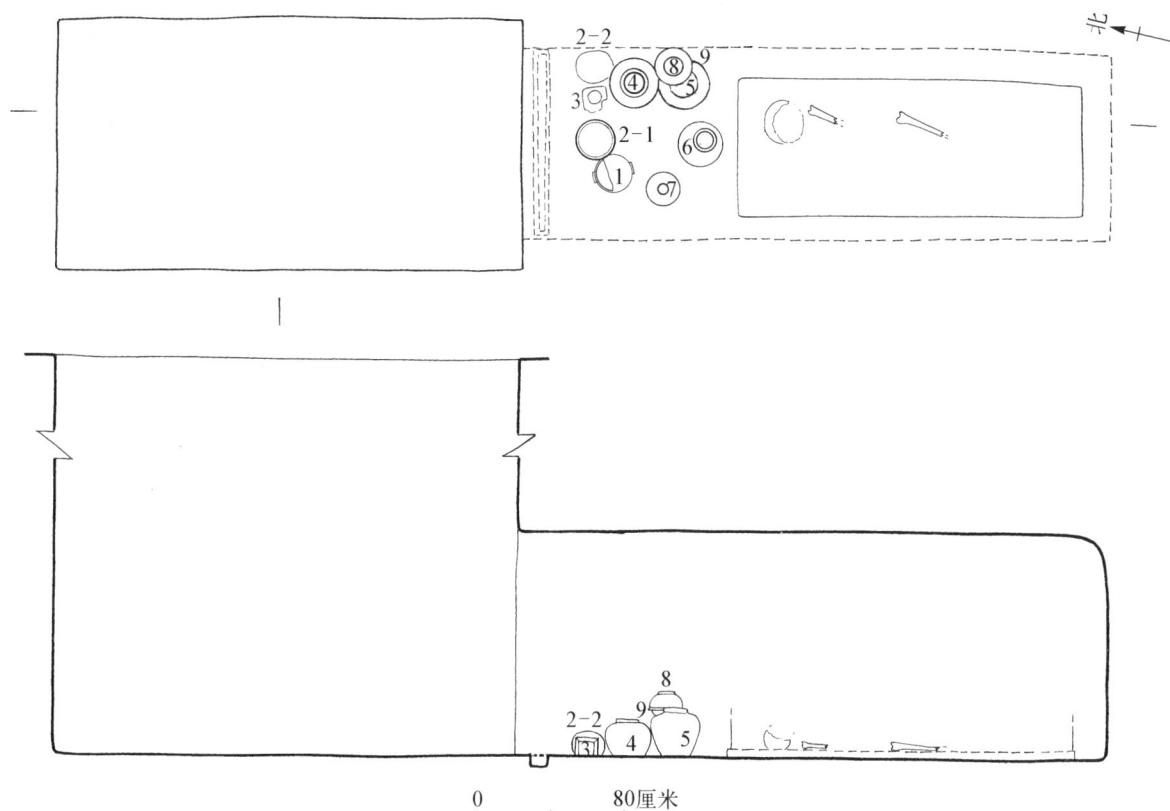

图三三四　　SDM199墓葬平、剖图

1. 陶鼎　2. 陶盨（2-1盨身、2-2盨盖）　3. 陶臼　4、5. 陶直口折肩罐　6. 陶小口旋纹罐　7. 陶盨　8. 陶錡　9. 陶簋形甗

（5）随葬品及其位置

共9件，皆陶器，均位于墓主头端棺外。盨盖（∶2-2）、直口折肩罐（∶4）、直口折肩罐（∶5）由北向南依次排列，紧邻洞室东壁。錡（∶8）、簋形甗（∶9）位于4号、5号之间上部，9号倒置于8号上。陶臼（∶3）位于4号西北侧。鼎（∶1）、盨身（∶2-1）并置于3号西侧，盨（∶7）位于1号南侧，相距稍远。直口折肩罐（∶6）紧邻5号西南侧。

（6）随葬品介绍（图版一九，1）

鼎　1件。标本SDM199∶1，泥质灰陶。盖面圆弧，盖腹较深，上饰点状小乳突；鼎身与盖以子母口扣合，口部内沿略高于外沿；浅弧腹，上下腹交接处有一周凸棱，圜底近平；双附耳，耳微外撇，有长方形穿，耳穿略透出鼎身；耳、足与鼎身连接处距腹部凸棱较近，蹄足较矮且外撇，耳足呈五点式分布。盖面近口处饰一周条带状红彩，盖面饰三组红色云纹；上腹饰条带状红、白彩各一周，双耳侧饰红彩。器盖口径15.9、器盖高4.6、耳高5.1、器身口径14.8、器身最大径16.9、器身高7.8、足高5.2、通高14.1厘米（图三三五，5；彩版一三，3）。

盨　共2件，皆泥质灰陶。盖面圆鼓，盖腹略深，上有矮圈足状捉手，盖面最高处略低于捉手上缘；盖与器身以子母口扣合，口部内沿略高于外沿，沿面内凹成槽；弧腹，平底。标本SDM199∶7，捉手内饰两组白色云纹，盖面近捉手处及近口处各饰一周条带状白彩，间以白色三角

0   8厘米

图三三五　SDM199随葬陶器

1、3.盛（SDM199：7、SDM199：2）　2.锜（SDM199：8）　4.簋形甑（SDM199：9）　5.鼎（SDM199：1）
6、7.直口折肩罐（SDM199：5、SDM199：4）　8.小口旋纹罐（SDM199：6）

斜格纹；腹上部饰一周白彩。器盖口径15.9、器盖高4.9、捉手直径8.2、器身口径14.8、器身最大径17.8、底径9.0、器身高8.4、通高13.6厘米（图三三五，1；彩版一四，1）。标本SDM199：2，盖面残存红白蓝彩，腹上部饰一周红彩。器盖口径16.0、器盖高4.8、捉手直径8.7、器身口径14.4、器身最大径17.8、底径10.0、器身高8.6、通高13.4厘米（图三三五，3）。

锜 1件。标本SDM199：8，泥质灰陶。小直口方唇，弧肩，肩部对称饰一对兽面衔环状铺首，铺首小而纹饰简化、印痕较模糊；弧腹，腹深略小于肩高，肩腹转折处有腰檐，腰檐较窄；圜底，腹下接三蹄足，蹄足较矮。肩部残留三组蓝、红、白色云纹，铺首外描红，内填白。口径6.8、器身最大径18.6、檐宽0.7、足高5.1、通高11.2厘米（图三三五，2）。

簋形甗 1件。标本SDM199：9，泥质灰陶。直口，方唇，唇部微加厚；弧腹，圈足微内敛，器底戳制4个短条形甑孔，布局为中心一孔与边缘一周。器内壁遍饰红彩，口及腹部饰条带状红、白彩，圈足饰条带状红彩一周。口径17.5、底径8.4、通高9.3厘米（图三三五，4；彩版一五，3）。

小口旋纹罐 1件。标本SDM199：6，夹细砂灰陶。小口束颈，折沿下倾，沿面有一周凹槽，尖圆唇；圆鼓肩，腹微弧近直，平底。肩及腹上部饰数周旋纹及旋断绳纹。口径8.7、器身最大径23.4、底径10.0、通高25.7厘米（图三三五，8）。

直口折肩罐 共2件。皆夹细砂灰陶。大体，直口方唇，口外侧有一周凹槽，上下腹交接处圆弧，平底。肩部饰数周暗旋纹。标本SDM199：5，折肩，上腹微弧，下腹斜直微内凹，上下腹以一周旋纹分界，形成"符号亚腰"。上腹饰两至三周麦粒状绳纹。口径14.8、器身最大径27.4、底径16.0、通高17.4厘米（图三三五，6）。标本SDM199：4，唇部加厚，圆折肩，上腹微弧近直，下腹斜直，上下腹交接处似修整出折痕，形成"象征亚腰"。腹下部有轮制痕迹。口径11.5、器身最大径24.9、底径13.2、通高22.0厘米（图三三五，7；彩版一六，4）。

陶臼 1件。标本SDM199：3，残，夹砂灰陶。制作粗糙，上部有凹坑，大体呈不规则长方体。通高7.3厘米。

200. 2010YFSDM200

（1）位置

南距SDM1约2.6米。

（2）形制结构（图三三六）

墓向：9°。

墓道：位于洞室北侧。口略大于底。口呈长方形，东长3.60、西长3.60、南宽1.90、北宽1.90米。斜壁近直。平底，东长3.32、西长3.34、南宽1.60、北宽1.60米。自深4.10米。

洞室：拱形顶，直壁，平底。洞室口位于墓道南壁中部偏西，洞室宽小于墓道底宽。洞室口东壁距墓道东壁0.12、西壁距墓道西壁0.06米。底部平面呈长方形，东长3.46、西长3.46、南宽1.40、北宽1.40米。高1.30米。

填土：墓道土色黄褐色，夹杂较多的褐色土颗粒，土质坚硬。洞室土色黄色，土质较疏松。

图三三六　SDM200 墓葬平、剖图

1、3. 陶壶　2. 铁釜　4. 陶直口折肩罐　5. 陶盆　6. 陶盂形甑

（3）葬具

单棺，呈矩形。置于洞室偏南。棺长 1.92、宽 0.64 米。棺下加棺床，棺床由 12 块木板横向铺设而成，由南向北各块木板长度依次为 1.36、1.35、1.35、1.34、1.36、1.32、1.30、1.31、1.29、1.29、1.28、1.28 米，宽度基本为 0.22 米。

（4）墓主人

骨架保存较好。葬式为仰身直肢葬，上肢伸直置于躯干两侧，双手折向盆骨。头向与墓道方向相同，面向上。

（5）随葬品及其位置

共 6 件，包括陶器 5 件、铁器 1 件，均位于头端棺外。壶（∶1）、铁釜（∶2）、盆（∶5）、直口折肩罐（∶4）由北向南依次排列，紧邻洞室西壁，2 号侧置。壶（∶3）位于 5 号东侧，盂形甑（∶6）位于 2 号东侧，6 号倒置。

（6）随葬品介绍

直口折肩罐 1件。标本SDM200：4，夹细砂灰陶。大体，直口方唇，口外侧有一周凹槽；折肩，腹微折，肩腹部呈"微亚腰"状，上腹略弧，下腹斜直内凹，平底。上腹饰三周麦粒状绳纹。下腹有轮制痕迹。口径15.2、器身最大径28.4、底径14.2、通高20.5厘米（图三三七，7）。

盆 1件。标本SDM200：5，夹细砂灰陶。敞口，折沿下倾，沿面微鼓，尖圆唇；弧腹微折，上腹微弧近直，下腹斜直微内凹，上腹占腹部比例略大于三分之一，平底。上腹饰两周旋纹间以一周楔形绳纹。口径28.9、底径13.0、通高16.9厘米（图三三七，6）。

盂形甗 1件。标本SDM200：6，夹细砂灰陶。敞口，折沿下倾，沿面微鼓，尖圆唇；折腹，上腹近直，下腹斜直，上腹占腹部比例大于三分之一，平底；器底残留4个戳制圆形甗孔。上下腹交

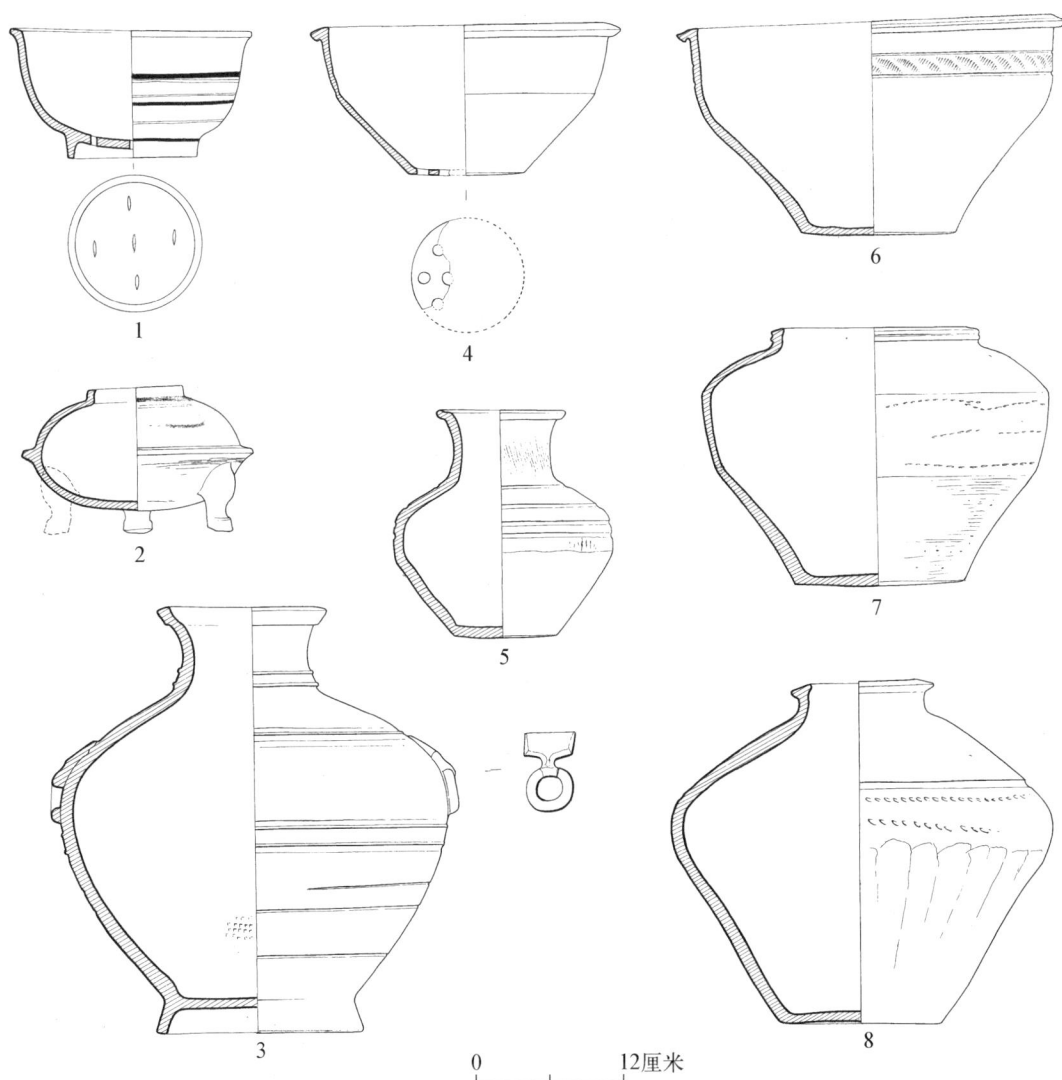

图三三七 SDM200、SDM205随葬陶器

1. 簋形甗（SDM205：3） 2. 锜（SDM205：4） 3、5. 壶（SDM200：1、SDM200：3） 4. 盂形甗（SDM200：6） 6. 盆（SDM200：5）
7. 直口折肩罐（SDM200：4） 8. 缶（SDM205：1）

接处有一周折棱。口径22.5、底径9.3、通高11.9厘米(图三三七,4)。

壶　共2件。形制不同。标本SDM200:1,夹细砂灰陶。盘口较浅,尖圆唇,微束颈,圆鼓肩,腹部整体圆弧,圈足外撇;肩部对称饰一对铺首衔环,铺首无眼目。颈肩、肩部及上下腹交接处各饰一周条带纹,腹下部有三周旋纹。口径12.0、器身最大径31.6、底径16.9、通高33.9厘米(图三三七,3;彩版二八,2)。标本SDM200:3,夹细砂灰褐陶。侈口,尖圆唇,平折沿,沿面有一周凹槽;高直颈,圆肩微溜,上腹略弧,下腹斜直,平底。肩部饰四周旋纹,腹下部有修整刮痕。口径9.2、器身最大径17.8、底径8.4、通高18.1厘米(图三三七,5)。

铁釜　1件。标本SDM200:2,残。直口方唇,微出沿,矮直颈,圆肩,鼓腹。口径约20.4、残高13.8厘米(图三四六,17)。

201. 2010YFSDM201

(1)位置

西距SDM203约1.4米。

(2)形制结构(图三三八)

墓向:191°。

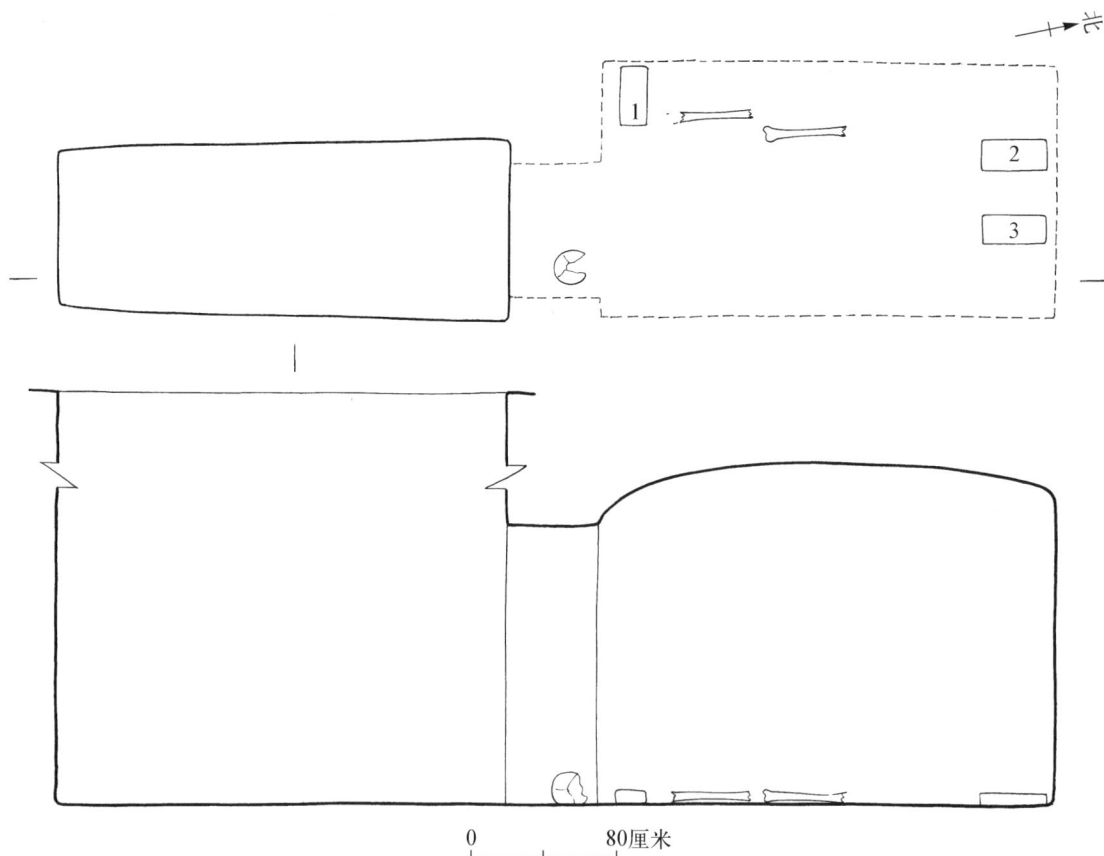

图三三八　SDM201墓葬平、剖图

1、2、3. 砖

墓道：位于甬道南侧。口底等大。口略呈梯形，东长2.48、西长2.50、南宽0.82、北宽0.96米。直壁。平底。自深3.40米。

洞室：穹窿顶，直壁，平底。洞室口位于甬道北壁偏西，洞室宽大于墓道底宽。甬道东壁距洞室东壁0.10、西壁距洞室西壁0.53、高1.48米。底部平面呈长方形，东长2.48、西长2.48、南宽1.36、北宽1.36米。高1.84米。

甬道：位于墓道和洞室之间。平顶，直壁，平底，底部平面呈长方形。长0.72、宽0.50、高1.50米。

填土：墓道土色黄褐色，土质松散。洞室土色黄褐色，土质较疏松。

（3）葬具

无葬具。

（4）墓主人

仅存部分肢骨，头骨位于甬道内，其他骨骼位于墓室西侧。葬式不明。

（5）随葬品及其位置

共3块，皆为砖。2块位于洞室北端，东西向排列。1块位于洞室西南角。

202. 2010YFSDM205

（1）位置

东距SDM203约0.5米，东南距SDM202约0.7米。

（2）形制结构（图三三九）

墓向：189°。

墓道：位于洞室南侧。口大底小。口呈长方形，东长3.30、西长3.30、南宽1.7、北宽1.7米。斜壁。平底，东长3.10、西长3.10、南宽1.40、北宽1.40米。自深4.40米。

洞室：拱形顶，略弧壁，平底。洞室口位于墓道北壁中部，洞室宽小于墓道底宽。洞室口东壁距墓道东壁0.22、西壁距墓道西壁0.22米。底部平面呈长方形，东长3.00、西长3.00、南宽0.98、北宽0.92米。高1.20米。

填土：墓道土色黄褐色，土质松散。洞室土色黄色，土质较疏松。

（3）葬具

单棺，呈矩形。置于洞室偏南。棺长1.36米，宽0.7米

（4）墓主人

葬式为仰身屈肢葬，上肢伸直位于躯体两侧，双腿向右弯曲较甚。头向与墓道方向相反，面向上。

（5）随葬品及其位置

共4件，皆陶器，均位于墓主脚端棺外。锜（：4）、簋形甑（：3）、钫（：2）东西向排列，紧邻棺南侧端板。缶（：1）位于2号南侧。

（6）随葬品介绍

钫　1件。标本SDM205：2，泥质灰陶。覆斗形盖，盖与器身以子母口扣合；器身侈口方唇，口外侧加厚一周泥条，束颈，溜肩，鼓腹，方形圈足微外撇，肩部对称饰一对衔环。盖面饰条带状

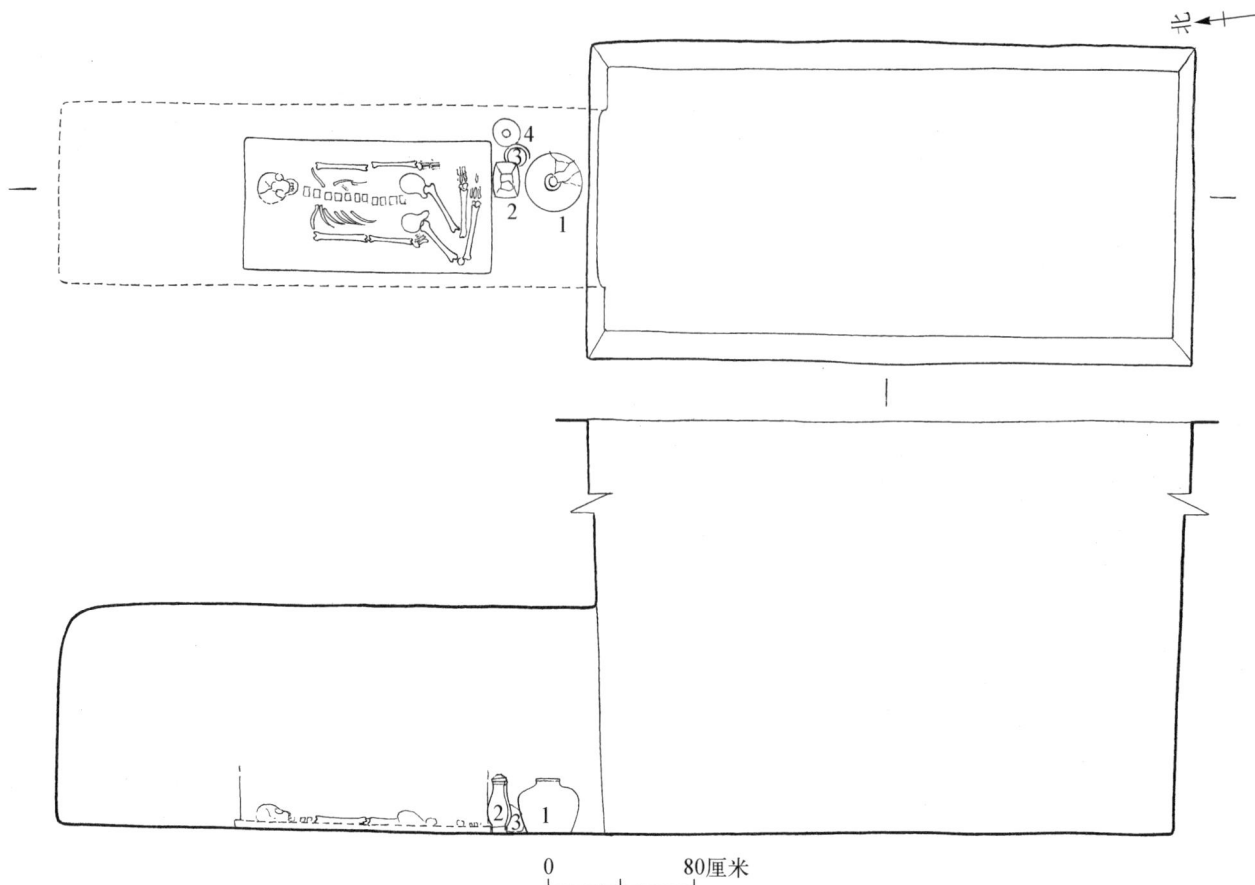

图三三九　SDM205墓葬平、剖图

1.陶缶　2.陶钫　3.陶簋形甑　4.陶锜

红、白彩；口部饰一周条带状白彩，口内壁满饰红彩；颈部近口处饰一周条带状红彩，下接白、红色三角蕉叶纹，间以白色云纹；颈肩交接处饰两周条带状红彩，肩腹交接处饰条带状红、白彩各一周，间以八组蓝、红、白色云纹；衔环描白，内填红圈；圈足饰条带状红、白彩各一周。盖高3.8、盖顶阔4.0、盖阔8.6、口阔10.0、器身最大径20.1、器身高34.5、足高3.8、足阔12.0、通高38.1厘米（图三四〇；彩版三一,4）。

锜　1件。标本SDM205：4，泥质灰陶。小直口方唇，弧肩，弧腹，肩部无铺首，腹深小于肩高；肩腹转折处有腰檐，腰檐窄；圜底，腹下接三蹄足，蹄足粗矮。肩部近口处及近腰檐处各饰条带状红、白彩一周，间以红白彩云纹；肩部对称绘出红色铺首。口径6.4、器身最大径18.9、足高5.6、通高11.4厘米（图三三七,2）。

簋形甑　1件。标本SDM205：3，泥质灰陶。直口方唇，唇部微加厚；弧腹，平底，器底戳制5个短条形甑孔，布局为中心一孔与边缘一周，圈足微内敛。器内壁满饰红彩，器身饰五周条带状红、白彩，从上至下依次为红、白、白、红、白，圈足饰一周条带状红彩。口径18.4、底径10.5、通高10.0厘米（图三三七,1）。

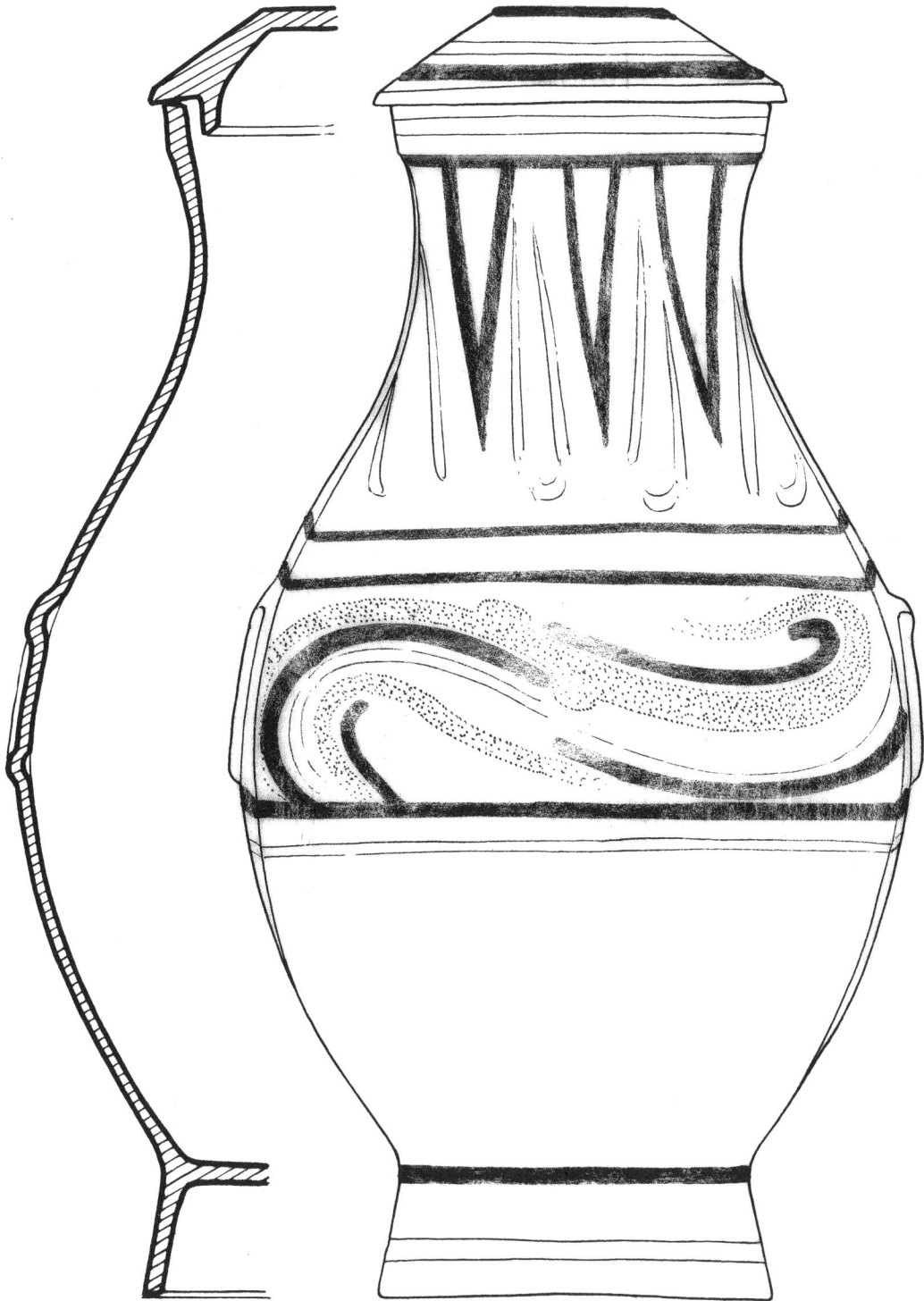

0   4厘米

图三四〇　SDM205随葬陶钫

SDM205：2

缶　1件。标本SDM205：1，夹细砂灰陶。小体，小口束颈，折沿下倾，尖圆唇；圆折肩，溜肩明显，肩部占器身比例一半，腹部斜直微内凹，平底。肩腹交接处饰一周旋纹，上腹饰两周麦粒状绳纹。下腹有修整刮痕。口径8.8、器身最大径31.4、底径13.5、通高27.0厘米（图三三七，8）。

203. 2010YFSDM207

（1）位置

西距SDM208约1米。

（2）形制结构（图三四一）

墓向：11°。

墓道：位于洞室北侧。口大底小。口呈长方形，东长3.00、西长3.00、南宽1.60、北宽1.70米。斜壁近直。平底，东长2.84、西长2.84、南宽1.42、北宽1.58米。自深4.00米。

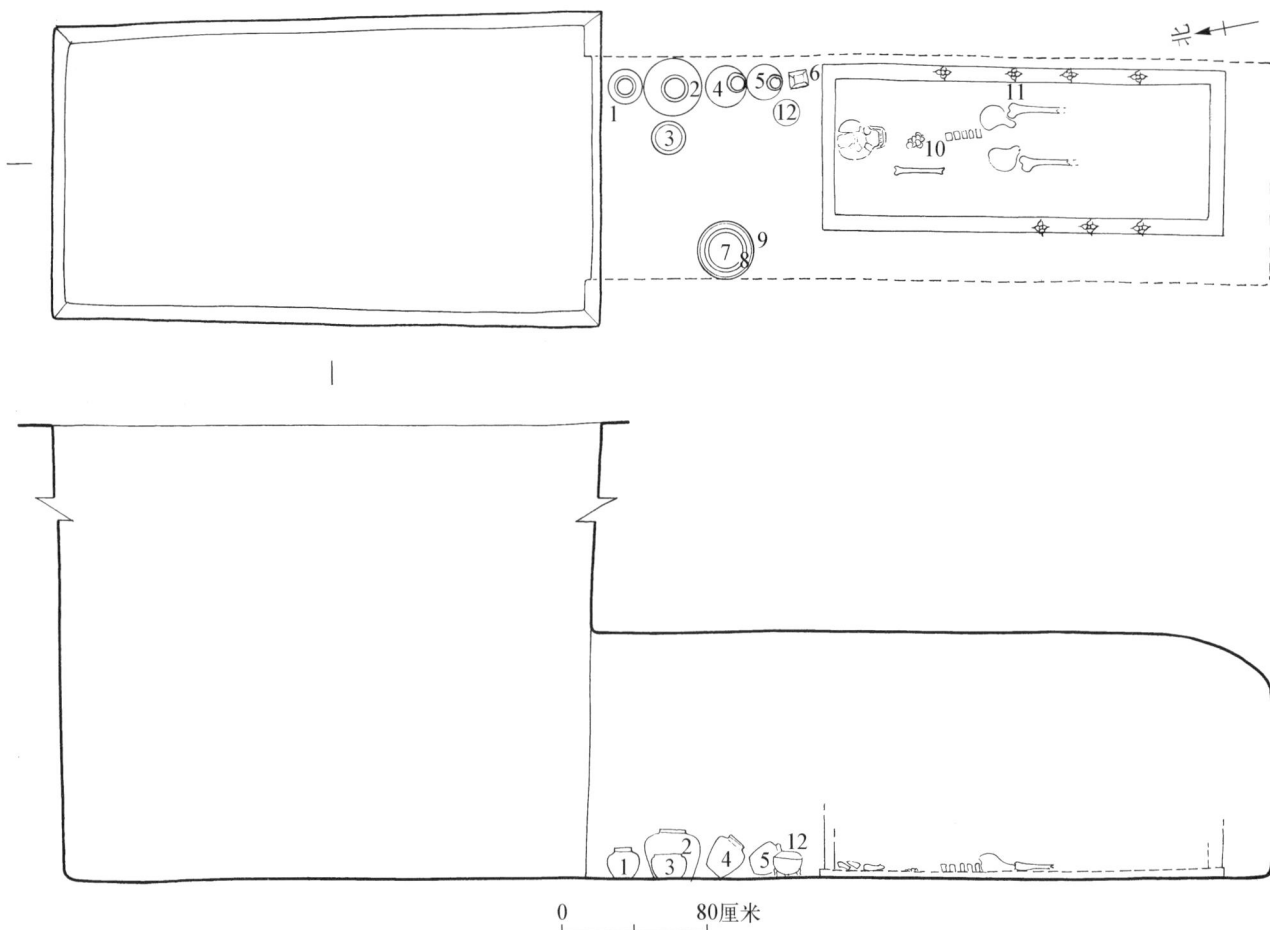

图三四一　SDM207墓葬平、剖图

1、2.陶卷沿折肩罐　3.陶盛　4.陶缶　5.陶小口旋纹罐　6.陶钫　7.陶盂　8.陶盆形甑　9.铁釜　10.铜钱　11.铜柿蒂形棺饰　12.陶鼎

洞室：拱形顶，直壁，平底。洞室口位于墓道南壁中部，洞室宽小于墓道底宽。洞室口东壁距墓道东壁0.16、西壁距墓道西壁0.16米。底部平面呈长方形，东长3.72、西长3.72、南宽1.20、北宽1.20米。高1.30米。

填土：墓道为褐色五花土，土质坚硬，经过夯打，夯层及夯窝不明显。洞室土色黄褐色，土质松散。

（3）葬具

单棺，呈矩形。置于洞室偏东南。棺侧板与端板四角闭合相接。棺长2.18、宽0.88、厚0.08米。

（4）墓主人

仅存头骨与部分肢骨、椎骨。葬式为仰身直肢葬。头向与墓道方向相同，面向上。

（5）随葬品及其位置

共12件，包括陶器9件、铜器1组7件、铁器1件、铜钱1组49枚。除铜器和铜钱外，均位于棺外北侧。卷沿折肩罐（：1、：2）、缶（：4）、小口旋纹罐（：5）、钫（：6）由北向南依次排列，紧邻洞室东壁。盛（：3）位于2号西侧，鼎（：12）位于5号西南侧。盂（：7）、盆形甑（：8）、铁釜（：9）紧邻洞室西壁，三者依次叠置。铜钱（：10），位于棺内墓主胸部。铜柿蒂形棺饰（：11）位于棺东、西侧板残痕上，东侧4枚，西侧3枚。

（6）随葬品介绍

钫 1件。标本SDM207：6，泥质灰陶。覆斗形盖，盖与器身以子母口扣合；器身侈口方唇，口外侧加厚一周泥条，束颈，溜肩，鼓腹，方形圈足微外撇，肩部对称饰一对衔环。盖面饰条带状红、白彩；口部饰一周条带状白彩，颈部近口处及颈肩交接处各饰一周条带状红彩，间以红白相间的三角蕉叶纹；衔环内饰红圈，圈足饰一周条带状红彩。盖高3.6、盖顶阔5.2、盖阔8.2、口阔10.8、器身最大径19.4、器身高32.3、足高4.0、足阔11.9、通高35.2厘米（图三四二）。

鼎 1件。标本SDM207：12，耳残，泥质灰陶。盖面圆鼓，盖腹较深，无钮，盖与器身以子母口扣合；口部内、外沿大致齐平，沿面有一周凹槽；浅弧腹，上下腹交接处有一周凸棱，圜底近平；耳、足与器身连接于腹部凸棱，蹄足粗矮而外撇。鼎盖近口处饰一周条带状红彩，盖面饰三组红色云纹；器身上腹饰条带状红彩、波浪状白彩各一周。器盖口径16.4、器盖高4.4、器身口径15.2、器身最大径18.4、器身高8.5、足高4.7、通高13.0厘米（图三四三，6）。

盛 1件。标本SDM207：3，残，仅余部分器盖及器身口部，泥质灰陶。盖上有矮圈足状捉手，盖面最高处略低于捉手上缘；口部内沿略高于外沿，沿面内凹成槽。捉手内饰一周条带状红彩，内填两组白色云纹；盖面近捉手处饰一周条带状红彩，其外饰红色云纹；器身上腹饰一周条带状红彩。器盖残高1.8、捉手直径8.6、器身口径12.8、器身残高1.8厘米（图三四三，5）。

缶 1件。标本SDM207：4，夹细砂灰陶。小体，小口束颈，折沿微下倾，圆唇；微溜肩，上腹略弧，下腹斜直微内凹，上下腹交接处圆弧，仅以一周旋纹分界，形成"符号亚腰"，平底。肩部饰数周暗旋纹，肩腹交接处饰一周旋纹，上腹饰三周麦粒状绳纹。下腹有修整刮痕。口径8.4、器身

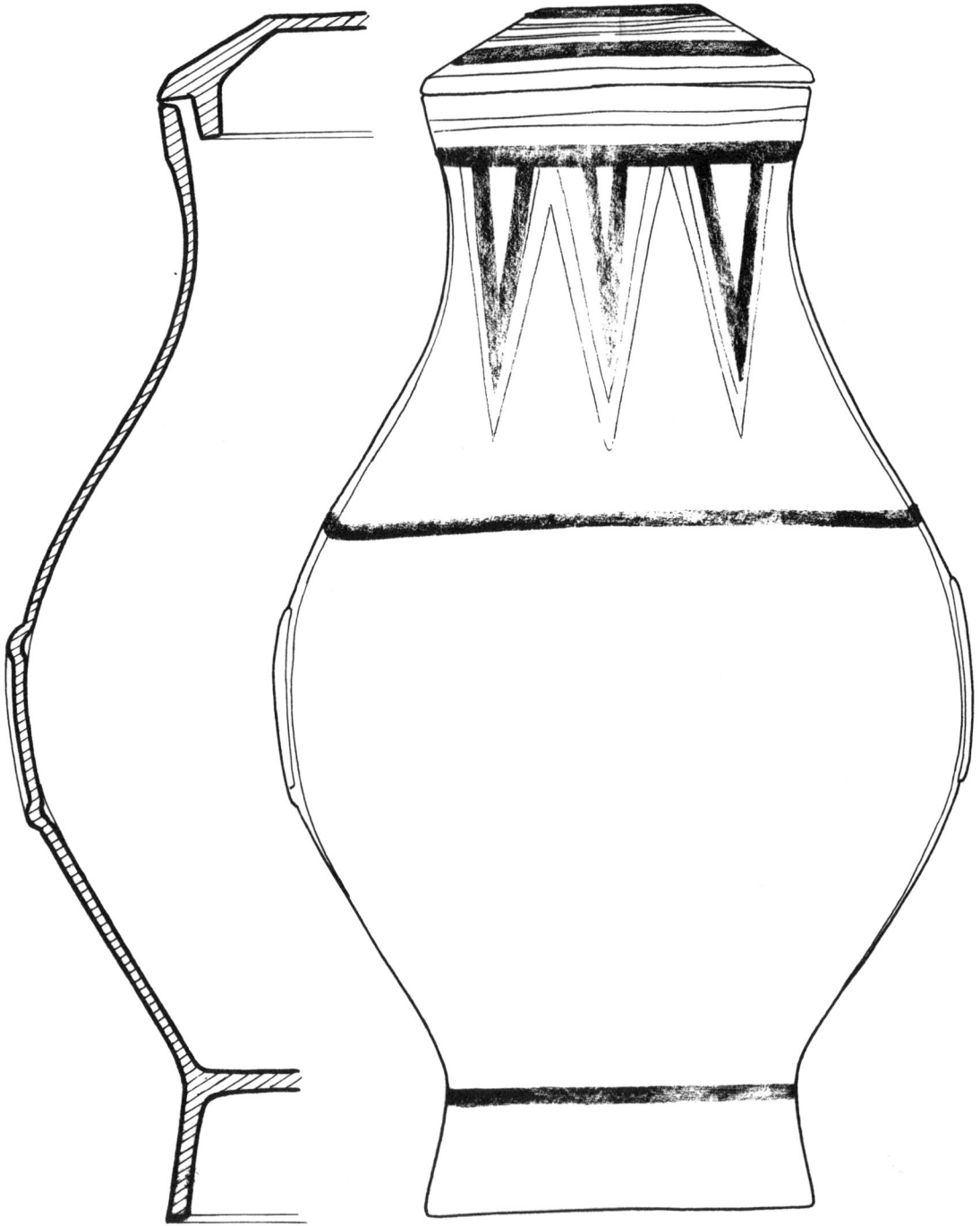

0   4厘米

图三四二　SDM207随葬陶钫

SDM207：6

最大径30.0、底径12.5、通高27.4厘米(图三四三,3)。

小口旋纹罐 1件。标本SDM207:5,夹细砂灰陶。小口束颈,折沿下倾,尖圆唇;微溜肩,腹近斜直,平底。肩及腹上部饰数周旋断绳纹。口径7.8、器身最大径20.7、底径10.2、通高22.9厘米(图三四三,4)。

卷沿折肩罐 共2件。皆夹细砂灰陶。卷沿,方圆唇;圆折肩,上腹略弧,下腹斜直,上下腹

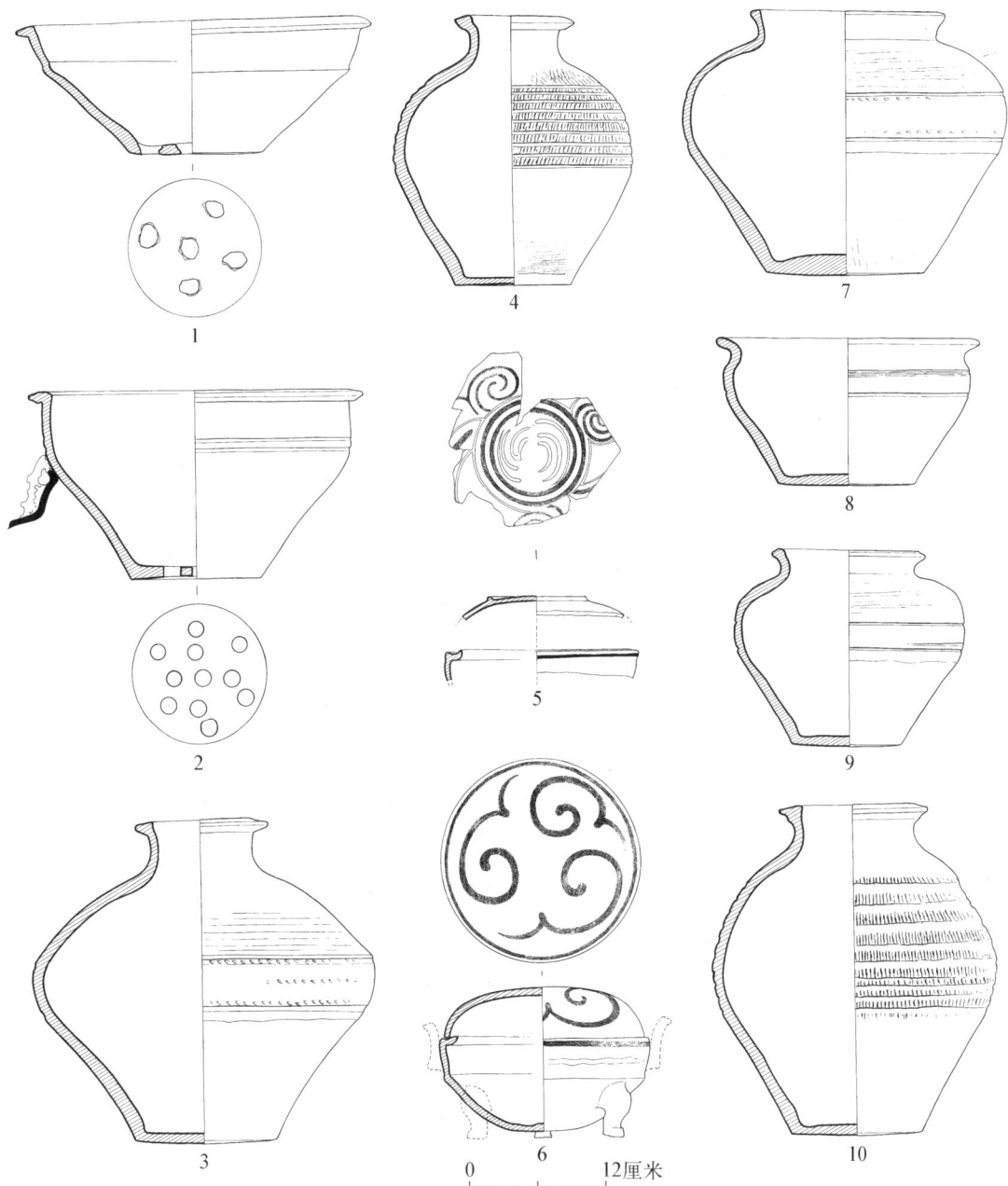

图三四三 SDM207、SDM208随葬陶器

1. 盆改甑(SDM208:2) 2. 盆形甑(SDM207:8) 3. 缶(SDM207:4) 4、10. 小口旋纹罐(SDM207:5、SDM208:1)
5. 盛(SDM207:3) 6. 鼎(SDM207:12) 7、9. 卷沿折肩罐(SDM207:2、SDM207:1) 8. 盂(SDM207:7)

交接处圆弧, 仅以一周旋纹分界, 形成"符号亚腰", 平底。肩面饰数周暗旋纹, 肩腹交接处饰一周旋纹。下腹有修整刮痕。标本SDM207:2, 大体。上腹饰两周麦粒状绳纹。口径15.6、器身最大径28.5、底径14、通高22.6厘米(图三四三,7)。标本SDM207:1, 小体。口径11.8、器身最大径20.5、底径9.8、通高16.8厘米(图三四三,9)。

盂 1件。标本SDM207:7, 夹细砂灰陶。侈口, 口沿较宽, 沿下角较大; 鼓腹, 上腹近口部内敛, 下腹斜直, 平底。上腹饰数周旋纹, 上下腹交接处饰一周旋纹。口径20.2、底径12.0、通高12.3厘米(图三四三,8)。

盆形甑 1件。标本SDM207:8, 夹细砂灰陶。直口, 折沿微下倾, 尖圆唇; 折腹, 上腹近直, 下腹斜直内凹, 上腹占腹部比例约三分之一, 平底; 器底戳制11个圆形甑孔, 布局为中心一孔与边缘两周。上腹饰两周旋纹, 腹部粘结一块铁锈, 器内壁局部有铁锈痕迹。口径25.8、底径11.4、通高15.9厘米(图三四三,2)。

铜柿蒂形棺饰 共7件, 残碎。四瓣花朵式, 整体形状呈柿蒂形, 铜泡内有一钉, 形似"图钉"。标本SDM207:11-1, 蒂叶对角长3.5、帽径1.1厘米(图三四六,16), 标本SDM207:11-2, 蒂叶对角长3.6、帽径1.1厘米(图三四六,10)。

铁釜 1件。标本SDM207:9, 残。直口方唇, 微出沿, 矮直颈, 圆鼓肩。口径22.3、残高10.2厘米(图三四六,11)。

铜钱 共49枚。标本SDM207:10, 均为"半两"。穿多方正, 仅1枚不规则。偶有钱郭。2枚似附着有织物, 少数钱为粘合体。可辨钱文的文字各异, 字与穿比例不同。"半"字头部转折程度不同, 两横线及竖线出于下横线的长度不等; "两"字上横线与肩长度比例不同, 多折肩少数微弧, "两"字内部结构亦有区别。钱缘或有铸口。铸造较规范。钱径2.0～2.7、穿宽0.50～1.0厘米, 重量1.3～3.8克(图三四四;彩版三八,6)。具体形制详见表二三。

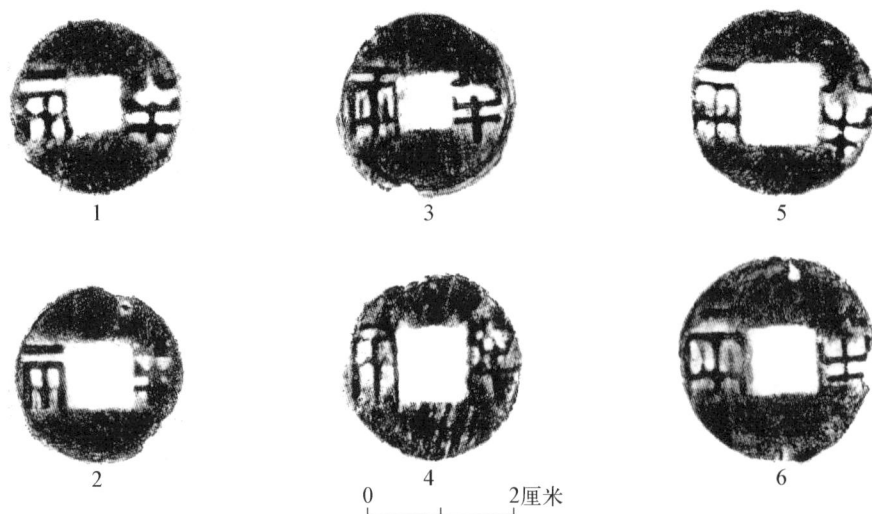

图三四四 SDM207随葬铜钱拓片

1. SDM207:10-8　2. SDM207:10-2　3. SDM207:10-41　4. SDM207:10-9　5. SDM207:10-1　6. SDM207:10-30

表二三　SDM207铜钱统计表

编　号	种类	钱径	穿宽	重量	文　字	形制	记号	附着物	图号	备注
SDM207:10-1	半两	2.6	1	3.3	文字扁平，字等于穿。"半"字头部呈"八"字状，下横线较短，竖线略出下横线；"两"字上横线比肩略短，折肩，为"倒T两"				图三四四,5	
SDM207:10-2		2.4	0.8	2.1	文字扁平，字等于穿。"半"字头部锈蚀不清，下横线略出下横线，竖线出于下横线；"两"字上横线与肩等长，折肩，为"连山两"				图三四四,2	
SDM207:10-3		2.7	0.8	2.9	字迹依稀可见，但不可辨形					
SDM207:10-4		2.4	0.9	2.8	文字扁平，笔画较细，字等于穿。"半"字头部锈蚀不清，两横线等长，竖线与肩等长，折肩，"两"字上横线略出下横线，为"1字两"					
SDM207:10-5		2.3	0.7	1.9	文字扁平，字等于穿。"半"字头锈蚀不清；"两"字上横线与肩等长，折肩，为"连山两"					
SDM207:10-6		2.3	0.7	1.8	文字不清晰	穿不规则				
SDM207:10-7		2.4	0.7	2.4	文字扁平，字等于穿。"半"字锈蚀不清；"两"字上横线略出下横线，折肩，为"双人两"					
SDM207:10-8		2.4	0.6	3.1	文字略凸起，字等于穿。"半"字头部略呈"八"字状，两横线等长，竖线微出下横线；"两"字上横线与肩等长，折肩，为"十字两"					
SDM207:10-9		2.5	0.9	2.4	文字扁平，字等于穿。"半"字头部锈蚀不清，下横线较长，竖线长出下横线，略短，折肩散弧，为"连山两"				图三四四,4	
SDM207:10-10		2.3	0.8	1.7	字迹依稀可见，但不可辨形	钱郭			图三四四,1	
SDM207:10-11		2.4	0.7	3.6	文字扁平，字等于穿。"半"字头部转折，两横线等长，竖线略出下横线；"两"字上横线与肩等长，折肩，为"十字两"					
SDM207:10-12		2.3	0.7	2.6	文字扁平，字等于穿。"半"字锈蚀不清；"两"字上横线与肩等长，折肩，为"十字两"					

续表

编号	种类	钱径	穿宽	重量	文字	形制	记号	附着物	图号	备注
SDM207:10-13	半两	2.3	0.6	1.7	文字略凸起,字等于笇。"半"字头部转折,下部锈蚀不清;"两"字锈蚀不清			似覆盖织物		
SDM207:10-14				3.5	文字扁平,字等于笇。"半"字头部转折,两横线等长,竖线略出于下横线;"两"字上横线等长,折肩,为"1字两"					2枚粘合
SDM207:10-15		2.3	0.7	1.8	字迹依稀可见,但不可辨形					
SDM207:10-16		2.3	0.8	1.5	文字不清晰					
SDM207:10-17		2.3	0.7	2.2	字迹依稀可见,但不可辨形					
SDM207:10-18		2.3	0.8	2.5	文字略凸起,字等于笇。"半"字头部转折,两横线等长,竖线出于下横线;"两"字锈蚀不清					
SDM207:10-19		2.3	0.7	2.1	字迹依稀可见,但不可辨形			似覆盖织物		有1铸口
SDM207:10-20		2.3	0.7	1.7	文字扁平,结构松散,字大于笇。"半"字头部转折,两横线等长,竖线出于下横线;"两"字上横线长,折肩,为"十字两"					
SDM207:10-21		2.4	0.7	2.3	文字扁平,字大于笇。"半"字头部转折,两横线等长,竖线出于下横线;"两"字上横线与肩等长,折肩,为"1字两"					
SDM207:10-22		2.2	0.6	2.2	文字扁平,字等于笇。"半"字头部呈"八"字状,两横线等长,竖线略出于下横线;"两"字上横线与肩等长,折肩,为"1字两"					
SDM207:10-23		2.3	0.7	1.7	字迹依稀可见,但不可辨形					
SDM207:10-24		2.3	0.7	1.9	同上					
SDM207:10-25		2.2	0.7	1.6	同上	钱郭				

续表

编 号	种类	钱径	穿宽	重量	文 字	形 制	记号	附着物	图 号	备注
SDM207:10-26	半两	2.1	0.7	1.3	文字扁平、字等于笏。"半"字头部呈两点，下横线线较长，竖线略出下横线；"两"字上横线与肩等长，折肩，为"十字两"					
SDM207:10-27		2.3	0.7	2.3	字迹依稀可见，但不可辨形					
SDM207:10-28		2.4	0.7	2.6	同上					
SDM207:10-29		2.4	0.8	2.9	同上					
SDM207:10-30		2.7	0.8	2.8	文字扁平、字等于笏。"半"字头部呈"八"字状，两横线等长，竖线微出下横线；"两"字上横线较短，折肩微弧，为"倒T两"				图三四四,6	
SDM207:10-31		2.3	0.7	2.6	文字扁平、字等于笏。"半"字头部仅见一竖线，下横线略短，竖线与下横线相接；"两"字无上横，为"倒T两"					
SDM207:10-32				3.8	文字扁平、字等于笏。"半"字头部转折，两横线等长，竖线略出下横线；"两"字上横线与肩等长，折肩，为"十字两"					2枚粘合
SDM207:10-33				3.2	文字不清晰					2枚粘合
SDM207:10-34		2.2	0.7	1.6	文字扁平、字等于笏。"半"字头部锈蚀不清，两横线等长，竖线出于下横线，内部锈蚀					
SDM207:10-35		2.4	0.8	2.6	文字不清晰					
SDM207:10-36				3.4	同上					2枚粘合
SDM207:10-37		2.2	0.7	1.8	文字扁平、字等于笏。"半"字头部转折，两横线等长，竖线略出下横线；"两"字上横线与肩等长，折肩，为"十字两"					

续表

编号	种类	钱径	穿宽	重量	文字	形制	记号	附着物	图号	备注
SDM207:10-38	半两	2.4	0.7	2.1	文字扁平，字等于笺。"半"字头呈"八"字状，两横线等长，竖线略出下横线，折肩等长等于肩；"两"字上横线与肩等长，折肩，为"十字两"					
SDM207:10-39		2.4	0.8	2.4	文字扁平，字小于笺。"半"字锈蚀不清；"两"字上横线与肩等长，折肩，为"十字两"					
SDM207:10-40		2.5	0.8	1.9	文字扁平，字等于笺。"半"字头部转折，下部锈蚀不清；"两"字锈蚀不清					
SDM207:10-41		2.4	0.6	2.5	文字扁平，字大于笺。"半"字头部转折，两横线等长，竖线长出下横线，折肩，为"倒T两"				图三四四，3	
SDM207:10-42		2	0.5	1.5	字迹依稀可见，但不可辨形					
SDM207:10-43		2.3	0.7	2.2	文字扁平，字等于笺。"半"字头部转折，两横线等长，竖线长出下横线，折肩，为"十字两"					
SDM207:10-44		2.3	0.7	2.1	文字扁平，字等于笺。"半"字头部转折，两横线等长，竖线长出下横线，折肩，为"倒T两"					
SDM207:10-45		2.3	0.8	2	字迹依稀可见，但不可辨形					有1铸口
SDM207:10-46		2.3	0.7	1.9	文字扁平，字等于笺。"半"字头部转折，两横线等长，竖线长出下横线，折肩，为"十字两"					
SDM207:10-47		2.3	0.8	1.8	文字扁平，字大于笺。"半"字头转折，两横线等长，竖线略出下横线，折肩，为"十字两"					
SDM207:10-48		2.3	0.8	2	文字扁平，字小于笺。"半"字锈蚀不清；"两"字上横线与肩等长，折肩，为"十字两"					
SDM207:10-49		2.1	0.5	1.6	文字扁平，字大于笺。"半"字头转折，两横线等长，竖线长出下横线；"两"字锈蚀不清					

204. 2010YFSDM208

（1）位置

东距SDM207约1.0米。

（2）形制结构（图三四五）

墓向：9°。

墓道：位于洞室北侧。口大底小。口呈长方形，东长3.16、西长3.10、南宽2.02、北宽2.02米。斜壁近直。平底，东长2.92、西长2.92、南宽1.88、北宽1.90米。自深4.00米。

洞室：拱形顶，直壁，平底。洞室口位于墓道南壁中部，洞室宽小于墓道底宽。洞室口东壁距墓道东壁0.24、西壁距墓道西壁0.20米。底部平面呈长方形，东长3.38、西长3.38、南宽1.46、北宽1.44米。高1.20米。

填土：墓道为褐色五花土，土质坚硬，经过夯打，夯层及夯窝不明显。洞室土色黄色，土质较

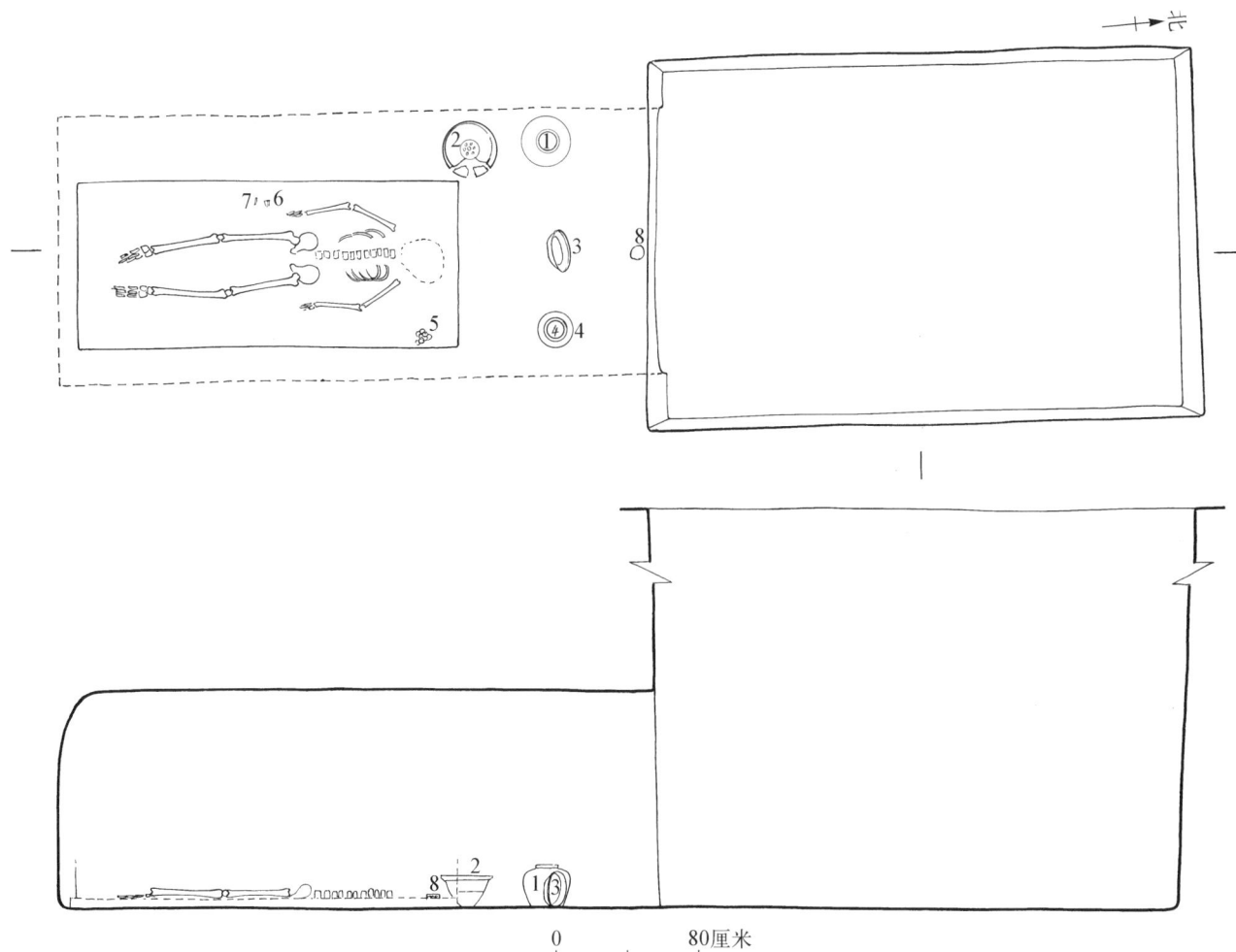

图三四五　SDM208墓葬平、剖图

1.陶小口旋纹罐　2.陶盆改甑　3.铜盆　4.铁鏊　5.铜钱　6.玉残器　7.铜带钩　8.铁灯

疏松。

（3）葬具

单棺，呈矩形。置于洞室偏东南。棺长2.14、宽0.90米。

（4）墓主人

头骨仅存痕迹，其余保存较好。葬式为仰身直肢葬，头向与墓道方向相同。

（5）随葬品及其位置

共8件（组），包括陶器2件、铜器2件、铁器1件、玉器1件、铜钱1组87枚。盆改甑（:2）位于棺外西北角，其北部由西向东依次为小口旋纹罐（:1）、铜盆（:3）、铁鍪（:4），3号侧置，口向北。铜钱（:5）位于棺内东北角，铜带钩（:7）、玉残器（:6）位于墓主右手南侧，南北向排列。铁灯（:8）位于洞室口中部。

（6）随葬品介绍

小口旋纹罐　1件。标本SDM208:1，夹细砂灰陶。小口束颈，折沿微下倾，尖圆唇；微溜肩，腹近斜直，平底。肩及腹上部饰数周旋断绳纹。口径9.7、器身最大径25.3、底径11.7、通高28.2厘米（图三四三，10）。

盆改甑　1件。标本SDM208:2，夹细砂灰陶。敞口，折沿下倾，尖圆唇；折腹，上腹占腹部比例约三分之一，下腹斜直，平底；器底凿制5个圆形甑孔，布局为中心一孔与边缘一周。上下腹交接处有一周折棱。口径28.4、底径11.6、通高11.4厘米（图三四三，1）。

铜带钩　1件。标本SDM208:7，钩首残。钩体较小，断面呈半圆形，圆形钩钮位于波浪状钩尾下部，以一短柱相连。长2.8、钩体宽0.4～0.6、钩尾最宽处1.4、钮径1.2厘米（图三四六，5；彩版四一，6）。

铜盆　1件。标本SDM208:3，底残。器壁轻薄，折沿内倾，尖唇，鼓腹。素面。口径19.8、残高6.7厘米（图三四六，9）。

铁灯　1件。标本SDM208:8，残，行灯。浅折盘，方唇，盘壁斜直，平底下接三矮足，矮足断面呈椭圆形。足高0.6厘米（图三四六，13）。

铁鍪　1件。标本SDM208:4，残。侈口方唇，束颈，溜肩，鼓腹，圜底，肩腹交接处饰对称环形竖耳。口径11.2、器身最大径17.0、耳宽2.0、高14.6厘米（图三四六，18）。

玉残器　1件。标本SDM208:6，残，器形不可辨。正面饰卷云纹，背面较光滑，背有一孔穿透至侧面。残长1.70、宽2.40、厚0.35厘米（图三四六，8；彩版四八，2）。

铜钱　共87枚。标本SDM208:5，均为"半两"。肉上或有孔或凸起。穿多方正，少数不规则或穿较大。少数钱为粘合体，另有2枚铜钱和1枚铁钱粘合。钱或有钱郭。可辨钱文的文字各异，字与穿比例不同。"半"字头部转折程度不同，两横线及竖线出于下横线的长度不等；"两"字上横线与肩长度比例不同，均折肩，"两"字内部结构亦有区别。铸造较规整。钱缘或有毛茬或有铸口。钱径2.1～2.8、穿宽0.6～1.2厘米，重量0.9～10.2克（图三四七）。具体形制详见表二四。

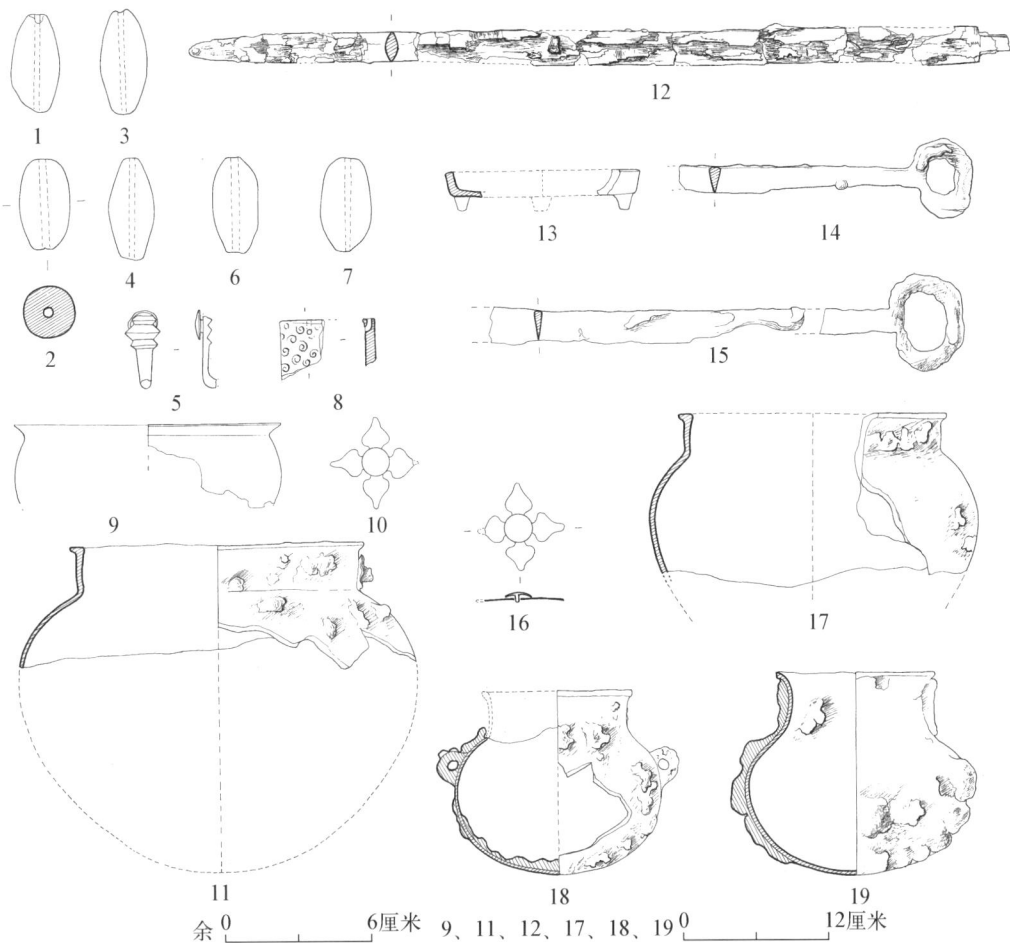

图三四六　SDM192、SDM200、SDM207、SDM208、SDM209 随葬小件器物

1、2、3、4、6、7. 穿孔梭形器（SDM209∶11-3、SDM209∶11-2、SDM209∶11-6、SDM209∶11-4、SDM209∶11-1、SDM209∶11-5）
5. 铜带钩（SDM208∶7）　8. 玉残器（SDM208∶6）　9. 铜盆（SDM208∶3）　10、16. 铜柿蒂形棺饰（SDM207∶11-2、SDM207∶11-1）
11、17. 铁釜（SDM207∶9、SDM200∶2）　12. 铁剑（SDM209∶8）　13. 铁灯（SDM208∶8）　14、15. 铁削（SDM209∶12、SDM192∶4）
18、19. 铁鍪（SDM208∶4、SDM209∶2）

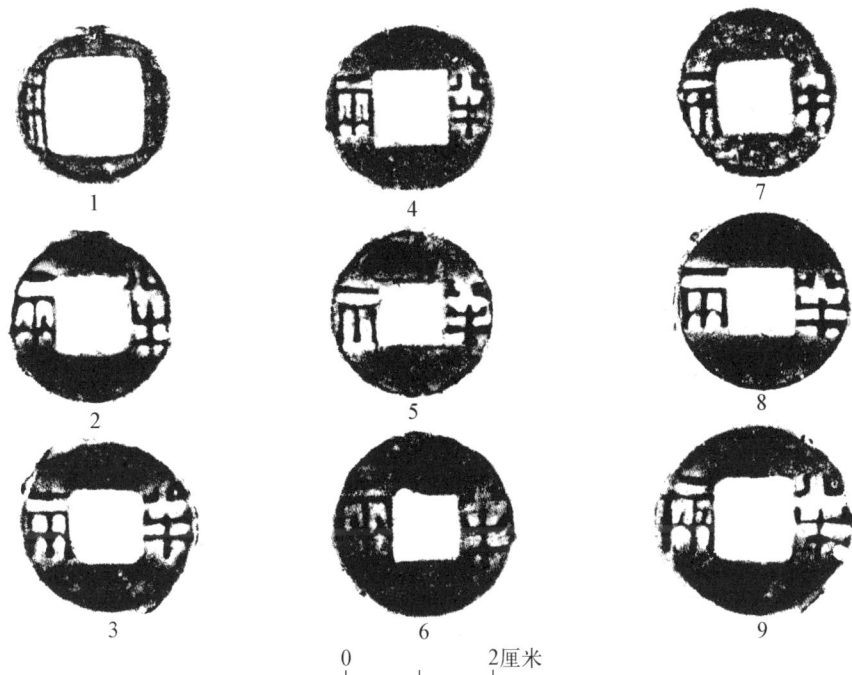

图三四七　SDM208 随葬铜钱拓片

1. SDM208∶5-1　2. SDM208∶5-54　3. SDM208∶5-6　4. SDM208∶5-51　5. SDM208∶5-56　6. SDM208∶5-53
7. SDM208∶5-8　8. SDM208∶5-21　9. SDM208∶5-12

表二四　SDM208铜钱统计表

编　号	种类	钱径	穿宽	重量	文　字	形　制	记号	附着物	图　号	备　注
SDM208：5-1	半两	2.1	1.2	0.9	文字扁平、瘦长，字等于穿。"半"字锈蚀不清，"两"字上横线与肩等长，折肩，为"十字两"	广穿			图三四七,1	有1铸口
SDM208：5-2		2.4	0.9	2.6	文字等平，字等大于穿。"半"字头部转折，两横线等长，竖线出于下横线；"两"字上横线与肩等长，折肩，为"十字两"					
SDM208：5-3		2.3	0.8	1.5	文字凸起，字大于穿。"半"字头部转折，下横线出下横线；"两"字上横线较短，折肩，为"连山两"					残
SDM208：5-4		2.8	1	2.7	文字凸起，字略大于穿。"半"字头部呈"八"字状，下横线较短，竖线略出下横线，折肩，为"双人两"				图三二一,6	
SDM208：5-5		2.7	1	3.2	文字扁平，字等于穿。"半"字头部转折，两横线等长，竖线略出于下横线；"两"字上横线与肩等长，折肩，为"十字两"					
SDM208：5-6		2.4	0.8	2.7	文字扁平，字等于穿。"半"字头部呈"八"字状，两横线等长，竖线出于下横线；"两"字上横线比肩短，折肩，为"十字两"	钱缘有毛茬			图三四七,3	
SDM208：5-7		2.3	0.7	1.8	文字扁平，字小于穿。"半"字头部转折，两横线等长，竖线略出于下横线；"两"字上横线与肩等长，折肩，为"十字两"					
SDM208：5-8		2.4	0.7	3.3	文字扁平，字小于穿。"半"字头部锈蚀不清，两横线等长，竖线略出于下横线；"两"字上横线与肩等长，折肩，为"十字两"	钱缘有毛茬			图三四七,7	
SDM208：5-9		2.3	1	1.4	同上					有1铸口
SDM208：5-10		2.7	0.8	3.2	同上					有1铸口
SDM208：5-11		2.8	0.9	2.2	文字扁平，字略等于穿。"半"字头部转折，两横线微出下横线；"两"字上横线与肩等长，折肩，为"十字两"					有1铸口

续表

编 号	种类	钱径	穿宽	重量	文 字	形 制	记 号	附着物	图 号	备 注
SDM208∶5-12	半两	2.6	1	2.9	文字略凸起，笔画较细，字略等于穿。"半"字头部转折，下横线较短，竖线长出下横线；"两"字上横较短，折肩，为"双人两"				图三四七，9	
SDM208∶5-13		2.3	0.7	2.2	文字不清晰					有1铸口
SDM208∶5-14				10.2	同上					2铜钱+1铁钱
SDM208∶5-15		2.4	1	1.8	文字扁平，字略等于穿。"半"字头部转折，两横线略等，竖线出于下横线；"两"字上横线与肩等长，折肩，为"连山两"					
SDM208∶5-16		2.4	0.9	2.5	文字凸起，结构松散，字大于穿。"半"字锈蚀不清；"两"字无上横线，折肩，为"十字两"					
SDM208∶5-17		2.7	0.8	2.5	文字不清晰					
SDM208∶5-18		2.4	0.8	2.4	同上					
SDM208∶5-19		2.3	0.9	1.8	同上					
SDM208∶5-20		2.7	0.9	2.8	文字凸起，结构松散，字大于穿。"半"字头部呈"八"字状，与上横线距离较大，下横线较短，竖线出于下横线；"两"字上横线较短，折肩，为"双人两"				图三四七，8	有1铸口
SDM208∶5-21		2.4	0.7	2.9	文字凸起，结构紧促，规整。"半"字头部呈"八"字状，两横线等长，竖线略出下横线；"两"字上横线与肩等长，折肩，为"连山两"					
SDM208∶5-22		2.5	0.9	3	文字不清晰					
SDM208∶5-23		2.3	0.7	1.7	同上					钱缘残损

续表

编　号	种类	钱径	穿宽	重量	文　字	形　制	记号	附着物	图　号	备　注
SDM208：5-24		2.3	1	1.1	文字凸起，字等于穿。"半"字头部折转，两横线等等长，竖线出于下横线，折肩与肩等长，为"倒T两"					钱缘残损
SDM208：5-25		2.5	1	2.5	文字扁平，字略小于穿。"半"字锈蚀不清；"两"字上横线与肩等长，折肩，为"十字两"					
SDM208：5-26		2.4	0.8	2.7	文字不清晰					钱缘残损
SDM208：5-27		2.4	0.8	3.2	同上					
SDM208：5-28				3	文字扁平，字与穿等。"半"字头部折转，两横线等等长，竖线出于下横线，折肩与肩等长，为"连山两"					2枚粘合
SDM208：5-29		2.3	0.8	1.9	锈蚀，文字不清晰					
SDM208：5-30	半两			9.2	文字扁平，字略大于穿。"半"字头部转折，下横线略短，与下部相距较大，竖线出于下横线，折肩，为"倒T两"					3枚粘合
SDM208：5-31		2.7	0.9	3.6	文字扁平，字呈"八"字状，两横线略等，"半"字头部转折等，"两"字上横线与肩等长，折肩，为"双人两"		肉上有3个小圆孔			
SDM208：5-32		2.3	0.7	1.4	文字不清晰	穿不规则				
SDM208：5-33		2.5	0.9	1.5	文字扁平，字等于穿。"半"字头部转折，两横线等等长，竖线出于下横线，折肩，较短，为"倒T两"					
SDM208：5-34		2.3	0.9	2	同上					钱缘残损
SDM208：5-35		2.3	0.9	1.2	同上					
SDM208：5-36		2.4	0.8	2.6	同上			1块铜质附着物		

续表

编号	种类	钱径	穿宽	重量	文字	形制	记号	附着物	图号	备注
SDM208：5-37		2.6	0.8	2.7	文字凸起，结构紧促，字等于穿。"半"字头部转折，两横线略等，竖上横线与肩等长，为"十字两"	钱缘有毛茬				有1铸口
SDM208：5-38		2.7	0.8	3.1	文字扁平，字等于穿。"半"字头部转折，下横线微出下横线，竖线较短，折肩，为"双人两"		肉上有孔			有1铸口
SDM208：5-39		2.3	0.8	2.8	文字凸起，字等于穿。"半"字头部转折，两横线出于下横线；"两"字上横线与肩等长，折肩，为"十字两"					有1铸口
SDM208：5-40		2.3	0.8	2.1	同上					钱缘残损
SDM208：5-41		2.6	0.9	2.5	文字不清晰					有1铸口
SDM208：5-42		2.8	0.9	3	同上					
SDM208：5-43	半两	2.3	0.7	1.5	同上					钱缘残损
SDM208：5-44		2.5	0.9	2.5	文字扁平，字等于穿。"半"字头部转折，两横线等长，竖线长出下横线；"两"字上横线与肩等长，内部锈蚀		穿孔上下各有一道垂直于穿的长方形凸起			
SDM208：5-45		2.4	0.7	2.8	文字扁平，字等长。"半"字头部转折，两横线等长，竖线长出下横线；"两"字上横线与肩等长，折肩					
SDM208：5-46		2.2	0.8	1.9	文字不清晰					钱缘残损
SDM208：5-47		2.2	0.8	1.6	同上					
SDM208：5-48		2.3	0.6	2	文字扁平，字等于穿。"半"字头部转折，下部锈蚀不清；"两"字上横线略长，折肩，为"十字两"					有1铸口
SDM208：5-49		2.4	0.9	2.1	文字扁平，字等于穿。"半"字头部转折，两横线等长，竖线长出上横线；"两"字上横线与肩等长，折肩，为"双人两"					钱缘残损

邹城汉墓

续表

编号	种类	钱径	穿宽	重量	文字	形制	记号	附着物	图号	备注
SDM208：5-50		2.5	0.7	2.6	文字扁平，字等于笋。"半"字锈蚀不清；"两"字上横线与肩等长，折肩，为"连山两"	穿孔不规则				
SDM208：5-51		2.3	0.9	1.4	文字扁平，字等于笋。下横线略短，竖线出于下横线比上肩略短；"两"字上横线，折肩，为"双人两"				图三四七,4	
SDM208：5-52		2.3	0.9	1.2	同上					
SDM208：5-53		2.5	0.8	2.3	文字扁平，字等于笋。"八"字状，两横线等长，竖线出于下横线，折肩；"两"字上横线较短，为"双人两"				图三四七,6	
SDM208：5-54		2.2	1	1.4	文字扁平，字略大于笋。"半"字头部呈"八"字状，两横线等长，竖线微出下横线；"两"字上横线，折肩，为"双人两"				图三四七,2	有1铸口
SDM208：5-55	半两			4.8	文字不清晰					2铜钱+1铁钱
SDM208：5-56		2.3	0.7	2.6	文字略凸起，字等于笋。"半"字头部转折，折角较小，两横线等长，竖线微出上横线，折肩；"两"字上横线，折肩，为"1字两"	钱郭			图三四七,5	
SDM208：5-57		2.3	0.9	2	文字凸起，字等长。"半"字等于笋。两横线等长，竖线出于下横线；"两"字上横线；"两"字头部转折，为"倒T两"					
SDM208：5-58		2.5	0.8	2.1	文字扁平，字等长。"半"字等于笋。竖线微出于下横线，折肩；"两"字上横线，竖线与肩等长，折肩，为"十字两"					
SDM208：5-59		2.6	0.9	2.8	文字扁平，字等于笋。"半"字头部转折，下横线微出下横线；"两"字上横线；竖线较短，折肩，为"倒T两"		肉上有孔			有1铸口
SDM208：5-60		2.4	0.7	2.3	文字扁平，字大于笋。"半"字头部转折，两横线上横线；竖线出于下横线，折肩，为"双人两"					

续表

编号	种类	钱径	穿宽	重量	文字	形制	记号	附着物	图号	备注
SDM208：5-61	半两	2.3	1	1	文字不清晰	穿孔较大				
SDM208：5-62		2.3	0.7	3.3	同上	穿孔不规则				
SDM208：5-63		2.4	0.6	2.3	同上					
SDM208：5-64		2.3	0.8	2.1	文字扁平、字等等长。"半"字头部转折，两横线出于下横线；"两"字上横线较短，折肩，为"双人两"		肉上有孔			
SDM208：5-65		2.3	0.8	2.3	文字扁平、字等等长。"半"字头部转折，两横线等长，竖线出于上横线；"两"字上横线，内部锈蚀					钱缘残损
SDM208：5-66		2.3	0.6	3	文字不清晰					钱缘残损
SDM208：5-67		2.7	0.8	2.9	同上					钱缘残损
SDM208：5-68		2.6	0.8	2.9	文字凸起、字大于等。"半"字头呈"八"字状，两横线等长，竖线出于上横线与肩，折肩，"两"字锈蚀不清					钱缘残损
SDM208：5-69		2.1	0.9	1.5	文字不清晰					
SDM208：5-70		2.3	0.8	2.9	文字扁平、字略大于等。"半"字部转折，两横线等长，竖线出于上横线，折肩，为"十字两"					
SDM208：5-71		2.3	0.8	2.2	同上					
SDM208：5-72		2.6	0.9	2.9	文字扁平、字等等长。"半"字头呈"八"字状，两横线等长，竖线出于下横线；"两"字上横线较短，折肩，为"双人两"	钱郭				
SDM208：5-73		2.4	0.7	1.7	文字扁平，两横线等长，"半"字头呈"八"字状，竖线出于下横线；"两"字上横线较短，折肩，为"连山两"					钱缘残损

编号	种类	钱径	穿宽	重量	文字	形制	记号	附着物	图号	备注
SDM208：5-74	半两	2.3	0.9	1.3	文字扁平,字等于穿。"半"字头部呈"八"字状,两横线等长,竖线出于下横线较短,折肩,为"十字两"					
SDM208：5-75		2.6	0.8	3	文字不清晰					有1对对称铸口
SDM208：5-76		2.3	0.7	2.1	同上					钱缘残损
SDM208：5-77		2.7	0.8	2.3	文字扁平,字大于穿。"半"字头部圆折,两横线等长,竖线出于下横线,"两"字锈蚀不清					
SDM208：5-78		2.4	0.7	3.1	文字不清晰					有1铸口
SDM208：5-79		2.4	0.9	1.5	同上			有附着物		
SDM208：5-80		2.2	0.9	1.2	同上					
SDM208：5-81		2.3	0.7	1.7	同上					残
SDM208：5-82		2.4	0.7	2.2	同上		肉上多孔			
SDM208：5-83		2.4	0.8	2.7	文字扁平,字等于穿。"半"字头部转折,两横线等长,竖线出于下横线;"两"字上横线较短,折肩,为"连山两"					钱缘残损
SDM208：5-84		2.4	0.6	2.1	文字扁平,字大于穿。"半"字头部转折,下横线等长,竖线出于下横线;"两"字上横线与肩等长,折肩,为"十字两"					钱缘残损
SDM208：5-85		2.3	0.7	2.3	文字不清晰					钱缘残损
SDM208：5-86		2.6	0.8	2.3	同上					残
SDM208：5-87		2.2	0.6	1.6	同上		肉上有孔			钱缘残损